U0907016

图书在版编目（CIP）数据

北京科技大学年鉴.2015/《北京科技大学年鉴》编辑委员会编.—北京：中国大百科全书出版社，2015.12

ISBN 978-7-5000-9700-6

Ⅰ.①北… Ⅱ.①北… Ⅲ.①北京科技大学－2015－年鉴 Ⅳ.①G649.281-54

中国版本图书馆CIP数据核字（2015）第308935号

编　　著：《北京科技大学年鉴》编辑委员会
责任编辑：徐世新
出　　版：中国大百科全书出版社
地　　址：北京阜成门北大街17号　　邮编：100037
网　　址：http://www.ecph.com.cn　Tel: 010-88390718
图文制作：北京华艺创世印刷设计有限公司
印　　刷：煤炭工业出版社印刷厂
字　　数：730千字
印　　数：1～800
印　　张：32.75
开　　本：787×1092　　1/16
版　　次：2015年12月第1版
印　　次：2015年12月第1次印刷
书　　号：ISBN 978-7-5000-9700-6
定　　价：80.00元

2月20～21日，召开2014年寒假党委（扩大）会议

2月28日，召开党的群众路线教育实践活动总结大会

4月22日，举行2014年研究生教育工作会暨研究生院建院30周年纪念大会

6月18日，召开2014年本科教育教学工作会

摄影：董强、任义等

3月13日，与国家纳米科学中心签订纳米材料与技术专业联合培养人才协议

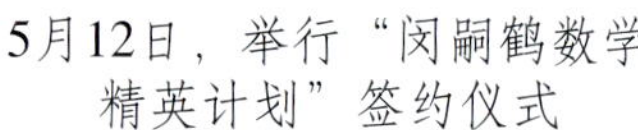
5月12日，举行“闵嗣鹤数学精英计划”签约仪式

6月23日，成立中国冶金行业卓越工程师培养联盟

4月以来，学校青年学生广泛开展“我的大学与我的中国梦”主题团日活动

12月18日，计算机与通信学院本13级党支部获2014年北京高校红色“1+1”示范活动一等奖

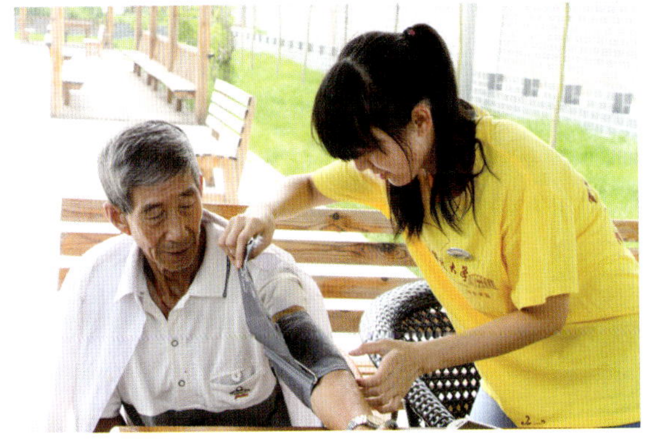

8月，广大学生赴基层农村开展关爱帮扶社会实践活动

10月，选派100名志愿者参加APEC会议提供志愿服务

8月12日，学校在第七届全国大学生节能减排大赛中荣获一等奖5项，二等奖1项，三等奖2项

5月31日，机器人代表队获“第十三届全国大学生机器人大赛”一等奖

8月28～30日，“飞思卡尔”智能车国际赛在韩国汉阳大学成功举办，学校智能车队一举蝉联国际赛总冠军

5月18日晚，北京科技大学学生民族管弦乐团（北京大学生艺术团）“风雅音华”专场音乐会在中山音乐堂拉开帷幕

11月12日，学校大型原创音乐话剧《绽放》斩获中国校园戏剧节最高奖—“中国戏剧奖·校园戏剧奖”

12月9日，北京科技大学“流音·雅乐”专场音乐会暨2015北京大学生新年音乐会在国家大剧院音乐厅精彩上演

6月20日，举行“点赞青春·绽放梦想”—北京科技大学2014届学生毕业典礼暨学位授予仪式

9月1日，举行北京科技大学2014级本科生开学典礼

11月27日，举行北京科技大学2014届毕业生大型双选会

《北京科技大学年鉴》（2015）编辑委员会

《北京科技大学年鉴》（2015）编辑部

编辑说明

《北京科技大学年鉴》(2015) 全面地反映了北京科技大学2014年度在学科建设、教学改革、科学研究、人才培养、对外交流、校园建设等各方面的发展进程和最新成就。

《北京科技大学年鉴》(2015) 以文章和条目为基本体裁。全书分《特载》《学校概况》《机构与干部》《院系情况》《教育教学与学科建设》《科学研究与产业开发》《科研基地及研发平台》《管理与服务》《党建和思想政治工作》《人物》《2014年党发校发文件目录》《2014年大事记》《2014年毕业生名录》及《附录》等基本栏目。

本年鉴选题的时间范围为2014年1月1日至12月31日，根据实际情况，部分内容在时限上前后略有延伸。

2014年10月，学校牵头建设的"钢铁共性技术协同创新中心"通过国家"2011计划"认定。本年鉴为此设置特载一栏加以记述。

本年鉴收录的各学院资料基本上按照概况、学科建设、教学改革、科研活动、党建与学生工作等条目编写。收录的各职能部处、直属单位的资料根据各自工作性质和特点，条目及内容安排相对灵活。本年鉴有关统计资料附在相关内容之后。

本年鉴所刊内容由各单位确定专人负责提供，并经本单位负责人审定。

《北京科技大学年鉴》(2015) 由北京科技大学党委办公室、校长办公室组织编写，在编写过程中得到了学校领导和全校教职员工的大力支持，在此谨表衷心感谢。

《北京科技大学年鉴》编辑部

2015年10月

目录

特　　载

学 校 概 况

机构与干部

院 系 情 况

教育教学与学科建设

科学研究与产业开发

科研基地及研发平台

管理与服务

党建与思想政治工作

人　物

2014年党发校发文件目录

2014年北京科技大学大事记

2014年毕业生名录

附　录

Contents

Specials

USTB Survey

Organization and Leadership

Schools and Departments

Teaching Methods Overview

Scientific Research and Enterprise Development

Scientific Research Base and Platform for Development

Administration and Service

The CCP Construction and Ideology Education

Profiles

Catalogue of USTB Party Documents and School Documents in 2014

Chronicle of Major Events

Lists of Graduates in 2014

Appendix

特　　载

学校牵头建设的"钢铁共性技术协同创新中心"通过国家"2011计划"认定

2014年10月，教育部、财政部联合发文公布2014年度"2011协同创新中心"认定结果，正式批准了24个"2011协同创新中心"。以北京科技大学和东北大学两所冶金特色高校为核心，联合宝钢、鞍钢、武钢、首钢等国内龙头企业，钢研集团、中科院金属所等研究院所，上海大学、武汉科技大学等高校共同组建的"钢铁共性技术协同创新中心"成功入选。

"2011计划"全称"高等学校创新能力提升计划"，是继"985工程""211工程"之后，中国高等教育系统又一项体现国家意志的重大战略举措，于2012年5月7日正式启动。该计划由教育部和财政部共同研究制定，旨在突破高校内外部机制体制壁垒，释放人才、资源等创新要素活力；以人才、学科、科研三位一体创新能力提升为核心，通过构建面向科学前沿、文化传承创新、行业产业及区域发展重大需求4类协同创新模式，深化高校的机制体制改革，转变高校创新方式。

经过专家初审、会议答辩、现场考察、综合咨询、社会公示等环节，"钢铁共性技术协同创新中心"等24家机构从200余个中心中脱颖而出，成为我国第二批"2011协同创新中心"。中心专家委员会主任由中国工程院院士、中国工程院名誉院长徐匡迪担任，中心主任由北京科技大学徐金梧教授担任，副主任由中国工程院院士、东北大学王国栋教授担任。中心的主要任务是实现"两个绿色"：面向钢铁行业绿色转型急需，开发创新工艺和创新生产装备，实现节省资源、节能减排、环境友好、产品性能优良的钢铁生产，实现"钢铁绿色制造"；采用钢铁材料设计、洁净化制备、全流程产品质量保障等前沿技术，开发海洋、交通、能源等战略新兴产业绿色化发展急需的钢材，实现"制造绿色钢铁"。在4年建设期内，中心将瞄准重大需求，坚持有限目标，深化国际合作与交流，开发薄带铸轧、高品质连铸、先进退火等8项重大关键共性技术和海洋用钢、汽车高强钢、核电用钢等8类高端产品，在钢铁材料关键共性技术的研究和应用方面达到世界领先水平；聚集创新要素与资源，汇聚一流人才，引领国内外钢铁关键共性技术和高端产品研发；改革创新型人才培养体制机制，创新技术成果转移途径，成为行业最重要的创新人才培养基地与技术转移平台，实现人才成果双重转移。

在"钢铁共性技术协同创新中心"组建和培育过程中，总结、凝炼了长期以来产学研合作的成功经验，尤其是近十年与首钢合作模式，提出了"同一个目标、同一个任务、同一支队伍、同一个机制"的协同创新运行机制。按照“同一个目标”，围绕行业提出的绿色化转型战略，凝炼重大需求与研究方向；按照“同一个任务”，围绕具体目标，整合研发资源，落实各项工作任务；按照“同一支队伍”，设定岗位和聘任人员，建立统一的研发团队；按照“同一个机制”，引入第三方考评机制，对团队和聘任人员统一考核。“四个同一”的协同创新机制在中心的培育组建过程中发挥了巨大的作用，体现出强大的活力。2014年度，包括协同单位在内，中心所有人员共获得国家科技进步奖5项。校内进入中心人员共获得纵向科研项目立项43项，总经费1841.2万元，其中100万元以上的项目7项；共获得横向科研项目立项46项，总经费3245.32万元，其中100万元以上的项目9项；共发表SCI论文170篇、EI论文138篇，申请发明专利32项，授权发明专利17项，获得省部二等奖3项；中心刘国权教授获得“中国科协首席科学传播专家”称号。

中心作为探索机制创新的“试验区”，在人事制度、人才培养、科研组织、协同工作等多个方面进行了改革：①组建了以任务为导向的研究团队。设置首席科学家、科研骨干、科研助理等岗位，公开招聘，双向选择。中心将团队考核与个人考核相结合、年度考核与聘期考核相结合、学术评价和服务对象评价相结合，重点考核任务完成质量、目标实现水平，赋予首席科学家在人才引进、任务分配、绩效调整中的主导权。②建立了以激励为导向的薪酬机制。中心建立了增量薪酬方案，按人员岗位设置6个不同薪酬级别，校内人员在原工资不变的基础上，给予5—25万元/年的增量薪酬，其中60%作为固定工资每月发放，40%作为绩效工资在年底考核后根据考核结果发放。根据考核结果发放绩效薪酬，对突出贡献人员特殊奖励。增量薪酬方案的实施，充分调动中心人员的主观能动性，对中心人员完成任务起到了很好的激励作用。③建立了以绩效为导向的考核制度。实行团队考核与个人考核相结合的分级考核制度，根据研究任务的实施进度、创新程度及完成质量对各个研究团队进行考核，团队根据个人的合同约定及其在团队任务中的贡献对团队成员进行考核。考核结果与40%绩效工资挂钩，并影响第二年度的增量薪酬额度。2014年度的考核工作中，有15%的人员没有拿到全额的绩效工资，有10%的人员调整了第二年度的增量薪酬额度。④建立了两校间的协同工作机制。中心的建设是北京科技大学、东北大学两所核心高校的重大任务，对学校的发展至关重要，两校为了保障中心的顺利运行和各项改革措施的顺利实施，在内部采取了一系列的配套支持措施。由两校专家共同凝炼协同创新方向任务，两校共同制订中心的实施方案与发展规划，相关部门共同制定各项改革制度措施，做到了无缝对接，从人事管理、科研项目管理、资产管理、研究生招生和培养、经费管理等方面对中心采取特区式管理，突破原有机制和政策界限，特事特办，优先支持。

学 校 概 况

北京科技大学概况

北京科技大学于1952年由天津大学（原北洋大学）、清华大学等6所国内著名大学的矿冶系科组建而成，已发展成为以工为主，工、理、管、文、经、法等多学科协调发展的教育部直属全国重点大学，是全国首批正式成立研究生院的高等院校之一。1997年5月，学校首批进入国家“211工程”建设高校行列。2006年，学校成为首批“985工程”优势学科创新平台建设项目试点高校。2014年，学校牵头的以北京科技大学、东北大学为核心高校的“钢铁共性技术协同创新中心”成功入选国家“2011计划”。

建校60多年来，学校逐步形成了“学风严谨，崇尚实践”的优良传统，为社会培养各类人才16万余人，大部分已成为国家政治、经济、科技、教育等领域，尤其是冶金、材料行业的栋梁和骨干。党和国家领导人罗干、刘淇、徐匡迪、黄孟复、范长龙、郭声琨、刘晓峰等都曾在校学习，另有36名校友当选为中国科学院或中国工程院院士，一大批校友走上了省长、市长的领导岗位，一大批校友担任鞍钢等国家特大型企业以及北大方正等大型高新技术企业的董事长和总经理。学校被誉为“钢铁摇篮”。

学校位于高校云集的北京市海淀区学院路，占地约80.39万平方米（包括管庄校区），校舍建筑总面积97万平方米（包括管庄校区）。学校有1个国家科学中心，2个国家重点（专业）实验室，2个国家工程（技术）研究中心，2个国家科技基础条件平台，31个省、部级重点实验室和工程研究中心。特别是2007年，学校作为唯一一所教育部直属高校牵头承担了国家重大科技基础设施项目——重大工程材料服役安全研究评价设施，并负责筹建国家材料服役安全科学中心。学校图书馆藏书175万余册。定期出版《北京科技大学学报》《北京科技大学学报（社会科学版）》以及*International Journal of Minerals, Metallurgy and Materials*和《思想教育研究》《物流技术与应用》《金属世界》《粉末冶金技术》等重要学术刊物。

学校由土木与环境工程学院、冶金与生态工程学院、材料科学与工程学院、机械工程学院、自动化学院、计算机与通信工程学院、数理学院、化学与生物工程学院、东凌经济管理学院、文法学院、外国语学院、马克思主义学院、高等工程师学院、远程与成人教育学院、继续教育学院、国际学院，以及研究生院、体育部、管庄校区、天津学院、延庆分校组成。有91个博士授权点（含18个一级学科博士授权点），121个硕士学科点，另有MBA（含EMBA）、MPA、法律硕士、会计硕士、翻译硕士和

20个领域的工程硕士专业学位授予权，16个博士后科研流动站，48个本科专业。学校冶金、材料、矿业、科技史4个全国一级重点学科学术水平蜚声中外（据教育部一级学科评估结果全国排名，科技史第一，冶金、材料第二，矿业第三）；安全、机械、热能等学科享有盛誉；控制、力学、计算机、物理、化学、管理、思想政治教育等一批学科具有雄厚实力，一批新兴学科，如软件工程、环境工程、通信工程、电子信息等焕发出勃勃生机。

2014年10月，全日制在校生2.7万余人，其中本专科生13393人，各类研究生9820人（其中博士生2912人、硕士生6908人），外国留学生829人；成人教育学院学生6796人，远程教育学生18183人。在站博士后198人。已形成研究生教育、全日制本专科教育、高职教育、成人教育、继续教育和远程教育多层次、较完整的人才培养体系。

学校拥有一支治学严谨的师资队伍。2014年10月教职工总数2896人，其中专任教师1791人。具有正高级专业技术职务的教职工441人，具有副高级专业技术职务的教职工730人，专任教师中有中国科学院院士6人，中国工程院院士2人（双聘1人），国务院学位委员会委员1人，国务院学位委员会学科评议组成员5人，国家“973”项目首席专家3人，国家“千人计划”入选者9人，“青年千人计划”入选者2人，国家级有突出贡献专家14人，部级有突出贡献专家13人，“长江学者奖励计划”特聘教授14人、讲座教授3人，国家杰出青年科学基金获得者16人，国家级教学名师2人，“百千万人才工程”国家级人选12人，国家优秀青年科学基金获得者3人，“万人计划”青年拔尖人才1人，教育部新世纪优秀人才支持计划入选者104人。

学校的科研实力十分雄厚。1978～2014年12月底，共申请专利4058项，其中授权专利2182项；有1000余项科研成果获国家、省、部委级奖励，其中国家级奖励158项。1999年教育部编辑的《中国高等学校科技50年高校获奖重大成果一览表》中，收录北京科技大学重大科研成果12项，在全国高校中名列前茅。据教育部统计，1978～2011年，学校获国家科技进步一等奖4项，位列全国高校第四。近几年学校“大型深凹露天矿安全高效开采关键技术研究”“流射沸腾冷却强化多功能淬火控冷装备与工艺开发及创新”“钢铁材料及制品大气腐蚀数据积累、规律和共享服务”“宽带钢热连轧生产成套关键技术与应用”“复杂破碎条件下露天－地下联合高效开采关键技术”“特低渗透油藏有效开发渗流理论和开发方法研究及应用”“大型铝合金型材挤压成套工模具设计制造技术与应用”等大批科研成果在国民经济建设中发挥了重要作用，获得了巨大的经济效益和社会效益。据2014年发布数据，2012年学校师生发表论文被“SCIE”“EI”收录数量分别居全国高校第36位和25位。

学校不断拓展社会服务领域和发展空间，与国内100多个省、市、区政府和大型企事业单位签署了全面合作协议。同时，学校瞄准世界前沿，加强国际合作，先后与德国亚琛工业大学、美国橡树岭国家实验室、英国牛津大学等130余所著名大学和科研机构建立了合作关系，并开展了实质性的合作。

学校以培养社会主义现代化事业的建设者和接班人为根本任务，注重学生综合素质的培养和提高。学校学生在历年国家及北京市的各种竞赛中多次获得殊荣，特别是学校每年被评为全国高校社会实践先进单位；学生代表队在全国第一至第六届机器人电视大赛中稳居前三甲，其中两次获得冠军，于2005年参加亚太地区大学生机器人大赛并获得亚军。学校同时高度重视学生思想品德教育，努力营造培养学生爱国主义、集体主义和社会主义精神的校园文化氛围，先后被授予“北京市文明校园”“北京市党建和思想政治工作先进普通高校”及“首都文明单位标兵”等光荣称号。

学校的体育竞技水平和群众性体育活动在北京乃至全国享有盛誉，涌现出一批以李敏宽、楼大鹏为代表的国家优秀运动员、教练员和体育官员。学生田径代表队在全国及北京市高校竞赛中数度折桂；女篮代表队在北京市高校联赛中连续12次夺冠，并于2005年挺进CUBA全国八强。学校拥有约8.2万平方米的现代化体育场地。学校体育馆作为2008年奥运会、残奥会竞赛场馆，圆满地完成了北京奥运会柔道、跆拳道，残奥会轮椅篮球、轮椅橄榄球4项赛事的承办工作，学校体育馆团队被党中央国务院授予“北京奥运会、残奥会先进集体”荣誉称号。

北京科技大学全体师生正满怀信心，迈着坚定的步伐，向着“把北京科技大学建设成为以工为主，工、理、管、文、经、法等多学科协调发展，规模适度，特色突出，国内一流，国际知名的高水平研究型大学”的目标而奋进。

附　录

2014年主要工作

2014年是国家各项事业深化改革的推进之年，也是学校实现“十二五”发展规划的关键一年。一年来，学校深入学习和贯彻中共十八大和十八届三中、四中全会以及习近平总书记系列重要讲话精神，团结带领全校广大师生员工扎实推进工作，进一步解放思想、凝聚共识、改革创新、提高质量，努力实现关键领域的重点突破和办学水平的全面提升，在教育教学、学科建设、科学研究、师资队伍、国际合作、基础建设等各方面都取得了长足的进步。

（一）高质量完成《北京科技大学章程》制定工作

2014年是学校章程建设具有里程碑意义的一年。经过专项推进、意见征询、审议审定三个阶段，章程建设进展顺利，经教职工代表大会讨论、校长办公会审议、校党委会审定通过，于11月形成核准稿并报送教育部。2015年3月11日，教育部正式核准《北京科技大学章程》，并于4月8日通过教育部网站发布。

学校章程注重突出“三个特色”。①注重挖掘内涵、凝练传统，努力彰显“北科特质”。②注重将本章程的制定作为优化治理、凝聚共识的重要抓手，不断明确思路。③注重做好深化改革的顶层设计。章程界定了学校与举办者的权利和义务关系，明确了学校在招生、学科专业设置、学生修业年限、资源配置、机构设置、岗位配备、选聘管理教职工、收入分配等方面的自主权，为未来的改革和制度创新预留空间并设定依据。学校将以此为契机，进一步加快深化结构改革，构建现代大学制度，实现学校管理的制度化、法制化和科学化。

（二）钢铁共性技术协同创新中心成功入选国家“2011计划”

由学校牵头，东北大学等单位共同参与的钢铁共性技术协同创新中心于2014年10月入选国家“2011计划”。“2011计划”是继“985工程”“211工程”后，国家在高等教育系统启动的第3项国家工程，创新中心能否入选国家“2011计划”，关系到学校的长远发展。

在2014年度“2011计划”认定工作中，创新中心根据我国钢铁工业急需实现“绿色钢铁”的战略需要，凝练了两项重大协同创新任务：关键工艺与装备研发和重大工程高端产品开发。通过研发先进工艺技术和装备、优化生产工艺流程，降低能源资源消耗、保护生态环境，实现“绿色制造”；通过优化、调整产品结构，开发高端钢材，支撑海洋、交通、能源等战略新兴产业的绿色化发展，实现“绿色制造”。2014年7月，创新中心参加了“2011计划”专家综合咨询会，获得了与会32名综合咨询专家的30张“优先支持”票，得票率名列前茅，确保了中心顺利通过国家“2011计划”的认定。

（三）深化教育教学改革，着力提高人才培养质量

2014年，学校召开了本科教学工作会议，出台了《关于进一步加强本科教学工作的决定》，进一步明确了今后五年本科教学的工作思路和改革措施。学校继续深化人才培养模式改革，加快推进与中科院应用数学研究所联合实施的“闵嗣鹤数学精英计划”，继续推进与中科院半导体所合作的“黄昆班”、与国家纳米中心合办的“纳米材料与技术专业”等工作。此外，学校发起并成立了“中国冶金行业卓越工程师培养联盟”，致力于加强校企合作及资源共享。年内，学校顺利地完成了环境工程、冶金工程、采矿工程3个专业的工程专业认证。

学校继续大力推进“本科教学质量工程”，且成效明显。4项教学成果获国家教育教学成果奖，3门课程入选国家级“精品视频公开课”，9部教材入选教育部“十二五”普通高等教育国家级规划教材。学生学业水平进一步提高。全校本科生科技创新项目共立项626项，参与学生2401人。组织7183名学生参加各类竞赛42项，校级以上获奖学生人数1824人，其中省、部级以上获奖人数807人。全校平均就业率97.43%，其中，研究生就业率98.70%，本科生就业率96.36%。本科生国内读研率连续两年保持在40%以上。

在研究生培养方面，学校组织召开了研究生教育工作会议，从招生选拔、培养方案、学术论文、奖助学金、教材建设5个主要方面明确了改革的方向。年内，申报审核的文物与博物馆专业、社会工作专业两个硕士学位点获得了批准。推进全日制专业学位研究生培养模式改革，以高等工程师学院和冶金工程研究院为试点，筹建面向“基地群”的校企联合的专业学位研究生教育指导委员会，由此申报的《面向大流程工业的跨学科高层次人才协同培养》获中国学位与研究生教育学会2014年中国研究生教育成果二等奖。

在体育教育教学方面，学校出台了《北京科技大学<国家学生体质健康标准>实施细则》，顺利圆满地完成了13148名学生的学生体质健康标准测试工作。学校竞技体育再创佳绩，在北京高校篮球联赛中，女子篮球队获得第一名、男子篮球队获第二名。学校获得首都高校大学生羽毛球锦标赛甲组女子团体冠军、甲组女子双打冠军和甲组女子单打冠军3项桂冠；在首都高校大学生跆拳道精英赛上，学校获得甲组男子团体总分第一名、甲组女子团体总分第二名和甲组男、女团体总分第一名；在第五十二届首都高校田径运动会上，学校获得甲A组男女团队总分第三名。

（四）推进人事制度改革，不断加强师资队伍建设水平

2014年，学校加强高层次人才引进工作，通过落实特聘教师岗位政策，共引进高水平人才11人，其中“新世纪人才”4人，“杰出青年”1人，“千人计划”1人。学校积极构建校内人才遴选培养机制，注重以高水平人才带动师资队伍水平的提升。年内，新增长江学者特聘教授1人讲座教授1人，“国家杰青”1人、“国家优青”2人，“北京科技新星”2人、“北京教学名师”2人，“宝钢优秀教师特等奖”1人、“宝钢优秀教师奖”2人。

学校进一步深化人事管理机制改革，以“尊重差异、精细化管理、突出成果导向”为原则，出台了新的专业技术职务评聘办法。年内，教学科研岗晋升50人，非教学科研岗晋升51人。严格实行“非升即走”退出制度，年内完成共计126人的考核工作，其中首聘期1人、二聘期9人、科研辅助岗3人不再续聘。同时，落实教职员工考核制度，年内完成员工考核2675人。进一步优化非教学科研岗人员考核体系，初步建立了“年度考评、聘期总结”的考核机制。稳妥推进薪酬体系和分配福利制度改革，做好为在职教职员工发放工作餐补工作，继续提高教职员工收入水平。

（五）强化科研管理，增强科学研究和成果转化能力

学校加强科研战略规划，进一步规范科研经费管理，在科研基地建设、承担科研项目、科研经费使用等方面取得了较大进展。年内，“重大工程材料安全服役研究评价设施”建设进展顺利，昌平创新园新建工程面积75780平方米，计划于2015年建设完成并投入使用。

学校着力推进科技成果转化基地建设，制定形成科技成果转化改革建设实施方案，成为全国首批“中央级事业单位科技成果使用、处置和收益管理改革试点单位”及“北京市科技成果转化改革试点单位”。年内，学校发起成立“京津冀钢铁行业节能减排产业技术创新联盟”。与宁波市政府签署合作框架协议书，共建先进技术研究院。与山东省政府沟通共建烟台先进装备制造技术研究院事宜。与江苏省海安市政府合作成立了海安金属新材料研究院，拟成立“武安市特殊钢研发中心”。

2014年，学校科研经费到款总额共计6亿元，其中纵向经费3.69亿元，横向经费2.31亿元。新增科研合同1083项，合同金额5.8亿元。学校主持的重大科学研究计划、ITER课题5项，863项目1项、课题2项，科技支撑项目4项，国际合作项目3项，重大专项3项，经费总额9796.4万元；国家自然科学基金126项，经费总额9400.8万元。新增国家及科研基地1个，省部级科研基地7个。学校获得国家二等奖2项，其中技术发明奖、科技进步奖各1项，获省、部级奖57项。申请发明专利507项，授权276项；申请实用新型专利50项，授权64项；申请PCT国际专利9项；计算机软件著作权登记46项。2013学校“SCIE”收录论文1234篇，“EI”收录论文1606篇，“SCI”学科影响因子前1/10的论文155篇；出版期刊54期，载文939篇。

在科技产业方面，学校继续以现代企业制度为核心，不断规范科技产业集团及所属企业管理。年内，完成10家企业的股权清理转让、清理准备、资本结构调整及股权划转4方面整顿工作。学校科技产业企业共有42家，年内投资企业共实现总产值9.65亿元，净利润7793.49万元。至2014年年底，天工大厦进驻企业共计105家，上缴学校11000万元，超额上缴1000万元。

（六）探索国际合作发展新模式，提升学校国际化水平

学校继续加强与国际及港、澳、台地区的合作与交流。2014年学校共与海外高校新签署合作协议7个，续签协议6个。学校与塔塔钢铁集团共建的联合研究中心正式揭牌成立；与美国康奈尔大学就在医学领域开展合作办学签署了合作框架协议；与比利时鲁汶大学、瑞典皇家工学院共同申报了“中欧可持续工程博士生院”项目；推动与麦克马斯特大学、卧龙岗大学等深度合作院校在共同开展联合实验室、联合课程设置等方面的商讨与合作。学校孔子学院建设顺利，以推广创意产业技术为发展特色，首次引进香港新华集团的投资支持，构筑了全新的孔子学院建设和发展模式。学校进一步巩固国家级—校级—院级三级国际化平台体系，紧密结合国家战略发展需求，建设111学科创新引智基地和国家级科研合作基地。

学校注重提升来华留学生服务管理水平，着力促进世界优质教育资源与校内国际化培养平台的深度融合，推进国际理解课程体系建设。2014年共执行各类学生项目75项，新增学生项目13项，选派学生583名。至年底，在校长期留学生855人，其中研究生占留学生总数的37.2%。

（七）扎实推进学风建设，稳步提高学生综合素质

学校党委围绕立德树人的根本任务，将培育和践行社会主义核心价值观融入到课堂教育、网络引领等活动载体中，蓬勃开展“中国梦”主题教育活动，努力使社会主义核心价值观进学生思想、入文化主流、成实践自觉。

2014年，通过开展党团校培训、毕业教育、新生教育、心理健康教育、大学生主题教育活动、研究生科技挂职锻炼等活动积极营造校园育人氛围，切实提高学生工作精细化管理水平和科学化水平。年内，学校有1997名学生获得助学贷款，累计发放1215.68万元。为3103名本科生发放助学金915.8万元，为研究生发放国家助学金4037.8万元，发放“助研、助教、助管”助学金1251.034万元。进一步加强心理辅导，实施心理素质教育提升计划，个别心理咨询量近3000人次，团体咨询92场，覆盖学生1400余人次，学生对心理健康教育与咨询服务的满意度为91.4%。2014年，学校被评为“北京市思想政治工作优秀单位”，获得“2012-2013年北京高校党的建设和思想政治工作优秀成果”一等奖和创新成果奖。

2014年，学校共组织351支团队、3328名学生深入基层开展社会实践活动，学校获评“首都社会实践先进单位”。学校选拔100名志愿者参与APEC服务，累计上岗604次，服务时长5633小时。学校与建龙重工集团、房山高校产业园区合作，建立北京科技大学学生创业苗圃，全年孵化创业公司4家；与中科招商集团签署战略合作协议，筹办创新创业学院并设立创新创业投资基金。学生代表队在“创青春”首都大学生创业大赛中获得金奖2项、银奖6项和铜奖4项，在“创青春”全国大学生创业大赛中获得银奖1项、铜奖3项。

学校全年举办高水平文艺演出8场、艺术讲堂2场，组织学生走进国家大剧院22次，覆盖师生5000余人次。学校合唱团先后登陆中山音乐堂、国家大剧院演绎专场音乐会。学校大型原创校史话剧《绽放》荣获校园戏剧最高奖“校园戏剧奖”。原创舞蹈专场晚会《满井·映象》，充分展现了学校的历史文化与人文精神。

（八）改善学校办学条件，注重提高服务管理水平

学校贯彻落实中央“八项规定”精神，加强了对公务接待、差旅、会议、因公出国等相关费用支出管理。全年实现全口径收入197341万元，年初预算193287.72万元，完成率为102.1%；全年完成全口径支出177385万元，年初支出预算194287.72万元，完成率为91.3%。年内加强财政专项经费管理，年底财政性结转资金0.9亿元，比上年结转资金1.2亿元减少了0.3亿元。

在资产管理方面，学校推进大型仪器设备开放共享，借助教育部CERS项目构建学校大型仪器设备共享硬件平台，实现了67台大型仪器设备与CERS总平台对接。同时，通过强化制度保障、推进大型仪器设备共享、搭建实验室安全体系、加强实验室教学示范中心建设以及公房和地下空间管理等一系列措施、加强对国有资产的管理及实验室的建设工作。

年内，进一步改进后勤、校医院、图书馆、档案馆、社区服务，提升学校信息化建设水平。学校落实完成了对学生公寓配电室的改造及4800台空调的安装等工程。推进周转房管理公开制度和后勤运行机制改革，加强社区管理服务，提高校医院医务水平和图书馆综合服务质量，实现了校内教学、办公区校园无线网络全覆盖，推进了无纸化、网络化办公业务系统的应用。

学校进一步加强了校友的沟通联络，举办首届“校庆周”系列活动。2014年，募集捐赠1105.98万元，向教育部申请普通高校捐赠收入财政配比资金1057万元，合计为学校增加收入2162.98万元。公益支出总计1584.62万元，资助项目41个。

（九）巩固和扩大教育实践活动成果，进一步加强党建工作

根据中央部署，2014年学校党的群众路线教育实践活动进入“整改落实、建章立制”阶段，学校扎实推进《校领导班子整改方案》《专项整治方案》《制度建设计划》的执行落实工作，建立实行台账销号制度，确保整改责任到人、落实到位。至年底，58项整改事项中已完成55项，完成率95%。此外，学校制定和发布了《国内公务接待管理实施办法》《科研经费劳务性支出管理办法》等系列文件，对学校国内公务接待、科研经费管理等工作进行了进一步的规范。

学校大力加强基层党建工作创新，扎实推进学校党建和思想政治工作步伐。通过组织开展党员教育培训、基层党组织活动立项申报和优秀基层党组织活动评选等活动，推动了学校各级党建事业的和谐、快速发展。2014年，学校1个党支部荣获北京高校先进基层党组织称号，2人荣获北京高校优秀共产党员称号，1人荣获北京高校优秀党务工作者称号。年内，学校完成材料科学与工程学院、数理学院等6个学院的行政领导班子的调整工作；继续推行二级党委负责人公推直选，指导完成冶金与生态工程学院、自动化学院等13个二级党委（党总支）的换届工作。“三推一评一选”院（系）党委公推直选模式先后获得“北京高校优秀党建工作创新项目”“北京市优秀党建工作创新项目”和“北京高校党的建设和思想政治工作优秀成果一等奖和创新成果奖”。

学校进一步加强纪检审计工作，按照“一把手负总责、分管领导各负其责、班子成员齐抓共管、纪检部门组织协调”的领导体制和工作机制，切实履行党委主体责任、党委主要领导第一责任、纪委监督责任、班子成员分管领导责任。根据整体工作计划，学校完成了纪委监察室、机关党委、大项目建设指挥部、高等工程师学院、人事处、后勤集团、财务处等部门二级单位负责人的经济责任审计，同步开展了这些部门的财务收支审计工作。除此之外，还对校工会、天津学院和体育部进行了财务收支审计工作。

学校认真落实全国宣传思想工作会议部署，着力推进理论学习、新闻宣传和文化建设工作。学校党委精心组织9场中心组理论学习会，有效地提高了学习的自觉性和实效性。全年校报出刊19期，主流媒体报道学校414条次。2014年，学校正式开通了官方微信平台，全年共推送80余期，累计发送300余条信息。新浪官方微博全年共发表信息520条，点击率780万人次。加强“学子在线”网站建设，构建起“微媒体”工作体系，实现了对学生群体的分类指导、全程跟踪和精准引领。多元化新媒体的广泛应用，很好地发挥了网络在引领学生思想、服务学生成长方面的作用。

学校扎实地做好安全稳定工作，进一步地巩固“平安校园”的创建成果，2014年3月，被评为“平安校园”示范校。校工会以教代会为平台积极推进学校民主管理建设，建立教代会年会制及代表团会议等制度，组织教师参加青年教师教学基本功比赛，获得优异成绩。另外，学校继续做好统战、居委会和老干部等工作，为学校的全面发展营造良好氛围。

机 构 与 干 部

学校领导

（2014.1.1～2014.12.16）

党委书记　罗维东
校　　长　张欣欣
党委副书记　陈　曦　张文明　谢　辉（～2014.05）
副 校 长　权良柱　孙冬柏　谢建新　张　跃　武德昆（～2014.03）
纪委书记　张文明（兼）
副校级干部　王维才

（2014.12.16～2014.12.31）

党委书记　罗维东
校　　长　张欣欣
党委副书记　陈　曦　张文明　戴井岗
副 校 长　孙冬柏　王维才　王　戈　薛庆国　吴爱祥　何民庆
纪委书记　戴井岗（兼）

中共北京科技大学第十届委员会常务委员会委员名单

（2014.1.1～2014.12.16）

罗维东　张欣欣　陈　曦　张文明　权良柱　孙冬柏　谢建新
张　跃　谢　辉（～2014.05）　武德昆（～2014.03）

（2014.12.16～2014.12.31）

罗维东　张欣欣　陈　曦　张文明　戴井岗　权良柱　孙冬柏
王维才　王　戈　薛庆国　吴爱祥　何民庆

中共北京科技大学第十届委员会委员名单

（按姓氏笔画排序）

（2014.1.1～2014.12.16）

王　立　尹怡欣　石　岩　权良柱　曲选辉　孙冬柏　孙景宏　邱　宏　何民庆　张　跃
张　群　张　颖　张文明　张欣欣　陈　曦　武德昆（～2014.03）　罗维东　祝利克
徐金梧　谢　辉（～2014.05）　谢建新　薛庆国

（2014.12.16～2014.12.31）

王　戈　王　立　王维才　尹怡欣　石　岩　权良柱　曲选辉　孙冬柏　孙景宏　邱　宏
何民庆　吴爱祥　张　跃　张　群　张　颖　张文明　张欣欣　陈　曦　罗维东　祝利克
徐金梧　谢建新　薛庆国　戴井岗

中共北京科技大学第十届纪律检查委员会组成人员名单

（按姓氏笔画排序）

（2014.1.1～2014.12.16）

书　记　张文明（兼）
副书记　曲　雁
委　员　王会中　曲　雁　何柏芝　张文明　张敬源　陈雨来　涂纪明　贾水库
　　　　黄武南　曹　勇　蒋宏潮　韩　经　臧　勇

（2014.12.16～2014.12.31）

书　记　戴井岗（兼）
副书记　曲　雁
委　员　王会中　曲　雁　何柏芝　张文明　张敬源　陈雨来　涂纪明
　　　　贾水库　黄武南　曹　勇　蒋宏潮　韩　经　臧　勇　戴井岗

北京科技大学第十五届工会委员会组成人员名单

主　　席　张文明（兼）
常务副主席　贾水库
专职副主席　赵智杰　耿小红
兼职副主席　王金安　曲　雁

委　员（按姓氏笔画排序）

万发荣　马永春　王会中　王金安　王新东　艾　茹　曲　雁
刘明珠　米振莉　李　擎　吴豪伟　张文明　张百年　张秋曼
武冠雄　孟　江　罗明刚　赵智杰　耿小红　贾水库

工会经费审查委员会

主　任　　涂纪明
副主任　　孙亚东
委　员（按姓氏笔画排序）

刘江山　孙亚东　张　涛　涂纪明　耿小红

共青团北京科技大学第二十二届委员会名单

书　记　　刘晓东
副书记　　王鹂（女）　马　聪　董俊杰　徐洪业　闫奎铭　杨志达（学生）
常　委　　（按姓氏笔画排序）

马　聪　王　鹂（女）　王海波　王　端（学生）　闫奎铭　刘晓东
张晓媛（女）　邵丽华（女）　杨志达（学生）　郭东旭　徐洪业
崔　睿　董俊杰

学校党群系统组织机构及负责人

序　号	单　位	正　职	副　职
1	党委办公室	张卫冬	李　帅　都基辉　赵　萌
2	组织部	孙景宏	武　森
3	党校办公室	孙景宏（兼）	
4	宣传部	何　进	沈　崴　李　洁
5	统战部	张卫冬（兼）	刘　晋
6	学生工作部	于成文	丁煦生　秦　涛　盛佳伟
	武装部		
7	研究生工作部	张　颖	宗燕兵
8	保卫保密部	张卫钢 刘兴德（保密委员会办公室主任）	王文刚 田　斌（综合治理办公室副主任）

序　号	单　位	正　职	副　职
9	土木与环境工程学院党委	金龙哲	耿倩男　陈大鹏
10	冶金与生态工程学院党委	宋　波	张百年　王春义
11	材料科学与工程学院党委	吴春京	万发荣　李　磊
12	机械工程学院党委	臧　勇	张　杰　董春阳
13	自动化学院党委	尹怡欣	李　擎　景　鹏
14	计算机与通信工程学院党委	黄武南	韩伯涛　苏　栋
15	数理学院党委	邱　宏	牛　珩
16	化学与生物工程学院党委	郑安阳	曾　芳　曹艳秋
17	东凌经济管理学院党委	戴淑芬	刘明珠　温　雅
18	文法学院党委	赵　雨	史立伟
19	马克思主义学院党总支	彭庆红	段晓芳
20	外国语学院党委	张秋曼	朱宝善　武冠雄
21	管庄校区党委	纪永先	马永春
22	高等工程师学院党总支	李京社	王小宁
23	机关党委	章东辉	曲　雁（兼）
24	离退休职工党委	乔　哲	刘淑红　段凤英　胡尧和
25	后勤党委	张俊燕	艾　茹　张东平（兼）
26	科技产业集团党委	王会中	陆　钢
27	体育部直属党支部	祝利克（兼）	
28	冶金工程研究院党委	陈雨来	何安瑞　米振莉
29	新金属材料 国家重点实验室党委	吕昭平（兼）	周香林
30	天津学院党委	王　斌	白　亮　叶振楠　孟菲菲
31	国家材料服役安全科学中心党总支	徐文超	

学校行政机构及负责人

序　号	单　位	正　职	副　职
1	校长办公室	张卫冬	李　帅　都基辉　赵　萌
2	规划与学科建设办公室	乔　兰	胡晓军
3	人事处	臧　勇	蒋　韬　袁文霞

续表

序号	单位	正职	副职
4	教务处	薛庆国	申亚男　尚新生　林　海　张　甜
5	科学研究与发展部	刘杰民	赵冲冲　邢　奕　李　林　蔡爱惠 张　超　何新波（兼） 佟建国（期刊中心主任）
6	研究生院	谢建新（兼）	吴爱祥（常务）韩　经（正处级） 宁晓钧　班晓娟
7	财务处		曹光远（主持工作）孙亚东　陈雪松
8	监察室	曲　雁	夏秀芹
9	审计室		王小力（主持工作）
10	学生工作处	于成文	丁煦生　秦　涛　盛佳伟
11	招生就业处	尹兆华	王占奎　孙长林
12	国际合作与交流处	王　戈	郭侃俊
13	留学生中心		赵立英　李宝铭
14	保卫保密处	张卫钢 刘兴德（保密委员会办公室主任）	王文刚 田　斌（综合治理办公室副主任）
15	后勤基建管理处	金仁东	冯建明　仇安兵　张东平　周文海
16	资产管理处	林　林	孟兆磊
17	离退休职工工作处	乔　哲	刘淑红
18	校友会、基金会办公室		吕朝伟（主持工作）
19	体育部	赵　雨	董　苹　张孔军　宋一涛

学校直属机构及负责人

序号	单位	正职	副职
1	后勤服务集团	张文平	孟祥国　张　林　鲍　博
2	科技产业集团		陆　钢（主持工作） 刘俊友　刘　焱
3	图书馆	季淑娟	王　瑜　张　涛
4	校医院	褚　洪	李素君
5	新金属材料国家重点实验室	吕昭平	林均品　张济山　隋延力　周香林
6	钢铁冶金新技术国家重点实验室	郭占成	李　晶　刘　青

续表

序号	单　位	正　职	副　职
7	冶金工程研究院 （高效轧制国家工程中心）	何安瑞	米振莉　郭　强
8	新材料技术研究院	曲选辉	李晓刚　乔利杰　孙建林 李　芊
9	广东研究院	孙冬柏（兼）	何新波（常务）
10	重大工程材料服役安全研究评价设施项目指挥部	孙冬柏（兼）	汪林兵（主持工作）　冯　强 徐文超
11	钢铁共性技术协同创新中心	徐金梧（兼）	王西涛（正处）　徐　科 孙彦辉
12	国家板带生产先进装备工程技术研究中心	徐金梧（兼）	杨　荃（常务）　梁治国 臧　勇（兼）　张清东（兼） 冯俊小（兼）
13	生物工程与传感技术研究中心	张学记	苏　磊　董海峰
14	中国教育经济信息网管理中心	武德昆（兼）	高　杰（常务）　雷雪梅 杨绮雯
15	信息化建设与管理办公室	杨德斌	钱大益
16	档案馆	罗明书（副处）	
17	体育馆管理中心	邹华东（副处）	
18	居民管理委员会、社区服务管理中心	杨　峰（副处）	殷官朝（副处）　李秀兰（正科）

学院行政机构及负责人

单　位	院　长	副院长
土木与环境工程学院	金龙哲（主持工作）	纪洪广　胡乃联　李长洪　姚　俊　耿倩男　陈大鹏
冶金与生态工程学院	张立峰	张建良　陈　骏　李宏煦　张百年　王春义
材料科学与工程学院	姜　勇	杜振民　于广华　刘雪峰　郃永红　李　磊
机械工程学院	王　立	张　杰　夏德宏　景志红　马　飞　董春阳
自动化学院	孙长银	胡广大　张朝晖　李　擎　陈　旭　景　鹏
计算机与通信工程学院	隆克平	张晓彤　张德政　王建萍　宁焕生　韩伯涛　苏　栋
数理学院	王荣明	陈章华　丁红胜　陈艳萍　刘雨芙　牛　珩
化学与生物工程学院	张学记	范慧俐　温永强　胡继业　曾　芳　曹艳秋
东凌经济管理学院	王文彬	何　枫　魏　钧　胡　枫　刘明珠　温　雅
文法学院	陆　俊	魏增产　冯　英　许　斌　张武军　史立伟

续表

单位	院长	副院长
马克思主义学院	彭庆红	李晓光　刘丽敏　段晓芳
外国语学院	张敬源	何　伟　陈红薇　朱宝善　武冠雄
管庄校区	石　岩	徐新华　张满银　马永春　赵桂娟　杨　勇
高等工程师学院	张　跃（兼）	刘　立（常务）　赵志毅　王小宁
天津学院	郭景文	白　亮（综合办公室主任）　孟菲菲（人事处处长） 叶振楠（学生处处长）

学院（研究院）系、所、中心设置及负责人

学院	系、所、中心	正职	副职
土木与环境工程学院	资源工程系	宋卫东	李克庆　王贻明　吕文生
	土木工程系	谢谟文	刘　洋　刘彩平　谭文辉
	环境工程系	宋存义	朱维耀　汪群慧　陈月芳
	安全科学与工程系	张英华	谢振华　黄国忠
	矿物加工工程系	孙春宝	段旭琴　孙体昌
	实验中心	胡乃联（兼）	谢玉玲（常务）　张延凯
	环境工程中心	徐金梧（兼）	张欣欣（兼）　张文明（兼） 苍大强（兼）　宋存义（兼）
冶金与生态工程学院	钢铁冶金系	张家泉	贺东风　唐海燕
	物理化学系	邢献然	沈少波　侯新梅
	有色冶金系	薛济来	邹　兴　曹战民
	生态科学与工程系	李素芹	刘晓明
	实验中心	宋　波（兼）	冯根生　韩丽辉
	冶金与材料史研究所	潜　伟	李秀辉　章梅芳
	科学技术与文明研究中心	权良柱（兼）	梅建军
材料科学与工程学院	材料学系	刘国权	叶荣昌　龙　毅　董建新 李长荣
	材料加工与控制工程系	刘雪峰（兼）	宋仁伯　李静媛
	无机非金属材料系	孙加林	曹文斌　赵海雷
	材料物理与化学系	尚成嘉	高克玮　王学敏　刘泉林 李立东
	固体电解质冶金测试国家专业实验室	张　跃（兼）	赵海雷（兼）　张波萍
	核能与新兴能源系统材料研究所	葛昌纯	燕青芝　周张健

续表

学　院	系、所、中心	正　职	副　职
机械工程学院	机械工学系	韩建友	俞必强　曹　彤
	机械电子工程系	朱超甫	周晓敏　冯　明
	机械装备及控制工程系	张清东	秦　勤　闫晓强　曹建国
	机械制造及自动化系	刘北英	唐　英　黄明吉
	物流工程系	李苏建	冯爱兰　赵　宁
	热能工程系	温　治	冯俊小　冯妍卉　童莉葛
	工业设计系	陶　晋	郑　阳
	车辆工程系	杨　珏	范让林　杨耀东
	建筑环境与设备工程系	曲世琳	张　炯
	零件轧制中心	胡正寰	张康生　王宝雨
	实验中心	范　云	俞爱辉　李　烽
自动化学院	控制科学与工程系	陈为胜	邵立珍　王丽君　祝　乔
	仪器科学与技术系	蓝金辉	侯庆文　肖文栋　赵小燕
	电工电子技术系	张　兰	刘磊明　伍春洪
	智能科学与技术系	谷　宇	王粉花　曾　慧
	自动控制研究所	陈先中	李江昀
	教学实验中心	李　擎（兼）	鲁亿方　王尚君
计算机与通信工程学院	计算机科学与技术系		王昭顺　罗　熊　殷绪成
	通信工程系	阳小龙	马忠贵　王丽娜　陈月云
	物联网与电子工程系	王志良	解　仑　石志国
	信息基础科学系	姚　琳	
	软件工程系	孙昌爱	陈红松
	教学实验中心	王建萍（兼）	金　波
东凌经济管理学院	管理科学与工程系	李铁克	王海凤
	工商管理系	张　剑	贾振全
	经济贸易系	何维达	邓立治　王宾容
	财务与会计系	肖　明	李晓静
	金融工程系	刘　澄	王未卿
	工程管理与技术经济系	马风才	
	实验信息中心	王立民	
	管理科学与工程研究所	张　群	

续表

学院	系、所、中心	正职	副职
东凌经济管理学院	电子商务研究所	李铁克（兼）	
	企业与产业发展研究所	何维达（兼）	
	教育部工程研究中心	张　群	李铁克（兼）
	期货证券研究中心	王文彬（兼）	
	复杂系统故障预测和管理研究所	王文彬（兼）	
	MBA中心	楼　园	
	公共关系办公室	倪　宇	
文法学院	公共管理系	吴群芳（兼）	何晓前　黄耀杰
	法律系	侯登华	张家盛　张佳华
	社会学系	时立荣	郇建立　许　斌（兼）
	艺术教育中心	张　健	周湘斌
	MPA教学管理中心	吴群芳（兼）	唐德龙
	实验中心	米　浩	
	法律硕士教学与管理中心	魏增产（兼）	崔俊贵
	专业学位办公室	王　伟	
	教育经济与管理研究所	曲绍卫	
马克思主义学院	思想政治教育研究所	左　鹏	鲁春霞
	马克思主义基本理论研究所	马晓燕	
	马克思主义中国化研究所	杨彦强	赵　静
	历史与文化研究所	张北根	
	科技与社会研究所	刘文霞	
数理学院	应用数学系主任	马万彪	胡志兴　刘　宇
	信息与计算科学系	汪飞星	张志刚　侯书会
	物理系	马星桥	吴　平　倪晓东　王凤平
	应用力学系	尚新春	陈学军　魏培君
	现代物理技术研究中心	丁红胜（兼）	潘礼庆　于广华（兼）
	应用物理研究所	陈难先	申　江
	应用数学研究所	林　平	

续表

学 院	系、所、中心	正 职	副 职
化学与生物工程学院	高分子科学与工程系	胡国华	党智敏
	化学与化学工程系	陈飞武	李新学 车 平 李建强
	生物科学与工程系	闫 海	魏 巍 罗 晖 杜宏武
外国语学院	英语语言文学系	杨英军	淡晓红
	大学英语系	张 虹	王 娜 李晓东
	研究生英语系	曹红晖	
	亚欧语系	庄凤英	王绪梅
	外国语言文学研究所	杨英军（兼）	
	培训中心	孙 浩	
	实验中心	张秋曼（兼）	陈光浦
	功能语言学研究中心	何 伟（兼）	
新材料技术研究院	腐蚀与防护中心	乔利杰（兼）	孟惠民 路民旭
	功能材料研究所	张深根	李成明 田建军
	先进制备与加工技术研究所	张志豪	
	粉末冶金研究所	郭志猛	林 涛
	教育部金属电子信息材料工程研究中心	曲选辉（兼）	张深根（兼）
	环境断裂教育部重点实验室	乔利杰（兼）	
	材料先进制备技术教育部重点实验室	谢建新（兼）	
	腐蚀与防护教育部重点实验室（B类）	李晓光（兼）	
	教育部金属电子信息材料工程研究中心	张深根（兼）	
	实验测试中心	孙建林（兼）	熊小涛（常务） 毛璟红 薛润东 胡学晟
高等工程师学院	工程训练中心	王建武	邹 静 徐立业 王 旭
体育部	体质健康测试中心	曹庆雷	

院系情况

土木与环境工程学院

【概况】土木与环境工程学院下设5个系：资源工程系、土木工程系、环境工程系、矿物加工工程系、安全科学与工程系；1个实验中心；3个研究所：空间遥感与GIS应用研究所、矿井避险技术研究中心、尾矿膏体处置技术研究中心；1个省部级重点实验室：金属矿山高效开采与安全教育部重点实验室；1个合作基地：国家能源与环境国际科技合作基地。2014年，学院共招收本科生13个班386人，其中采矿工程61人，矿物加工工程60人，土木工程122人，环境工程61人，安全工程61人，卓越计划21人。招收学术型普通硕士研究生197人（含外国留学生11人），应用型专业学位硕士研究生122人，非全日制工程硕士88人，博士研究生87人（含外国留学生3人）。毕业本科生327人，深造率55.1%，综合就业率98%；研究生378人，就业率99.72%，签约率68.17%。至2014年底，学院共有在校生2817人，其中本科生1349人，硕士研究生968人（含专业学位硕士442人），博士研究生500人。

（耿倩男、姜琳婧）

【师资队伍】2014年，学院共有教职工158人，其中专任教师121人（教授49人，副教授42人，讲师17人，教师博士后13人）。有博士生导师64人，其中兼职博导14人。有中国工程院院士1人，国务院学位委员会学科评议组成员2人，长江学者1人，国家杰出青年科学基金获得者2人，全国教学名师1人，全国模范教师1人，人事部“新世纪百千万人才工程”国家级人选4人，中国青年科技获奖者2人，全国优秀科技工作者2人，教育部“跨世纪优秀人才培养计划”入选者2人，教育部“新世纪优秀人才支持计划”入选者9人，教育部创新团队1个，北京市教学名师2人，北京市优秀教学团队1个，北京市优秀教师2人，北京市高等学校青年学科带头人2人，北京市优秀青年骨干教师4人，“宝钢教育基金”优秀教师4人。吴顺川教授入选“科技北京百名领军人才培养工程”，并获学校师德先进个人。环境工程系获学校先进集体、师德先进集体。吴顺川、董涛、马鸿志、张延凯获学校先进工作者，高永涛教授获“研师亦友——我最喜爱的导师”，李长洪、牟在根、毛市龙获“我爱我师——我心目中最优秀的老师”。学院新增博士生导师4人；新进教学科研岗15人，实验人员4人，辅导员1人；晋升教授1人，晋升副教授3人，晋升高级工程师1人；出国访学教师7名。

（耿倩男）

【人才培养】本科生教学方面。①2014年，学院共开设课程166门，其中20名青年教师上课，讲课优秀率18%，优良率100%，教授上课率100%。②学院完成了采矿工程、环境工程两个专业的工程教育专业认证。在工程教育专业认证过程中，学院全体教职员工群策群力，团结合作，资源工程系、环境工程系及学院实验中心的全体教职工贡献突出。学院组织专项抽查工作，落实教学评估和工程教育专业认证的长效机制。学院组织督导老师、教学主任抽查试卷一次，抽查了10个讲台的试卷，占总讲台数的12.5%，覆盖了学院所开设的基础课、专业课、选修课、课程设计和生产实习。学校专家组也对学院的试卷、毕业论文和实习报告等进行专项抽查工作，并按照评价体系逐一评价。针对专家提出的意见和建议，学院对所有被抽查教师逐个进行意见反馈和整改说明。③推进新生研讨课。2014年，学院设立新生研讨课9门，第一学期开设课程6门。④2014年，学院获国家级精品资源共享课（上线）1项，“十二五”国家级规划教材1部，出版教材4部；获校级规划教材重点项目2项，卓越工程师计划项目1项，面上项目16项，讲义2项；获校级教改重点项目1项，面上项目6项；获研究型教学示范课程建设项目5项；获校级优秀毕业论文16篇，优秀班导师奖4项。

研究生教学方面。①2014年，学院深化研究生培养机制改革，扩大专业硕士的培养比例，专业硕士与普通硕士的招收比例为1∶1.6。②进一步完善和细化2010版研究生培养方案，年内毕业的80名博士的论文实现全部盲评，11篇论文获校级优秀学位论文。③学院自筹设立专项奖金，评选学院“学术之星”14名，共奖励14000元。④研究生获奖方面。程世昆获“校长奖章”，赵顺征获学校“十佳学术之星”称号，刘璇获“十佳学术之星提名奖”，由爽获中国岩石力学与工程学会优秀博士学位论文奖。

（李长洪、纪洪广）

【学科建设】学院设有5个本科专业：采矿工程、土木工程、环境工程、安全工程、矿物加工工程；19个普通硕士学科点：工程力学、流体力学、一般力学与基础、采矿工程、矿物加工工程、安全科学与工程、矿物学、矿产普查与勘探、地质工程、地球探测与信息技术、岩土工程、结构工程、桥梁与隧道工程、市政工程、供热供燃气通风及空调工程、防灾减灾工程及防护工程、生物化工工程、环境科学、环境工程；5个工程硕士授权领域：环境工程、矿业工程、建筑与土木工程、地质工程、安全科学与工程；14个博士学科点，包含5个一级学科博士点：矿业工程、安全科学与工程、土木工程、力学、环境科学与工程及5个博士后流动站：矿业工程、力学、环境科学与工程、安全科学与工程、土木工程。

2014年，学院在院、系两级学科大讨论的基础上，进一步细化学科建设和发展规划，明确各学科的研究方向和建设内容。坚持“有所为有所不为”，着力打造精品学科，努力提高学科建设水平和学术影响，巩固矿业工程、安全科学与工程在国内的领先地位，提升力学、土木工程、环境工程学科的整体水平和学术实力，实现多学科协调发展。学科建设的各项规划得到全面实施，一批优势学科平台建设项目、共建项目等完成建设并组织了验收。2014年，学院申报土木工程博士后流动站并得到批准。至此，学院5个一级学科都设立了博士后流动站。

（纪洪广）

【科学研究】①2014年，学院到款科研经费总额10010万元，其中软件到款8913万元，纵向经费3483万元，横向经费6527万元；新增科研合同228项，合同金额9934万元，其中纵向合同67项，项目经费2342万元，横向合同161项，合同金额7592万元。学院坚持“非有即报”原则，申请国家自然科学基金48项，获批9项，批准金额1055万元。②学院获科技奖励22项，其中省部级科技进步一等奖4项、二等奖10项、三等奖8项。③学院有16项科研成果通过不同部门技术鉴定，分别达到国际先进或领先水平。申请专利55项，授权专利39项。发表SCI论文80篇，EI论文243篇。④学院新增北京市重点实验室1个：工业典型污染物资源化处理北京市重点实验室（负责人李子富）；北京市国际科技合作基地2个：强震区轨道交通工程抗震研究基地（负责人宋波）、城市和生活污染物处理与资源化基地（负责人李子富）。环境工程北京市级实验教学示范中心通过验收，国家安监总局矿山避险技术研究中心通过评审。

（胡乃联）

【国际交流】①2014年，学院广泛拓展国际交流的渠道，共执行高端外国专家项目2项（负责人姚俊），学校特色项目2项（负责人周晓敏、张英华）和海外名师项目1项（负责人宋波），涉及环境、土木、安全等多个学科。②矿物加工工程系举办“2014全国选矿前沿技术与装备大会”，防灾减灾梯队举办“第一届城市防灾国际学术委员会”，国际岩石力学学会在西安举办“第三届国际岩石力学青年学者论坛”。③学院各系邀请来自美国、意大利、澳大利亚、德国、日本、中国香港等国家和地区的知名教授来校举办讲座16次，聘请澳大利亚昆士兰大学、莫纳什大学、美国阿拉斯加州立大学、日本生命线工程研究所的4名教授开设为期两周的短期讲学，聘请美国耶鲁大学Ruth Elaine Blake教授为兼职博士生导师。参加国际学术会议15人次，其中9人作了大会特邀报告。

（姚 俊）

【实验室管理】2014年，学院完成“中央级普通高校改善基本办学条件专项资金”项目4个，总投资为7716万元。其中，学科修购项目2个：“通风与防火实验室建设”和“重大岩土地质灾害减灾及工程安全试验系统平台”，完成投资523万元，购置设备91台套；本科教学修购项目2个：“安全工程本科生设备安全实验室建设”和“土木工程专业本科生建筑材料实验实践教学条件建设”，完成投资193万元，购置设备108台套。实验中心管理和维护学院40余间实验室，总面积为5000余平方米，保障全院顺利地开出实验课，课率100%。

（胡乃联）

【党建和学生工作】基层党组织建设方面。①2014年，学院党委认真贯彻落实党风廉政建设责任制，结合实际，宣传、学习和贯彻执行中央、教育部、学校落实“八项规定”的精神要求，切实转变工作作风，推进学院党务、院务公开，通过了学校的党风廉政建设检查。②召开学院党员代表大会，选举产生土木与环境工程学院出席学校第十一次党代会代表15名，其中教职工代表12名，学生代表3名。启动学生党员先锋工程党支部理论学习导师配备工作，为学院33个学生党支部配备了理论学习导师。在“共产党员献爱心”活动中，共有50名党员捐款5041.60元。③2014年，学院共发展学生党员162名，其中研究生56名，本科生106名。转正预备党员113名。转入组织关系107人，转出组织关系353人。至2014年底，学院共有党员1052人，其中教职工党员115人，学生党员937人。④学院共有44个党支部申报基层党组织立项活动，100%覆盖全体支部，其中环境工程系党支部、本122党支部和本131党支部获学校优秀基层党组织立项活动二等奖，硕1309党支部获三等奖。学院开展党员对中国精神和南水北调工程重要意义的宣传教育，组织全体教职工党员观看了电影《天河》。

学生工作方面。①搭建服务学生成长成才平台。学院以学业辅导授课、“名师面对面”、“助学零距离”、学习小组、集体自习和模拟考试等形式加强学风建设，以专业见面会、新生研讨课、班主任班会和学长经验交流等形式开展专业教育。签订“华特磁电”奖助学金。2人入选学校优秀学生培养平台“励志计划”，3人获“北京市三好学生”，杨涛获“87级校友基金优秀学生干部”，6名辅导员获学生工作先进个人，土木1101班获“87校友最佳团队”，6个研究生梯队和班级获研究生标兵集体，岩土灾害控制研究室被推荐参评北京市优秀集体，学院获学校学术论坛优秀组织奖和征兵工作先进单位。②学生科技活动创佳绩。学院学生在第三届全国大学生混凝土材料设计大赛中获特等奖1项，二等奖1项，刘娟红教授被评为大赛优秀指导教师；在第四届全国高等学校采矿工程实践作品大赛中获一等奖1项、二等奖2项、三等奖2项；在北京市大学生建筑结构设计竞赛中获一等奖2项、三等奖1项。③做好学生社会实践教育。暑期社会实践共组建团队30支，其中2支获首都大学生暑期社会实践优秀团队，4名学生获首都大学生暑期社会实践先进个人，尹传举获首都大学生暑期社会实践先进工作者，赵怡晴获学校社会实践优秀指导教师，阮竹恩获学校社会实践先进工作者。加强志愿服务基地的建设，形成长期合作志愿服务基地5个。在“2014年大学生志愿者千乡万村环保科普行动”中，张东升获十佳志愿者，“绿染山村·情动涞源”实践团获优秀小分队。④加强职业发展与校友协会建设，开展朋辈生涯教育。学院组织“我与学长面对面”就业专题采访、模拟面试、简历大赛、保研和考研经验交流会、大学生村官交流会、校友讲坛等活动。开展研究生就业系统化指导，开展就业准备和职业选择、政策法规解读、求职技能提升等系列讲座。组织毕业班就业茶话会，交流就业心得、拓宽就业信息渠道和思路、舒缓就业焦虑情绪。在暑期走访5所西部企业，了解企业发展及用人需求，引导学生调整就业预期，规划职业生涯。⑤扎实做好就业工作。2014届毕业生整体就业率98.68%，较上年提高1.48%。其中，本科生就业率97.55%，签约率80.43%，深造率51.99%；研究生就业率99.72%，签约率68.17%。在学校就业工作年度评优中获总就业率、本科生派遣率2项优胜奖，本科生派遣率位居全校第一。胡乃联和纪洪广获就业工作贡献教师，巩丽获就业工作先进个人。

宣传工作方面：①加强媒体平台建设，改版升级学院网站，建立健全学院及各年级人人网、微博、微信互动平台，与“沐苑环风”院报、“土环手机报”飞信平台、学院宣传栏、大屏幕等形成学院媒体群。②加强新闻宣传，利用学校新闻网和学院网站加强对外宣传，对学院发展建设的重大事件及时进行高质量宣传报道。15条新闻入选学校新闻网“新闻导读”栏目。

（陈大鹏、姜琳婧）

冶金与生态工程学院

【概况】冶金与生态工程学院下设4个系：钢铁冶金系、物理化学系、有色金属冶金系、生态科学与工程系；1个研究院：科技史与文化遗产研究院；3个省部级实验平台：冶金工程国家级实验教学示范中心、稀贵金属绿色回收与提取北京市重点实验室、金属与矿冶文化遗产研究国家文物局重点科研基地；1个实验技术中心：冶金实验技术中心。

2014年，学院共招收学生591人。毕业本科生265人，全日制硕士140人，非全日制工程硕士68人，博士研究生71人。至2014年底，学院共有在校生2345人，其中本科生825人，硕士研究生651人（含专业学位硕士515人），博士研究生509人。

（张立峰、张百年）

【师资队伍】2014年，学院共有教职工107人，专任教师77人（正高级专业技术职务37人，副教授及副高级专业技术职务22人，讲师、中级专业技术职务及以下18人）。有博士生导师32人。（含兼职博导9人），占教师总数的93.5%。实验中心20人，行政办公人员8人，专兼职辅导员9人。有中国科学院院士2人，国务院学位委员会学科评议组成员1人，国家级突出贡献专家2人，“国家五一劳动奖章”获得者1人，省部级突出贡献专家2人，“长江学者奖励计划”特聘教授3人，国家杰出青年科学基金人选者2人，国家“百千万人才工程”入选者2人，中组部“青年千人”1人；北京市教学名师2人，教育部“新世纪优秀人才”13人，北京市科技新星2人，冶金青年科技奖获得者3人；宝钢教育基金优秀教师特等奖1人、优秀奖3人，魏寿昆科技教育奖获得者1人。

（张立峰、张百年）

【人才培养】本科生教学方面。2014年，学院共开设课程83门，总学时3560学时。教授讲课总时数600学时以上，平均24学时以上，上课率100%。在职教师均有课堂教学任务，并顺利完成。

研究生教学方面。①学院根据学校“研究生教育工作会议”精神，制定博士研究生发表论文新标准和免盲评细则。新标准面向2014年新入学研究生实行。2014年，学院博士研究生论文盲审全部合格，研究生学位论文查重合格率99%。②学院重视研究生课堂教学，通过在课程结束前发放调查问卷的方式，从教师备课、师生活动等7个方面了解学生对教师的评价。③工程硕士培养方面。与攀钢、青钢、韶钢、宣钢等合作培养工程硕士研究生。继续开展与赞比亚谦比希公司跨境联合培养有色金属冶金专业硕士研究生工作，2013级学员已完成授课环节并进入论文课题实验工作环节，已招收2014级学员11名。④研究生交流方面。学院通过学校“创新人才培养计划”项目，优化培养途径：参加国际会议5人，到国外大学短期访学3人，邀请国外教授讲学1人次。共组织推荐9名学生公派出国留学，其中4名硕士攻读博士学位，5名博士与国外学校联合培养。⑤研究生毕业质量方面。7位博士的论文获校级优秀博士论文，8位硕士的论文获校级优秀硕士论文。

（张建良、李宏煦）

【学科建设】学院设有2个本科专业：冶金工程、生态学；2个一级学科博士点：冶金工程、科学技术史；2个博士后流动站：冶金工程、科学技术史。科学技术史和冶金工程两个学科在全国排名分列第一、二位。

【科学研究】①2014年，学院新增各类科研项目181项，其中纵向项目61项，横向项目120项。新增纵向科研项目包括国家自然科学基金12项，总金额853万元（联合重点基金项目1项、面上项目7项、青年科学基金项目3项）；国家“973”子课题项目1项、北京市各类科研项目10项、基本科研业务费项目12项。全年科研经费实际到款额5157万元，其中纵向项目到款额2165万元，横向项目到款额2992万元。②学院国际合作研究取得重要突破。由张立峰教授牵头与赞比亚谦比希铜冶炼公司签订“谦比希铜冶炼效能提升与资源综合利用的集团化研究”800万元国际合作项目。③学院与青钢集团签订《青钢新品种开发与关键共性技术集成研究项目计划书》和《联合培养冶金工程硕士专业学位研究生协议书》，开展全面合作。④获科技奖励省部级科技奖10项。⑤申请专利26项（其中发明专利20项、实用新型6项），授权专利37项（其中发明专利28项、实用新型9项）。出版专著1部。发表SCIE、EI、CPCI-S论文共391篇，其中SCIE论文186篇，EI论文176篇，CPCI-S论文19篇，CSSCI论文10篇。

（陈　骏）

【国际交流】①2014年，学院教师出国交流44人次，邀请海外著名学者40余人次到学院交流讲学；拥有海外学习经历的本科生30人，硕士生23人，吸引留学生21人。②与赞比亚谦比希铜冶炼有限公司和中色非洲卢安夏铜业公司联合培养硕士研究生。③学院继续增加引智人才教学环节，设置一定学时本科生及研究生课堂教学环节，提升研究生国际化视野、英语交流水平拓展专业知识。年内获批引智项目6项（一般项目5项、高端外国专家项目1项）。继续执行教育部海外名师项目，英国华威大学Sridha Seetharaman教授参与了学院研究生教学（夹杂物控制和氧化物冶金）、科研合作、学术交流、学生联合培养等多项任务，获批北京市外专局高端外国专家项目。张立峰教授聘请墨西哥莫雷利亚技术研究院Alberto Conejo教授来学院开展为期10个月的教学与科研合作，开设全英文本科生课程“Steel Making”。④学院与钢铁冶金新技术国家重点实验室联合举办“冶金大讲堂”系列活动9期，分别邀请上海大学校长助理翟启杰教授、钢铁研究总院特殊钢研究所刘正东教授、美国CompuTherm公司专家美国金属学会（ASM）和美国TMS学会会员陈双林博士、英国莱斯特大学工程系董洪标教授、加拿大安赛乐米塔尔集团专家麦克马斯特大学材料工程系客座教授孙舒冶博士、加拿大多伦多大学材料科学与工程系高级研究员（加拿大GIO矿业公司首席专家）杨印东博士、韩国浦项工科大学Seon-Hyo Kim教授、韩国浦项科技大学Jung-wook Cho教授、大阪大学Shigehiro Nishijima教授。⑤学院与日本东北大学开展第十二届“北京科技大学—日本东北大学学生创新交流会”，3名老师和14名学生与日本师生进行交流，增进了友谊。

（陈　骏）

【实验室管理】2014年，学院推进国家级实验教学示范中心建设，落实本科实验教学实验室五年规划建设内容，为今后本科实验教学实验室建设发展奠定基础。学院配套完善冶金工程和生态学两个学科的本科实验教学相关设备，改善本科教学实验室教学条件，保证本科实验进行项目开出率100%，按教学计划完成实验课教学内容。大型设备管理水平不断提高。学院设备使用的网络预约系统的建设已初步完成。

（李宏煦　冯根生）

【党建和学生工作】2014年，学院党委认真贯彻中共十八大、十八届三中全会、十八届四中全会精神，进一步加强党风廉政建设，深化党的群众路线教育实践活动长效机制建设。实行党风廉政建设责任制，坚持党委统一领导，党政齐抓共管，依靠群众的支持和参与，认真做好学院党务、院务公开工作，及时对外发布相关信息，充分发挥教职工在民主决策、民主管理和民主监督方面的作用，提高学院党建工作与科学决策水平。学院班子召开民主生活会，广泛征求广大师生的意见和建议，查找在“四风”方面存在的突出问题，分析原因，深入开展批评和自我批评。师生反映强烈的问题得到了解决，通过一系列制度建设形成了转变工作作风的长效机制，确保了教育实践活动的针对性与实效性。教育实践活动加强了领导班子和干部队伍建设，达到了转作风、强组织、促发展的目的。

学院党委在校党委的指导下认真做好二级党委的换届工作。通过公推直选产生了“中共北京科技大学冶金与生态工程学院第五届委员会”委员共9名，宋波为学院党委书记，张百年、王春义为院党委副书记，另有张立峰、张建良、王福明、白皓、郭占成、王丽莉6位同志为院党委委员；大会选举产生了出席中国共产党北京科技大学第十一次代表大会正式代表12名。

2014年年底，学院共有党员810名，其中教职工党员93名，学生党员717名。本科生党员比例9%，研究生党员比例57.7%，职工党员比例72%。全年共发展党员71名，其中本科生党员44名，研究生党员27名。学院党委调整、优化党支部设置，学院共有党支部33个，其中，教职工党支部8个，梯队学生党支部5个，其他学生党支部20个。通过资料自学和培训讲授相结合的方式，针对社会主义核心价值观、党支部书记的工作方法、党员发展流程等内容共进行了十余场专题培训，并组织学生党支部书记参观焦庄户地道战遗址纪念馆，让党支部书记在现场得到学习。学生党支部开展红色“1+1”“助学零距离”活动。共有4个支部与校外区县共建。其中冶本12党支部、冶本13党支部与北京四季青镇门头沟村共建支部项目获北京高校红色“1+1”示范活动三等奖。“助学零距离”活动中，共建立“学风引领团”8个，组建“课程答疑室”14次，答疑320余次。

在开展基层党组织活动立项工作中，学院党委坚持围绕主题、创新形式、增强活力、突出实效原则，党支部参与活动比例为100%。钢冶系党支部“加强基层组织建设，增强基层党组织的凝聚力、创造力、战斗力”获校优秀基层党组织活动二等奖；冶本12党支部“纪念新中国成立65周年 感受共和国光辉历程”获校优秀基层党组织活动三等奖。

学院工会在加强自身建设同时，维护教职工合法权益，举办多种活动，丰富教职工文化生活。2014年，学院共探望生育职工2人次，帮助困难职工2人次，重阳节为80岁及以上离退休老人过生日共15人。组织教职工参加校排球比赛、冬季健身长跑、羽毛球比赛、运动会、十三陵水库健步走，组织开展学院运动会、教职工奥森公园健步走活动等体育活动，组织教职工观看《鸟巢·吸引》演出。

在2014年的教师节期间，我院共有4个集体、6名个人获得表彰：科学技术史团队荣获“全国教育系统先进集体”称号；钢铁冶金系荣获“北京科技大学先进集体”称号；王福明、张家泉、潜伟、张迎芳荣获“北京科技大学先进工作者”称号；钢铁冶金系荣获“北京科技大学师德先进集体”称号；王福明、张家泉荣获“北京科技大学师德先进个人”称号。

学生工作方面，学院继

续以“建设与研究型学院相适应的学生工作”为目标，在重点加强学生学风建设、就业工作和学生安全教育工作的同时，继续开展“学长领航”“摇篮讲堂”“学长顾问团”“导师制”“钢铁摇篮文化节”及研究生学术论坛、钢铁模拟冶炼大赛等活动，鼓励学生广泛参与学术性活动，鼓励学生提前进入实验室参与课题，鼓励学生以宿舍为单位加强学风建设，引导学生做好职业生涯规划。学院不断完善“班导师制”“导师制——本科生提前进实验室”“院长接待日”“钢铁摇篮奖助学金”等系列制度，帮助、引导学生树立正确的世界观、人生观、价值观；对学生进行学习方法、职业生涯发展方面的引导。

创新主题教育形式和载体，引领青年学生思想。累计开展“我的中国梦”团日班会85场，“我的专业梦”团日班会18场，“培育和践行社会主义核心价值观”专题教育报告会1场，“主题团日活动总结会”2场，形成学子梦想卡543张、原创作品18件、新闻稿42篇，微信微博状态数百条。编辑出版了《钢之韵》第四期和第五期，还增设“冶金青年”微信平台，关注人数600余人，覆盖本研学生及青年教师，共推出83期。学生党团、学生组织建设稳步推进。组织党校培训2次，团校培训1次，开展集中推优大会56场，200多名优秀学生经过团支部推荐成为党的发展对象。开展团学推介会2次、聘任大会2次、竞聘会2场、工作述职会1场、团学大例会2次、团学干部专场培训6次。

2014年，学院共有533人获得优秀学生干部、优秀三好学生、优秀团干部以及“学术十佳之星”、“宝钢优秀学生奖”等各类荣誉称号，313人荣获各级各类奖学金。1个班级被评为学校最佳团队，1个班级被评为校“先进班集体标兵、优秀团支部标兵”，5个班级被评为校“先进班集体、优秀团支部”。42个宿舍被评为文明宿舍，5个宿舍被评为标兵宿舍。李萌获“北京高校优秀辅导员、首都大学生暑期社会实践先进工作者、学校就业工作”先进个人；卢辉、韩枫、郝勇飞“校优秀学生工作者”；王丽莉获“征兵工作”先进个人。学院获得新生教育和心理素质教育两项学生工作专项奖、社会实践共青团工作专项奖、研究生科技服务与挂职锻炼优秀组织奖以及征兵工作先进单位。

2014年，学院胡磊、兰鹏获研究生“十佳学术之星”称号。2014年，学院举办各类招聘会6场，全院就业率94.51%，非定向派遣毕业生总计217人，冶金行业是毕业生就业的主要渠道，比例为56.28%。2014年暑期社会实践，学院共组建实践团队13支，其中院重点团队7支。团队实践人数270人，个人实践2人，获得社会实践十佳个人1人、金奖团队1支、银奖团队1支、铜奖团队2支、精品实践成果1项。在研究生科技服务和挂职锻炼工作中，学院组织4支实践团，7个实践个人，在学校评比中，2支队伍获一等奖，1支队伍获二等奖，15名学生获“优秀实践个人”，学院“研究生科技服务与挂职锻炼优秀组织奖”。

2014年，开展了大量的学生志愿服务和文体活动。在志愿服务方面，除海淀区艺术师范附小支教项目、书香传递的募捐活动外，还创立了“微公益”活动品牌，开展活动4次。丰富学院文化活动，如第九届“春之声”文艺晚会、学院第19届师生综合运动会、新生至尊挑战赛、“钢魂杯”辩论赛、“振冶杯”篮球赛和足球赛、毕业杯篮球赛、“新花怒放”新生文化交流会、新生才艺展示大赛、饺子文化节、女生节晚会、歌手大赛、主持人大赛、宣讲比赛等。

（宋　波、王春义、王丽莉）

材料科学与工程学院

【概况】 材料科学与工程学院下设4个系：材料物理与化学系、材料学系、材料加工与控制工程系、无机非金属材料系；1个研究所：核能与新能源系统材料研究所。

2014年，学院共招收学生931人，本科生392人，其中材料科学与工程专业330人、纳米与技术专业32人、材料（卓越计划）专业30人；研究生539人，其中学术型普通硕士研究生263人，应用型专业学位硕士研究生123人、非全日制工程硕士13人；博士研究生140人（含留学生博士4人）。毕业本科生495人，就业率97.78%；研究生435人，就业率99.08%，其中博士研究生就业率100%。至2014年底，学院共有在校生3501人，其中本科生1720人、硕士研究生1108人、博士研究生673人。

（姜　勇、吴春京）

【师资队伍】 2014年，学院共有专任教师122人（教授64人，副教授39人，讲师9人，师资博士后10人），兼职教授13人。具有博士学位的119人，占教师总数97.5%，较上年提高1.5%。45岁以下的教师69人，100%具有博士学位。有中国科学院院士2人、中国工程院院士（双聘）1人、国务院学位委员会学科评议组成员1人、长江学者2人、国家自然科学基金杰出青年基金获得者2人、国家“973”项目首席科学家1人、国家级教学名师1人、“青年千人计划”入选者1人。2014年，材料学系获学校先进集体荣誉称号。强文江教授获“北京市师德先进标兵”、“校级先进工作者”称号并成为享受政府津贴的专家。李静媛获中国有色金属学会第一届全国有色金属优秀青年科技者奖。康永林、孙建林被评为“建龙特聘教授”。滕蛟、曹文斌2人获校级先进工作者称号。任学平、常永勤、宋仁伯、郭晖4人获“我爱我师——我心目中最优秀的老师”。姜勇、韩静涛获就业工作贡献教师奖，王进获就业工作先进个人奖。曹晖、马宁和郑磊3人获校级优秀班导师奖。2014年，学院继续实施人才引进培养机制，引进二、三层次人才2人，聘为博士生导师2人；晋升教授2人，晋升副教授1人；新入职4人；准备进行述职报告人选11人。学院严格执行学校进人要求，顺利完成三个1/3的标准；通过了合同期满考核11人，通过回国考核8人，通过师资博士后考核2人，完成教师资格认定2人。

（姜　勇、邰永红）

【人才培养】 本科生教学方面。①学院针对材料学科发展和我国建设创新型国家对高质量创新型人才的需求，依托学科优势，提出了“启发创新思想、强化创新基础、培养创新能力”人才培养理念，先后实施了“高水平材料科学人才培养体系的探索与实践”等3项国家级和5项北京市级教改项目，设立了“理科班”“国际班”和“纳米班”，探索不同类型人才的培养模式，形成“四阶递进、三体并举”的材料学科高水平创新型本科人才培养体系。②学院高度重视班导师工作，为全部53个本科生班每班配备1名班导师，并坚持将“合格班主任”作为青年教师考核晋升必要条件。各班导师每周与学生班级进行交流，采用不同形式提高学生学习兴趣，参与班级活动，关注敏感学生的情绪发展，及时与辅导员跟进“重点关注”学生，保证了学生的平稳学习和健康成长。③本科夏季小学期邀请王中林、Dr. Martyn Alan McLachlan、孙力等海外高校高水平教授为2014级学生在开始专业课学习前讲授学科前沿，使学生有机会在校内感受不同的教育文化和教学模式。邀请台湾中山大学机械学院副院长Yeong-Maw Hwang教授，法国巴黎高等工程师学校（Ensam Paris Tech）教授为本科生作报告，有效地拓展学生的国际化视野，提升学生的跨文化环境交流能力。④大力支持学生科技创新活动，开展第二届“科技文化月”系列活动，刘雪峰等3名教授指导的3项本科生科技创新项目获校级一等奖，孙建林等3名教授指导的本科生科技创新项目获校级二等奖。⑤学院稳步推进“以研促教，教研相结合”工作2014年国家精品视频公开课“材料类专业导论”正式上线播放，校级教改新立项目7个，学校第四批研究型教学示范课程建设项目6个，校级年度研究型教学示范课程4门，校级年度全英文教学示范课程建设项目1项，校级“十二五”规划讲义1部。在学校第26届教育教学成果奖评选中，强文江负责的“依托材料专业核心课程群建设，提高综合素质与能力的教学实践与改革”获特等奖，另有两个项目分获一、二等奖。⑥学院申报的教学成果“发挥材料学科优势，培养高水平创新型本科人才的探索与实践”获“2014年高等教育国家级教学成果奖”一等奖。

研究生教学方面。①2014年，学院硕士研究生报名人数1259名，继续位列全校第一。学院提前研究制订了博士、硕士研究生复试工作方案和录取方案，提前举办复试专家培训研讨会议，召开学院研究生招生工作会议，保证研究生招生工作公平、公正。共招收硕士研究生386名，博士研究生136名，硕士优质生源（“211工程”院校）比例52.07%，博士69.85%。②2014年学院调课率10.52%，研究生课程评教优良率96.6%，博士生学位论文评估优良率96.7%。③奖学金评定全部聘请知名教授无记名投票产生，做到各个环节公开、公平和公正。共有53人获国家奖学金，27人获特种奖学金。4人获博士研究生校长奖学金。杨亚（指导教师张跃）获2014年全国百篇优秀博士学位论文。

（杜振民、于广华、孙建林）

【学科建设】学院设2个本科专业：材料科学与工程、纳米与技术；1个普通硕士一级学科点：材料科学与工程；3个普通硕士二级学科点：材料物理与化学、材料学、材料加工工程；1个工程硕士授权领域：材料工程；1个一级学科博士点：材料科学与工程；3个二级博士学科点：材料物理与化学、材料学、材料加工工程；1个博士后流动站：材料科学与工程。

学院组织对院级“十三五”时期重点建设学科方向进行规划。经过学院教授会和党政联席会充分讨论和酝酿，初步确定了“十三五”时期重点建设的6个学科方向：纳米材料与器件、新型功能高分子材料、磁电功能材料、材料先进制备加工技术、生物医用材料、新能源材料。本年度材料科学学科在美国ESI评估中各项指标排名第13位，继续稳居世界前1‰。

2014年6月，学院成功组织和承办“北京市高校材料学科联盟”第二届联谊会。学院围绕“深化教育教学改革，提高教育教学质量”作主题发言。来自清华大学、北京大学等10所北京高校的材料学院负责人出席本次会议。会议对各高校深化材料专业教育教学改革，提升教育教学质量，培育顺应时代发展、适应国家需求的材料专业人才，具有重要的推动作用。受教育部及材料类专业教学指导委员会的委托，学院承担了“材料类专业教学质量国家标准”的起草工作，并组建起由资深教授、教学名师在内的教师和专家组成的编写组。“材料类专业教学质量国家标准”(草稿)得到了“材料类专业教学质量国家标准研讨会”与会代表的充分肯定，该标准对未来培育适应材料发展新格局的本科人才具有重要价值。

（姜　勇、杜振民）

【科学研究】①2014年，学院到款科研经费总额8180.81万元，其中纵向经费5718.26万元，横向经费2462.55万元，包括国家“973计划”课题4项（其中经费大于700万元的2项、经费大于300万元的1项）、国家科技支撑计划项目1项（经费500万元）。②学院在申请国家重大项目方面获得重要突破，获批国家自然科学基金重点项目、国家“863计划”项目等在内的多项具有显示度的科研课题，新立项纵向课题60余项、横向课题近40项，合同金额超过3000万元。③学院完成迎接教育部来学院进行科研经费管理专项检查的工作。组织教师参与科研部“3D打印中心”和“科技农业与生态农村交叉学科研究中心”的策划及筹备工作。通过学院梯队首席教授会议，确定了“十三五”时期重大研发项目3个：材料基因组工程、结构材料轻量化技术和海洋工程用材料，并推荐成为教育部“十三五”规划候选专项。④大力谋划并推动学院与地方科研合作，通过采取“主动联系前往、热情邀请进来”等措施，赴浙江金华市、江苏国家级海安经济技术开发区、山东国家级济南新材料产业园区等地，与当地相关政府部门交流沟通，并与当地企业开展技术交流与对接，帮助学院教师拓展科研服务空间，实现科研成果的产业化应用。⑤根据2013年检索报告，学院共发表学术论文783篇，其中SCI收录296篇、EI收录238篇、ISTP收录4篇，包括SCI影响因子大于13的1篇、大于5的22篇、大于1的171篇。2014年出版专著和编著共4部。共申请国家专利119项，其中发明专利103项、实用新型专利6项；获授权专利95项，其中发明专利88项、实用新型专利7项。学院科研项目获国家技术发明二等奖1项、省部级科技成果奖4项。

（姜　勇、刘雪峰）

【学术交流】①2014年，学院主办的“北京2014塑性成形技术国际论坛”召开，来自法国、澳大利亚、匈牙利、俄罗斯、新西兰、中国台湾等国家和地区众多塑性成形技术领域国际知名专家教授参加会议。②学院年内组织举办了包括第68讲、第69讲、第70讲和第71讲中国材料名师讲坛在内的多场精彩学术报告。③教师出国访学交流方面，有2名全额资助和1名1：1资助青年教师赴美国高校进行访学；年内参加国际、国内会议共107人次，其中国际会议53人次、国内会议54人次；作特邀报告77人次；外出讲学68人次，其中国外讲学17人次、国内讲学51人次。④组织2012级国际班学生25人赴日本进行9天的境外实习。研究生参加国内外会议400余人次，赴海外学习研究生10余人，赴英国、加拿大、台湾等国家或地区交流本科生28人。

（姜　勇、万发荣）

【实验室管理】①实验测试中心代表学校申报国家级虚拟仿真实验教学中心并通过初审；组织实施2014年度教育部本科教学修购计划项目（材料科学与工程学院本科教学综合平台建设第二期）；协助学校工程实践基地建设拆迁，涉及两院近3000多平方米、设备近千台，以及新建房屋设施的前期准备工作。②实验中心共承担学校实验教学课程40门次，计划实验教学学时为532学时、实验学生人数700人，实际实验总人时数为42466人时，实验内容共计118项。③举办第四届“北京科技大学金相实验技能大赛暨第三届全国大学生金相技能大赛”选拔赛，来自全校各专业109名学生参加了比赛。在第三届“全国大学生金相技能大赛”上，学校获学生团体优胜奖、1个一等奖，2个二等奖及优秀指导教师奖，材料学系主任刘国权教授连续3届担任大赛评委会主席，获得大赛唯一的杰出贡献奖。④在校级第十一届实验技术成果奖评选中，实验测试中心申报的两个项目分获一、二等奖。

（杜振民、于广华、孙建林）

【党建和学生工作】基层党组织建设方面。①学院党委认真做好党的群众路线教育实践总结活动和针对领导班子四风问题的自查工作。②全年共召开党政联席会议18次，党委扩大会议2次。在学院2014年党代表选举大会上，选举了22名同志作为材料两院党代表出席学校第十一次党代会。③选送3人参加学校青干班培训，推荐1人选聘北京市国资委外部董事，推荐1位江苏省第七批"科技镇长团"人选，推荐1人任兰州理工大学有色金属合金加工国家地方联合工程实验室主任，推荐1人到机关部处交流，引进3人到两院挂职院长助理。④2014年，学院共发展学生党员138名，其中研究生12名，本科生126名；转正预备党员183名。转入组织关系186人，转出组织关系350人。至2014年年底，学院共有党员1306人，其中教师党员169人，教师中党员比例63.9%；学生党员1137人，学生中党员比例33.0%。⑤年内举办两期积极分子培训班，245名同学参加并结业，本年共培养积极分子706人，占学院非党员人数的30%；年内共有811人次参加了预备党员等各类党校培训，完成共青团推优350余人。⑥学院党委打造"中国梦·北科梦·材料梦"主题系列活动，全体教工、学生党员参与。学院73个党支部100%申报基层党组织立项，2个支部获立项一等奖，5个支部获三等奖，学院党委获优秀组织奖，本科生、研究生、教工党支部及学院党委均获奖。⑦学院党政工领导及各工会小组，坚持看望老院士、老教师，为生病教职工送去慰问。年内累计为65人办理保险，办理京卡互助卡45人次，组织为全体教职工体检150人次，组织了春季健身长走等丰富多彩的教工活动。

学生工作方面。①李艺、贾翼速获得年度"北京科技大学十佳辅导员称号"。学院团委发起的"核心价值观网络挑战赛"在全校内形成示范作用，得到中青网等媒体的报道。持续推进新生教育的"1136模式"，推行"引航学长"计划；设立学业辅导中心，实现助学零距离；率先在2014级本科生中建立"导师制"，为每名新生配备学术导师。本科生及格率高于全校平均水平，学风状况良好。21个班集体获北京市和学校表彰，213人次的学生在全国大学生英语竞赛等大赛中获奖。本科生王琪获"校长奖章"，6名学生获校"十佳学术之星"。②学院积极为学生搭建实践平台，共300余名学生申报创新项目，占12级学生总数的80%。50个团队参加"摇篮杯"科技竞赛，22支团队获奖，报名团队数量、获奖数量均创学院历史新高。暑期组织416名学生赴全国开展社会实践活动，三支团队荣获"首都大学生暑期社会实践优秀团队"。全年举办运动会、文艺晚会等文体活动数十场，营造了良好的文化氛围。③研究生学术论坛共举办大型学术活动19场，参加人数超过3500人次，连续十届蝉联研究生学术论坛优秀组织奖。学院研究生共发表学术论文685篇，其中英文305篇。④就业工作方面。2011级共有82名学生获得保研资格。2014届本科毕业生就业率97.77%；本科生上研率45.34%，出国率21.46%，深造率66.80%，达到历史最高值；研究生就业率99.08%，签约率79.77%，博士生就业率100%，达到近年最佳水平。

宣传和行政工作方面。①学院进一步优化程序，2014年8月全新改版学院网站。至2014年年底点击率超过4万，新闻投稿量106篇，其中29条新闻入选学校新闻网“新闻导读”栏目。②做好人事、财务、科研、资产、后勤等各方面的数据统计、审核把关、上传下达、服务师生等工作。

（吴春京、邰永红、李　磊）

机械工程学院

【概况】机械工程学院下设9个系：机械工学系、机械制造及自动化系、机械电子工程系、机械装备与控制工程系、车辆工程系、热科学与能源工程系、建筑环境与设备工程系、物流工程系和工业设计系；2个中心：实验中心和零件轧制研究中心；1个国家级工程中心：国家板带生产先进装备工程技术研究中心；4个省部级工程中心和重点实验室：教育部零件近净轧制成形工程研究中心、教育部先进板带生产装备及控制工程研究中心、北京市节能与环保工程研究中心和北京市流程工业节能减排重点实验室；1个北京市教学创新实践基地；6个研究所：机械工程研究所、冶金机械研究所、热能工程研究所、水煤浆技术研究所、物流工程研究所和车辆工程研究所；以及大型工业机械仿真、监测与控制实验室等33个实验室。2014年，学院共招收本科生628人；全日制硕士研究生310人，其中学术学位硕士生171人，专业学位硕士生139人；非全日制专业学位硕士生97人；全日制博士研究生47人。毕业本科生610人，授予学术型硕士学位244人，专业型硕士学位101人（其中全日制55人，非全日制46人），工学博士学位37人。至年底，学院共有在校学生3721人，其中本科生2476人（含留学生60人），研究生1245人（含留学生13人）。研究生包括全日制硕士生398人、非全日制专业硕士生609人、博士研究生238人。

（王　立、景志红）

【师资队伍】2014年，学院共有教职工208人，其中专任教师159人（正高级职称36人，副高级职称82人，讲师34人，教师博士后7人），教辅和行政人员49人。有博士生导师39人。有中国工程院院士1人，千人计划入选者1人，国务院学位委员会委员1人，国务院学位委员会学科评议组成员2人，国家级突出贡献专家3人，北京市突出贡献专家4人，“973”首席科学家1人，“新世纪百千万人才工程”国家级人选1人，教育部“新世纪优秀人才”7人，北京市教学名师3人，北京市“科技新星”1人，“宝钢优秀教师”特等奖1人、提名奖1人、优秀奖8人，享受政府特殊津贴人员8人，国家优秀教学团队1个，北京市优秀教学团队1个。学院新增教职工13人，调出4人，退休4人，去世2人；晋升正高级职称1人，晋升副高级职称3人，通过教师资格认定青年教师3人。冯妍卉教授获“国家优秀青年科学基金”资助，夏德宏教授获“宝钢优秀教师奖”，程国全老师获“2013—2014年度北京市高校优秀德育工作者”，冯俊小教授成为“第三届建龙特聘教授”。

（景志红）

【学科建设】机械工程、动力工程及工程热物理2个北京市重点学科2014年度的建设计划得到批准，均得到40万元的建设经费。学院申报的“超精密流体/电主轴制造综合实验平台”、“流程工业节能减排实验平台”2个项目获“中央级普通高校改善基本办学条件专项资金”支持并开始实施，建设经费分别年为260万元和250万元。

（张　杰）

【人才培养】本科生教学方面。①学院申报的“发扬特色与拓宽面向相结合的行业院校‘热能与动力工程’专业建设”项目获2014年高等教育国家级教学成果奖二等奖。完成1项“北京市人才培养项目”中期检查；共完成10项校级“教学改革项目”立项，其中重点项目1项，面上项目9项。王立教授编写的《热能与动力工程专业实习教程》荣获“2014年国家级高等教育精品教材”称号。1部教材列为学校“十二五”规划重点教材，11部教材列为“十二五”规划教材，4部教材列为“十二五”规划教材卓越计划项目，4部讲义被列为规划讲义。完成第二批“通识教育核心课程”立项1项，完成校级重点教改项目结题2项。完成研究型教学示范课程立项9项，5项2012年立项项目完成结题工作，其中4项顺利通过，8项2013年立项项目完成中期检查。2014年学院共有24门研究型教学示范课程，申报校级教育教学成果奖5项。②全面实施2010版培养方案，并对方案进行调整和完善。③以提高教学质量为工作重心，扎实推动学风建设，以加强师资队伍建设为工作抓手，提高教师业务能力，不断加强内部建设，为进一步提升学院本科教学质量和整体育人能力提供了保障。

（夏德宏）

【科学研究】①2014年，学院共申报各类纵向科研项目119项，获批25项，新增纵向合同经费2817万余元，其中，国家自然科学基金10项，科技支撑计划项目2项，科技重大专项项目1项，其他省部级项目12项。新增横向合同92项，合同金额3298万余元，其中大于100万元项目5项。学院到校经费5065万元，其中纵向经费2276万元，横向经费2789万元，较上一年度基本持平。②学院获得省部级科技奖励2项，其中，“内燃机凸轮轴毛坯楔横轧精确成形关键技术与应用”获中国机械工业科学技术奖一等奖，“转底炉直接还原处理钢铁厂含锌尘泥成套工艺产业化”获山东省科学技术进步奖二等奖。1项科研成果“新一代清洁炼焦工艺与装备开发——超大容积顶装焦炉技术与装备开发”获得科技成果鉴定。③学院申请国家专利45项，授权发明专利16项，授权实用新型专利18项。申请软件著作权6项。共发表检索论文258篇，其中SCI论文71篇，EI期刊论文139篇。在SCI论文中，影响因子大于1的46篇，大于3的14篇，JCR－Ⅰ区9篇，JCR－Ⅱ区17篇。

（马　飞）

【实验室建设】2014年，“零件近净轧制成形教育部工程研究中心”、“机械学院实验中心”以及“冶金工业节能减排北京市重点实验室”分别通过教育部和北京市教委的验收。依托中央级普通高校改善基本办学条件专项资金支持，学院组织完成“光机电监控与计算中心实验室”和“混合动力系统实验台”2个项目的建设任务，新购置设备价值350万元。组织完成2015年度中央高校改善基本办学条件项目的申报工作，申报实验平台建设项目2项，金额270万元。至2014年年底，学院实验中心拥有实验教学设备总值7400万余元，其中价值10万元以上设备203台套，价值40万元以上大型设备35台套。年内，实验教学中心面向全校15个专业开放使用，接待实验学生3200余人，实开本科生实验课程80门，实验项目177个，全年完成实验60790人时。

（马　飞）

【国际交流】①2014年，学院邀请法国国家科学研究中心、国立巴黎高等矿业学校、TREFLE研究所、美国杜克大学、西北太平洋国家实验室、劳伦斯伯克利国家实验室、英国萨里大学等海外高校及研究机构11位专家学者来学院进行短期讲学。②学院共有教师 19 人次赴美国、澳大利亚、德国等国开展合作研究参加学术会议、交流考察等，以访问学者身份到美国、英国、加拿大、澳大利亚等国进行半年至一年研究工作的教师8人，完成访学任务按期回国11人。③学院派出赴英国邓迪大学、中国台湾交通大学进行半年访学研究生2人；派出研究生分别赴美国、日本参加国际会议3人；赴台湾明志科技大学与屏东科技大学进行交流学习研究生6人。赴法国图尔大学、奥尔良大学工程师学院、昆士兰大学、邓迪大学、加州大学、密苏里大学参加国际交流学习项目本科生7人，赴日本参加短期访日项目本科生3人。参加台湾大学及韩国顺天大学暑期交流项目本科生2人，赴台湾华梵大学、朝阳科技大学、台北科技大学等中国台湾高校参加交换生项目本科生14人。

（张　杰）

【党建和学生工作】基层党组织建设方面。①至2014年年底，学院设有党支部55个，其中教职工党支部12个、研究生党支部28个、本科生党支部15个。共有党员889人，其中教职工党员162人、学生党员727人（研究生党员487人，本科生党员240人）。年内共发展党员150人，其中研究生42人、本科生108人；预备党员转正149人。②2014年度学院举办201期、210期学生业余党校暨工程学院入党积极分子培训班，297名学生通过党校学习和考核，获得结业证书，考试通过率提升到63%。③开展“学风引领计划”，以党员和入党积极分子为主要引领者，宣传学风建设，树立学术道德典型，覆盖43个班级的197名学生，帮扶83名困难同学。④学生党支部共申报“红色1+1”活动14项，在北京高校“红色1+1”示范活动中，机本13党支部荣获三等奖，机本116党支部荣获优秀奖。教工和学生党支部共申报基层党组织活动49项，参与率100%。在“北京科技大学优秀基层党组织活动”中，学院机关党支部获一等奖，机本13支部获二等奖，传热传质与热物理测试梯队党支部、制冷与低温工程梯队党支部获三等奖，学院党委荣获优秀组织奖。温治同志获北京市“优秀共产党员”称号，臧勇同志获北京市“优秀党务工作者”称号，机械工程学院获“北京高校德育工作先进集体”称号。

学院学生科技学术活动蓬勃开展。①2014年12月，学院完成2014年度立项的本科生科技创新项目验收，市级以上项目20项通过验收，其中国家级10项；院级项目23项通过验收，其中一等奖3项，二等奖7项。2015年本科生创新创业训练完成立项，总计55项，其中拟推国家级项目20项。②学院在国家级和北京市的学科竞赛活动中取得优异成绩。学院学生竞赛获奖总数627人（国家级170人、省部级149人，其他308人）。学院获2014年全国大学生数学竞赛总决赛一等奖1人、二等奖4人、三等奖4人；获2014年全国大学生外语竞赛二等奖7人、三等奖8人。获2014年“金川”第七届全国大学生节能减排科技创新与社会实践竞赛特等奖1队、一等奖5队、二等奖1队、三等奖2队及优秀组织奖，获奖总数位于全国参赛高校前列。获第八届“中国制冷空调行业大学生科技竞赛”二等奖1队、三等奖3队；获第二十届“人工环境工程学科奖学金”竞赛二等奖1人。获第七届“全国大学生先进成图技术与产品信息建模创新大赛”团体一等奖1项、机械类全能一等奖2项、机械类尺规一等奖1项、机械类建模一等奖2项、机械类全能二等奖3项和机械类建模二等奖1项。获第七届“首都高校杯机械创新设计大赛”一等奖1队、二等奖2队、三等奖1队。获第六届全国大学生机械创新设计大赛一等奖1队。在九届全国大学生“飞思卡尔”杯智能汽车竞赛全国总决赛中，光电组、摄像头组、电磁组均获得一等奖，其中光电组、摄像头组获得冠军，电磁组获得亚军，创意组获得二等奖。并代表中国获得国际赛冠军。③2013－2014年度，学院共有7支团队分获北京科技大学2014年暑期社会实践金、银、铜奖团队；1位教师获2014年学生暑期社会实践“先进工作者”；1位教师获2014年学生暑期社会实践“优秀指导教师”；53名学生被评为2014年学生暑期社会实践“先进个人”；1名同学被评为2014年暑期社会实践“十佳标兵”。另外，由机械专业学生组成的“关爱盲人出行·导盲犬畅行”实践团通过努力与大连导盲犬基地建立长期合作关系。④学院学生共获国家奖学金、国家励志奖学金、86校友奖学金、冠之奖学金、人民特等奖学金、高效轧制奖学金、宝钢优秀学生奖、建龙奖学金等各类特等奖学金109人，人民奖学金705人，国防生“砺剑”奖学金4人，共计818人次，金额102.8万元。2010届毕业生胡开伟、刘靓晨获校长奖章。学院研究生获国家奖学金30人，其他各类特种奖学金6人，共计36人，金额71.3万元；优秀三好学生90人次、三好学生180人次、优秀学生干部90人次、优秀共青团干部74人次、优秀团员176人次。学院团委荣获创新创业工作专项奖。学院物流1202班被推荐为北京市优秀班集体，物流1202班、机自1103班获87校友基金最佳团队。校级先进班集体、优秀团支部标兵6个，校级先进班集体、优秀团支部13个；文明宿舍82个、标兵宿舍10个、优秀宿舍长104人、标兵宿舍长17人。⑤至2014年年底，本科毕业生610人、派遣147人、升学199人、出国77人，就业率为95.44%，研究生就业率为99.8%。

（臧　勇、董春阳）

自动化学院

【概况】自动化学院下设4个系：控制科学与工程系、仪器科学与技术系、电工电子技术系、智能科学与技术系；3个研究所：自动控制研究所、导航与控制研究所、智能机器人研究中心；1个教学实验中心；1个教育部重点实验室：钢铁流程先进控制教育部重点实验室；1个北京市研究中心：北京市工业波谱成像工程技术研究中心；1个教学示范中心：北京高等学校实验教学示范中心。年内，学院共招收本科生 303人，全日制硕士研究生 119人（其中学术学位硕士生 65 人，专业学位硕士生54人），非全日制专业学位硕士生57人，博士生 14人。本科生毕业200人；授予工学博士学位29人，学术学位硕士97人，专业学位硕士69人（全日制33人，非全日制36人）。至年底，在校学生 1529人，其中本科生1038人，硕士生387人，博士生104人。

（陈　旭、王振花）

【师资队伍】2014年，学院有教职工95人，其中教师72人、实验人员11人、行政人员12人。教师中具有博士学位的56人，占78%；具有正高级专业技术职务的19人，占26%；具有副高级专业技术职务的35人，占49%。年内，新增特聘教授1人、教师博士后1人、副教授2人；获教师主讲资格1人，5名青年教师赴国外做访问学者研究，1名青年教师到中国科学院做访问学者研究；1人获北京市师德先进个人奖；3人获北京科技大学先进个人奖；1人获北京科技大学优秀博士后奖；引进二层次人才1人、三层次人才1人；聘请国家“千人计划”特聘专家2人。

（陈　旭、王振花）

【人才培养】①出台试行《自动化学院教师教学工作当量计算办法》，2015年9月将正式执行。②在课程的平时成绩评定方面要求教师必须给出评定标准和原始成绩评定单。③8月向中国工程教育认证协会秘书处申请自动化“工程教育专业认证”，12月得到受理通知，2015年将正式开展认证工作。④开设8门新生研讨课，在3个专业开设1门国外专家讲学课程。⑤2014年，学院本科生科技创新共立项44项，其中国家级5项、北京市级5项、院级34项。院级项目中期验收结果：优秀6项、良好12项、通过6项、中止4项。⑥年内，学院有27名学生参与了交流项目，其中境外交流生9人，国内交流生18人，⑦分年级召开7场班导师工作述职和研讨会，1场一、二年级班导师培训会。⑧首次到外地、外校进行研究生招生宣传，安排假日值班，24小时关注生源状况，共预录取博士生3人、硕士生32人，录取人数较上一年度增加80%。

自动化专业罗林聪获“校长奖章”，杨冰获北京市“三好学生”，于莹莹等8人获国家奖学金，田苗等28人获国家励志奖学金，孙思洋、邓盈盈等13人次获86校友奖学金、冠之奖学金等7项特种奖学金，玉素甫获民考汉内地班奖学金，刘毅等5人获国防生“励剑”奖学金，240人获人民奖学金，本科生奖学金总额50.25万元。孙颖等12人获国家奖学金，刘德馨等2人获建龙奖学金，李辉获三晋奖学金，王康等10人获超越奖学金，王在隆等4人获艾默生特种奖学金，刘欣等30人获优秀三好学生称号，尤博等15人获优秀研究生干部称号，张赛男等45人获三好研究生称号，张天尧等7人获优秀团干部称号，宋彪等18人获优秀团员称号。

（张朝晖）

【学科建设】2014年，学院共有1个博士后流动站：控制科学与工程；1个一级学科博士点：控制科学与工程；5个二级博士学位授权点：控制理论与控制工程、检测技术与自动化装置、模式识别与智能系统、系统工程、导航和制导与控制；1个国家重点（培育）学科和北京市重点学科：控制理论与控制工程；2个一级学科硕士点：控制科学与工程、仪器科学与技术；2个专业学位硕士点：控制工程、仪器仪表工程；3个本科专业：自动化、测控技术与仪器、智能科学与技术，其中自动化专业是教育部CDIO特色专业，测控技术与仪器专业是北京市特色建设专业。

2014年，学院组织实施了“太赫兹波检测和激光测试技术”“数据驱动的VME多处理器与多个体控制平台”两个平台建设任务，完成投资370万元，改善了学院在波谱成像、故障诊断、飞行控制三方面的研究条件。

在本科教学工程建设方面，2014年共申请各类本科教学工程项目36项，获批31项，资助经费106万元。其中教育教学改革与研究项目12项，包含北京市教育教学面上项目2项、校级重点项目2项、面上项目8项，资助经费36万元；研究型教学示范课程建设项目4项，资助经费8万元；全英文教学示范课程建设项目2项，资助经费6万元；2014年度校级“十二五”规划教材卓越项目1项、一般项目3项、讲义8项，资助经费16万元；测控技术与仪器专业获得北京市共建项目特色专业建设资助经费40万元。完成校级本科教学工程项目结题验收13项、中期检查15项。其中2012年度“十二五”校级规划教材结题验收6项（3项通过，3项延期）；2013年度“十二五”校级规划教材中期检查6项，全部通过；第一批、第二批研究型教学示范课结题验收3项，全部通过；第三批研究型教学示范课中期检查2项，1项优秀、1项通过；2012年度全英文教学示范课程结题验收3项，全部通过；2013年度全英文教学示范课程中期检查1项，通过；2011教改重点补充项目结题验收1项，通过；2012教改项目中期检查验收6项，全部通过。2014年度，学院教师共发表教改论文12篇，出版教材3部。

（张朝晖）

【科学研究】年内，学院申报国家自然科学基金23项，获准立项8项，其中面上项目5项、青年项目3项，获得资助基金464万元。纵向经费到款1459.65万元，横向经费到款842.67万元，年度总到款经费2302.32万元，比2013年同期增长824.51万元，同比增长55.79%。

本年度，学院有SCIE检索收录论文32篇，比上年度增长68%；EI检索收录论文75篇，比上年度增长50%。其中JCR－Ⅰ区论文1篇、JCR－Ⅱ区论文3篇。申报专利17项，申请软件著作权2项，出版专著2本。

学院开展科研基地建设工作。4月26日，北京市工业波谱成像工程技术研究中心召开首次技术委员会专家会议，聘请了13位专家通过了未来5年的发展规划。8月7日，召开专家会议，验收2013年度科技创新基地培育与发展工程专项项目——近场微波料面成像技术的工业应用研究。此外，钢铁流程先进控制教育部重点实验室进入验收阶段。

（胡广大、张朝晖）

【国际交流】2014年5月，学院承办了第六届控制科学与工程前沿论坛，全国人大常委会副秘书长郭雷院士、控制理论专业委员会顾问陈翰馥院士以及60名控制理论专业委员会委员出席，其中10名IEEE Fellow、3名IFAC Fellow、4位“千人计划学者”、13位“长江学者”以及24名国家杰出青年基金获得者参加了本次论坛。派遣5位教师赴加州大学伯克利分校、新奥尔良大学、俄克拉荷马州立大学、兰卡斯特大学、肯特大学等高校做访问学者，8位教师前往德国杜伊斯堡－埃森大学、法兰克福大学、英国德蒙福特大学、日本东京大学等高校进行学术交流。

（胡广大、张朝晖、王振花）

【实验室管理】2014年度，学院实验教学中心通过“北京市高等学校实验示范中心”验收。完成2014年中央级普通高校改善基本办学条件专项资金项目“智能科学与技术基础实验平台”的设备采购任务。完成2015年中央级普通高校改善基本办学条件专项资金项目“运动控制系统实验平台”的申请工作。出台《自动化学院实验室开放管理办法》并试行。实验中心4名同志获教改立项资助，5名同志获规划教材、讲义立项资助，经费为13万元。年内，实验中心人员发表教改论文4篇，其中中文核心期刊论文3篇。5名同志承担科研项目，经费20万余元。

（李　擎、张朝晖）

【党建与学生工作】基层党组织建设方面。①2014年，学院深入学习践行党的群众路线和社会主义核心价值观，努力打造学院党建和思想政治教育工作三大育人平台：组织育人平台、实践育人平台和网络育人平台。申报党建研究课题、专题研讨会。②举办新生初级党校和第216期学生业余党校。年内，共发展党员61人，其中本科生党员54人、研究生党员7人；每学期举办一期党支部书记培训班；完善网上述责测评系统，优化开展党员述责测评工作，学院23个学生党支部的229名学生党员参与。③在基层党组织支部立项活动中，学生党支部申报率和完成率均为100%，获校级一等奖1项、三等奖3项。在“红色1+1”支部共建活动中，1个党支部获北京市三等奖，3个党支部获北京市优秀奖。推进学生党员“先锋工程计划”，开展“助学零距离”活动，学生党员全部参与“成才表率”计划。组织学生党员集体观看《天河》，走进西城区人民法院。

学生工作方面。①2013级大一学年不及格率20.2%，2012级大二学年不及格率23.7%，通过率为理工科学院第一名，2011级学生保研率为18.38%。学院举办科技文化月、参观实验室、技能培训等活动，由3个系指导并创办单片机大赛、传感器设计大赛、电脑鼠大赛3项校级比赛。年内，学生在各类科技竞赛中获奖240余人次，其中全国级奖项66人次。②自1102团支部、自1203团支部被评为首都大学、中专院校“先锋杯”优秀团支部，刘启晗、关恩浩分别获市级优秀团干部和优秀团员称号。自1102班获87级校友基金最佳团队、北京市先进班集体称号。学院共有227人次获得校内荣誉，9个班级被评为北京科技大学先进班集体、优秀团支部（含标兵）。学院开展第十届研究生学术论坛暨“赛博论坛”活动。举办专家报告、学术交流等共计30多场，覆盖学院研究生1500余人次。通过论坛共征集学术论文69篇、研究报告70篇，评选产生曾溢良等5名研究生学院“学术之星”，贾超博士“Nonlinear adaptive control using multiple models and dynamic neural networks”等5篇优秀论文，蒋姚亮硕士“城市道路遗撒物检测分类及道路安全分析研究”等5篇研究报告，学院蝉联学术论坛“最佳组织奖”。太赫兹实验室和自硕1302班获校级优秀集体奖。组建三支研究生科技服务团队，分别前往湖南华菱衡钢、北京艾默生公司、北京康斯特仪表公司开展社会实践活动；付鑫、刘欣、赵鑫三名博士参加学校组织的赴广西防城港及唐山开展科技服务与挂职锻炼活动。③就业工作成效显著。张贴“毕业进行时”，吸引全院师生关注就业；开展毕业生技能培训；举办“职场•空间”校友分行业话就业、“发现更优秀的你”求职技能提升、“未来直通车”毕业去向和职业生涯等就业指导讲座，共10场。年内，学院共举办专场招聘会20余场，常年联系用人单位100余家，新增联系用人单位12家，发布招聘信息400多条，提供岗位千余多。学院2014届毕业生324人，其中本科生201人、研究生123人（不含定向、委培生）。整体就业率98.8%，其中，本科生就业率98.01%，研究生就业率100%。学院获本科生深造率、本科生派遣率和研究生签约率三项优胜奖。④组织辅导员队伍，围绕“经典管理思想对高校学生工作的启示”和“在学生工作中培育和践行社会主义核心价值观”2个主题，开展20余次集中学习。派出王靖老师到中南大学挂职锻炼，4人次参加教育部和北京市专题学习。由学生工作办公室主持的1项北京市教工委思政课题顺利结题，“基于网络的大学生党员述责测评系统工程”获2014年教育部辅导员工作精品项目立项。学院学工办发表思政类论文4篇，2篇获“中国学位与研究生教育学会德育委员会第九届学术年会暨第三届全国研究生思想政治教育工作研究征文”一等奖。

（尹怡欣、景　鹏）

计算机与通信工程学院

【概况】计算机与通信工程学院下设5个系：计算机科学与技术系、软件工程系、通信工程系、物联网与电子工程系、信息基础科学系；1个教学实验中心；3个研究所：计算机与系统科学研究所、知识工程研究所、先进网络技术与新业务研究所；2个省部级科研基地：材料领域知识工程北京市重点实验室、北京市融合网络与泛在业务工程技术研究中心；1个合作基地：赛博（网电空间）北京市国际科技合作基地。2014年，学院共招收本科生354人，全日制硕士研究生232人（其中，学术型硕士生139人，专业型硕士生93人），博士研究生29人；毕业本科生329人，授予硕士学位229人，博士学位30人。至年底，学院共有在校生2296人，其中本科生1564人（含留学生71人），硕士研究生613人（含留学生50人），博士研究生119人（含留学生25人）。

（隆克平、韩伯涛）

【师资队伍】2014年，学院共引进三层次人才2人，补充专任教师（含教师博士后）9人，晋升教授1人、博士生指导教师3人（计算机科学与技术学科2人，通信工程学科1人），推荐青年拔尖人才支持计划2人，完成教师资格认定7人，获得本科课堂准入资格5人。至年底，学院在编教职工127人，专任教师92人，其中长江学者特聘教授1人，国家杰出青年科学基金获得者1人，教育部“新世纪优秀人才”4人，北京市教学名师1人，教授28人，副教授38人，博士生导师25人，专任教师职称结构接近1：1：1。

（隆克平、韩伯涛）

【学科建设】2014年，学院共有一级学科博士点2个：计算机科学与技术、软件工程；二级学科博士点4个：计算机系统结构、计算机应用技术、计算机软件及理论、通信与信息系统；北京市重点学科2个：计算机系统结构、通信与信息系统；博士后流动站3个：计算机科学与技术、信息与通信工程、软件工程；一级学科硕士点4个：计算机科学与技术、软件工程、信息与通信工程、电子科学与技术；工程硕士点3个：计算机技术、软件工程、电子与通信工程；本科专业5个：计算机科学与技术（首批国家级特色专业）、信息安全、通信工程、物联网工程（国家级特色专业）、电子信息工程（2014年停止招生）。年内，学院确定了公共教学科研条件平台的建设规划：搭建“无线智能感知与控制系统研发平台”“新一代宽带通信研究与测试平台”“大数据与云计算研发平台”和“信息物理融合实验平台”。

（隆克平、张晓彤）

【人才培养】①2014年，“知识工程”入选国家级精品视频公开课建设项目并上线，《离散数学》《物联网工程概论》2部教材入选第二批“十二五”普通高等教育本科国家级规划教材。在学校“第26届教育教学成果奖”评选中，学院获特等奖1项、一等奖2项、二等奖2项。1项成果获中国学位与研究生教育学会研究生教育成果奖二等奖，1人获霍英东教育基金会第十四届高等院校青年教师奖。年内，学院申报立项校级“十二五”规划教材（讲义）14项、教育教学改革与研究面上项目6项、第四批研究型教学示范课程建设项目4项、研究生教材专项基金项目2项、国家级2014年创新创业项目（教师立项）1项、市级2项。②2014年，学院成立本科教学委员会，制定《教育教学奖励办法》；加强实习基地建设，与大唐电信、北京协力超越科技有限公司等多家企业签署协议；推进“计算机组成原理”等实验课程教学内容方法改革；与自动化学院一起顺利完成“北京市实验教学示范中心”验收；增加“甲骨文（北京科技大学）教育中心”学分折换课程；启动工程教育专业认证申报工作。计算机科学与技术、通信工程两个专业递交2015年认证申请，其中计算机科学与技术专业通过认证受理。③2014年，完善研究生培养管理制度。制订《博士、硕士学位申请者发表学术论文标准和免盲评标准》和《研究生毕业论文盲审修改规范》；建立研究生学业指导小组，对论文关键培养环节进行质量把控；落实专硕在学期间半年以上实习经历的要求，与北大方正电子等多家企业签订联合培养协议；举办“计算机与通信前沿技术名家讲坛”5期、“研究生IT沙龙”8期、“博士生拓普论坛”6期；成立研究生创新创业团队“沿途科技工作室”。至6月，学院24名博士毕业生共发表论文86篇，人均3.6篇，检索文章2.6篇，其中SCI检索20篇，人均0.83篇，比去年同期提高25%。

（王建萍、张晓彤）

【科学研究】①2014年，学院共申报国家自然科学基金项目26项，获准立项7项，包括重点项目1项（2项牵头申报的国家自然科学基金重点项目进入答辩环节，获批1项），面上项目5项，青年科学基金项目1项，立项总金额737万，较上年增加207%。获批北京市自然科学基金3项，北京市科技计划项目1项，参与“863项目”立项2项，基本科研业务费立项16项。新增横向科研项目36项，其中6项合同额超过50万、1项超过300万。2014年总计到位科研经费2495.27万元（横向科研经费1106.22万，纵向科研经费1389.05万），较上年提高13%。②高水平论文方面，学院SCI、EI收录论文138篇，其中SCIE检索论文50篇，比上年增长31%，EI检索论文88篇，与去年基本持平。JCR－Ⅰ区、JCR－Ⅱ区论文共6篇，影响因子1.0以上的论文14篇，比去年增长133%。申请发明专利30项，授权发明专利10项，授权实用新型专利1项。1项“863”项目成果通过教育部鉴定。1项参与项目荣获国家科学技术进步奖二等奖。

（张德政）

【科研基地建设】2014年，学院两个省部级科研基地项目带动学院整体科研水平和技术创新能力不断提高。“材料领域知识工程北京市重点实验室”召开了第一届学术委员会第三次会议；“融合网络与泛在业务北京市工程技术研究中心”召开了第一届技术委员会第二次会议；与材料学院等共同申报国防科技重点实验室，筹备申报教育部B类（国防类）重点实验室；成功获批赛博（网电空间）北京市国际科技合作基地，作为第三批会员加入北京市国际科技合作基地联盟。

（张德政）

【国际交流】2014年，学院与科技部国际科技合作中心联合举办“欧盟Horizontal 2020项目宣讲会”，协办 WiCOM 2014、数据挖掘Workshop、ivIoT2014 workshop等国际会议，获教育部批准取得2015年国际智能空间大会主办权并组织SCI期刊专刊。牵头完成《*Science China Information Science*》“赛博”“融合通信”和《*Computer Journal*》“Green Energy Management and Smart Grid”专刊组织工作，参与完成《*IEEE Sensors Journal*》“空间和极端环境下的无限传感器网络”专刊组织工作。与瑞典布莱京理工学院的合作办学项目2014级招生14人。外派本科生和研究生共23名参与国际交流项目，参加国际会议15人次，接收留学生141人次，接待来自欧洲、美国、中国台湾等多所大学的合作来访多次，承担外国专家项目3项，邀请来自法国LAAS-CNRS、日本Nagoya University等的外国专家十余人，协助国际合作与交流处实施京港师生信息交流周，申报北京市科委国际合作交流项目和国家自然科学基金委中日合作项目。

（宁焕生）

【党建与学生工作】党建方面：①学院班子认真履行主体责任，加强学院党风廉政建设，贯彻落实中央“八项规定”，制定《计算机与通信工程学院厉行节约、反对浪费的办法》，严格财务管理，严守财经纪律，配合教育部开展教育经费自查和科研经费检查工作，严格控制招待费等公务支出。②发起“党员先锋工程”建设活动，全年累计立项活动34项。③年内，学院有1个支部获首都高校先进基层党组织，1个班级获北京高校十佳示范班集体，1个团支部被评为北京市五四红旗团支部，2个班级获北京市先进班集体，2个团支部被评为首都高校“先锋杯”优秀团支部，1个支部获北京高校“红色1+1”示范活动评选一等奖，5个支部获学校优秀基层党组织活动一、二、三等奖，6个班级被评为学校先进班集体、优秀团支部标兵，9个班级被评为学校先进班集体、优秀团支部。

学生工作方面：①坚持开展学院领导联系系所、联系青年教师、担任班主任、听查课、院领导接待日、教师学生座谈会等常规工作。②健全完善“教师讲学、班主任导学、小班主任辅学、辅导员督学、标杆励学、同学助学、学院保学”七学机制，持续深入开展学风建设。一、二年级学生必修课一次通过率从学院成立之初的62%提高到74.2%，毕业生继续深造率55.4%，较去年提高3%。③设立学院学生科技创新基金，建设“勤勉轩”科技创新实验室、多媒体创新创业平台、逸夫楼科技创新创业基地等，支持学生开展各类科技活动，并获批北京市“校内创新实践基地”建设。④组织学生参加各类竞赛30余项，参赛人数1000余人次，获国际奖项 4人次、国家级奖项 167人次、北京市级奖项172人次、校级竞赛奖项450人次，获奖人数较去年增长42.37%。在学校第十六届“摇篮杯”大学生课外学术科技作品竞赛中，学院75件作品参赛，获特等奖4件，一、二、三等奖和优秀奖27件，数量和质量位列全校第一，首次捧得“摇篮杯”。⑤就业指导与服务工作方面，开展“IT名企行”10余次。毕业生总就业率98.29%，高质量就业率26.18%（全校第一），研究生就业率100%，签约率75.83%。学院获评北京科技大学“高质量就业率优胜奖”和“研究生签约率优胜奖”。

（黄武南、苏　栋）

数理学院

【概况】数理学院下设4个系：应用数学系、信息与计算科学系、应用力学系、物理系；2个研究所：应用物理研究所、应用数学研究所；2个中心：现代物理技术研究中心、实验教学中心。有3个本科专业、6个硕士专业、3个博士专业。2014年招生总人数356人，其中本科生237人、硕士研究生105人、博士研究生14人。在读学生规模总数1289人，其中本科生931人，硕士研究生290人，博士研究生68人。

（邱　宏、刘雨芙）

【师资队伍】学院有教职员工123人，专任教师106人，具有博士学位的教师76人（其中9人具有海/境外博士学位），占比72%。教授31人（40岁以下3人），副教授40人（35岁以下4人）。有中国科学院院士2人、国家“千人计划”入选者1人、教育部“新世纪人才”4人、北京市科技新星1人、北京市高等学校教学名师4人。引进王荣明教授负责的二层次人才团队，聘请亚太材料科学院院士、美国物理学会会士冯元平教授为兼职教授，郑连存教授获北京市教学名师奖。在范玉妹、马星桥、邱宏等专家指导下，赵鲁涛在全国第二届高校青年教师教学竞赛决赛中获自然科学基础组一等奖，徐美在首届全国大学物理青年教师讲课比赛中获二等奖。郑连存被评为“北京科技大学师德先进个人”，郑连存、赵鲁涛、倪晓东、陈章华获“北京科技大学先进个人”奖，赵鲁涛获“首都五一劳动奖章”、“北京市师德先进个人”、“北京科技大学师德标兵”奖。2014年，学院行政班子完成换届，王荣明教授任学院院长，陈章华、丁红胜、陈艳萍、刘雨芙、牛珩任副院长，卫宏儒任院长助理。学院成立青年教师联谊会，由顾强教授任会长，陈艳萍、安璐、陈学军任副会长。成立教学指导委员会，廖福成教授任主任，陈章华教授任副主任。

（邱　宏、王荣明、刘雨芙）

【人才培养】①学院承担了全校31%的本科生课程以及24%的研究生公选课程。本年度获批学校“十二五”规划教材重点项目1项、一般项目4项、规划讲义3项，研究型教学示范课9项，全英文示范课2项，新开研究生新生研讨课3门，20门课程被评为免检课堂。②创新“科教结合协同育人”新模式，与中科院数学与系统科学院正式签署“闵嗣鹤数学精英计划”合作协议，已有5名大二年级数学专业本科生参与，并将于明年全面推广至各年级。③吴平教授获批重点项目1项，田跃教授、张志刚副教授负责的校级教改重点项目中期检查成绩优秀，赵向奎、赵东红获批校级教改项目各1项，赵鲁涛、赵东红、陈森、刘秀芹获校教育教学成果奖各1项。

（廖福成、陈章华、丁红胜、卫宏儒）

【学科建设】学院设一级博士学位授权点1个：物理学；二级学科博士学位授权点2个：固体力学、一般力学与力学基础；一级学科硕士学位授权点2个：数学、统计学；二级学科硕士学位授权点3个：物理电子学、固体力学、系统工程；国家级教学基地1个：国家工科物理课程教学基地；省部级实验室和中心2个：科技部材料模拟设计实验室、北京市弱磁检测及应用工程技术研究中心；省部级教学示范中心1个：北京市高等学校物理实验教学示范中心。获批北京市重点学科2个：纳米材料与器件物理学、光电信息材料与器件。

（邱　宏、王荣明）

【科学研究】①学院到位科研经费1100万元，其中纵向经费971.66万元，横向经费128.32万元，获批国家自然科学基金项目9项。②本年度学院教师共发表SCI论文133篇，其中JCR－Ⅰ区和JCR－Ⅱ区论文33篇，5篇论文入选2004—2014年高被引论文“（Highly Cited Papers）”。如徐岩副教授2013年在Plos One发表的一篇论文，已被SCI论文引用65次。③长江学者讲座教授陈龙庆的“基于相场方法的发展及其在非均匀材料介观尺度微结构和动力学的模型化研究”，获得美国材料研究学会颁发的材料理论奖；王荣明教授在《自然—亚洲材料（*NPG Asia Materials*）》发表学术论文1篇；博士生王建军在《自然通讯（*Nature Communications*）》合作发表学术论文1篇。④联合化生学院推出“理学之美”名师讲坛和青年论坛，邀请陈难先院士、万立骏院士、姚建年院士等做客名师讲坛，邀请国家杰出青年科学基金获得者裘晓辉研究员、唐智勇研究员、章志飞教授等做客青年论坛，介绍了包括2013年度中国科学十大进展之一的“利用原子力显微镜直接观测到分子间氢键”等前沿研究成果。

（郑连存、陈艳萍）

【国际交流】 2014年10—11月，日本国立岛根大学综合理工学部杉江实郎教授访问学院，学校原则通过了与日本国立岛根大学签署校级合作协议意向。11月，美国蒙特克莱尔州立大学国际交流处杨莉博士访问学院，双方就启动“美国蒙特克莱尔州立大学”学生国际合作交流项目达成共识。邀请新加坡国立大学原物理系主任、亚太材料科学院院士、美国物理学会会士冯元平教授来学校开展合作研究。邀请南非科学院院士、皇家学会会员孙博华教授、加拿大McGill大学Xu Jian-Jun教授、德国柏林洪堡大学Volkhard May教授访问学校，与学院师生开展学术讨论，并作学术报告。郑连存教授、顾强教授、马星桥教授、廖福成教授、王鹿霞教授等应邀赴欧、美、亚洲等高等院校开展合作研究或参加国际学术会议。

（王荣明、陈章华、陈艳萍）

【党建与学生工作】 党建工作方面。①召开全院教职工大会，向全院教师通报学院领导班子民主生活会情况。推动和协调制（修）订学院相关行政管理岗位职责；制订教学、科研、学生教育管理、行政管理等院级专项基金（经费）管理办法；制订或修订有关师资博士后出站留校考核、教职工福利、非教师系列人员考核、学生评奖评优综合评价、教学评奖、科研申报项目奖励等规章制度。②组织院系干部参观“高等教育领域职务犯罪警示教育展”，召开党风廉政工作会，学习学校有关财务报销、科研经费使用、出差、出国、请客送礼等新规定，并将其编辑成《有关教学科研办公经费使用重要规定文件摘要》，全院教职工人手一册。以“学校鞭策，我自奋蹄，快乐生活”为主题，组织新进青年教师座谈会。③召开学院第五次全体党员大会，选举出学校第十一次党代会代表9人。举办北京科技大学第215期学生业余党校积极分子培训班，147名积极分子学员结业。全年发展学生党员44人，预备党员转正30人。至年底，学院共有学生支部18个、学生党员211名，教师支部5个、教师党员70名。④2014年，14个基层党支部立项申报，参与率70%；开展“红色1+1”活动，本科生党支部参与率100%；推行“助学零距离”活动，本科生参与率86%。3个支部获评北京科技大学“红色1+1”优秀活动奖，1个支部获评北京科技大学“助学零距离”活动优秀党支部称号。

学生工作方面。①牛珩获北京市高校优秀德育工作者称号；郭东旭获北京市十佳辅导员提名奖、北京市第二届辅导员职业能力大赛二等奖；2名学生获北京市三好学生，2人获首都高校先锋杯优秀团员，王凤平指导的留学生多菲克获北京科技大学第八届校长奖章。1个团支部获首都高校先锋杯优秀基层团支部。物理系获“北京科技大学先进集体”。②毕业生就业方面。2014级本科毕业生保研比例25%，继续深造率60%，就业率97.79%。③科技学术活动方面。在学校、北京市及全国各类竞赛中获奖69人次。全国大学生数学建模竞赛有1支团队获二等奖、6支团队获北京市二等奖；全国大学生数学竞赛中1人获三等奖；在学院物理学科教师的指导下，3人获全国部分地区物理竞赛二等奖，6人获三等奖，1支团队获北京市大学生物理实验竞赛一等奖，5支团队获二等奖。吴平教授指导的“回收机械振动能量的泵水装置”项目获2014年第七届全国大学生节能减排大赛一等奖。④校友工作方面。校庆期间，学院组织毕业20、30周年校友返校聚会。物理90班校友捐款支持学院教育事业发展，物理90班校友张峰燚捐款设立“业精于勤—学习进步奖”。

（张牧风、牛 珩、刘雨芙）

化学与生物工程学院

【概况】化学与生物工程学院下设3个系：化学与化学工程系、生物科学与工程系、高分子科学与工程系；3个省部级重点实验室：生物工程与传感技术北京市重点实验室、功能分子与晶态材料科学与应用北京市重点实验室、农药残留与环境毒理实验室（农业部农药登记残留试验认证单位）；1个挂靠单位：生物工程与传感技术研究中心。2014年，学院共招收本科生4个班120人，其中应用化学60人，生物技术60人；招收硕士研究生107人，博士研究生23人。至2014年年底，学院共有在校生796人，其中本科生431人，硕士研究生294人，博士研究生71人。

（张学记、郑安阳）

【师资队伍】2014年年底，学院共有教职工79人，其中专任教师68人，博士生导师16人，教授20人，副教授29人。俄罗斯工程院外籍院士1人，英国皇家化学学会会士1人，国家“千人计划”项目特聘教授1人，国家百千万人才工程入选者1人，教育部“长江学者”1人，国家“杰出青年”基金项目获得者2人，教育部新世纪人才7人，北京市“科技新星”6人，中国化学会理事1人。党智敏教授获得国家杰出青年科学基金，张学记教授当选为中国化学会理事。化学与化学工程系获学校先进集体称号，李文军、罗晖获学校先进工作者，张学记教授获“研师亦友——我最喜爱的导师”，范慧俐、时国庆获“我爱我师——我心目中最优秀的老师”。学院新增博士生导师2人，晋升教授1人，晋升副教授4人。

（曾 芳、何文书）

【人才培养】①本科生教学方面。学院重视教学质量工程建设，获得学校免检课程9门，学校青年教学骨干1人，学校教育教学改革与研究重点项目1项，学校全英文教学示范课1门。积极探索学生综合素质培养，李建强等指导的本科生团队获首都“创青春”大学生创业大赛金奖，并作为学校唯一入围决赛的团队，获全国“创青春”大学生创业大赛银奖。王明文指导的本科生获北京市大学生化学实验竞赛一等奖1人、二等奖3人。学院重视学生培养体系建设，强化班导师选派和管理，大力支持辅导员培训工作。制定《关于进一步加强学院学生工作的意见》，发挥专业教师在招生、就业、学生培养过程中的作用。推行“优加计划”“助学零距离”活动，组建新生学风引领团。通过多种形式开展新生专业教育。与去年同期相比，大一学年一次不及格率减少10%，转专业率减少4%。

②研究生教学方面，学院组织第10届研究生学术论坛系列活动，举办讲座20余场。博士生龚伟获得学校博士研究生校长奖学金。进一步完善和细化研究生培养方案，全部博士论文参加盲审，博士生中期考核通过率、博士论文匿名盲审合格率、发表论文符合规定率均为100%。

（范慧俐、胡继业）

【学科建设】①学院设2个本科专业：应用化学、生物技术；1个一级学科博士学位授权点：化学；2个一级学科硕士学位授权点：化学工程、化学；1个二级学科硕士学位授权点：生物化学与分子生物学。②学院在学科大讨论的基础上，凝炼6个学科方向：生物传感、功能分子材料与器件、节能减排新方法及化学原理研究、新能源与健康高分子材料、基于多尺度的合成化学、生物质能源和生物化学。③学院积极开展技术交叉创新，与新材料技术北京研究院达成产学研合作协议，有效推动技术转化、加强创新性和国际化人才培养、拓宽学生就业实习渠道。张学记教授受聘研究院名誉院长。与北京首佳丽华科技有限公司合作共建“作物多控不育育种北京市重点实验室”，开展技术研发、人才培养、申报项目和成果等实质性合作。④2014年，学院当选中国化学会首批理事单位，化学学科博士后流动站获批，学科实力迈上新台阶。

（范慧俐、温永强）

【科学研究】①2014年，学院获得研究经费1511.2万元，其中纵向经费占73.4%（1109.2万元）；获得国家自然科学基金资助13项，总金额达671万元，获批项目数量位列全校第二。②学院师生的研究成果发表于*Advanced Materials*（IF 14.829）、*Journal of the American Chemical Society*（IF 10.677）、*Chemistry-A European Journal*等化学领域顶尖杂志，并被《中国科学报》报道。③学院进一步明确特色理科定位，努力发挥支撑学科作用，获得学校特色理科专项资金资助，创办“理学之美”名师讲坛与青年论坛、推出青年教师走进院士工作室、培育工理交叉、培植科教结合、资助学生专业竞赛、鼓励学生参加国际会议等特色理科建设项目，全院掀起了特色理科建设的高潮。

（张学记、温永强）

【国际交流】2014年，学院积极开展学术交流和国际合作，邀请希腊G. C. Psarras 教授、加拿大Michel Frechette教授等5名外籍学者开展学术交流活动。聘任瑞典皇家科学院院士Andrew G. Ewing教授为北京科技大学名誉教授。与数理学院一起创办“理学之美”名师讲坛与青年论坛。邀请瑞典皇家科学院院士Andrew G. Ewing、北京大学终身讲席教授饶毅、中国科学院院士万立骏、中组部“万人计划”拔尖青年蒋兴宇等专家进行学术报告。《中国科学报》等媒体对讲坛的举办进行了报道。学院教师在国际会议上作报告13人次。

（胡继业）

【实验室管理】2014年，学院继续整合资源，最大限度地发挥公共资源的服务作用，进一步加强学院实验测试平台建设，设专人负责学院测试平台的运行管理，平台现有仪器7台，价值500多万。争取学校资源64万元，用于实验室通风系统改造。重视实验室安全管理，开展研究生新生实验安全培训，组织师生安全教育，组织理化楼和化生楼的消防演练，坚持定期安全检查，认真督查整改，确保安全运行。

（温永强）

【党建和学生工作】基层党建方面。①2014年，学院党委继续巩固群众路线教育实践成果，贯彻落实民主集中制，积极开展群众路线教育回头看活动，组织院系领导接待日，坚持学院领导班子联系基层党支部制度，执行“中央八项规定”，贯彻民主集中制，认真执行学院党政联席会议事规则和“三重一大”集体决策制度，坚持做到每两周召开一次党政联席会议，会议由办公室主任记录，每期编写会议纪要，会议内容定期通报给系所，院长书记带头督查督办决策事项落实情况等。积极组织群众座谈会，广泛征求意见，认真准备学院领导班子民主生活会。②召开学院第一次党员大会，认真组织学院16个党支部，162名正式党员积极参与候选人的“三上三下”酝酿提名工作。通过公推直选产生学院第一届党委委员及党委书记、副书记，选举出席学校第11次代表大会正式代表，确定了学院“三步走”发展战略。③为了深入贯彻落实中央十八大、十八届三中全会精神，学习贯彻习近平总书记系列重要讲话精神，切实把教职员工和学生的思想统一到中央的部署要求上来，统一到学校教育教学事业上来，形成改革创新发展的合力。学院党委组织“中国梦、北科梦、化生梦”党员教育实践活动和研究生专题教育活动，由学院党委书记郑安阳主讲，引领学院师生自觉地为实现“中国梦”和“北科梦”“化生梦”贡献力量。认真开展“宣传与践行社会主义核心价值观”工作，确保社会主义核心价值观教育时时见、处处见、人人见，确保人人入脑入心。④积极推进基层党组织工作创新，搭建平台促进基层党团组织建设见成效。组织党员观看电影《天河》，开展宪法日主题活动，基层党组织活动立项参与率为100%，本科11级党支部获学校优秀基层党组织活动三等奖、北京市“红色1+1”示范活动优秀奖。

学生工作方面。①2014年，学院继续保持较高的毕业生就业率，本研就业率均为96.4%，深造率获全校优胜奖。本科生保研率23.42%，较去年提升2.3%，出国率10.81%，创学院历史新高。派遣率13.51%，较去年提高5%，签约率73.87%，较去年提高近2%。应用化学专业考研率59.65%，在全校50个专业中位列第1（卓越计划除外）。研究生高质量就业率53.2%，较去年提升3%。②积极开展学生实践教育和素质教育，举办“创业讲坛——皇甫志友、冯军、何军权与你面对面”，举行北京科技大学第二届“平安校园”安全知识竞赛。打造“化生最强音”践行核心价值观、举办纪念一二九运动主题合唱比赛。③本科生获“大学生千乡万村环保科普行动”全国优秀志愿者2人、优秀实践小分队2支，学生实践团为村小学募集公益基金50万元，获首都社会实践优秀团队、首都社会实践优秀成果。④进一步完善和推进学院校友工作，成立化学系校友分会，推进学院校友工作的规范化、常态化。认真组织化学90级校友值年返校活动，邀请知名校友返校开展专题报告。

宣传工作方面。2014年，学院充分利用北科大新闻网、团学在线网站、学院网站等网络媒体资源，加强学院宣传工作，在北科大新闻网发布新闻116篇。设计制作学院新版网站，建设“花生小驻”学院微信平台、“北科花生仁”就业信息发布平台，紧随时代发展步伐，占领舆论引领制高点。

（郑安阳、曾　芳、曹艳秋、何文书、李　慧）

东凌经济管理学院

【概况】2014年，东凌经济管理学院下设6个系：管理科学与工程系、工程管理与技术经济系、工商管理系、财务与会计系、经济贸易系、金融工程系；2个研究中心：教育部工程研究中心、期货证券研究中心；1个研究基地：北京企业低碳运营战略研究基地；4个研究所：复杂系统故障预测和管理研究所、管理科学研究所、电子商务研究所、企业与产业发展研究所；5个办公室：学院办公室、公共关系办公室、教学办公室、学生工作办公室、国际认证与质量提升办公室；3个中心：MBA中心、EMBA教育中心、实验信息中心。

2014年，学院共招收本科生322人、学术型硕士研究生133人、工商管理硕士（MBA）164人、会计学专业硕士14人、工程硕士178人、高级管理人员工商管理硕士（EMBA）42人、中美合作高级管理人员工商管理硕士（EMBA）48人、博士研究生30人、留学生120人。毕业学生933人，其中本科生350人、学术型硕士生161人、工商管理硕士（MBA）185人、会计学专业硕士9人、工程硕士44人、高级管理人员工商管理硕士（EMBA）94人、中美合作高级管理人员工商管理硕士（EMBA）54人、博士生36人。至年底，学院在册本科生1416人、学术型硕士研究生399人、工商管理硕士（MBA）524人、会计学专业硕士27人、工程硕士210人、高级管理人员工商管理硕士（EMBA）136人、中美合作高级管理人员工商管理硕士（EMBA）80人、博士研究生200人、留学生371人。

（王文彬）

【学科建设】2014年，学院共有管理科学与工程、工商管理、应用经济学3个一级学科；其中，管理科学与工程、工商管理两个学科具有一级学科博士点授予权，应用经济学具有一级学科硕士点授予权。学院学科建设工作委员会和三个一级学科工作建设团队在《学科建设工作委员会工作章程》确定的框架内积极开展调研和规划，圆满地完成学院学科建设2014年度修购项目计划，并顺利启动2015年度修购项目。还继续落实学科建设大讨论后的工作事项，其中，工商管理学科团队对国内外数十家大学工商管理学科进行了详细调查和比较分析，提交了《工商管理学科调研报告》，为学院工商管理学科进一步聚焦发展提供了决策依据。

2014年，学院提交了AACSB资格审查报告并顺利通过，正式展开了AACSB认证进程。为配合AACSB国际认证，全新改版的英文网站也正式上线，以国际化的界面、实时的信息更新为AACSB认证官员、为国外院校和国际学生了解学院提供了一个实用的信息平台。

至2014年年底，学院具有1个管理科学与工程博士后流动站，管理科学与工程、工商管理2个一级学科博士点，可以招收管理科学与工程、企业管理、技术经济及管理和会计学四个专业的博士生，管理科学与工程、企业管理、会计学、金融学、国际贸易学、产业经济学、技术经济及管理7个硕士点，会计学专业硕士（MPAcc）、工商管理硕士（MBA）、高级管理人员工商管理硕士（EMBA）、工业工程、项目管理5个专业学位点，信息管理与信息系统、国际经济与贸易、金融工程、工商管理、会计学、工程管理6个本科专业。此外，学院继续与美国德克萨斯大学阿灵顿商学院合作培养高级管理人员工商管理硕士（EMBA）。

（王文彬）

【师资队伍建设】2014年底，学院共有教职工133人，其中教授26人，副教授41人，讲师23人，行政、教辅和辅导员43人。学院高层次人才引进和教职工入校工作稳步开展，已完成1位高层次人才和4位行政人员的招聘工作，并成功地获批国家外专局专项资助高端外国专家2人。学院教师具有博士学位的人数占85%，比2013年增加7个百分点，2位讲师晋升为副教授，师资队伍结构进一步优化。

2014年，学院共有5位教师、1个集体在教师节获得表彰。其中，魏钧老师荣获2014年“宝钢教育基金”优秀教师奖；王未卿老师荣获2014年北京高校优秀共产党员称号；张晓冬老师荣获2014年北京科技大学师德先进个人和先进工作者称号；邓立治和赵霞两位老师荣获2014年北京科技大学先进工作者称号；MBA中心荣获2014年北京科技大学先进集体称号。

（刘明珠）

【教学改革】2014年，学院本科生教学工作紧密围绕学校、学院中心任务展开，积极组织教师深入开展教学研究，在教材建设、教学改革、教师教学能力培养和课程建设等方面取得良好成果。其中入选第二批“十二五”普通高等教育本科国家级规划教材1部、北京市高等学校教育教学改革面上项目1项、校级一般教改项目4项、校级全英文示范课程1门、校级研究型示范课程8门、校级教学青年骨干人才计划项目1项、校级“十二五”规划教材立项10项。

2014年，学院研究生教学管理取得重大进展，获得11项校级教材立项资助，在校内率先实现研究生论文100%查重，成立了案例研究与教学中心，探索专业硕士案例写作和毕业论文规范化，力争在2015年全面推开。

2014年，学院加大了对外宣传力度，开展了北京市三大MBA培训机构巡讲，完成了350人次的MBA预面试，在MBA招生宣传上效果显著，网报人数位列北京各高校的前列。MBA竞赛方面，学院承办了第二届全国MBA案例大赛总决赛并获全国亚军，“尖峰时刻”MBA全国大赛获二等奖。企业培训方面，全年共举办企业培训班3个，在职工程硕士班3个，共计237名学员。

经过2013年AMBA国际认证后，学院EMBA教育中心持续改进EMBA课程体系，高度重视教学质量，注重实践教学，为学员搭建健康、有益、互通的学习环境。2014年5月，EMBA联合会作为正式参赛队参加第九届商学院戈壁挑战赛，胜利完赛并第二次获得沙克尔顿奖杯。2014年10月，学院作为第二批EMBA试办院校，已进入MBA教学指导委员会的初期评估环节。在2014年11月27日第七届新浪教育盛典上，学院荣获“最具品牌知名度EMBA院校”。

（胡枫、魏钧、何枫）

【科学研究】2014年，在学校科研部统一规划下，学院完成了“十三五”科研发展规划的拟定工作，并作为标杆在全校范围内进行示范。在落实学校科研经费管理各项制度的前提下，学院进一步健全了科研劳务支出管理方面的制度，并于2014年10月中旬顺利地通过教育部科研经费专项检查。

2014年，学院全年纵向项目累积获批立项38项，其中国家自然科学基金面上项目5项（含国际（地区）合作与交流重点项目1项），北京市哲学社科规划项目1项（重点项目）。2013～2014学年度到账经费（软件）总计1078.1万元，其中纵向经费586.9万元，横向经费491.2

万元，较2013年而言，纵向经费增长率为6%，横向经费增长率为10%。2013～2014年度共发表SCI、SSCI论文31篇，比上一年度增加6篇，其中TOP论文24篇，比上一年度增加5篇，发表CSSCI论文66篇，比上一年度增加3篇，发表学院18种重点奖励期刊论文13篇，此外，还出版著作6部、编著3部、译著3部、教材7部。

王文彬、黄晓霞两位教授入选Elsevier 2014年中国高被引学者榜单（全国38个学科共有1651名学者入选，学校仅有4位教授上榜），在国内经济管理学院中名列前10位，有力地提升了学院的科研声誉。

2014年，学院进一步调整和完善实验信息中心软、硬件建设，扩充和培养一支优秀的实验教学师资队伍，为教学、科研提供了更好的服务。学院已完成宏微观经济数据库建设项目、6台实验信息中心服务器的升级和实验室部分计算机的更换。

（何　枫、胡　枫）

【合作与交流】学院在国际化发展战略的指导下，积极构建国际合作交流格局，全面推进商学院国际认证工作，着力加强引智高层次平台建设，有效地促进了学院国际化、学生国际化和师资国际化建设，各项工作得到稳步推进和长足发展。

2014年，英国曼彻斯特城市大学校长代表团来访两次，与学院敲定关于开展DBA（工商管理博士学位）项目和MPAcc（会计专业硕士）双学位项目的合作细节。同时，学院有序推进学生国际交流工作，不断加强学生国际化培养步伐。2014年，学院共有45名学生取得海外学习经历，29名MBA学生赴英国访学，接收海外交换生、研修生7人。作为全校留学生人数最多的学院，至年底，学院在册留学生371人，全英文授课项目留学生94人。此外，学院还积极推进有针对性的教师培养和拓展工作，努力创造教职工个人发展机会，力争实现学院与国际化接轨的目标定位。2014年，学院共计12人次教师出国进行会议交流，3位教师圆满地完成国外访学任务，3位教师获基金委全额资助正在美国访学，2位教师已获国家留学基金委资助即将前往国外访学，5位教师通过“北京高校青年英才计划入选人员”资助考核。

（王文彬）

【党建与学生工作】2014年，东凌经济管理学院党委深入贯彻落实中共十八大和十八届三中、四中全会精神，认真学习习近平总书记系列重要讲话和践行社会主义核心价值观，以学习理论知识为核心，以推进改革创新为主题，高度重视党风廉政建设，统筹推进领导班子和干部队伍建设，形成践行党的群众路线教育实践活动的长效机制，进一步加强思想理论建设、基层党组织和党员队伍建设，动员凝聚全体党员干部和师生员工、注重学院内涵式发展、为稳步推进学院“十二五”规划各项工作、为实现学院各项事业科学发展提供了坚强的思想和组织保证。

2014年，学院以领导干部为重点，按照《北京科技大学2014～2017年干部教育培训规划》和《北京科技大学处级干部学习贯彻习近平总书记系列讲话精神培训方案》的任务要求，通过理论中心组学习、举办专题学习培训、召开民主生活会等多种方式认真组织、深刻领会、狠抓落实，以理论武装、党性教育、能力提升为重点，不断提升党员领导干部的思想理论水平，努力提高党政领导班子的治院能力。同时，学院党委大力加强党支部理论学习力度，把会议精神纳入党支部书记培训、入党积极分子培训和党员培训的学习内容中。学院各党支部从深入学习贯彻习近平同志系列讲话到“践行与思考社会主义核心价值观”，加强理论学习，提升修养水平；从“强化实践实验教学、依托专业技能大赛、推动创新人才培养”到“信仰法制治校权威、实现学术公平正义”，紧密联系高等教育实际，解决教学科研存在问题，互相协同促进，实现共同发展；从“牵手农村党支部、共筑美丽中国梦”到“党性实践谋发展、经世致用谱华章”的专题研讨和实践活动，广泛开展基层党组织活动立项，从基层做起，贴近群众，贴近实际，不断促进基层党组织和党员的共同成长与进步，切实把广大师生员工的思想和行动统一到十八大精神上，转化到推动学院事业科学发展的实际行动中。

按照学校党委的统一部署，学院党委继续开展以“为民、务实、清廉”为主要内容的党的群众路线教育实践活动，依据学院班子对照检查材料认真抓好整改落实，建立健全反对“四风”、改进作风的各项规章制度，形成践行党的群众路线教育实践活动的长效机制，积极推进学院党务、政务的信息公开，不断巩固和深化教育实践活动成果。学习教育方面，学院领导班子认真学习十八届三中、四中全会精神和习近平同志系列重要讲话以及社会主义核心价值观体系，深入领会教育实践活动的一系列重要讲话精神。改进调查研究方面，通过深入师生、深入课堂、深入网络的“三深入制度”，深入一线开展调研，密切与师生联系。听取意见方面，每学期组织1次“院长面对面”活动，掌握学生学习生活状况并解决实际问题；学院领导班子成员每学期至少参加1次以上学生活动；设立班子成员联系系所制度，每学期至少深入参与1次系所活动；每学期与青年教师代表开展1次恳谈活动，为青年教师工作生活压力的诉求表达提供机会与渠道。厉行勤俭节约方面，严格控制领导班子因公出国，严格执行年度出访计划，从严规范学院财务管理制度，加强财务信息公开和会计审核力度。学院三公经费（公款出国、公车购置和公务招待）费用比2013年大幅度下降。学院长期规律性开展“院系领导接待日”活动，每周五下午3～5点在经管楼810接待师生来访，每次有1位院领导与1位系主任参与接待。

学院根据《中国共产党普通高等学校基层组织工作条例》《中国共产党基层组织选举工作暂行条例》《北京市基层党组织换届选举工作暂行规定》和校党发〔2013〕11号有关要求展开了党委换届工作程序，2014年5月16日顺利召开了中国共产党北京科技大学东凌经济管理学院第五次党员代表大会，来自学院党委37个党支部的103名党员代表参加了大会。大会选举产生了中国共产党北京科技大学东凌经济管理学院第五届委员会委员7名、1名党委书记、2名党委副书记和出席中国共产党北京科技大学第十一次党员代表大会正式代表10名。

2014年，学院党委高度重视，围绕中共十八大和十八届三中、四中全会和习近平总书记系列重要讲话精神，突出“全面深化改革”主题，切实加强对立项工作的指导和帮助。立项活动全面覆盖了学院所有党支部，参与立项活动项目数24个，其中，教师党支部7个、本科生党支部7个、研究生党支部10个，立项活动参与率100%，批准立项活动经费38699元。在2014年北京科技大学优秀基层党组织活动及优秀组织奖评选工作中，学院教师金融系党支部的“基于专业导师制的党员团队示范工程”活动荣获优秀基层党组织活动一等奖，本科2012级经济类党支部的“学生党员专业素质技能提升与引领计划”活动荣获优秀基层党组织活动三等奖，东凌经济管理学院党委连续5年荣获基层党组织活动优秀组织奖。

2014年，学院党委始终严格遵循“坚持标准、保证质量、改善结构、慎重发展”和“成熟一个、发展一个”的原则，按照《北京科技大学发展党员工作细则》相关规定，积极处理好党员数量和质量的关系，统筹做好发展党员工作。通过制定《入党积极分子考察培养汇总表（本/研）》，加强过程考察，实施入党积极分子量化考核，真实反映出入党积极分子在培养考察期内的综合表现，提高入党积极分子培养考察的实效性。2014年，学院共发展教师党员1人、学生党员72人，其中发展本科生党员62人，研究生党员10人。

学院党委一直将党风廉政建设工作列入学院年度工作部署中，坚持党委领导，党政齐抓共管，真正履行各自业务监管职责，按照“谁主管、谁负责、一级抓一级”的原则，明确责任内容和工作要求，完善了《东凌经济管理学院贯彻党风廉政建设责任制实施细则》，修订了涉及学院9项工作的廉政风险防范流程图，加强了对各项规定落实情况的监督检查。2014年，学院顺利地完成了学校党风廉政建设的重点检查工作。

2014年，学院围绕立德树人根本任务，以加强学风建设和促进素质教育为重点，以科学管理、优质服务为途径，稳步推进学院学生工作的持续健康发展。①把学风导向贯穿学生工作的全过程，以“三率”（四级一次通过率、考研率、就业率）作为考核学生工作的重要指标。年内，学院“三率”继续保持较高水平。其中，英语四级一次通过率为96.06%，几年来稳居全校第一；2010级本科生上研率为34.57%，创历史新高；学院本科生、研究生综合就业率为98.82%（研究生就业率100%），在史上“最难就业年”继续保持稳定。学院荣获2014年“校级总就业率优胜奖”和“高质量就业率优胜奖”。全年共有467人次获得各类奖学金，20个班级、5支团队、561人次荣获北京市级、校级荣誉称号。②坚持以赛促学，鼓励学生积极参加全国大学生英语竞赛、数学竞赛、数学建模竞赛、人文知识竞赛和科技园杯创业计划大赛等，全年共有92人次获得国家级、北京市级和校级奖励。③强化实践环节，推进素质教育。2014年，学院341名学生以团队形式开展暑期社会实践，占总参与人数的97.1%。学院层面组织27支团队，其中9支团队成绩达到或超过86分“优秀线”。社会实践团队累计得到人民网、四川青年网、《资阳日报》《临沂日报》等社会媒体报道20次。年内签定9个社会实践基地建设协议，实现社会实践常态化。④丰富学生的课余生活，大力加强文化建设。学院承办了第十一届“日昌杯”首都高校经管学院辩论赛，开展了多姿多彩、形式多样的新生“晨光早操”活动，举办了新生晚会、体育生年度表彰及风采展示晚会、留学生圣诞晚会、MBA年会等。⑤力推创新创业，激发学生创业激情。学院将职业生涯指导课与专业教师创业专业课程相结合，开展以“理论教育、模拟比赛、实习实践、孵化应用”四位一体为中心的创业教育模式。年内，学生创业成果累累，学院创业团队荣获全国大学生创业大赛铜奖1项，首都大学生创业大赛金奖1项、银奖1项、铜奖3项。⑥加强队伍建设，提高履职能力。学院为提升辅导员工作能力，年内开展10场技能分享会和3场离岗辅导员交流会，推荐4人到外单位挂职锻炼，鼓励辅导员积极创新。实施“科研能力提升计划”，年内组织辅导员参与省部级课题3项、校级课题2项，发表论文6篇，参与编订书籍2册。年内荣获“全国高校辅导员优秀博文奖”、“北京高校优秀德育工作者”、“北京市青年岗位能手”等称号各1人次。

2014年，学院努力打造经管学院阳光窗口，坚持“加强指导、培养队伍、拓展渠道”的原则，开展宣传工作，积极营造良好的学生学习氛围。整合社团新闻信息中心，设立新闻宣传专项辅导员，年内重点打造人人网、微信和微博等宣传平台，并依托网络、报纸和电视三个渠道开展宣传活动，实现了从传统媒体到新媒体的全面覆盖。

（戴淑芬、温　雅）

文法学院

【概况】文法学院下设5个系：法律系、公共管理系、社会学系、艺术教育中心和教育经济与管理研究所。学院的教学科研机构有：教育部（及北京市）大学生文化素质教育基地、北京科技大学公共管理硕士（MPA）教育与管理中心、法律硕士（JM）教育学与管理中心、社会工作硕士（MSW）教育学与管理中心和法律与公共政策研究中心。学院拥有8个人文社会科学教学与科研实验室：社会调查与统计分析实验室、社会工作实验室、艺术鉴赏实验室、电子政务实验室、公共管理数据分析与决策实验室、情景模拟实验室、法律诊断室和模拟法庭。

2014年，学院共招收本科生181人、双学位学生90人、普通硕士81人、法律硕士20人、公共管理硕士91人、博士研究生4人。毕业学生284 人，其中本科生164人、硕士105人、公共管理硕士（MPA）15人。至2014年年底，学院在校本科生721人、硕士研究生282人、博士研究生33人。

（陆　俊、张武军）

【师资队伍建设】2014年，学院有法学、管理学、社会学、文艺学等学科专任教师56人（未包含2名博士后），其中教授11人（含博士生导师4人）、副教授25人，90%以上教师有硕士、博士学位。近年来，学院涌现出一批思想活跃、才华横溢、治学严谨的中青年学科带头人，其中有教育部高校社会学学科教学指导委员会委员1人、北京市高等学校青年学科带头人2人、北京市优秀青年骨干教师8人、北京高等学校青年英才计划4人、北京市培养新世纪社会科学理论人才“百人工程”人选2人。2014年，郭德侠、郇建立新晋教授职称，王霁霞晋升副教授职称，学院引进徐家力教授（知识产权）。新入职具有博士学位（或博士后出站）的新教师5人：胡乃军（公共管理）、徐铭勋（法学）、李文静（社会学）、蒋卓晔（社会学）、马胜强（公共管理）。

（陆　俊、张武军）

【学科建设】2014年，学院设有法学、行政管理、社会工作3个本科专业，设有公共管理一级学科硕士点（含行政管理、教育经济与管理等5个二级学科硕士点）和民商法学、经济法学、社会学、高等教育学、文艺学、科技与教育管理6个二级学科硕士点，设有科技与教育管理二级学科博士点，设有公共管理硕士（MPA）、法律硕士（JM）、社会工作硕士（MSW）3个专业硕士学位点。学院3个本科专业还招收双学位本科生。

至2014年年底，文法学院的专业涉及文学、法学、教育学、管理学4个学科门类，公共管理、法学、社会学、教育学、中国语言文学5个一级学科，已形成从本科生到博士研究生的人才培养体系。

（陆　俊）

【教学工作】2014年，文法学院积极推进教学改革和创新，加强教学建设，规范教学管理，积极构建实践育人机制，努力提高本科人才培养的国际化水平，教学质量稳步提高。

①日常教学管理。2014年，学院进一步加强完善教育教学管理工作和制度建设，为各教学环节配备了专职的管理人员，从体制上保证了日常教学管理工作的有序开展。同时，学院加强教学管理部门工作与学生工作部门衔接、沟通与相互支持。

②课堂教学工作。学院严格执行学校规章制度，各项工作有序开展，在教学督导、新教师培养、MOOCS课程建设、人才培养国际化等方面都取得了新的进展。一是2014年增聘教学经验丰富的范玉妹老师为学院督导组成员，与管志安、雄楚强、刘静珠3位老教师共同组成文法学院督导组，加大听课力度和新教师培养力度。2013年入校的曹冬媛、寇浩宁老师成功地通过授课考察，获得本科课程主讲教师资格证书；2014年入校的李文静、蒋卓晔、徐明勋、胡乃军等老师成功地通过了助课考察，顺利进入了授课考察。二是2014年，文法学院作为唯一的试点单位，开设了本校历史上第一批慕课课程：公共管理系张学艺开设了《西方文明史导论》、艺教中心王立群开设了《欧洲文艺复兴史》、高教所靳宏开设了《影片精读》、社会工作专业张娜开设了《公共关系学概论》、法律系张家盛开设了《大学生劳动就业中的法律问题探究》。同时，学院还承担了慕课方面的教改课题，与教务处一起先后召开了3次专题研讨会，取得了很好的效果。三是2014年夏季学期课程安排中，学院邀请英国邓迪大学学校教育、社会工作与社区教育学院讲师Dr.Ann Hodson、荷兰屯特大学社会政策领域治理创新和治理研究所助理教授Mina，分别面向学生开设《社会工作实务方法》《比较社会政策：21世纪的挑战与出路》等专业课程，为社会工作、行政管理等专业学生带来专业领域的前沿知识。2014年9月11～12日，学院邀请美国加州大学旧金山分校人类学家莎伦·考夫曼教授（Prof. Sharon Kaufman）为社会学系师生做“老龄化与卫生保健”系列专题讲座，推动学院本科人才培养的国际化水平。

③本科毕业设计及实习工作。顺利地组织完成3个本科专业学生毕业论文撰写工作，其中14篇被评为校级优秀论文。2014年7～8月，学院结合专业特点，组织学生赴各地开展实习工作。社会工作专业2012级学生由张娜老师带队到河北盐山县政府和社会服务机构等相关部门开展认知实习，行政管理专业2012级学生由何晓前老师带队到河北唐山各政府机构开展认知实习，法学专业2012级学生到秦皇岛中级人民法院开展认知实习。各专业2011级同学则分散在北京等各地相关机构进行生产和专业实习。

④实验室建设。2014年完成了法学诊所式教育实验中心建设和社会工作实验室维护改造及设备更新，新增了艺术鉴赏实验室、模拟法庭和公共管理数据分析与决策实验室，升级了实验教学硬件设施、更新了实验室的老旧设备，进一步改善了学院教学条件。

⑤实践基地建设。2014年3月13日，学院有关教师到北京京悦律师事务所走访调研，并与北京京悦律师事务所达成战略合作，双方协议建立“实践教学基地”，共同完善对本校法科学生“校企联合”的培养机制。2014年6月30日，学院与秦皇岛市中级人民法院签署“共建实践教学基地协议书”，并举行了揭牌仪式。

⑥学生课外实践工作。2014年学院3支团队荣获“北京科技大学社会实践金奖”，2支团队获银奖，2支团队获铜奖，1人获学校2014年度暑期社会实践十佳标兵总成绩第一名。1项社

会实践微记录作品获得2014年暑期社会实践精品成果称号。1项社会实践微电影获得第三届国际大学生新媒体文化节“剧情类最佳导演奖”及“中国梦”拍摄计划“十佳影片”称号。在第十六届“摇篮杯”课外学术科技作品竞赛中，学院共19件作品获奖，其中获C类特等奖3项、一等奖2项、二等奖6项、三等奖6项，优秀奖2项。学院连续两年获得“摇篮杯”课外学术科技作品竞赛“优胜杯”。学院积极开展研究生科技服务与挂职锻炼，组织团队8支，获得团队二等奖1项、团队优秀奖2项，13人获优秀实践个人称号。

⑦教学研究工作。杨晓明、张健、张卫英3位老师获得2014年度校级“十二五”规划教材一般项目和讲义资助；杨晓明老师获得2014年度校级教育教学改革与研究面上项目；时立荣等老师的《社会工作行政》、杨晓明和刘晶老师的《SPSS在教育统计中的应用》获得校第26届教育教学成果奖二等奖；时立荣、郇建立等老师的研究型教学项目顺利结项。

⑧教学交流。2014年学院与邓迪大学签订了具体交流合作协议；组织实施了从社会工作本科生与社会学专业研究生中选拔人才去邓迪大学进修的活动；邀请邓迪大学Richard副院长来学校访问；社会学系主任时立荣老师于2014年10月受邀赴美国芝加哥大学社会工作管理学院进行教学观摩与交流；派出张佳华老师、董梅老师出国访学，多名老师参加国际学术会议。

⑨研究生教学方面。2014年上半年，教育部批准了社会工作专业学位硕士点（MSW），成为继公共管理硕士（MPA）、法律硕士（JM）后又一个专业学位硕士点；公共管理专业成功承办全国MPA教指委委托的“行政法”课程全国培训学术研讨会，出版了北京科技大学公共管理论丛首批丛书，学院为此投入了资金支持，扩大了学院的社会影响力。各专业研究生学位点的评估工作于2014年开始已经全面启动。在研究生培养工作中，强化过程管理，完善并继续推行研究生论文撰写过程管理制度。

（许　斌、魏增产）

【科研活动】2014年，学院共承担科研项目27项，科研经费总额185.16万元。其中，纵向科研项目24项，科研经费共178.76万元；横向课题3项。法律系张佳华老师《死刑案件的法律援助质量研究——以北京市为调研样本》获得北京市哲学社会科学基金资助。2014年，学院教师在各类学术期刊上发表论文61篇，其中CSSCI 21篇；出版学术著作7部，其中专著2部。

（魏增产、张　娜）

【学术交流】2014年7月22日，台北科技大学智慧财产权研究所李傑清所长一行来文法学院交流访问，洽谈双方在学生交流培养、教师访问研究、共同举办国内外学术研讨会等方面的合作事宜。2014年10月23～26日，社会学系时立荣教授参加韩国社会福利学会年会并主持中国专场的会议研讨会，参观访问了韩国的养老院，社区儿童院和社区老年市民活动中心等社会福利专业机构。2014年11月，社会学系时立荣教授应邀到芝加哥大学社会行政管理学院进行学科建设和社会工作专业实习教学的交流和研讨。2014年12月12日，社会学系与台湾屏东科技大学人文暨社会科学院社会工作系举行专业共建研讨会。高等教育国际化需要高水平的国际化师资队伍，这是实施人才培养国际化的核心要素，文法学院长期通过“引进来、走出去”的方式，继续加强教师在国际间的交流。2014年12月20日，文法学院主办、公共管理系承办的“跨界治理——多层次和多领域的智慧学术研讨会”在学校会议中心会议厅召开。文法学院副院长冯英教授、俞文华教授、杨志云博士参加了会议。2014年12月21日，文法学院副院长、科技法学研究会常务理事张武军研究员，理事李婉平副教授、石雁副教授、温耀原博士参加了由首都经济贸易大学法学院和北京市法学会科技法学研究会联合主办的“北京市法学会科技法学研究会2014年年会暨科技与法治研讨会”。

（冯 英、魏增产、张 娜）

【党建和学生工作】 2014年，在学校党政班子的正确领导下，文法学院围绕学校总体工作要求，以培育和践行社会主义核心价值观为契机，以服务全院师生为出发点和落脚点，更加注重工作的系统性、整体性、协同性和创新性，带领全院师生团结一致、坚定信心、凝聚共识、统筹谋划、协同推进，不断提高党建与思想政治工作的科学化水平，为学院各项事业的开展提供了坚实的组织保障。

2014年，学院党委注重加强基层党组织建设和学生党员发展工作，以基层党组织立项活动和“红色1+1”基层党支部共建活动为依托，以先进党支部、优秀党日活动评选为促进，结合专业特点，围绕专业优势，开展了一系列主题鲜明、内容丰富、形式新颖、富有实效的党组织活动。本年度共申报基层党支部立项活动16项，活动参与率和覆盖面均为84.2%，其中3个支部获北京市高校“红色1+1”示范活动优秀奖。同时，发挥学生业余党校的主渠道作用，组织开展积极分子党校1期，培训学员267人。学院党委认真按照“控制总量、优化结构、提高质量、发挥作用”的总要求，强化培养环节和发展过程中的质量控制，保证发展党员质量。本年度学院共发展学生党员87人，学生党员比例为22.33%。

2014年，学院学生工作队伍按照学校新生教育工作的总体思路，结合专业优势，继续开展“贝壳彩虹路：新生成长与发展小组工作”。针对文法学院和化学与生物工程学院2014级新生，开展5类主题、7次小组活动。围绕“助学、励志、育人”的工作目标和原则，坚持“完善资助机制，提高育人质量”核心理念，进一步建全资助管理机制，充分发挥资助育人功效，加强资助工作过程把控，注重资助工作精细化、规范化建设2014年，新生教育和学生资助工作获“北京科技大学学生工作专项奖”。

2014年，学院团委围绕“培育学生理想信念，助力学生成长发展”的工作理念，以优化学院各项精品育人平台为依托，将培育和践行社会主义核心价值观融入思想教育、社会实践、志愿服务、科技创新、文化艺术等工作领域，收到良好效果。按照实践育人一体化工作整体部署，本着“一个主线、四位一体、多项精品活动”的设计思路，以引领科技创新为主线，实现社会实践、学术竞赛、创业竞赛和SRTP“四位一体”的社会实践长效机制。学院社会实践和文化艺术工作获“北京科技大学共青团工作专项奖”，学院团委荣获“北京科技大学五四红旗团委”荣誉称号。

2014年，学院积极组织党员开展学风引领计划，各党支部共成立4个帮扶小组，共帮扶学生11人，帮扶次数23次。在全院师生的共同努力下，学院学风建设取得新的成效。2014级本科生《大学基础外语Ⅰ》课程在期中、期末考试中平均分排名位居全校第一，一、二年级总体挂科率全校最低，各年级各专业学生课程通过率均保持较高水平，英语四级一次通过率稳定在97%以上，学生保研率18.5%（推免研究生共33人，其中本校6人，保送北大、清华、人大、政法等高校共27人）。同时，本科2011级国家司法考试通过率45.1%，创历年新高。学院学生获“北京市三好学生”称号1人，获“北京科技大学校长奖章”1人。在第十六届校“摇篮杯”课外学术科技作品竞赛中，文法学院共有38件作品申报，20件作品进入校级决赛，共有19件作品最终获奖，学院获“优胜杯”。在2014年“创青春”首都大学生创业大赛中，学院“北京拾忆坊创意文化有限公司”创业团队获公益创业类银奖。

2014年，学院共举办“星期四人文讲座”14期，讲座内容涉及时政热点、中国古典文学、音乐鉴赏等方面，先后邀请到北京市海淀区科协常务副主席、度学创始人李云飞，北京航空航天大学法学院院长龙卫球，教育部长江学者特聘教授、北京大学中文系教授钱志熙等专家学者为学生带来精彩讲座。一年以来，星期四人文讲座的听众5000余人，在学生中引起广泛关注和好评。

2014年，学院将研究生学术论坛作为培养研究生学术创新能力的主渠道，在传统学术论坛活动的基础上，创新活动形式，鼓励各专业学生结合本专业特色开展活动。法律系研究生到中国政法大学等高校了解交流，学习各校法律援助中心组织建设及日常运营经验，拟筹建北京科技大学法律援助中心。学院鼓励研究生参与科技服务与挂职锻炼，2014年共组建团队8支，分别结合自己的专业开展特色活动，学院积极加强过程监督，各专业老师给予引导，取得优异成绩，并获“优秀组织奖”。

2014年，学院2014级本科就业率为93.29%，研究生就业率为100%，全院综合就业率95.96%，完成既定目标。学院在坚持以往优秀做法的基础上，系统举行职业生涯规划系列讲座和培训活动，继续开展“文法毕业生十年职业生涯路暨“我的大学、我的生涯路”优秀校友励志访谈系列活动，完善就业创业指导服务体系，实现全程化、全员化、体系化。

（赵　雨、史立伟）

马克思主义学院

【概况】学院下设研究所5个：思想政治教育研究所、马克思主义原理研究所、马克思主义中国化研究所、历史与文化研究所、科技与社会研究所。北京科技大学廉政研究中心、北京科技大学高校学生事务研究中心、《思想教育研究》编辑部挂靠学院。北京高校辅导员培训研修基地、北京高校思想政治理论课教学信息中心、北京高校思想理论动态研究中心、北京高校形势与政策教育研究会秘书处设在学院。

学院承担全校本科生5门必修思想政治理论课、全校本科生科学精神与人文素质教育类部分课程、材料国际班部分人文社科类课程等教学任务。研究生教学任务包括全校研究生4门思想政治理论课。与学生处、团委合作开展面向全校学生的“形势与政策”“大学生社会实践”等课程。除公共基础课程外，学院承担了3个硕士专业、1个博士专业的学科课程以及全校工程硕士等非全日制研究生思想政治理论课。年内，学院及时调整充实教学专题，科学设计“社会主义核心价值观”和“依法治国”专题教学，推动了马克思主义中国化最新理论成果“进教材、进课堂、进头脑”。

至2014年年底，学院拥有教职员工33人，其中专职教学科研人员25人，包含全职教授6人、副教授13人。有校内专兼职教授及导师9人。年内，马克思主义理论一级学科硕士点共招收硕士生24人，其中思想政治教育二级学科招收16人，马克思主义基本原理二级学科招收8人，科学技术哲学二级学科招收4人；招收思想政治教育专业博士生7人。毕业硕士生30人、博士生5人。至年底，学院在读博士生49人、硕士生53人。

（段晓芳）

【教学改革】2014年，学院全面深化教育教学体系改革，在深化拓展“教辅结合”模式、系统推进课堂实践教学以及完善“形势与政策”教育教学模式3个方面，教育教学成果显著，已经初步构建起具有鲜明特色的思政课教育教学体系。由于领先的教改模式以及在德育工作方面的突出表现，学院被北京市教工委评为“2013～2014年度北京高校德育工作先进集体”。

年内，“高校思想政治理论课实践教学模式创新”被评选为教育部首批思想政治课教学方法改革示范推广项目（全国仅20个）。在教研方面，学院获批“当代马克思主义宗教观教育链研究”等2项教育部教改项目资助，获得1项校级本科教育教学改革与研究面上项目、1项校级“十二五”规划讲义、1项校级“十二五”规划教材一般项目；2门课程入选校级第四批研究型教学示范课程建设项目、2门课程入选校级第二批通识教育核心课程建设项目、3门课程获得学校“研究型教学示范课程”称号。在首都高校思想政治课社会实践论文评比中，学校获北京市特等奖、一等奖以及优秀组织奖，学院教师贡献了智慧与力量。

在“教辅结合”教改的探索中，“思想政治理论课教辅结合模式的深化与拓展”本科重点教改项目顺利结题。学院召开“教辅结合”模式研讨会2次，完成《高校思想政治理论课“教辅结合”的理论与实践》20万字书稿的编辑整理工作，同时，整理了包括优秀征文、优秀演讲稿件、优秀宣讲稿件、理论学习资料等学生成果近100万字。

在实践教学改革中，根据4门本科思想政治理论课程的教学大纲，学院设计了包括校园访谈、校园微课堂、课堂情景剧、微电影、经典研究、辩论赛在内的课堂实践教学的6大项目，并给予资助，构建系统化的课堂实践教学体系。同时，充分利用教育部本科实践教学条件改善项目，购买了学生辩论赛竞答系统、现场打分系统、标准化考试阅卷系统、音像摄制与编辑等教学设备，直接投入实践课堂的应用，为课堂实践教学改革提供了有利的保障。本年度，在实践教学改革的过程中，共收到学生访谈报告20余份（近15万字）、校园微调查报告40余个（近20万字），录制课堂情景剧54个、微电影近100部，研读经典报告及PPT课件近100套，组织课堂辩论赛8场，课堂覆盖学生近3000人。2014年12月刊登于学校校园网导读的《实践：从课堂出发——北京科技大学思想政治理论课课堂实践教学试点小记》通讯文稿，详实报道了思想政治理论课课堂实践教学改革，引起广大师生热议。

（李晓光、段晓芳）

【形势与政策】教育教学经过不断探索与实践，已经初步形成了“理论与实践相结合、校级指导与院级组织相结合、网上学习与线下教育相结合”的立体化教育教学模式。北京高校形势与政策教育研究会秘书处落户学院，学校成为首届理事长单位。依托此平台，学院承办了北京高校形势与政策教育教学研讨会以及2次暑期备课会；教改项目负责人多次应邀在教育部、北京市教工委组织的相关教学研讨会上介绍经验，进一步扩大了学校思想政治理论课教学改革的影响力。2014年，学院邀请吴潜涛、肖贵清、任建明等知名学者及专家到校作形势政策主题报告10余场，面向研究生专门开设“中国与国际发展前沿”系列讲座5场。在教务处的大力支持下，《形势与政策》课堂理论教学共开设9个课堂，覆盖2013级本科生近2000人。学院累计开设30余场专题讲座与主题教学，加强了学生形势与政策教育，同时活跃了校园文化。随着教改的进一步深入，学院出版《形势与政策》教材1本，完成包含课件在内的近20万字讲义1本，完成10个形势政策教育教学专题的网络教学视频课程录制，真正地实现了立体化教学，在全国高校中处于领先地位。

除了组织课堂教学与大型报告会，根据形势需要，学院组织学生开展丰富多彩的实践活动。例如，指导求是学会开展培育和践行社会主义核心价值观系列活动，整理编辑了“培育和践行社会主义核心价值观优秀征文”汇编、“我为核心价值观代言”宣讲稿汇编、“善美青春 我为核心价值观代言演讲比赛优秀稿件”汇编等一批教改成果，字数30万余字；指导求是学会开展外出宣讲、主题演讲比赛等，在校内外产生良好影响。

（彭庆红、潘红涛、夏　欢）

【学科建设】 学校围绕“十二五规划落实情况检查和总结”工作，进一步明确学院的课程建设、教材建设、师资队伍建设、教学研究、研究生及本科生教学条件建设等方面的发展目标与具体思路，为学院的学科发展指明了方向。

年内，依托北京高校辅导员培训研修基地，学院主办了3个专题培训班，来自北京50余所高校及广西等地高校的200余名辅导员参加了培训研修。培训工作促进了“高校思想政治教育理论与实践”研究方向中研究成果的实践转化，获得了北京市教工委和学员们的一致好评。

依托廉政研究中心的建设，学院召开了“依法治国与廉政治理”专题学术研讨会。学院教师主持了2项省部级廉政研究课题，承担了1项教育部重大社科项目子课题，相关活动及研究成果得到上级纪委、监察部门的关注与肯定。中国纪检监察报、检察日报、人民网、新华网等多家媒体竞相报道，产生广泛的社会影响。

在北京市委教育工委的指导与支持下，北京高校思想政治理论课马克思主义宗教观教育教学名师工作室、北京高校思想理论动态研究中心（筹）、北京高校思想政治课教学信息中心（筹）运行正常，定期向北京市委教育工委等上级部门提供教育决策咨询与信息服务，进一步扩大了学校思想政治教育学科的影响力。

（李晓光、王天敏）

【师资队伍建设】 在学校支持下，根据学科发展布局，本年度学院引进副研究员1名，聘请兼职教授1名，同时引进1名优秀博士生，进一步增强了学院的师资力量。

学院鼓励与支持教师参与优秀人才评选活动。年内，刘丽敏老师入选教育部“全国高校优秀中青年思想政治理论课教师择优资助计划”和北京市青年英才计划；左鹏老师入选教育部“思想政治教育中青年杰出人才支持计划”。

学院大力加强中青年骨干教师的培养，除资助部分教师积极参加学术会议外，派遣1人次赴美国耶鲁大学访学，累计派遣近20人次参加全国哲学社会科学教学科研骨干培训、北京市哲学社科骨干教师培训、北京市思想政治课教师专题培训等，有效地促进了青年教师的成长。

（段晓芳、夏　欢）

【科研活动】 学院初步构建起了有特色的文科科研评价体系，出台了《马克思主义学院科研奖励与支持办法》，建立与完善了科研激励机制；投入资金，加大教研及科研成果奖励力度，确保高质量科研课题和科研论文数量的增长，形成良性的科研发展循环机制。

学院立项及获批课题20余项，包括国家社科基金项目1个、北京市社科委托重点项目1个。在学院资助下，教师出版学术专著5本，学院CSSCI论文发表数量较2013年有明显增长。在教育部思想政治工作司指导、全国高等学校思想政治教育研究会组织的纪念思想政治教育学科设立30周年优秀著作、论文和研究报告评选中，学院教师3人次获奖，获奖数量在北京市乃至全国高校处于领先位置。

（李晓光、[illegible]）

【学生工作】学院逐步构建起完善的研究生职业能力提升培训体系。学院2014级毕业生就业率为100%，签约率88.2%，比2013年提高21.54%，获得了学校“2014年度就业率优胜奖”，有2人获得校级就业工作先进工作者奖。

学院结合马克思主义理论专业的特点，强化研究生实践锻炼与培训。学院开展了学术研究能力、行政能力以及新媒体技术3个模块的培训，本学年组织经典读书会14场，开展职业技能培训讲座15场，勤工助学岗位覆盖率为100%。同时，举办了首届“中国精神”研究生授课技能大赛，引入“全球化视野”国际化课程及组织高水平国际学术讲座，拓展学生视野。

在和谐、积极的氛围中，学院涌现出一批优秀集体与个人。其中学院获得学校党建和思想政治教育工作专项奖；学生中2人获国家奖学金、1人获“建龙”二等奖学金、1人获北京市“三好学生”称号、4人被评为学校“优秀三好研究生”。

（段晓芳、刘明言）

【党建和思想政治教育】年内，学院召开了第一次党员大会，选举产生了新一届中共北京科技大学马克思主义学院总支委员会。其中，刘丽敏、李晓光、段晓芳、彭庆红、鲁春霞5名同志组成新一届中共北京科技大学马克思主义学院总支委员会，彭庆红同志当选为书记，段晓芳同志当选为副书记；刘丽敏、李晓光、段晓芳、彭庆红4名同志当选为马克思主义学院出席“中国共产党北京科技大学第十一次代表大会”代表。这是马克思主义学院成立以来首次召开党员大会进行换届选举和党代表选举，新一届党总支的产生为今后学院党的建设以及师生员工思想政治教育工作顺利开展奠定了重要基础。

学院党总支根据党中央、教育部的工作要求和学校党委的整体部署，组织召开处级党员领导干部民主生活会。会前通过召开座谈会、个别访谈、发放征求意见表、到师生群众中走访等多种形式，广泛征求党员群众的意见，重点听取广大师生对教育实践活动专题民主生活会整改落实情况和深化作风建设的意见。班子成员逐一进行深刻的批评与自我批评，扎实抓好整改落实。

学院按照学校党委相关文件要求，结合学院学生特点，精心设计学习内容，注重学习过程管理与考核，切实保证学生党员的培养、教育效果。2014年学院党总支共接收学生预备党员14人，确定入党积极分子考察对象18人，学院毕业生党员比例为88%。

学院深入学习贯彻落实中共十八届四中全会精神和社会主义核心价值观，从自身特点出发，以深化“形势与政策”课改革为契机，以学生党校和理论社团建设为抓手，以教辅结合模式为切入口，对外服务学校思想政治教育工作大局，对内强调自身学科理论研习与实践教育的结合，充分发挥思想政治教育学科优势，积极开展学生党建和思想政治教育工作，特色突出，深受广大学生好评。年内，组织形势与政策教育教学专题报告（见附件）及党校报告共计60余场、教辅结合座谈会2场、专题辅导员培训，2次，既面向本科生、研究生，又面向广大辅导员及入党积极分子，有效地发挥了学院思想引领的作用。

（段晓芳、潘红涛）

外国语学院

【概况】2014年，在学校党政领导班子正确领导下，外国语学院认真贯彻落实党的十八大及十八届三中、四中全会精神，坚持理论联系实际，围绕“服务学校、发展学科、提升实力、和谐进取”的工作主旨，在党建、思想政治工作、党风廉政建设、外语教学与科研、学科与师资队伍建设、人才培养与环境建设等诸方面都取得了长足进步，出色地完成学校布置的各项工作和年度工作目标。

2014年，学院下设4个系：英语语言文学系、大学英语系、研究生英语系、亚欧语系。1个研究所：外国语言文学研究所。2个办公室：党委行政办公室、学生工作办公室。3个中心：外语实验教学中心、外语培训中心以及北京科技大学功能语言学研究中心。学院设有英语、日语、德语3个本科专业，拥有外国语言文学一级学科博士学位授予权和一级学科硕士学位授予权，下设外国语言学、应用语言学、英语语言文学、日语语言文学和翻译硕士学位（MTI）4个二级学科硕士点。至年底，全院在读学生663人，其中本科生575人，硕士和博士研究生88人。

（朱宝善、康军艳）

【师资队伍建设】2014年底，学院有专任教师85人，外籍教师14人。其中，教授4人，副教授29人，入选教育部“新世纪优秀人才计划”2人，北京市教学名师3人；96%的教师具有硕士及以上学位，32%已经获得和正在攻读博士学位。本年度接收硕士1人、博士1人，有6人晋升高一级专业技术职务，其中有4人晋升副教授。到2014年年底，学院客座教授和兼职教授队伍为17人。

年内，学院多举措全方位助力教师发展，努力提高师资队伍整体水平，内外结合加强学院师资队伍建设。2014年，学院推荐1人参加2014年青年拔尖人才支持计划申报；选派3人参加北京市哲学社会科学骨干教师研修班；推荐2名教师参加学校优秀青年骨干培训班；推荐1名教师参加教育部驻外后备干部公开选拔；推荐3名教师报考博士研究生；支持教师50人次参加国内外高水平学术会议；先后有7人在英、美、德、日等国家从事专业研修工作。

在外籍教师队伍建设与保障方面，学院向学校七届六次教代会提交“关于完善学校长期语言类外籍教师聘任机制”的提案；同时，还对周边高校外教工资与聘任情况进行调研，与学校各相关部门一起努力提高外教的工资和生活待遇，更新了新聘外教房间的部分家具，改善了外教的生活条件。2014～2015学年续聘外教11人，新聘外教3人。

（朱宝善、康军艳）

【教学工作】2014年，学院以学校本科教育教学工作会议为契机，认真组织全体教师就加强本科教学工作、深化教学改革的思路及措施开展研讨，凝炼人才培养特色，优化人才培养环节，明确学院教学工作发展方向。

2014年，在基础教学方面，进一步优化大学英语课程体系，丰富通识教育课程，贴近专业学科，提升服务水平。整体课程体系从技能型课程向通识教育课程和通用学术英语课程过渡和延伸，从技能训练为主向综合应用能力和自主学习能力转变。在2013年成功试点17个讲台的基础上，继续在2014级快班和实验班的36个讲台1171名学生中开展试点工作，深度推进了数字化外语教学改革，最大程度地发挥了学生利用“TRP”平台提升英语写作能力的优势。继续试点以多元及个性化为特色的自然班翻转课堂研究新教学模式，通过测试证明经历新的课程体系或教学模式的学生，英语听、说、读、写、译能力都有较大的提高。大学英语系联合英、日、德语3个专业，不断拓宽选修课的开课思路，丰富开课类型，着重提高学生跨文化意识，为全校各个学科的学生开设了多样化的西方人文素质教育课程，本年度共开设26门59个讲台的外语类公共选修课程。本着高端、品质、实效的宗旨，打造了“北科语言与文化交流夏令营”品牌活动，配以Spelling Bee拼写、朗诵、演讲、辩论、戏剧等赛事活动的开展，进一步加深了学生的外语学习兴趣，为学生搭建了英语实践和交流的平台，拓宽了学生的国际视野，提升了学生的跨文化交际意识和能力。通过这一系列课程体系改革的深化，不断增强外国语学院服务全校其他各学科的能力和水平，为学校实现“国内一流、国际知名研究型大学”的宏伟目标继续做出不可或缺的积极贡献。

在本科专业人才培养工作中，坚持“厚基础、宽口径、高素质、国际化”的外语人才培养理念，探索多位一体创新实践型外语人才培养模式，努力实现外语专业人才培养的多元化。英、日、德语3个专业进一步推进“强化输出能力的多位一体创新实践型外语专业人才培养模式”，试点推广了“考教分离”教学模式，完善了强化输出能力的培养机制；建立写作类课协调连贯式中外教师合作教学模式；利用“慕课”等现代化的教育资源，改进“假期作业机制”；借助研究型教学示范课工程，开展课外网络拓展学习模式，积极尝试探索基于内容的课程教学模式。在夯实专业基础的同时，立足学生兴趣，适时启发学生辅修其他专业或攻读双学位，培养国家和社会所亟需的复合型人才。本年度学院共有177名学生攻读双学位，占学生总数的58.03%，毕业生跨专业深造比例为67%。另一方面，依托校院国际化平台，全方位推进国际化培养模式。暑期海外游学、实习及海外夏令营，三个月、半年或一年的留学时间，“3+1”“2+2”“3+1+1”等与国外大学联合培养模式，给学生提供更加多样和个性化的留学选择，使学校外语专业人才的培养质量进一步提升。2014年，学院分别与德国比勒费尔德中型企业应用技术大学、上奥地利大学、日本庆应义塾大学、英国德蒙福特大学新签订联合培养合作协议，共有76名在校生赴境外交流学习，较2013年增加了17人。

年内，学校2012级学生大学英语四级考试通过率为93.74%；英语、日语和德语专业四级考试通过率分别为96.36%、94.92%和100%；英语专业八级考试通过率为95.65%。在2014年全国大学生英语竞赛中，10人获一等奖，33人获二等奖，60人获三等奖。英语专业杨浩田荣获第十九届中国日报社“21世纪·可口可乐杯”英语演讲比赛全国总决赛亚军，并代表中国赴英国参加了由国际英语联合会（ESU）主办的“国际公众英语演讲比赛（IPSC2014）”，向世界展示了中国新一代青年学子的智慧与魅力。此外，学院学生还荣获了第六届北京市大学生英语演讲比赛一等奖、CCTV“希望之星”英语风采大赛全国总决赛大学组三等奖等学科竞赛奖项。

在研究生教育教学工作中，学院注重内涵发展，努力提升研究生培养质量，积极推进研究生公共英语教学的改革，努力探索硕、博士研究生英语教学一体化，

2015年将首次对本科直攻博学生进行试点教学；为扩大研究生的国际视野，提升其撰写和发表英语科技学术论文的能力。学院组织团队共同编写《英语文献阅读与科技论文写作》相关教材；同时以教材建设带动教学改革，本年度还顺利地完成了《研究生英语高级教程》（第二版）的编写和出版，成功地申报了研究生英语教材建设项目。建立并完善外语专业研究生交流机制，扩大联合培养模式。依托学校创新人才计划，英语专业2名博士研究生分别获得国际会议实践和短期访学项目支持，推动国际化进程。对日语专业研究生已形成“1+1”海外联合培养模式，国际化培养比例为100%。通过广泛调研，制订学院《博士研究生申请学位发表学术论文的规定》。首届博士研究生培养质量良好，已全部完成C刊论文发表任务，顺利通过博士论文开题，其中博士生夏延华以其优秀的学术成果获评为“北京科技大学十佳学术之星”之一。

学院不断总结教师培训经验，继续瞄准教学改革方向，积极开展青年教师培训工作。内外结合，构建教师培训机制。对内引领和指导各系所优化教学团队定期开展教学研讨机制，不断丰富教学研讨形式和内容，积极引导教师从时事新闻、课堂设计到科研探讨等不同方向拓展教学思路，提升教学理念；对外依托教务处的大力支持，积极邀请了11位国内外教学与教研专家进行理论结合实践的教学研究经验报告及座谈交流，使广大青年教师充分领略了理论指导教学实践及教学研究的显著意义，在教学理念、思路、内容、方法等多方面获得启示，取得了良好效果。本年度，学院《大学体验英语视听说教程》系列教材入选第二批“十二五”普通高等教育本科国家级规划教材；3门课程获批学校素质教育核心课程建设项目；6门课程获批研究型教学示范课程建设项目；1位教师入选“北京科技大学青年教学骨干人才培养计划”。在校级教育教学改革项目立项申报中，获批重点项目1项、面上项目7项；在校级教材（讲义）项目申报中，获批教材建设项目11项、讲义建设项目1项。

学院以深化招生制度改革为契机，进一步推进外语类保送生的宣传工作。随着国家保送生政策的调整，外语类保送生成为国内各大院校瞩目的焦点。为确保在2015年本科生招生工作中吸引优质生源，提升招生质量，在学校招生就业处大力支持下，学院专门成立了外语类保送生招生宣传领导小组与宣传团队，制作了专门的宣传材料，与全国16所具有外语类保送生资格的学校进行了多次联络并对其中的15所进行了走访。一方面加强与保送生学校的情感沟通，另一方面直接面向保送生学校师生积极宣传学校和学院的办学实力、学科优势与特色以及人才培养的实绩实效，得到了保送生学校及师生的极大认可。同时为了应对教育部出台《深化考试招生制度改革实施意见》以及浙江、上海一省一市高考试点方案给高校招生及人才培养工作带来的新变化，学院邀请招生就业处、教务处的相关领导与学院专业课教师共同就招生改革和专业发展开展深入研讨，努力探索适应新时期、新政策的外语专业招生和人才培养新途径。

（朱宝善、康军艳）

【学科建设与科研活动】 2014年，学院不断加强学科平台建设，推动学科向纵深发展。逐步形成以科研小组为依托，从专家邀请、新闻宣传、讲座现场技术支持到音视频材料搜集整理等一条龙的学术交流运行机制，建立了与国内外学界的广泛联系，形成了很好的交流平台。聘请当代英国戏剧权威专家英国德蒙福特大学校长Dominic Shellard教授为学校名誉教授；邀请哈佛大学Robert Ross、德国梅茵茨大学Lars Johanson、美国埃默里大学Phillip Wolff、香港浸会大学Stuart Christie、香港理工大学朱志瑜和李兰、美国北科罗拉多大学黄静子、南京大学王守仁、北京师范大学周流溪、华东师范大学潘文国等20多位海内外专家学者作学术讲座和集中讲学。积极搭建海外科研合作平台，探索学科纵深发展之路。学校与香港城市大学、中山大学及英国Routledge出版社合作创办的*Journal of World Languages*（《世界语言学刊》）正式发行；赵秋荣和官群老师分别与香港理工大学、美国NIH科学基金共同开展科研合作；支持鼓励13名教师参加大型国际学术会议，把握学界前沿动态，与国内外学界建立广泛联系。经过积极培育和努力，《北京科技大学学报》"功能语言学栏目"被评为"全国高校社科期刊特色栏目"以及"北京市高校人文社会科学期刊名栏"，提高了学校语言学科在学界的知名度。

学院全面优化MTI教学体系，凝炼办学特色，迎接MTI专项评估。在优化课程设置上，开设2门MTI"校企联合讲课实践类"课程，开展译员和校外笔译专家进课堂活动；依托翻译软件，开设"机器翻译实践课程"。开设《MTI工科通识课》，同时探索具有工科特色的新型MTI的课堂教学模式。建立MTI翻译实践工作坊，全面策划和构建MTI翻译实践机制和流程。根据评估要求，对MTI实践学分的认定及管理做出新的规定。建立中非民间商会翻译实践基地及天工大厦实习实践基地，已完成120篇的笔译项目和部分分散口译项目以及北京建筑大学土木专业翻译项目。建立40岁以下MTI教师轮流参加MTI教执委组织的教学培训机制，进一步规范了MTI毕业实习报告，组成MTI教学网络平台小组，建立MTI教学网络平台。

2014年度，学院教师共发表论文53篇，其中A&HCI论文1篇、SSCI论文4篇、CSSCI论文20篇、国外外语类专业期刊论文3篇、中文核心期刊论文7篇。主编、参编教材10部；首次实施并完成"鼎新北科外语学者系列著作"出版计划，出版专著10部，译著1部。获批国家级及省部级社科项目6项、新教师资助计划2项、博士生科研基金4项、基础研究资助基金6项。至11月底，本年度学院科研经费共到账116万元，科研成果无论从质量到数量都取得明显进步。

（朱宝善、马瑞芝）

【教育教学环境条件建设】按照本科教学与学科建设条件建设规划，学院顺利地完成中央支持基本条件建设项目，圆满地完成4间语音实验室的全面升级改造，新购置Trados计算机辅助翻译系统等。

（朱宝善、陈光浦）

【党建工作】2014年，学院继续巩固群众路线活动成果，践行社会主义核心价值观，不断加强学院党委的政治核心作用。

①认真总结、加强整改、推进落实，巩固党的群众路线教育实践活动成果。学院党委在认真总结党的群众路线教育实践活动成果的基础上，继续深化整改落实，针对建立健全联系师生制度、统筹兼顾完善学院管理体制、深化大学英语教学改革、加强对学生专业实习实践的指导等多方面工作进行整改和跟进。根据校党委要求、工作要点和学院中心工作，制定学院党委二级理论中心组学习计划，明确学习任务和目标要求，围绕"中央八项规定""习近平系列讲话精神""提高本科教学质量""推进研究生教学改革"等相关工作，采用务实与务虚相结合的方式，深入开展学习活动。学院党委还将党风廉政建设工作纳入学院工作计划和二级理论中心组的学习计划，明确学院领导班子的党风廉政建设责任，同时切实加强党风廉政教育，向系所主任及以上干部转发《明镜月刊》、财

务报销有关管理规定等廉政材料20余份。

②程序规范、公开透明、公推直选，顺利完成新一届学院党委换届工作。按照校党委的工作布署，学院党委制定了《外国语学院党委换届工作暨参加学校第十一次党代会代表选举工作方案》，并通过召开党委委员会、支部书记会，严格按照三上三下程序落实和推进二级党委换届公推直选工作。各支部以换届工作为契机，扎实推进党内民主建设，积极推进党务公开，充分尊重党员主体地位，保障党员民主权利，营造党内民主氛围，创建和谐工作环境。2014年5月学院召开第四次党员大会，直接选举产生中共北京科技大学外国语学院第四届委员会，书记、副书记、委员7人，同时选举产生出席中国共产党北京科技大学第十一次代表大会正式代表8人。

③不断创新、力求实效、推进发展，以支部为单位践行社会主义核心价值观，推动基层党组织建设。学院党委积极开展2014年度基层党组织活动立项工作，组织动员全院10个党支部结合自身特点，围绕培育和践行社会主义核心价值观等主题全部申报基层党组织活动立项，真正实现以申报促建设，将主题教育活动融入支部建设的全过程。学院党委特别策划了以“社会主义核心价值观进课堂、入岗位”主题党日活动，坚持以党风促教风，以教风促学风，切实发挥师生党员的先锋模范作用，不断提升党员的党性修养，为学院发展尽好职、服好务。在学院党委的引领下，各基层党支部活动多点开花，如大学英语系党支部开展的“党员示范课堂”“党员学术论坛”以及“一帮一”“结对子”协作互助活动；亚欧语系党支部立足专业特色，形成小语种专业人才培养方向党员调研报告；英语语言文学系党支部通过党员班导师会议、中外教圆桌会议深入探讨教学改革方向和措施；本科低年级党支部走入京郊双文铺村，开展“红色1+1”活动，结合所学专业，服务新农村。本年度，学院党委认真完成入党积极分子培养工作，共95名学生参加党校培训，发展党员32人。荣获2014年北京高校“红色1+1”示范活动优秀奖、校级“优秀基层党组织活动”一、二等奖各1项。

（朱宝善、赵姗姗）

【工会工作】2014年，学院工会继续积极开展院务公开和民主监督工作，关注新教师成长，举行“2013、2014新教师交流”暨“2014新教师与导师见面会”。召开二届六次教代会，对2013～2014学年学院先进个人和先进集体进行表彰。组织学院全体教职工体检，配合校工会办理“京卡服务卡”，重阳节慰问离退休老干部，圣诞节为全体外籍教师送上温暖礼物。本年度共慰问新育子女教师8人、患病教师和离退休教师10人。组织教职工参加春季奥体森林公园健步走、秋季昌平水库健步走、冬季健身长跑活动、学校第37届教职工运动会，蝉联排球比赛B组冠军，成功地举办“阖欢‘家’年华”活动，圆满地组织家庭羽毛球比赛，增强了学院大家庭的凝聚力，营造出温馨、和谐、蓬勃向上的学院氛围。

（朱宝善、张秀清）

【校友工作】2014年，学院以学校举办“90级校友毕业20周年值年返校活动”为契机，增进与校友之间的感情，建立校友联系录，开拓校友资源。

（朱宝善、康军艳）

【学生工作】2014年，学院学生工作在安全稳定、学风建设和就业引导方面开展了扎实、有效的工作。①固本强基，全面深入地抓好学生平安稳定工作。继续充分发挥学生干部队伍组织优势，建立多维度、高效率、全覆盖的舆情体系，全面掌握学生动态信息，做到信息及时收集、反馈，问题及时分析、解决，确保学生身心健康发展。打造立体式舆情网络体系，全面掌握学生动态信息，并及时予以正确引导与沟通解决。充分发挥辅导员助理团队的作用，帮助新生尽快适应大学生活，找准目标与适合自己的学习生活节奏。继续完善突发事件应急处理预案，强化反馈联动机制，依托学生骨干力量，及时有效地应对各种突发情况。本年度共开展深度辅导75人次，关注“三星级”以上学生35人，形成学生动态信息调研32期，处理学生特殊情况15起。

②点面结合，稳步有序地推进学院整体学风建设。继续加强与各专业系所的沟通配合，调动各级各类学生组织的积极性，发挥先进典型的成长引领作用，致力于学院整体学风建设的推进。一方面挖掘与发挥专业系所对每个学生的学业指导（辅导）计划的优势，协助与推动专业系所实施有较好针对性的学业指导工作，另一方面发挥团学组织优势，大力推进学风建设。结合学院学生实际情况与语言专业特点开展工作，继续传承与完善切合实际、行之有效的学风建设措施，从学习目标、内容、方法等方面加强学风引导。以成长引领为准则，大力支持高水平外语类竞赛与文化活动，积极配合各专业系所组织好各种专业竞赛，提高学生语言应用能力，增强学生外语学习热情与兴趣。树立优秀典型，发挥朋辈教育作用，通过外文电影配音大赛、外文短剧大赛、外语文化节、银杏之星评选等一系列精品化、专业化、特色化的学生活动载体，以学生喜闻乐见的形式提升学风建设整体效果。本年度，学院学生获得各类成绩与奖励：国家级科技创新团队3个；共有25人保研至清华大学、北京大学等国内一流学府，18人成功考上北京大学、武汉大学、对外经贸大学等一批国内知名学府，实现了较大突破。共有175人获得奖学金，其中国家奖学金5人、国家励志奖学金16人、特种奖学金6人、人民奖学金148人。

③着眼发展，有步骤、成系统、高质量地完成就业工作。以学生发展为导向，将就业工作起点前移，发挥优势、形成合力，逐步建立有步骤、成系统、高质量的就业工作体系。以生涯发展辅导为主线，分年级分阶段辅助学生规划未来发展路径；与各专业齐心协力，为学生就业提供专业指导和优质服务，着眼学生全面发展，打造高水平学生干部队伍。2014年，学院为学生就业提供更多的资源支持，新建高质量学生实践教育基地2个，吸引招聘单位4家，召开学院专场招聘会3场，累计发布就业信息200余条。至2014年8月31日，学院本科生就业率96.85%，研究生就业率100%。出国率37.01%，稳居全校第一；升学率为32.28%，同比增加6.09%；本科生深造率50.39%（不含保研率），位居全校第一。

（武冠雄）

高等工程师学院

【概况】2014年，高等工程师学院下设党委办公室、综合办公室、学生工作办公室、北京科技大学国际工程教育中心、钢铁生产全流程虚拟仿真实践教学平台、工程训练中心（金工实习基地、电子技术实习基地、学生创新创业基地）。至2014年年底，学院共有在职职工45人。

学院设有材料科学与工程（卓越计划）、矿物资源工程（卓越计划）、冶金工程（卓越计划）、机械工程及自动化（卓越计划）、能源与动力工程（卓越计划）、自动化（卓越计划）6个本科专业，至2014年年底，在读本科生444人。

2014年，学院深入贯彻落实《国家中长期教育改革和发展规划纲要（2010－2020年）》，认真贯彻落实中共十八大和十八届三中全会精神，培育和践行社会主义核心价值观，紧密围绕学校、学院教育教学中心工作，以梳理培养流程为主线，以深化体系建设为内容，以面向国际、面向企业、面向学生为特点，以课程体系建设、师资队伍建设、学生素质培养、自身队伍建设为抓手，着力进一步理顺培养管理体系、深入落实校企联合培养模式和筹建卓越工程师联盟，加强校企、校校间合作与共建。同时，加强“卓越计划”宣传和经验共享力度，积极与100余所兄弟院校分享人才培养经验和模式，接访和走访“卓越计划”20余所，初步树立学校行业工程型人才培养改革的特色品牌。

（王小宁、魏　鑫、年仁玲）

【教育教学】2014年，学院开设课程69门次（讲台），教学效果良好。学院教师积极参与各级各类教学研究项目。教材建设方面，2014年共完成教材的出版2部，分别为宋仁伯主编的《轧制工艺学》和周珂等编著的《电子技术实习教程》。教改项目方面，北京市教改项目有《工程型拔尖人才培养体系的研究与实践》，校研究生教改项目有《以发展职业能力为导向的高等工程师学院全日制专业学位研究生培养模式研究》。2个项目已完成中期答辩。学校本科教改项目有《卓越工程师培养体系的研究与实践》已通过结题验收。课程建设方面，2013年获批的全英文示范课程《国际工程基础Fundamentals of International Engineering》已经完成中期答辩工作。《SMT集成工艺电工电子实习教学改革（教材）》（周珂、刘立、赵志毅、刘涛、吕振）获北京科技大学第26届教育教学成果奖一等奖。

工程教育模式研究不断深入。2014年，学院依据梳理出的改革工作方案，重点与各基础学科学院合作对现有“卓越计划”各专业教学计划中的课程，按照工程认证和能力导向要求进行重新设计。

在通用基础能力层面上，依托东凌经济管理学院，参照PMP资格认证框架，初步设计了《卓越工程师资格认证（管理知识与技能方面）方案》，以所需知识与技能为蓝本，通过知识的输入、工具与技术的采用和输出要求达成度的规范设置，明确了复合型工程人才应具有的企业管理能力要求；遵循“卓越工程师”计划中的实践教学与工程中实际“无缝衔接”的原则，依托计算机与通信工程学院编写了《高等工程师学院计算机能力培养（非计类）方案》，将学生计算机能力培养分为基础课程学习和等级证书及学科竞赛培养体系两个部分。结合教育部考试中心主办的全国计算机等级考试和参加计算机类学科竞赛，对学生计算能力和数据运用能力进行认定。编写了《工业组态软件及数据信息处理课程建设方案》，通过设计《工业组态软件》课程，以工业实际应用的组态软件为教学基础平台，通过硬件接口技术对工业数据进行采集，并在常用数据库及分析软件中对数据进行综合处理，培养学生在本专业工程应用领域常用的软、硬件环境下，掌握工业测控流程。

在创新能力培养方面，依托学院学生创新创业基地进行大学生科技创新能力培养，编写了《工程实践与创新能力实验课程申报书》《高等工程师学院科技创新能力培养标准及方案》，为学生提供一个环境开放、管理标准、鼓励创新、资源丰富的创新实践平台。从创新思维能力、专业知识技能、团队协作与管理能力、经济与市场意识培养入手，通过基础课程教学、实践课程教学、创新项目训练、科技创新竞赛、毕业设计等课外提高环节，增强学生创新能力的培养。同时积极摸索项目、竞赛结合毕业设计模式。

在评价方法方面，学院根据《卓越工程师教育培养计划通用标准》，编写了《卓越计划工程师培养标准细化方案》《卓越计划工程师培养标准课程地图》，通过挖掘标准内涵，细化标准要求，初步建立分层次考核标准以及与其对应的课程、教学方式方法，明确对标准的评价方法。细化方案将标准、能力要求和掌握程度投射到具体课程上，从而进一步明确对课程改革的要求。

（李欣欣 、牟仁玲）

【工程训练中心建设】①学生创新创业基地。2014年，学生创新创业基地坚持着重做好面向全校的学生科技创新工作，共指导完成北京市级及以上SRTP项目11项，院级项目36项；申报2015年SRTP项目市级及以上13项，院级29项。坚持以参加各类竞赛为契机，锻炼学生的科技创新能力，编写了《高等工程师学院大学生科技创新能力培养标准及方案》。开设全校公共选修课《创新思维与团队管理》《航空模型理论与实践》举办了2014北京科技大学机器人校内赛、北京科技大学第八届航模校内赛、机器人DOTA表演赛。参加第十三届全国大学生机器人大赛获一等奖，参加2014科研类航空航天模型锦标赛获一等奖5项、二等奖4项、三等奖2项。参加中国人力高台飞行大赛获最佳设计奖，参加首届大联大智能飞行器设计大赛获第二名。参加华北5省机器人大赛获一等奖1项、二等奖5项、三等奖2项。MEI机器人团队获小平科技创新团队称号，申请并获得首批首都高校校内创新实践基地称号。

②电子技术实习基地。完成《电子技术实习》公共必修课，共计35个班，1023人；完成《机器人创意设计与实践》公共选修课，27学时，共计120人；完成《机器人技术与竞赛》公共选修课，32学时，共计120人。教学研究方面，《电子技术实习教程》于2014年9月由清华大学出版社出版，并投入教学使用，入选国家级工程示范中心“十二五”规划教材项目，并得到北京科技大学教材建设经费的支持。《机器人技术与竞赛》课程入选北京科技大学“第二批素质教育核心课程建设项目”，2014年开始投入建设。根据“卓越计划”培养规划，面向卓越计划机械方向专业，设计实施《工业温度监控报警系统》《FM贴片收音机设计制作》两项新实验内容，并完成相关教具及教材的开发。组织并参加北京市大学生电子设计大赛，获得了北京市一等奖3项、二等奖7项、三等奖4项，北京科技大

学获得“优秀组织奖”。参加全国大学生计算机博弈锦标赛，共获得一等奖6项、二等奖7项、三等奖4项的优异成绩，被组委会授予“优秀组织奖”。

③金工实习基地。2014年共完成学校65个班2000多名学生的实习教学任务，其中非机类49个班、近机类4个班、机类12个班。另外，2014年度接收北京大学工学院实习生45人，并接待了德国亚琛大学交流生来实习。

（王　旭、周　珂、王建武）

【虚拟平台建设】钢铁生产全流程虚拟仿真实践教学平台（简称“虚拟平台”）于2014年1月正式启动建设。1～6月，对丙、丁教室原有设施进行了拆除，完成了实验室改造工程和校内供电布线工程，并安装调试了教学硬件设施（大屏幕、投影仪、教学控制台、培训操作台、电脑、空调等）。7月（小学期）进行了硬件设施试用，开出了认识实习外国专家课程、AutoCAD课程等。8～10月，对硬件设备和局域网系统进行了完善和调整，并安装和调试了基础应用软件。11月，安装了转炉炼钢虚拟仿真实践教学软件，并组织专家进行了评审。12月，安装了中厚板轧制虚拟仿真实践教学软件。

（吕庆功、白艳茹、李昕彤）

【对外交流】2014年，学院通过对各高校推动“卓越计划”实施先进经验的调研，掌握了最新的工程教育动态，不断完善学校的“卓越计划”工作思路，并推广学校人才培养特色和思路，对外展开分享交流。学院先后赴西安交通大学、西安电子科技大学、同济大学、江南大学、江苏大学进行调研，了解各校在“卓越工程师教育培养计划”体系建设、校企联合人才培养、工程训练中心建设管理等方面的经验，对工程训练中心（工程坊）建设的运行模式和政策支持、大学生创新创业计划的实施、校内学生工程实践能力培养等工作进行了详细的探讨和学习。

学院受邀参加全国“卓越工程师教育培养计划”（中南地区）工作交流研讨会，并以《基于国家级工程实践教育中心的工程实践能力培养》为主题进行发言，为积极推进“卓越工程师教育培养计划”的深入实施和工程人才培养模式改革、促进“卓越计划”实施期间高校间的工作交流与经验分享做出贡献。

（王小宁、魏　鑫）

【校企联合】2014年6月23日，在教育部、中国钢铁工业协会指导下，中国冶金行业卓越工程师培养联盟在北京科技大学成立并揭牌。中国冶金行业联盟麾下有13所行业高校，分别是北京科技大学、东北大学、重庆大学、中南大学、西安建筑科技大学、昆明理工大学、江西理工大学、辽宁科技大学、安徽工业大学、内蒙古科技大学、武汉科技大学、重庆科技学院、河北联合大学。联盟企业有中国钢铁协会、首钢总公司、中国中钢集团公司、鞍钢集团公司、中国黄金协会、中国有色金属工业协会、武汉钢铁（集团）公司、马钢（集团）控股有限公司、重庆钢铁股份有限公司、山东钢铁集团有限公司、中冶京诚工程技术有限公司、河北钢铁集团有限公司、太原钢铁（集团）有限公司、包头铝业（集团）有限责任公司、深圳讯方通信技术有限公司。

联盟秘书处设在北京科技大学。理事长由中国钢铁工业协会负责人担任。联盟聚焦校企合作机制的改革与探索，遵循“探索、实践、总结、提升、共享”的螺旋式发展路径，打造具有行业特色的校企合作人才培养模式，建立冶金行业人才培养和国家级工程实践教育中心建设通用标准。

联盟联合相关高校、企事业单位开展多角度、多样化、多层次的教育合作，整合优质教育资源，充分发挥联盟合力，实现资源共享、优势互补、互惠共赢、共同发展，加强高校和企业间人才联合培养的力度，努力培养面向未来冶金行业发展的新型工程人才，更好地为我国冶金行业的可持续发展服务，进一步为我国教育、经济和文化事业的发展服务。

2014年11月24日，河北钢铁集团有限公司人力资源部赵震等一行21人来校就“卓越计划”培养工作进行交流访问。学院常务副院长刘立、党总支书记李京社以及学生工作副院长王小宁接待了访问团，并进行了座谈研讨。邯钢、唐钢、承钢、宣钢、舞钢、石钢、矿业公司、财务公司、物流公司、钢研总院等相关单位负责人共同参加座谈会。

（王小宁、魏　鑫）

【党建工会】根据学校组织部《关于开好2014年度处级党员领导干部民主生活会的通知》要求，在对党的群众路线教育实践活动总结会上提出的“四风”存在问题回头看的基础上，结合2014年一年的实际情况，分步骤、分角度地开展民主生活会的意见调研工作。印发了《高等工程师学院2014年度处级党员领导干部意见调研表》，召开党支部的专题民主生活会进行讨论。学院进一步加大从源头上预防和治理腐败工作的力度，完成了《高等工程师学院2014党风廉政工作自查报告》。

学院组织了主题征文活动以及以培育和践行社会主义核心价值观的演讲大赛。以流动宣传架、学院大屏幕以及学院楼梯墙面为平台，以丰富多彩的形式，多角度开展社会主义核心价值观的宣传工作。

继续落实学生党支部书记每2周召开一次的例会制度；以评优促进步，树立典型模范，重视基层党支部书记的传帮带作用。推动党员发展的规范化，提高党员发展质量；认真开展学生业余党校工作，与机械工程师学院党委组织完成第214期学生业余党校培训班培训。组织党校讲座2场、党校学员集中学习活动1次及党校学员集中考试，策划了党校结业典礼。

2014年，学院工会在校、院工会领导的大力支持下，通过本单位领导和全体教职工的积极配合及协助，有序地开展各项工作，工会建设又上新台阶。积极参加校工会的各项活动，如健步走、第三十七届田径综合运动会、健康知识讲座、校工会服务月、捐款等。为了让教职工在紧张的教学工作之余放松和陶冶自己，提高中心大家庭的凝聚力，特别组织了很多集体娱乐活动，如摄影大赛、跳棋、象棋、克郎棋、双升、飞镖、乒乓球、羽毛球、沙包等项目活动。2014年8月，工会为退休的老教师举办欢送会，年底，工会小家组织并探望何永智、王贵等退休老职工，送去学院的关心和问候。工会积极帮助大病职工张洁办理住院及报销手续，及时帮助其申请学校的各项补助5000余元。

（李欣欣、毕　艳、李辉珍）

【学生工作】学院秉承“以人为本、扎实工作、安全第一”的工作理念，在工作中围绕学院工作重点和难点，稳扎稳打，积极探索学生管理新模式，培养学生骨干，着力发挥学生骨干在学生工作中的自主性，最终达成“自我教育、自我管理、自我服务、自我实现，自我成才”的目标。建设以“党员干部”“社团干部”“班级干部”“助理团队”“卓越团队”“学霸团队”“引航团队”为抓手，进行横向管理和“6年一贯制人才发展”的纵向培养，形成团结互助的网格化学生骨干培养体系，为学院学生工作的发展群策群力。

①完善学生安全责任制度，加强宿舍走访，加强安全教育，培养安全意识，为企业实习做准备。按照“一个体系、三个加强”的安全工作思路，构建了“学生—安全员—安全信息员（班长）—辅导员”的网格化安全工作体系，加强了日常、实习、宿舍三方面的安全

教育。

②以社会主义核心价值观为抓手，加强主题教育的引导性。根据年级特点和成长规律，将学院培育与践行社会主义核心价值观活动分为倾听、感悟、淬炼和传承4个阶段，利用主题班会、团日、座谈会、学生骨干会议等形式，认真学习，切合时政，联系专业，注重引导，使学生将理论体会转化为自觉行动。

③学院在学生基层组织建设中，获北京市共青团“先锋杯”优秀团支部1个；校级先进班集体、优秀团支部标兵1个；校级先进班集体、优秀团支部3个。材料E111班代表学校参加北京高校优秀学生基层组织创建展示活动；2个学生党支部获得北京市高校“红色1+1”示范活动优秀奖；学生工作团队参与2个年级（3次）、9支实习队伍的工程实践带队管理及驻厂工作。

④在辅导员队伍建设方面，根据北京市委组织部、市委教育工委、市教育委员会等联合发出的《关于2013年组织选拔博士生（后）、高校青年教师、辅导员到北京市挂职锻炼的通知》，学院团委书记刘娜经组织选拔，于2013年7月至2014年8月赴北京市延庆县进行基层挂职锻炼，担任延庆县商务委主任助理、2014北京延庆国际葡萄酒博览会组委会执行指挥助理一职，圆满地完成友好合作、新闻宣传、博览会开馆仪式等重点工作。2014年8月，学院辅导员陈建帮经校党委选派，参加教育部思政司组织的高校辅导员2014年志愿服务西部计划，任青海民族大学学生工作处学生教育管理科科长（挂职），为期1年。2014年9月20日至10月18日，学院辅导员孙晓丹经校学生工作部选拔推荐，赴山东青岛中国海洋大学进行挂职锻炼，担任学生处处长助理，为期1个月，主要开展学生工作调研学习及学校交流生管理等相关工作；12月荣获2013～2014年度北京高校优秀辅导员荣誉称号，并作为代表在2015北京市高校辅导员论坛上进行主题发言，其“多维感观价值观主题班会”荣获北京市社会主义核心价值观宣传教育优秀案例。

⑤2014年，学院有114人获得各类助学金，其中获国家一等助学金15人、国家二等助学金51人、国家三等助学金39人、社会各类助学金9人。获特种奖学金31人，获人民奖学金251人，获奖学金人数占全院学生的64%。在2014年年终学生工作评选中，学院获学生工作心理素质教育专项奖、共青团工作主题教育专项奖。2014届，毕业生就业工作获北京科技大学就业工作总就业率优胜奖。2014年度，学院有3名学生光荣退伍，2名在读学生光荣入伍。

⑥在实习实践工作方面，学院2012级学生55人赴首钢京唐公司、62人赴上海宝钢公司、58人赴日照钢铁公司开展为期2周的钢铁全流程《工程实践I》认识实习；2011级11人赴山东金岭矿业股份有限公司，28人赴太原钢铁（集团）有限公司，20人赴首钢京唐公司，20人赴莱芜钢铁集团有限公司，46人赴邯钢进行为期5周的师傅带徒弟式的《工程实践II》生产实习。

⑦在学生管理模式探索方面，学院结合近年本科学生招生与管理工作经验，完成对2013级“卓越计划”117名学生进入工程师学院“因材施教”的选拔。在2010级“卓越计划”本科毕业生66人中，整体就业率100%，其中考研50人、出国3人、派遣7人；在2011级126名学生中，保研88人，签订三方协议6人。

（王小宁、宋　鹏）

【国际化建设】2014年，高等工程师学院依据“国际课程及教材—国际标准培训—国际研讨交流—国际师资建设—国际学生联合培养”的思路积极开展“鼎新北科”国际化平台建设工作，梳理卓越工程师教育培养过程中的国际化发展体系。

①国际合作开发的课程。与美国国际教育联盟联合开设64学时的《国际工程基础》（Fundamentals of International Engineering）和64学时的《工程创新与创业》（Invention，Innovation & Entrepreneurship）。通过网络实时在线授课模式，聘请美国世界500强跨国企业资深工程师为本科生授课。以英国剑桥大学工程学院Mike Ashby教授所著的《材料与环境——材料的节能优选》（Materials and the Environment：Eco-Informed Material Choice）为教材，邀请法国兰斯大学物理学系Kui Zhang教授为学校本科生进行为期16学时的授课。以国际机构国际能效评估组织（Efficiency Verification Organization，简称 EVO）开发并拥有的《国际节能效果测量和验证规程》（IPMVP）为基础，设计并开设32学时的《节能评估基础》和《节能评估案例分析》系列课程。

②引进国际标准培训。2014年1月，北京科技大学与美国国际能效评估组织（EVO）正式建立了校级合作关系。EVO为学校及联盟院校提供师资能力建设，分享节能量的测量与验证的实践经验，选择试点院校开设初级节能评估师课程，提供认证培训教材和参考资料等，使学生系统地了解节能量的测量与验证技术，深入学习和使用专业的分析方法，在完成大学学业的同时获得初级的节能认证，从而培养出满足市场需求的创新型人才。年内已经完成（结束）国际节能绩效测量与验证规程（IPMVP）的师资培训工作，并于9月开设了经过学校教师团队本地化的《节能评估基础》课程。2014年4月，参加CES EduPack工程材料基础与应用的相关培训，并于8月引进了2014版最新培训成果，用于学校虚拟仿真实验平台的建设以及学校工程教育的教学与研发工作。

③国际交流与研讨。参加由北京市卓越工程师教育培养计划高校联盟、法国预科学校工业科学教师联盟（Union des Professeurs de Sciences etTechniques Industrielles，UPSTI）和巴黎中央理工大学联合举办的2014 年度暑期学校活动，主要内容是体验了法国工程师教学内容及培养特色。参加在英国剑桥大学Clare College举办的“第六届国际材料教育研讨会”，向大会投稿并充分利用此次影响广、水平高的国际会议，通过交流和大会报告，多方面宣传学校在培养卓越工程师工作中的做法和经验，进一步提高了学校工程教育在国际上的知名度。2014年6月，学校召开了“国际专家客座教授聘任仪式暨工程师培养和材料发展前沿学术报告会”，聘任巴黎中央理工教授、原法国巴黎中央理工副校长Jean-Hubert Schmitt以及法国兰斯大学教授张葵为学校客座教授。随后的工程师培养和前沿发展学术报告会由来自加拿大、法国和中国台湾地区的4位知名教授主讲，主要内容涉及工程师培养、冶金科学进展及教育需求、法国工程师教育制度的利弊以及材料发展前沿科学等方面。

④国际学生联合培养项目。通过与美国密西根大学、德国亚琛工大、比利时鲁汶大学等国际知名高校开展学生联合培养项目，充分利用合作院校的师资、课程体系以及教育理念大力提高学院的教育水平。2014年学院参加学校海（境）外经历拓展的本科生有6名。

（李欣欣）

管庄校区

【概况】校区各类在校生35846人，其中高职生246人、远程教育学生28086人、成人教育学生6816人（其中业大生2897人、函授生3919人），培训学员698人。

（陆春兰、张军凌）

【院庆工作】30年院庆作为全年工作重点，校区高度重视，围绕“传承、鼎新、凝智、发展”的院庆主题和“热情、周到、节俭、务实”的原则，成立了院庆工作领导小组和包括宣传报道、对外联络、校友接待、活动安排、安全保卫、后勤保障、捐赠在内的7个工作小组。首次编印了校区史《熔铸》，并完成了校史展厅更新、宣传画册和宣传片制作以及美化环境等工作。共接待来宾573人次，各项活动精彩纷呈，圆满地完成了既定目标，超出了预期效果，得到来宾、校友和社会各界的认可和赞誉。

为庆祝30年院庆，学院邀请各界校友450多人参加。其中86级文管专业、87级文管专业、94级财管专业等10个班级的校友以班为单位参加了院庆活动；秉承“联谊、奉献、共赢”的宗旨，成立了西安校友分会；更新、完善了《校友同学录》和校友网站等。

（马轶民、陆春兰）

【编印校区史】完成了校区史《熔铸》组稿、编辑、审稿、校稿和插图选编等全部编印工作。全书包括12篇，共16万字，收录原始文档、照片等453张，详实、系统地回顾、总结了管庄校区（原北京冶金管理干部学院）的发展历程和办学经验。作为30年来第一次编印的校史一书，对弘扬传统、展示成就、凝聚力量，乃至今后查阅资料等都有非常重要的作用。

（陆春兰、王慧美）

【基础设施建设】完成大小改造和建设项目11项，包括院庆校园美化，主楼、食堂等的防水改造和公寓、锅炉房外墙、10号楼后平房的粉刷等工作。按照学校新邮箱模式，完成校区邮箱系统更新工作；改善网络体验，校园上网光纤线路调整为联通公司优质线路；机房全面采用虚拟桌面技术，减轻了教学和管理工作难度。为适应教学需要，更换了教室多媒体设备；改造了6个苹果机房，并更新了机房网络设备和线路；积极做好课件开发和课程录制工作，其中制作、加工了180门U盘课件，录制开发了9门远程三分屏课件、15门继续教育课程等。完成图书馆网站改版建设，已全面实现图书采编、流通、检索信息化管理，馆藏图书累计12万册，并提供个性化上门服务。

（曹建波、艾澍雨、王红艳）

【教学管理与研究工作】重点检查、监控教师聘任、考核、教学质量和学生就业等工作；在项目年检年报的基础上，加大力度落实年检结果。召开以“加强课程改革、强化资源建设、提高教学质量”为主题的教学工作会，重点就课程改革、学历教育质量等展开了交流与探讨；稳定教学工作秩序，抽调专人进行教学检查，及时掌握教学情况。

通过校区教务管理平台教学质量评价系统，重点检查教师课堂授课评价、期中教学质量等，确保教学质量稳定。认真完成高职升本科推优等工作。加强教学研究管理与服务工作，组织申报校规划教材，鼓励教师发表论文、出版教材和专著，全年出版9本教材著作，发表7篇论文，有1项获北京市成人教育学会教学成果奖，有1项获教育部高校计算机课件评比二等奖，并有2项获校级教学成果奖，科研经费到账47.5万元。

（张军凌）

【财务管理】按照学校要求调整了财务管理办法、审批权限和业务流程等。根据中央“八项规定”及厉行节约相关文件精神，加大了资金内控制度和预算执行力度，进一步压缩开支，全年会议费、接待费分别下降了92%和72%。严格执行政府采购、招标、合同、明细单据等规定，提高了支出的规范性和经费效益，全年公用经费较2013年减少约10%。加大了收费规范、监管、催收力度，各类办学收入基本做到应收尽收，其中远程学费较2013年增加24%。开发并安装医务室管理与公费医疗管理软件系统，在提高管理规范性与效率的同时，有效地控制了医疗费用支出。

（向剑锋）

【安全稳定】按照“安全第一、预防为主、综合治理”的工作原则，圆满地完成30周年院庆、党的十八届四中全会、APEC会议期间校园稳定工作和“打非治违”专项行动。严格落实“严查、严管、严控”措施，重点加强了对校园公共区域、综合办公楼、宿舍楼等的管控力度，增强了师生安保责任意识，从而进一步巩固、深化了“平安校园”创建成果。

以“平安校园”创建工作回头看为契机，全年排查、消除包括食堂后厨、学生宿舍、餐厅燃气间等20多个安全隐患；组织保卫人员、电工、管工、宿管员多方参与消防设备等安全检查，开展了消防演练、宿舍楼消防报警装置等设备操作培训及无证车辆专项整治活动；更新、改造消防器材、设备，更换750个干粉灭火器、180个二氧化碳灭火器；合理布控监控探头等。

（任乐松）

【人事管理】完成了新领导小组成员分工及机构调整相关工作，改变校区管理模式。

结合校区实际，采取以自有教师为主，外聘教师、返聘离退休优秀教师等多种形式并举的措施，改善了师资短缺现状，并进一步优化了师资队伍结构，有2名教职工攻读博士学位；为提升教学能力、学术水平，鼓励青年教师积极参与专业培训、企业践习和科研项目等。

按照学校文件精神，调整、兑现了事业编制人员岗位津贴标准；新设非事业编制重点岗位并完成首批重点岗位人员竞聘工作，11人被聘为重点岗。出台了新的《非事业编制岗招聘实施细则和工资待遇暂行规定》；全年非事业编制人员新聘11人，续聘53人；完成工资调整、保险扣缴、专业技术职务评聘、年度考核、信息库更新等人事日常管理工作。

（曹宏生、刘亚宁）

【学生工作】校区全面接管培训工作，专门成立了近30人的项目辅导员队伍，负责项目学员日常管理与服务，包括掌握班级情况和学员思想动态、传达政策、解答诉求、走访联系、督促学业、整理信息等各项工作。

校区认真完成校外宿舍清退和宿舍管理等工作，包括调整宿舍安排、核对催交宿费和定期检查等。针对宿舍人员混杂、类型多样、管理困难等问题，耐心细致地做好各项工作。同时，注重加强学生（员）思想教育，开展了社会主义核心价值观宣传教育和迎接APEC文明倡议活动；举办了第17期学生业余党校学习班。加强考勤管理，制订项目学员请假办法；密切与学员联系，了解并协调解决学员反映的学习、生活等问题和困难，为家庭经济困难学员提供勤工助学岗位。举办羽毛球赛、乒乓球赛、爱心捐赠、迎新年歌舞晚会等活动；支持、鼓励羽毛球社、书友会、心理学兴趣小组等社团活动。

（吴　瑜）

【党群建设】以“与时俱进 更新理念，联系校区谋划发展”为主题，抓好中心组学习；完善了校区领导小组工作会议规则和“三重一大”实施办法。认真组织校区党委换届选举工作，选举产生了出席学校第十一次党代会代表；加强基层党组织建设，以公推直选的方式完成了校区基层党组织换届改选工作。

进一步加强党风廉政建设，组织财务、总务等重要管理和服务部门负责人学习相关廉政文件规定与要求，切实将党风廉政工作落到实处。在学校纪委专家组重点检查中，校区获得认可和好评。组织离退休党员开展“学习、畅谈十八届四中全会精神”生活会等。

组织参加学校第七届六次教代会，并完成校区教代会代表和各工会小组长换届选举工作。以庆祝教师节为契机，评选、表彰了校级先进工作者和校区级先进工作者、先进集体和师德先进个人。校区职工分别荣获学校职工排球比赛冠军和田径运动会男子、女子及团体总分第二名。

贯彻落实中央、教育部“厉行节约、反对浪费”文件精神以及学校一系列相关规定，结合校区实际，严格控制和压缩办公经费，进一步加大了对会议费、劳务费、接待费、大额货物、工程、服务采购等支出的管理、审核力度。认真执行会议管理相关规定，最大限度地降低会议成本。以“务实节俭”为原则，进一步简化公务接待，严格按标准接待用餐，并控制接待陪同人数。

（王川让）

体育部

【概况】2014年，学校体育部下设男生教研室、女生教研室、群体教研室、竞训教研室、学生体质健康测试中心和体育器材室。至年底，共有教职工47人，其中副教授26人、讲师18人、教辅和党政管理人员4人。在田径、篮球、足球、网球、乒乓球、羽毛球、冰雪项目上，学校拥有国家级裁判7人，国家一级裁判22人。

2014年，体育部认真落实中共中央国务院提出的“学校教育要树立‘健康第一’的指导思想”精神，以增强学生体质，促进学生健康为工作重点，按照年初制定的年度工作计划和目标，经过师生员工的共同努力，在教学、群体、代表队、学科建设和场地设施管理等方面做了扎实有效的工作，圆满地完成了2014年度的各项工作任务。在学校本科教学学生全员评教中名列前茅，体育教学课已成为学生最喜爱的课程之一。

（赵　雨、窦海波）

【课程建设】学校体育课程教学始终坚持“以人为本，健康第一”的指导思想，不断优化课程教育内容，形成了完备的体育课程结构，基本上满足了学生选课需求和兴趣爱好。2014年，学校体育课分男生体育课、女生体育课和男、女混合体育课。为满足广大学生日益增长的体育热情，体育部充分挖掘体育师资和体育设施的潜力，不断增设一些学生喜爱的运动项目。为了提高教学质量，进一步端正学风和教风，体育部继续坚持每周1次的集体备课和业务学习制度，组织教师参加说课、看课，互相学习，取长补短，并继续成立教学督导组，对教师的上课情况进行评价，规范了教师教风，对提高教学质量起到了积极的作用。

（赵　雨、窦海波）

【科研及师资建设】学校注重体育师资队伍建设，不断提高教师的业务水平，有计划地选派体育教师进修学习，参加有关体育方面的学术报告会，举办体育部科学论文报告会，使教师的业务水平和科研能力得到提高。2014年，学校体育部教师承担北京市“青年英才计划”科研课题，并获得15万元科研经费资助。体育部教师参与了5个校级科研课题和3个省部级课题，以第一作者身份发表10余篇CSSCI、SEI检索期刊以及中文核心期刊论文和50余篇一般期刊论文。

（赵　雨、窦海波）

【竞技体育】2014年，学校的竞技体育基本上完成了既定的目标。在首都高校第52届学生田径运动会上，学校田径队获得了男子甲A组团体第三名、男女甲A组团队总分第三名的佳绩。在北京高校篮球联赛中男子篮球队获得第二名、女子篮球队获得第一名。学校学生跆拳道队获北京高校跆拳道比赛女子团体总分第一名、男子团体总分第二名及男女团队总分第二名。女子羽毛球队获得高校羽毛球甲级联赛女子团体第一名。男子足球队获高校联赛第四名，并获得“体育道德风尚奖”。

作为教育部批准建设高水平运动队的学校，学校通过了北京市教委组织的“北京高校高水平运动队建设检查评估”工作，并获得优秀学校称号，还顺利通过了教育部对学校高水平运动队建设各项指标的评估，保持6个高水平运动队建设的资格。

（赵　雨、窦海波）

【群众体育活动】2014年，学校的群众体育活动继续保持良好的传统和风气。积极响应“亿万学生阳光体育运动”的号召，使学校的群众体育工作呈现出蓬勃的发展趋势。紧密围绕学校育人核心，努力将群众体育工作打造成为第二课堂和校园文化建设的桥头堡。年内，按照年初制定的学校体育竞赛计划，在体育部的指导下和学校各体育分会和各单项协会的共同努力下，组织了60余次丰富多彩的群体活动，包括组织召开13场学校及学院运动会，举办了包括游泳、羽毛球等新项目在内的40余项校内群体赛事，参加了20余项校外群体竞赛，项目多、覆盖面广、自主性强、参与性高，极大地调动了学生参加体育活动的热情，使阳光体育运动惠及全体学生，做到人人有体育项目、班班有体育活动、院院有体育特色。2014年，学校在北京市大学生体育协会组织的“数字运动会”系列比赛中，取得了优异的成绩，被北京市教委授予“北京高校阳光体育联赛优胜奖”。

（赵　雨、窦海波）

附　录

2014年北京科技大学体育代表队主要竞赛成绩

比赛名称、时间、地点	领队及教练	运动员姓名（单项成绩）							总成绩
		姓名	项目	成绩	名次	项目	成绩	名次	
首都高等院校第52届学生田径运动会（2014年5月，中国人民大学）	领队：王瑞平 教练：周振平 董官清 蒋玉跃 章荣江 姜　宏 李仕美 王文海 于　祥 董　斌 郭毅平	吕高阳	1万米竞走	50：25.90	3	2万米竞走	1：46：33.32	2	女子甲A团体总分126分； 男子甲A团体总分100分 男女团体总分：226分/第3名 金牌数：4
		冯伟强	800米	2：00.23	7				
		袁滔	3000米障碍	10：06.42	8				
		葛明	1万米竞走	59：16.05	7				
		李　峰	1万米竞走	58：27.43	6				
		安　京	400栏	52．61	1				
		李湘龙	撑竿跳高	4.40米	1				
		李　凯	1万米	34：25.09	8	5000米	16：13.70	7	
		蔡文帅	三级跳远	15.37米	4				
		马浩森	三级跳远	15.11米	3				
		王　东	铅球	14.32米	7	链球	45.02米	5	
		郑亦言	铁饼	45.91米	3				
		任　磊	十项全能	5871分	4				
		安　京 邓　运 吴少龙 韩冠谊	男4×100	42.25	6				
		安　京 努尔买买提 邓　运 李志珑	男4×400	3：24.73	7				
		张乃元	100米	12.39	5	200米	26.06	7	
		邱伟娜	1500米	4：47.63	2	800米	2：14.33	5	
		杨金娟	1万米	37：34.02	4	1500米	4：53.05	8	
		文天佑	400米栏	1：03.90	3				
		翟艳红	3000米障碍	10：20.09	1	5000米	16：29.13	1	
		罗冬冬	3000米障碍	12：08.08	6				

续表

比赛名称、时间、地点	领队及教练	运动员姓名（单项成绩）							总成绩
		姓名	项目	成绩	名次	项目	成绩	名次	
首都高等院校第52届学生田径运动会（2014年5月，中国人民大学）	领队：王瑞平 教练：周振平 董官清 蒋玉跃 章荣江 姜　宏 李仕美 王文海 于　祥 董　斌 郭毅平	刘洁琼	5000米	19：43.31	8				
		曹文俊	5000米竞走	24：51.64	4	1万米竞走	49：57.50	2	
		王永梅	800米	2：20.98	7	1500米	4：49.30	4	
		于培媛	铅球	13.38米	4	铁饼	38.43	3	
		魏　鑫	3000米障碍	13：13.97	8				
		李晶爽	标枪	37.89米	7				
		汤　萌	七项全能	4628分	3				
		高宏静	1万米竞走	52：14.01	6	5000米竞走	25：21.99	6	
		文天佑 郑小晴 张乃元 刘晓君	女4×100	49.36	6				
		文天佑 郑小晴 张乃元 刘晓君	女4×400	3：59.59	3				

*打破北京高校田径运动会纪录

（赵　雨、窦海波）

比赛名称、时间、地点	领队及教练	运动员姓名（单项成绩）			总成绩
		姓　名	项　　目	名 次	
第十届北京大学生跆拳道比赛（2014年12月，北京科技大学）	领队：赵　雨 教练：刘　洋	宋丹黎	女子67公斤级	3	女子团体总分：第1名 男子团体总分：第2名 男女团体总分：第2名
		张金茜	女子53公斤级	3	
		刘　睿	女子62公斤级	5	
		傅璇烨	女子73公斤级	5	
		申子尧	女子49公斤级	5	
		周　阳	女子+73公斤级	5	
		陈梦泽	男子63公斤	2	
		陈俊江	男子－54公斤级	3	

续表

比赛名称、时间、地点	领队及教练	运动员姓名（单项成绩）			总成绩
		姓　名	项　　目	名 次	
第十届北京大学生跆拳道比赛（2014年12月，北京科技大学）	领队：赵　雨 教练：刘　洋	安晓宇	男子68公斤级	3	女子团体总分：第1名 男子团体总分：第2名 男女团体总分：第2名
		王凯龙	男子68公斤级	5	
		张晟传	男子63公斤级	5	
		郭凡诚	男子74公斤级	5	
		吴野	男子87公斤级	5	
		陈惠鹏	男子87公斤级	5	
		左越	男子80公斤级	5	

比赛名称、时间、地点	领队及教练	项　　目	运动员姓名	名 次
北京高校篮球甲级联赛（2014年5月）	领队：宋一涛 教练：李海涛	篮球男队	刘雨鑫　张舒扬　赵一霖　孙世佳　王　烁　骆晓天　孟令卿　李怡霖	第2名
	领队：王瑞平 教练：张孔军	篮球女队	孙安琪　雷　雨　付明月　张　钰　张雪童　费　尧　甘椏郗　吴　佳　宋佳慧	第1名
第16届CUBA联赛北京预选赛（2014年11月）	领队：宋一涛 教练：李海涛	篮球男队	刘雨鑫　张舒扬　赵一霖　孙世佳　王　烁　孟令卿　李怡霖　赖宇航　杨　帆　贺佳祺　孙东阳　徐浩文	第7名
	领队：赵　雨 教练：张孔军	篮球女队	孙安琪　雷　雨　付明月　张　钰　张雪童　费　尧　甘椏郗　吴　佳　宋佳慧　张雪琳　姜雅琪　于　莹　矫　奢　刘华鑫	第4名
北京高校足球甲级联赛（2014年10月）	领队：赵　雨 教练：刘伟年	足球队	王俊淇　徐安达　李　展　申长林　杨　宜　周亦凡　董鹏程　魏伟楠　白雪飞　商小晨　邬家骥　刘　浪　张道玄	第4名
北京高校羽毛球联赛（2014年5月）	领队：宋一涛 教练：胡彦峰	羽毛球队	刘思全　刘秋丽　张依漪　李乐洋　汤文颖　石明帆　黄钰博　曾　俐　刘相宇	第1名

（赵　雨、窦海波）

北京科技大学田径最高纪录

（至2014年年底）

男子

项 目	成 绩	日 期	地 点	创造者	院 别	备 注
100米	10.5	1991.6	国家体委	刘玉刚	机械	北京地区田径邀请赛
200米	21.21（电）	1996.8	西 安	扬子江	经管	全国第5届大学生运动会
400米	45.98	2014.5	北建大	李志珑	经管	北京高校第51届田径运动会
800米	1：50.3	1992.6	国家体委	邹华东	采矿	国家体委田径测验赛
1500米	3：50.2	2005.5	北师大	公 强	经管	北京高校第43届田径运动会
5000米	14：23.1	2005.5	北师大	高月志	经管	北京高校第43届田径运动会
10000米	29：50.8	1997.4	上 海	鞠成军	文法	全国第8届运动会达标赛
3000米障碍	9：10.7	2003.10	交 大	高月志	经管	北京高校第41届田径运动会
110米栏	13.6	1998.5	体 师	白 勇	文法	北京高校第36届田径运动会
400米栏	50.71	2012.5	北 大	李志珑	文法	北京高校第50届田径运动会
4×100米接力	41.38（电）	1999.7	长 春	汤 禹 时宪东 闫二勇 扬子江	校队	全国第7届大学生田径锦标赛
4×400米接力	3：12.04	2012.5	北 大	李志珑 安 京 谢佳楠 宋 琛	校队	北京高校第50届田径运动会
10000米竞走	41：59.51	1995.5	先农坛	奚绍辉	社科	北京市第9届运动会
20000米竞走	1：24：54	1995.5	先农坛	奚绍辉	社科	北京市第9届运动会
跳 高	2.06米	2005.5	北师大	刘 路	经管	北京高校第43届田径运动会
跳 远	7.90米	1989.5	合 肥	梁 超	经管	全国田径锦标赛
三级跳远	16.33米	2010.9	山 东	蔡文帅	经管	山东省运动会
撑竿跳高	5.00米	2011.5	清华大学	周 博	经管	北京高校第49届田径运动会
铅 球	15.67米	2002.5	科 大	尹作为	信息	北京高校第40届田径运动会
铁 饼	59.14米	1996.5	体 大	李加富	社科	北京高校第34届田径运动会
标 枪	66.72米	1990.3	体 大	马 键	经管	北京体院田径邀请赛
链 球	63.37米	2005.5	北师大	李振华	经管	北京高校第43届田径运动会
十项全能	6372分	2008.5	林 大	冯 超	经管	北京高校第46届田径运动会

女子

项　目	成　绩	日　期	地　点	创造者	院别	备 注
100米	11.70（电）	2000.9	成　都	闫　姝	文法	全国第6届大学生运动会
200米	23.8	1998.10	北　体	王　莉	经管	北京高校田径杯赛
400米	56.8	1999.5	首师大	王　莉	经管	北京高校第37届田径运动会
800米	2：08.9	2004.5	北　航	李志梅	经管	北京高校第42届田径运动会
1500米	4：18.0	2006.4	北科大	谢　芳	经管	北京科大第44届学生田径运动会
3000米	10：12.35	1988.8	南　京	李跃明	热能	全国第3届大学生田径运动会
5000米	15：03.95（电）	2007.11	武　汉	谢　芳	经管	第六届全国城市运动会
10000米	31：21.2（电）	2007.11	武　汉	谢　芳	经管	第六届全国城市运动会
100米栏	13.71（电）	2006.5	郑　州	線　红	经管	2006年全国田径大奖赛郑州站
400米栏	59.92（电）	2006.10	北　大	胡雪婧	经管	北京高校田径精英赛
4×100米接力	47.3	1998.5	体　师	王　莉　许秋红 齐　媛　闫　姝	校队	北京高校第37届田径运动会
4×400米接力	3：51.03（电）	2008.5	林　大	李　烨　边　迪 胡雪婧　赵莹莹	校队	北京高校第46届田径运动会
5000米竞走	21：52.6（电）	2006.10	北　大	伊　群	经管	北京高校田径精英赛
10000米竞走	45：38.91电）	2007.5	北　邮	伊　群	经管	北京高校第45届田径运动会
3000米障碍	10：10.2（电）	2007.11	武　汉	徐益娜	经管	第六届全国城市运动会
跳　高	1.88米	2009.10	济　南	乔艳蕊	经管	第十一届全运会
跳　远	6.24米	2007.5	北　邮	刘亚男	经管	北京高校第45届田径运动会
三级跳远	14.04米	2009.10	济　南	刘亚男	经管	第十一届全运会
铅　球	20.35米	2009.10	济　南	巩立姣	经管	第十一届全运会
铁　饼	57.7米	1999.5	首师大	王萍萍	信息	北京高校第37届田径运动会
标　枪	47.78米	1995.10	八一队	孙　静	经管	北京高校田径杯赛
七项全能	5189分	1999.5	首师大	王　琳	文法	北京高校第37届田径运动会

（赵　雨、窦海波）

天津学院

【概况】 北京科技大学天津学院是2005年4月经教育部批准，由北京科技大学和广东珠江投资有限公司合作举办的本科层次的全日制独立学院，上级主管部门是天津市教育委员会。

学院设有土木工程系、材料科学与工程系、机械工程系、信息工程系、经济系、管理系、法律系、外语系、艺术系、基础部、体育部、思想政治工作教育部12个系（部）；实验室管理中心、图书馆2个教辅部门以及艺术教育中心。2014年，学院面向全国30个省、市、自治区网上录取本科生2022人。至2014年年底，在校生7096人。2014届毕（结）业生1574人，79人通过研究生入学考试并被录取，14人出国留学深造。

学院下设学院办公室、人事处、教务处、学生处、招生就业处、保卫处、基建后勤处、财务处、国际合作与交流中心。至年底，学院共有教职员工282人，其中，北京科技大学派出人员8人，广东珠江投资有限公司派出2人，社会招聘272人。

2014年，天津学院深入贯彻落实《国家中长期教育改革和发展规划纲要（2010～2020年）》，在不断完善各项制度体系的同时，紧紧围绕“质量、人才、特色、一流”的工作重心，始终以创建一流独立学院为目标，在各方面都取得了新的进展。按照《高等学校章程制定暂行办法》（教育部令【2011】第31号）要求及天津市教委的部署，结合教育部、市教委对学院规范验收有关章程方面的意见，学院已完成章程的修订工作，并已咨询天津市教委高校章程修订有关专家。学院新版章程被市教委作为天津市独立学院章程制定的标准模板，并专门召开会议介绍经验。12月，学院荣获2014新华网“大国教育之声”中国影响力独立学院荣誉称号。

（白　亮）

【教学工作】 依据教育部《普通高等学校本科专业目录和专业介绍（2012年）》和学院的具体情况，按照科学规范、主动适应、继承发展的原则，以及《专业介绍（2012年）》内容表述和应用型人才培养要求，制定了2014版培养方案，对学院办学定位、人才培养目标等具有重要意义。

天津市教委对机械工程专业进行专业评估暨学位授权审核，获得学士学位授予资格。经过3年的建设，对院级重点建设专业项目《计算机科学与技术》，优秀课程建设项目《模拟法庭》《高等数学》进行结题验收，项目建设达到了预期成果，通过验收，分别被授予“北京科技大学天津学院重点专业”“北京科技大学天津学院优秀课程”称号。

2014年11月，天津市教委推行本科专业综合评价试点，学院计算机、国际贸易、法学3个专业被列为试点。学院完成了天津市教委本科专业综合评价填报工作，进入专家评审阶段。

2014年10月22日，天津市教委教学督导组一行5人对学院进行教育教学质量的教学督导检查工作，对学院教育教学工作给予较高的评价。

2014年，应届毕业生总计1574人，取得毕业证书1546人，占毕业生人数的98%；授予学士学位1496人，占取得毕业证书人数的

97%。81名毕业生通过研究生入学考试并被录取。

材料系郭汉杰教授指导2014届毕业生段生朝的论文《褐铁矿气基直接还原机理研究》获第五届“天津市普通高等学校优秀毕业设计（论文）”。土木系顾小舒获“天津市普通高等学校毕业设计（论文）管理工作先进个人”称号。年内，专职专任教师获得省市级重点课题项目立项4项，出版书籍5部；专职教师共发表论文29篇，其中包括2篇SCI、1篇EI、1篇中文核心期刊。

为深入推进产学研合作，学院与天津市宝坻区政府、北京科技大学签订了《产学研战略合作协议》，与天津市宝涞精密机械有限公司等5家宝坻企业签订了产学研合作协议，达成以下意向：以产学结合、工学交替、顶岗实习等培养模式，按照现代企业人才培养需求，优化已有课程体系，开发新课程体系；优先向企业推荐优秀毕业生，向企业管理、科技人员开放图书馆实验室。企业作为学院实训和产学研合作基地，协助指导学生实习实训、毕业设计和社会实践活动，并优先录用毕业生。未来将依托各系，进一步深化和全面落实产学研合作协议。

（尹常治）

【师资队伍建设】为进一步做好师资队伍建设工作，切实提高教师整体水平，2014年，学院在人事制度方面制定了一系列文件，包括《北京科技大学天津学院教师考核办法（试行）》《北京科技大学天津学院副教授申报条件（试行）》《北京科技大学天津学院副教授岗位评聘工作细则（试行）》《北京科技大学天津学院名誉教授兼职教授客座教授聘任管理办法》，并修订《北京科技大学天津学院教职工奖励办法》。

继续做好做实“特聘教授”相关工作。2014年，学院按照协议要求，对6位特聘教授的工作任务进行汇总并形成“特聘教授工作报告”，内容包括课程、讲座、指导教师情况，以及对学院教学工作的意见和建议等。拟定“特聘教授与学生互动交流平台建设方案”以及“建立特聘教授考核青年教师机制的意见”，并根据实际情况对特聘教授进行年终考核。

进一步规范青年教师的引进和培训。2014年，共录用青年教师52人。针对新入职教师制定院级培训方案，以座谈会、讲座、参观、素质拓展等多种形式开展入职培训。组织新教师参加天津市高校师资培训中心举办的高校教师岗前培训。累计选派61人次参加全国会议、专题、网络培训等；继续鼓励青年教师在职攻读学位，年内共有7名教师获得博士研究生入学资格，8人获得在职研究生学位。

完成2014学年专业技术职务评审、认定工作。21人获得中级职称，其中，讲师17人、助理研究员1人、工程师1人、实验师1人、馆员1人。至2014年年底，学院具有硕士学位及以上的教师占教师总数的84.33%，中级职称及以上占教师总数的50.75%。已完成副教授岗位评聘准备工作，并对符合评聘要求的教师进行了摸底和关注，副教授岗位评聘拟于2015年4月正式启动。

截至2014年底，12位教师获指导学生竞赛奖及教学竞赛奖。其中，省市级教学竞赛二等奖1项，省市级指导学生竞赛一等奖4项、二等奖5项。

（孟菲菲）

【党建工作】学院认真贯彻落实中共十八大和十八届三中、四中全会精神，深入学习习总书记系列重要讲话精神，根据北京科技大学党委统一部署，在全院进一步推进培育和践行社会主义核心价值观工作。以创建优秀党支部、开展基层党组织活动和主题党日活动为载体，加强制度建设和组织建设，提高党建工作水平和党务工作能力。2014年5月，学院接受天津市教委“思想政治理论课建设工作”专项测评，专家组按照“组织管理”“教学管理”“队伍管理”“学科建设”“特色项目”5大项内容、38项观测点，对学院的思想政治工作做了一次全面的考察和评估。

2014年，各党支部紧紧围绕党中央号召和学院中心工作，继续开展“中国梦”主题教育活动，用实际行动培育和践行社会主义核心价值观。先后举办了以“我的中国梦之梦想与路径”为主题的团日活动、“我的中国梦”主题教育活动、“共筑中国梦，青春勇担当”暑期社会实践活动等；重视对申请入党学生和入党积极分子的党性教育，本着“早发现、早培养、早发展”的原则，对新生进行入党启蒙教育，2014级新生中有80%以上的学生向党组织递交了入党申请书。优化学生党员结构，合理把握党员发展的规模和节奏，在学生党员发展工作中，严抓团支部推优、积极分子考察、党员发展大会、党员转正大会等几个关键环节，全面实行党员发展公示制度，坚持执行党员发展、转正“票决制”；继续做好发展前的函调政审工作，严格审阅组织发展材料，严格团组织推优程序，严格履行入党审查、讨论和谈话程序，严格执行入党积极分子测试考核制度，规范了基层组织党员发展工作，较好地保证了党员发展的质量。截至年底，学院共有9个党总支、16个教工党支部和20个学生党支部。

12月24日，中国共产党北京科技大学天津学院第二次代表大会在学院学术报告厅隆重召开。会议听取和审查了中共北京科技大学天津学院第一届委员会工作报告，并选举产生中共北京科技大学天津学院第二届委员会。学院积极配合学校第十一次党代会各项筹备工作，认真做好党代会代表的选举和两委委员的推选工作。

（白　亮）

【学生工作】2014年，学生工作始终紧密围绕学院党政中心工作，坚持“服务学生健康成长全面成才”的工作理念，在学生党建、日常教育和管理、招生就业、宣传教育等方面，求真务实，不断总结提高。

年内，学生党建工作富有成效，不断强化党支部建设、管理，科学规划党员发展工作，坚持党员发展标准，优化支部规模和结构。以支部活动为载体，扎实推进党员教育，强化党支部的思想引领和育人工作。深入细致地做好日常学生工作，圆满地完成迎接新生、入学教育、军训等任务。积极开展心理健康课程及教育活动，并通过集中普查、各系重点筛查、日常危机评估三重保障，坚持实施心理危机重点个案月报制度，全面完善心理危机预防机制。建立、健全学生奖惩制度，以评促建，奖惩结合，切实提高学生的刻苦精神和守纪意识。以人为本，进一步完善“奖、助”资助工作体系，做好贫困生的助困工作。认真落实日常安全教育检查和宿舍文化建设工作，通过各系自查和学生处突击检查等方式，及时发现不良行为并予以纠正、制止；严格落实假期中学生去向统计、假期安全协议制度，做好假期学生安全的提醒、保障工作。认真开展学生医保及入伍等相关工作。以服务学生成长为宗旨，不断加强学风建设，严抓课堂、宿舍、考场3个阵地，并以内容丰富的学风建设活动为载体，教育引导学生形成良好的学习习惯和风气，取得明显成效。进一步规范和量化辅导员工作，切实执行《北京科技大学天津学院辅导员工作日志》，辅导员工作周报，并作为辅导员年终考核重要依据；严格辅导员例会制度，对辅导员的工作进行协调和指导；继续贯彻执行辅导员谈话制度、进驻学生宿舍值班制度，加强与学生的沟通交流，及时掌握思想动态，有效地进行引导和教育；坚持辅导员“致家长一封信”制度，每学年末给每位学生家长寄信，反映学生在校的综合表现。

年内，就业指导工作合理、有效地开展，逐步完善就业指导体系，开展50次专场宣讲会，成功地举办了2场校园双选会，累计与会单位近200家，达成面试意向1200余人次；加强个性化的就业指导，帮扶特殊群体学生就业，开设职业生涯规划与就业指导课程，达到了理想的效果。至2014年年底，2014届毕业生就业率为91.87%。

学院团委紧紧围绕上级团组织和学院党政中心工作的要求，举办丰富的第二课堂活动，加强校园文化建设。坚持以“孝心社”为依托，积极探索创新，弘扬传统孝道文化；探索学习新途径，成立MOOC学社，并获得MOOC学院首批7个校园大使之一的认证。继续加强基层团组织建设，开展多种实践、志愿、文体活动，创造多彩的校园文化氛围。

学生工作取得了喜人的成绩。院团委被评为“2014天津夏季达沃斯论坛志愿服务工作优秀组织单位”“2014年天津市大中专学生暑期社会实践活动优秀组织单位”。院孝心社被评为第八届天津市“优秀学生社团标兵”；管实1202团支部被评为“2014年天津市学校系统优秀团支部标兵”；法学1301团支部、国贸1301团支部、造价1201团支部被评为“2014年天津市学校系统优秀团支部”；学生艺术团小合唱《Butterfly》、管弦乐合奏《音乐之声》获“2014年度天津市学校文艺展演”集体项目一等奖，群舞《花儿为什么这样红》、民乐合奏《阿眉组舞曲》、民乐小合奏《汉江韵》、重唱《I’m yours》、校园时尚舞蹈《舞出我课间》获“2014年度天津市学校文艺展演”集体项目二等奖。获“怡浓杯”2014年第五届天津市大学生物理竞赛一等1项、二等奖1项、三等奖4项；获第四届中国大学生外包创新创业大赛团体三等奖；获“安吉杯”第四届全国大学生物流设计大赛二等奖5项。在2014年度天津市学校文艺展演活动中，学院共获得包括2个一等奖在内的18个奖项。

（叶振楠）

【教学辅助】2014年，学院进一步巩固教学中心地位，不断完善教学辅助设施，提升教学保障质量。在实验室建设、图书馆建设、重点实验室建设等方面不断取得新进展。

形成以实验室建设为中心的教学设施服务保障体系。学院实验室建设始终以“保障教学、服务师生”为宗旨，一方面坚持做好各项技术保障工作，另一方面注重各专业实验室建设与管理。学院已先后建成软件技术、电子创新、PLC、摄像等10个实验（训）室；同时，为配合学院整体规划，实验室管理中心牵头对已有实验室进行优化和调整，如公共机房陈旧计算机的合理利用、材料系实验室搬迁等。为规范实验室管理，学院指导各系相应地成立实验中心，为实验室管理工作实现院、系两级管理模式打下良好基础。重视实验室管理制度建设，先后制定并实施《实践教学管理文件汇编》《实践教学管理文件汇编（续）》等文件，为实验室各项工作的顺利开展提供规范和依据。强化实验室设备管理，2014年，拥有公共实验室4个，完好率99.26%；专业实验室27个，完好率98.47%；多媒体教室86间，设备平均完好率99.42%。4年来，电教中心采取千兆网络改造、优化无盘集群系统、搭建远程监控系统等措施，不断地完善多媒体教学管理系统，保证教学顺利进行。校园网经过多年改造、优化网络配置与布局，加强网络监控与安全管理，已能满足学院信息化应用的基本需求。

以服务师生精神发展需求为目标，加强图书资源建设。至2014年11月30日，图书馆共有馆藏图书74万册、电子图书400万册、过刊合订本1.3万册、中文现刊约500种、外文现刊10种，极大地满足了读者的资源需求，保障了教学和科研工作需要。主动承担文化传播职责，定期开展社会教育服务，主动走出校园送知识到社会，累计共捐赠报刊1万余册，不仅丰富了校外读者的生活，更把天津学院的办学理念和服务宗旨推向社会，收到良好的社会效应。创建“图书漂流”活动，推进知识资源再利用。以世界读书日为契机，积极动员同学们将自己阅读过的书籍捐献给图书馆，设立专门书架，作为图书漂流使用；漂流的图书，读者自由取阅、登记、归还。自活动开展以来，共接收学生赠书1万余册，漂流图书8000余册次，受到学生热烈欢迎，得到了新华网、天津网、天津卫视及多家报刊媒体的关注和报道。重视读者服务工作，通过提供现场咨询、电话、邮件、网络在线咨询，解答读者问题。定期开展主题图书目录整理及图书荐购及导读；实行馆际互借，提供文献传递与交流、文献代检代查、课题跟踪、定题检索等服务，进一步提升服务师生的能力和水平。

重点实验室建设工作已进入实质性操作阶段。按照天津学院与北京科技大学有关学院签订的共建重点实验室协议，学院提供场所约1000平方米，已完成基础性改造，能够满足实验室搬迁和使用的条件。北京科技大学材料学院提供的无机非金属材料实验室设备已陆续入院、安装、调试。今后每年将会有约20名本校研究生在天津学院进行实验阶段的学习。还将为学院学生学习实习和青年教师培养提供平台。学院将进一步加强与本校相关学院的合作，如电动汽车实验室的引进工作，为学院教学科研提供了更加有力的支撑。

（刘淑娥、刘贺平）

【安全稳定】安全稳定是做好其他一切工作的前提和基础。学院始终把安全稳定作为重点工作来抓，通过制度建设、队伍建设、能力建设，为各项事业健康发展提供强有力的支持和保障。完善安全保卫制度，结合学院实际情况，逐步完善涵盖消防、交通、户籍、治安及应对突发事件的各项规章制度体系，做到有章可循、有法可依、有据可查。切实加强安保队伍建设，依托保安、保洁、楼管3支队伍，强化管理、教育和综合素质培训，有效地将三者融为一体，使其不仅履行本职工作，还担负起安全员与信息员的职能，形成“三位一体”管理模式，成为一支覆盖整个学院的“人防”生力军。以消防展厅为基地，定期开展消防安全教育，通过火灾视频、动漫图版、设备器材、理论教材、火灾案例等方式，培训师生员工2000余人次，800余课时。学院与各部门、各系第一责任人签署消防、综合治理（治安）、交通安全三份责任书，责任书签定率为100%，明确安全责任区，建立分级负责，齐抓共管机制。结合学院实际情况及学院周边的各类因素，按季节性、高发性、政治引导性开展符合时宜的各类专项整治工作，最大限度地减少因人为因素导致的各类事故发生。年内，学院被天津市公安局授予“集体三等功”，1名同学获得天津市公安局个人三等功，1名同学获得天津市公安局先进个人奖。

（何国钧）

延庆分校

【概况】2014年，在校生总人数为1121人，生源分布在北京市各区县和河北、内蒙、安徽等9个省、市。包括外国语学院694人、土木与环境工程学院218人、数理学院119人、文法学院90人。

年内，分校共招收新生253人，开设6个专业、8个专业方向，包括英语教育、英语教育（幼儿教育）、文秘（策划与主持）、数字媒体技术、动漫设计与制作、工程造价（建筑工程、市政工程）、建筑经济管理。毕业学生419人，就业率95.23%，其中45名学生升入本科深造（北京建筑大学9人、北京联合大学36人），录取率84.9%。

9月26日，分校迎来30华诞，成立校庆工作办公室，开始筹划组织开展校庆活动。在“简朴、热烈、真诚、励志”的活动原则下，历经5个月的努力，校庆活动于9月底圆满完成。此次校庆活动，一是举办了《转型与发展》的主题论坛活动，形成《积极探索 大胆创新 为建设优质的大学分校而努力奋斗》的主报告，对30年办学成果进行了全面回顾和总结，对现在面临的机遇和挑战进行了深刻分析，对未来发展进行了展望。二是完成了宣传片、宣传画册以及校徽的制作，编纂了校友风采录《足迹》，通过这些材料真实地再现了学校发展历程、办学成果及发展特色；三是展现了精彩纷呈的校园文化活动，文艺汇演、微拍客、演讲比赛、志愿服务、名师讲堂等多项活动为30年校庆增添了文化气息和喜庆氛围。

（尤志华、王柏霞）

【教学工作】2014年，分校进一步提高了办学质量。通过完善教学督导制度，加强学生管理，严肃课堂纪律，强化职业技能培养，深化课程体系改革，使名师讲堂精彩纷呈，教学质量明显提高。邀请北京科技大学各院系专家、教授为分校学生带来精彩的讲座。外国语学院张敬源院长莅临分校给学生举行《英语专业大学生的专业学习与未来发展》专题讲座。组织计算机专业、工程专业学生参观科大校园、校史展、实验室等。组织2014级文秘专业学生在北京后海寻古，感受北京古都文化——孔庙国子监的魅力。分校的全国英语应用能力考试A级成绩在北京市高职院校中排名保持第一。在北京市第二十五届大学生数学竞赛高职高专竞赛(丁组）中，分校共有26人参加，其中，2012级工程造价专业的韩东双、马晓娟、李思诺3位同学荣获个人三等奖，分校获得组委会集体组织奖。

实践教学组织管理模式清晰，成效逐步显现。年内2次组织2012级英语幼教订单班共96人次到通州区幼儿园进行保育员和教养员实习；组织2012级英语幼教4个教学班级137人次到延庆县教委下属的6所幼儿园实习，并安排了128学时的英语微格教学实训课程。计算机专业全年完成了240学时的课程实训任务，2012级工程造价专业学生到江水泉公园进行实地教学勘测实训4次。完成了计算机专业、工程专业毕业设计辅导安排、毕业论文答辩等工作。

坚持“服务学生第一”原则，做好各级各类考试报名工作。全年在公共英语、英语口语、普通话水平测试、全国英语应用能力考试

（AB级）、大学英语四、六级考试以及教师资格证书受理等事项中为学生提供便捷服务，圆满地完成年度组考及辅导工作。全年各级各类证书、竞赛报名2101人次，其中参加普通话水平测试297人次、全国英语应用能力考试（AB级）551人次、英语口语证书277人次、公共英语380人次、大学英语四级327人次、教师资格证书243人次。

（尤志华）

【师资队伍建设】2014年，分校整合原有的基础教研室和专业教研室为一个教研室。教研室共有教师22人，其中副教授4人、讲师15人、助教3人。专职教师队伍中中高级职称占比86.36%；本科以上学历100%，研究生学历45.5%，（另有2名教师正在攻读博士学位、1名延庆县学科带头人和2名延庆县中青年骨干人才。）

年内，分校采取多种形式加强师资队伍建设，增强规范管理。其具体措施：一是实施“青蓝工程”，搭建成长平台，为中青年骨干教师配备专业成长导师。通过聘请在北京市委党校等有一定影响力的专家教授担任导师，从教学、科研、师德等方面对中青年教师进行“传、帮、带”，促使中青年教师快速成长。指导内容包括教学科研方法、现代培训理念、资政能力等。二是强化“培训者培训工程”，搭建培训平台。在政策上为教师进修硕士、博士研究生提供支持，为取得硕士、博士研究生学历或学位的老师按月发放人才补贴。坚持以骨干教师培养为重点，每年有计划、有步骤、分期分批地选派教师到中央党校、国家行政学院、北京大学等国内知名院校进修学习、跟班听课，进一步提高教师的专业水平。积极选派教师参加我县（延庆县）组织的相关培训班，有计划、有步骤地资助教师参加国内重要学术交流活动，及时了解掌握最新的政策理论以及教学方法。年内共安排20多人次参加各级各类培训。三是谋划“精品课工程”，搭建课程建设平台。结合学生需求及教师实际状况，确定课程开发的专题，并进行公示；教师选题，报评审委员会审核。通过导师辅导、实践调研、学术交流、资料查询等形式，在规定时限内开发课程，准备讲义；课程准备成熟后，由评审委员会进行公开听课，对专题的总体布局、逻辑结构、重点安排、材料选择、理论阐述、教学方法、表达艺术、多媒体制作及教态仪表等方面进行评价，指出存在的问题，明确整改方向和措施。在修改完善的基础上，再组织教师进行集中说课，使专题不断完善和成熟。

（王建军）

【教科研活动】2014年，分校继续加强科研服务管理工作。强化制度建设，修订完善《教师工作量计算办法》《教师考核办法》等制度，规范了对教师的管理。修订完善《科研工作奖励办法》，组织50余场次的科研研讨活动。紧密围绕县委县政府工作大局，积极申报调研课题，共组建12个课题组，深入基层乡镇，走进农民家中，与农民面对面地沟通交谈，开展调查研究。有效地提升了整体科研能力，提高了科研成果质量。年内，共形成各类研究成果35项，已在各类刊物公开发表的论文22篇，完成市级、县级调研报告12篇；完成北京市委党校基层党建创新和十八届四中全会理论研讨会征文3篇，其中，《农村“两委”干部管理的实践与思考——以延庆县为例》荣获延庆县2014年度优秀调查研究成果奖；《关于延庆县农村党员现状的调查》荣获市党建研究会二等奖，同时荣获延庆县2014年度优秀调查研究成果奖；《关于高职女大学生成长成才的调查与思考》获2014年度北京市妇联系统优秀调研成果奖；2篇文章发表在《延庆党建》上；19篇文章分别刊发在《新视野》2014增刊、《太原市委党校学报》《企业文化》等期刊杂志上。

（李瑞雪）

【基础建设】2014年，为确保师生生命财产安全，分校对学生宿舍西跨楼墙体进行消防改造，对主楼、食堂操作间进行防水改造，为学生公寓楼加装安全栅栏，整修主楼外墙；为教师公寓更换热水器、电视机；对学生公寓的节门进行改造，更新插座，改善了师生生活环境。为保障教学服务质量，更新了主楼多媒体设备，安装40兆校园网络，对学生寝室、科大教师公寓重新布线升级，有效地提升了校园信息化水平。建设开放式绿地，移除黄杨，铺设草坪，种植月季等20余种花卉和30余棵观赏树木，使校园更加美丽。将校园卫生保洁和绿化美化、水暖、供电维修等委托物业公司管理，加强监督管理，后勤服务保障质量得到进一步提升。

（李瑞雪）

【党团建设工作】2014年，分校紧抓党团建设，修改完善了《学生发展党员工作细则》等制度规章和办事流程。举办业余党校1期，培训学员173人，培训课程20学时。培养入党积极分子49人，发展预备党员21人，预备党员转正13人。

年内，开展主题团课24次，并进行精品团课展示2次；举办社会主义核心价值观知识竞赛、我爱学校演讲比赛等各类比赛14场；组织参与科大本部春季运动会、学校秋季运动会、篮球、乒乓球比赛4场；组织嘻哈晚会、话剧表演、迎新晚会等文艺活动8场；举办英语角18场；参加延庆县青年文化节活动4场；为志愿者举办专项培训，征集1500余名青年志愿者参加世界葡萄大会等10个大型志愿活动；组织了500余名志愿者参与了到光荣院看望孤寡老人等50余次校级志愿活动。志愿服务过程中，学生们发扬了甘于奉献的志愿精神，树立了我校大学生的良好形象。

丰富的校园文化生活为学生综合素质培养搭建平台，收获了可喜的成果：校团委选送的2个节目都荣获延庆县第六届端午文化节三等奖；校团委荣获了北京市五四红旗团委、延庆县先进团组织称号；微尘志愿者服务队获得了延庆县学雷锋志愿服务队、延庆县优秀志愿服务队称号；3名志愿者获得了延庆县学雷锋优秀志愿者称号；1个团支部获得了北京市“先锋杯”优秀团支部称号；1名团学干部获得了北京市“先锋杯”优秀团干部称号和延庆县优秀青年称号；1名团员获得了北京市“先锋杯”优秀团员称号。在团市委组织的小微志愿服务项目计划中，学校“为折翼的天使插上翅膀”项目成功入围，并获得项目支持资金5000元。

（王柏霞）

【学生工作】2014年，学生工作紧紧围绕建设“优质大学郊区分校”目标，实现了学生管理更高水平的提升。开展了“了解班级、走进班级”主题活动、新老辅导员一对一结对子活动。举办学生干部培训班，培训138名学生干部；开展“走下手机、走进课堂”活动；开展“大学生道德养成日常行为”测评；开展社会主义核心价值观大学习活动。年内，学校评选出22名诚信之友、勤俭节约模范，24名志愿服务之星，16个文明宿舍和20个内务标兵。

2014年，确定了346名家庭困难生，评选出国家奖助学金获得者251人，校级奖学金获得者206人，累计发放奖助学金89210元；为125名贫困生发放水电澡卡补助资金23125元，为206名困难生发放物价补贴41200元；为16名应征入伍大学生申请学费补偿与减免金额共计16200元；选拔9名家庭困难、成绩优异的学生在校进行勤工助学。

（王柏霞）

【表彰奖励】年内，分校被评为北京市2014年度高校征兵工作先进单位、2014年度延庆县二级领导班子先进单位及2014年度“巾帼建功工作”优秀单位；分校妇联获延庆县2015年“世园创意在我家”节能环保小妙招活动优秀组织奖。报送的笛子独奏“姑苏行”获延庆县第33届“五月鲜花”歌咏比赛最佳表演奖。在个人获奖方面，蔺天娇被评为延庆县学雷锋志愿服务优秀志愿者；程秀云获得北京市党校系统优秀科研管理工作者奖；江漫获“世园创意在我家”节能环保小妙招、废物利用小制作活动三等奖，曹淳等19人获优秀奖；梁文艳、崔洁、鲁艳飞3人获延庆县妇联“晒幸福”活动优秀奖。

（李瑞雪）

教育教学与学科建设

本科生教育

【概况】2014年，学校共有本科专业48个，按学科划分：工学24个、理学9个、管理学6个、文学4个、经济学2个、法学3个。2014年，共招收本科新生3353人，至年底，全校共有全日制本科生13386人。

年内，顺利完成2014届3211名本科生毕业资格及学士学位资格审核工作。按期毕业3145人，毕业率为97.94%。其中，3141人获得学士学位，学位授予率为99.87%；结业学生66人。双学位学生毕业253人，双专业学生毕业5人，新录取761人。

2013～2014学年度，学校共开设3621门次课程，安排各种考场1696个，组织安排417名指导教师带领2011级和2012级119个实习队、6973名学生完成了实习任务；组织54个班、1566名学生参加金工实习；组织并完成3484人次的毕业论文题目审查及答辩工作。教务处组织校内外各个学科与科技竞赛42项，7183人次参赛，校级以上获奖人数1824人次，其中省部级以上获奖人数807人次。组织本科生科技创新项目立项610项，其中校级以上项目205项，参与学生2401人，指导教师701人。

为学院路教学共同体开设13门次选修课、1门辅修专业课程，共有20所高校1206人次选修，本校学生共有905人次选修了共同体142门次课程。

（薛庆国）

【教育教学与改革】2014年3月，学校与国家纳米科学中心签订合作协议，共同开展纳米材料与技术专业拔尖创新人才的联合培养工作。5月，与中国科学院数学与系统科学研究院应用数学研究所联合实施“闵嗣鹤数学精英计划”，分别成立了由双方成员共同参与的“教学指导委员会”，负责制订培养方案、教学大纲，共同进行培养过程的指导。

2014年，学校获批北京市共建项目9项，获批经费633.3万元；获批北京高等学校教育教学改革面上项目4项。学校开展了校级教育教学改革与研究项目的申报和评审工作，共有8个重点项目和66个面上项目获准立项，资助经费211.6万元；对2011年的20项重点项目进行结题验收，17项通过，3项延期。

（袁建美）

【本科教学条件建设（修购项目）】2014年修购项目（本科教学条件建设部分）审批18个，审批金额3330万元，所有项目按期执行完毕。组织申报2015年修购项目，并完成申报项目初审。7月4日，教育部指定会计师事务所进校审核，本科教学条件建设部分共申报修购项目21项，最终批准17项。

（刘仁霖）

【教学奖励】2014年，冶金与生态工程学院吴胜利教授负责的《钢铁是怎样炼成的》、李延祥教授负责的《古代冶金与中华文明》、计算机与通信工程学院杨炳儒教授负责的《知识工程》进入国家级精品视频公开课立项项目名单；材料科学与工程学院杨平教授负责的《材料科学基础》、机械工程学院于晓红教授负责的《机械原理》入选第三批国家级精品资源共享课立项项目。2014年，荣获国家级教育教学成果奖4项，其中一等奖1项，二等奖3项（2项为联合申报）；9部教材入选第二批“十二五”普通高等教育国家级规划教材；郑连存教授和郭汉杰教授获北京市高等学校教学名师奖；评选校级教育教学成果奖特等奖9项、一等奖18项、二等奖31项。

（袁建美、李　虹、王晓晓）

【课程建设】2014年，学校组织开展了第四批研究型教学示范课程建设项目的申报和评审工作，69门课程获准立项，下拨首次建设经费69万元；对2013年度立项的第三批34门研究型教学示范课程建设项目开展中期检查，其中26门通过检查，下拨第二次资助经费26万元，6门课程延期1年，2门课程终止。组织2012年度立项的第二批研究型教学示范课程建设项目进行结题验收工作，38门项目通过验收并授予“北京科技大学研究型教学示范课程”称号，3个项目暂缓验收。组织2014年度“全英文教学示范课程”的申报和评审工作，9门课程获准立项，下拨首次资助经费13.5万元。组织对2013年度立项的第二批14门全英文教学示范课程建设项目开展中期检查，其中14门通过检查，下拨第二次资助经费21万元。组织2012年立项的首批16门建设项目开展结题验收工作，其中，12门课程通过验收被授予“北京科技大学全英文教学示范课程”称号，4门课程延期1年。组织2014年度“素质教育核心课程”的申报和评审工作，共有18门课程申请立项，10门课程获准立项，下拨首次资助经费10万元。

（王晓晓）

【教材建设】学校组织教育部第二批“十二五”普通高等教育本科国家级规划教材的申报工作，《大学体验英语视听说教程》等8部教材成功入选。组织教材编者参加北京市高等教育学会教材工作研究会组织的“北京高等教育教材建设研讨会征文”活动，6篇教材研究论文入选。组织开展2014年度校级规划教材（讲义）的申报和评审工作，5个重点项目、7个卓越工程师计划项目、85个一般项目和32项讲义立项，先期共拨付建设经费158.5万元。对“十二五”期间立项的第二批和第三批校级规划教材（讲义）编写进度进行了检查，2项因主编调离而终止项目，其余未正式出版的规划教材均在正常编写。搭建教材编者之间的交流平台，组织开展了年度教材编者研讨会活动。全年，学校作为第一主编单位正式出版各类教材62部。

（李　虹）

【专业认证】2014年10月，学校顺利地完成了环境工程、冶金工程、采矿工程3个专业的工程专业认证工作。

（李　虹）

【教学督导】2014学年度，主要工作体现在6个方面：

①听课342门次，覆盖全校开课门次的20%左右，有较大覆盖面和针对性。听课重点包括开学第1周第一次上课、新入职教师课堂教学准入和青年教师第一次主讲课跟踪、研究型教学示范课、全英语教学课等，根据3个学期教学检查情况统计，课堂教学优秀率约占1/3。

②推进研究型教学的开展，包括研究型教学质量规范的研究、研究型教学示范课建设、研究型教学研讨会、研究型教学课题研究等。严格执行课堂教学准入制度，落实教师教书育人基本素质培养。2010级毕业设计（论文）质量监控，工作重点是检查开题报告，跟踪中期检查，参加论文答辩；跟踪生产实习，评选优秀毕业论文等。

③对教学评价“十项指标”进行统计和分析，抽查考试试卷和阅卷评分情况，为教学研究提供基础数据，提出教学质量监控的建议，督促解决教学环境等实际问题。

④宣传在教学第一线的教学优秀的工作敬业的先进教师典型，宣传CDIO、MOOCS等新教学理念与模式，编印“督导简报”。做好了“教育部精品视频公开课”选拔、中青年骨干教师评选、青年教师课堂教学基本功比赛、全英语教学示范课检查和验收、本科教学优秀奖评审以及各级教改项目的评审、大学生科技创新项目的评审与验收、教学设备与修购款项目立项评审预验收等。

⑤主办并主持第六届北京地区高等院校教学督导工作交流会，就推动研究型教学作大会交流发言。来自京内外39所高校的130余位督导专家出席会议。

⑥编辑出版《北京科技大学优秀课堂教学风采录》第一集，督导组“视帮扶青年教师为己任”入选全国关工委品牌项目“青蓝工程”类第一项。

（孙　铁、耿　华）

【教学质量监控】2014年，学校加强本科教学管理工作规范化，积极开展干部听课、学生评教、教学检查等工作，继续实施学生信息员制度、开展第三方评估、教学状态监控等措施，深入了解培养质量，改进教学。

①修订教学管理制度。梳理本科教学存在的问题与不足，修订了相关的教学管理制度，出台了《本科课堂教学工作规范》，修订了《北京科技大学干部听课查课制度》。为迎接新一轮审核评估，制定了《学院本科教学工作审核评估指标》，为开展校内自评工作奠定基础。

②干部听课。学校各级领导干部共听课621门次，由教务处负责收集、汇总听课信息，并将发现的问题反馈给相关部门及学院，督促其进行整改。

③教学检查。继续完善期中教学评估工作，在以往全面检查教学环节的基础上，每学期确立不同的评估重点，进行有针对性的效果评估。本年度两个学期分别重点评估了“2014届本科毕业生对专业课程满意度的评价”、“学院实验教学课程开设情况”和“专项抽查的学院整改情况”。评估工作以学院自查为主，强调及时发现问题，提出解决办法，形成信息反馈机制和持续改进机制。

两学期针对考试试卷、毕业论文（设计）、实习报告等教学环节的专项检查共完成学院试卷自查289门次、组织专家专项抽查试卷67门次、毕业设计抽查105份、实习抽查37支实习队。特别增加系所教学主任作为抽查专家，加大抽查力度，收到了很好的效果。全年各学院进行试卷分析的课程有1216门次。学校对课程考试的试卷分析情况进行抽查，大部分试卷能够执行教学大纲，题量和难度适当，基本符合规定，个别问题已及时反馈到有关学院。

④学生评教。实际调查2013～2014第二学期、2014～2015第一学期2933个课堂，共有19216人次参评。

⑤学生信息员制度。以学院为单位开展了两次优秀学生信息员评选活动，在大一新生中选拔了新的学生信息员并由学院工作站进行培训。连续两学期进行了前四周和后四周的教学信息反馈调查，共收到12个本科学院的学生信息员教学反馈表格871份，表格从教学态度、教学方法与效果、课堂管理、教学要求、学习状态、学习环境、考试、收获等方面进行了教学信息反馈，共提出教师、考试、教学设备、硬件及课程设置等267条情况反馈，总体情况较好，具体问题也已经反馈到相关部门及学院。经过数据整理、统计分析，并与督导组听课数据进行比对，学生信息员反馈的教学整体情况与督导组听课反馈信息基本一致。

⑥教学状态监控。完成2013年教育部、北京市“本科教学质量年报”和学校“本科教学状态分析报告”的汇总、编制工作。3份报告汇集了2013年度学校本科教育基本情况，重点体现了师资与教学条件、教学建设与改革成果、质量保障体系、教师上课情况、本科课程开设及教学情况、本科生在校及招生情况、学生学习情况等方面的内容。

⑦继续与麦可思公司合作，开展毕业生社会需求与培养质量第三方评估，通过电子问卷调查的形式对2013届毕业生进行了调查，发布《北京科技大学社会需求与培养质量年度报告（2014版）》，从培养结果与毕业生评价、读研培养分析、培养过程分析等方面进行了解读。举办了“北京科技大学社会需求与培养质量年度报告解读会”，对2012和2013届毕业生离校半年后的就业竞争力、校友评价、就业特色与优势、核心课程有效性评析、社团活动分析、求职分析等方面进行了系统对比和解读。

⑧教学质量评价研究。以自动化学院和东凌经济管理学院为试点，开展课堂教学质量评价的教改研究。

（耿　华、魏　鑫）

【教师（教学）发展】2014年，教师（教学）发展中心继续对新入职教师进行本科课堂教学准入制度，新教师需经过教学培训、助课及试讲、授课考察等环节，全部合格后方能承担本科课堂的主讲任务。2014年共有27人开始助课考察，其中26人通过、1人未通过，通过率96.3%；43人进行了授课考察，43人通过；48人获得主讲教师资格。校院两级107名专家对新教师共听课477次，收回学生评价表1029份。

教师培训的工作重点是在完善培训体系的同时，注重培训内容的多元化。除了以教学能力提升为主外，还对教师心理健康、师德以及科研素养和专业前沿知识进行了培训。同时，积极鼓励学院组织开展提升教师教学能力的培训活动，并在夏季学期与学院共同邀请国外专家来校开设教学能力、专业知识等方面的培训讲座共7场；组织各类教学培训活动40次，参加培训教师836人次；开办2014年新入职教师教学培训班，268名教师接受集中培训。

2014年，教师（教学）发展中心进行了第三届教学骨干人才的评选，5位教师获得“北京科技大学青年教学骨干人才培养计划”立项支持，前3届共15位教师获得资助。学校还对骨干人才评选细则进行了修订，增加了对入选教师的奖励力度，鼓励更多的教师积极投身于本科教学工作。

2012年青年教学骨干人才中期检查顺利完成，4位青年骨干人才全部通过中期验收，教务处已将专家意见反馈至各学院的骨干教师。

（张　宁）

【实践教学】2014年，根据教学计划组织安排了400余名指导教师带领2011级和2012级49个专业80个实习队近7000名学生完成了实习任务；安排75个讲台近2000余名学生每人40学时的暑期计算机实践工作；组织和协调12个专业1100名学生开展电子技术实习；组织和协调4个专业15个班400多名学生开展机械课程设计以及机类和非机类68个班2000余名学生的金工实习。

2014年12月，参加“钢铁行业培训项目推介会暨2015年企业代培和学生实习工作协调会议”，并与首钢、太钢、宝钢、日钢等企事业单位有关负责人就实习工作安排的相关内容进行了深入的沟通。

（刘仁霖）

【科技创新】2014年，学校获“国家大学生创新创业计划项目”资助经费80万元，获“北京市大学生科研计划项目”资助经费100万元。本科生科技创新项目立项610项，其中国家级72项、北京市级100项，参与学生2401

人，指导教师701余人次；组织专家完成2013年128个校级以上科技创新项目和453个院级科技创新项目的验收工作，评出校级以上项目一、二等奖60项。

（余　涛）

【成绩管理】2014年，学校3792门次课程采用网上模块录入学生成绩，审核成绩数据269484条，收到并处理教师提出的《学生成绩勘误申请》398人次，完成2014届毕业生成绩单和毕业生答辩评语共13600份的归档工作。完成4000余人次35000余份出国成绩单制作翻译及出国相关证明材料的制作翻译；通过电话、E-Mail及书信等方式完成了国外高校及国内外用人单位对学校72名本科毕业生学历及成绩单的认证；自助打印成绩单系统共为在校本科生提供境内免费成绩单数千人次计11000余份。

（李大宽、曹首军、王丽娟）

【教学管理平台建设】2014年，学校继续完善和优化教学管理平台，加强课程中心的推广使用，要求所有开课教师上传课程简介、教学日历、教学大纲和课件等教学资料，开展网上答疑、讨论等互动。完善选课系统，提高了系统性能以支持大规模并发访问，按照课程的开课时间设置退补选控制，给予每门课试听和退出的机会。对跨专业选课做了一些探索，实现了经管学院各专业之间专选课的互选功能。开发完成了手机APP应用并投入使用，可供学生查询成绩、课表、创新学分、学习进度等信息，也可供老师查询课表、课堂名单等信息。开发了辅导员查询学生学籍、成绩、计划、选课、创新学分、奖惩信息的功能模块，已在经济管理学院试用。

（李大宽）

【毕业设计（论文）结业】2014届共有3270名学生参加毕业设计（论文）结业，参与指导教师942人，生师比为3.47：1。指导教师中，正高级职称326人，占34.61%；副高级职称383人，占40.66%；中级职称233人，占24.73%。从毕业设计题目来源统计，真实题目783个，占23.94%；自拟题目2487个，占76.06%。从学生毕业设计（论文）的结业方式统计，设计性题目占23.24%，论文性题目占76.76%。学校从毕业设计（论文）中评选出优秀论文159篇。

（耿悦杰）

【校内转专业与免试研究生】2014年，345名（其中2012级33名和2013级312名）学生提出转专业申请，经考核批准276名（其中2012级28名和2013级248名）学生成功转入新专业学习，转出成功率分别为2012级85%、2013级80%。10月，选拔推荐2011级本科生免试攻读2015年硕士研究生694人（其中支教团22人，师范类补偿名额8人），最终录取686人（其中本校录取386人、外校录取300人）。未录取8人（其中录取被拒6人，忘记复试1人，取消资格1人；被拒6人中1人为师范类补偿名额）。录取人数占该年级学生总数的20.45%。

（王昌言）

【本科生国内外交流】学校继续与华东理工大学、华南理工大学、湖南大学、中南大学、中国海洋大学开展互派本科生交流学习。同时接收北京信息科技大学、北方民族大学和北京联合大学3所高校的本科学生来校交流学习1年。至年底，学校共派出交流生142人，接收上述7校交流生共137人。

（王昌言）

【四六级外语考试】2014年6月，参加全国大学英语四、六级考试的校内考生共有8892人，其中本科生7109人、研究生1783人。12月，参加全国大学英语四、六级考试的校内考生共有8817人，其中本科生6345人、研究生2145人，延庆分校专科生327人。

（王昌言）

【学科竞赛】2014年，教务处组织7183名学生参加各类竞赛42项，校级以上获奖学生人数1824人次，其中省部级以上获奖人数807人次。传统优势竞赛如节能减排大赛、智能汽车大赛取得了优异的成绩，节能减排大赛获全国特等奖1项、一等奖5项，智能汽车大赛获国际冠军1项、全国一等奖3项，数学建模竞赛获全国一等奖1项，其他竞赛项目也有新的突破，全国大学生数学竞赛2人进入2015年全国总决赛（北京市共14人），全国大学生英语竞赛一等奖10人，物联网创新创业大赛国际赛获三等奖1项，全国总决赛获一等奖4项、二等奖5项，第三届全国混凝土材料设计大赛获特等奖1项，全国大学生计算机博弈大赛获一等奖6项，北京市大学生物理实验竞赛获一等奖1项、二等奖5项。

（陈　建）

附　录

2014年北京科技大学本科专业目录

序号	学科门类	专业类	专业代码	专业名称	授予学位	增设	备注
1	经济学	经济与贸易类	020102	国际经济与贸易	经济学学士		
2		金融学类	020109W	金融工程	经济学学士	2003	
3	法学	法学类	030101	法学	法学学士	1996	
4		社会学类	030302	社会工作	法学学士	2000	
5		政治学类	030404	思想政治教育	法学学士		未招生
6	文学	外国语言文学类	050201	英语	文学学士		
7			050203*	德语	文学学士	2007	
8			050207	日语	文学学士	2003	
9		艺术类	050408	视觉传达设计	文学学士	2004	
10	理学	数学类	070101	数学与应用数学	理学学士		
11			070102	信息与计算科学	理学学士	2000	
12		物理学类	070202	应用物理学	理学学士		
13		化学类	070302	应用化学	理学学士		
14		生物科学类	070402	生物技术	理学学士	2002	
15		电子信息科学类	071205W	信息安全	工学学士	2004	
16		材料科学类	071301	材料物理	工学学士		
17			071302	材料化学	工学学士	2003	
18		环境科学类	071402	生态学	理学学士	2003	未招生
19	工学	地矿类	080107Y	矿物资源工程	工学学士		
20			080101	采矿工程	工学学士	2012	

续表

序号	学科门类	专业类	专业代码	专业名称	授予学位	增设	备注
21	工学		080103	矿物加工工程	工学学士	2012	
22		材料类	080201	冶金工程	工学学士		
23			080203	无机非金属材料工程	工学学士		
24			080205Y	材料科学与工程	工学学士		
25			080216S	纳米材料与技术	工学学士	2010	
26		机械类	080302	材料成型及控制工程	工学学士	2000	
27			080303	工业设计	工学学士	2000	
28			080305Y	机械工程	工学学士		
29			080306W	车辆工程	工学学士	2004	
30		仪器仪表类	080401	测控技术与仪器	工学学士		
31		能源动力类	080501	能源与动力工程	工学学士		
32		电气信息类	080602	自动化	工学学士		
33			080603	电子信息工程	工学学士	1998	未招生
34			080627S	智能科学与技术	工学学士	2007	
35			080604	通信工程	工学学士	2003	
36			080605	计算机科学与技术	工学学士		
37			080640S	物联网工程	工学学士	2010	
38		土建类	080703	土木工程	工学学士	1997	
39			080704	建筑环境与能源应用工程	工学学士	2002	
40		环境与安全类	081001	环境工程	工学学士	1998	
41			081002	安全工程	工学学士	2007	
42		交通运输类	081207W	物流工程	工学学士	2005	
43	管理学	管理科学与工程类	110102	信息管理与信息系统	管理学学士		
44			110103	工业工程	工学学士	2002	未招生
45			110104	工程管理	管理学学士	2009	
46		工商管理类	110201	工商管理	管理学学士		
47			110203	会计学	管理学学士		
48		公共管理类	110301	行政管理	管理学学士	1996	

（陈　建）

“课堂教学质量（学生）评价”各等级比例一览表（按讲台）

学期	>95（含）	比例	95～85（含）	比例	85～70（含）	比例	平均分
2013～2014第二学期	310	10.91%	1055	86.56%	16	2.53%	93.00
2014～2015第一学期	624	40.23%	918	59.19%	9	0.58%	94.19

（耿　华、李　想）

“课堂教学质量（学生）评价”分学院各等级比例一览表（按讲台）

（2013～2014第二学期）

学院	>95（含）	比例	95～85（含）	比例	85～70（含）	比例	平均分
土木与环境工程学院	21	20.59%	81	79.41%	0	0.00%	92.59
冶金与生态工程学院	9	13.64%	56	84.85%	1	1.51%	92.77
材料科学与工程学院	12	13.04%	75	81.52%	5	5.44%	92.06
机械工程学院	12	8.70%	125	90.58%	1	0.72%	92.23
自动化学院	13	15.85%	66	80.49%	3	3.66%	92.55
计算机与通信工程学院	7	7.14%	91	92.86%	0	0.00%	92.10
数理学院	47	31.76%	99	66.89%	2	1.35%	93.39
化学与生物工程学院	17	27.42%	45	72.58%	0	0.00%	93.43
东凌经济管理学院	16	13.45%	102	85.71%	1	0.84%	92.56
文法学院	22	24.72%	67	75.28%	0	0.00%	93.10
马克思主义学院	6	12.50%	42	87.50%	0	0.00%	93.12
外国语学院	93	37.35%	153	61.45%	3	1.20%	93.85
高等工程师学院	1	5.00%	19	95.00%	0	0.00%	92.40
体育部	29	48.33%	31	51.67%	0	0.00%	94.84
其他	5	62.50%	3	37.50%	0	0.00%	95.65

（耿　华、李　想）

“课堂教学质量（学生）评价”分学院各等级比例一览表（按讲台）

（2014～2015第一学期）

学院	＞95（含）	比例	95～85（含）	比例	85～70（含）	比例	平均分
土木与环境工程学院	30	36.14%	50	60.24%	3	3.62%	93.47
冶金与生态工程学院	15	22.06%	53	77.94%	0	0.00%	93.36
材料科学与工程学院	52	36.88%	88	62.41%	1	0.71%	93.93
机械工程学院	46	26.44%	128	73.56%	0	0.00%	93.58
自动化学院	39	42.86%	52	57.14%	0	0.00%	94.50
计算机与通信工程学院	29	26.85%	79	73.15%	0	0.00%	93.25
数理学院	98	56.65%	71	41.04%	4	2.31%	94.74
化学与生物工程学院	32	34.41%	61	65.59%	0	0.00%	94.17
东凌经济管理学院	32	27.12%	86	72.88%	0	0.00%	93.52
文法学院	26	37.14%	44	62.86%	0	0.00%	94.51
马克思主义学院	24	32.88%	49	67.12%	0	0.00%	94.03
外国语学院	162	60.67%	104	38.95%	1	0.38%	95.20
高等工程师学院	7	28.00%	18	72.00%	0	0.00%	93.89
体育部	30	47.62%	33	52.38%	0	0.00%	94.83
其他	2	50.00%	2	50.00%	0	0.00%	94.78

（耿　华、李　想）

2014年度本科教育教学获奖奖项一览表

<table>
<tr><th>级别</th><th>奖励类别</th><th>等级</th><th>项目名称</th><th>获奖人</th><th>单位</th></tr>
<tr><td rowspan="4">国家级</td><td rowspan="4">教育教学成果奖</td><td>一等奖</td><td>发挥材料学科优势，培养高水平创新型本科人才的探索与实践</td><td>曲选辉　谢建新　于广华　强文江　肖纪美</td><td>材料学院</td></tr>
<tr><td>二等奖</td><td>发扬特色与拓宽面向相结合的行业院校“热能与动力工程”专业建设</td><td>张欣欣　王　立　夏德宏　温　治　冯妍卉</td><td>机械学院</td></tr>
<tr><td>二等奖</td><td>强化节能减排意识，提升创新实践能力，创建与推进全国大学生节能减排竞赛</td><td>岑可法　骆仲泱　张欣欣　丰镇平　黄树红　谈和平　王如竹　邱利民　高　翔　俞自涛　胡亚才　方惠英　陈　炯　周　昊　倪明江</td><td>机械学院（联合申报）</td></tr>
<tr><td>二等奖</td><td>全国工程硕士《自然辩证法》课程教材立体化建设</td><td>陈子辰　许为民　陈慰浙　章丽萍　李正风　陆　俊　孟庆伟　孙毅霖　徐小钦　楼慧心</td><td>文法学院（联合申报）</td></tr>
</table>

续表

级别	奖励类别	等级	项目名称	获奖人	单位
国家级	2014年度上线国家精品资源共享课	/	岩石力学与工程	李长洪 蔡美峰 乔 兰 毛市龙 王金安 纪洪广 谭卓英 谭文辉 任奋华 苗胜军 李 远 张 磊	土环学院
		/	材料科学基础	杨 平 余永宁 陈 冷 强文江 孟 利 李长荣 杜振民 李 磊 冀燕丽	材料学院
		/	机械原理	于晓红 邱丽芳 韩建友 毕 佳	机械学院
	2014年度上线国家精品视频公开课	/	材料类专业导论	刘国权 毛卫民 赵海雷 王 戈 贾成厂 刘雅政 尚成嘉 曲选辉	材料学院
		/	钢铁是怎样炼成的	吴胜利 王新华 朱 荣 张立峰 苍大强	冶金学院
		/	古代冶金与中华文明	李延详	冶金学院
		/	知识工程	杨炳儒	计通学院
	全国青年教师基本功比赛	一等奖		赵鲁涛	数理学院
	第二批“十二五”普通高等教育国家级规划教材	/	大学体验英语视听说教程系列教材	张敬源 彭 漪 等	外国语学院
		/	材料科学基础（第2版）	余永宁 杨 平 强文江 陈 冷	材料学院
		/	冶金传输原理	吴 铿	冶金学院
		/	热能与动力工程专业实习教程（含光盘）	王 立 童莉葛 尹绍武 王静静	机械学院
		/	离散数学	杨炳儒 谢永红 刘宏岚 洪 源 罗 熊	计通学院
		/	物联网工程概论	王志良 王粉花	计通学院
		/	矿山安全工程	金龙哲 张英华 蒋仲安 刘双跃 杜翠凤	土环学院
		/	运营管理（第2版）	马风才	经管学院
		/	市场营销：理论、案例与实训	杨 勇 陈建萍	管庄校区
	青年教师基本功比赛指导教师奖	一等奖	国家级青年教师基本功比赛指导教师	范玉妹 王 萍 徐 尔 张志刚	数理学院

续表

级别	奖励类别	等级	项目名称	获奖人	单位
北京市级	教育教学成果奖	二等奖	面向大流程工业的跨学科高层次人才协同培养	谢建新 吴爱祥 刘 立 班晓娟 宁晓钧	研究生院
		二等奖	我国研究生思想政治教育相关问题研究及实践	张 跃 牛 珩 宗燕兵	研究生院
	基地建设	/	北京高等学校示范性校内创新实践基地	刘 立 王 旭 赵志毅 曾云甫 周 珂 王建武	高工学院
	第七届北京高校思想政治理论课教学基本功大赛	二等奖		周 鑫	马克思学院
		三等奖		杨兴业	马克思学院
校级	教育教学成果奖	特等奖	物联网工程综合教学改革的探索和创新——“2+1+1”模式的构建与实践	石志国 王志良 解 仑 蒋灵斌 赵雅楠	计通学院
			基于研究型教学和创新型人才培养模式相结合的《土力学》课程建设	刘 洋 吴顺川 张 磊 周 喻	土环学院
			基于创新能力培养的理科物理实验课课程体系建设与教学实践	吴 平 陈 森 赵雪丹 张师平 邱 宏	数理学院
			“中国近现代史纲要”项目教学法的探索与实践	张北根 刘丽敏 王蓉霞 王志明	马克思学院
			基础技能、动手实践与大赛磨练同步分层次培养一条龙制图教学体系	杨光辉 韩建友 曹 彤 万 静 樊白林 陈 平 许 倩 杨 皓 陈 华	机械学院
			基于国际化平台建设的外语专业研究生学术能力培养	陈红薇 张敬源 何 伟 赵 亮 范一亭	外国语学院
			以课程建设为载体，全面提高学生综合素质和能力	林 海 尚新生 申亚男 王晓晓 袁建美	教务处
			《概率论与数理统计》学习平台建设	赵鲁涛 王 萍 徐 尔 张志刚	数理学院
			依托材料专业核心课程群建设 提高综合素质与能力的教学实践与改革	强文江 孟 利 曾燕屏 杨 平 余永宁	材料学院
		/	具有个性化培养功能的教学与研究平台——大学生模拟交易所	王立民 刘祥东 李晓静 刘应文	经管学院

续表

级别	奖励类别	等级	项目名称	获奖人	单位
校级	教育教学成果奖	一等奖	培养创新实践能力的数电课程教学策略	尤　佳　伍春洪　杨淑华　穆志纯　史雪飞	自动化学院
			MOOCs时代大学生英语写作能力培养体系探索与实践	王　娜　陈娟文　何君萍　邹妍洵　沈艳娟	外国语学院
			研究生管理信息数据的统计与分析	艾冬梅　宁晓钧　杨　栋　王　黎　梁晓一　黄若诚	自然中心
			以实践为导向的环境工程留学生研究生班课程体系建设	李子富　马鸿志　李天昕　张玲玲　李宝铭	土环学院
			全英文冶金传输原理教学建设成果	张立峰	冶金学院
			英语专业多元化人才培养模式的探索与突破	何　伟　杨英军　陈红薇　杨　子　白秋梅　淡晓红　周荣娟	外国语学院
			基于协同创新理念的建环专业课堂教学模式改革的探索与实践	吴延鹏	机械学院
			“准入+培养”的教师教学能力培养体系的构建	张　甜　曾　芳　申亚男　尚新生　邢丽红	教务处
			工程中的有限元分析方法（教材）	陈章华　宁晓钧	数理学院
			课堂引导、创新训练和科研活动三位一体的拔尖人才创新能力培养模式研究与实践	郑裕东　孙建林　李　磊　刘国权　常永勤	材料学院
			SMT集成工艺电工电子实习教学改革（教材）	周　珂　刘　立　赵志毅　刘　涛　吕　振	高工学院
			北京科技大学教学参考信息服务系统	季淑娟　王　瑜　刘恩涛　牛雪峰　李国俊　王李梅	图书馆
			大学计算机基础层次化教学体系的研究与实践素质教育课程体系设计	姚　琳　武航星　万亚东　汪红兵　黄晓璐　张　敏　李　莉	计通学院
			基于排球教学构建运动教育模式的实用研究	钱娅艳　董　苹　张孔军　宋一涛	体育部
			基于研究生英语教学改革的教材建设（教材）	曹红晖　张敬源　张小朋　许　芳　唐艳军	外国语学院
			创新型理工科教材新体例研究及在《离散数学》课程教材建设中的实践	谢永红　罗　熊　洪　源　刘宏岚　殷绪成　杨炳儒	计通学院

续表

级别	奖励类别	等级	项目名称	获奖人	单位
校级	教育教学成果奖	一等奖	高校“形势与政策”课程立体化教学模式的理论与实践	彭庆红 于成文 刘晓东 左 鹏 潘红涛	马克思学院
		/	构建日语专业国际化教育平台下的人才培养模式	王书玮 庄凤英 边 静 范玉梅 胡莉梅 赵文娟 张晓帆	外国语学院
		二等奖	导师团队平台战略下的金融类学生综合能力全方位培养实践	王未卿	经管学院
			普通化学课程建设（教材）	王明文 闫红亮 李新学 车 平 臧丽坤	化生学院
			德语专业立体交互式综合型人才培养模式的构建与实施	王绪梅 李 微 马 靖 胡 越 陈 燕	外国语学院
			基础日语课程初级阶段多维教学模式探索	王 静	管庄校区
			“现代科技概论”课程教材编写	刘文霞 宋 琳	马克思学院
			“随机过程”研究型教学探究与实践	刘秀芹 李 娜 赵金玲	数理学院
			基于“税收概论”课程的分模块教学案例研究	刘欣华 胡志颖	经管学院
			高质量软件工程专业研究生培养的探索与实践	孙昌爱 张晓彤 王昭顺 王成耀 胡长军	计通学院
			研究型教学模式下的MBA《商务英语》课程建设	孙 莹 马建峰 付维会	经管学院
			社会工作行政（教材）	时立荣 许 斌 黄家亮 郇建立 夏 雪	文法学院
			提高计算机与信息安全专业本科生培养质量—以研究型教学与实践教学相结合的方法	陈红松 张德政 谢永红 姚宣霞 张冬艳	计通学院
			以财务素养提升为目标的商科留学生教学模式创新与实践	肖 明 李晓静 刘应文 张曾莲 崔文娟	经管学院
			安全工程本科认识实习1+x模式研究	张英华 黄志安 高玉坤 王 辉	土环学院
			企业管理学：理论、案例与实训（教材）	陈建萍 杨 勇 束军意 纪娇云 朝 霞 张焕玲	管庄校区

续表

级别	奖励类别	等级	项目名称	获奖人	单位
校级	教育教学成果奖	二等奖	《材料化学失效分析》研究型教学模式构建与实践	张 津 王 崧 何业东	材料学院
			马克思恩格斯经典著作导读（教材）	李晓光 孙文营 杨彦强	马克思学院
			《SPSS在教育统计中的应用》教材编写与教学实践	杨晓明 刘 晶	文法学院
			基于《数学实验》课程的创新能力培养	李艳晴 艾冬梅 张丽静 李 晔 吕国才	自然中心
			基于交叉学科的视觉传达设计专业复合型人才培养	李 淳 杨丽辉 宋 瑶	机械学院
			液气压传动研究型教学模式与学生科研创新能力培养的研究与实践	郑莉芳 周晓敏 冯 明 陈新华 巩宪锋	机械学院
			物流系统仿真案例（教材）	赵 宁	机械学院
			班导师指导大学生健康成长的方法	贺可太 李 疆 程国全 刘训良	机械学院
			钢铁行业技术人才培养模式下的工程数学教学改革探索	赵东红 赵向奎 孙玉华 何庆辉 廖福成	数理学院
			留学生入学导向课	赵立英 李宝铭 佟秋石 郝建鸿 毕惠芳 郭凯琳 贾兆义 高佳佳 刘 焱 刘邦宇	国际处
			多层次多MCU实践教学体系的探索及设计	侯庆文 张朝晖 鲁亿方 迟健男 郝彦爽	自动化学院
			矩阵理论分层教学的改革与探索	赵向奎 赵立英 赵东红 赵志红	数理学院
			基于复合语料库的MTI笔译教学研究	赵秋荣 陈红微 张 虹 范一亭	外国语学院
			对羽毛球战术中创造进攻与限制进攻的研究与运用	胡彦峰	体育部
			基于实践能力培养的《高层建筑结构设计》课程体系建设	谭文辉 李 达 牟在根	土环学院
			结构力学多元化教学研究	潘旦光 吴顺川	土环学院
	青年教师教学骨干人才	/	/	邱红梅	数理学院
			/	王霁霞	文法学院
			/	马晓燕	马克思学院

续表

级别	奖励类别	等级	项目名称	获奖人	单位
校级	青年教师教学骨干人才	/	/	张　怡	外国语学院
			/	王海鸥	化生学院
	校级教材出版奖	/	事故调查与分析技术	刘双跃	土环学院
			采矿工程概论	黄志安　张英华　高玉坤　王　辉	土环学院
			电子信息材料	常永勤	材料学院
			材料与人类社会：材料科学与工程入门	毛卫民	材料学院
			轧制工程学（第2版）	康永林　孙建林	材料学院
			工程图学CAD实践	杨光辉　杨　皓	机械学院
			连铸设备的热行为及力学行为	秦　勤　吴迪平　邹家祥	机械学院
			电力拖动自动控制系统	潘月斗　李　擎　李华德	自动化学院
			大学计算机基础（第2版）	姚　琳　张　敏　武航星	计通学院
			VisualBasic程序设计教程与习题解答（第2版）	刘莲英　刘　勇　段世红　马旭平	计通学院
			计算机基础与实践（英文版）	张桃红　姚　琳　杨炳儒	计通学院
			云计算及其实践教程	郝卫东　王志良　刘洪岚　王　宁	计通学院
			大学文科数学（上、下册）	徐　岩　周庆欣　李为东　胡志兴	数理学院
			现代物流信息技术（第二版）	王道平　张大川	经管学院
			政府与非营利组织会计教程：理论、实务、案例	张曾莲	经管学院
			国际经济合作	孙　莹	经管学院
			大学生社会实践理论与实务	刘晓东　都基辉　胡智林	团委
	教育教学研究论文奖	/	整体考虑创新机制深化高校科技评价改革	罗维东	校办
			传承学校传统特色培养行业亟需人才	张欣欣	校办
			“三位一体”大学生创新能力培养研究与实践	郑裕东　孙建林　李　磊　刘树敏　何志巍	材料学院
			有机材料化学双语课研究型教学的探索与实践	王丽萍	材料学院
			以科技竞赛为载体，提升大学生创新实践能力	杨　珏　张文明	机械学院

续表

级别	奖励类别	等级	项目名称	获奖人	单位
校级	教育教学研究论文奖	/	C语言程序设计课程中的计算思维探析	汪红兵　姚　琳　武航星　张　敏	计通学院
			MOOC类课程影音制作方法研究	陈学慧　赵鲁涛	数理学院
			培养学生科学思维和创新能力的研究与实践：谈大学数学研究型教学	郑连存	数理学院
			科研创新为目标的遗传学实验教学模式探索	宣劲松　许倩倩　时国庆　魏　巍	化生学院
			柯诺洛夫规则与相图	陈飞武	化生学院
			用人单位对大学生就业能力的评价与高校课程改革	郭德侠　李　怡	文法学院
			以构式为基本单位的翻译操作取向——以《傲慢与偏见》开篇句汉译为例	杨　子	外国语学院
			全日制专业学位研究生教育对师资队伍结构的挑战及对策研究	王筱静	研究生院
			把经典著作的研习贯通到“原理”课教学过程	李晓光	马克思学院
			一种密立根油滴实验数据处理的新方法	陈　森　吴　平	实验中心
			新形势下高校班集体建设思考	盛佳伟	学工部

（袁建美、李　虹、王晓晓）

2014年北京科技大学各学科竞赛获奖情况

序号	项目	参赛人数	获奖人数	奖项	奖项级别	获奖者	指导教师
1	第七届全国大学生节能减排社会实践与科技竞赛		62	特等奖	国家级	白鹏 赵冬 秦威 李劲松 张源耕 桑绘宇	刘向军
				一等奖	国家级	周慧斌 李佳 刘忠 陈博川 孙志鹏 宋艾晨 李斯琦	吴平
				一等奖	国家级	张欣蕾 杨智 张东 叶振鹏 王志鹏 金晓媛 王梦尧	姜泽毅
				一等奖	国家级	符鹏飞 孙赫 王笑吟 邹佩轩 林勇磊 王鑫彤 许冰心	夏德宏
				一等奖	国家级	蒋滨繁 陈彦良 马敏 郭伟 吴航 张佳康 王硕	李想
				一等奖	国家级	袁璐凌 章诚 林琪皓 王晨曦 李晨 欧阳星光 金修丞	王立
				二等奖	国家级	刘启晗 王琛邱 贾皓 闫创 田小康 贾文鹏	冯妍卉
				三等奖	国家级	李帅兵 梁霄 秦修远 胡筱 李培正 董立夫 王雪晗	夏德宏
				三等奖	国家级	王晨露 贺笛 赵金超 马勇 王环 孟繁强 柴雪婷	王宏
2	第九届全国大学生智能汽车竞赛		14	一等奖	国家级	王海龙 王磊 王礼鹏	马飞 杨珏
				一等奖	国家级	黄伟波 金涛 唐浩宇	孟宇 杨耀东
				一等奖	国家级	刘日 刁靖东 樊斌	刘立 杨珏
				一等奖	国家级	张一豆 杨冰 刘慧彬 伍宇明 王强	
			18	一等奖	省部级	王海龙 王磊 王礼鹏	马飞
				一等奖	省部级	孙政 王淏楠 陈永杰	杨珏
				一等奖	省部级	李睿智 金涛 唐浩宇	孟宇
				一等奖	省部级	付伟男 张连德 张彩红	杨耀东
				一等奖	省部级	程刚 刁靖东 樊斌	刘立
				一等奖	省部级	王超峰 秦曼君 刘翔	杨珏
3	2014年全国大学生计算机博弈大赛		23	一等奖	国家级	胡筱 郭清扬 刘慧彬	
				一等奖	国家级	李青娟 李重威 陈文会	

续表

序号	项目	参赛人数	获奖人数	奖项	奖项级别	获奖者	指导教师
3	2014年全国大学生计算机博弈大赛		23	一等奖	国家级	石宇菁 陈峋宇 孙思洋 王忆宁	
				一等奖	国家级	王 棋 刘 畅 陈丹阳	
				一等奖	国家级	张登辉 李曼玲 廖荣森 邬炳科 巫思晨	
				一等奖	国家级	徐宝川 王礼鹏 郭 乾 翁 航 俞小慧	
			23	二等奖	国家级	王子康 王新乐 翟宜凯 王子康 王新乐 翟宜凯	
				二等奖	国家级	钟润兴 袁伟航 闫 创	
				二等奖	国家级	高晶晶 郭清扬 李枝盛	
				二等奖	国家级	胡 筱 张彩红 刘慧彬	
				二等奖	国家级	张登辉 李曼玲 廖荣森 黄鸣晨 冯 焱	
				二等奖	国家级	何 静 程顺均 王凯莉	
			14	三等奖	国家级	赵胜男 张一豆 秦曼君	
				三等奖	国家级	常晓冬 沈雯婷 李丹阳	
				三等奖	国家级	燕江宝 王浩 马源满 吴怀德 张韫祎	
				三等奖	国家级	王 棋 陈丹阳 岑 璟	
4	2014年英特尔嵌入式电子设计竞赛		6	三等奖	国家级	程顺均 师英杰 常晓冬	
				三等奖	国家级	于莹莹 林晓波 吕树恩	
5	2014北京市大学生电子设计竞赛		6	一等奖	市级	樊 斌 刁靖东 刘 凯	
				一等奖	市级	王 健 田 苗 孙 佳	
			14	二等奖	市级	王 晓 龚若力 杨 冰	
				二等奖	市级	黄伟波 李睿智 张一豆	
				二等奖	市级	王 磊 孙费致杰	
				二等奖	市级	欧阳梓标 王忆宁 孙思洋	
				二等奖	市级	程顺均 何 静	
			8	三等奖	市级	王 强 陈杰敏 王海龙	
				三等奖	市级	陈永杰 史卓瑛 郑 妍	
				三等奖	市级	关恩浩 张 恒	

续表

序号	项目	参赛人数	获奖人数	奖项	奖项级别	获奖者	指导教师
6	2014年全国大学生数学建模竞赛		6	一等奖	国家级	黄宇翔 李 溢 吴金文	胡志兴
				二等奖	国家级	张 一 韩婷婷 曹子坤	朱 婧
			27	一等奖	省部级	李景县 李 飘 周文洋	胡志兴
				一等奖	省部级	赵 鹏 张秀秀 刘跃华	徐 岩
				二等奖	省部级	吴德浩 王 健 王柏玮	胡志兴
				二等奖	省部级	王 强 刘力文 张振宇	朱 婧
				二等奖	省部级	王一清 张艺凡 杨 盼	李为东
				二等奖	省部级	孔 浩 康 恺 刘中群	李为东
				二等奖	省部级	王宇晟 苟伟伟 王 晨	司新辉
				二等奖	省部级	宋颖瑶 沈炜晨 孙梦瑶	徐 岩
				二等奖	省部级	刘彦辰 谢高淇 孙 金	吕国才
7	2014年第六届全国大学生数学竞赛初赛		8	一等奖	省部级	李文举	胡志兴 苏永美 司新辉
				一等奖	省部级	李晨亮	
				一等奖	省部级	杨博闻	
				一等奖	省部级	李 栋	
				一等奖	省部级	平浩冬	
				一等奖	省部级	唐敏杰	
				一等奖	省部级	王 晓	
				一等奖	省部级	徐志华	
				一等奖	省部级	陈子威	
				一等奖	省部级	王 强	
			17	二等奖	省部级	陈 华	
				二等奖	省部级	刘武才	
				二等奖	省部级	付赛际	
				二等奖	省部级	吕淑霞	
				二等奖	省部级	江振文	
				二等奖	省部级	吴彦君	

续表

序号	项目	参赛人数	获奖人数	奖项	奖项级别	获奖者	指导教师
7	2014年第六届全国大学生数学竞赛初赛		17	二等奖	省部级	蒋晓凤	
				二等奖	省部级	周华建	
				二等奖	省部级	陈晓冰	
				二等奖	省部级	程　斌	
				二等奖	省部级	张　威	
				二等奖	省部级	赵霁野	
				二等奖	省部级	徐松松	
				二等奖	省部级	吕　斌	
				二等奖	省部级	李庆超	
				二等奖	省部级	张显炀	
				二等奖	省部级	刘　琦	
			26	三等奖	省部级	马浚洋	
				三等奖	省部级	张　旭	
				三等奖	省部级	马佳俊	
				三等奖	省部级	赵子钧	
				三等奖	省部级	万　晨	
				三等奖	省部级	王飞熊	
				三等奖	省部级	张怀文	
				三等奖	省部级	姜培扬	
				三等奖	省部级	周祥聪	
				三等奖	省部级	张　哲	
				三等奖	省部级	李宏扬	
				三等奖	省部级	彭　跃	
				三等奖	省部级	陈　浪	
				三等奖	省部级	夏　宇	
				三等奖	省部级	张　燕	
				三等奖	省部级	邓博炜	
				三等奖	省部级	张誉炜	

续表

序号	项目	参赛人数	获奖人数	奖项	奖项级别	获奖者	指导教师
7	2014年第六届全国大学生数学竞赛初赛		26	三等奖	省部级	徐 梦	
				三等奖	省部级	陈金瀚	
				三等奖	省部级	李 勇	
				三等奖	省部级	张景龙	
				三等奖	省部级	胡靳羽	
				三等奖	省部级	曹德民	
				三等奖	省部级	吴德浩	
				三等奖	省部级	廖泽华	
				三等奖	省部级	周 宸	
8	2014年北京市第二十五届大学生数学竞赛		2	一等奖	省部级	李文举	胡志兴 苏永美 司新辉
				一等奖	省部级	李晨亮	
			4	二等奖	省部级	陈 华	
				二等奖	省部级	刘武才	
				二等奖	省部级	付赛际	
				二等奖	省部级	吕淑霞	
			2	三等奖	省部级	马浚洋	
				三等奖	省部级	张 旭	
9	第七届“高教杯”全国大学生先进成图技术与产品信息建模创新大赛		6	一等奖	国家级	肖 钰 苏明宇 叶墅锋 高寰宇 杨 炯 张希琛	杨光辉 陈 平 杨 皓 许 倩
10	第五届蓝桥杯全国软件和信息技术专业人才大赛个人赛C/C++程序设计		9	二等奖	国家级	孔 浩	李 莉
				三等奖	国家级	王子康	万亚东
				三等奖	国家级	俎 瑞	姚 琳
				三等奖	国家级	尹 昊	李 莉
				三等奖	国家级	高宇星	汪红兵
				三等奖	国家级	高 鸣	张 敏
				三等奖	国家级	刘 畅	李 莉

续表

序号	项目	参赛人数	获奖人数	奖项	奖项级别	获奖者	指导教师
10	第五届蓝桥杯全国软件和信息技术专业人才大赛个人赛C/C++程序设计		9	三等奖	国家级	雷兆和	万亚东
				三等奖	国家级	路　璐	姚　琳
11	第五届“蓝桥杯”全国软件专业人才设计与创业大赛团体赛决赛		3	二等奖	国家级	李毅萍　李曼玲　郑旭明	张晓彤 万亚东
12	第五届“蓝桥杯”全国软件和信息技术专业人才大赛个人赛C/C++程序设计		6	一等奖	市级	王子康	万亚东
				一等奖	市级	刘　畅	李　莉
				一等奖	市级	高宇星	汪红兵
				一等奖	市级	高　鸣	张　敏
				一等奖	市级	雷兆和	万亚东
				一等奖	市级	路　璐	
			9	二等奖	市级	戴　戈	黄晓璐
				二等奖	市级	李曼玲	汪红兵
				二等奖	市级	周　向	张　敏
				二等奖	市级	钟润兴	武航星
				二等奖	市级	朱琳烨	姚　琳
				二等奖	市级	孔　浩	李　莉
				二等奖	市级	董书言	张　敏
				二等奖	市级	陈　榴	姚　琳
				二等奖	市级	李绍铭	武航星
			11	三等奖	市级	马　腾	李　莉
				三等奖	市级	张　望	武航星
				三等奖	市级	燕江宝	汪红兵
				三等奖	市级	柴　铎	黄晓璐
				三等奖	市级	张志辉	黄晓璐
				三等奖	市级	吴文岩	武航星
				三等奖	市级	俎　瑞	姚　琳
				三等奖	市级	王新乐	姚　琳

续表

<table>
<tr><th>序号</th><th>项目</th><th>参赛人数</th><th>获奖人数</th><th>奖项</th><th>奖项级别</th><th>获奖者</th><th>指导教师</th></tr>
<tr><td rowspan="3">12</td><td rowspan="3">第五届“蓝桥杯”全国软件和信息技术专业人才大赛个人赛C/C++程序设计</td><td rowspan="3"></td><td rowspan="3">11</td><td>三等奖</td><td>市级</td><td>邓浩东</td><td>万亚东</td></tr>
<tr><td>三等奖</td><td>市级</td><td>肖成创</td><td>黄晓璐</td></tr>
<tr><td>三等奖</td><td>市级</td><td>袁伟航</td><td>姚亦飞</td></tr>
<tr><td rowspan="3">13</td><td rowspan="3">第五届“蓝桥杯”全国软件专业人才设计与创业大赛团体赛北京赛区选拔赛</td><td rowspan="3"></td><td rowspan="3">9</td><td>三等奖</td><td>省部级</td><td>孙曾军 陈文会 张 莳</td><td>黄晓璐
万亚东</td></tr>
<tr><td>三等奖</td><td>省部级</td><td>李重威 李青娟 陈泽轩</td><td>姚亦飞
李 莉</td></tr>
<tr><td>三等奖</td><td>省部级</td><td>马 腾 从晓峰 韩志帅</td><td>张 敏
武航星</td></tr>
<tr><td rowspan="13">14</td><td rowspan="13">第八届中国大学生物联网创新创业大赛全国赛</td><td rowspan="13"></td><td rowspan="4">16</td><td>一等奖</td><td>国家级</td><td>杨 爽 刘晓川 李海霞 张 昊</td><td>米振强
尤 佳</td></tr>
<tr><td>一等奖</td><td>国家级</td><td>郑旭明 向 荣 李 伟 祁 粲</td><td>王新平</td></tr>
<tr><td>一等奖</td><td>国家级</td><td>马 腾 刘斯诺 韩志帅 刘志丞</td><td>何 杰</td></tr>
<tr><td>一等奖</td><td>国家级</td><td>常晓冬 沈雯婷 冯 燚 杨 光</td><td></td></tr>
<tr><td rowspan="5">20</td><td>二等奖</td><td>国家级</td><td>斯梦亭 郭亚楼 隋钧翰</td><td>解 仑
谢晓虎</td></tr>
<tr><td>二等奖</td><td>国家级</td><td>陈浩然 龚若力 张 赛 童 鑫</td><td>王志良</td></tr>
<tr><td>二等奖</td><td>国家级</td><td>李 航 应成旭 金 佩 黄炎裔</td><td>王志良</td></tr>
<tr><td>二等奖</td><td>国家级</td><td>江振滔 石 东 王 玥 张安琪</td><td></td></tr>
<tr><td>二等奖</td><td>国家级</td><td>郭天舒 侯 飞 张慧敏 闫千倩</td><td>孙昌国</td></tr>
<tr><td rowspan="4">16</td><td>三等奖</td><td>国家级</td><td>王 晨 李青娟 张艺赢 蔡俊贤</td><td>王志良</td></tr>
<tr><td>三等奖</td><td>国家级</td><td>张信诗 陈乃新 卢 宁 李梦佳</td><td>王新平</td></tr>
<tr><td>三等奖</td><td>国家级</td><td>秦天浩 谭 庆 梁 凯 郭文慧</td><td></td></tr>
<tr><td>三等奖</td><td>国家级</td><td>关恩浩 陈杰敏 王 强 刘 硕</td><td>李晓理
李亦芒</td></tr>
<tr><td rowspan="6">15</td><td rowspan="6">第八届中国大学生物联网创新创业大赛北京赛区决赛</td><td rowspan="6"></td><td rowspan="4">16</td><td>一等奖</td><td>市级</td><td>常晓冬 沈雯婷 冯 燚 杨 光</td><td></td></tr>
<tr><td>一等奖</td><td>市级</td><td>李 航 应成旭 金 佩 黄炎裔</td><td>王志良</td></tr>
<tr><td>一等奖</td><td>市级</td><td>斯梦亭 郭亚楼 隋钧翰</td><td>解 仑
谢晓虎</td></tr>
<tr><td>一等奖</td><td>市级</td><td>王 晨 李青娟 张艺赢 蔡俊贤</td><td>王志良</td></tr>
<tr><td rowspan="2">28</td><td>二等奖</td><td>市级</td><td>郑旭明 向 荣 李 伟 祁 粲</td><td>王新平</td></tr>
<tr><td>二等奖</td><td>市级</td><td>孙明亮 孙思洋 张晶晶 周文兵</td><td>李 擎</td></tr>
</table>

续表

序号	项目	参赛人数	获奖人数	奖项	奖项级别	获奖者	指导教师
15	第八届中国大学生物联网创新创业大赛北京赛区决赛		28	二等奖	市级	杨　爽　刘晓川　李海霞　张　昊	米振强 尤　佳
				二等奖	市级	陈浩然　龚若力　张　赛　童　鑫	王志良
				二等奖	市级	江振滔　石　东　王　玥　张安琪	
				二等奖	市级	马　腾　刘斯诺　韩志帅　刘志丞	何　杰
				二等奖	市级	王凯莉　陈　琛　刘鹤煜　曹　莎	陈宝国
			36	三等奖	市级	程顺均　曾[illegible]芽　何　静　刘婷婷	
				三等奖	市级	秦天浩　谭　庆　梁　凯　郭文慧	
				三等奖	市级	叶鹏飞　高宇星　曲海峰　赖　松	
				三等奖	市级	郭天舒　侯　飞　张慧敏　闫千倩	孙昌国
				三等奖	市级	关恩浩　陈杰敏　王　强　刘　硕	李晓理 李亦芒
				三等奖	市级	史　可　何小鹏　王晓冉　叶晓贞	王志良
				三等奖	市级	张信诗　陈乃新　卢　宁　李梦佳	王新平
				三等奖	市级	曾国庆　王金全　郭　鑫　于若晨	胡四泉
				三等奖	市级	樊　帅　王忆宁　李睿智　张连德	李　擎
16	2014全国大学生英语竞赛		10	一等奖	国家级	邵佳昀	
				一等奖	国家级	郭谦益	
				一等奖	国家级	杜天宇	
				一等奖	国家级	王雪晗	
				一等奖	国家级	陆凌云	
				一等奖	国家级	祝　莹	
				一等奖	国家级	娄敏轩	
				一等奖	国家级	吴思源	
				一等奖	国家级	赵　莹	
				一等奖	国家级	孙旭格	
			33	二等奖	国家级	达尼亚尔·赛福丁	
				二等奖	国家级	李佳琪	
				二等奖	国家级	刘星琪	

续表

序号	项目	参赛人数	获奖人数	奖项	奖项级别	获奖者	指导教师
16	2014全国大学生英语竞赛		33	二等奖	国家级	范医民	
				二等奖	国家级	葛小格	
				二等奖	国家级	黄诗蕴	
				二等奖	国家级	万颖琦	
				二等奖	国家级	吴青青	
				二等奖	国家级	雷章萍	
				二等奖	国家级	陈俊伶	
				二等奖	国家级	张泽川	
				二等奖	国家级	陈欣怡	
				二等奖	国家级	相晨曦	
				二等奖	国家级	李　照	
				二等奖	国家级	巴　优	
				二等奖	国家级	吴宇轩	
				二等奖	国家级	王俊鑫	
				二等奖	国家级	马欣然	
				二等奖	国家级	张　辰	
				二等奖	国家级	柴　唱	
				二等奖	国家级	李月异	
				二等奖	国家级	王钰焱	
				二等奖	国家级	查　立	
				二等奖	国家级	黄炫淇	
				二等奖	国家级	马岳鸣	
				二等奖	国家级	陈文聪	
				二等奖	国家级	赵　燕	
				二等奖	国家级	刘　畅	
				二等奖	国家级	臧雪静	
				二等奖	国家级	张宇宁	
				二等奖	国家级	商　奕	

续表

序号	项目	参赛人数	获奖人数	奖项	奖项级别	获奖者	指导教师
16	2014全国大学生英语竞赛		33	二等奖	国家级	韩中杰	
				二等奖	国家级	李　静	
			66	三等奖	国家级	程思琪	
				三等奖	国家级	李梦雨	
				三等奖	国家级	王云龙	
				三等奖	国家级	魏贵宾	
				三等奖	国家级	郭飞锋	
				三等奖	国家级	张守正	
				三等奖	国家级	邹佩轩	
				三等奖	国家级	周潇雨	
				三等奖	国家级	王宇瑶	
				三等奖	国家级	杨雯月	
				三等奖	国家级	李一冉	
				三等奖	国家级	徐志华	
				三等奖	国家级	于安琪	
				三等奖	国家级	张莹雪	
				三等奖	国家级	张定瑞	
				三等奖	国家级	韩伊璇	
				三等奖	国家级	李琛洁	
				三等奖	国家级	朱玉洁	
				三等奖	国家级	祝佳妮	
				三等奖	国家级	杨　玲	
				三等奖	国家级	胡中琳	
				三等奖	国家级	凌　慧	
				三等奖	国家级	朱瑀洁	
				三等奖	国家级	高艺乘	
				三等奖	国家级	逄　晨	
				三等奖	国家级	陈珊珊	

续表

序号	项目	参赛人数	获奖人数	奖项	奖项级别	获奖者	指导教师
16	2014全国大学生英语竞赛		60	三等奖	国家级	原文越	
				三等奖	国家级	林琪皓	
				三等奖	国家级	阮雅婷	
				三等奖	国家级	舒美珍	
				三等奖	国家级	熊静雯	
				三等奖	国家级	张　越	
				三等奖	国家级	许　帅	
				三等奖	国家级	李　泽	
				三等奖	国家级	亢　哲	
				三等奖	国家级	张　燕	
				三等奖	国家级	黄安琪	
				三等奖	国家级	郝佳赫	
				三等奖	国家级	窦子豪	
				三等奖	国家级	吴　因	
				三等奖	国家级	尹锐哲	
				三等奖	国家级	鲍　雨	
				三等奖	国家级	刘新雯	
				三等奖	国家级	张海悦	
				三等奖	国家级	郭振楠	
				三等奖	国家级	潘　鹤	
				三等奖	国家级	黄巧玲	
				三等奖	国家级	李小凡	
				三等奖	国家级	孙嘉臣	
				三等奖	国家级	李　泉	
				三等奖	国家级	王烁琪	
				三等奖	国家级	袁伟航	
				三等奖	国家级	曹书乐	
				三等奖	国家级	朱洪民	

续表

序号	项目	参赛人数	获奖人数	奖项	奖项级别	获奖者	指导教师
16	2014全国大学生英语竞赛		60	三等奖	国家级	邓文靓	
				三等奖	国家级	兆振宇	
				三等奖	国家级	郑世豪	
				三等奖	国家级	倪彬翔	
				三等奖	国家级	严明雯	
				三等奖	国家级	黄嘉欣	
17	2014年北京市大学生物理实验竞赛		3	一等奖	市级	王维抗	孙明明 吴　平
				一等奖	市级	沈凌越	
				一等奖	市级	姬波林	
			14	二等奖	市级	刘尚宇	吴　平 张师平
				二等奖	市级	李梦雨	
				二等奖	市级	章亚磊	
				二等奖	市级	刘　庆	张师平 吴　平
				二等奖	市级	王　强	
				二等奖	市级	余成宇	
				二等奖	市级	孙志鹏	邱　宏 赵雪丹
				二等奖	市级	王少杰	
				二等奖	市级	张　一	田　跃 孙明明
				二等奖	市级	韩婷婷	
				二等奖	市级	邵福会	
				二等奖	市级	曹睿庆	陈　森 吴　平
				二等奖	市级	王点庄	
				二等奖	市级	陈　歆	
18	第三届全国大学生混凝土材料设计大赛		6	特等奖	国家级	苏晓波　陈龙根　章刘洋	刘娟红
				二等奖	国家级	胡　超　丁民涛　陈　炫	刘娟红

续表

序号	项目	参赛人数	获奖人数	奖项	奖项级别	获奖者	指导教师
19	第三届全国大学生混凝土材料设计大赛		19	一等奖	市级	张　赛　于海军　杨孟瑶　高寰宇	曹　彤
				一等奖	市级	张　鹏　王　瑜　李　奎　杨振旺　许志强	李　威
				二等奖	市级	周利波　陆嘉昊　吴　鹏　华　强　王宇航	韩建友 邱丽芳
				三等奖	市级	程　斌　叶墅锋　黄　超　符鹏飞　邹佩轩	韩建友 邱丽芳
20	第六届全国大学生机械创新设计大赛		4	一等奖	国家级	张　赛　于海军　杨孟瑶　高寰宇	曹　彤
21	2014年第七届全国大学生信息安全竞赛		4	三等奖	国家级	白　帅　孙明亮　李曼玲　朴雪威	
22	2014年第七届中国大学生计算机设计大赛			一等奖	国家级	陈乃新　张信诗　王　硕	黄晓璐
				一等奖	国家级	沈雯婷　李丹阳　余致辰	张　敏
				二等奖	国家级	谌业鹏　王　硕　邢璐茜	武航星
				二等奖	国家级	翁　腾	李　莉
				二等奖	国家级	刘力文　郭媛钰	万亚东
				二等奖	国家级	施耐克　姚　望	万亚东
				二等奖	国家级	李曼玲　李毅萍　郑旭明	张晓彤 万亚东
				二等奖	国家级	杨　荣　郭思达　刘蓉蓉	黄晓璐
				三等奖	国家级	侯　冕　郑智予　郑旭明	张　敏
				一等奖	市级	谌业鹏　王　硕　邢璐茜	武航星
			12	一等奖	市级	沈雯婷　李丹阳　余致辰	张　敏
				一等奖	市级	杨　荣　郭思达　刘蓉蓉	黄晓璐
				一等奖	市级	陈乃新　张信诗　王　硕	黄晓璐
				二等奖	市级	侯　冕　郑智予　郑旭明	张　敏
			10	二等奖	市级	李曼玲　李毅萍　郑旭明	张晓彤 万亚东
				二等奖	市级	施耐克　姚　望	万亚东
				二等奖	市级	刘力文　郭媛钰	万亚东
			14	三等奖	市级	袁　哲　朴雪威　王凯丽	
				三等奖	市级	林君仪　吴文岩　刘梦迪	

续表

序号	项目	参赛人数	获奖人数	奖项	奖项级别	获奖者	指导教师
22	2014年第七届中国大学生计算机设计大赛		14	三等奖	市级	吴文岩　林君仪　王　劲	
				三等奖	市级	张　勇　郭清扬　戴山佳	
				三等奖	市级	于立君　张效华	
23	A-B杯全国大学生自动化系统应用大赛			二等奖	国家级	费致杰　田　苗	徐银梅
24	2014年第三十一届全国部分地区大学生物理竞赛		5	一等奖	省部级	吕　斌	孟凡研
				一等奖	省部级	崔梦嘉	徐　天
				一等奖	省部级	李梦媛	路彦珍
				一等奖	省部级	项秉峰	路彦珍
				一等奖	省部级	倪盼盼	路彦珍
			28	二等奖	省部级	王卫峰	秦吉红
				二等奖	省部级	廖学知	徐　美
				二等奖	省部级	汤双喜	王凤平
				二等奖	省部级	闫小丽	刘柏松
				二等奖	省部级	马佳俊	李泉水
				二等奖	省部级	周华建	李泉水
				二等奖	省部级	田超然	徐　美
				二等奖	省部级	李　浩	秦吉红
				二等奖	省部级	张　哲	孟凡研
				二等奖	省部级	高文强	钱　萍
				二等奖	省部级	朱卫明	王凤平
				二等奖	省部级	章合坤	李泉水
				二等奖	省部级	张怀文	钱　萍
				二等奖	省部级	苏子佳	王凤平
				二等奖	省部级	李　昱	李泉水
				二等奖	省部级	袁砚嫣	邱红梅
				二等奖	省部级	张雨蒙	孟凡研
				二等奖	省部级	刘庆旭	秦吉红

续表

序号	项目	参赛人数	获奖人数	奖项	奖项级别	获奖者	指导教师
24	2014年第三十一届全国部分地区大学生物理竞赛		71	二等奖	省部级	刘陈静	刘柏松
				二等奖	省部级	刘继文	张国华
				二等奖	省部级	陈子威	刘丽华
				二等奖	省部级	祖云飞	李泉水
				二等奖	省部级	陈　华	王云良
				二等奖	省部级	相晨曦	路彦珍
				二等奖	省部级	杨　玲	路彦珍
				二等奖	省部级	董天一	路彦珍
				二等奖	省部级	张　天	王云良
				二等奖	省部级	胡　瑞	路彦珍
				三等奖	省部级	任新宇	王鹿霞
				三等奖	省部级	张朝俊	邱红梅
				三等奖	省部级	王　军	王凤平
				三等奖	省部级	王延青	徐　美
				三等奖	省部级	徐松松	孟凡研
				三等奖	省部级	李永杰	钱　萍
				三等奖	省部级	邵子铭	王凤平
				三等奖	省部级	许徐浩	徐　美
				三等奖	省部级	唐敏杰	徐　美
				三等奖	省部级	吴彦君	王凤平
				三等奖	省部级	张洪涛	王凤平
				三等奖	省部级	杨　洮	王凤平
				三等奖	省部级	万　晨	李泉水
				三等奖	省部级	胡俊杰	徐　美
				三等奖	省部级	徐　茜	邱红梅
				三等奖	省部级	董丙旭	刘丽华
				三等奖	省部级	张誉炜	王凤平
				三等奖	省部级	高　萌	王凤平

续表

序号	项目	参赛人数	获奖人数	奖项	奖项级别	获奖者	指导教师
24	2014年第三十一届全国部分地区大学生物理竞赛		71	三等奖	省部级	李　赛	李泉水
				三等奖	省部级	吴　健	徐　美
				三等奖	省部级	李宏扬	张国华
				三等奖	省部级	邹　亮	钱　萍
				三等奖	省部级	孟　岩	徐　美
				三等奖	省部级	项雅丽	尹　红
				三等奖	省部级	王飞熊	钱　萍
				三等奖	省部级	侯泽昊	秦吉红
				三等奖	省部级	张显炀	张国华
				三等奖	省部级	马　广	钱　萍
				三等奖	省部级	占翔南	秦吉红
				三等奖	省部级	柯莎莎	王鹿霞
				三等奖	省部级	郭钊颖	李泉水
				三等奖	省部级	杨旭东	徐　美
				三等奖	省部级	韩雨麒	徐　美
				三等奖	省部级	成　晨	李泉水
				三等奖	省部级	张景龙	孟凡研
				三等奖	省部级	陈金瀚	秦吉红
				三等奖	省部级	段庆熙	王凤平
				三等奖	省部级	邓盈盈	孟凡研
				三等奖	省部级	黄自力	钱　萍
				三等奖	省部级	刘培宇	邱红梅
				三等奖	省部级	窦子豪	邱红梅
				三等奖	省部级	潘祖超	刘丽华
				三等奖	省部级	潘祥祥	王凤平
				三等奖	省部级	刘　冰	孟凡研
				三等奖	省部级	张　威	徐　美
				三等奖	省部级	平浩冬	钱　萍

续表

序号	项目	参赛人数	获奖人数	奖项	奖项级别	获奖者	指导教师
24	2014年第三十一届全国部分地区大学生物理竞赛		71	三等奖	省部级	宋发双	冯　澎
				三等奖	省部级	强　荣	邱红梅
				三等奖	省部级	董建兵	钱　萍
				三等奖	省部级	刘　烨	钱　萍
				三等奖	省部级	徐全全	钱　萍
				三等奖	省部级	罗宇峰	王凤平
				三等奖	省部级	赵子钧	李泉水
				三等奖	省部级	杨　炯	秦吉红
				三等奖	省部级	赵霁野	徐　美
				三等奖	省部级	尚玲玲	王鹿霞
				三等奖	省部级	曲俊红	钱　萍
				三等奖	省部级	张学峰	王凤平
				三等奖	省部级	李晓凡	王凤平
				三等奖	省部级	尚秋宇	吴　平
				三等奖	省部级	曾　龙	徐　美
				三等奖	省部级	缪吴丽	徐　美
				三等奖	省部级	杨　菲	王云良
				三等奖	省部级	刘梦云	路彦珍
				三等奖	省部级	马浚洋	路彦珍
				三等奖	省部级	刘俊婷	王云良
				三等奖	省部级	李文举	王云良
				三等奖	省部级	李　照	路彦珍
				三等奖	省部级	张　旭	路彦珍
				三等奖	省部级	宋雨情	王云良
				三等奖	省部级	艾文清	王云良
25	2014年西门子工业自动化挑战赛		6	二等奖	国家级	费志杰	
				二等奖	国家级	高云峰	
				二等奖	国家级	刘江江	

续表

序号	项目	参赛人数	获奖人数	奖项	奖项级别	获奖者	指导教师
25	2014年西门子工业自动化挑战赛		6	二等奖	国家级	孙思洋	
				二等奖	国家级	田　苗	
				二等奖	国家级	朱成志	
26	2014年西门子工业自动化挑战赛华北赛		12	一等奖	省部级	费志杰	
				一等奖	省部级	田　苗	
				一等奖	省部级	孙思洋	
				一等奖	省部级	付　强	
				二等奖	省部级	李梦君	
				二等奖	省部级	朱成志	
				二等奖	省部级	陈峋宇	
				二等奖	省部级	高云峰	
				二等奖	省部级	刘江江	
				二等奖	省部级	孙明亮	
				二等奖	省部级	王忆宁	
				二等奖	省部级	王正炜	

（陈　建）

2014年度本科课程表

土木工程专业

年级	课程设置
2014级	经济与管理，思想道德修养与法律基础，基础外语I，体育I，军事理论，大学生职业发展与就业指导I，大学生心理健康I，大学计算机基础，高等数学AI，线性代数A，普通化学，普通化学实验
2013级	中国近现代史纲要，基础外语II，体育II，大学生心理健康II，C++程序设计，高等数学AII，大学物理AI
	马克思主义基本原理概论，基础外语III，体育III，工程力学AI，概率论与数理统计A，大学物理AII，工科物理实验I，工程制图基础
2012级	毛泽东思想和中国特色社会主义理论体系概论I，体育IV，金工实习I，工程力学AII，数学实验，工科物理实验II，工程测量，工程地质学，土木工程制图，流体力学，房屋建筑学，土木工程CAD
	毛泽东思想和中国特色社会主义理论体系概论II，结构力学I，土力学，混凝土结构原理，土木工程项目管理，土木工程材料，电工技术实验，电工技术
2011级	钢筋混凝土结构课程设计，地下结构课程设计（岩土方向），房屋建筑学课程设计（结构方向），钢结构课程设计（结构方向），结构力学II，岩石力学与工程，流体力学，工程结构荷载与可靠度设计原理，土木工程施工，钢结构基本原理，工程概预算与招投标，基础工程，建筑工程（双语），高层建筑结构，工程爆破，混凝土结构设计，边坡工程，岩土工程（双语），土木工程数值计算方法，地下结构设计，地下空间规划与设计，建筑钢结构设计
	大学生职业发展与就业指导IV，基础工程课程设计，边坡工程课程设计（岩土方向），土木工程测试方法与技术，城市规划，道路工程，结构抗震，桥梁工程，隧道工程，砌体结构，防震减灾，土木工程勘测，地下工程施工技术
2010级	毕业设计（论文）

环境工程专业

年级	课程设置
2014级	思想道德修养与法律基础，基础外语I，体育I，军事理论，大学生职业发展与就业指导I，大学生心理健康I，大学计算机基础，高等数学AI，无机化学B，无机化学实验BI
2013级	中国近现代史纲要，基础外语II，体育II，大学生心理健康II，VB程序设计，高等数学AII，大学物理AI，无机化学实验BII，工程测量，环境学导论
	马克思主义基本原理概论，基础外语III，体育III，线性代数A，工程力学C，大学物理AII，工科物理实验I，机械制图B
2012级	毛泽东思想和中国特色社会主义理论体系概论I，体育IV，金工实习I，工科物理实验II，工程制图，工程流体力学，电工技术实验，电工技术，物理化学CI，环境工程技术经济，环境化学
	毛泽东思想和中国特色社会主义理论体系概论II，环境工程微生物学实验，工程制图（实践），概率论与数理统计A，环境工程微生物学，有机化学，环境工程原理，物理化学CII，分析化学，环境规划与管理，环境工程施工技术，环境工程仪表及自动控制，地下水污染导论，环境毒理学，能源与环境（双语），环境生物技术（双语）
2011级	经济与管理，环境监测，物理化学实验B，大气污染控制工程，水污染控制工程，物理污染控制，固体废弃物处理与处置，环境材料学，环境生态学，环境化学，生态卫生排水系统（双语），环境影响评价
	大学生职业发展与就业指导IV，工程训练，研究方法训练，环境工程研究与设计，环境工程施工技术，废水处理新技术（双语），环境工程CAD辅助设计
2010级	毕业设计（论文）

安全工程专业

年级	课程设置
2014级	思想道德修养与法律基础，基础外语I，体育I，军事理论，大学生职业发展与就业指导I，大学生心理健康I，大学计算机基础，高等数学AI，无机化学B，无机化学实验BI
2013级	中国近现代史纲要，基础外语II，体育II，大学生心理健康II，VB程序设计，高等数学AII，大学物理AI，安全科学与工程导论
	马克思主义基本原理概论，基础外语III，体育III，金工实习I，线性代数A，工程力学C，大学物理AII，工科物理实验I，机械制图B
2012级	大学语文与应用写作A，毛泽东思想和中国特色社会主义理论体系概论I，体育IV，工科物理实验II，安全学原理，安全法律法规，热力学与传热学，岩石力学，电工技术实验，电工技术
	毛泽东思想和中国特色社会主义理论体系概论II，概率论与数理统计A，数学实验，工程流体力学，工业通风（双语），采矿工程概论，电子技术实验，电子技术，环境工程概论，分析化学基础
2011级	经济与管理，安全工程实验，安全系统工程，燃烧与爆炸，安全人机工程，安全经济与管理学，职业卫生工程（双语），机电安全工程，工伤保险，安全监测监控原理及应用，化工概论与安全工程，研究方法训练
	大学生职业发展与就业指导IV，矿山安全技术，特种设备安全，计算机辅助设计及应用，防震减灾，安全评价应用，事故应急救援，事故调查与分析，产品安全工程，矿井通风设计，防灭火系统设计，建筑概论与安全工程
2010级	安全工程训练，毕业设计（论文）

采矿工程专业

年级	课程设置
2014级	经济与管理，思想道德修养与法律基础，基础外语I，体育I，军事理论，大学生职业发展与就业指导I，大学生心理健康I，大学计算机基础，高等数学AI，线性代数A，普通化学，普通化学实验
2013级	中国近现代史纲要，基础外语II，体育II，大学生心理健康II，VB程序设计，高等数学AII，大学物理AI，工程测量
	马克思主义基本原理概论，基础外语III，体育III，工程力学AI，大学物理AII，工科物理实验I，机械设计制图AI
2012级	毛泽东思想和中国特色社会主义理论体系概论I，体育IV，金工实习I，工程力学AII，工科物理实验II，工程流体力学，弹性力学与数值模拟，地质学基础，机械设计制图AII，电工技术实验，电工技术
	毛泽东思想和中国特色社会主义理论体系概论II，矿山运输与提升设计，概率论与数理统计A，数学实验，矿山岩石力学，矿山地质学，电子技术实验，电子技术，矿山运输与提升，爆破工程（双语），资源、环境与可持续发展，边坡工程，矿业固体废物资源化，矿物加工与利用
2011级	矿业系统工程基础（双语），地下工程施工技术，矿床开采工程（露天开采）（双语），矿床开采工程（地下开采）（双语），矿山安全工程，数字矿山技术，矿山现代测试技术，现代充填技术，散体动力学与放矿，矿产经济学
	大学生职业发展与就业指导IV，露天采矿设计，矿山机械与自动化，矿山企业管理，通风防尘与空气调节，矿山设计原理，矿产资源法基础，教授专题：采矿工程新技术及发展方向，特殊采矿技术，采矿专业英语，地质统计学与矿床建模，深井开采技术
2010级	地下采矿设计，毕业设计（论文）

矿物加工工程专业

年级	课程设置
2014级	经济与管理，思想道德修养与法律基础，基础外语I，体育I，军事理论，大学生职业发展与就业指导I，大学生心理健康I，大学计算机基础，高等数学AI，线性代数A，普通化学，普通化学实验
2013级	中国近现代史纲要，基础外语II，体育II，大学生心理健康II，VB程序设计，高等数学AII，大学物理AI，工程测量
	马克思主义基本原理概论，基础外语III，体育III，工程力学C，大学物理AII，工科物理实验I，机械设计制图AI
2012级	毛泽东思想和中国特色社会主义理论体系概论I，体育IV，矿物加工试验技能训练，金工实习I，工科物理实验II，岩石矿物学基础，工艺矿物学，矿物加工导论，有机化学基础，机械设计制图AII，电工技术实验，电工技术，物理化学CI
	毛泽东思想和中国特色社会主义理论体系概论II，概率论与数理统计A，数学实验，工程流体力学，电子技术实验，电子技术，物理化学CII，矿石粉碎工程（双语），采矿工程概论，矿物材料学，非金属矿深加工，分析化学基础
2011级	矿物加工实验，矿物生物工程，物理化学实验B，矿物物理分选，矿物界面分选（双语），矿物化学处理，二次资源利用，固液分离，矿业环境工程，矿物加工技术经济，煤炭加工与洁净利用
	大学生职业发展与就业指导IV，研究方法训练，矿物加工课程设计，矿物加工工程设计，矿物加工研究方法，矿物加工过程检测与控制，复杂金属矿石利用实例，计算机辅助设计及应用，矿物加工工程施工技术，矿物加工工程设计实例
2010级	研究方法训练，毕业设计（论文）

冶金工程专业

年级	课程设置
2014级	思想道德修养与法律基础，基础外语I，体育I，军事理论，大学生职业发展与就业指导I，大学生心理健康I，大学计算机基础，高等数学AI，无机化学B，无机化学实验BI
2013级	中国近现代史纲要，基础外语II，体育II，大学生心理健康II，C语言程序设计，高等数学AII，大学物理AI，无机化学实验BII，新生研讨课
	马克思主义基本原理概论，基础外语III，体育III，金工实习I，线性代数A，大学物理AII，工科物理实验I，工程力学C，机械设计制图AI
2012级	毛泽东思想和中国特色社会主义理论体系概论I，体育IV，工科物理实验II，冶金传输原理，机械设计制图AII，电工技术实验，电工技术，物理化学BI
	毛泽东思想和中国特色社会主义理论体系概论II，概率论与数理统计A，数学实验，冶金物理化学（冶金热力学与动力学），冶金电化学，金属学原理，电子技术实验，电子技术，物理化学BII，物理化学实验B，工业生态，煤与焦化工艺，铁矿石造块工艺，有色冶金设备，相结构基础及研究方法，无机非金属材料，能源工程，冶金环境工程与资源循环利用，湿法冶金方法，专业英语阅读与写作，铁合金，功能材料
2011级	经济与管理，金属材料及热处理，钢铁冶金学I，冶金工程实验技术，钢铁冶金学II，有色金属冶金学，冶金单元设计与操作，铁水预处理（双语），炉外精炼（双语），特种冶金，连铸工艺与设备，铅锌冶金学，稀土冶金学，硅冶金学，高纯金属冶金方法，冶金物理化学前沿讲座，表面工程，相图在冶金中的应用，高温熔体物性，冶金过程检测与自动控制，特殊钢冶金过程工程，纯净钢生产工艺，稀贵金属冶金学
	大学生职业发展与就业指导IV，冶金工程实验技术，现代冶金工程设计与实践，微机原理与应用，现代冶金工程设计原理，耐火材料，非高炉炼铁，钢铁材料成形加工，有色冶金新工艺，活度的测量与计算，固体电解质在冶金中的应用，冶金流程工程学，有色生物冶金（双语），电磁冶金原理与工艺
2010级	毕业设计（论文）

生态学专业

年级	课程设置
2013级	中国近现代史纲要，基础外语II，体育II，大学生心理健康II，C语言程序设计，高等数学AII，线性代数A，大学物理AI，无机化学实验BII
	马克思主义基本原理概论，基础外语III，体育III，概率论与数理统计A，大学物理AII，工科物理实验I，运筹学A，化工原理
2012级	毛泽东思想和中国特色社会主义理论体系概论I，体育IV，工科物理实验II，生态热力学，物质循环，普通生态与生物学，分析化学，物理化学D，工业生态学
	毛泽东思想和中国特色社会主义理论体系概论II，数学实验，环境工程原理，生化反应工程，系统工程，产业与城市生态规划及设计I，工业能源转换与高效利用，工业微生物学，生态经济学，生态与文明
2011级	经济与管理，产业与城市生态规划及设计II，资源循环与高效利用，生态环境破坏与修复，环境与生态评价，工业微生物学，钢铁冶金与生态环境，分析化学，有色冶金学，环境流体力学，固体废弃物生态化利用，水化学及工程应用，温室气体排放与控制，新能源技术（双语），能源系统评价与规划
	大学生职业发展与就业指导IV，生态数据处理技能训练，产业与城市生态规划课程设计，微机原理与应用，工业废水处理，工业生态园规划案例，大气污染与控制，能源管理与节能技术，汽车社会与生态环境，现代遥感技术，科技英语技能训练
2010级	毕业设计（论文）

材料科学与工程类专业

年级	课程设置
2014级	中国近现代史纲要，基础外语I，体育I，军事理论，大学生职业发展与就业指导I，大学生心理健康I，大学计算机基础，高等数学AI，无机化学B，无机化学实验BI，材料科学与工程导论-名师课堂
2013级	思想道德修养与法律基础，基础外语II，体育II，大学生心理健康II，C++程序设计，高等数学AII，线性代数A，无机化学实验BII，大学物理CI
	毛泽东思想和中国特色社会主义理论体系概论I，基础外语III，体育III，工程力学B，概率论与数理统计A，工科物理实验I，大学物理CII
2012级	马克思主义基本原理概论，体育IV，金工实习I，数学实验，工科物理实验II，大学物理CIII，机械设计制图BI，电工技术，物理化学D

无机非金属材料工程专业

年级	课程设置
2014级	中国近现代史纲要，基础外语I，体育I，军事理论，大学生职业发展与就业指导I，大学生心理健康I，大学计算机基础，高等数学AI，无机化学B，无机化学实验BI，材料科学与工程导论-名师课堂
2013级	思想道德修养与法律基础，基础外语II，体育II，大学生心理健康II，C++程序设计，高等数学AII，线性代数A，无机化学实验BII，大学物理CI
	毛泽东思想和中国特色社会主义理论体系概论I，基础外语III，体育III，工程力学B，概率论与数理统计A，工科物理实验I，大学物理CII

续表

年级	课程设置
2012级	马克思主义基本原理概论，体育IV，金工实习I，数学实验，工科物理实验II，大学物理CIII，机械设计制图BI，电工技术，物理化学D
	毛泽东思想和中国特色社会主义理论体系概论II，数理方法，无机材料结晶学基础，无机材料制备化学，无机材料热工基础，固体材料结构基础I，固体材料结构基础II，电工技术实验，物理化学实验B，无机材料物理化学I
2011级	经济与管理，无机材料物理性能，无机材料现代研究方法I，无机材料现代研究方法II，功能陶瓷材料及应用，无机材料物理化学I，无机材料物理化学II，计算机在材料科学中的应用，固体电解质（双语）
	大学生职业发展与就业指导IV，特种陶瓷工艺学，新能源材料，无机材料科学与工程试验I，无机材料科学与工程试验II，耐火材料，涂层材料及其应用，环境材料，MEMS材料及微细制备技术，物理电源，复合材料，结构陶瓷材料及应用，玻璃与新型建筑材料，半导体材料导论，无机纳米材料制备技术
2010级	毕业设计（论文）

材料物理专业

年级	课程设置
2014级	中国近现代史纲要，基础外语I，体育I，军事理论，大学生职业发展与就业指导I，大学生心理健康I，大学计算机基础，高等数学AI，无机化学B，无机化学实验BI，材料科学与工程导论-名师课堂
2013级	思想道德修养与法律基础，基础外语II，体育II，大学生心理健康II，C++程序设计，高等数学AII，线性代数A，无机化学实验BII，大学物理CI
	毛泽东思想和中国特色社会主义理论体系概论I，基础外语III，体育III，工程力学B，概率论与数理统计A，工科物理实验I，大学物理CII
2012级	马克思主义基本原理概论，体育IV，金工实习I，数学实验，工科物理实验II，大学物理CIII，机械设计制图BI，电工技术，物理化学D
	毛泽东思想和中国特色社会主义理论体系概论II，数理方法，材料科学基础实验，材料物理基础，原子物理及量子力学，理论力学（双语），电工技术实验，理科物理实验BI，物理化学实验B
2011级	经济与管理，材料物理实验I，统计物理A，理科物理实验BII，X射线晶体学，材料物理，有机光电功能材料，合金化原理及应用（双语），有机分子与纳米器件，薄膜材料与技术，功能材料基础，无机非金属材料
	大学生职业发展与就业指导IV，材料物理实验II，电子显微学，固体物理基础A，固体物理，微束分析，低维材料学
2010级	毕业设计（论文）

材料成型及控制工程专业

年级	课程设置
2014级	中国近现代史纲要，基础外语I，体育I，军事理论，大学生职业发展与就业指导I，大学生心理健康I，大学计算机基础，高等数学AI，无机化学B，无机化学实验BI，材料科学与工程导论-名师课堂
2013级	思想道德修养与法律基础，基础外语II，体育II，大学生心理健康II，C++程序设计，高等数学AII，线性代数A，无机化学实验BII，大学物理CI

续表

年级	课程设置
2013级	毛泽东思想和中国特色社会主义理论体系概论I，基础外语III，体育III，工程力学B，概率论与数理统计A，工科物理实验I，大学物理CII
2012级	马克思主义基本原理概论，体育IV，金工实习I，数学实验，工科物理实验II，大学物理CIII，机械设计制图BI，电工技术，物理化学D
	毛泽东思想和中国特色社会主义理论体系概论II，材料科学基础A，传热学基础，电工技术实验，电子技术，物理化学实验B，固态成形理论基础
2011级	经济与管理，金属材料及热处理A，自动控制理论，机械设计制图BII，电子技术实验，材料成形自动控制基础，固态成形工艺学，材料焊接冶金原理与工艺，液态成形理论与工艺，轧制工程学，材料成形摩擦与润滑，电弧物理与弧焊方法，铸造合金及制备工艺
	大学生职业发展与就业指导IV，专业课程设计，现代特种液态成形工艺，连铸工艺与质量控制，材料成形过程质量性能控制（双语），实验测试技术，材料成形设备与车间设计，锻压工艺学，材料成形计算机辅助工程，固态成形模拟与仿真，模具设计与制造，钎焊与电子组装技术，特种连接技术，焊接结构力学，材料短流程近终形成形技术
2010级	毕业设计（论文）

材料科学与工程专业

年级	课程设置
2014级	中国近现代史纲要，基础外语I，体育I，军事理论，大学生职业发展与就业指导I，大学生心理健康I，大学计算机基础，高等数学AI，无机化学B，无机化学实验BI，材料科学与工程导论——名师课堂
2013级	思想道德修养与法律基础，基础外语II，体育II，大学生心理健康II，C++程序设计，高等数学AII，线性代数A，无机化学实验BII，大学物理CI
	毛泽东思想和中国特色社会主义理论体系概论I，基础外语III，体育III，工程力学B，概率论与数理统计A，工科物理实验I，大学物理CII
2012级	马克思主义基本原理概论，体育IV，金工实习I，数学实验，工科物理实验II，大学物理CIII，机械设计制图BI，电工技术，物理化学D
	毛泽东思想和中国特色社会主义理论体系概论II，数理方法，材料科学基础I，材料科学基础实验I，电工技术实验，电子技术，物理化学实验B，冶金工程概述，生物材料导论，电化学基础，固体物理基础B
2011级	经济与管理，材料科学基础II，材料科学基础实验II，统计物理B，电子技术实验，材料物理性能A，材料分析方法，材料制备与加工，功能材料，粉末冶金原理，计算材料学与材料模拟技术，高分子材料，金属腐蚀学
	大学生职业发展与就业指导IV，金属材料学，材料力学性能，复合材料，薄膜材料制备技术，粉末冶金材料，粉末冶金实验技术，无机非金属材料，航空航天材料概述，生物材料导论，金属腐蚀实验方法，耐蚀材料与防护技术
2010级	毕业设计（论文）

材料化学专业

年级	课程设置
2014级	中国近现代史纲要，基础外语I，体育I，军事理论，大学生职业发展与就业指导I，大学生心理健康I，大学计算机基础，高等数学AI，无机化学B，无机化学实验BI，材料科学与工程导论-名师课堂

续表

年级	课程设置
2013级	思想道德修养与法律基础，基础外语II，体育II，大学生心理健康II，C++程序设计，高等数学AII，线性代数A，无机化学实验BII，大学物理CI
	毛泽东思想和中国特色社会主义理论体系概论I，基础外语III，体育III，工程力学B，概率论与数理统计A，工科物理实验I，大学物理CII
2012级	马克思主义基本原理概论，体育IV，金工实习I，数学实验，工科物理实验II，大学物理CIII，机械设计制图BI，电工技术，物理化学D
	毛泽东思想和中国特色社会主义理论体系概论II，数理方法，材料科学基础B，电化学原理，电工技术实验，物理化学实验B，分析化学，有机化学，结构化学，生物材料导论
2011级	经济与管理，有机化学实验，分析化学实验，高分子化学，有机材料化学（双语），材料分析与表征方法，高分子复合材料，光电功能材料，胶体与表面化学，纳米材料与技术
	大学生职业发展与就业指导IV，高分子物理，材料化学基础，生物材料导论，材料化学失效与控制，材料表面技术，涂料化学，材料化学前沿概述
2010级	毕业设计（论文）

纳米材料与技术专业

年级	课程设置
2014级	中国近现代史纲要，基础外语I，体育I，军事理论，大学生职业发展与就业指导I，大学生心理健康I，大学计算机基础，高等数学AI，理科物理实验I，力学，无机化学B，无机化学实验BI，材料科学与工程导论-名师课堂
2013级	思想道德修养与法律基础，基础外语II，体育II，大学生心理健康II，C++程序设计，高等数学AII，线性代数A，理科物理实验II，电磁学，无机化学实验BII
	毛泽东思想和中国特色社会主义理论体系概论I，基础外语III，体育III，概率论与数理统计A，理科物理实验III，光学，热学
2012级	马克思主义基本原理概论，体育IV，金工实习I，理科物理实验IV，电子技术，热力学与统计物理，原子物理，物理化学D
	毛泽东思想和中国特色社会主义理论体系概论II，数理方法，材料物理基础，材料化学基础，量子力学，X射线晶体学，纳米材料制备与表征，物理化学实验B，生物材料导论，磁电子学，纳米半导体材料
2011级	经济与管理，表面与界面，固体物理，电子显微学，微纳加工技术，光电功能材料，有机光电功能材料，有机分子与纳米器件，薄膜材料与技术，无机非金属材料
	大学生职业发展与就业指导IV，半导体物理，材料物理性能B，计算材料学，生物材料导论，纳米器件基础，纳米结构材料

材料科学与工程（国际班）专业

年级	课程设置
2013级	基础外语II，体育II，大学生心理健康II，C++程序设计，高等数学II，大学物理CI
	中国与世界文化引论，工程法学，基础外语III，体育III，线性代数A，工程力学D，工科物理实验I，大学化学，化学实验I，大学物理CII

续表

年级	课程设置
2012级	体育IV，金工实习I，概率论与数理统计A，数理方法，工科物理实验II，化学实验II，大学物理CIII，材料热力学与化学，界面与表面，电工技术
	材料科学基础实验I，材料概论，材料动力学（传热传质界面偏析等），材料相变，材料变形与再结晶，工程制图，机械设计，电工技术实验，电子技术，物理化学实验C，陶瓷材料及工艺导论，航空航天材料概述，生物材料导论，能源材料，纳米材料与微纳加工，信息材料与技术
2011级	经济与管理，数学实验，材料科学基础实验II，材料电子理论，电子技术实验，金属材料学I，材料实验研究方法（X线、电镜及其他）I，材料力学性能，材料制备与加工（含钢铁冶金）I，计算材料学，粉末冶金材料，高分子材料，功能陶瓷与器件，低维材料与制备技术，复合材料，电子功能材料导论
	大学生职业发展与就业指导IV，材料物理性能B，金属材料学II，金属材料学实验，材料实验研究方法（X线、电镜及其他）II，材料制备与加工（含钢铁冶金）II，金属腐蚀实验方法，耐蚀材料与防护技术，材料表面技术，环境材料学，材料选用，制造工程学
2010级	毕业设计（论文）

材料科学与工程（实验班）专业

年级	课程设置
2014级	国际理解，国史与国情，工程伦理与思想道德，基础外语I，体育I，大学生职业发展与就业指导I，大学生心理健康I，计算机基础-原理与应用，高等数学I，材料科学与工程导论-名师课堂

机械类专业

年级	课程设置
2014级	沟通与交流，思想道德修养与法律基础，基础外语I，体育I，军事理论，大学生职业发展与就业指导I，大学生心理健康I，大学计算机基础，高等数学AI，机械制图AI
2013级	中国近现代史纲要，基础外语II，体育II，大学生心理健康II，C++程序设计，高等数学AII，线性代数A，大学物理AI，机械制图AII
	毛泽东思想和中国特色社会主义理论体系概论I，基础外语III，体育III，理论力学A，概率论与数理统计A，数学实验，大学物理AII，工科物理实验I

机械工程及自动化专业

年级	课程设置
2012级	马克思主义基本原理概论，体育IV，金工实习I，材料力学，工科物理实验II，机械原理，热工学，电工技术实验，电工技术
	毛泽东思想和中国特色社会主义理论体系概论II，电子技术实习，微机原理与应用B，工程流体力学，工程材料及成形工艺，机械设计，电子技术实验，电子技术
2011级	经济与管理，机械课程设计，自动控制理论，机械制造工艺基础，互换性与测量技术，液压与气压传动，测试技术，机电传动控制，机械工程专题，机械创新设计，机械振动

续表

年级	课程设置
2011级	大学生职业发展与就业指导IV，机械制造装备设计，现代制造系统，计算机辅助制造，液压控制系统，冶金生产工艺及装备，轧制过程控制，工程数值计算，现代设计方法，CAD/CAM技术及应用，微机电系统，数学模型，塑性加工技术，机电一体化技术，生物机械工程，冶金机械设计与制造，现代传感技术，模具设计与制造，现代加工技术，机电系统原理及应用，计算机控制技术，数控机床，机械质量管理分析与控制
2010级	毕业设计（论文）

热能与动力工程专业

年级	课程设置
2012级	马克思主义基本原理概论，体育IV，工程力学C，工科物理实验II，机械设计制图AII，工程热力学，工程流体力学（双语），热工实验I，物理化学D
	毛泽东思想和中国特色社会主义理论体系概论II，金属材料及热处理B，传热传质学（双语），工程燃烧学，热工实验II，环境工程，能源系统优化基础，能量转换与利用，太阳能与风能，气体资源学
2011级	经济与管理，制冷与低温原理，热工自动检测与控制（双语），工业热工基础，热工过程及设备，压缩机械，流体机械，动力机械A（内燃机），动力机械B（涡轮机）
	大学生职业发展与就业指导IV，专业课程设计，微机原理与应用B，低温工艺及装置，热工过程模化与控制，热能动力装备，空气调节，暖通工程
2010级	毕业设计（论文）

工业设计专业

年级	课程设置
2014级	思想道德修养与法律基础，基础外语I，体育I，军事理论，大学生职业发展与就业指导I，大学生心理健康I，大学计算机基础，高等数学BI，艺术赏析，结构素描，素描（工设），设计导论
2013级	中国近现代史纲要，基础外语II，体育II，大学生心理健康II，C++程序设计，高等数学BII，机械制图B，色彩写生，平面构成（工设），建筑概论
	毛泽东思想和中国特色社会主义理论体系概论I，基础外语III，体育III，金工实习I，大学物理B，立体构成，色彩构成，摄影，效果图，计算机辅助二维设计（工设），传统工艺
2012级	马克思主义基本原理概论，体育IV，人机工程学，电子产品实用电路和结构，设计方法学，设计基础，计算机辅助三维设计（工设），视觉传达设计，信息图表设计
	毛泽东思想和中国特色社会主义理论体系概论II，设计工程基础I，计算机辅助动画设计（工设），交互设计技术，模型设计与制作，产品设计I，商业空间形象设计，数字影像设计
2011级	经济与管理，设计工程基础II，界面设计（双语），产品设计II，文化创意产品设计，导视系统设计
	大学生职业发展与就业指导IV，毕业设计（开题），交互原型设计，游戏设计，品牌数字化推广
2010级	毕业设计（论文）

艺术设计专业

年级	课程设置
2012级	马克思主义基本原理概论，体育IV，数字摄像，人因设计，设计思维与方法，数字媒体前期创作，动画造型基础，书籍装祯设计，信息图表设计
	毛泽东思想和中国特色社会主义理论体系概论II，形态设计与模型制作，计算机辅助动画设计（艺设），界面设计（双语），包装设计，网页设计与制作，动画设计，商业空间形象设计
2011级	经济与管理，广告设计，数字媒体设计，视觉形象设计，文化创意产品设计，导视系统设计
	大学生职业发展与就业指导IV，专业记录与表达，毕业设计（开题），游戏设计，品牌数字化推广
2010级	毕业设计（论文）

物流工程专业

年级	课程设置
2014级	思想道德修养与法律基础，基础外语I，体育I，军事理论，大学生职业发展与就业指导I，大学生心理健康I，大学计算机基础，高等数学AI，机械制图AI
2013级	中国近现代史纲要，基础外语II，体育II，大学生心理健康II，C++程序设计，高等数学AII，线性代数A，大学物理AI，机械制图AII
	毛泽东思想和中国特色社会主义理论体系概论I，基础外语III，体育III，概率论与数理统计A，数学实验，大学物理AII，工科物理实验I，工程力学C
2012级	马克思主义基本原理概论，体育IV，工科物理实验II，机械设计基础，信息系统开发技术，电工技术实验，电工技术，应用统计学
	毛泽东思想和中国特色社会主义理论体系概论II，金工实习I，计算机网络，机械制造工程基础，物流学，应用运筹学，系统工程，生产计划与控制，控制工程基础，供应链管理（双语）
2011级	经济与管理，设施规划与设计，现代制造系统，物流技术装备，配送与配送中心，离散系统建模与仿真，计算机辅助设计及应用，物流信息系统，可行性研究，PLC控制技术及应用，企业物流管理，质量管理与控制，包装与流通加工技术
	大学生职业发展与就业指导IV，专业课程设计III-生产系统仿真，冶金生产工艺及装备，物流系统集成技术，自动识别技术，ERP原理与应用，国际物流（双语），物流运作与实践
2010级	毕业设计（论文）

能源动力类专业

年级	课程设置
2014级	沟通与交流，思想道德修养与法律基础，基础外语I，体育I，军事理论，大学生职业发展与就业指导I，大学生心理健康I，大学计算机基础，高等数学AI，普通化学，普通化学实验，机械设计制图AI
2013级	中国近现代史纲要，基础外语II，体育II，大学生心理健康II，C++程序设计，高等数学AII，线性代数A，大学物理AI
	毛泽东思想和中国特色社会主义理论体系概论I，基础外语III，体育III，金工实习I，概率论与数理统计A，数学实验，大学物理AII，工科物理实验I，电工学

车辆工程专业

年级	课程设置
2014级	沟通与交流，思想道德修养与法律基础，基础外语I，体育I，军事理论，大学生职业发展与就业指导I，大学生心理健康I，大学计算机基础，高等数学AI，机械制图AI
2013级	中国近现代史纲要，基础外语II，体育II，大学生心理健康II，C++程序设计，高等数学AII，线性代数A，大学物理AI，机械制图AII
	毛泽东思想和中国特色社会主义理论体系概论I，基础外语III，体育III，理论力学A，概率论与数理统计A，数学实验，大学物理AII，工科物理实验I
2012级	马克思主义基本原理概论，体育IV，金工实习I，材料力学，工科物理实验II，机械原理，热工学，电工技术实验，电工技术
	毛泽东思想和中国特色社会主义理论体系概论II，电子技术实习，微机原理与应用B，工程流体力学，工程材料及成形工艺，机械设计，电子技术实验，电子技术，汽车构造（双语），发动机原理
2011级	经济与管理，机械课程设计，机械制造工艺基础，自动控制理论，汽车理论（双语），汽车设计，汽车试验学，现代设计法概论，机电传动控制，汽车电子控制，机械工程专题，机械振动
	大学生职业发展与就业指导IV，车辆人机工程，专用车辆，车辆可靠性工程，汽车造型设计，车辆维修工程，CAD/CAM技术及应用，汽车安全技术，汽车检测与诊断，智能交通概况，车辆液压传动与控制，嵌入式系统，电动汽车，汽车新技术
2010级	毕业设计（论文）

建筑环境与设备工程专业

年级	课程设置
2012级	马克思主义基本原理概论，体育IV，工科物理实验II，工程力学C，工程热力学，建筑环境与设备工程基础（双语），机械设计制图AII，工程流体力学（双语），热工实验I，可靠性工程基础，建筑概论
	毛泽东思想和中国特色社会主义理论体系概论II，建筑设备工程制图，建筑环境学，传热传质学（双语），流体输配管网，燃气工程（双语），热质交换原理与设备
2011级	经济与管理，空调用制冷技术，供热工程，空调工程，建筑自动化，建筑节能技术，现代物业管理，建筑电气，建筑给排水，通风工程，流体机械
	大学生职业发展与就业指导IV，微机原理与应用，建筑环境测试技术，建筑环境与设备进展，热泵，室内净化技术，建筑环境模拟，能量转换与利用
2010级	毕业设计（论文）

视觉传达设计专业

年级	课程设置
2014级	思想道德修养与法律基础，基础外语I，体育I，军事理论，大学生职业发展与就业指导I，大学生心理健康I，大学计算机基础，色彩构成，素描，平面构成，艺术赏析，色彩，设计导论
2013级	中国近现代史纲要，基础外语II，体育II，大学生心理健康II，立体构成，摄影，计算机辅助二维设计（艺设），图案设计，字体设计，建筑概论
	毛泽东思想和中国特色社会主义理论体系概论I，基础外语III，体育III，标志设计，图形设计，计算机辅助三维设计（艺设），综合材料表达，视听语言，插图设计，传统工艺

机械工程（卓越计划）专业

年级	课程设置
2014级	思想道德修养与法律基础，基础外语I，体育I，军事理论，大学生职业发展与就业指导I，大学生心理健康I，高等数学AI，机械制图AI
2013级	中国近现代史纲要，基础外语II，体育II，大学生心理健康II，C++程序设计，高等数学AII，线性代数A，大学物理AI，机械制图AII

机械工程专业

年级	课程设置
2014级	沟通与交流，思想道德修养与法律基础，基础外语I，体育I，军事理论，大学生职业发展与就业指导I，大学生心理健康I，大学计算机基础，高等数学AI，机械制图AI
2013级	中国近现代史纲要，基础外语II，体育II，大学生心理健康II，C++程序设计，高等数学AII，线性代数A，大学物理AI，机械制图AII
	毛泽东思想和中国特色社会主义理论体系概论I，基础外语III，体育III，理论力学A，概率论与数理统计A，数学实验，大学物理AII，工科物理实验I

能源与动力工程专业

年级	课程设置
2014级	沟通与交流，思想道德修养与法律基础，基础外语I，体育I，军事理论，大学生职业发展与就业指导I，大学生心理健康I，大学计算机基础，高等数学AI，普通化学，普通化学实验，机械设计制图AI
2013级	中国近现代史纲要，基础外语II，体育II，大学生心理健康II，C++程序设计，高等数学AII，线性代数A，大学物理AI
	毛泽东思想和中国特色社会主义理论体系概论I，基础外语III，体育III，金工实习I，概率论与数理统计A，数学实验，大学物理AII，工科物理实验I，电工学

建筑环境与能源应用工程专业

年级	课程设置
2014级	沟通与交流，思想道德修养与法律基础，基础外语I，体育I，军事理论，大学生职业发展与就业指导I，大学生心理健康I，大学计算机基础，高等数学AI，普通化学，普通化学实验，机械设计制图AI
2013级	中国近现代史纲要，基础外语II，体育II，大学生心理健康II，C++程序设计，高等数学AII，线性代数A，大学物理AI
	毛泽东思想和中国特色社会主义理论体系概论I，基础外语III，体育III，金工实习I，概率论与数理统计A，数学实验，大学物理AII，工科物理实验I，电工学

工商管理类专业

年级	课程设置
2014级	大学语文与应用写作B，思想道德修养与法律基础，基础外语I，英语口语I，体育I，军事理论，大学生职业发展与就业指导I，大学生心理健康I，大学计算机基础，高等数学AI，高等数学BI，化学与社会

续表

年级	课程设置
2013级	中国近现代史纲要，基础外语II，英语口语II，体育II，大学生心理健康II，数据库与VF程序设计，高等数学AII，高等数学BII，宏微观经济学，经济法
	马克思主义基本原理概论，基础外语III，英语口语III，体育III，线性代数A，大学物理B，管理学原理B（双语），会计学原理

国际经济与贸易专业

年级	课程设置
2014级	大学语文与应用写作B，思想道德修养与法律基础，基础外语I，英语口语I，体育I，军事理论，大学生职业发展与就业指导I，大学生心理健康I，大学计算机基础，高等数学BI，化学与社会
2013级	中国近现代史纲要，基础外语II，英语口语II，体育II，大学生心理健康II，数据库与VF程序设计，高等数学BII，财政金融学
	马克思主义基本原理概论，基础外语III，英语口语III，体育III，线性代数A，大学物理B，管理信息系统，管理学原理A（双语），会计学原理，宏微观经济学I
2012级	毛泽东思想和中国特色社会主义理论体系概论I，英语口语IV，体育IV，概率论与数理统计A，数学实验，财政金融学，国际贸易原理，财务管理，宏微观经济学II，国际商务英语（英语）
	毛泽东思想和中国特色社会主义理论体系概论II，运筹学A，应用统计学，经济法，电子商务，国际金融（英语），国际贸易实务，国际市场营销（双语）
2011级	国际商法，国际商务谈判，国际技术贸易概论，信息资源管理，财务报表分析，国际贸易地理，国际经济与贸易专业发展前沿概述，国际经济合作
	大学生职业发展与就业指导IV，市场竞争模拟，国际结算，WTO贸易规则，人力资源管理实务，国际投资实务（双语）
2010级	毕业设计（论文）

会计学专业

年级	课程设置
2014级	大学语文与应用写作B，思想道德修养与法律基础，基础外语I，英语口语I，体育I，军事理论，大学生职业发展与就业指导I，大学生心理健康I，大学计算机基础，高等数学BI，化学与社会
2013级	中国近现代史纲要，基础外语II，英语口语II，体育II，大学生心理健康II，数据库与VF程序设计，高等数学BII，宏微观经济学，经济法
	马克思主义基本原理概论，基础外语III，英语口语III，体育III，线性代数A，大学物理B，管理学原理B（双语），会计学原理
2012级	毛泽东思想和中国特色社会主义理论体系概论I，英语口语IV，体育IV，概率论与数理统计A，数学实验，管理信息系统，项目评价与管理，市场营销学（双语），金融学概论，税收概论，中级财务会计
	毛泽东思想和中国特色社会主义理论体系概论II，运筹学A，运营管理，企业战略管理，应用统计学，会计电算化原理与实务，成本会计，高级会计学，投资学原理

续表

年级	课程设置
2011级	审计学，税收概论，财务管理（英语），会计理论与实务前沿，Excel在财务管理中的应用，企业财务风险管理，国际会计，财务分析，会计研究数据处理
	大学生职业发展与就业指导IV，管理会计（双语），政府与非营利组织会计，资本市场会计研究，财务管理案例分析
2010级	毕业设计（论文）

工商管理专业

年级	课程设置
2014级	大学语文与应用写作B，思想道德修养与法律基础，基础外语I，英语口语I，体育I，军事理论，大学生职业发展与就业指导I，大学生心理健康I，大学计算机基础，高等数学BI，化学与社会
2013级	中国近现代史纲要，基础外语II，英语口语II，体育II，大学生心理健康II，数据库与VF程序设计，高等数学BII，宏微观经济学，经济法
	马克思主义基本原理概论，基础外语III，英语口语III，体育III，线性代数A，大学物理B，管理学原理B（双语），会计学原理
2012级	毛泽东思想和中国特色社会主义理论体系概论I，英语口语IV，体育IV，概率论与数理统计A，数学实验，管理信息系统，项目评价与管理，市场营销学（双语），金融学概论，人力资源管理
	毛泽东思想和中国特色社会主义理论体系概论II，运筹学A，运营管理，企业战略管理（双语），应用统计学，市场竞争模拟，市场调查与预测，组织行为学，组织理论与实务
2011级	财务管理，管理会计，品牌战略，消费者行为学，管理沟通，心理测量与甄选，绩效与薪酬管理，管理技能开发与培训，企划文案设计，创业管理
	大学生职业发展与就业指导IV，劳动关系法律实务，企业文化，财务报表分析，国际营销原理与实务，国际贸易原理与实务，电子商务
2010级	毕业设计（论文）

信息管理与信息系统专业

年级	课程设置
2014级	大学语文与应用写作B，思想道德修养与法律基础，基础外语I，英语口语I，体育I，军事理论，大学生职业发展与就业指导I，大学生心理健康I，大学计算机基础，高等数学AI，化学与社会
2013级	中国近现代史纲要，基础外语II，英语口语II，体育II，大学生心理健康II，数据库与VF程序设计，高等数学AII，宏微观经济学
	马克思主义基本原理概论，基础外语III，英语口语III，体育III，线性代数A，大学物理B，管理信息系统，管理学原理B（双语），运营管理
2012级	毛泽东思想和中国特色社会主义理论体系概论I，英语口语IV，体育IV，概率论与数理统计A，数学实验，离散数学，信息资源管理，财务与会计学基础，计算机组成原理，C++语言程序设计，数据库原理，信息系统分析与设计
	毛泽东思想和中国特色社会主义理论体系概论II，运筹学A，决策支持系统，项目评价与管理，应用统计学，操作系统（双语）

续表

年级	课程设置
2011级	数据结构，计算机网络，电子商务，办公自动化，软件工程学，专业发展前沿技术，信息安全技术，企业系统建模，管理系统工程
	大学生职业发展与就业指导IV，供应链管理基础，ERP原理与应用，面向对象技术，数据仓库与数据挖掘（双语），Oracle应用技术，CRM原理与应用，Java程序设计，信息系统运作与管理，电子商务及网络开发技术，MES原理与应用
2010级	毕业设计（论文）

金融工程专业

年级	课程设置
2014级	大学语文与应用写作B，思想道德修养与法律基础，基础外语I，英语口语I，体育I，军事理论，大学生职业发展与就业指导I，大学生心理健康I，大学计算机基础，高等数学AI，化学与社会
2013级	中国近现代史纲要，基础外语II，英语口语II，体育II，大学生心理健康II，数据库与VF程序设计，高等数学AII，财政金融学
	马克思主义基本原理概论，基础外语III，英语口语III，体育III，线性代数A，大学物理B，管理信息系统，管理学原理A（双语），会计学原理，宏微观经济学I
2012级	毛泽东思想和中国特色社会主义理论体系概论I，英语口语IV，体育IV，运筹学，概率论与数理统计A，数学实验，财政金融学，国际贸易原理，财务管理，宏微观经济学II，国际投资（双语）
	毛泽东思想和中国特色社会主义理论体系概论II，随机过程，应用统计学，经济法，电子商务，国际金融（英语），投资学，金融营销学，保险学，投资基金，税收概论
2011级	计量经济学，金融工程学，金融市场（双语），信用管理，金融产品设计与应用，金融监管，投资银行，期货实务，固定收益证券，商业银行经营学，金融数据处理
	大学生职业发展与就业指导IV，风险管理，风险投资，证券交易分析，金融理论与实践专题，财富管理，实验金融学，金融案例分析
2010级	毕业设计（论文）

经济学类专业

年级	课程设置
2014级	大学语文与应用写作B，思想道德修养与法律基础，基础外语I，英语口语I，体育I，军事理论，大学生职业发展与就业指导I，大学生心理健康I，大学计算机基础，高等数学AI，高等数学BI，化学与社会
2013级	中国近现代史纲要，基础外语II，英语口语II，体育II，大学生心理健康II，数据库与VF程序设计，高等数学AII，高等数学BII，财政金融学
	马克思主义基本原理概论，基础外语III，英语口语III，体育III，线性代数A，大学物理B，管理信息系统，管理学原理A（双语），会计学原理，宏微观经济学I

工程管理专业

年级	课程设置
2014级	大学语文与应用写作B，思想道德修养与法律基础，基础外语I，英语口语I，体育I，军事理论，大学生职业发展与就业指导I，大学生心理健康I，大学计算机基础，高等数学AI，化学与社会
2013级	中国近现代史纲要，基础外语II，英语口语II，体育II，大学生心理健康II，数据库与VF程序设计，高等数学AII，宏微观经济学
	马克思主义基本原理概论，基础外语III，英语口语III，体育III，线性代数A，大学物理B，管理信息系统，管理学原理B（双语），运营管理
2012级	毛泽东思想和中国特色社会主义理论体系概论I，英语口语IV，体育IV，工程力学C，概率论与数理统计A，数学实验，信息资源管理，财务与会计学基础，土木工程概论，工程制图基础
	毛泽东思想和中国特色社会主义理论体系概论II，运筹学A，决策支持系统，项目评价与管理，应用统计学，房屋建筑学，工程项目管理（双语），工程造价
2011级	工程合同法律制度，工程监理，工程项目风险与安全管理，工程项目质量管理，招投标管理，房地产开发与经营，工程咨询概论，国际信贷，投资经济学
	大学生职业发展与就业指导IV，国际工程承包与合同管理（双语），工程保险学，项目融资分析，国际贸易实务
2010级	毕业设计（论文）

工商管理（体育班）专业

年级	课程设置
2014级	大学语文与应用写作B，思想道德修养与法律基础，基础外语I，英语口语I，体育I，军事理论，大学生职业发展与就业指导I，大学生心理健康I，大学计算机基础，高等数学BI，化学与社会
2013级	中国近现代史纲要，基础外语II，英语口语II，体育II，大学生心理健康II，数据库与VF程序设计，高等数学BII，宏微观经济学，经济法
	马克思主义基本原理概论，基础外语III，英语口语III，体育III，线性代数A，大学物理B，管理学原理B，会计学原理
2012级	毛泽东思想和中国特色社会主义理论体系概论I，英语口语IV，体育IV，概率论与数理统计A，数学实验，管理信息系统，项目评价与管理，市场营销学，金融学概论，人力资源管理
	毛泽东思想和中国特色社会主义理论体系概论II，运筹学A，运营管理，企业战略管理，应用统计学，市场竞争模拟，市场调查与预测，组织行为学，组织理论与实务
2011级	财务管理，管理会计，品牌战略，消费者行为学，管理沟通，心理测量与甄选，企划文案设计，创业管理
	大学生职业发展与就业指导IV，劳动关系法律实务，财务报表分析，国际贸易原理与实务，电子商务
2010级	毕业设计（论文）

管理科学与工程类专业

年级	课程设置
2014级	大学语文与应用写作B，思想道德修养与法律基础，基础外语I，英语口语I，体育I，军事理论，大学生职业发展与就业指导I，大学生心理健康I，大学计算机基础，高等数学AI，化学与社会
2013级	中国近现代史纲要，基础外语II，英语口语II，体育II，大学生心理健康II，数据库与VF程序设计，高等数学AII，宏微观经济学
	马克思主义基本原理概论，基础外语III，英语口语III，体育III，线性代数A，大学物理B，管理信息系统，管理学原理B（双语），运营管理

经济与贸易类专业

年级	课程设置
2014级	大学语文与应用写作B，思想道德修养与法律基础，基础外语I，英语口语I，体育I，军事理论，大学生职业发展与就业指导I，大学生心理健康I，大学计算机基础，高等数学AI，高等数学BI，化学与社会
2013级	中国近现代史纲要，基础外语II，英语口语II，体育II，大学生心理健康II，数据库与VF程序设计，高等数学AII，高等数学BII，财政金融学
	马克思主义基本原理概论，基础外语III，英语口语III，体育III，线性代数A，大学物理B，管理信息系统，管理学原理A（双语），会计学原理，宏微观经济学I

法学专业

年级	课程设置
2014级	思想道德修养与法律基础，基础外语I，体育I，军事理论，大学生职业发展与就业指导I，大学生心理健康I，大学计算机基础，现代生命科学导论，法理学，心理学概论
2013级	大学语文与应用写作A，中国近现代史纲要，沟通与交流，基础外语II，体育II，大学生心理健康II，民法学I，刑法学I，宪法学
	马克思主义基本原理概论，基础外语III，体育III，多媒体基础及应用，现代科学技术概论，社会调查方法，民法学II，刑法学II，国际法学
2012级	毛泽东思想和中国特色社会主义理论体系概论I，体育IV，民事诉讼法学，刑事诉讼法学（双语），形式逻辑，政治学概论，侵权行为法学，婚姻家庭法，社会公益组织专题研究，西方思想史专题，社会科学研究简论
	毛泽东思想和中国特色社会主义理论体系概论II，SPSS软件运用，行政法与行政诉讼法学，商法学I，合同法学，模拟法庭实务，经济法学，中国思想史专题，伦理学，电子政务
2011级	国际私法学（双语），国际经济法学，商法学II，中国法制史，知识产权法学，劳动法，当代中国社会问题研究，中国行政改革概论
	大学生职业发展与就业指导IV，金融法学，律师实务（双语），当代中国社会保障，公共关系学，后现代西方社会思潮
2010级	毕业设计（论文），学术论文写作

行政管理专业

年级	课程设置
2014级	思想道德修养与法律基础，基础外语I，体育I，军事理论，大学生职业发展与就业指导I，大学生心理健康I，大学计算机基础，高等数学C，现代生命科学导论，心理学概论
2013级	大学语文与应用写作A，中国近现代史纲要，沟通与交流，基础外语II，体育II，大学生心理健康II，线性代数B，概率论与数理统计B，经济学原理，政治学原理（双语）
	马克思主义基本原理概论，基础外语III，体育III，多媒体基础及应用，现代科学技术概论，社会调查方法，行政公文写作，管理学原理，西方行政思想史，政府经济学（双语），公共行政学，形式逻辑
2012级	毛泽东思想和中国特色社会主义理论体系概论I，体育IV，法学概论，当代中国政府与政治，比较政治制度，行政法与行政诉讼，管理心理学，管理学原理，公共财政学，婚姻家庭法，西方思想史专题，社会科学研究简论
	毛泽东思想和中国特色社会主义理论体系概论II，秘书学，行政组织学，社会保障概论，行政领导与决策（双语），电子政务，府际关系研究，中国思想史专题
2011级	SPSS软件运用，现代城市管理学，公共政策学，人力资源开发与管理（双语），公务员管理，劳动法，行政伦理学，中国行政改革概论，政府绩效评估，制度经济学，后现代西方社会思潮，非营利组织管理
	大学生职业发展与就业指导IV，公共危机管理，当代中国社会问题研究，公共部门的全面质量管理，公共政策分析方法，公共关系学
2010级	毕业设计（论文），学术论文写作

社会工作（社会管理）专业

年级	课程设置
2014级	思想道德修养与法律基础，基础外语I，体育I，军事理论，大学生职业发展与就业指导I，大学生心理健康I，大学计算机基础，高等数学C，现代生命科学导论
2013级	大学语文与应用写作A，中国近现代史纲要，沟通与交流，基础外语II，体育II，大学生心理健康II，线性代数B，概率论与数理统计B，社会工作概论，社会人类学（双语），社会调查方法I
	马克思主义基本原理概论，基础外语III，体育III，多媒体基础及应用，现代科学技术概论，社会统计学，人类行为与社会环境，社会调查方法II，个案工作
2012级	毛泽东思想和中国特色社会主义理论体系概论I，体育IV，SPSS软件应用，经济学原理，法学概论，政治学概论，社区概论，社会心理学，小组工作，家庭社会工作，西方思想史专题
	毛泽东思想和中国特色社会主义理论体系概论II，社会服务机构实践与督导I，网络与办公自动化，组织社会学，西方社会学理论，现代社会福利思想，社区工作
2011级	社会服务机构实践与督导II，社区概论，社会政策概论，现代社会福利思想，社会保障原理，社会工作行政，发展社会学，后现代西方社会思潮，老年社会工作，转型社会学，科学社会学，健康社会学，农村社会工作，企业社会工作
	大学生职业发展与就业指导IV，社会服务机构实践与督导III，人力资源开发与管理，公共关系学，中国思想史专题，人口社会学，青少年社会工作，女性社会工作，社会项目评估

英语专业

年级	课程设置
2014级	中国近现代史纲要，体育I，军事理论，大学生职业发展与就业指导I，大学生心理健康I，大学计算机基础，现代生命科学导论，初级英语视听I，英语口语日常对话，英语泛读与课外必读I（时事新闻），基础英语I，初级英语听力I，英语应用文与初级写作，高等数学C
2013级	沟通与交流，思想道德修养与法律基础，体育II，大学生心理健康II，数据库与VF程序设计，初级英语视听II，英语泛读与课外必读II（网络阅读），基础英语II，初级英语听力II，英语口语：演讲辩论，英语修辞与写作，圣经与希腊罗马神话
	毛泽东思想和中国特色社会主义理论体系概论I，体育III，高级英语视听I，英语泛读与课外必读III（文学经典），英语名篇鉴赏与写作，高级英语听力I，基础英语III，英语口语：演剧辩论，英国和大洋洲社会与文化，英美报刊选读，名篇翻译鉴赏，英语辩论实验室，国际工程基础（英语）
2012级	马克思主义基本原理概论，体育IV，高级英语视听II，英语泛读与课外必读IV（欧美历史），英语新闻写作，高级英语听力II，基础英语IV，英语口语与演讲面试，北美社会与文化，英美短篇小说，德语（二外）I，日语（二外）I，法语（二外）I，俄语（二外）I，实用文体翻译，英语词汇学，欧洲文化概论
	毛泽东思想和中国特色社会主义理论体系概论II，英国文学史与作品选读，高级英语阅读I，当代语言学导论I，外贸函电写作，英译汉理论与实践，劳动关系法律实务，企业文化，电子商务，人力资源管理实务，德语（二外）II，日语（二外）II，英美诗歌选读，英汉语言对比分析，语义学基础，法语（二外）II，俄语（二外）II，英汉对比与翻译
2011级	口译理论与实践，高级英语阅读II，高级英语写作，美国文学史与作品选读，当代语言学导论II，汉译英理论与实践，概率论与数理统计B，品牌战略，消费者行为学，管理沟通，企划文案设计，创业管理，国际商务函电（双语），德语（二外）III，日语（二外）III，法语（二外）III，俄语（二外）III，语篇分析，英美文学与电影
	经济与管理，大学生职业发展与就业指导IV，交传与同传，学术论文写作，德语（二外）IV，日语（二外）IV，法语（二外）IV，俄语（二外）IV
2010级	毕业设计（论文），品牌战略，消费者行为学，管理沟通，企划文案设计，创业管理，国际商务函电（双语）

日语专业

年级	课程设置
2014级	中国近现代史纲要，体育I，军事理论，大学生职业发展与就业指导I，大学生心理健康I，大学计算机基础，基础外语I，基础日语I，日语初级视听说I，日语会话与实践I，高等数学C
2013级	沟通与交流，思想道德修养与法律基础，体育II，大学生心理健康II，日语综合能力实践I，数据库与VF程序设计，基础外语II，基础日语II，日语初级视听说II，日语会话与实践II，日语朗读技巧与实践
	毛泽东思想和中国特色社会主义理论体系概论I，体育III，基础外语III，基础日语III，日语初级视听说III，日语会话与实践III，日语初级阅读I，国际工程基础（英语）
2012级	马克思主义基本原理概论，体育IV，基础日语IV，日语初级视听说IV，日语会话与实践IV，日语初级阅读II，日本概况，日语初级写作I
	毛泽东思想和中国特色社会主义理论体系概论II，日语口译I，日语高级视听说I，日语高级阅读I，日本文学史与作品选读I，日语初级写作II，日语高级精读I，劳动关系法律实务，企业文化，电子商务，人力资源管理实务，日本外事礼仪，外贸函电写作，经贸日语，日语报刊选读
2011级	日语综合能力实践III，日语高级写作，日语口译II，日语笔译I，日语高级视听说II，日语高级阅读II，日本文学史与作品选读II，日语高级精读II，品牌战略，消费者行为学，管理沟通，企划文案设计，创业管理，国际商务函电（双语），中日比较文学概论，日本社会历史与文化，名著翻译鉴赏，日语面试指导，日本历史名人谈，古典日语语法

续表

年级	课程设置
2011级	经济与管理，大学生职业发展与就业指导IV，学术论文写作，日语笔译II，日语高级精读III，日语语言学概论，同声传译
2010级	毕业设计（论文），品牌战略，消费者行为学，管理沟通，企划文案设计，创业管理，国际商务函电（双语）

德语专业

年级	课程设置
2014级	中国近现代史纲要，体育I，军事理论，大学生职业发展与就业指导I，大学生心理健康I，大学计算机基础，现代生命科学导论，德语精读I，德语会话I，基础德语I，高等数学C，国际工程基础（英语）
2013级	沟通与交流，思想道德修养与法律基础，体育II，大学生心理健康II，数据库与VF程序设计，德语精读II，德语会话II，德语视听I，基础德语II
	毛泽东思想和中国特色社会主义理论体系概论I，体育III，德语泛读I，德语精读III，德语视听II，基础德语III，初级德语写作I
2012级	马克思主义基本原理概论，体育IV，德语泛读II，德语精读IV，德语视听III，基础德语IV，英语（二外）I，初级德语写作II，德语国家国情
	毛泽东思想和中国特色社会主义理论体系概论II，德语视听IV，英语（二外）II，笔译I，高级德语I，经贸德语I，德语文学导论，高级德语写作I，劳动关系法律实务，企业文化，电子商务，人力资源管理实务，德国历史与文化，德国影视鉴赏
2011级	德语视听V，笔译II，高级德语II，口译I，经贸德语II，语言学导论，高级德语写作II，概率论与数理统计B，品牌战略，消费者行为学，管理沟通，企划文案设计，创业管理，国际商务函电（双语），德国报刊选读，德语文学选读
	经济与管理，大学生职业发展与就业指导IV，高级德语III，口译II，学术论文写作，德国外交与文化
2010级	毕业设计（论文），品牌战略，消费者行为学，管理沟通，企划文案设计，创业管理，国际商务函电（双语）

矿物资源工程（卓越计划）专业

年级	课程设置
2014级	思想道德修养与法律基础，基础外语I，体育I，军事理论，大学生职业发展与就业指导I，大学生心理健康I，大学计算机基础，高等数学AI，无机化学B，普通化学实验
2013级	中国近现代史纲要，基础外语II，体育II，大学生心理健康II，C++程序设计，高等数学AII，线性代数A，大学物理AI，工程测量
	毛泽东思想和中国特色社会主义理论体系概论I，基础外语III，高级英语口语，体育III，金工实习A，概率论与数理统计A，大学物理AII，工科物理实验I，工程力学AI，机械设计制图AI，国际工程基础（英语）
2012级	马克思主义基本原理概论，英语口语与写作，体育IV，数学实验，工科物理实验II，工程力学AII，工程流体力学，弹性力学与数值模拟，地质学基础，机械设计制图AII，电工技术实验，电工技术，工程创新与创业（国际课）
	毛泽东思想和中国特色社会主义理论体系概论II，矿山岩石力学，矿山地质学，电子技术实验，电子技术，矿山运输与提升，爆破工程（双语），资源、环境与可持续发展，边坡工程，矿业固体废物资源化，矿物加工与利用，矿产经济学，煤与焦化工艺，专业英语阅读与写作，泡沫冶金学，机电传动控制，节能评估基础

续表

年级	课程设置
2011级	质量管理，矿业系统工程基础（双语），地下工程施工技术，矿床开采工程（露天开采）（双语），矿床开采工程（地下开采）（双语），矿山安全工程，数字矿山技术，现代充填技术，散体动力学与放矿，冶金单元设计与操作，铁水预处理（双语），炉外精炼（双语），特种冶金，连铸工艺与设备，冶金环境工程与资源循环利用，冶金过程检测与自动控制，铁合金，特殊钢冶金过程工程，纯净钢生产工艺，材料成形摩擦与润滑，机械创新设计，机械振动，钢铁生产全流程专题课程I，钢铁生产全流程专题课程II，钢铁生产全流程专题课程III
	大学生职业发展与就业指导IV，生产运作管理，矿山开采设计，通风防尘与空气调节，矿山设计原理，矿山机械与自动化，矿产资源法基础，教授专题：采矿工程新技术及发展方向，特殊采矿技术，采矿专业英语，矿山现代测试技术，地质统计学与矿床建模，非高炉炼铁，冶金流程工程学，电磁冶金原理与工艺，材料成形过程质量性能控制（双语），实验测试技术，锻压工艺学，材料成形计算机辅助工程，固态成形模拟与仿真，工程数值计算，现代设计方法，CAD/CAM技术及应用，数学模型，机电一体化技术，现代传感技术，模具设计与制造，现代加工技术，机械质量管理分析与控制，冶金企业一体化管理，钢铁生产全流程专题课程IV，钢铁生产全流程专题课程V，钢铁生产全流程专题课程VI
2010级	工程实践与毕业设计

冶金工程（卓越计划）专业

年级	课程设置
2014级	思想道德修养与法律基础，基础外语I，体育I，军事理论，大学生职业发展与就业指导I，大学生心理健康I，大学计算机基础，高等数学AI，无机化学B，无机化学实验BI
2013级	中国近现代史纲要，基础外语II，体育II，大学生心理健康II，C++程序设计，高等数学AII，线性代数A，大学物理AI，无机化学实验BII
	毛泽东思想和中国特色社会主义理论体系概论I，基础外语III，高级英语口语，体育III，金工实习A，概率论与数理统计A，大学物理AII，工科物理实验I，工程力学C，机械设计制图AI，国际工程基础（英语）
2012级	马克思主义基本原理概论，英语口语与写作，体育IV，数学实验，工科物理实验II，冶金传输原理B，机械设计制图AII，电工技术实验，电工技术，物理化学BI，工程创新与创业（国际课）
	毛泽东思想和中国特色社会主义理论体系概论II，冶金物理化学（卓越计划），金属学，电子技术实验，电子技术，物理化学BII，物理化学实验B，资源、环境与可持续发展，边坡工程，矿业固体废物资源化，矿物加工与利用，矿产经济学，工业生态，煤与焦化工艺，专业英语阅读与写作，泡沫冶金学，机电传动控制，节能评估基础
2011级	质量管理，金属材料及热处理，冶金工程实验技术，钢铁冶金学I，钢铁冶金学II，有色金属冶金学，耐火材料，数字矿山技术，现代充填技术，散体动力学与放矿，冶金单元设计与操作，铁水预处理（双语），炉外精炼（双语），特种冶金，连铸工艺与设备，冶金环境工程与资源循环利用，冶金过程检测与自动控制，铁合金，特殊钢冶金过程工程，纯净钢生产工艺，材料成形摩擦与润滑，机械创新设计，机械振动，钢铁生产全流程专题课程I，钢铁生产全流程专题课程II，钢铁生产全流程专题课程III
	大学生职业发展与就业指导IV，生产运作管理，现代冶金工程设计与实践，轧钢生产工艺，矿产资源法基础，教授专题：采矿工程新技术及发展方向，特殊采矿技术，采矿专业英语，矿山现代测试技术，地质统计学与矿床建模，非高炉炼铁，冶金流程工程学，电磁冶金原理与工艺，材料成形过程质量性能控制（双语），实验测试技术，锻压工艺学，材料成形计算机辅助工程，固态成形模拟与仿真，工程数值计算，现代设计方法，CAD/CAM技术及应用，数学模型，机电一体化技术，现代传感技术，模具设计与制造，现代加工技术，机械质量管理分析与控制，冶金企业一体化管理，钢铁生产全流程专题课程IV，钢铁生产全流程专题课程V，钢铁生产全流程专题课程VI
2010级	工程实践与毕业设计

材料科学与工程（卓越计划）专业

年级	课程设置
2014级	思想道德修养与法律基础，基础外语I，体育I，军事理论，大学生职业发展与就业指导I，大学生心理健康I，高等数学AI，无机化学B，普通化学实验，机械制图AI
2013级	中国近现代史纲要，基础外语II，体育II，大学生心理健康II，C++程序设计，高等数学AII，线性代数A，大学物理AI，机械制图AII
	毛泽东思想和中国特色社会主义理论体系概论I，基础外语III，高级英语口语，体育III，金工实习A，大学计算机基础，概率论与数理统计A，大学物理AII，工科物理实验I，工程力学AI，国际工程基础（英语）
2012级	马克思主义基本原理概论，英语口语与写作，体育IV，数学实验，工科物理实验II，工程力学AII，机械设计基础，电工技术实验，电工技术，物理化学D，工程创新与创业（国际课）
	毛泽东思想和中国特色社会主义理论体系概论II，金属学，电子技术实验，电子技术，物理化学实验B，控制理论基础，固态成形理论基础，资源、环境与可持续发展，边坡工程，矿业固体废物资源化，矿物加工与利用，矿产经济学，煤与焦化工艺，专业英语阅读与写作，泡沫冶金学，机电传动控制，节能评估基础
2011级	质量管理，金属材料及热处理，热工学，轧制原理，轧制工艺，轧钢过程自动控制，数字矿山技术，现代充填技术，散体动力学与放矿，冶金单元设计与操作，铁水预处理（双语），炉外精炼（双语），特种冶金，连铸工艺与设备，冶金环境工程与资源循环利用，冶金过程检测与自动控制，铁合金，特殊钢冶金过程工程，纯净钢生产工艺，材料成形摩擦与润滑，机械创新设计，机械振动，钢铁生产全流程专题课程I，钢铁生产全流程专题课程II，钢铁生产全流程专题课程III
	大学生职业发展与就业指导IV，生产运作管理，轧钢车间设计，钢铁冶金学，材料焊接原理与工艺，材料成形设备与车间设计，矿产资源法基础，教授专题：采矿工程新技术及发展方向，特殊采矿技术，采矿专业英语，矿山现代测试技术，地质统计学与矿床建模，非高炉炼铁，冶金流程工程学，电磁冶金原理与工艺，材料成形过程质量性能控制（双语），实验测试技术，锻压工艺学，材料成形计算机辅助工程，固态成形模拟与仿真，工程数值计算，现代设计方法，CAD/CAM技术及应用，数学模型，机电一体化技术，现代传感技术，模具设计与制造，现代加工技术，机械质量管理分析与控制，冶金企业一体化管理，钢铁生产全流程专题课程IV，钢铁生产全流程专题课程V，钢铁生产全流程专题课程VI
2010级	工程实践与毕业设计

机械工程及自动化（卓越计划）专业

年级	课程设置
2014级	思想道德修养与法律基础，基础外语I，体育I，军事理论，大学生职业发展与就业指导I，大学生心理健康I，高等数学AI，机械制图AI
2013级	中国近现代史纲要，基础外语II，体育II，大学生心理健康II，C++程序设计，高等数学AII，线性代数A，大学物理AI，机械制图AII
	毛泽东思想和中国特色社会主义理论体系概论I，基础外语III，高级英语口语，体育III，概率论与数理统计A，大学物理AII，工科物理实验I，理论力学A，国际工程基础（英语）
2012级	马克思主义基本原理概论，英语口语与写作，体育IV，金工实习A，数学实验，工科物理实验II，材料力学，机械原理，电工技术实验，电工技术，工程创新与创业（国际课）
	毛泽东思想和中国特色社会主义理论体系概论II，电子技术实习，工程流体力学，工程材料及成形工艺，机械设计，电子技术实验，电子技术，控制理论基础，资源、环境与可持续发展，边坡工程，矿业固体废物资源化，矿物加工与利用，矿产经济学，煤与焦化工艺，专业英语阅读与写作，泡沫冶金学，机电传动控制，节能评估基础

续表

年级	课程设置
2011级	质量管理，机械课程设计，热工学，机械制造工艺基础，互换性与测量技术，液压与气压传动，测试技术，轧钢过程自动控制，数字矿山技术，现代充填技术，散体动力学与放矿，冶金单元设计与操作，铁水预处理（双语），炉外精炼（双语），特种冶金，连铸工艺与设备，冶金环境工程与资源循环利用，冶金过程检测与自动控制，铁合金，特殊钢冶金过程工程，纯净钢生产工艺，材料成形摩擦与润滑，机械创新设计，机械振动，钢铁生产全流程专题课程I，钢铁生产全流程专题课程II，钢铁生产全流程专题课程III
	大学生职业发展与就业指导IV，生产运作管理，冶金装备设计应用实训，冶金生产工艺及装备，冶金机械设计与制造，矿产资源法基础，教授专题：采矿工程新技术及发展方向，特殊采矿技术，采矿专业英语，矿山现代测试技术，地质统计学与矿床建模，非高炉炼铁，冶金流程工程学，电磁冶金原理与工艺，材料成形过程质量性能控制（双语），实验测试技术，锻压工艺学，材料成形计算机辅助工程，固态成形模拟与仿真，工程数值计算，现代设计方法，CAD/CAM技术及应用，数学模型，机电一体化技术，现代传感技术，模具设计与制造，现代加工技术，机械质量管理分析与控制，冶金企业一体化管理，钢铁生产全流程专题课程IV，钢铁生产全流程专题课程V，钢铁生产全流程专题课程VI
2010级	工程实践与毕业设计

能源与动力工程（卓越计划）专业

年级	课程设置
2014级	思想道德修养与法律基础，基础外语I，体育I，军事理论，大学生职业发展与就业指导I，大学生心理健康I，大学计算机基础，高等数学AI，普通化学，普通化学实验
2013级	中国近现代史纲要，基础外语II，体育II，大学生心理健康II，C++程序设计，高等数学AII，线性代数A，大学物理AI
	毛泽东思想和中国特色社会主义理论体系概论I，基础外语III，高级英语口语，体育III，概率论与数理统计A，数学实验，大学物理AII，工科物理实验I，电工学，国际工程基础（英语）

自动化（卓越计划）专业

年级	课程设置
2014级	中国近现代史纲要，基础外语I，体育I，军事理论，大学生职业发展与就业指导I，大学生心理健康I，程序设计基础，工科数学分析I，大学物理AI，工程制图基础
2013级	思想道德修养与法律基础，基础外语II，体育II，大学生心理健康II，线性代数A，工科数学分析II，大学物理AII，电路分析基础I，电路实验技术
	马克思主义基本原理概论，基础外语III，高级英语口语，体育III，金工实习A，复变函数与积分变换B，概率论与数理统计A，工科物理实验I，电路分析基础II，模拟电子技术A，模拟电子技术实验，国际工程基础（英语）

应用物理学专业

年级	课程设置
2014级	中国近现代史纲要，基础外语I，体育I，军事理论，大学生职业发展与就业指导I，大学生心理健康I，大学计算机基础，高等数学AI，理科物理实验I，力学

续表

年级	课程设置
2013级	思想道德修养与法律基础，基础外语II，体育II，大学生心理健康II，C++程序设计，高等数学AII，线性代数A，理科物理实验II，电磁学
	马克思主义基本原理概论，基础外语III，体育III，概率论与数理统计A，数学实验，理科物理实验III，光学，原子物理，热学
2012级	毛泽东思想和中国特色社会主义理论体系概论I，体育IV，数理方程，理科物理实验IV，模拟电子技术B，模拟电子技术实验，热力学与统计物理，原子物理
	毛泽东思想和中国特色社会主义理论体系概论II，电子技术实习，数字电子技术（双语），数字电子技术实验，电动力学，量子力学，物理效应及应用
2011级	固体物理，光电子技术，真空技术与薄膜物理，物理学前沿专题，JAVA程序设计，传感器原理，计算物理（双语），专业近代物理实验，单片机原理与技术，材料物理导论（双语），物理学史，半导体前沿讲座
	经济与管理，大学生职业发展与就业指导IV，固体光学性质，微机接口技术，微机接口技术实验，信息科学原理，传感测试技术实验，无损检测技术，半导体物理（双语），铁磁学与磁性材料基础（双语），超导物理（双语），天体物理
2010级	毕业设计（论文）

数学与应用数学专业

年级	课程设置
2014级	中国近现代史纲要，基础外语I，体育I，军事理论，大学生职业发展与就业指导I，大学生心理健康I，大学计算机基础，数学分析AI，解析几何，高等代数I，现代生命科学导论
2013级	思想道德修养与法律基础，基础外语II，体育II，大学生心理健康II，C++程序设计，数学分析AII，高等代数II，常微分方程
	马克思主义基本原理概论，基础外语III，体育III，数学分析AIII，大学物理AI，工科物理实验I，概率论与数理统计，数据库及其应用，专业发展前沿概述
2012级	毛泽东思想和中国特色社会主义理论体系概论I，体育IV，大学物理AII，工科物理实验II，数据结构，复变函数与积分变换A，数学模型
	毛泽东思想和中国特色社会主义理论体系概论II，运筹学，实变函数，近世代数，随机过程，偏微分方程，图形与图象处理（双语），离散数学，多元统计分析（双语），信息安全与密码学
2011级	经济学，数值分析（双语），泛函分析（双语），数学物理方程，组合数学，现代控制理论，人工智能原理及应用，金融统计，微分方程数值解，运筹学通论，计量经济学
	大学生职业发展与就业指导IV，数学建模设计，微分几何，数学方法综合应用，微分方程稳定性理论，拓扑学，分形理论，通讯中的数学基础理论
2010级	毕业设计（论文）

信息与计算科学专业

年级	课程设置
2014级	中国近现代史纲要，基础外语I，体育I，军事理论，大学生职业发展与就业指导I，大学生心理健康I，大学计算机基础，数学分析AI，解析几何，高等代数I，现代生命科学导论
2013级	思想道德修养与法律基础，基础外语II，体育II，大学生心理健康II，C++程序设计，数学分析AII，高等代数II，常微分方程
	马克思主义基本原理概论，基础外语III，体育III，数学分析AIII，大学物理AI，工科物理实验I，概率论与数理统计，数据库及其应用，专业发展前沿概述
2012级	毛泽东思想和中国特色社会主义理论体系概论I，体育IV，大学物理AII，工科物理实验II，数据结构，复变函数与积分变换A，数学模型
	毛泽东思想和中国特色社会主义理论体系概论II，运筹学，图形与图象处理（双语），离散数学，信息系统导论，信息安全与密码学、实变函数，多元统计分析（双语），近世代数，随机过程，偏微分方程
2011级	经济学，数值分析（双语），人工智能原理及应用，泛函分析（双语），数学物理方程，组合数学，现代控制理论，金融统计，微分方程数值解，运筹学通论，计量经济学
	大学生职业发展与就业指导IV，认识实习，生产实习，软件工程设计，数学方法综合应用，通讯中的数学基础理论
2010级	毕业设计（论文）

理科试验班专业

年级	课程设置
2014级	中国近现代史纲要，基础外语I，体育I，军事理论，大学生职业发展与就业指导I，大学生心理健康I，大学计算机基础A，高等代数与解析几何I，数学分析BI，基础物理I
2013级	国际理解，思想道德修养与法律基础，基础外语II，体育II，大学生心理健康II，高等代数与解析几何II，数学分析BII，基础物理Ⅱ，无机化学B
	马克思主义基本原理概论，基础外语III，体育III，微分方程，基础物理实验Ⅰ，无机化学实验BI，机械设计制图AI，电工技术实验，电工技术，物理化学BI，近代物理
2012级	毛泽东思想和中国特色社会主义理论体系概论I，体育IV，C语言程序设计A，概率论与数理统计C，基础物理实验Ⅱ，无机化学实验BII，工程力学B，机械设计制图AII，电子技术实验，电子技术，数学建模与最优化方法，物理化学实验B

黄昆班专业

年级	课程设置
2014级	中国近现代史纲要，基础外语I，体育I，军事理论，大学生职业发展与就业指导I，大学生心理健康I，大学计算机基础，高等数学AI，理科物理实验I，力学
2013级	思想道德修养与法律基础，基础外语II，体育II，大学生心理健康II，C++程序设计，高等数学AII，线性代数A，理科物理实验II，电磁学
	马克思主义基本原理概论，基础外语III，体育III，概率论与数理统计A，数学实验，理科物理实验III，光学，分析力学，热学

续表

年级	课程设置
2012级	毛泽东思想和中国特色社会主义理论体系概论I，体育IV，数理方程，理科物理实验IV，模拟电子技术B，模拟电子技术实验，热力学与统计物理，原子物理
	毛泽东思想和中国特色社会主义理论体系概论II，电子技术实习，数字电子技术（双语），数字电子技术实验，电动力学，量子力学，物理效应及应用
2011级	固体物理，半导体物理基础，半导体物理实验，半导体前沿讲座，JAVA程序设计，光电子技术，传感器原理，计算物理（双语），专业近代物理实验，真空技术与薄膜物理，单片机原理与技术，材料物理导论（双语），物理学史
	经济与管理，大学生职业发展与就业指导IV，半导体器件与工艺，微机接口技术，微机接口技术实验，信息科学原理，传感测试技术实验，无损检测技术，半导体物理（双语），铁磁学与磁性材料基础（双语），超导物理（双语），天体物理，固体光学性质

应用化学专业

年级	课程设置
2014级	中国近现代史纲要，基础外语I，体育I，军事理论，大学生职业发展与就业指导I，大学生心理健康I，大学计算机基础，高等数学BI，现代生命科学导论，无机化学AI，无机化学实验AI
2013级	沟通与交流，思想道德修养与法律基础，基础外语II，体育II，大学生心理健康II，高等数学BII，大学物理AI，无机化学AII，无机化学实验AII
	马克思主义基本原理概论，基础外语III，体育III，线性代数A，大学物理AII，工科物理实验I，分析化学A，分析化学实验A，化学信息学（双语），科研方法入门
2012级	毛泽东思想和中国特色社会主义理论体系概论I，体育IV，VB程序设计，工科物理实验II，物理化学AI，有机化学AI，现代分离科学与技术（双语），现代仪器分析I，胶体化学
	毛泽东思想和中国特色社会主义理论体系概论II，物理化学AII，有机化学AII，有机化学实验A，化工原理，化工制图，环境化学（双语），生物化学（双语），环境监测与分析技术，功能分子材料化学进展
2011级	物理化学实验A，结构化学，高分子化学，材料化学导论（双语），有机合成，谱学导论，药物化学，应用电化学（双语），精细化工工艺学，金属有机化学
	经济与管理，大学生职业发展与就业指导IV，大学综合化学实验，现代仪器分析II，商品检验，固体化学，化工新技术（双语）
2010级	毕业设计（论文）

生物技术专业

年级	课程设置
2014级	中国近现代史纲要，基础外语I，体育I，军事理论，大学生职业发展与就业指导I，大学生心理健康I，大学计算机基础，高等数学BI，无机化学B，无机化学实验BI，现代生物技术导论，基础生命科学
2013级	沟通与交流，思想道德修养与法律基础，基础外语II，体育II，大学生心理健康II，C语言程序设计，高等数学BII，大学物理AI，无机化学实验BII，微生物学，微生物学实验
	马克思主义基本原理概论，基础外语III，体育III，大学物理AII，工科物理实验I，分析化学B，有机化学实验B，有机化学B

续表

年级	课程设置
2012级	毛泽东思想和中国特色社会主义理论体系概论I，体育IV，工科物理实验II，分析化学实验B，生物化学，生物化学实验，生物技术制药基础，生物芯片，医学生物学
	毛泽东思想和中国特色社会主义理论体系概论II，物理化学基础，基础分子生物学，细胞生物学（双语），基础分子生物学实验，遗传学（双语），遗传学实验，环境化学（双语），蛋白质化学，现代生命科学前沿进展，生化分离工程，生化传感器
2011级	细胞生物学实验，基因工程（双语），现代生物技术导论，发育生物学，发酵工程，生化分析，分子免疫学（双语），酶工程，植物生物技术（双语），病毒生物学，毒理学（双语），农药残留与食品安全
	大学生职业发展与就业指导IV，生物技术专业实验，生物工程综合实验，生物技术大实验，仪器分析技术
2010级	毕业设计（论文）

自动化专业

年级	课程设置
2014级	中国近现代史纲要，基础外语I，体育I，军事理论，大学生职业发展与就业指导I，大学生心理健康I，程序设计基础，工科数学分析I，大学物理AI，工程制图基础
2013级	思想道德修养与法律基础，基础外语II，体育II，大学生心理健康II，线性代数A，工科数学分析II，大学物理AII，电路分析基础I，电路实验技术
	马克思主义基本原理概论，基础外语III，体育III，复变函数与积分变换B，概率论与数理统计A，工科物理实验I，电路分析基础II，模拟电子技术A，模拟电子技术实验
2012级	毛泽东思想和中国特色社会主义理论体系概论I，体育IV，工程优化数学基础，信号分析基础，数学实验，工科物理实验II，自动控制理论，数字电子技术（双语），数字电子技术实验，微机原理及接口技术A，控制系统仿真，面向对象程序设计I
	毛泽东思想和中国特色社会主义理论体系概论II，金工实习I，课程设计（微机原理），EDA课程设计，现代控制理论，过程控制，工程导论，电机及其运动控制I，电力电子技术，现代传感器技术，面向对象程序设计II，数据库技术及应用，可编程控制器及应用（双语），模式识别基础
2011级	工业组态软件设计，自动化生产线实训，控制网络技术，电机及其运动控制II，计算机控制技术A，嵌入式控制系统，人工智能基础，单片机原理与应用，管理信息系统概论，ERP导论，非线性控制基础，系统辩识与参数估计，智能控制理论基础，最优化与最优控制，多媒体通信技术
	经济与管理，大学生职业发展与就业指导IV，课程设计（软件设计），运动控制系统设计，先进控制技术导论，电力系统设计与优化，智能电网技术基础，流程工业过程控制，系统工程导论，工业企业供电及节能技术，分布式控制系统，DSP原理及应用，智能机器人控制，可编程逻辑器件及应用
2010级	毕业设计（论文）

测控技术与仪器专业

年级	课程设置
2014级	中国近现代史纲要，基础外语I，体育I，军事理论，大学生职业发展与就业指导I，大学生心理健康I，工程制图基础与计算机辅助设计，程序设计基础，工科数学分析I，大学物理AI
2013级	思想道德修养与法律基础，基础外语II，体育II，大学生心理健康II，线性代数A，工科数学分析II，大学物理AII，电路分析基础I，电路实验技术

续表

年级	课程设置
2013级	马克思主义基本原理概论，基础外语III，体育III，复变函数与积分变换B，概率论与数理统计A，工科物理实验I，电路分析基础II，模拟电子技术A，模拟电子技术实验
2012级	毛泽东思想和中国特色社会主义理论体系概论I，体育IV，误差理论与数据处理，应用力学基础，数学实验，工科物理实验II，数字电子技术（双语），数字电子技术实验，信号处理，微机原理及接口技术A
	毛泽东思想和中国特色社会主义理论体系概论II，金工实习I，电子技术实习，控制工程基础C，工程光学基础，自动检测技术（双语），单片机原理及应用，参数检测及仪表，控制微电机
2011级	传感器课程设计，过程控制系统，自动控制装置，智能仪器，机械设计基础，嵌入式系统及应用，仪器与系统可靠性，可编程控制器及应用（双语），单片机程序设计实验，微机电系统概论，光电子技术，低功耗系统设计，无人机技术
	经济与管理，大学生职业发展与就业指导IV，过程控制系统课程设计，智能仪器课程设计，高频电子电路，DSP原理及应用，光学测试技术，专业发展研讨，可编程逻辑器件及应用，工业组态软件，虚拟仪器
2010级	毕业设计（论文）

智能科学与技术专业

年级	课程设置
2014级	中国近现代史纲要，基础外语I，体育I，军事理论，大学生职业发展与就业指导I，大学生心理健康I，程序设计基础，工科数学分析I，大学物理AI，工程制图基础
2013级	思想道德修养与法律基础，基础外语II，体育II，大学生心理健康II，线性代数A，工科数学分析II，大学物理AII，电路分析基础I
	马克思主义基本原理概论，基础外语III，体育III，离散数学B，复变函数与积分变换B，概率论与数理统计A，工科物理实验I，电路分析基础II，电路实验技术，模拟电子技术B，模拟电子技术实验
2012级	毛泽东思想和中国特色社会主义理论体系概论I，体育IV，应用力学基础，数学实验，工科物理实验II，控制工程基础A，数字电子技术（双语），数字电子技术实验，信号处理，信息论与编码A，面向对象程序设计I，数据库技术及应用
	毛泽东思想和中国特色社会主义理论体系概论II，金工实习I，电子技术实习，微机原理课程设计，控制系统的设计与实现，数据结构与算法分析，微机原理及应用，计算机网络（双语），脑科学与认知科学概论，人工智能基础A，现代传感器技术，电机控制技术，面向对象程序设计II，DSP原理及应用
2011级	嵌入式系统，机器人组成原理，计算智能基础，现代通信技术，机械设计基础，智能控制理论基础，数字图像处理，可编程控制器及应用（双语），模式识别基础
	经济与管理，大学生职业发展与就业指导IV，过程控制系统设计，机器感知基础，机器学习基础，智能监控系统，分布式控制系统，可编程逻辑器件及应用，工业组态软件，智能游戏开发
2010级	毕业设计（论文）

电子信息工程专业

年级	课程设置
2013级	思想道德修养与法律基础，基础外语II，体育II，大学生心理健康II，线性代数A，工科数学分析II，大学物理AII，电路分析基础I

续表

年级	课程设置
2013级	马克思主义基本原理概论，基础外语III，体育III，离散数学B，复变函数与积分变换B，概率论与数理统计A，工科物理实验I，电路分析基础II，电路实验技术，模拟电子技术A，模拟电子技术实验
2012级	毛泽东思想和中国特色社会主义理论体系概论I，体育IV，电子技术实习，数值计算方法，数学实验，工科物理实验II，数据结构A，数字电子技术（双语），数字电子技术实验，信号与系统，信息论与编码B，微机原理及接口技术B，控制工程基础B
	毛泽东思想和中国特色社会主义理论体系概论II，信号与系统软硬件综合实验，嵌入式系统课程设计，通信电子电路，计算机网络，数字信号处理，电磁场与电磁兼容，嵌入式系统与单片机，参数检测及仪表，电力电子及运动控制，GIS系统及其应用，电子商务，虚拟现实技术，人工智能，面向对象技术，C#程序设计语言，物联网技术及应用，云计算与物联网
2011级	高级软件编程课程设计，计算机网络（双语），Linux操作系统，物联网工程概论，网络通信实验，JAVA程序设计，VC++语言与编程，DSP处理器及应用，Web开发技术，智能机器人控制，模式识别基础，通信原理概论，人机交互，大学生工程创新
	经济与管理，大学生职业发展与就业指导IV，电子信息综合实训，算法设计基础，通信网基础，语音信号处理，数字图像处理
2010级	毕业设计（论文）

计算机科学与技术专业

年级	课程设置
2014级	中国近现代史纲要，基础外语I，体育I，军事理论，大学生职业发展与就业指导I，大学生心理健康I，程序设计基础，工科数学分析I，大学物理AI，工程制图基础
2013级	思想道德修养与法律基础，基础外语II，体育II，大学生心理健康II，线性代数A，工科数学分析II，大学物理AII，电路分析基础I，计算机科学导论
	马克思主义基本原理概论，基础外语III，体育III，离散数学A，复变函数与积分变换B，概率论与数理统计A，工科物理实验I，电路分析基础II，电路实验技术，模拟电子技术B
2012级	毛泽东思想和中国特色社会主义理论体系概论I，体育IV，电子技术实习，数值计算方法，数学实验，工科物理实验II，数字电子技术（双语），模拟电子技术实验，计算机组成原理，数据结构A
	毛泽东思想和中国特色社会主义理论体系概论II，数字电子技术实验，信息论与编码B，操作系统，计算机网络，微机接口技术，微机接口技术实验，信号与系统概论，人工智能，计算机图形学，计算机控制技术B，面向对象技术，数字签名与身份认证技术，C#程序设计语言
2011级	软件工程课程设计，计算机网络课程设计，数据库系统原理（双语），编译原理，Linux操作系统，物联网工程概论，算法设计基础，网络安全与管理，JAVA程序设计，计算机体系结构，软件工程，嵌入式计算，信息隐藏技术，高级编程技术，模式识别基础，通信原理概论，数字信号处理B，人机交互，大学生工程创新
	经济与管理，大学生职业发展与就业指导IV，数据仓库与数据挖掘（双语），软件测试，应用软件系统设计与案例分析，电子商务，通信网基础，虚拟现实技术，大规模集成电路设计（VLSI）（双语），数字图像处理，Oracle，计算机系统安全，信息对抗与网络攻防技术，并行计算导论，可编程逻辑器件及应用，电子商务
2010级	毕业设计（论文）

通信工程专业

年级	课程设置
2014级	中国近现代史纲要，基础外语I，体育I，军事理论，大学生职业发展与就业指导I，大学生心理健康I，程序设计基础，工科数学分析I，大学物理AI，工程制图基础
2013级	思想道德修养与法律基础，基础外语II，体育II，大学生心理健康II，线性代数A，工科数学分析II，大学物理AII，电路分析基础I
	马克思主义基本原理概论，基础外语III，体育III，面向对象程序与设计，复变函数与积分变换B，概率论与数理统计A，工科物理实验I，电路分析基础II，电路实验技术，模拟电子技术A
2012级	毛泽东思想和中国特色社会主义理论体系概论I，体育IV，电子技术实习，随机过程，数学实验，工科物理实验II，数字电子技术（双语），模拟电子技术实验，微机原理及接口技术B，信号与系统
	毛泽东思想和中国特色社会主义理论体系概论II，离散数学B，数字电子技术实验，通信原理，通信电子电路，电磁场与天线，信号系统与信号处理综合实验，数字信号处理，数据库技术及应用，数据结构C，DSP原理及应用
2011级	现代通信技术，现代交换技术，数字通信系统，通信网理论，移动通信（双语），多媒体通信技术，卫星通信系统（双语），现代通信保密基础，物联网技术，通信控制器设计与应用，通信调制新技术应用，大学生工程创新
	经济与管理，大学生职业发展与就业指导IV，光同步传送网和波分复用系统，通信软件设计，通信网安全，现代通信网监控与管理，空间通信概论，无线电定位导航原理及应用，通信系统仿真，通信中的语音信号处理
2010级	毕业设计（论文）

信息安全专业

年级	课程设置
2014级	中国近现代史纲要，基础外语I，体育I，军事理论，大学生职业发展与就业指导I，大学生心理健康I，程序设计基础，工科数学分析I，大学物理AI，工程制图基础
2013级	思想道德修养与法律基础，基础外语II，体育II，大学生心理健康II，线性代数A，工科数学分析II，大学物理AII，电路分析基础I
	基础外语III，体育III，离散数学A，概率论与数理统计A，工科物理实验I，电路分析基础II，电路实验技术，模拟电子技术B，信息安全导论
2012级	毛泽东思想和中国特色社会主义理论体系概论I，体育IV，电子技术实习，信号与系统概论，数学实验，工科物理实验II，数字电子技术（双语），模拟电子技术实验，数据结构A，信息安全的数学基础，计算机组成原理，现代密码学，信息论与编码B
	毛泽东思想和中国特色社会主义理论体系概论II，马克思主义基本原理概论，微机原理与应用，数字电子技术实验，现代通信技术，操作系统，计算机网络，人工智能，面向对象技术，计算机系统安全，数字签名与身份认证技术，C#程序设计语言，数字签名与身份认证课程设计
2011级	软件工程课程设计，计算机网络课程设计，网络安全与管理，数据库系统原理（双语），数值计算方法，Linux操作系统，JAVA程序设计，多媒体通信技术，计算机体系结构，软件工程，嵌入式计算，信息隐藏技术，模式识别基础，物联网安全，信息内容安全，大学生工程创新
	经济与管理，大学生职业发展与就业指导IV，网络通信实验，大规模集成电路设计（VLSI）（双语），数字图像处理，Oracle，信息对抗与网络攻防技术，计算机病毒原理，软件体系结构，电子商务安全
2010级	毕业设计（论文）

物联网工程专业

年级	课程设置
2014级	中国近现代史纲要，基础外语I，体育I，军事理论，大学生职业发展与就业指导I，大学生心理健康I，程序设计基础，工科数学分析I，大学物理AI，工程制图基础
2013级	思想道德修养与法律基础，基础外语II，体育II，大学生心理健康II，线性代数A，工科数学分析II，大学物理AII，电路分析基础I
	马克思主义基本原理概论，基础外语III，体育III，离散数学B，复变函数与积分变换B，概率论与数理统计A，工科物理实验I，电路分析基础II，电路实验技术，模拟电子技术B，模拟电子技术实验，物联网工程导论
2012级	毛泽东思想和中国特色社会主义理论体系概论I，体育IV，电子技术实习，数学实验，工科物理实验II，信号与系统概论，数字电子技术（双语），数字电子技术实验，现代通信技术，微机原理及接口技术B，数据结构A，现代密码学
	毛泽东思想和中国特色社会主义理论体系概论II，嵌入式系统课程设计，现代传感器技术，操作系统，计算机网络，嵌入式系统与单片机，物联网技术及应用，云计算与物联网，人工智能，C#程序设计语言，数据通信网，TCP/IP网络程序设计基础，网络安全技术
2011级	软件工程课程设计，计算机网络课程设计，网络安全与管理，无线传感器网络与RFID技术，Linux操作系统，JAVA程序设计，DSP处理器及应用，现代交换技术，移动通信（双语），多媒体通信技术，智能机器人控制，数据库系统原理（双语），计算机体系结构，软件工程，嵌入式计算，高级编程技术，模式识别基础，通信原理概论，数字信号处理B，物联网控制基础，人机交互，大学生工程创新
	经济与管理，大学生职业发展与就业指导IV，物联网体系结构及综合实训，数据仓库与数据挖掘（双语），应用软件系统设计与案例分析，通信网基础，大规模集成电路设计（VLSI）（双语），Oracle，信息对抗与网络攻防技术，可编程逻辑器件及应用，通信网安全，无线电定位导航原理及应用，物联网系统模型
2010级	毕业设计（论文）

理科留学生专业

年级	课程设置
2014级	科技汉语，综合汉语，国际学生入学导向课，大学计算机基础，高等数学AI，大学物理AI，普通化学
2013级	中国概况，C语言程序设计，高等数学AII，线性代数A，概率论与数理统计A，数学实验，大学物理AII

文科留学生专业

年级	课程设置
2014级	科技汉语，综合汉语，国际学生入学导向课，大学计算机基础，高等数学BI，大学物理B，化学与社会
2013级	中国概况，数据库与VF程序设计，高等数学BII，线性代数A，概率论与数理统计A，数学实验，宏微观经济学，财政金融学

（耿悦杰）

研究生教育

【研究生教育工作会暨建院30周年系列活动】4月22日，学校召开2014年研究生教育工作会暨研究生院建院30周年纪念大会。教育部学位管理与研究生教育司、北京大学研究生院、首钢总公司等单位相关负责人及全体校领导和葛昌纯院士、蔡美峰院士以及学校部分老领导和研究生教学督导组部分老师，相关二级单位负责人，研究生指导教师和研究生代表等1600余人参加。北京钢铁研究总院、北京矿冶研究总院、北京有色研究总院、北京机械科学研究总院等单位研究生教育部门的负责人到会祝贺。大会回顾了北京科技大学研究生院建院30年来取得的丰硕成果，就未来研究生教育工作进行了深入交流和研讨。

4月25日，学校召开研究生教育工作经验交流与总结会。冶金与生态工程学院、机械工程学院、东凌经济管理学院、数理学院和新金属材料国家重点实验室等相关负责人就研究生教育改革专题讨论会议题汇报了讨论意见。会议特别邀请哈尔滨工业大学研究生院和中南大学研究生院负责人做了经验介绍。

（韩　经、宁晓钧、班晓娟）

【招生工作】2014年，学校积极贯彻“走出去、请进来”的方针，加强研究生招生宣传。研究生院组织各培养单位积极开展校内外招生咨询活动和暑期夏令营活动；同时通过与主流研究生招生信息网站合作、开发招生宣传网站和手机研招网站等方式大力开展网络宣传活动。经过各方面的努力，学校全面完成了研究生招生计划，共招收博士研究生544人、硕士研究生2474人、在职人员专业学位研究生536人（其中工程硕士486人、MPA50人）。具体情况是：

博士生报名924人，录取544人，考录比为1.7：1。其中硕博连读、学士直攻博学生共222人，占录取总人数的40.8%；来自“211工程”高校的毕业生共422人，占总录取人数的77.6%；与科研院所联合培养38人，占总录取总人数的7%。

硕士生报名9003人，录取2474人，考录比为3.64：1。其中推荐免试生400人，占录取总人数的16.2%；来自“211工程”高校的毕业生共1197人，占总录取人数的48.4%。

在职人员攻读专业学位研究生报名1078人，录取536人，考录比为2：1。学校与宣化钢铁公司、承德钢铁公司、攀枝花钢铁公司、青岛钢铁公司及中国民航公司等24家单位签订了联合培养在职人员专业学位研究生协议，为在职专业学位研究生生源稳定增长提供了有力保障。在国务院学位委员会办公室公布的在职人员攻读硕士专业学位录取结果排序中，北京科技大学工程硕士招生质量较好。此外，经国务院学位办公室批准，学校招收高级管理人员即工商管理硕士研究生（EMBA）42人。

（韩　经、刘成杰、何志魏）

【招生改革】2014年，研究生招生工作以“提高生源质量”为核心，完善招生管理办法，为进一步提高研究生培养质量奠定基础。

保证国家级考试安全，完善标准化考场的建设。“考试安全”是招生工作的基本要求，教育部要求各考点招生单位高度重视考试安全工作，落实保密安全措施，切实保证考试安全，务必做到零差错。学校既是考点又是招生单位（每年国家级大型考试3次），考务工作艰巨，安全职责重大，为保证国家级考试安全，按照教育部和北京考试院的要求，完善标准化考场建设工作；加强自命题科目命题组织和涉密人员的管理，细化考务组织工作；坚持和完善保密制度，强化责任意识，严格考务纪律。

完善各项招生制度。落实《北京科技大学关于深化研究生教育改革的意见》（校发〔2014〕18号）精神，以提高研究生生源质量为核心，加强制度建设，修订《北京科技大学接收优秀应届本科毕业生免试攻读硕士学位研究生、直接攻读博士学位研究生管理办法》（校研发〔2014〕14号）、《北京科技大学硕博连读研究生招生与培养工作暂行规定》（校研发〔2014〕15号）、《北京科技大学2015年硕博连读、申请考核制选拔博士研究生工作通知》（校研发〔2014〕17号）等文件，进一步完善了各项招生制度。

完善推免生接收政策，优化生源结构。结合教育部推免生制度改革，充分给予学生选择权的新形势，2014年通过提高接收推免生在招生计划中的比例，优化复试环节等措施，提高了推免生接收比例，优化了生源结构。同时，推动与高水平高校间的“校际推免生交流与合作”，吸引“211工程”高校优质生源。

将“申请考核制”招收博士研究生试行范围扩大至A1岗博士生导师，进一步扩大导师招生自主权。同时，结合教育部新规定，加强博士研究生报考材料审核、复试考核等环节的规范与管理。

（韩　经、刘成杰、何志魏）

【教材专项基金立项工作】为加强研究生教材建设管理，实现研究生分类培养，完善与高水平研究型大学相适应的教材体系，根据教材建设的实际情况，出台了《北京科技大学研究生教材建设与管理办法》（校研发〔2014〕16号）文件，11月，首次组织完成了2014年研究生教材专项基金的立项工作。经过教师申请、学院上报，研究生院组织有关专家对教材建设项目申请书进行了评审，57项教材立项并获得2014年教材专项基金资助，其中重点项目5项、一般项目35项、英文讲义7项、中文讲义10项。

（班晓娟、周　涛）

【教育发展基金中期检查工作】2014年10月，学校召开了研究生教育发展基金中期检查暨专业学位教育经验交流会。各培养单位的教学院长、研究生院教学督导组成员及各个项目负责人参加会议，对如何利用教育发展基金资助平台，提高研究生培养质量进行了交流。2013年度教育发展基金的4项重点项目、22项课程建设和8项研究生教育创新项目都顺利通过了中期检查，2014年度共出版教材6部。

（班晓娟、周　涛）

【课程教学管理】2014年，根据校发〔2011〕29号的文件精神规定，研究生院于5月和11月，组织了2次“第一次讲授研究生课程讲师”的试讲工作，全校16名教师报名参加试讲，经过专家及督导组成员的评议，14名讲师获得讲授研究生课程的资格。

（班晓娟、周　涛）

【培养管理工作】2014年，学校研究生院落实校内研究生教学计划、排课、选课等校内教学工作，完成《研究生开课信息一览表》，打印、发放任课教师《授课时间表》，负责落实日常教学管理的调课、借教室等工作。2014年，校内计划开设917门研究生课程，因选课人数不足5人或者教师其他原因停开19门次，实际开课数为898门次。因教师和教室等原因调课183门次，组织校内研究生公共课程考试近20门。2014级学校招生17个专业学位课外班，完成了各个教学点的教学计划制定和公共课程安排以及与办班点的联系沟通工作，组织了校外18个班级的研究生外语考试。

2014年，学校春夏两季毕业硕士生2777人（含留学生72人），博士生457人（含留学生11人）。学校完成2014级新生3010人（其中博士生532人，硕士生2478人）的学籍电子注册工作；完成2014级工程硕士486人、EMBA42人、MPA50人的报到工作；完成学籍变动手续469人次。此外，学校完成2014年1月和6月申请毕业学位各类研究生培养环节的审核工作，实现各类毕业研究生签约、答辩及人事档案成绩单自助打印；完成2013～2014学年度全校课程旁听费、公共课任课教师酬金及专业课调节酬金核算工作；完成2013～2014学年度教学资料整理归档。

（班晓娟、周　涛、陶国银、姜志诚）

【硕士专业学位授权点审核申报工作】根据国务院学位委员会《关于开展增列硕士专业学位授权点审核工作的通知》（学位〔2013〕37号）文件精神，学校开展增列硕士专业学位授权点的申报审核工作。2014年5月，经国务院学位委员会批准，学校新增文物与博物馆和社会工作两个专业学位硕士点。

（宁晓钧、洪　歌）

【博士生导师队伍建设】根据学校学科建设和人才培养的需要，加强博士生指导教师队伍建设，结合聘岗工作，学校开展2014年博士生指导教师选聘工作，按需设岗，从严设置兼职博导岗位，各培养单位聘任兼职博士生指导教师的总数原则上不超过校内博士生指导教师的20%，且须为兼职博士生指导教师配备校内合作导师。经校学位委员会审核决定，共新增31名教师为博导，其中校内博导26人、校外兼职博导5人。申请人员中三层次以上引进人才共12人。

（宁晓钧、洪　歌）

【学位授予工作】①2014年1月和6月共召开两次校学位委员会，共授予454名研究生博士学位，授予2876名研究生硕士学位，评选出44篇优秀博士学位论文、107篇优秀硕士学位论文。对163名博士的学位论文进行论文盲评，对137名硕士的学位论文进行论文盲评。②推进学位授予质量保障体系建设工作2014年4月，学校召开“研究生教育工作会”，对学位授予质量保障体系的建设工作提出了明确的要求和目标。经过调研和讨论，2014年7月，学校召开九届十二次校学位委员会，对有关文件进行讨论通过，随后出台了关于保证研究生学位论文质量的3个重要文件，分别为《北京科技大学博士研究生学位论文匿名评审暂行办法》（校研发〔2015〕2号）、《北京科技大学研究生学位论文查重检测暂行办法》（校发〔2014〕11号）及《北京科技大学关于博士、硕士研究生申请学位发表学术论文的规定》（校研发〔2014〕12号）。

（宁晓钧、洪歌）

【“创新人才培养”项目】根据《北京科技大学继续实施研究生“创新人才培养”项目的通知》（校研发〔2012〕7号）文件精神，继续开展研究生“创新人才培养”项目，推进研究生教育的国际化进程，积极鼓励海外专家在学校设置研究生课程，扩大受益面。自2014年1月起资助海外学者短期讲学12项，博士生参加国际会议49项，博士生短期访学22项。

（宁晓钧、杨　栋）

【“国家建设高水平大学公派研究生项目”选拔申报】2014年3月，学校组织了“国家建设高水平大学公派研究生项目”申报工作，有攻读博士学位研究生和联合培养博士生两大类，涉及13个培养单位25个学科专业。采取“个人申请、单位推荐、专家评审、择优录取”的方式进行选拔，还本着“公开、公平、公正”的原则，组织专家对联合培养博士生申请者进行了面试，面试内容为本人学习经历、科研经历和出国学习研究计划，从而选拔出综合素质较高，具有竞争力的研究生。2014年共有93人申请公派项目，选拔并上报71人，国家留学基金委录取49人，录取率约为69%。

为了加强对公派联合培养博士研究生的管理工作，继续实行出国期间定期汇报制度，便于掌握公派联合培养博士生的学习、科研、发表文章和生活等实际情况，做好监督工作，从而确保联合培养博士生的培养质量。

（宁晓钧、杨　栋）

【研究生教育奖评选工作】 2014年7月，根据《北京科技大学教育教学成果奖励办法》（校发〔2006〕67号）和《关于申报北京科技大学第26届教育教学成果奖的通知》（校发〔2014〕29号）的文件精神，组织了第26届教育教学成果奖（研究生教育教学类）的申报和初评工作，包括报奖材料组织及评审、特等奖项目预答辩等环节。最后，学校共遴选出各级各类奖项58项，其中特等奖9项、一等奖18项、二等奖31项。研究生教育教学成果获奖总数为13项，其中特等奖1项、一等奖4项、二等奖8项。

（宁晓钧、杨　栋）

【考务工作】 2014年5月25日，作为北京市考点之一，学校承担了2014年同等学力人员申请硕士学位全国统一考试工作，完成了129个考场共3870人次的考务工作；2014年10月26日，作为北京市考点之一，学校承担了2014年在职攻读硕士学位全国联考（GCT）工作，完成了75个考场共2250人的考务工作。

（韩　经、宁晓钧）

高等职业教育

【综述】 2014年，高职招生计划100人，实际报到80人。至年底，共有高职班级13个，在校生245人。中外合作交流班平稳运行，其中，中日交流班赴日学习27人，首届中美交流班12人顺利赴美学习。

（杨　勇、徐　屹）

【教学与学生工作】 重点加强高职教学管理，完善教学方案，着力提升人才培养质量。全年总计开课175门，计划学时13617学时。有1部教材被评为2014年北京市高等教育精品教材和教育部及学校“十二五”规划教材。进一步加强学风建设，严格考风考纪和考勤管理制度，严格按照评优标准评选、表彰了10名优秀团干部、16名优秀团员，并有3人获国家奖学金、8人获励志奖学金、38人获人民奖学金。进一步抓好学生队伍建设，强化班级学生干部的选拔、考核、管理工作，完成了学生会干部的选拔任用，积极开展有特色的学生活动和就业推荐工作等。

（杨　勇、徐　屹）

继续教育

【成人学历教育】遵循“规范办学、稳定队伍、改革创新、提高质量”的工作思路，及时根据教育形势变化调整工作重点和方法，基本上完成了各项工作目标，包括积极开拓市场，扩大远程招生规模；远程教育教务教学平台升级工作顺利进行，完成了入学考试机考系统、考务模块全新上线，推出新课程空间模板，完成课程机考系统流程设计，网上教学工作基本铺开并顺利进行；加强课程资源建设，修订了远程教育教学课件制作相关规定，并出台了教学课件新模版，新增“课程导航”“学以致用”“学习活动”等栏目；通过外聘专业或课程负责人等方式，与学校各学院及其他高校建立合作关系，新设远程教育采矿工程（专科、专升本）、汽车检测与维修技术（专科）等专业；顺利地通过了北京市教委组织的2014年远程教育试点高校在京校外学习中心的检查评估等。

完成了2014版《函授、业大教育教学管理文件汇编》和《远程教育教学管理文件汇编》的增补、修订工作；召开远程、函授教育工作年会，分别举办了一期远程教育校外学习中心基层管理人员培训和新平台教师工作室使用培训；开展首次校外学习中心（业大教学点）优秀班主任评选活动，共评出5名优秀班主任、9名学生支持服务贡献奖。

（赵桂娟、高　航）

【非学历教育】2014年，共培训各类学员1484人次，其中高层次培训388人次，冶金前沿技术培训505人次，前沿技能培训591人。

积极开展高层次企业管理培训，注重培训质量，并聘请优秀师资。成功地举办了第八期鞍钢集团中青年干部培训班、第一期新兴际华集团青年骨干人才培训班和中冶集团海水淡化投资有限公司中层干部管理培训班；举办“钢铁工业节能减排新工艺、新技术”“高效率轧制（带钢）技术”“现代连铸技术及质量控制”“洁净钢生产与钢中夹杂物控制技术”“新环保政策与钢铁行业清洁生产”“钢铁企业安全生产管理新理论、新技术”高级研修班6期国家级急需紧缺人才培训项目，培训全国20多家钢铁企业首席研究员、教授级高工、高工等共计284人；继续开展面向钢铁企业的冶金前沿技术培训，为江阴兴澄特种钢铁有限公司和太原钢铁（集团）有限公司举办了“现代炼铁”“现代炼钢”“高效轧制”“现代连铸”工艺技术培训班5期专业技术讲座类专题培训，培训学员505人；网上学堂组织完成视频课件14个、文字类课件33个、行业动态80个。

（张满银、张军凌、王玉敏）

留学生培养

【概况】2014年，通过加强来华留学基地建设，大力实施“留学北科计划”，推动学校留学生教育工作进一步提升。至2014年年底，学校共有来自117个国家和地区的855名留学生在校学习，其中学历生751人，留学生规模在北京市高校中位列第十一位。

2014年，共有179名学历留学生毕业，其中博士研究生11人、硕士研究生60人、本科生108人；126名留学生结业，其中本科生3人、汉语生109人、进修生14人。新入学长期留学生330人（春季入学18人、秋季入学312人）。

（刘邦宇）

【留学生招生工作】2014年，留学生招生工作不断拓展渠道、创新方式，在稳定数量的前提下，更加注重提高质量、优化结构。年内，共招收留学生330人，其中本科新生118人，硕士研究生新生80人（39人为英文授课），博士研究生新生24人（12人为英文授课），汉语进修生88人（其中21人为进行汉语补习的研究生），普通进修生9人，高级进修生11人。另有已被我校录取并送到天津大学、北京语言大学等7所高校进行预科学习的本科生37人。

2014年，继续发挥奖学金项目在调整留学生结构上的积极作用。依托国家留学基金委的中国政府奖学金项目接收留学生152人，其中研究生87人；通过“教育部高校研究生自主招生项目”和“支持地方奖学金项目”招收研究生31人；通过学校自主设立的“校长奖学金”招收研究生7人；开设“国际经济与贸易1+3项目”和“预科教育项目”，共招收留学生30人。

（佟秋石）

【留学生培养工作】2014年，着重推进留学生教育体系建设，提升留学生培养水平。建立留学生激励机制，推进趋同管理与个性发展相结合，推行“制度化、柔性化、自主化”的培养与管理模式。丰富留学生课程体系，开设留学生入学导向课程，帮助留学生平稳度过适应期。加强英文授课专业与课程建设，提升留学生培养的国际化水平。至年底，学校共开设10个英文授课专业，英文授课在校留学研究生170人，约占全体留学研究生的53%；加强预科生教育，提高留学生语言能力，做好与大学专业知识的衔接。通过留学生学习指导中心为留学生学业发展进行答疑解惑，激起全体学生的学习热情，端正学习态度，提升留学生学业水平与质量。

继续完善留学生评奖评优体系，促进留学生培养质量的提高。2014年度的各类奖项评审中，有1名博士留学生获得北京科技大学学生最高荣誉——北京科技大学校长奖章；5人获得“教育部优秀自费来华留学生奖学金”；61人获得“北京市外国留学生奖学金”；80人获得“北京科技大学优秀留学生奖学金”，其中一等奖7人、二等奖21人、三等奖52人。与此同时，留学生中心加强留学生骨干的培养，评选出“北京科技大学优秀留学生干部”10人。在本年度“我爱我师——留学生心中最优秀的教师”评选中，经留学生广泛投票，评选出3名公共基础课类“优秀教师”。

（刘　焱、刘邦宇）

【留学生管理工作】2014年，留学生中心继续优化工作模式，规范工作流程，在探索和创新中开展留学生管理工作：

①2014年，留学生活动呈现形式丰富、参与度高和覆盖面广的特点，充分发挥留学生的积极性和创造性，为留学生倾心搭建文化交流的平台，得到留学生的欢迎和认可。5月，成功地举办了北京科技大学第七届留学生文化节，留学生们通过图片、美食、音乐及舞蹈等形式展现本土文化，利用茶艺表演、汉服展示等文化课堂，传播中国声音、增进国际友谊、拉近中外学生的距离，让留学生知华友华，受到学校师生的广泛关注和赞誉。12月，“北京科技大学庆祝接收外国留学生60周年图片展”隆重举行，回顾学校留学生培养工作走过的光辉历程，展示了学校留学生教育的发展成就。年底，留学生新年招待会顺利举行，留学生们表演了精心准备的节目，充分展现了留学生们的精神风貌。留学生中心注重将留学生活动与所学专业相结合，每月开展汉语生的语言文化实践活动，为学生提供语言学习的实习场所；组织留学生参观长城、中华民俗村、首都博物馆、国家大剧院，参与海内外京昆戏曲赏析、国画、书法、武术、中国菜烹饪等具有浓郁中华特色的文化活动，丰富留学生的课外生活，增进对中国文化的了解与热爱；为加强留学生与中国同学的交流和互动，组织留学生与冶金学院、自动化学院、外国语学院等学院的中国同学开展联谊活动，达到了提升双方文化交际能力的目的。针对留学生的实习和就业需求，组织毕业生参加国家体育场公司、清华紫光集团等面试活动，为留学生搭建宝贵的实习和择业平台；在文体活动方面，留学生也取得了可喜的成绩，由留学生组成的足球队参加学校七人制足球赛，分获冠军和季军。

（高佳佳）

②日常管理方面。加强学生管理干部队伍建设，明确班主任的工作职责和发展方向；创新主题班会形式以加强基础管理；加大随堂听课力度端正学风，增进与任课教师和导师的联系，密切关注留学生培养动态；加强留学生骨干的培养锻炼，在留学生骨干中选拔留学生助理10人，作为联系老师与留学生的纽带，参与留学生的管理服务工作；做好毕业留学生有关工作，严格审核毕业资格，完成305名毕业生和结业学生的信息核对、信息采集，制作发放毕业证件800多份；增加沟通与宣传渠道，研发专门面向留学生的手机APP软件，通过发行简报《留学在科大》、张贴漫画等多种媒介开展宣传工作。

开展安全教育活动，完善相关涉外管理。邀请北京市公安局民警为全体留学生举行法规宣传和安全知识讲座6场，开展禁毒专项教育活动，妥善处理留学生突发事件十余起，为留学生教育教学工作开展提供了保障。组织留学生公寓、专家公寓留学生参加消防演习1次，密切关注留学生动态，提高了留学生的安全意识和防范能力；定期对留学生公寓进行安全排查，及时消除安全隐患，并重点做好节假日及重要时间节点安全检查，留学生公寓安全防范和日常管理服务水平进一步提高。

③签证与保险方面。明确分工，规范管理，积极配合北京市公安局出入境管理总队等有关部门的工作，严格居留许可办理流程及时间要求，确保护签有效率，累计办理留学生签证800余人次；根据来华留学生综合医疗保险方案调整的新情况，留学生中心积极做好宣讲工作，通过班会、面谈等多种形式帮助留学生了解留学生保险的相关政策，本年度为留学生共办理保险理赔48例。

（贾兆义）

【对外汉语教学】2014年，对外汉语教学中心采取细化服务、狠抓管理的工作方法，进一步加强汉语教学与管理工作，提升汉语教学质量。

组织70名汉语生参加HSK考试，并在考前安排了HSK辅导，提高考试通过率，这一举措激发了汉语生的学习热情，也为留学生日后在中国的升学和就业提供了帮助。留学生中心加强汉语师资水平建设，优化汉语教师年龄结构，并邀请教学经验丰富、教学水平高的汉语教师对汉语教材选取、课程设置和考试组织等方面进行了全面指导。

进一步完善汉语教学督导工作，完善对外汉语教学中心制度建设。定期召开对外汉语教学中心教学会议，分享交流在对外汉语教学方法、教学管理等方面的经验，实现对外汉语教学工作的提高。每周举行汉语生学习情况总结会，对汉语学生学习情况进行总结，以实现对汉语生学习状态的及时掌握。

（郭凯琳）

附　录

北京科技大学2014年度留学生情况一览表

类别	本科	硕士	博士	高进	普进	汉语生	合计
毕业留学生	108	60	11				179
结业留学生	3			2	12	109	126
新生	118	80	24	11	9	88	330
其中英语授课学生（新生）		39	12	1	5		57
9月份在校生	433	239	79	11	9	84	855
其中英语授课学生（9月份在校生）	2	124	46	1	5		178
中国政府奖学金学生	99	158	51	11	6	21	346
校长奖学金学生		44	18				62
外国政府奖学金学生	31	17	7			3	58
自费生	303	20	3		1	45	372
交换生					2	15	17

（毕惠芳）

学科建设工作

【概况】2014年，学校深入贯彻《国家“十二五”教育事业发展规划》，学科建设工作以科学发展观为指导，依托“优势学科创新平台”、北京市“中央在京高校共建项目”和“改善基本办学条件专项经费项目”等重点建设，加大学科建设经费投入，提升学科建设水平。

（乔 兰、胡晓军、张云仙、刘 畅）

【优势学科创新平台建设】2014年，冶金与新材料优势学科创新平台项目共拨付经费1000万元，已全部执行完毕。通过资金整合购买的球差校正透射电子显微镜是一款高性能的材料分析设备，该设备处于全国领先地位，通过该设备的引进将进一步优化已有的科研平台，提升已有的实验、科研环境，提高创新团队的科研实力和实验手段，为培育新的研究方向和承接重大课题奠定了基础，为学校建设一流学科提供了保障。

（乔 兰、胡晓军、张云仙、刘 畅）

【北京市共建项目】根据北京市共建项目的总体安排，2014年学校共获得北京市支持中央在京高校共建项目经费2440万元，规划与学科建设办公室及时将经费拨付相关项目负责人，并统一进行归口管理。其中用于支持北京市重点学科建设共430万元，集中支持了新材料学科群和3个北京市重点学科。

根据北京市教委下发的《2015年北京市教育委员会关于组织北京市支持中央在京高校共建项目经费预算申报工作的通知》的相关要求，学校启动2015年北京市共建项目的申报工作。2015年共建项目（经费预算2390万元）学科建设支持经费430万元，学校经过科学论证，本着“整合资源、重点支持、突出优势、体现特色”的原则，集中支持新材料学科群、机械工程、岩土工程、光电信息材料与器件以及纳米材料与器件物理学等北京市重点学科。12月，按照北京市教委的要求，及时上报申报材料。

（胡晓军、张云仙、刘 畅）

【条件建设】规划与学科建设办公室加强对改善基本办学条件专项经费使用的过程管理。组织完成了2013年10个项目（学科建设部分）的验收工作，项目经费共计2270万元，并认真总结了项目执行情况；针对2014年改善基本办学条件专项经费项目，从项目启动到执行收尾的各个环节，强化项目负责人的责任，协调资产管理处、财务处等相关部门，保证了15个项目共3130万元的顺利完成；组织完成了2015年项目的申报工作，15个项目预算共计2900万元；7月，教育部组织专家组进校进行项目评审，将申报材料中存在的问题及时反馈给各项目组进行调整和修改，保证了各项目按预期计划成功申报。

为了加强学校学科建设，提高学校学科建设水平，规划与学科建设办公室组织各学院以学院学科发展规划为依据，完成2015～2017年改善基本办学条件专项资金项目规划。

（胡晓军、张云仙、刘 畅）

科学研究与产业开发

科研工作

【概况】2014年，学校深入贯彻落实《国家“十二五”科学和技术发展规划》，紧密围绕实施创新驱动发展战略、建设创新型国家的重大战略任务，重视科研质量，注重科技创新，统筹布局，切实推进了学校科学研究的可持续发展。

(郝晓云)

【科研项目与经费】2014年，全校科研经费规模保持稳定，全年实到科研经费总额60004.74万元。其中，纵向经费36855.48万元，横向经费23149.26万元。新增合同经费54247.20万元，其中，新增纵向合同经费25358.15万元，新增横向合同经费28889.05万元。

①纵向科研课题。2014年新增纵向科研项目303项。一是“863”项目（课题）9项，总经费2098.75万元。二是国家科技支撑计划项目（课题）7项，总经费2682万元。三是国家自然科学基金项目126项，总经费9400.8万元。四是“973”项目（课题）3项，总经费196.09万元。五是重大研究计划1项，总经费345万元。六是ITER计划4项，总经费1674万元。七是国家重大专项项目（参加）3项，总经费377.4万元。八是北京市纵向项目（含北京市自然科学基金）42项，新增合同经费2459.47万元。九是人文社科项目46项，总经费560.84万元。

②横向科研课题。2014年新增横向合同797项。一是由国家政策引导，高技术企业认定需要而签订专利许可合同的数量大幅度增加，共签订14份专利实施许可合同，总金额为293万元。二是横向合同经费100万元以上的合同数为59项，合同经费11282.93万元。三是与战略合作钢铁企业保持了良好、持续的合作关系。与首钢签订31项合同，经费1698.3万元；与宝钢签订10项合同，经费577.74万元；与武钢签订11项合同，经费370.96万元；与南京钢铁签订7项合同，经费345.5万元；与马鞍山钢铁签订6项合同，经费230.35万元；与淄博张钢签订1项合同，经费208万元；与莱钢签订5项合同，经费157万元；与攀钢签订2项合同，经费67万元；与包钢签订4项合同，经费61.3万元。

(郝晓云)

【科研水平与成果】2014年，学校获得国家科学技术奖2项，省部级科学技术奖54项（一等奖11项、二等奖20项、三等奖23项）。其中，谢建新教授主持完成的“高性能铜铝复合材料连铸直接成形技术与应用”项目荣获2014年度国家技术发明二等奖。该项目发明了铜铝复合材料连铸直接成形技术、连铸复合成套关键装备、复合扁排等产品成形加工成套工艺，开发了产业化系统集成与成套装备技术，实现了规模生产，在发电、输变电和电控配电设备等领域获得规模应用。项目历时15年完成，先后申请了发明专利22

项，其中已获授权12项，同时还主持制定了新材料国家标准2项。项目技术已转让4家企业，已建成年产五千吨和一千吨生产线各1条、三千吨生产线2条，在建一期两万吨、二期10万吨生产线，取得了显著的社会和经济效益；学校参与完成的“大型铁矿山露天井下协同开采及风险防控关键技术与应用”项目荣获2014年度国家科学技术进步二等奖。该项目研究成果为鞍钢、包钢、本钢、神华、中煤等单位所属的20余家矿山安全开采提供了重要技术支撑，提升了我国大型铁矿山露天井下协同开采及风险防控关键技术水平，有力地推动了行业科技进步。近3年，收到直接经济效益79.85亿元，经济和社会效益十分显著。获省部级一等奖3项、二等奖1项、发明专利13项、国标规范30条、实用新型专利2项、部级工法4项。

2014年，学校共申请发明专利507项，实用新型专利55项；授权发明专利276项，实用新型专利64项。其中有10件发明专利申请提出了PCT国际申请，办理计算机软件登记46项。2013年，学术论文被SCIE收录1234篇，同类机构排名第三十三；EI收录论文1606篇，同类机构排名第二十三；CPCI-S收录342篇，同类机构排名第二十五。

（郝晓云）

【科研基地建设】2014年，新增国家级科研基地1个：材料服役安全国际联合研究中心。省部级科研基地7个：国际高技术创新转移中心北京市国际科技合作基地、城市和生活污染物处理与资源化北京市国际科技合作基地、赛博（网电空间）北京市国际科技合作基地、弱磁检测及应用技术北京市国际科技合作基地、稀贵金属绿色回收与提取北京市国际科技合作基地、高端金属材料特种熔炼与制备北京市重点实验室、工业典型污染物资源化处理北京市重点实验室。钢铁共性技术协同创新中心成功获批，对提升学校科研地位和实力起到重要作用。

积极筹划、整合学科，推荐新的协同创新中心，“节能减排协同创新中心”已参加2014年教育部协同创新中心认定申报工作，并向北京市科委推荐申报了3个北京市重点实验室。现有的其他各级各类科研基地运转良好。零件近净轧制成形教育部工程研究中心通过教育部建设验收，冶金工业节能减排北京市重点实验室、分子与微结构可控高分子材料北京市重点实验室参加北京市科委绩效考评。

（郝晓云）

【产学研合作交流】2014年，学校产学研合作交流进一步深化。发挥与钢铁企业传统合作优势，依托“钢合组织”“首都高校科技信息网”，持续、深入地推进与宝钢、首钢、鞍钢、青钢等一批大型企业合作，并以教育部“蓝火计划”系列活动为契机，卓有成效地开展了与政府的合作。先后与多个大中型企业、政府签订了17项产学研合作协议。积极探索服务区域经济新模式，大力推进地方研究院工作。探索校地“科教结合、双驱动、双转移”的产学研合作新模式，签署了与宁波市政府的合作框架协议书，就共建烟台先进装备制造技术研究院相关事宜与山东省政府进行了深入沟通。学校获批成为全国首批“中央级事业单位科技成果使用、处置和收益管理改革试点单位”及“北京市科技成果转化改革试点单位”，并成为“京津冀钢铁行业节能减排产业技术创新联盟”筹备单位及首届联盟理事长单位。

（郝晓云）

【军工科研生产】2014年，学校国防科研不断进步。签订国防科研合同39项，合同额4659.6万元，经费规模稳定。重大专项进展顺利，某重大专项XX领域明确了学校为仅有的两个研制单位之一。另有学校为主要参研单位的2项“PJ技术”项目通过了立项评审，批复总经费8827万元，其中1项学校为材料研制独家单位。

（郝晓云）

【基本科研业务费】2014年，学校修订了《北京科技大学基本科研业务费资助项目管理实施办法》及资助方案，从新教师资助计划到青年拔尖人才资助计划，做到了青年教师科研成长的全阶段覆盖，为学校遴选和培育学术领军人才提供了有力的保障。共立项资助286项，立项金额1813.18万元，其中人才类项目196项，立项金额1303万元，首次完成了对新教师的滚动资助，实现了对35岁以下青年教师持续的科研支持，遴选拔尖青年科研人才进行培养，助力其入选更高层次的人才体系。同时，通过专家评价及目标核查等方式，对316项课题进行了中期检查和结题验收。

（郝晓云）

【科技期刊】2014年，期刊中心圆满地完成了出版任务。出版《北京科技大学学报》《北京科技大学学报（社会科学版）》《矿物冶金与材料学报（英）》《物流技术与应用》《粉末冶金技术》和《金属世界》共54期，载文939篇。其中自然科学研究论文835篇，社会科学研究论文104篇。SCI收录论文168篇；EI收录论文451篇；中文核心期刊论文403篇。《矿物冶金与材料学报（英）》和《北京科技大学学报》均获得第五届中国高校精品科技期刊奖、2014年度中国国际影响力优秀学术期刊和中国有色金属出版物奖期刊奖一等奖；《矿物冶金与材料学报（英）》获得“中国科技期刊影响力提升计划”C项目资助；《金属世界》获得2014年中国有色金属出版物奖期刊奖二等奖；《北京科技大学学报（社会科学版）》被评为全国高校优秀社科期刊、北京市高校人文社会科学优秀期刊，同时，期刊的“功能语言学”栏目于2014年5月在北京市第六届高校人文社会科学期刊评优活动中，被评为“北京市高校人文社会科学期刊名栏”。

（郝晓云）

【人才培育】2014年，学校高水平领军人才队伍建设取得新进展。化学与生物工程学院党智敏获得国家自然科学基金委“国家杰出青年科学基金”资助；新金属材料国家重点实验室吴渊、机械工程学院冯妍卉获得国家自然科学基金委优秀青年科学基金项目资助立项；新材料技术研究院潘德安、材料科学与工程学院冯春入选“北京市科技新星计划”。

（郝晓云）

【科协、学会、学术交流】2014年，学校主办国际会议8次；参加国际会议624人次，交流论文440篇、特邀报告85篇；派遣25人次、接收13人开展合作研究。学校科协组织学生科协举办了2014年北京市百科知识竞赛决赛，普及科普知识，受到师生欢迎；组织20件专利参加了第三届首都大学生科技创新作品与专利成果展示推介会，并荣获北京市科协“第三届首都大学生科技创新作品与专利成果展示推介会”最佳组织奖。

（郝晓云）

【科研管理】2014年，进一步加强了学校科研管理信息系统建设，不断统一与科研信息管理有关的平台设立接口，方便数据管理。注重对数据的挖掘和分析，为管理决策提供支持。在数据完善和业务流程优化的同时，完善技术支撑，开发了新的管理模块，管理的精细化和专业化程度进一步提高，有效地提升了管理效率。配合财务信息服务平台的开发和完善，推进科研经费管理的网上处理，使系统使用更为人性化，更好地服务广大师生。科研管理系统为广大教师的科研项目和经费管理服务，配合学校完成岗位聘任、人事考核、职称评定等任务，已成为全校信息化、数字化校园建设中的一个重要组成部分。

（郝晓云）

附 录

2014年科研成果统计表

单位	成果鉴定（项）	获奖数（项）	申请专利（件）			授权专利（件）			软件著作权（项）	国际PCT申请（件）
			发明	实用新型	合计	发明	实用新型	合计		
土木与环境工程学院	6	22	50	7	57	29	11	40	11	0
冶金与生态工程学院	3	11	34	4	38	29	6	35	5	3
材料科学与工程学院	0	8	126	6	132	94	8	102	0	2
机械工程学院	2	2	28	17	45	16	18	34	6	0
自动化学院	0	1	14	3	17	1	2	3	4	0
计算机与通信工程学院	1	1	30	0	30	15	3	18	16	0
数理学院	0	0	10	0	10	2	0	2	0	0
化学与生物工程学院	0	2	18	0	18	5	0	5	0	0
东凌经济管理学院	0	0	0	0	0	0	0	0	0	0
文法学院	0	0	0	0	0	0	0	0	0	0
外国语学院	0	0	0	0	0	0	0	0	0	0
新金属材料国家重点实验室	2	1	41	0	41	13	1	14	0	2
冶金工程研究院	0	1	27	0	27	14	0	14	2	0
新材料技术研究院	4	7	99	12	111	44	10	54	0	3
国家材料服役安全科学中心（筹）	1	0	11	2	13	5	3	8	0	0
钢铁冶金国家重点实验室	0	4	19	3	22	9	5	14	2	0
其他	0	0	0	1	1	0	0	0	0	0
合计	19*	60*	507	55	562	276	67	343	46	10

*注：有成果为多个学院合作完成

2014年科研获奖项目一览表

序号	项目名称	奖励名称	奖励单位	获奖等级	完成人	完成单位	所在单位
1	高性能铜铝复合材料连铸直接成形技术与应用	国家技术发明奖	国务院	二	谢建新（1） 刘新华（2） 吴春京（3） 刘雪峰（4）	北京科技大学、烟台孚信达双金属股份有限公司	新材料研究院、材料学院
2	大型铁矿山露天井下协同开采及风险防控关键技术与应用	国家科学技术进步奖	国务院	二		鞍钢集团矿业公司、中国矿业大学（北京）、东北大学、广东宏大爆破股份有限公司、中勘冶金勘察设计研究院有限责任公司、辽宁科技大学、北京科技大学	计通学院

续表

序号	项目名称	奖励名称	奖励单位	获奖等级	完成人	完成单位	所在单位
3	纳米氧化物基能量转换器件应用基础研究	高等学校科学研究优秀成果奖自然科学奖	教育部	一	张　跃（1） 廖庆亮（2） 闫小琴（3） 黄运华（4） 齐俊杰（5） 顾有松（6） 杨　亚（7） 张晓梅（8） 张　铮（9） 章潇慧（10） 李会峰（11） 叶　宁（12）	北京科技大学	材料学院
4	特种液晶材料及调光膜制备技术	高等学校科学研究优秀成果奖技术发明奖	教育部	一	曹　晖（2） 杨　洲（3） 李立东（4） 王　冬（6）	北京大学、北京科技大学	材料学院
5	Fe-Ga磁致伸缩材料高效制备技术及应用	高等学校科学研究优秀成果奖技术发明奖	教育部	二	高学绪（1） 李纪恒（2） 包小倩（5） 朱　洁（6）	北京科技大学、浙江大学	新金属国重室
6	一种包覆材料水平连铸直接复合成形设备与工艺	北京市发明专利奖	北京市人民政府	一	谢建新（1） 刘新华（2） 刘雪峰（3） 苏亚军（4）	北京科技大学	新材料研究院、材料学院
7	高效低耗少渣炼钢新工艺的开发与创新	北京市科学技术奖	北京市人民政府	二	王新华（2）	首钢总公司、北京科技大学、河北省首钢迁安钢铁有限责任公司、秦皇岛首秦金属材料有限公司、北京首钢自动化信息技术有限公司	冶金学院
8	各向异性HDDR稀土永磁材料的研究	北京市科学技术奖	北京市人民政府	三	孙爱芝（1） 肖耀福（4） 强文江（5）	北京科技大学、北京大学	新材料研究院
9	低品质掺合料混凝土关键技术的开发与应用	北京市科学技术奖	北京市人民政府	三	刘娟红（2）	北京建筑工程学院、北京科技大学、武汉理工大学、湖北大学、北京金隅混凝土有限公司、石家庄铁道大学、北京市高强混凝土有限责任公司、北京横桥网片科技有限公司、广东省长大公路工程有限公司第一分公司、重庆市大业混凝土有限公司	土木学院
10	纳米材料与离子液体富集检测典型环境污染物新方法研究	北京市科学技术奖	北京市人民政府	三	肖军平（4）	中国石油大学（北京）、河南师范大学、北京科技大学、河南科技学院	化生学院
11	超大型高炉高效低耗技术集成研究与应用	北京市科学技术奖	北京市人民政府	三	张建良（8）	首钢总公司、钢铁研究总院、北京科技大学	冶金学院

续表

序号	项目名称	奖励名称	奖励单位	获奖等级	完成人	完成单位	所在单位
12	“留渣+双渣”转炉炼钢新工艺技术创新	冶金科学技术奖	中国钢铁工业协会、中国金属学会	一	王新华（2）	首钢总公司、北京科技大学、河北省首钢迁安钢铁有限责任公司、秦皇岛首秦金属材料有限公司、北京首钢自动化信息技术有限公司	冶金学院
13	烧结电除尘灰分离提取氯化钾技术的理论与实践	冶金科学技术奖	中国钢铁工业协会、中国金属学会	二	郭占成（1） 詹　光（3） 彭　翠（5） 高金涛（7） 张福利（9）	北京科技大学、唐山汇鑫嘉德节能减排科技股份有限公司	钢铁冶金国重室
14	基于相控阵雷达的可视化高炉布料控制系统的开发及应用	冶金科学技术奖	中国钢铁工业协会、中国金属学会	二	尹怡欣（2） 陈先中（4）	武汉钢铁（集团）公司、北京科技大学、北京航空航天大学	自动化学院
15	转炉炼钢教学培训仿真平台的技术集成与创新	冶金科学技术奖	中国钢铁工业协会、中国金属学会	三	包燕平（1） 王　敏（2）	北京科技大学、北京金恒博远冶金技术发展有限公司、安徽工业大学、内蒙古科技大学	钢铁冶金国重室
16	基于MES的炼钢-连铸过程精准控制与动态协同技术	冶金科学技术奖	中国钢铁工业协会、中国金属学会	三	刘　青（1） 王　彬（3） 汪　宙（5）	北京科技大学、方大特钢科技股份有限公司	钢铁冶金国重室
17	程潮铁矿采场地压显现规律动态监测与预警系统研究及应用	冶金科学技术奖	中国钢铁工业协会、中国金属学会	三	宋卫东（1） 杜建华（5）	武汉钢铁集团矿业有限责任公司程潮铁矿、北京科技大学、武汉科技大学、武汉钢铁集团矿业有限责任公司	土木学院
18	安全长寿高炉炉缸炉底内衬及结构新技术	冶金科学技术奖	中国钢铁工业协会、中国金属学会	三	张建良（2） 左海滨（4） 焦克新（5）	巩义市五耐科技开发有限公司、北京科技大学、河南科技大学	冶金学院
19	天钢高炉侵蚀模型与在线监测预警系统	冶金科学技术奖	中国钢铁工业协会、中国金属学会	三	张建良（2） 左海滨（3） 黄冬华（5）	天津钢铁集团有限公司、北京科技大学	冶金学院
20	大型高炉安全、高效、长寿运行智能预警系统及数字化炼铁技术研发	冶金科学技术奖	中国钢铁工业协会、中国金属学会	三	赵宏博（2）	酒泉钢铁（集团）有限责任公司、北京科技大学、北京北科亿力科技有限公司	冶金学院
21	高密度低合金粉末冶金结构件制备新技术与应用	山东省科学技术奖	山东省人民政府	一	曲选辉（1） 尹海清（3） 秦明礼（5） 章　林（8）	莱芜市新艺粉末冶金制品有限公司、北京科技大学	新材料研究院
22	转底炉直接还原处理钢铁厂含锌尘泥成套工艺产业化	山东省科学技术进步奖	山东省人民政府	二	张欣欣（2） 薛庆国（3） 王静松（5） 姜泽毅（8） 余雪峰（9）	莱芜钢铁集团有限公司、北京科技大学	机械学院、钢铁冶金国重室

续表

序号	项目名称	奖励名称	奖励单位	获奖等级	完成人	完成单位	所在单位
23	高辐射覆层技术在高炉热风炉和焦炉上的应用	山东省科学技术奖	山东省人民政府	二	苍大强（2）	山东慧敏科技开发有限公司、北京科技大学、山东钢铁股份有限公司济南分公司、日照钢铁控股集团有限公司、安徽工业大学、山东建筑大学	冶金学院
24	低阶煤连续多段热解技术	山西省科学技术奖	山西省科学技术奖励委员会	二	段旭琴（1）	山西鑫立能源科技有限公司、北京科技大学	土木学院
25	不锈钢冷轧酸洗线铅合金电极板的研发	山西省科学技术奖	山西省科学技术奖励委员会	三	刘杰民（6）	山西百一机械设备制造有限公司、北京科技大学	化生学院
26	金属铝－氧化铝复合无碳滑板	河南省科学技术进步奖	河南省人民政府	二	李　勇（2） 李进宝（4）	卫辉熔金高温材料有限责任公司、北京科技大学	材料学院
27	高效长寿安全型滚轮固定式铸铁机	河南省科学技术进步奖	河南省人民政府	二	程树森（3）	世林（漯河）冶金设备有限公司、北京科技大学	冶金学院
28	深井冲击地压和煤与瓦斯突出耦合型灾害机理与防治技术研究	河南省科学技术进步奖	河南省人民政府	三	李　铁（2）	义煤集团新义矿业有限公司、北京科技大学	土木学院
29	华亭矿区强矿压危险性分析及预测（监）预警技术研究	甘肃省科学技术进步奖	甘肃省人民政府	二	纪洪广（2） 王金安（7）	华亭煤业集团有限责任公司、北京科技大学、中国矿业大学	土木学院
30	华亭煤矿强矿压危险性预测及动压巷道支护与防治技术研究	甘肃省科学技术进步奖	甘肃省人民政府	二	李　铁（6）	华亭煤业集团有限责任公司、北京科技大学	土木学院
31	金沙河下开采安全技术研究	甘肃省科学技术进步奖	甘肃省人民政府	三	王金安（2） 张　磊（7）	窑街煤电集团有限公司、北京科技大学	土木学院
32	大型高炉安全、高效、长寿运行智能预警系统及数字化炼铁技术研发	甘肃省科学技术进步奖	甘肃省人民政府	三	赵宏博（2）	酒泉钢铁（集团）有限责任公司、北京科技大学、北京北科亿力科技有限公司	冶金学院
33	急倾斜大采高综采成套技术研究与应用	内蒙古自治区科学技术进步奖	内蒙古自治区人民政府	三	姜福兴（2）	内蒙古福城矿业有限公、北京科技大学	土木学院
34	CSP流程全工序高品种钢的板形质量控制	安徽省科学技术奖	安徽省人民政府	三	何安瑞（2） 邵　健（4） 孙文权（7）	马钢（集团）控制有限公司、北京科技大学	冶金工程院
35	微合金化钢连铸过程C、N化物析出行为及控制技术研究	四川省科技进步奖	四川省人民政府	三	孙彦辉（4）	攀钢集团研究院有限公司、攀钢集团攀枝花钢钒有限公司、北京科技大学	冶金学院
36	一种包覆材料水平连铸直接复合成形设备与工艺	中国发明专利奖	国家知识产权局	优秀奖	谢建新（1） 刘新华（2） 刘雪峰（3） 苏亚军（4）	北京科技大学	新材料研究院、材料学院

续表

序号	项目名称	奖励名称	奖励单位	获奖等级	完成人	完成单位	所在单位
37	报废电子产品处置和有色金属材料回收绿色成套技术及示范	中国有色金属工业科学技术奖	中国有色金属工业协会、中国有色金属学会		张深根（1） 潘德安（2） 曲选辉（3）	北京科技大学、华新绿源环保产业发展有限公司、兰溪自立铜业有限公司、江西自立环保科技有限公司、清远市进田企业有限公司	新材料研究院
38	巴鲁巴铜矿复杂难采矿体开采技术研究	中国有色金属工业科学技术奖	中国有色金属工业协会、中国有色金属学会	一	王贻明（2） 吴爱祥（4） 韩　斌（7） 胡凯建（8） 王洪江（10） 尹升华（12） 刘晓辉（14） 黄明清（16）	中色卢安夏铜业有限公司、北京科技大学	土木学院
39	钎焊式热交换器用铝-钢复合带材制备关键技术及应用	中国有色金属工业科学技术奖	中国有色金属工业协会、中国有色金属学会	一	姜雁斌（4）	银邦金属复合材料股份有限公司、北京工业大学、北京科技大学、广东工业大学	新材料研究院
40	复杂矿区露天转地下安全平稳过渡与无废开采综合技术研究	中国有色金属工业科学技术奖	中国有色金属工业协会、中国有色金属学会	二	王德胜（3） 陈旭臣（11） 费　斐（12）	金诚信矿业管理股份有限公司、北京科技大学、首云矿业股份有限公司	土木学院
41	内燃机凸轮轴毛坯楔横轧精确成形关键技术与应用	中国机械工业科学技术奖	中国机械工业联合会、中国机械工程学会	一	张康生（1） 胡正寰（2） 王宝雨（3） 刘晋平（4） 张　薇（5） 杨翠苹（6） 郑振华（7）	北京科技大学、江油长联实业开发总公司特种轧锻厂、湖北新冶钢汽车零部件有限公司、河南中轴福源汽车零部件有限公司、莱芜市金宇楔横轧有限公司、莱芜市汇锋汽车轴齿有限公司、安庆市吉安汽车零件锻轧有限公司	机械学院
42	EAST超低温冷却管钎焊材料与技术开发及应用	中国机械工业科学技术奖	中国机械工业联合会、中国机械工程学会	二	黄继华（4）	郑州机械研究所、江苏科技大学、北京科技大学、南京航空航天大学、北京航空航天大学	材料学院
43	千米深井控制冻结凿井关键技术研究	中国煤炭工业协会科学技术奖	中国煤炭工业协会	一	纪洪广（18）	北京中煤矿山工程有限公司、中煤第五建设有限公司第三工程处、华亭煤业集团有限责任公司核桃峪煤矿、北京煤科联应用技术研究所、甘肃煤田地质局146队、国投煤炭有限公司、煤矿深井建设技术国家工程实验室、北京科技大学	土木学院

续表

序号	项目名称	奖励名称	奖励单位	获奖等级	完成人	完成单位	所在单位
44	高瓦斯自燃煤层火灾防治技术	中国煤炭工业协会科学技术奖	中国煤炭工业协会	二	张英华（2） 黄志安（6） 高玉坤（7）	阳泉煤业（集团）股份有限公司、北京科技大学	土木学院
45	超高水材料大采高长壁充填开采与地表沉降控制关键技术研究	中国煤炭工业协会科学技术奖	中国煤炭工业协会	二	姜福兴（4）	冀中能源邯郸矿业集团有限公司、中国矿业大学、北京科技大学、河北工程大学、国家能源充填采煤技术重点实验室	土木学院
46	深厚表土特厚煤层综放开采冲击地压防治成套技术	中国煤炭工业协会科学技术奖	中国煤炭工业协会	二	姜福兴（6）	山东能源集团有限公司、华北科技学院、北京科技大学、山东省煤矿冲击地压控制工程研究中心	土木学院
47	典型强冲击矿井综放采场沿空巷道防冲装备与技术	中国煤炭工业协会科学技术奖	中国煤炭工业协会	二	姜福兴（7）	新汶矿业集团有限责任公司、中国矿业大学（北京）、新汶矿业集团有限责任公司华丰煤矿、山东科技大学、北京科技大学、安徽理工大学	土木学院
48	厚煤层大采高工艺条件下致灾性冲击地压防治技术研究	中国煤炭工业协会科学技术奖	中国煤炭工业协会	三	杨伟利（5） 姜福兴（7）	山东唐口煤业有限公司、北京科技大学	土木学院
49	急倾斜大采高综采成套技术研究与应用	中国煤炭工业协会科学技术奖	中国煤炭工业协会	三	姜福兴（2）	内蒙古福城矿业有限公司、北京科技大学	土木学院
50	特厚煤层综放开采沿空掘巷围岩变形预测技术	中国煤炭工业协会科学技术奖	中国煤炭工业协会	三	姜福兴（5）	山东新巨龙能源有限责任公司、北京科技大学	土木学院
51	夜长坪钼矿采场巷道支护技术研究	中国黄金协会科学技术奖	中国黄金协会	一	明　建（2） 明世祥（7）	北京科技大学、中国黄金集团中原矿业有限公司	土木学院
52	面向业务协同的黄金矿山生产信息管理系统	中国黄金协会科学技术奖	中国黄金协会	一	李国清（2） 胡乃联（4） 姚旭龙（5） 王进强（7） 侯　杰（10） 张　萌（12） 马朝阳（15）	山东黄金矿业（莱州）有限公司三山岛金矿、北京科技大学	土木学院
53	高海拔急倾斜薄矿体机械化精细开采技术研究	中国黄金协会科学技术奖	中国黄金协会	二	宋卫东（3） 杜翠凤（4） 付建新（8） 谭玉叶（9） 杜建华（12） 孙新博（13） 曹　帅（14） 吴　姗（15）	青海山金矿业有限公司、北京科技大学	土木学院
54	高钢级管线钢绿色制造技术创新与集成	中华全国工商业联合会科技进步奖	中华全国工商业联合会	三	尚成嘉（3） 郭　晖（5）	江苏沙钢集团有限公司、北京科技大学	材料学院

续表

序号	项目名称	奖励名称	奖励单位	获奖等级	完成人	完成单位	所在单位
55	低成本优质热轧带钢SPHC工艺流程优化技术集成	中华全国工商业联合会科技进步奖	中华全国工商业联合会	三	孙彦辉（7）	德龙钢铁有限公司、北京科技大学	冶金学院
56	功能纳微米聚合物提高低渗透油藏采收率新技术的基础理论及应用	中国石油和化学工业联合会科学技术奖	中国石油和化学工业联合会	二	朱维耀（1） 刘卫东（4） 宋洪庆（5） 宋智勇（6） 龙运前（7） 岳　明（8） 王小锋（9）	北京科技大学	土木学院

2014年发布国家标准明细

序号	标准号	标准名称	发布时间	负责起草单位	参加起草单位	主要起草人
1	GB/T 30586-2014	连铸轧制铜包铝扁棒、扁线	2014-06-09	北京科技大学、烟台孚信达双金属股份有限公司	北京有色金属研究总院、华鹏集团有限公司、有色金属技术经济研究院	谢建新（1） 刘新华（3）

2014年科研成果鉴定项目明细

序号	鉴定号	成果名称	组织鉴定单位	成果水平	完成（承担）单位	完成人	单位
1	中冶集鉴字〔2013〕第121号	新一代清洁炼焦工艺与装备开发——超大容积顶装焦炉技术与装备开发	中国冶金科工集团有限公司		中冶焦耐工程技术有限公司、北京科技大学、鞍山钢铁集团公司	张欣欣（3） 冯妍卉（12） 乐　恺（19） 林　林（23） 金　珂（51）	机械工程学院
2	中煤协鉴字〔2013〕第CW126号	超高水材料大采高长壁充填开采与地表沉降控制关键技术研究	中国煤炭工业协会		冀中能源邯郸矿业集团有限公司、中国矿业大学、北京科技大学、河北工程大学、国家能源充填采煤技术重点实验室	姜福兴（4） 刘　懿（17）	土木与环境工程学院
3	甘科鉴字〔2013〕第0445号	大型高炉安全、高效、长寿运行智能预警系统及数字化炼铁技术研发	甘肃省科学技术厅	国内领先	酒泉钢铁（集团）有限责任公司、北京科技大学、北京北科亿力科技有限公司	赵宏博（2） 霍守锋（3）	冶金与生态工程学院
4	中矿科鉴字〔2014〕第04号	金山店铁矿西区深部开采地表移动规律及控制技术研究	中国冶金矿山企业协会	国际先进	武汉钢铁集团矿业有限责任公司、北京科技大学、武汉钢铁集团矿业有限责任公司金山店	宋卫东（1） 谭玉叶（3） 杜建华（5） 吴　姗（8） 付建新（11） 汪海萍（14）	土木与环境工程学院

续表

序号	鉴定号	成果名称	组织鉴定单位	成果水平	完成（承担）单位	完成人	单位
5	JK鉴字〔2014〕第2002号	内燃机凸轮轴毛坯楔横轧精确成形关键技术与应用	中国机械工业联合会	国际领先	北京科技大学	张康生（1） 胡正寰（2） 王宝雨（3） 刘晋平（4） 张　薇（5） 杨翠苹（6） 郑振华（7）	机械工程学院
6	中国金属学会评字〔2014〕第2号	转炉炼钢教学培训仿真平台的技术集成与创新	中国金属学会	国际先进	北京科技大学、北京金恒博远冶金技术发展有限公司、安徽工业大学、内蒙古科技大学	包燕平（1） 王　敏（3） 李京社（7） 王福明（8） 陈亚楠（14）	冶金与生态工程学院
7	中色协（鉴）字〔2013〕第177号	高性能铜铝复合电力扁排系列产品开发与应用	中国有色金属工业协会	国际领先	北京科技大学、烟台孚信达双金属股份有限公司	谢建新（1） 刘新华（3） 刘雪峰（4） 吴春京（5）	新材料技术研究院
8	中矿科鉴字〔2014〕第02号	程潮铁尾矿制备多孔陶瓷及陶瓷黑釉的研究	中国冶金矿山企业协会	国际先进	武汉钢铁集团矿业有限责任公司、武汉钢铁集团矿业有限责任公司程潮铁矿、北京科技大学	隋延力（2） 郭志猛（4） 郝俊杰（7） 王继全（8） 杨　芳（10） 陈存广（11） 曹慧钦（13） 叶　青（15）	新金属材料国家重点实验室、新材料技术研究院
9	中国金属学会评字〔2014〕第1号	电弧炉炼钢复合吹炼技术	中国金属学会	国际领先	北京科技大学、新余新钢特殊钢有限责任公司、钢铁研究总院、天津天管特殊钢有限公司、西宁特殊钢股份有限公司、北京荣诚京冶科技有限公司	朱　荣（1） 刘润藻（2） 郭占成（6） 杨凌志（12） 马国宏（14） 王玉刚（15）	冶金与生态工程学院
10	中矿科鉴字〔2014〕第03号	大冶铁矿充填法开采采场地压规律及稳定性控制技术研究	中国冶金矿山企业协会	国际先进	武汉钢铁集团矿业有限责任公司大冶铁矿、北京科技大学、武汉钢铁集团矿业有限责任公司	宋卫东（2） 吴　姗（5） 杜建华（8） 谭玉叶（11） 汪海萍（15） 付建新（16）	土木与环境工程学院
11	中循协科鉴字〔2014〕第010号	尾矿废石在混凝土中的应用技术	中国循环经济协会	国际领先	北京科技大学、北京建筑材料科学研究总院有限公司、北京新奥混凝土集团有限公司、北京金隅混凝土有限公司、天津成强大型水泥制品有限公司、武汉理工大学、北京丰怀轨枕有限公司、北京威克冶金有限责任公司、天津市环境保护科学研究院、福建省新创化建科技有限公司	倪　文（1） 吴　辉（16） 张玉燕（23） 于　淼（25） 刘　佳（32） 耿碧瑶（38） 汤　畅（42） 王佳佳（43） 刘晓圣（44） 马旭明（45） 陈杏婕（46） 仇夏杰（47） 张　宁（48）	土木与环境工程学院

续表

序号	鉴定号	成果名称	组织鉴定单位	成果水平	完成（承担）单位	完成人	单位
12	核协鉴字〔2014〕第034号	核岛重型支撑用碳钢焊条焊丝国产化研制	中国核能行业协会	国际先进	苏州热工研究院有限公司、四川大西洋焊接材料股份有限公司、中广核工程有限公司、北京科技大学	陆永浩（6）	国家材料服役安全科学中心（筹）
13	中钢协鉴字〔2014〕第1023号	适用于球团工艺的烟气脱硫除尘一体化技术研究与应用	中国钢铁工业协会	国际领先	北京科技大学、北京首科兴业工程技术有限公司、首钢矿业公司球团厂、首钢环境环境产业有限公司	邢　奕（1） 宋存义（2） 童震松（4） 钱大益（5） 汪　莉（6）	土木与环境工程学院
14	鉴字〔教NF2014〕第027号	Fe-Ga磁致伸缩材料高效制备技术及应用	教育部	国际先进	北京科技大学、浙江大学	高学绪（1） 李纪恒（2） 包小倩（5） 朱　洁（6） 袁　超（7） 谢建新（8） 张茂才（9） 周寿增（10）	新金属材料国家重点实验室、新材料技术研究院
15	中色协科（评价）字〔2014〕第013号	大型复杂截面铝合金型材挤压模具先进设计制造技术开发与应用	中国有色金属工业协会	国际领先	龙口市丛林铝材有限公司、北京科技大学、哈莱克斯阿尔登霍芬有限公司	张志豪（2） 谢建新（5） 侯文荣（9）	新材料技术研究院
16	鉴字〔教TP2014〕第020号	基于输入输出虚拟化的服务器共享存储控制器	教育部	国际领先	北京科技大学、曙光信息产业（北京）有限公司	阳小龙（1） 聂　华（2） 隆克平（5） 周　雪（6） 陈红松（8） 李　婧（9） 张　楠（10） 党增江（12） 戚博文（13） 沙超群（14） 郑臣明（15）	计算机与通信工程学院
17	中矿科鉴字〔2014〕第17号	崩落法转充填法联合精细开采技术研究	中国冶金矿山企业协会	国际先进	武汉钢铁集团矿业有限责任公司、北京科技大学、武汉钢铁集团矿业有限责任公司金山店	宋卫东（1） 谭玉叶（3） 付建新（7） 汪海萍（11） 朱鹏瑞（13）	土木与环境工程学院

2014年发明专利申请明细表

序号	申请日期	申请号	所属单位	第一发明人	专利名称
1	2013-10-10	201310471296.0	土木与环境工程学院	高　谦	采煤沉陷区地基在重复开采条件下的基础变形预测方法
2	2013-11-28	201310630082.3	土木与环境工程学院	高　谦	跨尺度复杂地质体地应力场识别方法及装置

续表

序号	申请日期	申请号	所属单位	第一发明人	专利名称
3	2013-12-27	201310731696.0	土木与环境工程学院	姚维信	一种用于空区填充处理含钒钛矿渣的凝胶材料
4	2013-12-27	201310731736.1	土木与环境工程学院	高　谦	烧结脱硫灰渣替代石膏的铁矿全尾砂充填凝胶材料
5	2013-12-27	201310733426.3	土木与环境工程学院	高　谦	一种采矿用充填胶凝材料配比决策方法
6	2013-12-27	201310731721.5	土木与环境工程学院	杨志强	厚大矿床阶段嗣后充填法采矿逐段优化设计与实施方法
7	2013-12-27	201310731705.6	土木与环境工程学院	杨志强	一种基于磷石膏的棒磨砂充填早强胶凝材料
8	2013-12-27	201310732854.4	土木与环境工程学院	王永前	脱硫灰渣替代石膏制备的充填胶凝材料
9	2013-12-27	201310731946.0	土木与环境工程学院	杨志强	一种大掺量粉煤灰制备矿用早强充填胶凝材料
10	2013-12-27	201310731704.1	土木与环境工程学院	杨志强	胶凝材料、用该胶凝材料制备的充填料浆及其制备方法
11	2013-12-27	201310731947.5	土木与环境工程学院	王永前	铜镍矿全尾砂与棒磨砂混合充填料的早强充填胶凝材料
12	2013-12-27	201310731650.9	土木与环境工程学院	陈得信	一种下向分层充填采矿用水泥胶凝材料
13	2013-12-30	201310745922.0	土木与环境工程学院	王金安	一种煤矿强矿压巷道定向解危方法
14	2013-12-30	201310745951.7	土木与环境工程学院	王金安	一种强矿压巷道支护设计方法
15	2014-1-21	201410028133.X	土木与环境工程学院	邢　奕	一种利用石灰干化污泥烧制水泥的方法
16	2014-1-24	201410036336.3	土木与环境工程学院	汪群慧	一种处理对甲苯磺酸钠废液同时回收酸碱的装置及工艺
17	2014-2-26	201410067123.7	土木与环境工程学院	孙体昌	一种用高磷鲕状赤铁矿和高炉灰生产直接还原铁的方法
18	2014-3-1	201410074009.7	土木与环境工程学院	谭卓英	一种极端条件下的运输道路厚大粉尘抑尘技术
19	2014-3-13	201410093327.8	土木与环境工程学院	谭卓英	一种汽车自主式微喷同步抑尘系统
20	2014-5-13	201410201234.2	土木与环境工程学院	纪洪广	一种利用巷道中CO通量计算掘进面安全性的方法
21	2014-5-16	201410210347.9	土木与环境工程学院	吴爱祥	一种膏体充填多场耦合研究装置及其使用方法
22	2014-7-8	201410322854.1	土木与环境工程学院	由　爽	一种分层注浆模型试验系统
23	2014-7-9	201410324604.1	土木与环境工程学院	张　磊	一种锚固结构流变试验机及其模拟地质结构体流变特性的方法
24	2014-7-11	201410328924.4	土木与环境工程学院	宋存义	一种一体化卧式湿法脱硫装置
25	2014-7-11	201410332139.6	土木与环境工程学院	谷启源	悬浮填料-微氧膜生物反应器处理焦化废水的装置及方法
26	2014-7-11	201410329465.1	土木与环境工程学院	宋存义	一种重选鼓风氧化提纯工艺及其装置

续表

序号	申请日期	申请号	所属单位	第一发明人	专利名称
27	2014-7-25	201410360997.1	土木与环境工程学院	孙体昌	一种高磷鲕状赤铁矿自催化还原生产高纯还原铁粉的方法
28	2014-7-25	201410360982.5	土木与环境工程学院	孙体昌	一种红土镍矿自催化还原生产高镍品位镍铁粉的方法
29	2014-8-11	201410391888.6	土木与环境工程学院	王洪江	一种碱性细菌浸出氧化铁矿的工艺
30	2014-8-22	201410419299.4	土木与环境工程学院	汪群慧	一种改性树脂催化制备生物柴油的新方法
31	2014-9-11	201410461225.7	土木与环境工程学院	汪群慧	一种两相干式混合厌氧发酵产沼气的方法
32	2014-9-12	201410465299.8	土木与环境工程学院	吴川福	一种以缓释碳为填料的生物除臭装置
33	2014-9-23	201410490069.7	土木与环境工程学院	汪群慧	以生物柴油副产物粗甘油为碳源的微生物油脂制备方法
34	2014-9-26	201410503970.3	土木与环境工程学院	王少勇	一种矿岩可崩性的模糊物元评价方法
35	2014-10-13	201410538579.7	土木与环境工程学院	胡文韬	一种利用含碳球/块改善铸造铁水质量的方法
36	2014-10-16	201410548615.8	土木与环境工程学院	朱维耀	一种页岩气在微裂缝中渗流规律的测定试验装置和方法
37	2014-10-16	201410548672.6	土木与环境工程学院	朱维耀	一种页岩岩芯的裂缝扩展分析装置及分析方法
38	2014-10-22	201410535633.2	土木与环境工程学院	胡文韬	高铁铝土矿焙烧矿强化磨矿用助磨剂的制备方法
39	2014-10-24	201410575180.6	土木与环境工程学院	董颖博	一种磷矿中低温捕收剂的制备方法
40	2014-10-29	201410591890.8	土木与环境工程学院	吴爱祥	一种阶段强制崩落法与自然崩落法耦合的采矿方法
41	2014-10-29	201410591916.9	土木与环境工程学院	金龙哲	一种避难硐室用空气再生装置
42	2014-11-10	201410628880.7	土木与环境工程学院	毕洪涛	一种适用于海下深部高腐蚀环境的微地震拾震传感器
43	2014-11-14	201410648747.8	土木与环境工程学院	谢振华	露天矿高陡变坡分层多次高压注浆预应力锚固技术
44	2014-11-21	201410670887.5	土木与环境工程学院	倪　文	一种用钢渣作助剂还原铁尾矿预富集尾精矿的方法
45	2014-11-25	201410691483.4	土木与环境工程学院	王少勇	一种矿岩可崩性的模糊物元评价方法
46	2014-11-25	201410685806.9	土木与环境工程学院	吴爱祥	一种阶段强制崩落法与自然崩落法耦合的采矿方法
47	2014-12-4	201410728246.0	土木与环境工程学院	马鸿志	一种适宜北方寒冷地区河滨带植物结构的构建方法
48	2014-12-5	201410738672.2	土木与环境工程学院	冯雅丽	一种生物电化学系统阴极复合催化剂的制备方法
49	2014-12-9	201410751271.0	土木与环境工程学院	李子富	一种折流式可调控超声/紫外组合消毒反应器
50	2014-12-19	201410799215.4	土木与环境工程学院	刘志河	一种标定炮安装结构及其安装方法

续表

序号	申请日期	申请号	所属单位	第一发明人	专利名称
51	2013-12-31	201310752789.1	冶金与生态工程学院	张立峰	金属离心连铸装置及其工艺
52	2014-1-24	201410035707.6	冶金与生态工程学院	王新东	一种质子交换膜水电解装置
53	2014-3-4	201410076628.X	冶金与生态工程学院	苍大强	一种热态熔渣在线改质装置
54	2014-3-4	201410077167.8	冶金与生态工程学院	苍大强	一种辉石瓷及其制备方法
55	2014-3-5	201410079027.4	冶金与生态工程学院	朱　荣	一种CO_2/O_2蓄热燃烧降低NOX排放的方法
56	2014-3-10	201410084910.2	冶金与生态工程学院	张立峰	碳热法还原炼铝赤泥直接生产铝铁合金
57	2014-3-13	201410092856.6	冶金与生态工程学院	李士琦	一种含锌高炉除尘灰再资源化处理方法
58	2014-3-24	201410110830.X	冶金与生态工程学院	刘海涛	一种热塑性优良的环保型低碳高硫铋易切削钢
59	2014-3-26	201410116042.1	冶金与生态工程学院	张建良	一种高炉焦炭反应性测试方法
60	2014-3-28	201410120830.8	冶金与生态工程学院	宋　波	Al基复合脱氧剂及其制备方法和应用
61	2014-4-4	201410139752.6	冶金与生态工程学院	闫柏军	一种四价铌和五价铌的分离及分析方法
62	2014-4-18	201410156371.9	冶金与生态工程学院	郭　敏	一种用红土镍矿合成共掺杂铁酸镍软磁材料的方法
63	2014-4-22	201410162784.8	冶金与生态工程学院	董　凯	一种提高电弧炉底吹透气砖寿命的控制方法
64	2014-4-30	201410179203.1	冶金与生态工程学院	王新华	一种连铸过程杜绝中间包二次氧化的装置及其方法
65	2014-6-13	201410265556.3	冶金与生态工程学院	黄　凯	低品位矿有价金属浸出-生物吸附-电积湿法冶金工艺
66	2014-6-13	201410264357.0	冶金与生态工程学院	黄　凯	一种利用大蒜废弃物脱除水中氯离子的方法
67	2014-6-13	201410265113.4	冶金与生态工程学院	黄　凯	一种球磨酸浸－生物吸附回收高磷铁矿中磷资源的方法
68	2014-6-16	201410266450.5	冶金与生态工程学院	彭红兵	一种改善含残余有害元素齿轮钢热塑性的方法
69	2014-6-23	201410283699.7	冶金与生态工程学院	黄　凯	一种利用大蒜废弃物提取盐酸介质溶液中贵金属的方法
70	2014-6-23	201410281889.5	冶金与生态工程学院	黄　凯	一种生物吸附溶液中重金属离子制备光催化材料的方法
71	2014-6-23	201410283723.7	冶金与生态工程学院	黄　凯	生物吸附溶液中有价金属离子制备超细粉体材料的方法
72	2014-7-11	201410330916.3	冶金与生态工程学院	张　梅	一种用高铁铝土尾矿水热合成4A分子筛的方法
73	2014-7-29	201410364865.6	冶金与生态工程学院	黄　琦	一种在三元相图中表示任意成分夹杂物数量的方法
74	2014-8-6	201410383809.7	冶金与生态工程学院	苍大强	一种喷吹水蒸气控制转炉熔池温度及烟尘生成量的方法

续表

序号	申请日期	申请号	所属单位	第一发明人	专利名称
75	2014-8-18	201410407579.3	冶金与生态工程学院	杨树峰	一种去除铁矿石中铅锌元素的装置及其工艺
76	2014-9-5	201410452599.2	冶金与生态工程学院	刘成松	检测热处理过程中夹杂物与合金基本之间固相反应的方法
77	2014-9-12	201410464861.5	冶金与生态工程学院	马瑞新	一种太阳能电池吸收层材料及其制备方法
78	2014-9-17	201410474636.X	冶金与生态工程学院	马瑞新	一种金属镁转子磁悬浮交流电动机制造方法
79	2014-9-26	201410503669.2	冶金与生态工程学院	刘征建	测试碱金属及锌蒸汽对焦炭破坏作用及性能影响的方法
80	2014-10-21	201410562397.3	冶金与生态工程学院	李建玲	一种制备超级电容器用中空管状活性炭电极材料的方法
81	2014-10-23	201410574974.0	冶金与生态工程学院	王海娟	一种引入二氧化碳转炉一步冶炼中低碳铬铁的方法
82	2014-11-20	201410669029.9	冶金与生态工程学院	罗海文	双相孪生诱导塑性超高强度汽车钢板及其制备工艺
83	2014-12-4	201410730373.4	冶金与生态工程学院	沈少波	一种提取固体中钒和铬的方法
84	2014-12-19	201410789986.5	冶金与生态工程学院	宋文臣	一种高钙高磷钒渣熟料的提钒方法
85	2014-1-3	201410003584.8	材料科学与工程学院	刘雪峰	一种金属层状复合板带材的短流程高效制备方法
86	2014-1-3	201410003203.6	材料科学与工程学院	王　戈	一种核壳结构的C@P4VP@Au催化剂的制备及应用
87	2014-1-14	201410016361.5	材料科学与工程学院	刘雪峰	一种材料表面光催化脱脂装置及光催化脱脂方法
88	2014-1-15	201410017249.3	材料科学与工程学院	燕青芝	一种碳化硅石墨复合材料及其制备方法
89	2014-1-15	201410019407.9	材料科学与工程学院	孙建林	一种高速宽幅铝板带轧制油及其制备方法
90	2014-1-15	201410018982.7	材料科学与工程学院	孙建林	一种含油溶性纳米Cu的铜箔轧制液及其制备方法
91	2014-1-20	201410023732.2	材料科学与工程学院	刘平平	一种用离子预辐照提高低活化材料抗辐照性能的方法
92	2014-1-22	201410030507.1	材料科学与工程学院	孙建林	一种抗硬水的高性能冷轧乳化液及其制备方法
93	2014-1-24	201410036406.5	材料科学与工程学院	刘雅政	一种高强韧性27SiMn钢热处理工艺
94	2014-1-26	201410036368.3	材料科学与工程学院	于　浩	一种耐南海海洋环境用耐蚀钢板及其生产工艺
95	2014-1-26	201410036990.4	材料科学与工程学院	于　浩	一种低密度高耐海洋环境腐蚀钢板及其生产工艺
96	2014-2-11	201410047161.6	材料科学与工程学院	刘雪峰	一种铜材表面清洁度的定量表征方法
97	2014-2-11	201410046861.3	材料科学与工程学院	刘雪峰	一种拉轧成形方法及装置
98	2014-2-11	201410047867.2	材料科学与工程学院	王　戈	一种金属有机骨架基复合相变材料的制备方法

续表

序号	申请日期	申请号	所属单位	第一发明人	专利名称
99	2014-2-11	201410047869.1	材料科学与工程学院	王　戈	一种金属有机骨架包覆相变材料微胶囊的制备方法
100	2014-2-11	201410047897.3	材料科学与工程学院	王　戈	一种碱式硫酸铜/金属有机骨架核壳微球的制备方法
101	2014-2-12	201410048166.0	材料科学与工程学院	文新理	一种超宽规格超大单重管线钢X80卷板及其生产工艺
102	2014-2-13	201410049549.X	材料科学与工程学院	叶荣昌	一种磁性蓄冷材料
103	2014-2-25	201410063580.9	材料科学与工程学院	赵志毅	织构组分对无取向硅钢磁感影响的主成分回归分析法
104	2014-2-25	201410063102.8	材料科学与工程学院	赵志毅	无取向硅钢磁性能影响因素的主成分回归分析法
105	2014-2-26	201410066985.8	材料科学与工程学院	孙建林	高浓度复合纳米TiO_2/ZnO润滑添加剂及制备方法
106	2014-3-4	201410077054.8	材料科学与工程学院	王国杰	一种花接枝的聚（4-乙烯基吡啶）及其合成、以及荧光探针的制备
107	2014-3-10	201410085235.5	材料科学与工程学院	陈　辉	一种恒载荷拉伸试验设备用的自动计时装置
108	2014-3-13	201410093274.X	材料科学与工程学院	田文怀	一种碱金属蒸发器用蒸发粉体的成型模具及成型方法
109	2014-3-13	201410092551.5	材料科学与工程学院	王　戈	一种新型阻燃的纳米孔SiO_2多级复合绝热板及其制备方法
110	2014-3-18	201410100665.X	材料科学与工程学院	张朝磊	一种铌微合金化高碳铬轴承钢及其热轧生产方法
111	2014-3-19	201410103363.8	材料科学与工程学院	王丽萍	一种含氟石墨烯修饰层有机场效应晶体管的制备方法
112	2014-3-21	201410107258.1	材料科学与工程学院	李立东	明胶/纳米银/壳聚糖衍生物复合薄膜的制备方法
113	2014-3-27	201410119208.5	材料科学与工程学院	李　勇	一种高铁镁砂烧结刚玉复合无铬高铁镁砖及制备方法
114	2014-3-27	201410118664.8	材料科学与工程学院	海明潭	雷帕霉素与环孢素A纳米口服微乳液制备方法
115	2014-3-27	201410118168.2	材料科学与工程学院	高克玮	抑制低碳微合金钢超临界CO_2腐蚀的缓蚀剂的制备方法
116	2014-4-18	201410156374.2	材料科学与工程学院	王开坤	铝包镁复合管半固态制备方式中的挤压成形模具及方法
117	2014-4-18	201410156391.6	材料科学与工程学院	孙建林	一种高速冷连轧硅钢带材轧制油及其制备方法
118	2014-4-23	201410163989.8	材料科学与工程学院	何新波	一种超高导热石墨鳞片/铜复合材料及其制备方法
119	2014-4-23	201410164071.5	材料科学与工程学院	何新波	一种高导热石墨晶须定向增强金属基复合材料的制备方法
120	2014-4-24	201410166638.2	材料科学与工程学院	杨　穆	一种新型的二氧化钛－纤维素复合材料的制备方法
121	2014-5-13	201410200432.7	材料科学与工程学院	曾燕屏	一种中硅冷轧无取向硅钢及制造方法

续表

序号	申请日期	申请号	所属单位	第一发明人	专利名称
122	2014-5-15	201410205799.8	材料科学与工程学院	张麦仓	一种基于显微压痕的测量金属试样表面残余应力的方法
123	2014-5-16	201410208270.1	材料科学与工程学院	王开坤	一种箱型孔轧制制备大尺寸高温热金刚石/铜复合板的方法
124	2014-5-16	201410208844.5	材料科学与工程学院	张迎春	一种用于吸收高温CO_2的硅酸锂多孔材料的制备方法
125	2014-5-26	201410225115.0	材料科学与工程学院	李殊霞	一种钛轧制复合板的制造方法
126	2014-5-26	201410224817.7	材料科学与工程学院	李殊霞	一种层状复合装甲板及其制造方法
127	2014-5-26	201410225264.7	材料科学与工程学院	王　婷	β-SiC/Si_2N_2O复相结合SiC窑具及制备方法
128	2014-5-26	201410224986.0	材料科学与工程学院	韩静涛	一种卷筒式弹射簧的收簧方法与装置
129	2014-5-26	201410224850.X	材料科学与工程学院	樊自栓	一种铝基非晶合金及其非晶条带和纳米晶粉末的制备方法
130	2014-5-27	201410228451.0	材料科学与工程学院	李　勇	塞隆结合红柱石/硅线石/SiC耐火材料及制备方法
131	2014-5-27	201410228821.0	材料科学与工程学院	李　勇	塞隆结合红柱石/SiC复合耐火材料及制备方法
132	2014-6-4	201410244837.0	材料科学与工程学院	张波萍	核壳结构$Cu_{1.8}S@SiO_2$热电材料及制备方法
133	2014-6-4	201410244778.7	材料科学与工程学院	张波萍	核壳结构$NiSe_2@SiO_2$复合热电材料及制备方法
134	2014-6-5	201410247705.3	材料科学与工程学院	张　跃	一种场发射用铷铯掺杂金属基石墨烯冷阴极的制备方法
135	2014-6-12	201410262367.0	材料科学与工程学院	刘雪峰	一种连续直通多孔材料的连铸设备与方法
136	2014-6-18	201410273225.4	材料科学与工程学院	王国杰	一种可见光响应性偶氮苯聚合物的合成方法
137	2014-6-18	201410270309.2	材料科学与工程学院	王开坤	一种半固态连轧制备大规格金刚石/铜复合板的方法
138	2014-6-20	201410281788.8	材料科学与工程学院	李静媛	一种改善铁素体不锈钢表面起皱的横向冷轧方法
139	2014-6-20	201410280912.9	材料科学与工程学院	王国杰	一种四重响应性嵌段聚合物胶束的制备方法及其应用
140	2014-6-23	201410283249.8	材料科学与工程学院	李立东	含咔唑和三苯基磷/磷氧的有机电致发光器件主体材料
141	2014-6-27	201410301896.7	材料科学与工程学院	李立东	具有双层结构电子传输层的有机发光二极管及其制备方法
142	2014-7-2	201410313325.5	材料科学与工程学院	张　跃	一种石墨烯/四针氧化锌晶须复合吸波材料及制备方法
143	2014-7-2	201410311844.8	材料科学与工程学院	李晓刚	一种适用于深海环境中具有高电流效率的铝合金牺牲阳极
144	2014-7-3	201410314518.2	材料科学与工程学院	刘雪峰	一种金属层状复合材料多头套管拉拔复合制备方法

续表

序号	申请日期	申请号	所属单位	第一发明人	专利名称
145	2014-7-3	201410314512.5	材料科学与工程学院	刘雪峰	一种双金属层状复合线材拉拔成形方法
146	2014-7-9	201410325414.1	材料科学与工程学院	康永林	连铸坯凝固末端大压下的连铸机扇形段及其大压下方法
147	2014-7-11	201410332363.5	材料科学与工程学院	陈俊红	一种六铝酸钙-镁铝尖晶石复相材料及其制备方法
148	2014-7-11	201410329712.8	材料科学与工程学院	陈俊红	一种用于精炼钢包工作衬的含碳浇注料
149	2014-7-11	201410330867.3	材料科学与工程学院	李立东	一种用于DNA荧光检测的复合纳米银薄膜的制备方法
150	2014-7-14	201410331867.5	材料科学与工程学院	康永林	一种板坯连铸机扇形段连铸辊的支撑结构
151	2014-7-16	201410340418.7	材料科学与工程学院	王自东	原位生成纳米颗粒铜-铁合金的连续定向凝固制备方法
152	2014-7-17	201410342269.8	材料科学与工程学院	刘雅政	一种盾构机3m轴承圈的热处理工艺
153	2014-7-31	201410373711.3	材料科学与工程学院	赵海雷	一种Cu掺杂硅基磷灰石电解质材料及其制备方法
154	2014-7-31	201410372907.0	材料科学与工程学院	赵海雷	一种锂离子电池硅/石墨复合负极材料的制备方法
155	2014-7-31	201410373804.6	材料科学与工程学院	赵海雷	纳米硫化镍/石墨烯复合正极材料及其制备方法
156	2014-7-31	201410374939.4	材料科学与工程学院	赵海雷	一种双钙钛矿型阳极材料及其制备方法
157	2014-7-31	201410375178.4	材料科学与工程学院	赵海雷	一种制备硅酸铁锂及硅酸铁锂/碳正极材料的方法
158	2014-7-31	201410374463.4	材料科学与工程学院	张　跃	一种复合纳米压电发电机的制备方法
159	2014-8-4	201410379806.6	材料科学与工程学院	张　跃	一种纳米压电薄膜及纳米复合压电发电机的制备方法
160	2014-8-6	201410384515.6	材料科学与工程学院	王自东	有温度梯度结晶器的连续定向凝固技术
161	2014-8-19	201410408783.7	材料科学与工程学院	赵海雷	一种具有片层结构的纳米Ni_3S_2材料的制备方法
162	2014-8-27	201410429679.6	材料科学与工程学院	于　浩	钒硼共掺杂二氧化钛与氧化镍复合光催化剂及制备方法
163	2014-8-29	201410431568.9	材料科学与工程学院	王开坤	一种大尺寸高导热金刚石/铜复合板箱型孔轧制的方法
164	2014-9-1	201410441401.0	材料科学与工程学院	刘雪峰	一种包覆材料固/液复合水平连铸成形设备与方法
165	2014-9-1	201410440799.6	材料科学与工程学院	刘雪峰	一种包覆材料固/液复合连铸成形设备与方法
166	2014-9-1	201410440662.0	材料科学与工程学院	刘雪峰	一种包覆材料固/液复合双重凝固连铸成形设备与方法
167	2014-9-16	201410472749.6	材料科学与工程学院	黄继华	一种钛合金表面真空钎涂金属陶瓷复合涂层的方法

续表

序号	申请日期	申请号	所属单位	第一发明人	专利名称
168	2014-9-17	201410474629.X	材料科学与工程学院	韩静涛	一种高性能弹射形弹簧弹性卷筒的生产方法
169	2014-9-18	201410477990.8	材料科学与工程学院	韩静涛	一种超高强度精密矩形管成型方法及装置
170	2014-9-19	201410483142.8	材料科学与工程学院	赵海雷	B位掺杂Ca元素的$BaFeO_{3}$-δ基陶瓷透氧膜材料
171	2014-9-19	201410482905.7	材料科学与工程学院	刘雅政	一种同时显示轴承钢奥氏体晶界和晶内马氏体的方法
172	2014-9-19	201410482427.X	材料科学与工程学院	刘雅政	一种$GCr1_{3}SiMn$钢的热处理方法
173	2014-9-25	201410499772.4	材料科学与工程学院	孙建林	一种水基纳米Cu的轧制功能液及其制备方法
174	2014-9-25	201410499536.2	材料科学与工程学院	孙建林	一种抗氧化耐腐蚀的铜轧制油及其制备方法
175	2014-9-25	201410499607.9	材料科学与工程学院	韩静涛	一种利用旋锻技术制备小口径厚壁金属管的工艺
176	2014-10-10	201410529293.2	材料科学与工程学院	秦　镜	一种高硅钢用环保半有机绝缘涂层的制备方法
177	2014-10-10	201410531701.8	材料科学与工程学院	梁瑞洋	一种利用柱状晶制备高磁感无取向电工钢的方法
178	2014-10-10	201410531655.1	材料科学与工程学院	张　宁	一种高磁感薄规格无取向硅钢的制备方法
179	2014-10-11	201410536228.2	材料科学与工程学院	常永勤	一种铁素体/奥氏体异种钢的搅拌摩擦焊接方法
180	2014-10-16	201410548670.7	材料科学与工程学院	王　冬	宇航级聚酰亚胺分散液晶电控薄膜及其制备方法
181	2014-10-20	201410556844.4	材料科学与工程学院	燕青芝	一种铜基粉末冶金复合材料与钢的连接方法
182	2014-10-20	201410558731.8	材料科学与工程学院	蔡文河	一种获取的布氏硬度值的确定方法及装置
183	2014-10-23	201410571886.5	材料科学与工程学院	刘雅政	一种马氏体型耐热钢中δ铁素体含量控制技术
184	2014-10-27	201410585115.1	材料科学与工程学院	张迎春	一种基于硅酸锂的梯度陶瓷微球的制备方法
185	2014-10-28	201410587574.3	材料科学与工程学院	连　芳	基于聚乙烯醇缩醛的凝胶聚合物电解质的制备方法及应用
186	2014-10-28	201410586430.6	材料科学与工程学院	高克玮	一种现场原位测氢的装置及其测量方法
187	2014-11-4	201410612172.4	材料科学与工程学院	杨　洲	一种含噻吩集团的苯并吲哚盐染料及其制备方法和用途
188	2014-11-13	201410641732.9	材料科学与工程学院	刘雪峰	一种提高金属非约束塑性成形稳定性的方法
189	2014-11-14	201410645772.0	材料科学与工程学院	高克玮	利用溶渗工艺制备三维连续网络碳化铬铜复合材料的方法
190	2014-11-14	201410645771.6	材料科学与工程学院	叶荣昌	一种旋转盘式球形粉末筛分装置及操作方法

续表

序号	申请日期	申请号	所属单位	第一发明人	专利名称
191	2014-11-18	201410659636.7	材料科学与工程学院	王　戈	一种掺杂改性纳米孔SiO_2的保温板的制备方法
192	2014-11-18	201410659615.5	材料科学与工程学院	王　戈	一种掺杂纳米孔SiO_2的发泡水泥的制备方法
193	2014-11-18	201410659595.1	材料科学与工程学院	王　戈	一种纳米孔SiO_2隔热保温涂料的制备方法
194	2014-11-18	201410658004.9	材料科学与工程学院	蔡文河	GH4145螺栓的洛氏硬度值的确定方法及装置
195	2014-11-18	201410655672.6	材料科学与工程学院	蔡文河	GH4146螺栓的布氏硬度值的确定方法及装置
196	2014-11-25	201410689801.3	材料科学与工程学院	张波萍	一种低热导$CuSbS_2$+x热电材料及制备方法
197	2014-11-27	201410699681.5	材料科学与工程学院	吴春京	一种长碳纤维与金属复合连铸设备与工艺
198	2014-11-27	201410697342.3	材料科学与工程学院	吴春京	一种金属与碳纤维复合线材制备方法
199	2014-12-2	201410721224.1	材料科学与工程学院	张　跃	一种多机组纳米水力发电机及其制造方法
200	2014-12-3	201310634954.3	材料科学与工程学院	张淑凯	一种铅酸蓄电池电解液的添加剂
201	2014-12-3	201410720490.2	材料科学与工程学院	王　戈	一种用于宽温域余热回收的多孔基复合相变材料制备方法
202	2014-12-9	201410751401.0	材料科学与工程学院	黄继华	一种超高温或大温差环境下剪切强度测试的装置及方法
203	2014-12-17	201410785438.5	材料科学与工程学院	王　戈	一种有机改性纳米孔二氧化硅气凝胶及其制备方法
204	2014-12-19	201410804266.1	材料科学与工程学院	高克玮	一种在镁合金表面制备超疏水膜层的方法
205	2014-12-22	201410802625.X	材料科学与工程学院	刘雅政	一种大尺寸盾构机轴承套圈用钢及其热处理方法
206	2014-12-23	201410811551.6	材料科学与工程学院	刘雅政	一种盾构机轴承套圈用钢原始奥氏体晶粒的显示方法
207	2014-12-24	201410816703.1	材料科学与工程学院	常永勤	一种立方相氧化锆纳米晶薄膜的制备方法
208	2014-12-24	201410817466.0	材料科学与工程学院	常永勤	一种可控制备ZnO薄膜的方法
209	2014-12-30	201410840238.5	材料科学与工程学院	宋仁伯	一种高熔点合金触变成形装置及成形工艺
210	2014-12-30	201410842870.3	材料科学与工程学院	俞宏英	一种钴铁纳米合金粉体的化学制备方法
211	2014-1-13	201410014302.4	机械工程学院	尹少武	一种干粉快速喷湿的方法
212	2014-1-22	201410030975.9	机械工程学院	马　飞	一种高压水射流自激振荡喷嘴装置
213	2014-2-12	201410048545.X	机械工程学院	曹建国	适用于自由规程轧制板形控制的连续变凸度轧辊辊形设计方法
214	2014-2-26	201410067136.4	机械工程学院	金　纯	一种具有双动力的电传动地下矿用汽车

续表

序号	申请日期	申请号	所属单位	第一发明人	专利名称
215	2014-3-4	201410077101.9	机械工程学院	沈洪波	利用容量法测量气固化学反应速率的测试装置及测试方法
216	2014-3-19	201410101802.1	机械工程学院	肖成勇	一种工程车辆载重测量装置及方法
217	2014-3-20	201410105541.0	机械工程学院	冯俊小	一种多级燃烧辐射管加热装置
218	2014-3-20	201410104453.9	机械工程学院	杨翠苹	一种楔横轧反楔增加空心轴过渡轴肩壁厚的方法
219	2014-4-18	201410156393.5	机械工程学院	冯妍卉	一种有序多孔基定形复合相变材料的制备方法
220	2014-5-9	201410195447.9	机械工程学院	刘　江	一种分体式立式加工中心主轴箱结构
221	2014-5-12	201410199102.0	机械工程学院	杨光辉	一种兼顾带钢边降控制和凸度控制的工作辊
222	2014-5-16	201410208729.8	机械工程学院	马　飞	一种高压水射流自激喷嘴腔内振荡信号检测装置与方法
223	2014-5-19	201410211031.1	机械工程学院	王宝雨	一种快速液压机用的快速上料机
224	2014-5-19	201410210411.3	机械工程学院	王宝雨	一种多层箱式加热炉用的快速上下料设备
225	2014-5-22	201410219246.8	机械工程学院	王宝雨	油泵齿轮轴精锻成形模具及成形方法
226	2014-5-23	201410222150.7	机械工程学院	魏　龙	基于PSO-MVDR的声场重构与鬼影抑制方法
227	2014-7-23	201410354431.8	机械工程学院	王　立	一种耦合变温交变气流和振动的厚层谷物干燥系统和方法
228	2014-7-24	201410356272.5	机械工程学院	冯　明	一种基于异面斜置滚子轴承的防逆转装置及应用
229	2014-7-31	201410374421.0	机械工程学院	冯俊小	一种辐射管燃烧器
230	2014-8-6	201410382771.1	机械工程学院	陈　丹	一种基于超声扫描显微镜的内部微观缺陷检测方法
231	2014-8-26	201410426286.X	机械工程学院	王　立	一种变温交变气流的厚层中药材干燥系统和方法
232	2014-9-25	201410498678.7	机械工程学院	李洪波	一种具有局部边浪控制能力的变凸度辊
233	2014-9-25	201410499582.2	机械工程学院	孙朝阳	一种用于成形具有双管嘴凸台管件的挤压装置
234	2014-10-14	201410541840.9	机械工程学院	韩　天	一种基于时间序列模型的轴类零件裂纹判别方法
235	2014-10-22	201410569332.1	机械工程学院	涂　壤	全热回收转轮和除湿转轮结合的双转轮新风处理机组
236	2014-12-23	201410809304.2	机械工程学院	乐　恺	一种测量柱状隔热材料热物性的方法
237	2014-12-29	201410838413.7	机械工程学院	刘晋平	一种实现无芯棒空心坯料成形的楔横轧模具及轧制方法
238	2014-12-30	201410841622.7	机械工程学院	覃京燕	一种绘画作品图像的主要颜色提取方法

续表

序号	申请日期	申请号	所属单位	第一发明人	专利名称
239	2014-1-2	201410001544.X	自动化学院	杨　旭	一种钢管运行速度的监测方法
240	2014-1-3	201410002190.0	自动化学院	张　崎	一种基于VANET的路网交通信息快速传播方法
241	2014-1-8	201410008590.2	自动化学院	曾　慧	基于局部加权非相似性度量的三维关键点检测方法
242	2014-1-8	201410009280.2	自动化学院	曾　慧	一种三维模型局部球面调和特征提取方法
243	2014-1-24	201410035541.8	自动化学院	伍春洪	一种基于集成图像技术的场景深度获取方法
244	2014-2-13	201410049548.5	自动化学院	蓝金辉	一种小型红外成像系统
245	2014-3-27	201410120838.4	自动化学院	蓝金辉	一种城市道路障碍物识别系统
246	2014-3-27	201410117554.X	自动化学院	蓝金辉	一种基于视频的道路障碍物识别分类方法
247	2014-6-5	201410247417.8	自动化学院	刘　涛	一种载波频率偏移、直流偏移以及I/Q不平衡的盲估计方法
248	2014-8-15	201410403558.4	自动化学院	张　崎	一种大规模城市路网车载拥堵信息自主采集与传播系统
249	2014-9-24	201410495004.1	自动化学院	王丽君	一种时滞系统的自抗扰控制系统的设计及整定方法
250	2014-11-4	201410612383.8	自动化学院	王　玲	一种基于关联规则树的轧钢产品质量的预测方法及系统
251	2014-11-12	201410645538.8	自动化学院	邢贝贝	一种铝电解阳极分布电流精确测量仪
252	2014-12-29	201410837005.X	自动化学院	陈先中	一种能够实时监测高炉料面变化的雷达扫描装置
253	2013-9-16	201310422040.0	计算机与通信工程学院	周　笑	一种嵌入式终端设备引导系统的设计方法
254	2013-10-8	201310462495.5	计算机与通信工程学院	刘　健	一种获取Femtocell覆盖概率的方法
255	2013-10-8	201310463765.4	计算机与通信工程学院	刘　健	一种协作分簇传输方法
256	2013-10-8	201310464822.0	计算机与通信工程学院	刘　健	一种混合自适应的MIMO接收检测方法
257	2013-10-9	201310467363.1	计算机与通信工程学院	刘　健	基于多进程D-S证据理论的合作频谱感知方法
258	2013-11-28	201310611888.8	计算机与通信工程学院	刘　健	基于数学形态学运算的手背静脉显像算法研究
259	2014-1-14	201410015629.3	计算机与通信工程学院	王洪泊	一种分布式粒子群优化方法
260	2014-1-16	201410020003.1	计算机与通信工程学院	杜利平	一种基于典型关联分析的多主用户个数检测方法
261	2014-1-20	201410023734.1	计算机与通信工程学院	张中山	一种传感器网络未覆盖区域的快速检测方法

续表

序号	申请日期	申请号	所属单位	第一发明人	专利名称
262	2014-1-20	201410024984.7	计算机与通信工程学院	张中山	基于离散余弦变换的海洋线型传感器阵列数据压缩方法
263	2014-1-20	201410026228.8	计算机与通信工程学院	皇甫伟	一种多圆形区域总覆盖面积的获取方法
264	2014-1-21	201410028163.0	计算机与通信工程学院	赵慧杰	一种利用用户视图协作感知的最佳副本服务器选择方法和系统
265	2014-1-23	201410032230.6	计算机与通信工程学院	皇甫伟	一种多深度层面的航道水文监测信息的可视化方法
266	2014-2-21	201410059170.7	计算机与通信工程学院	皇甫伟	一种基于序列加速的多圆形区域总覆盖面积的获取方法
267	2014-3-4	201410075860.1	计算机与通信工程学院	杨炳儒	一种基于认知机理的教学系统
268	2014-3-19	201410102827.3	计算机与通信工程学院	谢永红	一种异构多源数据的动态集成方法及系统
269	2014-3-19	201410102731.7	计算机与通信工程学院	周贤伟	移动卫星系统的动态信道资源分配方法和装置
270	2014-3-31	201410126050.4	计算机与通信工程学院	齐　悦	一种适用于无线传感器网络AES加密的低开销快速轮加密装置及方法
271	2014-5-16	201410207039.0	计算机与通信工程学院	张中山	一种非接触式触屏控制装置
272	2014-6-11	201410258462.3	计算机与通信工程学院	张唯炯	一种认知无线电网络的协作频谱检测方法
273	2014-6-19	201410276980.8	计算机与通信工程学院	张晓彤	低频磁感应通信的调制器、解调器及调制方法和解调方法
274	2014-7-2	201410313058.1	计算机与通信工程学院	刘　健	下行CoMP中基于信道隔离度的双门限用户划分方法
275	2014-7-11	201410332474.6	计算机与通信工程学院	谢永红	一种基于热连轧生产流程的动态多主题数据仓库建立方法
276	2014-10-30	201410601505.3	计算机与通信工程学院	王先梅	一种中医气血辩证演绎推理的再现方法及装置
277	2014-10-30	201410597133.1	计算机与通信工程学院	解　仑	一种基于嵌入式的工业系统的安全检测方法及系统
278	2014-10-30	201410597026.9	计算机与通信工程学院	解　仑	一种基于嵌入式系统的工业安全网关的通信方法及装置
279	2014-11-28	201410709434.9	计算机与通信工程学院	张中山	一种基于用户调度的异构网络上行功率控制方法及系统
280	2014-12-9	201410746047.2	计算机与通信工程学院	陈月云	一种基于chirp波形的雷达-通信一体化信号设计方法及装置
281	2014-12-9	201410751347.X	计算机与通信工程学院	张晓彤	一种基于三轴磁传感器的三维磁场定位方法及系统
282	2014-12-18	201410790577.7	计算机与通信工程学院	张中山	一种自适应无线全双工模拟自干扰消除方法及系统
283	2014-1-15	201410018528.1	数理学院	吴　平	一种自动启闭阀及应用其的振动式液体泵
284	2014-4-9	201410140655.9	数理学院	肖久梅	一种轻量化、耐冲击汽车用复合材料的制备方法

续表

序号	申请日期	申请号	所属单位	第一发明人	专利名称
285	2014-7-11	201410328928.2	数理学院	黄妙逢	一种树脂微球/核壳型微球的制备方法
286	2014-7-11	201410328871.6	数理学院	巨　新	一种多孔碳微球的制备方法
287	2014-7-28	201410361590.0	数理学院	田　跃	一种组合敏感元件高精度倾斜角传感器
288	2014-8-11	201410391855.1	数理学院	黄妙逢	一种具有层次孔结构的磁性颗粒制备方法
289	2014-9-2	201410443538.X	数理学院	王荣明	一种Au/$Ni_{12}P_5$核壳结构的纳米粒子及其制备方法
290	2014-9-2	201410443538.X	数理学院	王荣明	一种Au/$Ni_{12}P_5$核壳结构的纳米粒子及其制备方法
291	2014-9-25	201410499587.5	数理学院	毕山力	一种去除含Si笼状化合物中硅及含硅化合物杂项的方法
292	2014-10-22	201410566844.2	数理学院	宋玉军	纳米氧化钨水溶液的制备方法及其应用
293	2014-2-21	201410059253.6	化学与生物工程学院	张美芹	一种蜡烛烟灰熏显潜指纹的方法
294	2014-3-5	201410078720.X	化学与生物工程学院	张美芹	一种多金属沉积技术显现潜指纹的方法
295	2014-5-8	201410192825.8	化学与生物工程学院	尹春华	一种利用酶和益生菌处理餐厨垃圾生产微生态制剂的方法
296	2014-5-18	201410209262.9	化学与生物工程学院	边永忠	一种二氧化钛金属钛菁复合纳米粉体及其制备工艺
297	2014-6-9	201410251465.4	化学与生物工程学院	党智敏	一种超净纳米改性聚烯烃高压直流电缆料的制备方法
298	2014-6-19	201410275995.2	化学与生物工程学院	王海鸥	粮食中三种真菌毒素及禾谷镰刀菌的多重PCR检测方法
299	2014-7-2	201410313150.8	化学与生物工程学院	党智敏	一种基于超长碲微米线的柔性应变传感器
300	2014-7-25	201410360925.7	化学与生物工程学院	范慧俐	聚苯胺/氧化石墨烯/四氧化三铁吸波材料及制备方法
301	2014-7-31	201410373009.7	化学与生物工程学院	党智敏	一种充气预形变的电机械性能测试装置及测试方法
302	2014-8-6	201410384419.1	化学与生物工程学院	温永强	一种基于荧光和比色双重检测体系测定腺苷的方法
303	2014-8-6	201410383970.4	化学与生物工程学院	许丽苹	用于核酸分子痕量检测的功能化微井芯片及其制备方法
304	2014-8-6	201410383896.6	化学与生物工程学院	许丽苹	用于富集和痕量检测的超亲水微井传感界面及其制备方法
305	2014-9-22	201410486581.4	化学与生物工程学院	许丽苹	梯度二氧化硅表面微流体系统的构筑方法

续表

序号	申请日期	申请号	所属单位	第一发明人	专利名称
306	2014-10-23	201410574973.6	化学与生物工程学院	张学记	一种单层荧光纳米二硫化钼的制备方法
307	2014-10-23	201410572818.0	化学与生物工程学院	许利苹	PS小球和金纳米颗粒的微纳复合系统的有序组装方法
308	2014-11-4	201410612262.3	化学与生物工程学院	罗　晖	7-氨基头孢烷酸的制备方法
309	2014-12-17	201410778784.0	化学与生物工程学院	伊春华	一种利用脂肪酶催化合成虾青素琥珀酸酯的方法
310	2014-12-26	201410828548.5	化学与生物工程学院	王媛媛	一种DNA电化学生物传感器及其制备方法
311	2014-1-7	201410007461.1	新金属材料国家重点实验室	张济山	一种铝包镁复合板材制备方法
312	2014-1-7	201410007459.4	新金属材料国家重点实验室	张济山	一种铝/镁固液复合铸造成型方法
313	2014-1-20	201410024330.4	新金属材料国家重点实验室	包小倩	一种弥散强化铁镍软磁材料的制备方法
314	2014-1-21	201410026127.0	新金属材料国家重点实验室	包小倩	一种微细球形Sm-Fe-N系永磁粉的制备方法
315	2014-1-22	201410029533.2	新金属材料国家重点实验室	李宏祥	一种钛/铝固液复合铸造成型方法
316	2014-1-22	201410030681.6	新金属材料国家重点实验室	郭明星	快速时效响应型Al-Mg-Si-Cu-Zn系合金及其制备方法
317	2014-1-24	201410035393.X	新金属材料国家重点实验室	林均品	一种高铌钛铝基合金板材的制备方法
318	2014-2-25	201410064892.1	新金属材料国家重点实验室	郭明星	一种汽车车身外板用高烤漆硬化铝合金材料及其制备方法
319	2014-3-18	201410101431.7	新金属材料国家重点实验室	王西涛	生物医用可降解Mg-Zn-Zr-Sc合金及其制备方法
320	2014-3-27	201410117124.8	新金属材料国家重点实验室	张　迪	一种铝合金及其合金板材、以及合金板材的制备方法
321	2014-3-27	201410119930.9	新金属材料国家重点实验室	张济山	超强高韧耐蚀Al-Zn-Mg-Cu铝合金材料及其制备方法
322	2014-4-10	201410142751.7	新金属材料国家重点实验室	刘雄军	一种Ce-Al-Cu-Ag系大块非晶合金及制备方法
323	2014-4-23	201410164019.X	新金属材料国家重点实验室	张　迪	一种Al-Mg合金及其板材的制备方法
324	2014-4-23	201410166718.8	新金属材料国家重点实验室	张来启	一种添加造孔剂制备高孔隙率钼硅硼多孔材料的方法
325	2014-4-23	201410165581.4	新金属材料国家重点实验室	张来启	一种制备多孔钼硅硼三相合金的方法
326	2014-4-30	201410178895.8	新金属材料国家重点实验室	郭明星	一种复相铜合金材料及其制备方法

续表

序号	申请日期	申请号	所属单位	第一发明人	专利名称
327	2014-5-26	201410223778.9	新金属材料国家重点实验室	张济山	一种提高高强铝合金板材塑性和成形性的形变热处理方法
328	2014-6-19	201410276483.8	新金属材料国家重点实验室	梁永锋	一种短流程高效高硅钢薄带的冷轧制备方法
329	2014-6-23	201410283593.7	新金属材料国家重点实验室	惠希东	一种高铝高硅铸造钛合金
330	2014-6-23	201410283404.6	新金属材料国家重点实验室	郭明星	一种汽车用高成形性铝合金材料及其制备方法
331	2014-7-4	201410319113.8	新金属材料国家重点实验室	吕昭平	低热膨胀系数NaMxAlySiz高熵合金及制备方法
332	2014-8 5	201410381094.1	新金属材料国家重点实验室	张　迪	一种高强度耐腐蚀Al-Mg合金及其制备工艺
333	2014-9-9	201410455644.X	新金属材料国家重点实验室	王艳丽	一种利用热电势评价双相不锈钢热老化状况的方法
334	2014-9-12	201410464865.3	新金属材料国家重点实验室	李宏祥	一种改善钛/铝固液复合界面塑韧性的铸造方法
335	2014-9-17	201410474807.9	新金属材料国家重点实验室	黄进峰	一种高热强性喷射成形热作模具钢及其制备方法
336	2014-10-13	201410539898.X	新金属材料国家重点实验室	林均品	一种TiAl/TiC纳米复合材料的制备方法
337	2014-10-13	201410539071.9	新金属材料国家重点实验室	林均品	一种TiAl/TiO_2纳米复合材料的制备方法
338	2014-10-13	201410539040.3	新金属材料国家重点实验室	林均品	一种TiAl/α-Al_2O_3纳米复合材料的制备方法
339	2014-10-23	201410572817.6	新金属材料国家重点实验室	惠希东	含有金属间化合物增强相的铸造Ti-Si共晶合金
340	2014-10-23	201410577461.5	新金属材料国家重点实验室	张　迪	一种Al-Mg-Zn系合金及其合金板材的制备方法
341	2014-11-18	201410657971.3	新金属材料国家重点实验室	吕昭平	一种大尺寸TRIP非晶复合材料及其制备方法
342	2014-11-19	201410664018.1	新金属材料国家重点实验室	吕昭平	一种氮氧共合金化的TiZrHfNb基高熵合金及其制备方法
343	2014-11-19	201410660888.1	新金属材料国家重点实验室	吕昭平	一种氮强化的TiZrHfNb基高熵合金及其制备方法
344	2014-11-27	201410698740.7	新金属材料国家重点实验室	李纪恒	一种钕铁硼永磁合金粉末的制备方法
345	2014-11-27	201410697424.8	新金属材料国家重点实验室	李纪恒	一种水\油流磨制备钕铁硼永磁合金粉末的制备方法
346	2014-12-1	201410719984.9	新金属材料国家重点实验室	郭明星	一种汽车用低成本高成形性铝合金材料及其制备方法

续表

序号	申请日期	申请号	所属单位	第一发明人	专利名称
347	2014-12-2	201410720128.5	新金属材料国家重点实验室	惠希东	一种Fe-Cr-B系耐腐蚀块体非晶合金及其制备方法
348	2014-12-2	201410720851.3	新金属材料国家重点实验室	高学绪	一种钴铁氧体磁致伸缩材料的制备方法
349	2014-12-4	201410729880.6	新金属材料国家重点实验室	包小倩	一种加速烧结钕铁硼磁体表面Dy/Tb附着层扩渗的方法
350	2014-12-11	201410759111.0	新金属材料国家重点实验室	高学绪	一种高取向度钴铁氧体磁致伸缩材料的制备方法
351	2014-12-17	201410785034.6	新金属材料国家重点实验室	惠希东	一种CrCo基块体非晶合金
352	2014-1-16	201410019067.X	冶金工程研究院	武会宾	一种在线淬火生产Nb合金化高强度耐磨钢板的方法
353	2014-4-4	201410137363.X	冶金工程研究院	徐　科	一种钢板表面三维重建快速实现方法
354	2014-4-4	201410137362.5	冶金工程研究院	徐　科	一种多信息融合的高温铸坯表面缺陷在线检测方法
355	2014-4-4	201410135887.5	冶金工程研究院	赵爱民	一种2400MPa级低成本纳米贝氏体钢的制备方法
356	2014-4-10	201410141738.X	冶金工程研究院	余　伟	一种连铸坯预处理方法
357	2014-4-18	201410156354.5	冶金工程研究院	赵爱民	一种改进型Cr8钢轧辊及其制备方法
358	2014-4-23	201410166103.5	冶金工程研究院	邵　健	兼顾热轧带钢轧制稳定性和质量的平坦度分段控制方法
359	2014-5-21	201410215099.7	冶金工程研究院	邵　健	一种基于多参数的热轧铝板喷射梁分段冷却设定方法
360	2014-6-13	201410265459.4	冶金工程研究院	陈银莉	一种高强钢通过热轧及在线热处理的制备方法
361	2014-6-13	201410264496.3	冶金工程研究院	赵爱民	一种超低碳铁素体高硅铁基合金及制造方法
362	2014-6-20	201410279514.5	冶金工程研究院	赵爱民	一种加筋复合高硅铁基合金电极板及其制造方法
363	2014-6-20	201410279502.2	冶金工程研究院	赵爱民	一种加铜网复合高硅铁基合金电极板及其制造方法
364	2014-6-30	201410305661.5	冶金工程研究院	赵爱民	一种棒磨机钢棒的制备方法
365	2014-7-3	201410315472.6	冶金工程研究院	赵爱民	一种超纯铁素体抗菌不锈钢及制造方法
366	2014-7-11	201410328892.8	冶金工程研究院	赵爱民	一种具有TRIP效应的超细结构贝氏体钢及其制备方法
367	2014-8-20	201410412032.2	冶金工程研究院	王　磊	一种变焦3D显示技术
368	2014-8-26	201410426265.8	冶金工程研究院	崔　衡	一种炼钢过程中真空精炼物理模拟试验方法及装置

续表

序号	申请日期	申请号	所属单位	第一发明人	专利名称
369	2014-10-13	201410538252.X	冶金工程研究院	米振莉	一种GCr_{15}高碳铬轴承钢在线快速球化退火工艺
370	2014-10-21	201410562045.8	冶金工程研究院	邵　健	一种基于动态分段冷却技术的热轧铝板凸度控制方法
371	2014-10-21	201410562651.X	冶金工程研究院	邵　健	一种基于高次多项式的热轧梯形坯形状识别方法
372	2014-10-27	201410584586.0	冶金工程研究院	刘建华	一种增氮析氮法去除钢液中显微非金属夹杂物的方法
373	2014-11-13	201410641791.6	冶金工程研究院	张勇军	一种轧机交流主传动机电系统加载试验测试方法
374	2014-12-4	201410729877.4	冶金工程研究院	余　伟	一种中碳超高强贝氏体钢及其制备方法
375	2014-12-17	201410785488.3	冶金工程研究院	王　尚	一种离心式转速可调磨料射流除鳞系统
376	2014-12-26	201410827950.1	冶金工程研究院	江海涛	一种1000MPa级高铝热镀锌双相钢及其制备方法
377	2014-12-26	201410830719.8	冶金工程研究院	江海涛	一种抗高温氧化钛铝合金及制备方法
378	2014-12-30	201410842593.6	冶金工程研究院	肖会芳	一种用于超声扫描显微镜的可变频变焦换能器制作方法
379	2013-12-27	201310740728.3	新材料技术研究院	郭志猛	一种粉末液相模锻制备铝合金的方法
380	2013-12-31	201310753315.9	新材料技术研究院	谢建新	用于铜包铝复合扁排性能调控的高频感应退火装置及工艺
381	2013-12-31	201310753340.7	新材料技术研究院	谢建新	一种铜包铝复合扁排感应连续退火设备及其工艺
382	2014-1-6	201410004828.4	新材料技术研究院	乔利杰	一种精密制造超薄壁蜂窝陶瓷载体挤出成型模具的方法
383	2014-1-6	201410004808.7	新材料技术研究院	高　瑾	一种用于涂层的ESPI与电化学实时同位测试的电解池装置
384	2014-1-14	201410019961.7	新材料技术研究院	曲选辉	一种制备细粒径球形铌钛基合金粉末的方法
385	2014-1-15	201410019406.4	新材料技术研究院	章　林	一种轻质铌基合金粉末及零部件的制备方法
386	2014-1-15	201410018359.1	新材料技术研究院	郝俊杰	一种球形TiC/Fe金属陶瓷复合颗粒的制备方法
387	2014-1-15	201410018210.3	新材料技术研究院	郝俊杰	一种以$MnCO_3$为原料制备微细球形Mn_3O_4粉末的方法
388	2014-1-15	201410019456.2	新材料技术研究院	邵慧萍	一种利用磁流体制备吸波材料的方法

续表

序号	申请日期	申请号	所属单位	第一发明人	专利名称
389	2014-1-16	201410019050.4	新材料技术研究院	潘德安	一种重金属废石膏减量化无害化资源处置方法
390	2014-1-17	201410022538.2	新材料技术研究院	张　津	一种硅氧比梯度变化的耐高温抗腐蚀复合涂层
391	2014-1-20	201410022560.7	新材料技术研究院	张深根	一种去除废旧稀土荧光粉中玻璃渣和硅铝氧化物的方法
392	2014-1-21	201410026049.4	新材料技术研究院	吴　茂	镁离子掺杂锂离子电池正极磷酸钒锂/碳材料的制备方法
393	2014-2-11	201410047534.X	新材料技术研究院	郭志猛	一种金属料浆3D打印无模凝胶成形方法
394	2014-2-11	201410047509.1	新材料技术研究院	郭志猛	一种利用3D打印模具制备粉末冶金复杂形状零件的方法
395	2014-2-11	201410047500.0	新材料技术研究院	郭志猛	一种金属料浆3D打印无模注射成形方法
396	2014-2-26	201410067105.9	新材料技术研究院	秦明礼	一种铜纳米颗粒负载碳球复合材料及其制备方法
397	2014-3-19	201410101034.X	新材料技术研究院	郭志猛	一种利用3D打印技术制备复杂形状粘结磁体的方法
398	2014-3-20	201410106166.1	新材料技术研究院	谢建新	一种双金属复合管的制备方法
399	2014-3-20	201410106275.3	新材料技术研究院	刘新华	一种铜/钛双金属毛细管的制备方法
400	2014-3-20	201410105982.0	新材料技术研究院	刘新华	一种铜/铝双金属毛细管的制备方法
401	2014-3-20	201410105955.3	新材料技术研究院	刘新华	一种高性能铜/铝双金属毛细管的制备方法
402	2014-3-20	201410106154.9	新材料技术研究院	刘新华	一种高性能铜/钛双金属毛细管的制备方法
403	2014-3-20	201410105858.4	新材料技术研究院	刘新华	一种高性能铜/铝复合管的制备方法
404	2014-3-20	201410106155.3	新材料技术研究院	刘新华	一种高性能铜/钛复合管的制备方法
405	2014-3-20	201410105919.7	新材料技术研究院	张深根	一种制备定向凝固材料的选晶器及其应用
406	2014-4-10	201410140949.1	新材料技术研究院	张　雷	一种动态模拟垢下腐蚀的实验方法及其装置
407	2014-4-11	201410145324.4	新材料技术研究院	高　瑾	一种模拟人体脑组织变形的PVA-C脑模型的制备方法
408	2014-4-28	201410174129.4	新材料技术研究院	张　雷	一种大尺寸试样高温应力腐蚀实验装置

续表

序号	申请日期	申请号	所属单位	第一发明人	专利名称
409	2014-5-16	201410206793.2	新材料技术研究院	潘德安	一种重金属废石膏制备微晶玻璃的方法
410	2014-5-20	201410213117.8	新材料技术研究院	李夏喜	牺牲阳极阴极保护系统的有效性判据及剩余寿命预测方法
411	2014-6-3	201410242642.2	新材料技术研究院	高　瑾	一种可自喷涂的锌防护层修复涂料及制备方法
412	2014-6-13	201410265417.0	新材料技术研究院	何业东	阴极等离子电解沉积大面积弥散贵金属微粒热障涂层
413	2014-6-19	201410275842.8	新材料技术研究院	何业东	阴极等离子电解大面积沉积涂层和表面改性的方法
414	2014-6-25	201410291084.9	新材料技术研究院	林　涛	一种低氧含量硬质合金混合料的生产线及其生产工艺
415	2014-6-27	201410302518.0	新材料技术研究院	潘德安	一种重金属废石膏与铅玻璃协同处置的方法
416	2014-6-30	201410305219.2	新材料技术研究院	任淑彬	一种制备刹车鼓用铝基复合材料的方法
417	2014-6-30	201410306561.4	新材料技术研究院	任淑彬	一种发动机气缸活塞用复合材料的制备方法
418	2014-7-3	201410315360.0	新材料技术研究院	邵慧萍	一种利用纳米磁粉制备磁流体油墨的方法
419	2014-7-3	201410315476.4	新材料技术研究院	田建军	一种Cd1-xMnxSe量子点太阳能电池的制备方法
420	2014-7-11	201410328903.2	新材料技术研究院	邵慧萍	一种高性能γ-Fe_2O_3磁流体及其制备方法
421	2014-7-21	201410347285.6	新材料技术研究院	贾成厂	一种球形钨粉的制备方法
422	2014-7-25	201410361282.8	新材料技术研究院	郭志猛	一种压裂泵阀体、阀座真空熔覆表面强化方法
423	2014-7-29	201418003542.5	新材料技术研究院	郭志猛	一种***的制备方法
424	2014-7-29	201418003541.0	新材料技术研究院	何业东	难熔合金***涂层及制备方法
425	2014-8-6	201410383700.3	新材料技术研究院	唐伟忠	一种椭球形高功率微波等离子体金刚石膜沉积装置
426	2014-8-11	201410392634.6	新材料技术研究院	柳　伟	一种高温高压油气防砂筛管挡砂性能实验装置
427	2014-8-20	201410411866.1	新材料技术研究院	刘佐嘉	一种用于腐蚀研究的简易显微数码摄像装置
428	2014-9-1	201410441639.3	新材料技术研究院	兰成明	一种混凝土内钢筋锈蚀与应力状态原位监测方法
429	2014-9-1	201410441458.0	新材料技术研究院	兰成明	基于平面应力状态应力集中的桥梁缆索锈蚀监测方法

续表

序号	申请日期	申请号	所属单位	第一发明人	专利名称
430	2014-9-1	201410441443.4	新材料技术研究院	兰成明	一种后张预应力混凝土结构钢绞线锈蚀监测方法
431	2014-9-3	201410444561.0	新材料技术研究院	张　津	一种海洋气候环境-摩擦载荷耦合试验设备及试验方法
432	2014-9-12	201410461599.9	新材料技术研究院	姜雁斌	一种高性能金包铜键合微丝的制备方法
433	2014-9-17	201410474730.5	新材料技术研究院	郭志猛	一种水雾化制备铝粉及铝合金粉的方法
434	2014-9-18	201410479803.X	新材料技术研究院	张　津	一种热震性能及热循环氧化性能自动测试装置
435	2014-9-19	201410482230.6	新材料技术研究院	罗　骥	一种制备高强高导耐热铝合金的方法
436	2014-9-25	201410498719.2	新材料技术研究院	刘金龙	一种GaN/金刚石膜复合片的制备方法
437	2014-9-25	201410498720.5	新材料技术研究院	秦明礼	一种葡萄糖氧化电催化剂及其制备方法
438	2014-10-8	201410525711.0	新材料技术研究院	潘德安	室温一步法无模制备粘接圆筒层状磁电复合材料的方法
439	2014-10-11	201410535184.1	新材料技术研究院	李宏祥	一种镁/镁固液复合铸造成型方法
440	2014-10-21	201410561920.0	新材料技术研究院	郭志猛	一种脱硫石膏制备板材的制备方法
441	2014-10-21	201410562396.9	新材料技术研究院	郭志猛	一种使用球团烟气脱硫石膏制备α-型高强石膏的方法
442	2014-10-29	201410591946.X	新材料技术研究院	田建军	量子点敏化太阳能电池多孔纳米晶Cu_2S对电极的制备方法
443	2014-10-31	201410600326.8	新材料技术研究院	毕　延	一种中子衍射高压腔体的钨基中子透明材料及其制备方法
444	2014-10-31	201410600327.2	新材料技术研究院	毕　延	一种中子衍射高压腔体的铁基中子透明材料及其制备方法
445	2014-11-14	201410647896.2	新材料技术研究院	张深根	一种具有组织特征的NdFeB靶材制备方法
446	2014-11-18	201410653407.4	新材料技术研究院	谢建新	一种高铁白铜合金管材及其短流程生产方法
447	2014-11-21	201410678074.0	新材料技术研究院	郭志猛	一种钐铁氮稀土永磁粉末的制备方法
448	2014-11-21	201410670952.4	新材料技术研究院	李　平	高致密度和高磁性能粉末冶金铁硅铝合金的制备方法
449	2014-11-21	201410673751.X	新材料技术研究院	田建军	一种钙钛矿/P型量子点复合结构太阳能电池的制备方法
450	2014-11-23	201410678134.9	新材料技术研究院	章　林	一种低成本制备铌基合金的方法
451	2014-11-23	201410677139.X	新材料技术研究院	章　林	一种制备双连通结构超合金复合材料的方法

续表

序号	申请日期	申请号	所属单位	第一发明人	专利名称
452	2014-11-23	201410677816.8	新材料技术研究院	潘德安	一种汽车尾气催化剂贵金属回收的方法
453	2014-11-23	201410677151.0	新材料技术研究院	郭志猛	一种微纳米颗粒增强铝基铝基复合材料的制备方法
454	2014-11-24	201410680043.9	新材料技术研究院	张深根	一种废旧稀土荧光粉富集及余热综合利用的方法及设备
455	2014-11-24	201410677820.4	新材料技术研究院	章　林	一种制备轻质Nb-Ti-Al基多孔材料的方法
456	2014-11-25	201410670869.7	新材料技术研究院	郭志猛	一种各向同性的短纤维增强铝基复合材料的制备方法
457	2014-12-4	201410728249.4	新材料技术研究院	高　瑾	输电铁塔表面防护用水性低表面处理涂料及制备方法
458	2014-12-4	201410730142.3	新材料技术研究院	高　瑾	一种输电铁塔用锌表面修复涂料及其制备方法
459	2014-12-5	201410738255.8	新材料技术研究院	刘金龙	一种金刚石膜表面选区扩散形成P-N结的制备方法
460	2014-12-16	201410779242.5	新材料技术研究院	许立宁	高温高压实时监测溶氧、pH的缓蚀剂评价装置及检测方法
461	2014-12-16	201410783923.9	新材料技术研究院	张深根	一种危险固废制备微晶玻璃的方法
462	2014-12-17	201410784758.9	新材料技术研究院	秦明礼	一种制备纳米铁碳复合粉末的方法
463	2014-12-17	201410784771.4	新材料技术研究院	秦明礼	一种制备纳孔氧化铁粉末的方法
464	2014-12-17	201410784773.3	新材料技术研究院	秦明礼	一种制备多孔金属铁的方法
465	2014-12-17	201410784791.1	新材料技术研究院	秦明礼	一种制备多孔金属铁的方法
466	2014-12-17	201410784795.X	新材料技术研究院	秦明礼	一种多孔纳米石墨的制备方法
467	2014-12-17	201410785030.8	新材料技术研究院	秦明礼	一种纳米氮化铁的制备方法
468	2014-12-17	201410785031.2	新材料技术研究院	秦明礼	一种石墨/碳化铁/铁纳米复合材料的生产方法
469	2014-12-17	201410785069.X	新材料技术研究院	秦明礼	一种碳－氧化铁纳米复合材料的制备方法
470	2014-12-17	201410785486.4	新材料技术研究院	秦明礼	一种制备纳米铁粉的方法
471	2014-12-17	201410785487.9	新材料技术研究院	秦明礼	一种制备纳米级氧化物弥散强化铁基复合粉末的方法
472	2014-12-17	201410785489.8	新材料技术研究院	秦明礼	一种生产纳米碳化钒粉末的方法
473	2014-12-17	201410785496.8	新材料技术研究院	秦明礼	一种纳米碳化铁粉末的生产方法
474	2014-12-18	201410784840.1	新材料技术研究院	刘智勇	管道用高强钢环境应力腐蚀裂纹扩展的电化学预测方法

续表

序号	申请日期	申请号	所属单位	第一发明人	专利名称
475	2014-12-19	201410805227.3	新材料技术研究院	许立宁	高温高压环境下顶部腐蚀电化学测试装置
476	2014-12-19	201410806533.9	新材料技术研究院	刘智勇	一种测试金属材料在液体高压下氢渗透性能的装置
477	2014-12-31	201410850023.1	新材料技术研究院	张深根	一种基于材质及形状的报废汽车零件分选方法和系统
478	2014-3-3	201410074515.6	钢铁冶金新技术国家重点实验室	郭占成	一种利用水泥窑灰生产氯化钾及联产碳酸钙的方法
479	2014-3-6	201410080997.6	钢铁冶金新技术国家重点实验室	包燕平	一种转炉偏心炉底出钢装置及其使用方法
480	2014-3-24	201410110097.1	钢铁冶金新技术国家重点实验室	李　宇	一种利用熔渣处理废弃CRT并制备微晶玻璃的方法
481	2014-3-26	201410115329.2	钢铁冶金新技术国家重点实验室	焦树强	一种铝离子电池及其制备方法
482	2014-4-1	201410129036.X	钢铁冶金新技术国家重点实验室	包燕平	射钉试样精确判断铸坯坯壳厚度原位分析方法
483	2014-4-4	201410136076.7	钢铁冶金新技术国家重点实验室	郭占成	一种酸浸脱除高磷铁矿中的磷及酸液循环利用的方法
484	2014-4-23	201410165638.0	钢铁冶金新技术国家重点实验室	张炯明	一种真空蒸馏锰铁提取金属锰的方法及装置
485	2014-4-25	201410169736.1	钢铁冶金新技术国家重点实验室	张延玲	一种熔融处理不锈钢粉尘、炉渣及含Cr污泥的方法
486	2014-4-29	201410176170.5	钢铁冶金新技术国家重点实验室	张延玲	一种高铁赤泥用作炼钢造渣剂/脱磷剂的回收再利用方法
487	2014-5-15	201410205833.1	钢铁冶金新技术国家重点实验室	左海滨	一种高炉喷吹煤性价比评价模型的建立方法
488	2014-5-16	201410209226.2	钢铁冶金新技术国家重点实验室	张国华	一种含钛高炉渣铝热法提钛工艺
489	2014-7-25	201410360959.6	钢铁冶金新技术国家重点实验室	林　路	一种LF精炼渣热态循环利用的工艺方法
490	2014-7-25	201410360962.8	钢铁冶金新技术国家重点实验室	林　路	一种LF精炼渣除硫及冶金内循环利用的工艺方法
491	2014-7-25	201410360923.8	钢铁冶金新技术国家重点实验室	佘雪峰	一种基于喷吹高温煤气的炼铁工艺
492	2014-8-22	201410419495.1	钢铁冶金新技术国家重点实验室	焦树强	一种可充电铝离子电池及其制备方法
493	2014-10-24	201410575186.3	钢铁冶金新技术国家重点实验室	张国华	一种含钛冶金渣处理方法
494	2014-10-29	201410592604.X	钢铁冶金新技术国家重点实验室	焦树强	一种采用MoS_2为正极材料的铝离子电池及其制备方法

续表

序号	申请日期	申请号	所属单位	第一发明人	专利名称
495	2014-12-10	201410752049.2	钢铁冶金新技术国家重点实验室	李　宇	一种电解锰渣提氨改质的方法
496	2014-12-16	201410784096.5	钢铁冶金新技术国家重点实验室	李　宇	一种利用冶金熔渣制备高碱度微晶玻璃的方法
497	2014-2-21	201410059323.8	国家材料服役安全科学中心	黄尚洪	一种煤焦渣油的固化改性工艺方法
498	2014-4-1	201410128898.0	国家材料服役安全科学中心	杨　斌	三维驱动双晶片变截面的振动能量俘获自供电装置及其方法
499	2014-5-9	201410195593.1	国家材料服役安全科学中心	曹星照	一种自适应超声脉冲激励装置及其控制方法
500	2014-6-3	201410241262.7	国家材料服役安全科学中心	任学冲	一种节约能源的卧式高吨位疲劳实验装置
501	2014-7-11	201410332011.X	国家材料服役安全科学中心	丁贤飞	一种减小Fe-Cr-Ni系列耐热钢铸造缺陷的方法
502	2014-9-18	201410479769.6	国家材料服役安全科学中心	金　莹	一种筛选和优化电解铜箔工艺的实验装置及方法
503	2014-10-14	201410539699.9	国家材料服役安全科学中心	丁贤飞	一种减小Fe-Cr-Ni系列耐热钢铸造缺陷的方法
504	2014-10-16	201410547452.1	国家材料服役安全科学中心	任学冲	提高列车车轮辐板疲劳性能的高效表面处理方法和装置
505	2014-12-10	201410756112.X	国家材料服役安全科学中心	陆永浩	一种高温高压水汽环境结构材料试验装置
506	2014-12-10	201410758286.X	国家材料服役安全科学中心	陆永浩	一种对具有内外流动高温水的管子试样的加载系统
507	2014-12-24	201410814709.5	国家材料服役安全科学中心	冯　强	一种具有优异高温综合性能的耐热铸造奥氏体不锈钢

2014年实用新型专利申请明细表

序号	申请日期	申请号	所属单位	第一发明人	专利名称
1	2014-3-26	201420139064.5	土木与环境工程学院	章刘洋	校园自行车防盗存车装置
2	2014-5-16	201420250770.7	土木与环境工程学院	吴爱祥	一种膏体充填多场耦合研究装置
3	2014-6-19	201420329589.5	土木与环境工程学院	王贻明	一种深锥浓密机底流浓度智能控制装置
4	2014-7-11	201420381824.3	土木与环境工程学院	宋存义	一种一体化卧式湿法脱硫装置
5	2014-7-11	201420384258.1	土木与环境工程学院	宋存义	一种重选鼓风氧化提纯装置
6	2014-10-29	201420633826.7	土木与环境工程学院	金龙哲	一种避难硐室用空气再生装置

续表

序号	申请日期	申请号	所属单位	第一发明人	专利名称
7	2014-12-22	201420821869.8	土木与环境工程学院	乔　兰	一种狭小洞室内精确安装辅助系统
8	2014-3-4	201420096562.6	冶金与生态工程学院	苍大强	一种热态熔渣在线改质装置
9	2014-3-21	201420129273.1	冶金与生态工程学院	张建良	一种熔融炉烟气磁化处理设备
10	2014-4-28	201420211272.1	冶金与生态工程学院	张立峰	一种压力、展角可调式吹渣装置
11	2014-4-30	201420216966.4	冶金与生态工程学院	王新华	一种连铸过程杜绝中间包二次氧化的装置
12	2014-3-13	201420115633.2	材料科学与工程学院	田文怀	一种碱金属蒸发器用蒸发粉体的成型模具
13	2014-5-26	201420271745.7	材料科学与工程学院	韩静涛	一种卷筒式弹射簧的收簧装置
14	2014-7-9	201420378090.3	材料科学与工程学院	康永林	连铸坯凝固末端大压下的连铸机扇形段
15	2014-7-14	201420385313.9	材料科学与工程学院	康永林	一种板坯连铸机扇形段连铸辊的支撑结构
16	2014-11-14	201420681728.0	材料科学与工程学院	叶荣昌	一种旋转盘式球形粉末筛分装置
17	2014-12-9	201420773464.1	材料科学与工程学院	黄继华	一种超高温或大温差环境下剪切强度测试装置
18	2014-1-17	201420031890.8	机械工程学院	陈　夺	一种高速永磁电机转子结构
19	2014-1-22	201420042154.2	机械工程学院	马　飞	一种高压水射流自激振荡喷嘴装置
20	2014-3-4	201420096399.3	机械工程学院	沈洪波	一种利用容量法测量气固化学反应速率的装置
21	2014-3-13	201420114606.3	机械工程学院	曹　莎	一种老年人浴缸
22	2014-5-16	201420253178.2	机械工程学院	马　飞	一种高压水射流自激喷嘴腔内振荡信号检测装置
23	2014-5-19	201420254931.X	机械工程学院	王宝雨	一种快速液压机用的快速上料机
24	2014-5-19	201420255799.4	机械工程学院	王宝雨	一种多层箱式加热炉用的快速上下料设备
25	2014-5-22	201420265110.6	机械工程学院	王宝雨	油泵齿轮轴精锻成形模具
26	2014-6-3	201420291310.9	机械工程学院	古鹏梅	一种安装于自行车牙盘处的齿轮发电机
27	2014-6-23	201420337103.2	机械工程学院	杨海波	一种双孔椭圆管材挤压模具
28	2014-7-25	201420417274.6	机械工程学院	李　琳	一种自动伸缩式减速带
29	2014-7-31	201420430454.8	机械工程学院	冯俊小	一种自身预热式辐射管燃烧器
30	2014-10-23	201420617771.0	机械工程学院	窦欣蓓	微型负压超细粒空气净化加湿干燥仪
31	2014-11-12	201420681599.5	机械工程学院	陈　兵	一种水浴加热酸洗实验装置

续表

序号	申请日期	申请号	所属单位	第一发明人	专利名称
32	2014-11-26	201420724541.4	机械工程学院	鄢宇勤	涵道式自动空气检测净化仪
33	2014-12-29	201420854027.2	机械工程学院	刘晋平	一种实现无芯棒空心坯料成形的楔横轧模具
34	2014-9-5	201420512617.7	自动化学院	刘　凯	一种无人自动断电控制系统
35	2014-11-12	201420681559.0	自动化学院	邢贝贝	一种铝电解阳极分布电流精确测量仪
36	2014-12-29	201420853174.8	自动化学院	陈先中	一种能够实时监测高炉料面变化的雷达扫描装置
37	2014-1-6	201420006920.X	新材料技术研究院	高　瑾	一种用于涂层的ESPI与电化学实时同位测试的电解池装置
38	2014-1-21	201420038432.7	新材料技术研究院	路民旭	管道用光纤光栅位移传感器
39	2014-4-1	201420154464.3	新材料技术研究院	曹江利	一种模拟深空环境中电子器件实验的装置
40	2014-4-10	201420170301.4	新材料技术研究院	张　雷	一种动态模拟垢下腐蚀的实验方法及装置
41	2014-4-18	201420188417.0	新材料技术研究院	颜丹平	一种新型牺牲阳极结构
42	2014-4-28	201420209893.6	新材料技术研究院	张　雷	一种大尺寸试样高温应力腐蚀实验装置
43	2014-8-11	201420450891.6	新材料技术研究院	柳　伟	一种油气防砂筛管高温过滤精度观测装置
44	2014-9-1	201420499967.4	新材料技术研究院	兰成明	一种混凝土内钢筋锈蚀与应力状态原位监测装置
45	2014-11-24	201420711248.4	新材料技术研究院	张深根	一种废旧18650型锂电池拆分预处理系统
46	2014-12-16	201420796506.3	新材料技术研究院	许立宁	高温高压实时监测溶氧、pH的缓蚀剂评价装置
47	2014-12-19	201420821973.7	新材料技术研究院	许立宁	高温高压环境下顶部腐蚀电化学测试装置
48	2014-12-19	201420821642.3	新材料技术研究院	刘智勇	一种测试金属材料在液体高压下氢渗透性能的装置
49	2014-3-26	201420140678.5	钢铁冶金新技术国家重点实验室	刘　青	一种自吸浆充气机械搅拌式浮选机实验装置
50	2014-8-1	201420432620.8	钢铁冶金新技术国家重点实验室	刘　青	一种关于搅拌釜的挡板装置
51	2014-4-23	201420201885.7	国家材料服役安全科学中心	任学冲	一种降低高吨位卧式疲劳试验机活塞杆摩擦力的装置
52	2014-6-3	201420289508.3	国家材料服役安全科学中心	任学冲	一种节约能源的卧式高吨位疲劳实验装置
53	2014-1-10	201420016743.3	高等工程师学院	王　旭	一种弹壳收集袋

续表

序号	申请日期	申请号	所属单位	第一发明人	专利名称
54	2014-1-10	201420016732.5	高等工程师学院	王　旭	一种双弹夹连接器
55	2014-12-3	201420746005.4	高等工程师学院	白　鹏	一种双感应双出水节水水龙头

2014年外观设计专利申请明细表

序号	申请日期	申请号	所属单位	第一发明人	专利名称
1	2014-3-13	201430050243.7	机械工程学院	曹　莎	浴缸
2	2014-4-1	201430073893.3	高等工程师学院	王　旭	折叠扇
3	2014-5-9	201430126102.9	钢铁冶金新技术国家重点实验室	刘　青	浮选机实验装置（PSOF型）

2014年发明专利授权明细表

序号	申请日	申请号	所属单位	第一发明人	专利名称
1	2011-3-8	201110056097.4	土木与环境工程学院	王洪江	一种利用掘进废石构筑充填挡墙及其构筑方法
2	2011-5-31	201110143747.9	土木与环境工程学院	汪群慧	一种用食品废物制备生物燃料丁醇的方法
3	2011-6-23	201110171154.3	土木与环境工程学院	冯雅丽	一种赤铁矿生物还原磁化和选矿提高品位技术
4	2011-7-14	201110196632.6	土木与环境工程学院	冯雅丽	一种利用嗜酸硫杆菌脱砷除硫和磷元素的方法
5	2011-9-14	201110270899.5	土木与环境工程学院	张英华	一种测试煤炭自燃发火期小型模拟装置
6	2011-10-12	201110308859.5	土木与环境工程学院	苗胜军	一种基于临滑区变形信息的滑坡预报方法
7	2011-11-21	201110371698.4	土木与环境工程学院	朱维耀	一种微观驱油用二维热固化多孔介质模型及制造方法
8	2011-12-22	201110433526.5	土木与环境工程学院	王　敏	一种全尺寸提取和观察钢中非金属夹杂物三维形貌的方法
9	2011-12-28	201110446216.7	土木与环境工程学院	宋卫东	一种缓倾斜极薄沉积型地下铁矿床开采方法
10	2012-1-12	201210008024.2	土木与环境工程学院	谭卓英	一种分段空场嗣后充填采矿方法
11	2012-4-6	201210100266.4	土木与环境工程学院	张　磊	利用三轴压缩测量岩石不连续剪切面抗剪强
12	2012-5-2	201210134361.6	土木与环境工程学院	林　海	一种改性香菇培养基废料重金属吸附剂的制备和应用方法
13	2012-5-11	201210147789.4	土木与环境工程学院	林　海	一种制备处理含油污水的吸附材料的方法

续表

序号	申请日	申请号	所属单位	第一发明人	专利名称
14	2012-5-18	201210156644.0	土木与环境工程学院	倪　文	一种提取钢尾渣中金属铁及其尾泥综合利用的方法
15	2012-6-1	201210177390.0	土木与环境工程学院	倪　文	一种利用粉煤灰和铁尾矿制备高强混凝土材料的方法
16	2012-6-20	201210210957.X	土木与环境工程学院	倪　文	一种氧化气氛窑炉处理铜冶炼渣生产铁铜合金微粉的方法
17	2012-7-11	201210238942.4	土木与环境工程学院	倪　文	一种含粉煤灰的尾矿废石高强混凝土的制备方法
18	2012-8-27	201210307865.3	土木与环境工程学院	朱维耀	一种复合微球的制备方法
19	2012-9-29	201210380245.2	土木与环境工程学院	冯雅丽	一种软锰矿石的浮选方法
20	2012-10-11	201210385063.4	土木与环境工程学院	汪群慧	一种紫外光协同臭氧微纳米气泡的废水处理系统和方法
21	2012-10-17	201210393637.2	土木与环境工程学院	宋存义	一种半干法脱硫设备
22	2012-12-3	201210511022.5	土木与环境工程学院	汪群慧	一种可移动转鼓式堆肥反应器
23	2012-12-14	201210543882.7	土木与环境工程学院	韩　斌	一种边坡自动排水系统及其方法
24	2013-1-7	201310004357.2	土木与环境工程学院	邢　奕	一种剩余污泥调理脱水的方法
25	2013-3-7	201310073786.5	土木与环境工程学院	周　喻	一种节理岩体表征各向异性的确定方法
26	2013-3-12	201310077954.8	土木与环境工程学院	倪　文	一种废渣泡沫混凝土与纳米孔真空板复合材料的制造方法
27	2013-3-28	201310105123.7	土木与环境工程学院	孙体昌	通过煤基直接还原焙烧分离海滨钛磁铁矿中铁和钛的工艺
28	2013-3-29	201210088817.X	土木与环境工程学院	冯雅丽	一种含镁矿物制备金属镁的方法及设备
29	2013-4-1	201310110106.2	土木与环境工程学院	李安定	一种光催化臭氧化去除水中有机物的方法
30	2011-3-10	201110058353.3	冶金与生态工程学院	李素芹	一种生物膜生物强化焦化废水高效处理方法
31	2011-11-28	201110383000.0	冶金与生态工程学院	朱　荣	一种检测高温材料抗氧化烧蚀性能的方法
32	2012-3-22	201210077432.3	冶金与生态工程学院	朱鸿民	一种利用碳质添加剂改善TiO_2阴极脱氧过程的方法
33	2012-4-17	201210112495.8	冶金与生态工程学院	李建玲	一种氧化还原聚合物电极的可控纳米带结构及其制备方法
34	2012-5-23	201210162413.0	冶金与生态工程学院	黄　凯	微孔膜过滤法回收单晶和多晶硅线切割废料中硅粉的方法
35	2012-6-18	201210207751.1	冶金与生态工程学院	成泽伟	一种RH-LF-RH精炼生产抗酸管线钢的工艺
36	2012-6-18	201210200737.9	冶金与生态工程学院	成泽伟	一种RH-LF-VD精炼生产抗酸管线钢的工艺
37	2012-7-5	201210233080.6	冶金与生态工程学院	朱　荣	一种预热氧气提高射流速度的吹氧炼钢方法
38	2012-7-17	201210247417.9	冶金与生态工程学院	国宏伟	一种高炉渣余热煤气化系统

续表

序号	申请日	申请号	所属单位	第一发明人	专利名称
39	2012-7-30	201210268925.5	冶金与生态工程学院	沈少波	一种制备高纯超细镍粉的装置及其方法
40	2012-8-4	201210276452.3	冶金与生态工程学院	孙彦辉	一种转炉水模型实验模拟装置及模拟方法
41	2012-8-21	201210299911.X	冶金与生态工程学院	张立峰	一种电磁法回收线锯硅泥中硅组分的装置及方法
42	2012-9-29	201210372948.0	冶金与生态工程学院	张立峰	一种高硅铝合金的制备方法
43	2012-10-21	201210402693.8	冶金与生态工程学院	侯新梅	一种测量反应过程中挥发易凝结产物的热重装置
44	2012-10-29	201210420813.7	冶金与生态工程学院	吴胜利	一种高炉配加高反应性焦炭后能量利用计算方法
45	2012-11-8	201210443948.5	冶金与生态工程学院	李宏煦	一种超临界水体系氧化制备纳米CeO2粉末装置及工艺
46	2012-11-15	201210461103.9	冶金与生态工程学院	张　梅	一种用铝土矿尾矿合成刚玉-莫来石复合相材料的方法
47	2012-11-28	201210497092.X	冶金与生态工程学院	郭　敏	一种从含钛电炉熔分渣中制备六钛酸钾纳米晶须的方法
48	2012-11-29	201210497818.X	冶金与生态工程学院	马瑞新	一种赤泥和高磷铁矿综合利用的方法
49	2012-12-7	201210526607.4	冶金与生态工程学院	陈　骏	一种具有优异压电性能的材料及其制备方法
50	2012-12-18	201210551495.8	冶金与生态工程学院	侯新梅	一种用于热重分析仪的液封连接装置
51	2012-12-31	201210594521.5	冶金与生态工程学院	朱鸿民	钽基分级结构空心纳米光催化材料制备方法及应用
52	2013-1-7	201310005045.3	冶金与生态工程学院	吴　铿	一种测量风口焦的反应性及反应后强度的方法
53	2013-1-17	201310018385.X	冶金与生态工程学院	李素芹	一种利用超导HGMS技术处理废弃物的分离提纯装置
54	2013-1-22	201310024115.X	冶金与生态工程学院	李素芹	一种利用超导磁分离装置同时提取固废中铁硅元素的方法
55	2013-3-13	201310080490.6	冶金与生态工程学院	董　凯	一种是用钒铁电弧炉生产含氮钒铁合金的方法
56	2013-4-2	201310112206.9	冶金与生态工程学院	张建良	一种冲天炉处理钢铁厂含铁粉尘的方法
57	2013-4-19	201310139498.5	冶金与生态工程学院	李宏煦	海水体系钝顶螺旋藻生物矿化固定二氧化碳装置及方法
58	2013-1-15	201310013884.X	冶金与生态工程学院	于会香	一种控制高强度低合金钢中低熔点夹杂物的方法
59	2009-12-4	200910242244.X	材料科学与工程学院	刘泉林	一种将蓝光或紫光转化为红光的荧光材料及其制备方法
60	2010-1-14	201010034222.7	材料科学与工程学院	刘泉林	一种红色荧光材料的制备方法
61	2011-4-29	201110111162.9	材料科学与工程学院	杨　槐	一种苝类大共轭体系盘状液晶化合物及其制备方法
62	2011-7-22	201110207486.2	材料科学与工程学院	张　跃	一种网络状纳米ZnO材料应变传感器的构建方法

续表

序号	申请日	申请号	所属单位	第一发明人	专利名称
63	2011-8-18	201110236662.5	材料科学与工程学院	赵海雷	一种B位Y元素掺杂的钙钛矿型陶瓷透氧膜材料制备方法
64	2011-8-26	201110249183.7	材料科学与工程学院	赵海雷	一种用于锂离子电池的负极材料及其制备方法
65	2011-9-30	201110300604.4	材料科学与工程学院	连　芳	一种提高首次充放电效率的层状锰基正极材料的制备方法
66	2011-10-19	201110318412.6	材料科学与工程学院	张　跃	一种构建基于四针状纳米氧化锌乳酸生物酶电极的方法
67	2011-10-28	201110332527.0	材料科学与工程学院	杨　槐	一种宽温蓝相液晶复合材料的制备方法
68	2011-11-15	201110362251.0	材料科学与工程学院	杨　洲	一种苯并菲类不对称型盘状化合物及其制备方法
69	2011-11-25	201110381950.X	材料科学与工程学院	杨　洲	一类以四苯基卟啉为核心的不对称染料分子及其制备方法
70	2011-11-30	201110391557.9	材料科学与工程学院	杨　槐	基于近晶-胆甾相转变改善胆甾相液晶平面取向的方法
71	2011-12-12	201110412642.9	材料科学与工程学院	杨　槐	一种联炔苯液晶化合物
72	2011-12-27	201110444608.X	材料科学与工程学院	张　跃	一种基于氧化锌微米线的原位弯曲下力电性能测试方法
73	2011-12-27	201110444911.X	材料科学与工程学院	朱韵彤	一种用于锂离子电池的负极材料及其制备方法
74	2012-1-29	201210020193.8	材料科学与工程学院	曹文斌	一种可见光响应二氧化钛催化液的制备方法
75	2012-1-29	201210020143.X	材料科学与工程学院	张波萍	一种提高硫化铋多晶热电性能的方法
76	2012-2-28	201210047526.6	材料科学与工程学院	张迎春	一种钨单晶的制备方法
77	2012-2-29	201210050394.2	材料科学与工程学院	杨　槐	一种纳米掺杂的电场可控液晶圆偏振片的制备方法
78	2012-2-29	201210050444.7	材料科学与工程学院	曹文斌	一种可见光响应水性光催化喷涂浆料的制备方法
79	2012-3-1	201210052208.9	材料科学与工程学院	王　戈	带异性电荷的PH响应性非球形聚合物微球的制备方法
80	2012-3-5	201210055496.3	材料科学与工程学院	赵海雷	一种高电导率双钙钛矿型阳极材料及其制备方法
81	2012-3-7	201210057828.1	材料科学与工程学院	杨　槐	一种聚合物分散液晶薄膜的制备方法
82	2012-3-29	201210088503.X	材料科学与工程学院	郑裕东	一种氧化钠米细菌纤维素的制备方法
83	2012-3-30	201210091758.1	材料科学与工程学院	沈卫平	一种超高压力烧结制备高导热金刚石铜基复合材料的方法
84	2012-4-13	201210112994.7	材料科学与工程学院	沈卫平	一种真空热压焊接钨-金刚石/铜-铬锆铜的方法
85	2012-4-17	201210112782.9	材料科学与工程学院	沈卫平	一种超高压力烧结制备聚变堆面向等离子体钨模块的方法
86	2012-4-17	201210129871.4	材料科学与工程学院	韩静涛	一种具有非等厚锁扣的冷弯钢板桩的成型方法

续表

序号	申请日	申请号	所属单位	第一发明人	专利名称
87	2012-5-3	201210135644.2	材料科学与工程学院	郑裕东	纳米纤维增强水凝胶仿生人工半月板复合材料的制备方法
88	2012-5-5	201210138892.2	材料科学与工程学院	韩静涛	一种U型吊臂冷弯型钢的生产方法
89	2012-5-21	201210158130.9	材料科学与工程学院	连　芳	一种利用钢渣尾渣制备中间包耐火喷涂料的方法
90	2012-5-31	201218001527.8	材料科学与工程学院	刘俊友	一种***方法
91	2012-5-31	201210176267.7	材料科学与工程学院	黄继华	一种中温低铯氟铝酸盐钎剂及其制备方法
92	2012-5-31	201210176268.1	材料科学与工程学院	黄继华	一种中温无腐蚀铝钎剂及其制备方法
93	2012-6-6	201210186971.0	材料科学与工程学院	王　戈	Fe_3O_4/CuO/pSiO_2催化剂及其制备方法
94	2012-6-7	201210186955.1	材料科学与工程学院	王　戈	一种金/二氧化钛核壳结构纳米粒子的制备方法
95	2012-6-14	201210200204.0	材料科学与工程学院	赵海雷	一种锂离子电池负极材料的制备方法
96	2012-6-18	201210205903.4	材料科学与工程学院	王　戈	用于贵金属催化剂原位固载的磁性聚合物微球的制备方法
97	2012-6-26	201210216073.5	材料科学与工程学院	赵海雷	一种锂离子电池负极材料的制备方法
98	2012-7-4	201210231245.6	材料科学与工程学院	路　新	一种短流程制备高铌钛铝合金球形微粉的方法
99	2012-7-5	201210231408.0	材料科学与工程学院	张迎春	一种陶瓷微球的新型制备方法
100	2012-7-11	201210240572.8	材料科学与工程学院	林国标	一种Sm-Fe-N各向异性磁粉的制备方法
101	2012-7-13	201210245010.2	材料科学与工程学院	王国杰	一种三重响应性聚合物胶束制备方法及应用
102	2012-7-16	201210245819.5	材料科学与工程学院	王国杰	一种端基为荧光基团芘的水溶性阳离子聚电解质及其制备方法及应用
103	2012-8-17	201210295977.1	材料科学与工程学院	郑　磊	一种制备高拉伸塑性Ni（Bi）合金的方法
104	2012-8-17	201210296001.6	材料科学与工程学院	郑　磊	采用等温热处理制备高拉伸塑性Ni（Bi）合金的方法
105	2012-8-21	201210300106.4	材料科学与工程学院	张　跃	一种制备图案化ZnO纳米棒阵列的方法
106	2012-8-23	201210301330.5	材料科学与工程学院	杨　洲	苝类对称盘状化合物及其制备方法
107	2012-8-24	201210307098.6	材料科学与工程学院	张　华	一种适用于铝合金和铜合金连接的反应搅拌摩擦焊接方法
108	2012-9-10	201210332651.1	材料科学与工程学院	康永林	一种复合搅拌半固态浆料连续制备装置
109	2012-9-13	201210339236.9	材料科学与工程学院	曹文斌	一种用于制备自清洁玻璃的二氧化钛溶胶的制备方法
110	2012-9-16	201210341187.2	材料科学与工程学院	周张建	一种高强度抗氧化钼基复合材料的制备方法
111	2012-9-29	201210371325.1	材料科学与工程学院	叶荣昌	Ln (Fe, M)$_{13}$系磁制冷材料的制备方法及装置

续表

序号	申请日	申请号	所属单位	第一发明人	专利名称
112	2012-10-8	201210377304.0	材料科学与工程学院	李　勇	Al_4O_4C结合$Al-Al_2O_3$复合无碳滑板及制备方法
113	2012-10-8	201210377744.6	材料科学与工程学院	曹文斌	一种低温快速合成α-SiC微粉的方法
114	2012-10-11	201210385129.X	材料科学与工程学院	李成明	覆盖强结合CVD金刚石的聚晶金刚石复合片的制备方法
115	2012-10-16	201210392968.4	材料科学与工程学院	燕青芝	一种凝胶注模成型、无压烧结制备碳化硅陶瓷叶轮的方法
116	2012-10-30	201210422713.8	材料科学与工程学院	尚成嘉	石油天然气钻采用J55级膨胀管材成分设计及制备方法
117	2012-11-13	201210452268.X	材料科学与工程学院	张　跃	一种制备图案化ZnO纳米棒阵列的方法
118	2012-11-26	201210484516.9	材料科学与工程学院	张　虎	具有大磁热效应的稀土-镍-硅材料的制备方法和用途
119	2012-11-29	201210500212.7	材料科学与工程学院	尚成嘉	同时获得逆转奥氏体和纳米析出的低合金钢的制备方法
120	2012-12-11	201210533478.1	材料科学与工程学院	郑裕东	改性纳米纤维素多孔复合型高吸渗止血敷料的制备方法
121	2012-12-17	201210546735.5	材料科学与工程学院	王　冬	应用于OFET的一类联五元环聚合物及合成工艺
122	2012-12-18	201210553102.7	材料科学与工程学院	王　冬	一种双支链芳香胺及其衍生物和制备方法
123	2012-12-18	201210553401.0	材料科学与工程学院	王　冬	一种芳香胺、芳香胺-富勒烯衍生物及其制备方法
124	2012-12-31	201210594504.1	材料科学与工程学院	杨　穆	磺化聚苯乙烯/聚苯乙烯油水两亲性异形为符合微球及工艺
125	2013-1-3	201310000265.7	材料科学与工程学院	李　勇	一种不烧$Al-Al_2O_3$无碳复合滑板的制备方法
126	2013-1-4	201310001491.7	材料科学与工程学院	杨　洲	一类双对位给受体型卟啉分子的不对称合成方法及其用途
127	2013-1-4	201310001041.8	材料科学与工程学院	王　冬	一类芘类D-π-A型不对称盘状染料化合物
128	2013-1-5	201310002300.9	材料科学与工程学院	孙建林	一种含纳米TiO_2的水基热轧轧制液及其制备方法
129	2013-1-5	201310002073.X	材料科学与工程学院	孙建林	一种利用地沟油生产冷轧板带钢轧制液的方法
130	2013-1-9	201310007838.9	材料科学与工程学院	赵海雷	一种锂离子电池二氧化硅/碳复合负极材料的制备方法
131	2013-1-16	201310016190.1	材料科学与工程学院	王国杰	基于硝基苯的三重响应聚合物自组装体的制备方法和应用
132	2013-1-21	201310020778.4	材料科学与工程学院	薛文东	一种可用于高温材料的Si-B-C-N材料及制备方法
133	2013-2-28	201310064558.1	材料科学与工程学院	刘泉林	一种高性能近球形微单晶YAG基发光材料的制造方法
134	2013-2-28	201310064193.2	材料科学与工程学院	王国杰	一种光/PH敏感型两亲性偶氮苯聚合物胶束的制备方法

续表

序号	申请日	申请号	所属单位	第一发明人	专利名称
135	2013-2-28	201310064362.2	材料科学与工程学院	冯　春	一种利用大弹性应变提高磁记录薄膜的剩磁比的方法
136	2013-2-28	201310064538.4	材料科学与工程学院	常永勤	一种制备纳米晶低活化马氏体钢的方法
137	2013-3-7	201310071486.3	材料科学与工程学院	沈卫平	一种超高压力钎焊连接钨-金刚石/铜-低活化钢的方法
138	2013-3-8	201310074074.5	材料科学与工程学院	庞晓露	一种快读沉积类金刚石薄膜的装置
139	2013-3-15	201310082902.X	材料科学与工程学院	王丽萍	一种半导体硫化物生物高分子纳米复合薄膜的制备方法
140	2013-3-20	201310088893.5	材料科学与工程学院	刘雅政	一种$23CrNi_3Mo$钎具用材料的硬度分布控制工艺
141	2013-3-22	201310092995.4	材料科学与工程学院	于　浩	用于百万千瓦级大型水轮机顶盖的环板钢及其制造方法
142	2013-3-25	201310096899.7	材料科学与工程学院	李　勇	一种不烧氮化硅铁-尖晶石-刚玉复合耐火材料及制备方法
143	2013-4-3	201310113895.5	材料科学与工程学院	王　戈	一种yolk/shell结构碱式硫酸铜的制备方法
144	2013-4-11	201310125316.9	材料科学与工程学院	王　戈	一种剑麻状CuO-ZnO复合氧化物的制备方法
145	2013-4-12	201310126630.9	材料科学与工程学院	章　林	纳米β’相和纳米氧化物复合强化铁基ODS合金的方法
146	2013-4-14	201310128005.8	材料科学与工程学院	赵海雷	一种Cu掺杂促进硅基磷灰石电解质致密化的方法
147	2013-4-27	201310153788.5	材料科学与工程学院	郑裕东	一种刺激响应型酯化纳米纤维素前药缓释材料的制备方法
148	2013-4-27	201310150950.8	材料科学与工程学院	燕青芝	一种钨纳米线材料及其制备方法
149	2013-5-9	201310166935.2	材料科学与工程学院	李　勇	一种不烧氮化硅铁-氧化铝复合无碳滑板的制备方法
150	2013-5-10	201310171149.1	材料科学与工程学院	李　勇	$Al_{23}O_{27}N_{50}$结合的刚玉复合滑板及其制备方法
151	2013-7-3	201310276318.8	材料科学与工程学院	曹　林	一种利用硼酸钠制备粒状锰方硼石纳米材料的方法
152	2013-11-13	201310565486.9	材料科学与工程学院	高克玮	一种利用反应烧结工艺制备多孔碳化铬的方法
153	2009-4-21	200910082070.5	机械工程学院	王　立	一种利用热扩散测量气液多相流流量的方法及装置
154	2011-3-21	201110067681.X	机械工程学院	雷晓平	一种高效块状油页岩提油的装置及方法
155	2011-10-10	201110305777.5	机械工程学院	李永玲	多塔真空变压吸附法提浓煤矿乏风瓦斯方法及装置
156	2011-10-11	201110305728.1	机械工程学院	李永玲	一种带吸附塔排气端抽排步骤的煤矿乏风瓦斯富集方法
157	2012-4-9	201210102026.8	机械工程学院	孙朝阳	一种热加工过程固态界面换热系数测定装置

续表

序号	申请日	申请号	所属单位	第一发明人	专利名称
158	2012-5-7	201210138989.3	机械工程学院	陈博宇	电火花线切割、打孔组合机床
159	2012-8-1	201210271612.5	机械工程学院	范让林	一种三线扭摆震动自动周期测量装置
160	2012-8-15	201210291154.1	机械工程学院	孙朝阳	一种大型光亮退火马弗管等蠕变寿命的设计方法
161	2012-9-17	201210344473.4	机械工程学院	刘　江	一种新型基于模块化的立式加工中心工作台结构
162	2012-9-20	201210353444.4	机械工程学院	李洪波	一种超宽板带六辊冷轧机机型
163	2012-10-8	201210397990.8	机械工程学院	刘　江	一种基于模块化设计的立式加工中心立柱
164	2012-10-18	201210398261.4	机械工程学院	刘　江	一种新型基于模块化设计的立式加工中心主轴箱结构
165	2012-10-18	201210398246.X	机械工程学院	刘　江	一种新型基于模块化设计的立式加工中心滑鞍结构
166	2012-11-28	201210497061.4	机械工程学院	刘　江	新型数控雕铣机的主轴箱机构
167	2013-1-18	201310020295.4	机械工程学院	冯俊小	一种熔融高炉渣粒化过程的螺旋振动床余热回收装置
168	2013-5-27	201310201059.2	机械工程学院	吴迪平	一种氧枪防落制动装置
169	2012-5-23	201210163336.0	自动化学院	胡广大	角反射器及角反射器阵列
170	2010-5-10	201010173821.7	计算机与通信工程学院	周贤伟	基于分层结构的认知无线电网络的实体认证系统及其方法
171	2010-5-24	201010189279.4	计算机与通信工程学院	周贤伟	一种基于滤波器组多载波的盲频率跟踪算法
172	2011-4-22	201110109427.1	计算机与通信工程学院	孙昌爱	一种无需预期的Web服务测试方法
173	2011-7-4	201110185883.4	计算机与通信工程学院	周贤伟	一种基于超图模型的组播密匙管理方法
174	2011-8-30	201110253610.9	计算机与通信工程学院	曾广平	面向普适环境的上下文感知中间件构造方法及装置
175	2011-9-13	201110269994.3	计算机与通信工程学院	郭　敏	一种由含钛电炉熔分渣制备一维纳米结构二氧化钛的方法
176	2011-10-9	201110303002.4	计算机与通信工程学院	高玉坤	一种煤矿用压风自救装置
177	2011-12-9	201110410039.7	计算机与通信工程学院	王丽娜	Nakagami-m衰落信道下的合作频谱感知方法
178	2012-1-20	201210018992.1	计算机与通信工程学院	赵小燕	用于旋转体轴载电子设备的非接触供电装置
179	2012-3-22	201210077390.3	计算机与通信工程学院	张朝辉	一种回转腔体的立式在线装卸及精密测量平台及测量方法
180	2012-4-25	201210125508.5	计算机与通信工程学院	尹怡欣	基于遗传算法建立的无料钟高炉炉顶布料控制方法
181	2012-4-25	201210124394.2	计算机与通信工程学院	尹怡欣	无钟高炉料线深度调节的数据驱动PID控制器设计方法

续表

序号	申请日	申请号	所属单位	第一发明人	专利名称
182	2012-5-15	201210151430.4	计算机与通信工程学院	胡长军	基于本体构建材料科学领域语义数据模型的方法
183	2012-10-22	201210404903.7	计算机与通信工程学院	陈先中	一种新的测量高炉料面形状的机械式扫描雷达装置
184	2013-1-25	201310028535.5	计算机与通信工程学院	杜利平	一种基于瑞利商的加权协作频谱感知方法
185	2012-6-27	201210217879.6	数理学院	黄妙逢	一种蛋黄—蛋壳结构层次多孔碳颗粒的制备方法
186	2013-1-8	201310006528.5	数理学院	巨　新	一种单分散碳纳米碗的制备方法
187	2012-3-13	201210063762.7	化学与生物工程学院	李旭琴	邻氨基苯甲酸磺酰化衍生物及其制备方法和应用
188	2012-5-10	201210145040.6	化学与生物工程学院	党智敏	一种含有改性石墨烯高介电常数三相复合材料及制备方法
189	2012-5-24	201210163953.0	化学与生物工程学院	党智敏	一种埋入式电容器及其制备方法
190	2013-2-18	201310052618.8	化学与生物工程学院	董　彬	一种机械喷射高效消除泡沫装置
191	2013-10-9	201310467454.5	化学与生物工程学院	霍怡廷	一种SCR废烟气脱硝催化剂的回收方法
192	2012-1-6	201210003556.7	新金属材料国家重点实验室	朱　洁	一种磁场控制劲度系数的弹簧及其制备方法
193	2012-1-20	201210019532.0	新金属材料国家重点实验室	张来启	一种制备金属间化合物T2相合金的原位反应热轧方法
194	2012-4-17	201210113019.8	新金属材料国家重点实验室	黄进峰	一种超高硬高韧可锻喷射成形高速钢及制备方法
195	2012-5-28	201210168417.X	新金属材料国家重点实验室	陈晓华	一种纤维增强金属玻璃复合材料丝的连续制备设备与工艺
196	2012-6-30	201210209566.6	新金属材料国家重点实验室	吕绍平	一种高强度铝基大块非晶复合材料
197	2012-8-31	201210320743.8	新金属材料国家重点实验室	吴成义	一种高速固相颗粒喷射成形的方法与装置
198	2012-10-8	201210378217.7	新金属材料国家重点实验室	惠希东	Fe-Cr-Co-W-Mo马氏体耐热钢及其制造方法
199	2012-11-23	201210480388.0	新金属材料国家重点实验室	林均品	耐熔锌腐蚀Ti-Al-Nb涂层的电火花沉积方法
200	2012-12-10	201210527903.6	新金属材料国家重点实验室	杨　滨	一种TiB_2/Si-Al电子封装复合材料及制备方法
201	2012-12-18	201210551533.X	新金属材料国家重点实验室	张来启	一种硅粉表面除氧的方法
202	2012-12-26	201210574427.3	新金属材料国家重点实验室	袁　超	一种高性能磁致伸缩薄板带制备方法
203	2013-1-8	201310005467.0	新金属材料国家重点实验室	杨　滨	一种含Sn和Nb的锆基大块非晶合金、制备方法及其应用
204	2013-4-16	201310131265.0	新金属材料国家重点实验室	隋延力	一种利用铁尾矿制备环保型透水砖的方法

续表

序号	申请日	申请号	所属单位	第一发明人	专利名称
205	2011-5-11	201110121520.4	冶金工程研究院	徐 科	一种灰度和深度信息融合的表面缺陷检测方法
206	2011-6-9	201110154249.4	冶金工程研究院	米振莉	一种碳硅锰系热轧Q&P钢及其制备方法
207	2011-12-23	201110439097.2	冶金工程研究院	赵征志	一种经亚温退火处理的含钒超深冲双相钢的制备方法
208	2012-4-28	201210134867.7	冶金工程研究院	邵 健	一种改善换规格首块带钢板形质量的自学习方法
209	2012-4-28	201210133169.5	冶金工程研究院	何安瑞	兼顾热轧不锈钢二次和高次浪形工作辊辊形的设计方法
210	2012-4-29	201210135076.6	冶金工程研究院	邵 健	一种适用于热轧薄规格带钢的板型质量在线判定方法
211	2012-4-30	201210135077.0	冶金工程研究院	李 静	一种永磁感应密封垂直热镀锌装置
212	2012-6-6	201210184593.2	冶金工程研究院	何安瑞	一种辊缝凸度随板带宽度线性变化的辊形设计方法
213	2012-7-26	201210262485.2	冶金工程研究院	赵征志	一种钒氮微合金化高强度耐候钢的制备方法
214	2012-8-16	201210292335.6	冶金工程研究院	徐 科	一种金属板带表面微小缺陷的在线检测方法
215	2012-8-22	201210301754.1	冶金工程研究院	宋 勇	一种提高带钢全长卷取温度预报精度的自学习方法
216	2012-9-28	201210367812.0	冶金工程研究院	余 伟	一种双金属复合管制备方法
217	2012-11-1	201210431651.7	冶金工程研究院	武会宾	一种含Nb微/钠结构超高强塑性不锈钢的制备方法
218	2013-3-5	201310069713.9	冶金工程研究院	余 伟	一种特厚板的制造方法
219	2011-5-6	201110116676.3	新材料技术研究院	范丽珍	一种多孔硅 碳复合材料及其制备方法
220	2011-5-20	201110133138.5	新材料技术研究院	范丽珍	一种多孔铸型炭/氧化锰纳米材料及其制备方法
221	2011-6-23	201110170316.1	新材料技术研究院	何 勇	无模拉拔过程变形起始和结束位置在线机器视觉检测方法
222	2011-9-19	201110278796.3	新材料技术研究院	刘雪峰	金属微弧氧化电解液及金属微弧氧化表面黑色陶瓷化方法
223	2011-11-22	201110374632.0	新材料技术研究院	吴成义	一种制备硬质合金/钢层合复合材料的颗粒熔浸铸造工艺
224	2012-2-20	201218000028.7	新材料技术研究院	郭志猛	一种***方法
225	2012-3-31	201210101309.0	新材料技术研究院	俞宏英	一种钴镍纳米合金粉体的化学制备方法
226	2012-4-17	201210112517.0	新材料技术研究院	曲选辉	一种高性能耐热铝合金的粉末冶金制备方法
227	2012-4-18	201210114269.3	新材料技术研究院	李 平	低温燃烧合成制备碳化钨粉末的方法
228	2012-4-26	201210123925.6	新材料技术研究院	孙建林	一种压延铜箔轧制油及其制备方法
229	2012-4-29	201210088373.X	新材料技术研究院	谢建新	一种工艺参数综合控制等温挤压的方法

续表

序号	申请日	申请号	所属单位	第一发明人	专利名称
230	2012-5-8	201210141558.2	新材料技术研究院	尹海清	一种改善高速压制制备铁基粉末冶金零件性能的方法
231	2012-5-10	201210144094.0	新材料技术研究院	张深根	一种从废旧稀土发光材料中回收稀土的方法
232	2012-5-31	201210177761.5	新材料技术研究院	孔祥华	一种纳米二氧化锰电极的制备方法
233	2012-6-14	201210200657.3	新材料技术研究院	李成明	CVD金刚石增强聚晶金刚石复合片的制备方法
234	2012-6-18	201210207753.0	新材料技术研究院	何业东	一种弥散贵金属微粒增韧复合热障涂层及制备方法
235	2012-7-4	201210231252.6	新材料技术研究院	谢建新	一种高挠性超薄压延铜箔的成形方法
236	2012-7-20	201210254902.9	新材料技术研究院	潘德安	一种含锡分铅渣回收二氧化锡的方法
237	2012-8-10	201210285746.2	新材料技术研究院	张深根	一种两代酸解工艺分解废旧稀土发光材料
238	2012-8-17	201210295536.1	新材料技术研究院	金　莹	一种工程构件环境适应性试验系统及方法
239	2012-9-10	201210331816.3	新材料技术研究院	郭志猛	一种金属粉末凝胶注模成型方法
240	2012-9-10	201210331864.2	新材料技术研究院	郭志猛	一种提高铁粉成形性的方法
241	2012-10-26	201210414247.9	新材料技术研究院	任淑彬	一种制备低体积分数多孔碳化硅陶瓷坯体的方法
242	2012-11-13	201210454624.1	新材料技术研究院	李静媛	一种高性能耐磨热作模具钢及其制备工艺
243	2012-11-21	201210475308.2	新材料技术研究院	潘德安	一种铜阳极泥分银渣金银回收的方法
244	2012-12-6	201210521737.9	新材料技术研究院	黄海友	一种连续柱状晶组织高铝青铜板材高效轧制工艺
245	2012-12-25	201210572629.4	新材料技术研究院	刘智勇	一种模拟天然气气相冲刷腐蚀的回路实验装置
246	2012-12-28	201210587572.5	新材料技术研究院	郭志猛	一种将尾铁矿制备成陶瓷熔块釉的方法
247	2013-1-8	201318000056.3	新材料技术研究院	李成明	一种***方法
248	2013-1-8	201318000054.4	新材料技术研究院	李成明	一种****方法
249	2013-1-9	201310006565.6	新材料技术研究院	章　林	一种近终成形多孔镍基ODS合金的方法
250	2013-1-15	201310014888.X	新材料技术研究院	章　林	一种复杂形状铌基ODS合金的制备方法
251	2013-1-15	201310013091.8	新材料技术研究院	章　林	一种高分散超细钼基粉末的制备方法
252	2013-1-17	201310018088.5	新材料技术研究院	张深根	一种由废杂铝再生目标成分铝合金的方法
253	2013-1-17	201310018707.0	新材料技术研究院	张深根	一种新型（FeCo)B微波吸收材料
254	2013-1-21	201310020154.2	新材料技术研究院	潘德安	一种火法回收电路板铜阳极泥分银渣铅锡的方法
255	2013-2-28	201310062678.8	新材料技术研究院	董超芳	一种简便快速电化学测试的装置
256	2013-3-25	201310096661.4	新材料技术研究院	郭志猛	一种弥散强化铝基复合材料的制备方法

续表

序号	申请日	申请号	所属单位	第一发明人	专利名称
257	2013 5 22	201310193818.5	新材料技术研究院	曲选辉	一种斤终形制备粉末超合金的方法
258	2013-5-23	201310193544.X	新材料技术研究院	章　林	一种具有中空内部结构增压涡轮的近终成形方法
259	2013-5-24	201310198770.7	新材料技术研究院	付华栋	一种纯铁/柱状晶高硅电工钢复合板坯的制备方法
260	2013-7-10	201310288678.X	新材料技术研究院	郝俊杰	一种制备高致密度熔融石英陶瓷的方法
261	2013-8-9	201310347303.6	新材料技术研究院	潘德安	一种废线路板多金属粉末熔炼预处理的方法
262	2013-11-13	201310571290.0	新材料技术研究院	高学绪	一种改善超磁致伸缩材料力学特性的制备方法
263	2012-2-28	201210047578.3	钢铁冶金新技术国家重点实验室	焦树强	一种镍基金属间化合物惰性阳极的制造方法及应用方法
264	2012-4-28	201210133166.1	钢铁冶金新技术国家重点实验室	佘雪峰	一种流化床还原磁化处理赤泥制备铁精粉的方法
265	2012-4-28	201210135181.X	钢铁冶金新技术国家重点实验室	佘雪峰	一种回转窑还原磁化处理赤泥制备铁精粉的方法
266	2012-7-3	201210229485.2	钢铁冶金新技术国家重点实验室	郭占成	一种直接电解二氧化钛生产金属钛的方法及电解槽
267	2012-8-3	201210276443.4	钢铁冶金新技术国家重点实验室	李　宇	一种利用钢渣湿法磁选尾泥制备陶瓷材料的方法
268	2013-1-24	201310025769.4	钢铁冶金新技术国家重点实验室	刘　青	一种控制连铸机矫直点处铸坯表面温度的方法
269	2013-1-24	201310026381.6	钢铁冶金新技术国家重点实验室	刘　青	一种辅助预报转炉炼钢终点的方法
270	2013-4-18	201310134315.0	钢铁冶金新技术国家重点实验室	张国华	种含钛高炉渣铝热法提台工艺
271	2013-4-28	201310156744.8	钢铁冶金新技术国家重点实验室	郭占成	一种粉尘提浸装置
272	2012-3-22	201210077678.0	国家材料服役安全科学中心	任学冲	一种热－力耦合疲劳实验装置及方法
273	2011-7-6	201110187992.X	国家材料服役安全科学中心	任学冲	一种细化车轮钢组织的氧化物冶金方法
274	2012-6-18	201210205204.X	国家材料服役安全科学中心	杨　斌	基于无线声发射传感器网络的风电叶片损伤检测定位系统
275	2012-7-19	201210251445.8	国家材料服役安全科学中心	金　莹	一种用循环热氧化法制备的IrOx电极
276	2012-7-31	201210270507.X	国家材料服役安全科学中心	金　莹	一种测量固体表面温湿度的装置及方法

2014年实用新型专利授权明细

序号	申请日期	申请号	所属单位	第一发明人	专利名称
1	2013-6-5	201320322111.5	土木与环境工程学院	任奋华	一种保温磨矿机
2	2013-8-5	201320474355.5	土木与环境工程学院	韩　斌	注浆式充填挡墙以及空区充填系统
3	2013-9-5	201320550330.9	土木与环境工程学院	吴爱祥	一种膏体饱和浓度测量装置
4	2013-9-17	201320576384.2	土木与环境工程学院	唐晓龙	一种多通道并行吸附剂或催化剂评价系统
5	2013-9-27	201320603963.1	土木与环境工程学院	段旭琴	一种脉冲喷射式泡沫浮选机
6	2013-10-30	201320676532.8	土木与环境工程学院	李正胜	一种边坡深部位移测量装置
7	2013-12-20	201320851497.9	土木与环境工程学院	李子富	一种一体化净化与提纯沼气的装置
8	2014-1-3	201420002285.8	土木与环境工程学院	纪洪广	一种快速连接的煤矿井下注浆管
9	2014-3-26	201420139064.5	土木与环境工程学院	章刘洋	校园自行车防盗存车装置
10	2014-5-16	201420250770.7	土木与环境工程学院	吴爱祥	一种膏体充填多场耦合研究装置
11	2014-6-19	201420329589.5	土木与环境工程学院	王贻明	一种深锥浓密机底流浓度智能控制装置
12	2013-9-12	201320565052.4	冶金与生态工程学院	张江山	一种耗散型钢包长水口
13	2013-10-25	201320664035.6	冶金与生态工程学院	张立峰	一种新型防尘电解装置
14	2014-3-4	201420096562.6	冶金与生态工程学院	苍大强	一种热态熔渣在线改质装置
15	2014-3-21	201420129273.1	冶金与生态工程学院	张建良	一种熔融炉烟气磁化处理设备
16	2014-4-28	201420211272.1	冶金与生态工程学院	张立峰	一种压力、展角可调式吹渣装置
17	2014-4-30	201420216966.4	冶金与生态工程学院	王新华	一种连铸过程杜绝中间包二次氧化的装置
18	2013-8-28	201320528118.2	材料科学与工程学院	曹文斌	一种气相光催化反应装置
19	2013-9-26	201320599712.0	材料科学与工程学院	苗　君	铁电/铁磁超晶格结构及其存储器件
20	2013-12-10	201320807433.9	材料科学与工程学院	田文怀	一种制备电铸铜-铝复合药型罩的电铸芯模
21	2013-12-16	201320828771.0	材料科学与工程学院	田文怀	一种制备微光像增强碱金属蒸发器用模具
22	2014-3-13	201420115633.2	材料科学与工程学院	田文怀	一种碱金属蒸发器用蒸发粉体的成型模具
23	2014-5-26	201420271745.7	材料科学与工程学院	韩静涛	一种卷筒式弹射簧的收簧装置
24	2014-7-9	201420378090.3	材料科学与工程学院	康永林	连铸坯凝固末端大压下的连铸机扇形段
25	2014-7-14	201420385313.9	材料科学与工程学院	康永林	一种板坯连铸机扇形段连铸辊的支撑结构
26	2013-5-8	201320276676.4	机械工程学院	石博强	一种曲轴表面检测装置
27	2013-9-2	201320541822.1	机械工程学院	陈　兵	一种拉伸弯曲矫直机耐磨工作辊
28	2013-10-9	201320621152.4	机械工程学院	王　旭	一种PWM方式控制的电磁控制器

续表

序号	申请日期	申请号	所属单位	第一发明人	专利名称
29	2013-10-16	201320635946.6	机械工程学院	杨海波	一种铸件料柄弧形刃口切除装置
30	2014-1-10	201420016732.5	机械工程学院	王　旭	一种双弹夹连接器
31	2014-1-10	201420016743.3	机械工程学院	王　旭	一种弹壳收集袋
32	2014-1-22	201420042154.2	机械工程学院	马　飞	一种高压水射流自激振荡喷嘴装置
33	2014-3-4	201420096399.3	机械工程学院	沈洪波	一种利用容量法测量气固化学反应速率的装置
34	2014-5-16	201420253178.2	机械工程学院	马　飞	一种高压水射流自激喷嘴腔内振荡信号检测装置
35	2014-5-19	201420254931.X	机械工程学院	王宝雨	一种快速液压机用的快速上料机
36	2014-5-19	201420255799.4	机械工程学院	王宝雨	一种多层箱式加热炉用的快速上下料设备
37	2014-5-22	201420265110.6	机械工程学院	王宝雨	油泵齿轮轴精锻成形模具
38	2014-6-3	201420291310.9	机械工程学院	古鹏梅	一种安装于自行车牙盘处的齿轮发电机
39	2014-6-23	201420337103.2	机械工程学院	杨海波	一种双孔椭圆管材挤压模具
40	2014-7-25	201420417274.6	机械工程学院	李　琳	一种自动伸缩式减速带
41	2014-7-31	201420430454.8	机械工程学院	冯俊小	一种自身预热式辐射管燃烧器
42	2013-7-24	201320444919.0	自动化学院	弓　丞	一种仓储环境检测系统
43	2013-12-20	201320850597.X	自动化学院	张雨童	弹簧线控柔性象鼻机械臂
44	2013-7-25	201320445698.9	计算机与通信工程学院	祝新鹏	一种仓储环境信息监测节点
45	2013-8-22	201320516221.5	计算机与通信工程学院	彭笑东	冶金气态污染物监测系统
46	2013-8-22	201320515737.8	计算机与通信工程学院	彭笑东	冶金气态污染物监测装置
47	2013-11-19	201320735899.2	新金属材料国家重点实验室	杜翠薇	一种防止汽车排气管腐蚀的镁合金牺牲阳极
48	2013-9-17	201320576165.4	新材料技术研究院	郭志猛	一种钢丝缠绕制备储能飞轮转子环套
49	2013-9-30	201320613596.3	新材料技术研究院	刘智勇	一种U形弯试样压样机
50	2013-10-24	201320661171.X	新材料技术研究院	杨振明	一种喷射式冲刷腐蚀试验装置
51	2013-10-24	201320661145.7	新材料技术研究院	杨振明	一种缝隙腐蚀电化学性能试验装置
52	2014-1-6	201420006920.X	新材料技术研究院	高　瑾	一种用于涂层的ESPI与电化学实时同位测试的电解池装置
53	2014-1-21	201420038432.7	新材料技术研究院	路民旭	管道用光纤光栅位移传感器
54	2014-4-1	201420154464.3	新材料技术研究院	曹江利	一种模拟深空环境中电子器件实验的装置
55	2014-4-10	201420170301.4	新材料技术研究院	张　雷	一种动态模拟垢下腐蚀的实验方法及装置

续表

序号	申请日期	申请号	所属单位	第一发明人	专利名称
56	2014-4-18	201420188417.0	新材料技术研究院	颜丹平	一种新型牺牲阳极结构
57	2014-4-28	201420209893.6	新材料技术研究院	张　雷	一种大尺寸试样高温应力腐蚀实验装置
58	2013-7-18	201320430208.8	钢铁冶金新技术国家重点实验室	刘　青	一种关于搅拌釜的进料装置
59	2013-12-25	201320865583.5	钢铁冶金新技术国家重点实验室	刘　青	一种使连铸结晶器内磁场区域集中的电磁制动装置
60	2013-12-25	201320865396.7	钢铁冶金新技术国家重点实验室	刘　青	一种转炉溅渣水力学模拟实验装置
61	2014-3-26	201420140678.5	钢铁冶金新技术国家重点实验室	刘　青	一种自吸浆充气机械搅拌式浮选机实验装置
62	2013-10-31	201320681270.4	国家材料服役安全科学中心	任学冲	一种可在线观测的高效冷热疲劳试验装置
63	2014-4-23	201420201885.7	国家材料服役安全科学中心	任学冲	一种降低高吨位卧式疲劳试验机活塞杆摩擦力的装置
64	2014-6-3	201420289508.3	国家材料服役安全科学中心	任学冲	一种节约能源的卧式高吨位疲劳实验装置

2014年外观设计专利授权明细表

序号	申请日期	申请号	所属单位	第一发明人	专利名称
1	2014-3-13	201430050243.7	机械工程学院	曹　莎	浴缸
2	2014-4-1	201430073893.3	机械工程学院	王　旭	折叠扇
3	2014-5-9	201430126102.9	钢铁冶金新技术国家重点实验室	刘　青	浮选机实验装置（PSOF型）

2014年国际PCT申请明细表

序号	申请日期	申请号	国内优先权申请号	优先权日	单位	第一发明人	名称
1	2014-4-30	PCT/CN2014/076533	201410076628.X	2014-3-4	冶金与生态工程学院	苍大强	一种热态熔渣在线改质装置
2	2014-9-15	PCT/CN2014/086581	201310421132.7	2013-9-16	冶金与生态工程学院	朱鸿民	一种含钛可溶阳极熔盐电解提取金属钛的方法
3	2014-10-27	PCT/CN2014/089524	201410077167.8	2014-3-4	冶金与生态工程学院	李　宇	一种辉石瓷及其制备方法
4	2014-9-24	PCT/CN2014/087284	201410331867.5	2014-7-14	材料科学与工程学院	康永林	一种板坯连铸机扇形段连铸辊的支撑结构

续表

序号	申请日期	申请号	国内优先权申请号	优先权日	单位	第一发明人	名称
5	2014-9-25	PCT/CN2014/087369	201410325414.1	2014-7-9	材料科学与工程学院	康永林	连铸坯凝固末端大压下的连铸机扇形段及其大压下方法
6	2014-3-13	PCT/CN2014/073416	201410019050.4	2014-1-16	新材料技术研究院	潘德安	一种重金属废石膏减量化无害化资源处置方法
7	2014-4-8	PCT/CN2014/079433	201310676521.4	2013-12-21	新材料技术研究院	孙爱芝	一种烧结NdFeB磁体的重稀土附着方法
8	2014-12-19	PCT/CN2014/094283	201410783923.9	2014-12-16	新材料技术研究院	张深根	一种危险固废制备微晶玻璃的方法
9	2014-12-1	PCT/CN2014/092698	201410030681.6	2014-1-22	新金属材料国家重点实验室	郭明星	快速时效响应型Al-Mg-Si-Cu-Zn系合金及其制备方法
10	2014-12-1	PCT/CN2014/092726	201410064892.1	2014-2-25	新金属材料国家重点实验室	郭明星	一种汽车车身外板用高烤漆硬化铝合金材料及其制备方法

2014年计算机软件登记明细表

序号	登记号	软件名称	单位	第一设计人
1	2013SR032760	滇池流域水环境综合管理专家支持系统	土木与环境工程学院	周北海
2	2013SR039110	滇池流域综合管理知识、模型与方法采集系统	土木与环境工程学院	周北海
3	2014SR019428	巷道支护设计智能专家系统	土木与环境工程学院	王金安
4	2014SR061633	混凝土测试样品管理系统V1.0	土木与环境工程学院	由　爽
5	2014SR061636	能源桩温度应力测试数据统计系统V1.0	土木与环境工程学院	由　爽
6	2014SR167531	滇池流域水污染治理项目评估系统2.0	土木与环境工程学院	宋　波
7	2014SR167580	环境污染治理项目群评估系统1.0	土木与环境工程学院	宋　波
8	2014SR167588	环境污染治理项目评估指标体系管理系统1.0	土木与环境工程学院	宋　波
9	2014SR172243	基于GIS的集成化安全生产管理系统	土木与环境工程学院	李国清
10	2014SR172290	金属地下矿山生产计划管理软件	土木与环境工程学院	李国清
11	2014SR180927	掘进巷道爆破安全智能识别系统	土木与环境工程学院	纪洪广
12	2014SRBJ0072	方坯连铸定尺切割优化计算软件	冶金与生态工程学院	杜辰伟
13	2014SRBJ0073	基于补偿连铸坯凝固收缩的轻压下量计算软件	冶金与生态工程学院	杜辰伟
14	2014SRBJ0074	板坯连铸基础辊缝设计计算软件	冶金与生态工程学院	杜辰伟

续表

序号	登记号	软件名称	单位	第一设计人
15	2014SRBJ0281	不锈钢电炉冶炼配料控制优化软件V1.0	冶金与生态工程学院	张家泉
16	2014SRBJ0282	炼钢过程配料及白皮卷生产综合成本控制优化软件V1.0	冶金与生态工程学院	张家泉
17	2014SR069888	农业病虫害专家系统V1.0	机械工程学院	贺可太
18	2014SR069893	农作物叶斑类病害自动分级系统V1.0	机械工程学院	贺可太
19	2014SR069898	农作物病虫害调查项目管理系统V1.0	机械工程学院	贺可太
20	2014SR070682	中小学生创新设计软件V1.0	机械工程学院	贺可太
21	2014SR070683	航空制造企业项目申报与流程管理系统V1.0	机械工程学院	贺可太
22	2014SR070688	CAD软件辅助教学系统V1.0	机械工程学院	贺可太
23	2013SR163288	3PE防腐钢管生产监控与管理软件V1.0	自动化学院	杨　旭
24	2014SR096024	炉管评估软件	自动化学院	付冬梅
25	2014SR100704	基于头部运动视频特征识别的肯定否定态度客观判断软件V1.0	自动化学院	张朝晖
26	2014SR165964	带衬里热设备的保湿评估软件	自动化学院	付冬梅
27	2013SR155194	面向食品链的离散事件仿真系统	计算机与通信工程学院	刘晓园
28	2013SR155386	食品链监控数据的可视化分析系统	计算机与通信工程学院	王淑娟
29	2014SR006118	视频监控数据存储引擎	计算机与通信工程学院	张晓彤
30	2014SR016093	基于场景的BPEL程序测试用例自动生成工具	计算机与通信工程学院	孙昌爱
31	2014SR016099	基于块的BPEL程序故障定位软件	计算机与通信工程学院	孙昌爱
32	2014SR040280	流域水污染治理项目动态仿真及模拟系统	计算机与通信工程学院	解迎刚
33	2014SR040281	流域水污染治理项目应急决策系统	计算机与通信工程学院	解迎刚
34	2014SR150375	设备运行中振动状态的实时监控系统V1.0	计算机与通信工程学院	马忠贵
35	2014SR150481	风电机组监测与故障诊断系统V1.0	计算机与通信工程学院	马忠贵
36	2014SR154742	基于云平台的微博网络数据分析管理软件	计算机与通信工程学院	陈红松
37	2014SR162763	基于人脸图像的年龄估计系统	计算机与通信工程学院	王先梅
38	2014SR205206	面向家庭环境的养老服务机器人控制系统	计算机与通信工程学院	解　仑
39	2014SRBJ0179	文档审核系统	计算机与通信工程学院	王洪泊
40	2014SRBJ0181	面向服务计算的校园资源管理系统	计算机与通信工程学院	王洪泊
41	2014SRBJ0182	基于Agent的网络工作流管理系统	计算机与通信工程学院	王洪泊
42	2014SRBJ0183	面向敏捷服务的建设项目工作流管理系统	计算机与通信工程学院	王洪泊

续表

序号	登记号	软件名称	单位	第一设计人
43	2014SR090441	板坯表面缺陷在线检测软件	冶金工程研究院	杨朝霖
44	2014SR090463	表面缺陷在线分析支持库软件	冶金工程研究院	杨朝霖
45	2014SR133792	基于改进遗传算法的板坯热轧计划编制软件	钢铁冶金新技术国家重点实验室	刘　青
46	2014SRBJ0442	单嘴精炼炉深脱碳数学模拟软件V1.0	钢铁冶金新技术国家重点实验室	成国光

2014年北京科技大学出版学术专著奖励明细表

序号	专著名称	作者	出版社	所属单位
1	羰基硫低温催化水解技术	易红宏等著	科学出版社	土木与环境工程学院
2	房屋建筑结构抗震设计规定及其应用算例解析	牟在根编著	中国铁道出版社	土木与环境工程学院
3	软基处理施工过程的数值模拟与应用	刘洋著	冶金工业出版社	土木与环境工程学院
4	高温合金GH4738及应用	董建新著	冶金工业出版社	材料科学与工程学院
5	镍基合金管材挤压及组织控制	董建新著	冶金工业出版社	材料科学与工程学院
6	活性石灰生产理论与工艺	郭汉杰著	化学工业出版社	冶金与生态工程学院
7	带钢连续热处理炉内热过程数学模型及过程优化	豆瑞锋等著	冶金工业出版社	机械工程学院
8	Intelligent Fault Diagnostic System of Induction Motor	韩天著	LAP LAMBERT Academic Publishing	机械工程学院
9	零件斜轧成形技术	胡正寰等著	化学工业出版社	机械工程学院
10	汽车转向/制动系统协同控制理论与应用	李果著	国防工业出版社	自动化学院
11	非线性偏微分方程近代分析方法	郑连存等著	科学出版社	数理学院
12	基于非营利性、数据挖掘和科学管理的高校财务分析、评价与管理研究	张曾莲著	首都经济贸易大学出版社	东凌经济管理学院
13	中国如何拆解美国金融霸权	刘澄编著	广东经济出版社	东凌经济管理学院
14	公司治理与产业安全	何维达等著	中国书籍出版社	东凌经济管理学院
15	实权元首制度研究	张学艺著	人民日报出版社	文法学院
16	低碳经济条件下的中国能源安全问题	杨彦强著	光明日报出版社	马克思主义学院
17	社会转型时期中小企业伦理建设研究	宋伟著	清华大学出版社	马克思主义学院
18	马克思恩格斯经典著作导读	李晓光等编著	光明日报出版社	马克思主义学院

续表

序号	专著名称	作者	出版社	所属单位
19	英语写作反馈信息有效性研究	王娜著	高等教育出版社	外国语学院
20	语言习得中的发现程序	赵亮著	河南大学出版社	外国语学院
21	维多利亚小说的资本文化与性别研究	范一亭著	北京大学出版社	外国语学院
22	英汉功能句法专题研究	何伟等著	对外经济贸易大学出版社	外国语学院
23	系统功能语言学新及物性模式下的构式隐喻研究	何中清著	九州出版社	外国语学院
24	英语心理过程小句中的隐喻研究	何中清著	对外经济贸易大学出版社	外国语学院
25	汉语照应省略的类型逻辑研究	满海霞著	对外经济贸易大学出版社	外国语学院
26	《牛津英语词典》与众源编纂模式	秦晓惠著	对外经济贸易大学出版社	外国语学院
27	煤气化新技术与原理	郭占成等著	科学出版社	钢铁冶金国重室
28	流态化还原铁矿粉黏结机理及抑制技术	郭占成等著	科学出版社	钢铁冶金国重室
29	微反应心理学	杜学敏著	古吴轩出版社	党政机关

2001～2013年北京科技大学SCIE、EI、CPCI–S在全国高校排序表

年份	SCIE	排名	EI	排名	CPCI–S	排名
2001	197篇	23名	223篇	16名	32篇	48名
2002	287篇	22名	206篇	22名	64篇	40名
2003	255篇	24名	254篇	22名	56篇	49名
2004	241篇	31名	347篇	25名	34篇	71名
2005	383篇	26名	571篇	27名	156篇	42名
2006	376篇	34名	618篇	27名	147篇	54名
2007	441篇	33名	838篇	25名	296篇	36名
2008	552篇	33名	981篇	22名	373篇	42名
2009	577篇	37名	941篇	29名	335篇	36名
2010	680篇	39名	1156篇	26名	608篇	30名
2011	816篇	33名	1137篇	28名	473篇	13名
2012	911篇	36名	1225篇	25名	520篇	13名
2013	1234篇	33名	1606篇	23名	342篇	25名

数据来源：中国科学技术信息研究所

产业工作

【概况】2014年，是中央十八届四中全会胜利召开之年，是学习贯彻习近平总书记系列重要讲话之年，是深入贯彻党的群众路线教育实践活动之年，也是北京科技大学科技产业转型发展之年。科技产业在学校党政班子的坚强领导下，深入贯彻落实科学发展观，坚持求真务实、开拓创新，认真地做好2014年度的各项工作。至2014年年底，学校科技产业全口径统计企业共有42家，其中全资企业8家、控股企业5家、参股企业29家。科技产业从业职工900余人，其中学校编制职工47人。2014年，投资企业共实现总产值11.06亿元，至12月底，总资产为17.86亿元，科技产业实际占有净资产1.95亿元。

（杨　林）

【资产公司发展概况】2014年，资产公司克服经济增速下滑、钢铁行业低迷的影响，在压缩成本、提高工作效率的同时，注重进一步理顺科技产业的管理体制和机制，规范企业分红行为，进一步加强企业规范化建设。

①进一步加强人事财务管理，进一步规范管理制度，有效增强监管力度，进一步缩减运营成本，进一步提高工作效率。资产公司、科技园、孵化器、物业、分析检验5家公司继续推行全面预算管理，已逐步建立预算管理理念，预算编制科学规范，企业经营严格按预算执行。至年底，各公司对经营成本进行了有效的控制，招待费、办公费、会议差旅费等都有大幅度下降。

②修订完善各项规章制度，理顺科技产业管理体制。依据北京科技大学经营性资产管理委员会第十四次会议要求，将《资产公司管理体制和议事规则》分为《经资委议事规则》和《资产公司议事规则》，进一步明确北京科技大学科技产业的管理体制、决策机制和管理权限，确保了科技产业管理体制的科学性和决策机制的高效性。资产公司进一步完善制度建设，年内，共修订和完善了各类管理制度10项，制度建设取得一定成效。

③开展清理整顿，关停并转企业，确保国有资产安全。年内共完成了10家企业的清理整顿：一是完成3家企业的股权处置工作，分别是北京科技大科教服务中心的注销及鑫冶机电、麦特金属的股权转让。二是继续推进科大博联、科大迈捷和科大华科3家公司的清理准备工作。三是完成设计院、科大中冶和赛能杰3家公司的资本结构调整工作。四是完成了永兴公司股权无偿划转的备案工作。

④加强股权管理，规范企业分红，确保获得持续收益。年内，通过加强考核、规范分红，有效地维护了校方权益。一是全面落实投资企业股东代表、董事、监事派出制度，规范投资企业分红行为和各项会议决议审批流程。至年底，参加各企业召开的“三会”20余次，全年获得分红和完成上缴任务共计282.89万元，另外，对经营不规范、不能完成任务和分红的企业依据管理办法进行了警示。二是对A类企业负责人继续推行目标责任制，科技园与孵化器公司、宏洁物业公司和分析检验中心分别向资产公司上缴任务30万元。

（杨　林）

【A类企业发展概况】2014

年，A类企业中宏洁物业公司、分析检验中心、科技园公司与方兴孵化器都推行了目标责任制和全面预算管理。

①2014年，科技园和孵化器积极加强自身能力建设，在强化中试基地平台建设、遴选优质科技成果入孵、创新科技成果转化模式等方面进行了一些探索。一是新建“沙河环保产业中试基地”，与“西三旗新材料中试基地”共同为科技成果中试转化提供空间保障。二是遴选“第十届北京科大科技园杯”学生创业计划竞赛一等奖获得项目“大蒜废弃生物质吸附材料治理重金属污染技术”入驻基地，完成了项目中试示范线建设。遴选“分级等温淬火磨球”和“高硅铝复合材料”项目开展中试产业化研发，创新“技术团队无形资本+技术团队有形资本+社会风险投资资本”模式开展项目中试，形成“收益共享、风险共担”机制，调动各方积极性，提高成果转化效率。三是继续推进与青海瑞和铝箔公司、广西贺州桂海公司的技术咨询合作，为企业提供技术指导。四是积极寻求北京市经信委、北京市科委、中关村管委会等政府主管部门的政策和资金支持，多途径解决发展过程中遇到的不利因素。

同时，科技园和孵化器继续做好企业房屋租赁和孵化等方面服务。一是至年底，方兴大厦在园企业49家，新注册企业12家（含留创企业1家）。二是做好园区企业服务工作，提供政策咨询200余人次，开展各类培训100余人次。三是协同团委和招生就业处等部门共同举办第十一届“北京科大科技园杯”学生创业计划竞赛，并协助一支获奖团队融资100万元。四是积极推动产学研合作，组织园区16家企业开展产学研对接。五是积极开展校－地－企产学研合作交流与对接，与山东省荣成市、韩国驻华大使馆、旅美专家协会等国内外各类机构开展合作交流。

②2014年，宏洁物业公司在确保物业经营稳定安全的前提下，加强对职工的教育培训，提升物业服务水平和管理水平。一是重点完成了方兴大厦的电梯大修和消防升级改造工作。二是公司在不增加人员的情况下新承接了多项物业服务。全年，通过降低管理成本、承接新的物业服务等，累计实现增值收益46.28万元。

③2014年，分析检验中心加强自身能力建设，大力开拓，取得了可喜的成绩。一是通过自主实验室建设、扩展外部实验检测资源等方式，完善产品检测服务体系，全面提升检测服务能力，实现了检测业务的快速发展。二是继续做好实验室质量管理和检测资质建设，年内完成CNAS、CMA复评和扩项二合一评审工作，至2014年年底，分析检验中心实验室质量体系涵盖40类产品271个认证认可项目。2014年累计发出规范的“科测”报告670份，CNAS、CMA资质报告209份。三是加强机加工中心的管理，完善服务体系，进一步拓展加工服务能力，年内共计完成1975批次加工任务。四是积极争取政府的科技项目支持，累计获得项目资金300余万元。五是仪器设备开发取得阶段性成果，注册“K”字型“北科仪器”组合商标，成功地推出10种仪器设备。六是积极参与全国大学生金相技能大赛，公司成为2015年第四届全国大学生金相技能大赛的样品独家供应单位，并注册了“北科标样”商标。

（刘俊友、刘亚东、陈兴禹）

【B类企业发展概况】学校共有B类企业5家，占科技产业投资企业总数的11%、总产值的10.5%、净利润的1.6%。至12月，B类企业公司资产总额为2.7亿元，主营业务收入10319.7万元，所有者权益6955.76万元。其中设计院公司和恒兴公司由冶金工程研究院负责管理，新签合同共41项，合同总额2.1亿元。广东北科依托广东研究院，由科学研究与发展部负责管理。永兴公司由新材料技术研究院负责管理。印刷公司由学校后勤集团负责管理。

（杨　林、张宏伟）

【C类企业发展概况】学校共有C类企业29家，占企业总数的69%、总产值的75%。C类企业中有24家的主营业务是围绕钢铁行业开展，2014年持续低迷状态的钢铁行业，对学校科技产业带来了严重的冲击，C类企业发展形势依然非常严峻。一年来，各企业在困境中求发展，尽管存在一些问题，但也取得了一些成绩。

2014年，赛能杰、华冶、京科等5家企业逆势增长，全年新签订各类合同8项，其中千万以上的重大合同4项，合同总额近9000万元，占C类企业合同总额的20%。科大中冶、方兴高新、科大森浪、科大联创4家公司着力稳定传统业务、积极开拓新型业务、不断加强成本控制，在低迷的市场环境中实现了转型发展。

一年来，部分企业技术创新步伐不断加快，注重自主知识产权的开发。时光科技公司共获得了“冰箱及其变频压缩机控制装置”“一种用于伺服控制器的机箱”2项实用新型专利，获得了“混合动力大巴车异步电机发电系统控制软件V1.0”“应用于数字磨床的异步电机伺服系统控制软件V1.0”“新能源车用CAN总线监测系统软件V1.0”的3项软件著作权。

（杨　林、张宏伟）

【D类企业发展概况】2014年，天工公司根据学校的总体要求，重点围绕提高经济效益、保证安全稳定、提升服务质量、争创优质品牌4个方面开展工作，不仅凝炼形成企业发展的核心价值观——“效益、安全、服务、品质”，而且较好地完成了公司全年的工作计划和任务指标。一是全年天工大厦签约进驻企业99家，出租面积62434.25m^2，出租率95.7%，商业配套签约进驻服务企业8家，出租面积11627.58m^2，出租率达到100%，完成全年财务收支预算，超额完成年度上缴经济任务指标。二是大厦资产管理运营良好，无安全责任事故，固定资产账物相符率100%，设备设施运行维护及完好率100%，客户满意率达到98%以上。三是公司各项规章制度日趋完善，新制定或修改规章制度及管理办法58项，修订完善的《企业制度汇编》共8个业务类别128项制度，内部管理逐步规范。同时公司加强对职工各方面的素质培训，员工中有相关上岗证书的64人，占总人数的62%。四是企业文化建设卓有成效，逐步搭建了公司文化建设载体，公司网站顺利运行，成立了大厦企业联谊会，开展举办了各类培训和文体活动，营造了良好的企业人文环境，提高了团队的向心力和凝聚力。五是“中关村高端人才创业基地”成绩显著，年内，基地核心企业总产值超过30亿元，纳税超过3亿元；新申请并授权各类专利、软件著作权、商标等127件；获得各类政府专项19项，支持资金4100万元；获得政府奖励及行业资质17项；融资1.78亿元；接待全国政协副主席、九三学社中央主席韩启德等各类调研、来访交流团组18次。基地入驻企业中有“千人计划”入选者16人、“海聚工程”入选者7人、“高聚工程”入选者13人、“青年英才”入选者16人、外籍院士2人；高新技术企业50家，“瞪羚计划”入选企业9家，上市企业4家；企业博士后工作站1个、企业院士工作站1个。北京市科委授予的“北京市战略性新兴产业科技成果转化基地”项目建设顺利通过北京市科委结题验收；北京市经信委中小企业服务平台资金补贴项目顺利通过申请答辩。

（吴豪伟）

【党建和行政工作】2014年，科技产业认真学习贯彻中共十八大精神和中共十八届四中全会精神，进一步加强和改进工作作风，深入贯彻落实党的群众路线教育实践活动，完成党委换届并选举产生出席北京科技大学第十一次党代会代表，为科技产业发展保驾护航。

①2014年，按照学校关于党委换届工作的部署，根据《中国共产党章程》和《中国共产党基层组织选举工作暂行条例》等有关规定，科技产业集团按照组织程序认真组织做好了召开集团第三次党员大会的工作。经充分酝酿，集团于2014年5月9日在学术报告厅召开第三次全体党员大会。民主选举产生了新一届的科技产业集团党委领导班子7人，选举产生了出席北京科技大学第十一次党代会代表10人。

②年内，科技产业集团进一步改进工作作风，深入贯彻落实党的群众路线教育实践活动精神。一是进一步精简会议。集团党委和行政班子十分注意严控会议数量和规模，压缩会议时间。二是科技产业集团全年无因公出国（境）计划。三是科技产业集团党政领导班子以身作则，带头改进工作作风，草拟了《北京科大资产经营有限公司加强为投资企业服务的管理方案》，加强与企业的沟通联系，多为企业服务，同时所有重大事项都深入开展调查研究。四是结合资产公司实际，草拟了《北京科大资产经营有限公司经费管理办法》，加强“三公”经费和办公经费管理，厉行节约，防止浪费。至年底，三公经费与上一年同期相比下降30.34%。

（杨　林、刘　焱）

附　录

北京科技大学企业一览表

单位：万元

企业类别	序号	公司名称	法人代表	注册资本
母公司	1	北京科大资产经营有限公司	王维才	4500
A类	2	北京科大科技园有限公司	刘俊友	1000
	3	北京宏洁物业管理有限公司	王会中	100
	4	北京科大华科高新技术有限公司	郭　俊	100
	5	北京科大分析检验中心有限公司	张明忠	100
	6	北京科大方兴加油站有限公司	张　岩	200
	7	北京科大方兴科技孵化器有限责任公司	刘　临	100
B类	8	广东北科科技发展有限公司	何新波	600
	9	北京科大恒兴高技术有限公司	唐　荻	500
	10	北京科技大学设计研究院有限公司	唐　荻	1500
	11	北京科大永兴科技有限公司	张深根	500
	12	北京科大印刷有限公司	张文平	200

续表

企业类别	序号	公司名称	法人代表	注册资本
C类	13	北京首科兴业工程技术有限公司	陆 钢	1000
	14	北京科大方兴高新技术有限公司	王会中	100
	15	北京科人机翔科技有限公司	胡正寰	100
	16	北京科大京科技术有限公司	王振声	100
	17	北京科大京都高新技术有限公司	刘 勇	108
	18	北京科大朗涤环保工程技术有限公司	黄钢汉	1000
	19	北京科大华冶工程技术有限公司	王满元	300
	20	北京中渣冶金技术有限公司	牛四通	50
	21	北京北科麦思科新材料技术有限公司	刘伟嶂	1000
	22	北京科大和兴科技有限公司	刘 钊	50
	23	北京科大中冶技术发展有限公司	陈向明	2452.6623
	24	北京科大森浪信息技术有限公司	王宗杰	501
	25	北京科大联创冶金技术有限公司	刘京山	220
	26	北京北科威斯迈技术发展有限公司	向永清	200
	27	赛能杰高新技术股份有限公司	刘 洪	4000
	28	时光科技有限公司	杜宏斌	3000
	29	北京北科麦思科自动化工程技术有限公司	刘伟嶂	3334
	30	北京银河昊星置业投资有限公司	洪 亮	1000
	31	北京科光磁性材料有限公司	黄光南	50万（美元）
	32	新冶高科技集团有限公司	张启富	7500
	33	常熟中科创管理有限公司	李 军	200
	34	莱芜冶金生态工程技术有限公司	姜 雷	1000
	35	北京联力源科技有限公司	苏庆泉	100
	36	北京科大博联科技发展有限公司	黄重国	50
	37	北京科大迈捷科技有限公司	闫晓强	100

续表

企业类别	序号	公司名称	法人代表	注册资本
C类	38	北京科大国泰能源环境工程技术有限公司	李士琦	200
	39	亿源科大磁性材料有限责任公司	丁穆源	5000
	40	蓝天科大新材料有限责任公司	朱明龙	7500
	41	北京新材料孵化器有限公司	王　兵	500
D类	42	北京科大天工科技服务有限公司	何民庆	500

科研基地及研发平台

“重大工程材料服役安全研究评价设施”暨“国家材料服役安全科学中心（筹）”

【概况】“国家材料服役安全科学中心（筹）（以下简称NCMS）”于2008年12月由国家发展改革委员会批复组建，依托于我国重大科技基础设施“重大工程材料服役安全研究评价设施”（以下简称MSAF），由项目建设指挥部（以下简称指挥部）负责相关筹建工作。NCMS是首个由教育部部属高校承建的国家科学中心，位于北京市昌平区的中关村国家工程技术创新基地，占地475亩，建设总投资约12亿元，建成后将达到研究人员（含客座研究员、访问学者、博士后）500人，研究生（含博士、硕士研究生）2000人的规模。

NCMS建设包括多相流环境结构材料试验装置，高温高压水汽环境结构材料试验装置，极端、多因素耦合环境材料试验装置等在内的8套具有公共性、通用性，开放共享的大型的工程结构材料服役安全科学研究试验装置，全面提升大尺寸/全尺寸构件及材料的试验研究能力和安全评价技术的整体实力，建立我国自主的工程材料安全服役标准和规范。NCMS的战略目标是在建设世界先进水平的大型工程结构材料服役安全科学研究试验装置的基础上，凝聚一支世界一流的研发团队，建立我国自主的工程材料安全服役标准和规范，最终成为世界一流的、国际化的科学研究机构。

（于龙洋）

【人员状况】NCMS本着“以我为主、按需引进、为我所用”的原则，在建设期中注重人才的汇集，有计划、多层次、多渠道地引进国内外各类专业科学、技术和管理人才，注重复合型人才的吸纳和培养，使师资队伍结构不断优化。2014年，NCMS共有建设人员76人（包括北京科技大学42人、中科院沈阳金属研究所9人、西北工业大学10人、哈尔滨工业大学15人），其中专职在编人员34人，具有博士学位的教师比例为64%，具有高级专业技术职务的教师比例为44%，海外毕业及外校毕业教师比例为61%，35～45岁教师占41%，现有国家千人/外专千人计划特聘教授2人、荣誉教授4人、客座教授4人、高级顾问3人及10余位长期在中心工作的高端外国专家，初步形成了一支结构合理、学科交叉、人员精炼、整体水平较高的科研管理团队。

（贺诗淇）

【装置建设工作】在装置建设工作中，完成了力学化学3000吨试验机、多相流等大型设备的研制、设计及招标采购工作。对高温高压、自然大气等已采购项目实施了严格的监造。本年度，共完成投资额合计5593.8万元人民币（其中含513.3万美元和

54.2万欧元）。

力学化学子项目组完成了30000kN拉压综合试验机的技术方案、参数及配置的确定及招标工作。30000kN拉压综合试验机具有吨位大、设计复杂及投资大的特点，子项目组在与国内外多家厂商研讨完善30000kN拉压综合试验机详细方案设计的基础上，提出了可以进行高温、腐蚀等环境试验的各种实验方法及环境箱与试验机的配合方案，充分考虑了设备的可靠性、稳定性与安全性，同时注重设备功能的先进性及力学－化学环境耦合多试验的融合性，保证了设备在多场耦合环境下进行试验研究能力的先进性。在反力墙和强力地板的建设过程中，由于反力墙、强力地板设计荷载大，在承受拉压荷载的同时承受剪切荷载，因此要求孔位与施工控制精度高，整体浇筑混凝土体量大。经过前期大量的工作，保证了混凝土强度及表面裂纹达到控制要求，完成了反力地板浇筑。在完成设备的设计、招标和施工的过程中，申报国家发明及使用新型专利3项。多相流子项目组完成了四套4英寸试验环路的非标设计以及四套4英寸试验环路系统集成工作的招标采购工作，重点针对介质分离装置的工艺计算进行了深化设计，对不同流态情况下的分离效果进行了校核，提高了装置参数控制的精准性，保证其试验能力在高温高压多相流环境模拟方面具有国际一流的水平。高温高压子项目组逐步完善设计方案，开展了多项开创性设计，先后解决了亚临界和超临界试验管上长度微小裂纹的检测问题、亚临界和超临界试验管内外壁测温、试验管流量及加载力的准确测量问题；完善了球形铰链系统的详细设计方案；完成了亚临界和超临界拉伸机布置与地基、钢架平台等相关性设计；解决了试验管上由于进出水管等附加力所引起的干扰应力问题等。自然大气子项目组本年度在装置监造工作中，进行了装置各子系统的设计方案合理性论证及关键部件的产品质量检查及控制；同时，针对自然大气环境结构材料试验装置的安装、二层钢平台的建造、水电气供给等问题，进行了多次技术交流及实验室现场调研。蠕变子项目组提出并实现了蠕变持久试验机超长时寿命技术要求，通过方案改进与技术创新研制了长时寿命方案原理性样机，并通过前期验证性试验证明了样机的可行性与先进性。特殊地域子项目组完成了装置详细设计报告的编制，召开了领域专家评审会，主要对装置的后期运行费用、耐久性、稳定性等问题进行评审，获得专家认可。开放共享配套设施和仿真试验系统子项目组根据各物理试验装置开放共享的需求，配合自然大气、高温高压等物理装置子项目组在招标过程中提出了试验数据与试验过程监控方面的具体格式与接口要求，保障开放共享服务功能的实现。

（陆永浩、杨斌、于龙洋）

【土建与园区规划工作】在中心和基建处的共同努力下，完成了昌平创新园生活区学生宿舍、博士后公寓、专家公寓及食堂基建工程24580平方米；主楼办公区的A、B楼49996平方米已完成结构封顶，二次结构已完成两层砌筑工作；力学化学厂房的主要难点强力地板、反力墙工程已顺利完成地板浇筑工作；动力中心的土建工程已完成，基本具备供暖条件；园区总配电室与厂房区、生活区的外线工程已基本完成。

在施工建设过程中，中心在基建处的积极配合下，完成厂房平面布置和设备基础设计，为设备进场安装做好前期准备工作。由于自然大气的环境仓和高温高压的超临界－亚临界试验装置均为非标设备，设备基础和用电负荷设计等都要根据设备的特殊选型和要求进行细化设计，多次组织设备制造厂家的研究讨论。年内，自然大气厂房、高温高压厂房、多相流试验装置厂房的平面布置和设备基础设计已完成。

（王志强）

【国际化进程推进工作】2014年，NCMS积极开展国际学术交流，成功地申报并入选科技部的“材料服役安全国际联合研究中心”，同时执行北京市国际科技合作基地能力提升项目1项。邀请外国材料服役领域相关专家20余人次来华进行装置建设指导工作、讲学、授课以及学术交流。国家短期“千人计划”Shoji教授在中国及日本积极参与指导高温高压水汽环境结构材料试验装置的详细设计与监制，并在其联系下，与日本东北大学相关课题组就装置的相关基础研究已开展了深度合作，为装置的建设质量和未来运行提供了保障。日本石油公司的Honda博士指导多相流装置设计及建设，先后8次参与了多相流子项目组与设计咨询单位及工程公司的技术交流会议、专家论证会等，顺利地完成了多相流装置的整体设计与制造招标采购；持续聘请美国佐治亚理工大学的史建军教授、密歇根大学的金炯华教授开展工业数据挖掘、数据共享及仿真平台建设指导工作，联合培养2名博士研究生。新聘请瑞典皇家工学院Leygraf院士为学校荣誉教授、潘金山教授为客座教授。2014年11月，NCMS组织召开了“2014-NCMS材料/结构安全科学与工程国际论坛”，并在2013年与瑞典皇家工学院（KTH）签订的CO-GEM合作协议下，进一步制定了未来5年的合作路线图。

（金　莹、常　海）

【预研工作与用户拓展】在“边建设、边科研”的指导思想下，提出“工程结构材料大尺度/全尺度动态服役性能试验评价技术”“工程材料/构件失效调查分析规范研制”以及“船用钢材数据平台顶层框架研究”等国家重大专项需求建议、高技术船舶和国家自然科学基金等项目建议40余项。新增“国家自然科学基金”等科研项目17项。开展XXXX条件建设项目的环评、安评等验收工作，完成973项目等结题验收，配合甲方完成了科技支撑计划项目——高速铁路关键材料课题项目及验收工作。积极参与“十二五”国家重大科技基础设施建设项目——北京先进光源装置预研工作，与中科院高能所一起完成了项目建议书的申报评审工作，并获得国家发改委的立项批复。

（张利欣、于龙洋）

【研究生培养】NCMS创新研究生培养环节，继续践行国际化教育理念，邀请国际知名研究机构学者讲授专业课程，进行学术报告，并联合指导研究生。本年度，NCMS开设海外名师精品课程2门，组织研究生参与国际学术研讨会2次，共派出3名研究生赴欧洲、日本进行短期访学与联合培养，并资助多名同学赴海外参加国际会议，初步与美国密歇根大学形成联合培养工程硕士合作协议，进行研究生联合与交换培养。

为吸引优质生源，促进高水平就业，NCMS修订了奖助学金体系，规范了评优办法。结合往届生源分布，组织各学科专业老师赴多地开展招生宣传工作。同时，在7月举办了首届“材料服役安全暑假短期培训班”。2014届研究生整体就业率100%、毕业生签约率65%，连续三年实现全就业，再次获学校“就业率优胜奖”。

（章立军、贺诗淇）

【党建工作】2014年成立了NCMS党总支，召开了党总支第一次全体党员代表大会，选举产生了党总支书记及党总支委员；NCMS党总支下设2个教职工党支部、6个学生党支部。

年内，共发展8名中共预备党员，培养17名入党积极分子。结合多学科交叉特点，NCMS党总支组织各党支部与中国科学院高能物理研究所、化学研究所等科研机构联合开展“1+N”主题实践活动，落实学生的联合培养工作，共同开展实验，联合实施科研项目，促进教育教学主战场的建设，荣获学校“学生党建和思想政治教育”专项奖。

（蒋灵斌）

新金属材料国家重点实验室

【概况】新金属材料国家重点实验室（以下简称“重点实验室”）按照开放、流动，联合与竞争的运行机制，保持前沿性、创新性、系统性、深入性和长期性的研究特色，学术研究立足于金属材料科学的前沿问题和我国国民经济建设中的重大金属材料科学的应用基础问题，注重新材料的模拟设计－制备工艺－组织结构－综合性能－安全服役行为关系的研究，在金属材料的科学规律、制备技术与工艺、计算模拟与设计、服役评价和实验技术等方面进行系统深入地探索。目标是发展以新金属间化合物结构材料与新金属功能材料为主的新型金属材料、新金属能源材料及先进制备技术。

重点实验室具有材料科学与工程一级学科博士学位授予权，涵盖材料物理与化学、材料学和材料加工3个二级学科，并与凝聚态物理、冶金学、力学等学科相交叉。已建设有5个公共检测平台：材料性能测试平台、物理模拟系统平台、物质结构分析平台、材料制备与加工平台、高性能计算模拟平台；4个重点研究基地：国家111创新引智基地、国家军工实验基地、中广核联合实验基地、中国铝业联合研发基地；是同时获得中国计量认证（CMA）以及中国合格评定国家认可委员会（CNAS）实验室认可的实验室。近年来，重点实验室在学科建设、队伍素质、科研装备、科技创新和开放交流等方面都得到了很大发展。

重点实验室现有美国工程院院士、中国工程院外籍院士1人、973首席科学家2人、国家“千人计划”入选者2人、国家“外专千人计划”入选者1人、国家自然科学基金杰出青年基金获得者5人、国家自然科学基金优秀青年基金2人、教育部长江学者奖励计划特聘教授8人、讲座教授1人，百千万人才3人、教育部跨（新）世纪优秀人才16人、北京市科技新星5人。高层次人才队伍正在不断壮大。

（隋延力）

【学术梯队建设】针对2013年度评估专家提出的建议，重点实验室对现有的人才引进培养政策、自主课题的设置及开放交流规章制度等方面进行了调整，明确了引进与培养并举的方针，并对重点实验室现有的青年学者进行了考察，确定了重点培养对象，从自主课题、出国留学交流等方面加大支持力度。

为了加强学术梯队建设，充分调动广大科研人员的积极性和自主创造性，提高重点实验室的整体实力，提升科研水平，扩大学术影响，并为引进高层次人才以及培养青年领军人才创造条件，重点实验室对2008年制定的《新金属材料国家重点实验室梯队建设办法》及《新金属材料国家重点实验室学术梯队考核办法》进行了修订，设立专项配套基金支持梯队申报教育部和基金委创新团队及人才奖项，明确了梯队负责人的责、权、利，进一步鼓励团结协作，合理分工。

2014年度，重点实验室在青年人才培养方面取得突破，吴渊博士成功地获得国家自然基金委优秀青年基金支持。在高层次人才引进和学科梯队建设方面取得进展，引进从事材料计算学方面千人计划教授1名，增强了重点实验室在该方向的研究实力，拟建立材料计算模拟梯队。吕昭平教授负责的教育部长江学者创新团队“块体非晶合金原子结构、本征特性与应用潜力的基础研究”进行了结题验收，评审结果为优秀，顺利得到滚动支持。

在硬件建设方面，围绕重点实验室的主要研究方向，加强公共实验平台的软、硬件建设。2014年积极申报财政部、教育部国家重点实验室科研仪器设备购置、研制及升级改造计划，成功地申请到大型仪器设备购置及修缮经费5002万元。

（吕昭平）

【科研工作】重点实验室在科研工作中继续坚持前沿性、创新性、系统性、深入性和长期性的研究特色，并不断探索新的学科领域和方向，强化交叉与融合；重视国家在材料领域的重大需求，积极组织和争取国家重大科技计划，注重自主课题的重点布局和国家重大科技计划的培育，促进科研工作稳步发展和突破。①承揽国家重大、重点科研项目的能力和科研水平继续提升。2014年承担纵向课题157项、横向课题101项。科研到款11803万元，其中纵向到款10155万元、横向到款1648万元。共发表期刊论文265篇，其中国外期刊190篇、国内核心期刊70篇、国内一般期刊5篇。SCI收录202篇，EI收录39篇。*Progress in Materials Science* 1篇（影响因子25.87），*Nano Letters* 1篇（影响因子12.94），*Nano Energy* 1篇（影响因子10.211），*Acta Materialia* 8篇，影响因子大于10的有3篇，10-5的有13篇，5-4的有8篇，4-3的有37篇，3-2的有67篇，2-1的有43篇。Top期刊71篇，1区论文30篇，占比11.3%。②发表的文章在数量增加的基础上，质量也显著提升。授权国家发明专利43项，申请发明专利64项，申请PCT国际发明专利2项。出版中文专著5部。获得国家技术发明奖二等奖1项、国家级教学成果奖一等奖1项、省部级二等奖1项、二等奖2项、中国专利优秀奖1项、宝钢优秀教师特等奖1项。国际先进成果鉴定2项。③承办学术会议13次，其中国际会议6次。提交学术报告75篇，其中特邀报告36篇、国际会议46篇。

（李龙飞）

【实验室建设】重点实验室紧紧围绕主要任务和研究方向，致力于公共实验平台和基地的软、硬件建设。在公共实验平台软件建设的同时，积极、稳妥地进行实验仪器设备升级改造工作等硬件建设。重点实验室注重建立管理有序、运行高效的仪器设备公用和科研平台，并优化布局实验场地，仪器设备集中放置，采用按功能划分的方法，将所有仪器设备按功能集中放置、统一管理、专人负责，大大地提高了实验空间的利用率。至2014年年底，重点实验室拥有仪器设备共1682台套，设备原值近9707万元，其中100万元以上设备15台套、30万元以上设备45台套，具备了较完整的从材料合成与制备、相与组织结构分析、性能测试与服役评价到计算与模拟的各种精密仪器设备和装置。

继续完善重点实验室质量管理体系，确保了试验的规范化，量值的溯源化，检测结果的公正性、准确性和可靠性，提高了为科研教学服务的质量。作为同时取得CNAS和CMA资质的国家重点实验室，为维持体系的运行，不断持续改进检测技术与管理能力，不断持续改进，逐步完善质量管理体系。2014年9月25～26日，重点实验室接受了中国合格评定国家认可委员会的实验室认可（CNAS）和资质认定（CMA）“二合一”现场定期监督评审，并顺利通过了认可委的合格评定。

为了充分利用仪器设备，在完成学校的教学科研和实验任务的同时，重点实验室的大型精密仪器与设备均向社会开放，积极为科研院所、大专院校和工矿企业提供优质服务。同时利用基地与平台的优势开展相关技术培训，培养研究生的技术创新能力。

（王建国）

【开放交流与合作】2014年，接待了20批60人次科研院所同行、企业人员来访，33人次出国访问交流。执行聘请外国专家项目5项，拥有海外学习经历的本科生和研究生4人。合作发表高水平研究论文15篇。全年组织学术报告17场，聘请多位国际知名大学教授作为客座教授，与实验室进行多方面合作与交流，累计出席各类人员800余人次。来访者中包括众多国际知名的学者，如美国P.K. Liaw教授、Lewandowski教授、ASM Fellow Young-Won Kim教授，也包括近年在材料领域活跃的青年专家，如宾州大学的商顺利、阿贡国家实验室Yang Ren。他们都与重点实验室有着稳固的合作关系，不仅和重点实验室的合作者进行学术交流，同时他们精彩的报告，还给研究生接触国际材料科学前沿，领略材料科学大师的思想、研究方法提供了机会。

重点实验室2012年度资助的开放课题正在进行结题验收。据初步统计，2012年度开放课题研究成果继续保持良好的发展势头，共发表学术论文38篇，影响因子超过3的论文10篇（*Journal of Materials Chemistry C* 1篇、*ACS Applied Materials & Interfaces* 4篇、*Scientific Reports*1篇、*Langmuir* 1篇、*RSC Advances* 1篇、*Applied Physics Letters* 2篇）；影响因子介于3和1之间的论文3篇。

2013年度资助开放课题的中期评估工作已经完成，课题进展基本顺利。共发表学术论文19篇，其中影响因子超过10的3篇（*Advanced Materials*、*Advanced Energy Materials*、*Nature Communications*各1篇），影响因子介于10和3之间的1篇（*Cryst Eng Comm*）。申报国家发明专利1项。

2014年度重点实验室共收到开放课题课题申请17份，经形式审查、评审和主任会议讨论，资助包括重点课题、自由申请课题等两种类型的开放课题13项，滚动资助2013年结题考评优秀的项目2项，资助总经费130万元；2013年度实际拨付开放课题经费36万元。

重点实验室秉承开放交流的传统，先后接待了来自全国多个省、市地区1000余人次参观考察。其中包括无锡科技局等政府职能部门，中建集团等企业单位，中国机械科学研究院等科研院所，西南科技大学等高校。本年度，重点实验室积极响应国家发展科普教育的方针，重点面向全国中小学生开放，先后接待了全国青少年科技夏令营、北京石油大学附属中学、北方交通大学附属中学、北京科技大学附属小学等多家单位，弘扬了国家重点实验室面向全国和全社会开放的精神，取得了良好的社会效益。

（蔡元华、叶　丰、乔　祎）

【党建、工会与研究生工作】2014年，重点实验室党委紧紧围绕着学校中心工作开展，较好地完成了党委换届和第十一届党代会选举工作。同时抓好班子自身建设，反腐倡廉，开好民主生活会，完善制度，使基层党组织和广大党员在思想上有新的认识，在理念上有新的突破，在素质上有新的提高，进一步发挥党组织的战斗堡垒作用和党员的先锋模范作用，做好党支部书记培训工作，基层党组织活动立项活动覆盖率达到100%。积极开展各种形式的支部活动和工会小组活动，争先创优，凝聚人心。

重点实验室组织了丰富多彩的文体活动。积极参加了校工会举办的教职工春季徒步健身长走活动和一系列体育比赛：北京科技大学教职工第三十七届田径综合运动会、北京科技大学2014年第十二届教职工排球比赛、北京科技大学2014年教职工羽毛球比赛、北京科技大学2014年乒乓球邀请赛。参加学校工会举办的“我最喜欢的菜品”推荐评选活动，并获得一等奖。同时组织了重点实验室教职工第九届棋牌比赛和首届重点实验室教职工趣味运动会，受到教工的一致好评。分工会组织教职工及研究生共赴太原钢铁公司参观考察、交流学习，寻求双方合作。2014年，非晶合金梯队荣获北京科技大学师德先进集体荣誉称号，林均品教授荣获北京科技大学师德标兵荣誉称号。

2014年，重点实验室研究生培养工作坚持以科学发展观为指导，在重点实验室的正确领导和全体师生的共同努力下，在培养工作中严把“三关”：一是生源关。在校内外、京内外举办招生宣传咨询会，举办夏令营吸引优质生源。二是培养关。因材施教，开展了形式多样的学术研讨活动，定期组织重点实验室研究生学生论坛活动和国内外同行专家、学者来室讲学活动。三是加强研究生教务管理，协助、监督过程规范，进一步完善研究生培养的各项规章制度和制定一批新的规章制度，进一步使研究生培养工作进入规范化与制度化的有机运行轨道。

2014年，重点实验室研究生工作以服务学生、帮助学生解决实际困难为目标，认真做好研究生党建、学风建设、安全稳定、班级建设、研究生就业等日常工作，并注意加强工作研究，提升研究生思想政治教育的理论水平。研究生党建工作围绕学习和践行社会主义核心价值观教育，坚持做好党员发展、团学推优等党员发展环节，加强预备党员和支部书记的培训，提高党性修养和理论水平，围绕社会热点，做好党员思想动态分析。围绕研究生创新精神培养，紧密结合校研究生学术论坛工作，做好暑期科技服务与挂职锻炼工作，加强学术诚信与学术道德教育，提升研究生科研创新能力。同时，从宿舍安全、实验室安全、身体健康、心理健康等方面入手，加强研究生安全教育，做好心理排查，保证心理健康，维护稳定的教学科研环境，同时，进一步做好毕业生就业指导与就业服务，毕业生就业率连续6年达到100%。

（孙学辉、王海骊、刘斌斌）

钢铁冶金新技术国家重点实验室

【概况】钢铁冶金新技术国家重点实验室（以下简称“冶金国重室”）继2013年通过工程与材料领域国家重点实验室的评估和科技部组织的验收之后，2014年度开始第一年独立运行管理，在实体化运行管理制度建设、科研条件建设、国内外科技合作平台建设及提升科学研究水平方面进展良好。通过积极努力、开拓进取，在四个研究方向，即高温过程反应机理与动力学、能量高效转换与链接、铁矿资源高效利用、钢的纯净化及夹杂物控制，均取得了阶段性的重要研究成果。在炉渣粘度理论、节能减排新技术、资源综合利用、洁净钢生产技术等方面取得了突出成果，初步形成了高水平的综合研究队伍。在争取国家自然科学基金、“973计划”、“863

计划”、科技支撑计划项目等国家重要科研项目方面取得新的进展，横向科研项目稳中有增，特别是中－英国际合作重大项目获得科技部立项。完成了总价值1300万元实验室仪器设备建设任务，并抓住2014年国家财政部给通过科技部评估和建设验收的实验室提供仪器设备建设的机会，高质量地完成了《钢铁冶金新技术国家重点实验室科研仪器设备工作方案》，获批仪器设备建设专项经费3680万元。这些仪器设备将为实验室的进一步发展、开展国内外学术交流与合作奠定坚实的基础。

实验室研究特色鲜明，研究工作既瞄准科学研究的前沿，又立足于行业发展的实际需要，在提高我国钢铁冶金及相关学科的基础理论研究水平，提升自主创新能力，培养钢铁冶金领域的创新人才方面发挥了积极作用，很好地履行了国家重点实验室的职责和任务。

（郭占成）

【科研工作】2014年，实验室共承担“973计划”“863计划”、科技支撑计划、国家自然科学基金重点、优青和面上项目、教育部创新团队和引智计划、重大国际合作项目等纵向在研项目181项、横向在研项目226项，新增项目173项。实到纵向科研经费3482万元，横向科研经费5813万元，经费总计9295万元。发表SCI收录论文143篇（其中1区论文6篇，2区论文17篇，1区论文占比4.2%）、EI收录论文92篇、中文核心期刊论文78篇；获授权国家发明专利42项、实用新型专利17项，计算机软件著作权10项，出版专著3部；获得“烧结电除尘灰分离提取氯化钾技术的理论与实践”等省部级科技奖12项。

在自主研发方面，为充分利用科技部的专项经费，经充分讨论酝酿，设立了4项重点课题，每个课题100万元。目的是集中优势资源，通过3～5年协同攻关，争取在钢铁冶金领域获得重大的原创性创新成果；为培养一批优秀的冶金青年人才，围绕冶金国重室的研究方向，资助了12项由40岁以下青年教师负责的自主研发课题。在开放课题方面，资助了11项开放研究课题，重点资助研究领域包括共生矿的冶金理论与新技术、低碳冶金新工艺、冶金能源技术（焦化/生物质能源）、连铸凝固组织控制、熔体结构与性质、二次资源综合利用。

冶金国重室注重实质性的国内外合作。与塔塔集团合作建立了联合研发中心；与英国华威大学、塔塔集团及首钢集团，联合承担了国家科技部“中英炼钢领域钢渣能量与材料回收”国际合作研究项目。与宁波太极环保公司合作建立的“钢铁冶金固废资源综合利用研发中心”取得了重要的合作研究成果。根据冶金行业的发展需求及实验室的科研实力，成功申报并获批了“全国循环经济工程实验室”，为实验室及学校的基地建设和学科发展创造了条件。

冶金国重室组织学术骨干多次与国内冶金相关国家重点实验室、工程中心等进行交流，探讨组建“全国冶金行业重点实验室创新联盟”，以期相互学习、协调发展，共同凝炼及研发重大科研技术问题、促进冶金科学发展。这项活动得到了相关重点实验室的积极响应。以冶金国重室牵头，起草了《冶金国家重点实验室创新联盟章程》。

（张迎芳）

附　录

2014年钢铁冶金新技术国家重点实验室承担的部分课题

序号	课题名称	项目（课题）编号	负责人及单位	起止时间	总经费（万元）	本年度经费（万元）	经费来源	类别	类型	研究方向
1	基于转底炉直接还原的高磷铁矿铁磷分离新工艺基础研究	51374024	薛庆国 北京科技大学	2014-2017	83	41.5	国家	主要负责	国家自然科学基金	能量高效转换与链接
2	镁对H_{13}热作模具钢夹杂物和碳化物析出行为的研究	51374022	李　晶 北京科技大学	2014-2017	80	48	国家	主要负责	国家自然科学基金	钢的洁净化及夹杂物控制
3	钢中大颗粒夹杂物及Ds类夹杂物来源、形成机理及去除的基础研究	51474023	张炯明 北京科技大学	2015-2018	86	38.7	国家	主要负责	国家自然科学基金	钢的洁净化及夹杂物控制
4	熔融氧化物体系电解制备液态铁及其合金的基础研究	51474020	焦树强 北京科技大学	2015-2018	80	36	国家	主要负责	国家自然科学基金	高温过程反应机理与动力学
5	同位素气体交换技术研究钢液、熔渣表面的吸/放氮反应动力学	51474019	胡晓军 北京科技大学	2015-2018	85	38.25	国家	主要负责	国家自然科学基金	高温过程反应机理与动力学
6	铝业高铁赤泥用作炼钢冷却剂/造渣剂/脱磷剂的应用基础研究	51474021	张延玲 北京科技大学	2015-2018	80	36	国家	主要负责	国家自然科学基金	铁矿资源高效利用
7	利用熔渣电解对钢液进行脱氧和合金化	1304018	张国华 北京科技大学	2014-2016	25	15	国家	主要负责	国家自然科学基金	高温过程反应机理与动力学
8	IF钢中非金属夹杂物三维特征的解析与控制基础研究	51404018	王　敏 北京科技大学	2015-2017	25	15	国家	主要负责	国家自然科学基金	钢的洁净化及夹杂物控制
9	转底炉珠铁法综合利用白云鄂博稀土复合铁矿工艺基础研究	51304015	佘雪峰 北京科技大学	2014-2016	25	15	国家	主要负责	国家自然科学基金	能量高效转换与链接

续表

序号	课题名称	项目（课题）编号	负责人及单位	起止时间	总经费（万元）	本年度经费（万元）	经费来源	类别	类型	研究方向
10	中英炼钢领域能量与材料回收合作研究	无编号	胡晓军 北京科技大学	2015-2018	200	0	国家	主要负责	科技部国际合作项目	高温过程反应机理与动力学
11	高效低成本洁净钢生产平台关键技术研究	2014-087	包燕平 北京科技大学	2014-2016	200	40	企业	主要负责	技术开发	钢的洁净化及夹杂物控制
12	张钢高炉高效炼铁综合技术开发	2014-105	王静松 北京科技大学	2014-2016	208	50	企业	主要负责	技术开发	能量高效转换与链接
13	利用钢铁企业烧结电除尘灰生产氯化钾的方法	2011-261	郭占成 北京科技大学	2011-2014	300	200	企业	主要负责	专利转让	铁矿资源高效利用

（赵世强）

【师资队伍与研究生培养建设】冶金国重室有固定及兼职研究人员70人，其中教授、研究员45人，副教授、高工11人，讲师和工程师等14人，具有博士学位的研究人员占83%。其中中科院院士1人、杰青3人、长江学者4人、“973”首席科学家1人、青年千人1人、百千万人才4人、优青2人、新世纪人才7人、北京市名师1人、北京市突出贡献专家1人。2014年，在培养优秀人才方面取得了较大进步，新增长江学者1人，1位教师晋升为教授，2位青年教师晋升副教授，5位教授入选北京科技大学“建龙特聘教授”。此外，还有400多名博士后、博士研究生和硕士研究生在实验室从事研究工作。冶金国重室设有行政管理、仪器设备管理人员9人。同时，还聘请国内外知名专家、学者40多人作为客座教授，参与实验室的研究工作。

2014年，毕业博士研究生18人，硕士研究生32人，其中14人获得优秀毕业生称号。除部分硕士毕业研究生直接攻读博士学位外，全部就业于高校、科研单位及大型国有企业。

（焦树强）

【对外交流】2014年，冶金国重室国际化平台建设进展良好。通过聘请北京科技大学荣誉教授、客座教授的途径，与日本东京大学、英国莱斯特大学、韩国浦项工业大学、加拿大多伦多大学等高校深化了校际学术交流与合作，在青年教师访学、博士后培养方面都取得了实质性的进展。邀请美、英、日、德、加、韩、丹、墨等国的10位知名专家及20余位学者来校进行学术交流，扩大了国际影响，提升了冶金国重室的学术水平。举办“冶金大讲堂”讲座10次，900多人次参加。主办/承办了2次国内重要学术年会，协办了1次国际学术会议。应邀在国内外钢铁冶金、冶金物理化学、熔岩电化学等学术会议上作特邀报告7人次，派出参加国际交流30多人次，通过这些活动，活跃了冶金国重室的学术氛围。

积极开展公众开放活动，充分宣传冶金国重室，展示冶金国重室的科研成绩，还促进了科普资源共享，向社会公众尤其是青少年普及科学知识，宣传科学思想和科学方法，使得冶金国重室更好地履行服务社会的职能。2014年，冶金国重室面向广大科技爱好者在开展科普教育、宣传科学思想等方面做了许多工作：出版了《钢铁是这样炼成的》科谱和培训教材，开展科普讲座5次，接待参观访问19次、学生夏令营1次、学生社会实践9次，接待参访800余人次，其中包括韩国浦项工业大学教授及其课题组成员、印度塔塔集团总裁、湛江市领导、昆明理工大学校长等参访活动。

（程慧静）

【实验平台建设与管理】冶金国重室随着所购大型特色仪器设备增多，在设备管理、提高设备利用率、对外测试服务的规范化等方面出现了新的问题。为此冶金国重室与校资产管理处联合开展了“大型仪器设备实验管理平台”的建设，于2014年在校内率先全面实施“仪器设备网络化运行管理”技术。这项技术实现了实验室仪器网络化实时管理、仪器分管共享、开放预约、科研数据管理、科研成果管理、经费结算、效益评估等功能。为新设备的购置和管理机制创新提供决策依据，有效地避免仪器设备重复购置、低效率运行等现象的发生。同时，有利于对外测试服务与科研合作，为评价仪器设备利用率及效益提供了科学依据。

根据冶金国重室教师的科研需求，2014年购置了“高压热重”“带拉伸压缩功能的高温热成像仪”等6台设备及软件；获批科技部仪器设备建设专项经费3680万元，用于购置设备17台套，分3年实施；申请了“中央高校改善基本办学条件专项资金项目规划（2015～2017年）（学科建设部分）”中80万元的设备修购费，包括两台设备及两套软件，这两项工作对提高冶金国重室的研究实力及装备水平起到了促进作用，为冶金国重室更好地开展科学研究工作创造了条件。

冶金国重室重视实验员的管理，强调设备功能的利用、再开发，提高设备使用率，积极鼓励实验人员申报学校的实验技术成果奖，2014年申报了“大型仪器设备管理及共享系统”“拉曼光谱在钢中微量析出物检测中的应用技术的开发”及“超高温共聚焦显微镜直线磁场的引入及探索”等3项设备功能方面的创新奖，特别是“拉曼光谱在钢中微量析出物检测中的应用技术的开发”，解决了微量析出物难以用现有一般分析设备检测的问题。

在考核方面，探索实验岗人员的考核新模式。在实验室安全管理方面，重视研究生的安全培训，增强研究生安全防范意识；积极参与学校各实验室的安全隐患检查，学习好的管理经验，对在检查中发现的安全隐患及时通报整改；公共实验室由实验员负责，教师自建实验室施行实验员监督、教师负责的二级管理方式，有效地促进了实验室的建设。

（李　晶）

附　录

钢铁冶金新技术国家重点实验室新增仪器设备表

实验室名称	主要仪器、设备	主要检测项目
物相分析实验室	带拉伸压缩超高温共聚焦显微镜（VL2000DX-SVF17SP-SVF15FTC）	观察材料熔融、凝固和结晶过程，观察拉伸压缩过程试样表面组织、金相及裂痕变化
综合热分析实验室	高温高压热重分析仪	差热、热重、扫描量热、热膨胀等热分析
粉体物性分析实验室	DHTT-II熔化结晶温度测试仪	对连铸（或模铸）保护渣、非金属矿物、冶金炉渣熔化结晶过程原位分析
仪器分析实验室	OPA-200金属原位分析仪	元素成分、偏析、疏松、夹杂物检测
实验车间	0.5kg小电渣炉	电渣重熔

（李　晶）

【支部建设】在冶金与生态工程学院党委领导下的冶金国重室党支部，结合2013年进行的“党的群众路线教育实践活动”，查找“四风”问题，组织党员参观学习。通过参观学习，加强了支部的凝聚力，各位党员意识到不断加强党性修养、强化党纪观念、提升思想境界的重要性，表示要将保持党的群众路线教育活动落到实处，全身心地投入到科研工作中去，把冶金国重室建设好，运行好，使其为钢铁工业的发展与创新发挥积极的作用。党支部始终保持与学校及院党委的一致性，保证党基层工作的正常运行。针对研究生单独招生，2015年拟成立党小组，进一步加强对学生的政治思想教育。建立党员活动日，加强冶金国重室党支部的凝聚力，增强党性观念及党员意识，促进冶金国重室各项工作的顺利开展。

（左晓剑）

固体电解质冶金测试技术国家专业实验室

（新能源材料与技术北京市重点实验室）

【概况】固体电解质冶金测试技术国家专业实验室（以下简称“专业实验室”）的学术研究立足于功能材料，特别是新能源材料的学科前沿问题以及纳米材料和技术在能源材料方面的应用基础问题，主要进行锂离子电池、燃料电池、混合导体透氧材料、太阳能电池、纳米发电机关键材料，以及核能、热电、介电、传感器等材料及纳米技术的研究。专业实验室的目标是建设成为北京地区新能源材料的研究基地，进而加强北京地区在新能源理论、技术与应用上的研究，促进北京地区能源、电力、交通、电子等相关行业的迅猛发展，同时成为立足北京、面向全国培养博士和硕士学位研究生的先进育人基地。

自2005年11月批准成立“新能源材料与技术北京市重点实验室”以来，固体电解质冶金测试技术国家专业实验室并新能源材料与技术北京市重点实验室拥有注射成型机、磁控溅射仪、电子束蒸镀、原子层沉积、热压炉、热分析仪、表面性质分析仪、电化学工作站、热膨胀仪、冷等静压机、高温X射线仪、多功能热分析仪、红外分析仪、真空烧结炉、交流阻抗频谱仪、手套箱、显微拉曼光谱仪、热场发射扫描电子显微镜和聚焦离子束加工系统等8万元以上设备32台（套），具备开展诸如高能锂离子电池、燃料电池、太阳电池、热电材料、薄膜传感器和纳米发电机等较高水平的研究能力。实验室面积1000平方米，有专职人员29人、兼职人员12人。2014年培养本科生66人、研究生128人。

（赵海雷）

【科研活动】2013年，专业实验室承担各种科研项目66项，其中国家级项目42项，其他项目24项；科研经费到位2890.8万元；发表论文225篇，其中SCI、EI、ISTP检索收录150篇；申报专利48项，获授权专利38项。

（赵海雷）

【对外交流】专业实验室按照国家重点实验室开放、联合与交流的方针，利用设备及技术上的优势，承担了国内外高校、科研单位和企业的科学研究、性能测试、检验及分析等技术服务与咨询工作。2014年，专业实验室承担了高等学校学科创新引智计划项目“功能性纳器件基础与应用引智基地”，先后邀请了美国佐治亚理工学院王中林院士、美国斯坦福大学崔屹教授、美国威斯康星大学麦迪逊分校王旭东教授、英国曼彻斯特大学Max Migliorato教授、韩国成均馆大学Sang-Woo Kim教授与德国Wiley出版集团中国区主任兼Small杂志主编José Oliveira博士6位能源与纳米材料研究领域的著名专家来校学术交流。6位学术大师共为学校师生作学术报告6场，受益师生1200余人次。另外，学术大师还为学校本科生、研究生开设短期课程2门，授课30个学时。本年度，实验室人员参加国际学术会议超过60人次。

（赵海雷）

国家板带生产先进装备工程技术研究中心

【概况】2006年，经教育部批复（教技函〔2006〕30号），依托学校建设“先进板带生产装备与控制教育部工程研究中心”，并于2011年通过教育部验收（教技函〔2011〕9号）。2009年，经科技部批复（国科发计〔2009〕73号），在教育部板带中心的基础上，依托学校建设“国家板带生产先进装备工程技术研究中心”。学校成立了专门机构承担建设任务。2012年，国家板带生产先进装备工程技术研究中心（以下简称“板带中心”）经过3年建设，完成各项任务，通过国家验收并获优秀，位列同期验收的27个国家板带中心第2名。学校根据未来发展需要，将“教育部板带中心”和“国家板带中心”组织管理机构归一，并与机械工程学院共建。校内外的协建单位主要有冶金工程研究院和北京赛能杰高新技术股份有限公司等。

（杨　荃）

【管理运行】板带中心设管理委员会、建设工作组、工程技术委员会、主任管理团队和技术研发部、工程项目部、综合管理部等职能部门。①健全规章制度管理体系。按照“边建设、边运行、边发展”的运行模式，树立“模拟法人，集中管理，用心工作，开心生活”的现代化管理理念，参照工程技术公司管理制度和质量认证体系，建立了完整的规章制度管理体系。②充分发挥依托单位学科人才优势，探索建立了人员双聘制。

（梁治国）

【科研活动】2014年，板带中心协同相关合作单位，在板带装备设计、板带质量检测与精准控制、绿色制造和节能减排技术研发方面又有新的进展：①新增精密轧制技术及成果辐射企业3家。板带中心完成了鞍钢股份有限公司冷轧硅钢厂1500mm冷连轧机改造工程、迁钢1580热连轧薄规格断面和板形攻关、唐山不锈钢1580热连轧板形控制系统优化等3项技术攻关，形成了包括无取向硅钢热轧、冷轧一体化矩形断面控制技术、热轧薄规格平坦度控制技术等一批国际先进技术成果，取得了良好的应用效果。②超声显微镜的板带内部缺陷非接触在线检测技术的研究，研究基于超声显微镜先进技术的超声无损检测技术，对板带的组织性能、内部缺陷和表面缺陷等质量进行无损、非接触监检测技术装备开发，结合“国家板带生产先进装备工程技术中心”精密合金板带试验线建设工程，建成精密带钢典型内部质量缺陷，包括夹杂物、气泡、缩孔等缺陷演化规律和质量准在线测控系统。③优化升级轧制过程仿真实训教学系统。中心对已开发的中厚板、热连轧、冷连轧、单机可逆冷轧、小棒材、高速线材及加热炉7套轧制过程仿真实训教学系统进行优化升级，完成包头钢铁职业技术学院等3所专科职业学校以及重庆大学等本科高校的教学推广应用，开展系统培训150余人次，并培育潜在客户10余家，如重庆科技学院、鞍钢等，有力地推动了国家轧制技术教学实训水平的进步。

（梁治国、王晓晨、孙友昭）

【基地建设和能力建设情况】①建立“国家板带生产先进装备工程技术中心江苏淮工分中心”。为了发挥北京科技大学国家板带生产先进装备工程技术研究中心科学研究和人才资源优势，促进江苏及长三角地区装备制造业相关产业发展，推动重大科技成果转化，努力打造“板带生产先进装备关键技术研发基地”，2014年，板带中心与淮阴工学院经友好协商，并报请学校批准，本着“优势互补、友好合作、讲求实效、产学研共赢”的原则，在淮阴工学院设立“国家板带生产先进装备工程技术中心江苏淮工分中心”。分中心的产学研合作机制主要采取分中心、企业合作和分中心、高校院所合作的方式，使分中心成为学校相关学科在江苏及长三角地区的研发和转化基地。②抓紧建设精密合金板带生产线。作为板带中心未来发展建设的主要板带新工艺试验生产线（精密合金板带生产线），自板带中心机构成立之日开始，就一直是板带中心和依托单位共同努力推进落实的工作。板带中心新工艺试验生产线已纳入依托单位承建的“国家科学中心”配套工程，选址北京市昌平区中关村国家工程技术创新基地进行建设，建筑面积约1200平方米，是进行高新技术研发和成果转化的示范工程。2014年，板带中心对激光超声系统、超声显微镜系统和X射线衍射仪系统等先进板带生产线进行了技术研讨和设备论证，完成设备采购招投标，已经开始全面供货，并投入使用。

（梁治国）

【学术交流与合作】2014年，板带中心积极参加相关领域的技术交流会，将最新研究成果展示给相关同行。其中包括出席2014年中国冶金装备论坛，与法国国立巴黎高等矿业学校实验室建立合作关系，联合培养博士生，选派一线科研教师赴德国亚琛工业大学访学交流，参加2014冶金设备学会交流，参加中国工程院“流程工业机械装备在役再制造工程战略研究”项目交流等国内外学术交流共15场35余人次，为企业进行了技术培训150人次，进一步地扩大了板带中心的影响。

（马　粹）

附　录

国家板带中心2014年参加国内外学术交流情况一览表

序号	学术交流	人次
1	中国冶金装备论坛（宜昌）	2
2	2014中国金属学会冶金设备分会（宁波）	5
3	浙江振石集团2014年会暨东方特钢交流研讨会（浙江）	1
4	无酸除磷技术交流（邯郸）	2
5	轧辊技术交流（邢台）	1
6	邯钢河北省工程技术中心交流（邯郸）	1
7	中国工程院“流程工业机械装备在役再制造工程战略研究”项目研讨会（北京）	10
8	法国国立巴黎高等矿业学校Pierre Montmitonnet教授来访（北京）	6
9	法国国立巴黎高等矿业学校联合培养博士生（法国）	2
10	德国亚琛工业大学访学（德国）	1
11	德国亚琛工业大学交流（德国）	1
12	第十五届全国水射流技术与应用研讨会（青岛）	1
13	全国2014年重型机械基础配套件发展论坛（苏州）	1
14	中国物料搬运技术与设备发展论坛（CMHF 2014）（沈阳）	1
15	中国（上海）国际机器视觉展览会暨机器视觉技术及工业应用研讨会（上海）	1

国家板带中心2014年进行行业技术培训情况一览表

序号	技术培训名称	人次
1	中国冶金装备论坛（宜昌）	50
2	轧钢实训软件培训（多校）	100

材料科学数据共享网

【概况】材料科学数据共享网项目于2009年10月由国家科技部批复建设，由教育部担任牵头部门。项目承担单位包括北京科技大学、中国科学院金属研究所和西北工业大学等16家高校和科研院所，项目管理办公室设在北京科技大学。

材料科学数据是工程与装备设计、制造与服役安全评估、新材料研发等活动不可缺少的重要信息。材料科学数据共享网项目建设的总体目标是：以满足国家经济与国防建设和材料科学技术创新研究与快速发展需求为目标，以现有较为成熟的材料科学数据资源为基础，结合国家重大工程、支柱产业发展、国防建设等实际应用需求，评价、整合、重构材料科学数据资源，建立跨部门、跨地区、多层次、异构、分布、有序共享的材料科学数据体系。形成数据齐全完整、存储安全可靠、使用灵活方便的材料数据服务体系和共享网，最大限度地发挥数据信息的效益，满足国家建设、社会发展与科技创新的迫切需要。研究制定符合材料数据特点的共享机制和数据共享相关的标准规范体系。构建面向社会的网络化、智能化的材料科学数据共享服务平台，形成数据采集提交、质量控制、数据存储、安全保障、资源共享、面向应用与数据重构的管理体系。按照统一的标准规范对材料数据进行整合集成，形成材料领域专门化数据共享资源结点，在此基础上建设数据管理服务中心，初步构建成材料科学数据共享网。

至2014年底，材料科学数据共享网项目已完成了全部10个材料数据共享资源结点和2个面向应用的主体库的结构建设，即材料基础、有色金属材料及特种合金、黑色金属材料、复合材料、有机高分子材料、无机非金属材料、生物医用材料、能源材料、信息材料、天然材料及制品数据共享资源结点和建筑材料、道路交通材料应用主体库。制定形成了26个标准规范草案，形成了5项相关技术软件，并已登记。形成1个名词术语对照词典，5项规章制度，3个材料数据的环境、收集整理及质量分析的分析评价方法。完成了材料科学数据共享网的网站建设，建成了共享网管理与服务中心，纳入中心的数据为25.2万条，分布数据源的数据为40.7万条，合计65.9万条，涉及材料约24250种。向科技基础条件平台中心信息技术中心提交了共享网运行日志，提交元数据236条。通过搜索引擎的多种检索方式，可以实现对各类材料数据的检索。

（尹海清）

【科研活动】2014年2月，材料科学数据共享网在北京召开了材料科学数据共享网项目结题汇报会，对项目总体建设情况、项目考核指标完成情况，共享网功能网上演示、经费使用情况进行了汇报。

2014年2月24～25日，在北京召开的2014中国科学数据大会上，组织并承办了“材料数据及其应用”分会，使材料数据的研究与应用成为科学数据会议的分会主题之一。

2014年10月22～24日，项目组成员尹海清参加了第507次香山会议，议题围绕“科学大数据的前沿问题”展开，同与会的来自地理、生物、天文等领域的数据专家探讨大数据的问题。

2014年10月30至11月3日，材料科学数据共享网项目组成员尹海清代表项目组参加了在韩国济州岛召开的第四届亚洲材料数据会议，并作了大会邀请报告，介绍了中国在材料基因组工程（MGI）方面的研究进展。

（尹海清）

【国际交流】2014年6月，邀请国际CODATA前主席、日本东京大学岩田修一教授来学校讲学，并在材料名师讲坛上作了题为“Materials Design: Yesterday and Future”的报告。

（尹海清）

【队伍建设与人才培养】2014年，共有40余名学者参与了材料科学数据共享网项目的建设，其中教授23人、副教授14人、讲师或博士后4人，全部具有博士学位，50岁以下的中青年占95%。共有15人参与到项目的建设中，其中教授9人、副教授4人。材料科学数据共享网项目已经基本上建成一支稳定的建设队伍。2014年共培养硕士生2人。

（尹海清）

环境断裂教育部重点实验室

【概况】环境断裂研究室（以下简称“研究室”）具有30多年的发展历史，长期从事结构材料特别是钢铁材料的腐蚀、断裂和环境敏感断裂的基础和应用基础研究，获得了丰硕的研究成果，在国内外具有重要影响。几十年来，培养了一批高水平的研究型人才，在国内外知名研究单位、大学和首钢、宝钢等国家大型企业从事科研工作，取得了重要成绩。近年来，研究室在保持原有优势的基础上，开展铁电、铁磁等新型功能材料的制备和性能研究，以及纳米材料的性能研究。经过近十年的发展和积累，1990年研究室被正式批准为教育部开放实验室；1999年更名为环境断裂教育部重点实验室（以下简称“实验室”）。

2014年，实验室有固定人员34人，其中中国科学院院士1人、教授18人、副教授14人，博士生导师18人，长江学者奖励计划特聘教授2人、讲座教授1人、国家杰出青年基金获得者1人、跨（新）世纪优秀人才5人、新世纪百千万创新人才1人、北京市科技新星6人、中组部拔尖人才1人、国家自然科学基金优秀青年基金获得者1人。实验室拥有原子力显微镜、高分辨率电镜、透射电镜、俄歇电子能谱仪、场离子显微镜、宏－微摩擦磨损测试系统、纳米力学探针仪等先进的仪器设备149台（套），设备价值2200万元，其中30万元以上设备21台（套）。

（李金许）

【科研活动】2014年，实验室承担国家支撑计划项目4项，国家科技重大专项2项，“973”项目4项，“863”项目2项，十二五国家科技基础条件平台建设重点任务研究1项，国家自然科学基金重点项目2项、面上项目24项、青年项目5项、军工课题4项、其他省部级项目多项，合同额50万以上的厂协项目18项。在国内外核心期刊上发表论文约85篇，其中SCI收录50余篇。

（李金许）

【人才培养】实验室采取加强国内外交流、培养和引进高层次人才、创造有利的学术环境等措施，积极建设高水平研究队伍，拓宽研究领域，已经培养出一支年龄结构合理、专业方向有机结合、学术气氛浓厚、凝聚力强的研究队伍。

2014年，实验室研究生与往年基本相同，大约160余人在读，其中硕士生100余人，博士生近60人；毕业硕士生46人，博士生12人。

（李金许）

【学术交流】2014年，实验室进一步加强材料科学领域的学术合作与交流。9月，实验室5名教授和副教授参加了在意大利举办的2014欧洲腐蚀大会（EUROCORR 2014）；11月，实验室20余名研究人员参加了在韩国济州岛召开的第19届国际腐蚀大会（19th ICC）。邀请了来自加拿大、英国、日本、美国、中国香港等国家和地区的多位知名学者到实验室讲学和交流。10月，实验室大部分研究人员参加了在武汉举办的第九届海峡两岸材料腐蚀与防护研讨会，参会代表人数300余人。

（李金许）

附　录

环境断裂教育部重点实验室2014年在研课题一览表

项目名称	项目来源	负责人	起止年限	经费（万元）
多重动态海洋环境因素作用下材料腐蚀损伤的机理与规律	国家“973”计划	李金许	2014.1.1-2018.12.31	186
基于纳米材料及结构力学新理论的表征方法和测量原理	国家“973”计划	宿彦京	2012.7.1-2016.12.31	160
高性能钢的组织调控理论与技术基础研究	国家“973”计划	尚成嘉	2010.7.1-2014.12.31	193
核电关键材料及焊接部位在微纳米尺度下的环境形为与蚀效机理工——辐照损伤的计算机模拟和实验研究	国家“973”计划	宿彦京	2011.1.1-2015.12.31	70
大型水利水电工程高陡边坡全生命周期性能演化与安全控制——高陡边坡体锚固机理与性能演化特征	国家“973”计划	何积铨	2011.1.1-2015.12.31	70
南海深水油气开发示范工程	国家科技重大专项	路民旭	2011.1.1-2015.6.30	233
大型油气田及煤层气开发－南海深水油气开发示范工程——荔湾3-1气田设施内腐蚀控制及选材设计	科技部重大专项	路民旭	2011.1.1.2015.6.30	580
基于风险的特种设备事故预防关键技术研究	国家科技支撑计划	李晓刚	2011.1.1-2014.12.31	51
化工园区公用管道安全生产风险防范关键技术研究	国家科技支撑计划	许立宁 杜艳霞	2012.1.1-2014.12.31	131
高强度耐腐蚀石油天然气集输和输送用管线钢生产技术	国家科技支撑计划	柳　伟	2012.2.14-2014.12.31	50
基于风险的油气管道事故预防关键技术研究	国家科技支撑计划	李晓刚 杜翠薇	2012.1.1-2014.12.31	51
中国材料腐蚀现状及材料腐蚀对自然环境污染情况调查	科技部	李晓刚 杜翠薇	2012.4.1-2017.4.30	919

续表

项目名称	项目来源	负责人	起止年限	经费（万元）
新型功能材料的理化性能分析表达方法及应用	科技部	曹江利	2012.9.15-2015.9.30	91
集束射流气动热－力耦合环境模拟试验舱	科技部	俞宏英	2011.10.1-2015.10.31	774
国家材料环境腐蚀野外科学观测研究平台（2013年度）	科技部	李晓刚	2013.11.27-2014.12.31	2900
典型酸碱性土壤环境油气管道用高强钢腐蚀评价方法研究；油气管道用高强钢环境应力腐蚀寿命预测法研究	国家“863”计划	李晓刚	2012.1.1-2014.12.31	76
先进燃料元件包壳材料和外套管材料的辐照考验研究	国家“863”计划	宿彦京	2011.1.1-2014.12.31	180
高强度管线钢土壤腐蚀的关键影响因素及机理研究	国家自然科学基金重点项目	李晓刚	2012.1.1-2016.12.31	300
大气环境中材料薄液膜腐蚀的电化学基础理论研究	国家自然科学基金重点项目	李晓刚	2012.1.1-2016.12.31	90
压水堆核电站蒸汽发生器用690合金传热管的应力腐蚀行为及机理	国家自然科学基金联合基金项目	李晓刚	2013.1.1-2016.12.31	240
纳米多孔金属的力-电-化学介质多场耦合效应研究	国际（地区）合作与交流项目	乔利杰	2012.1.1-2014-12-31	45
金属的腐蚀与防护	国家自然科学基金优秀青年基金项目	董超芳	2013-1-1-2015.12.31	100
液相脉冲放电合成Ni-P合金纳米粉机理的原位XAFS/SAXS研究	国家自然科学基金面上项目	俞宏英	2014.1.1-2017.12.31	80
深海等静压对应力腐蚀的影响规律和机理研究	国家自然科学基金面上项目	宿彦京	2014.1.1-2017.12.31	82
油套管丝扣塑性变形促进腐蚀加速机理和控制措施研究	国家自然科学基金面上项目	路民旭	2014.1.1-2017.12.31	80
交流电/应力场耦合对x80钢SCC裂纹萌生与发展的影响机理	国家自然科学基金面上项目	杜翠薇	2014.1.1-2017.12.31	80
准同型相界铁电材料电卡效应影响规律及机理研究	国家自然科学基金面上项目	白　洋	2014.1.1-2017.12.31	80
磁场、环境耦合作用下Fe-Ga合金应力腐蚀的规律及机理	国家自然科学基金面上项目	李金许	2014.1.1-2017.12.31	80
高强铝合金搅拌摩擦焊内部残余应力分布的多因素关联研究	国家自然科学基金面上项目	张　津	2013.1.1.2016.12.31	79
氧阴极法节能环保制备二氧化锰电解规律研究	国家自然科学基金面上项目	孟惠民	2013.1.1-2016.12.31	80
弥散贵金属微粒增韧复合热障涂层的结构与特性研究	国家自然科学基金面上项目	何业东	2013.1.1-2016.12.31	80
低维纳米尺度金属（Cu、Ni）的腐蚀行为及电化学特征研究	国家自然科学基金面上项目	吴俊升	2013.1.1-2016.12.31	80

续表

项目名称	项目来源	负责人	起止年限	经费（万元）
深水及阴极保护下双相不锈钢氢致应力开裂的氢行为与临界电位研究	国家自然科学基金面上项目	张　雷	2013.1.1-2016.12.31	80
双相不锈钢的相腐蚀及应力腐蚀裂纹萌生发展机制研究	国家自然科学基金面上项目	程学群	2013.1.1-2016.12.31	80
非稳态薄液膜下PCB微纳米尺度环境损伤机制	国家自然科学基金面上项目	肖　葵	2013.1.1-2016.12.31	80
多场耦合条件下铁电多层厚膜电卡效应的动力学研究	国家自然科学基金面上项目	白　洋	2012.1.1-2015.12.31	60
高强管线钢在深海环境中的应力腐蚀规律与机理研究	国家自然科学基金面上项目	李晓刚	2012.1.1-2015.12.31	60
裂纹在沿晶氧化膜内形核的应力腐蚀新机理	国家自然科学基金面上项目	李金许	2012.1.1-2015.12.31	55
先进超高强度不锈钢钝化膜稳定性及其主控机制研究	国家自然科学基金面上项目	董超芳	2012.1.1-2015.12.31	65
大面积阴极等离子电解沉积金属涂层的机理及其涂层特性研究	国家自然科学基金面上项目	何业东	2012.1.1-2015.12.31	55
高含H_2S湿天然气管道冷凝液膜环境下的氢渗透机制	国家自然科学基金面上项目	张　雷	2012.1.1-2015.12.31	60
316L不锈钢在高温高压水中沿晶应力腐蚀开裂裂尖钝化膜的微纳米尺度行为研究	国家自然科学基金青年基金项目	陈　旭	2013.1.1-2015.12.31	25
金属生物膜的形成机理及其润滑和耐磨蚀特性的研究	国家自然科学基金青年基金项目	岩　雨	2013.1.1-2015.12.31	25
交流干扰与阴极保护在管/地界面上的叠加效应研究	国家自然科学基金青年基金项目	杜艳霞	2012.1.1-2014.12.31	25
功能陶瓷基左手材料与新型微波器件的研究	教育部	白　洋	2010.1.1-2014.12.31	50
2011150080101	军工课题	乔利杰	2010.1.1-2016.12.31	100
2011150130101 /201115030010 /2011150550101	军工课题	李晓刚	2010.1.1-2016.12.31	220
MEG与PH值稳定剂应用技术研究2013-463	厂协	许立宁 路民旭	2013.7.1-2014.1.31	65
海底输油输气管道缓蚀剂缓释效果第三方评价服务合2014-050	厂协	路民旭 张　雷	2013.9.1-2014.3.30	107
超薄工件超音速火焰喷涂时的热变形、工艺与装备研究2009-227	厂协	樊自拴	2009.5.25-2014.5.31	125
高温及多元热流体对防砂筛管过滤精度影响实验	厂协	柳　伟	2014.1.2-2014.6.30	68
海洋链应力腐蚀性能测试及服役安全性评估	厂协	李金许	2014.5.1-2017.12.31	65

续表

项目名称	项目来源	负责人	起止年限	经费（万元）
青石与钛酸铝蜂窝陶瓷载体的研发2011-473	厂协	白　洋	2011.7.1-2014.6.30	60
汽车尾气催化剂失活或活性下降机理研究2011-472	厂协	乔利杰	2011.7.1-2014.6.30	60
金风风力发电机组典型腐蚀环境防护设计2013-339	厂协	王旭东	2013.6.27-2014.8.30	64
高压铝箔涂覆有序孔遮蔽膜及隧道孔腐蚀技术的研究开发2009-441	厂协	何业东	2009.8.1-2014.12.31	2000
原油船货油舱耐蚀钢生产关键技术研究与产品研发2012-434、2011-317	厂协	李晓刚 程学群	2011.4.29-2014.12.31	140
土壤环境下材料的可靠性评估方法研究项目	厂协	李晓刚	2013.11.30-2015.9.30	53
镍基铁镍基合金油井管第二相的演变及其对耐蚀性的影响	厂协	张　雷	2011.12.1-2015.12.1	50
电力变压器用高磁感取向硅钢研发及应用技术研究2013-493	厂协	何业东	2013.1.1-2015.12.31	320
重工业污染区输电线杆塔和接地网腐蚀防治技术研究与示范2012-588	厂协	李晓刚 高　瑾	2012.1.30-2015.12.31	120
高压铝箔多V高效腐蚀技术的研究开发2012-560	厂协	何业东	2012.8.1-2015.12.31	120
大气环境下金属材料腐蚀寿命研究项目	厂协	李晓刚	2013.11.30-2016.6.30	90
规整填料在减压条件下的腐蚀机理及失效预防2012-865	厂协	岩　雨 乔利杰	2012.12.19-2017.12.30	100

（李金许）

金属矿山高效开采与安全教育部重点实验室

【概况】金属矿山高效开采与安全教育部重点实验室（以下简称“实验室”）于2003年经教育部批准建立，2004年开始建设，2012年通过教育部评估。实验室覆盖4个二级学科博士点，即采矿工程（国家重点学科）、工程力学（北京市重点学科）、岩土工程（北京市重点学科）、防灾减灾工程与防护工程和安全科学及工程（一级学科）；拥有性能先进的MTS岩石力学实验机、电液伺服岩石三轴试验机、EH-4大地连续电导率成像系统、矿山减灾结构综合试验系统、数字开采模拟实验系统等一批现代化实验设施；建设了金属矿山采矿系统优化与地压控制、金属矿床高效开采理论与方法、矿山人工环境及采动灾害防治、“数字矿山”理论与应用4个实验区，实验室现有建筑面积6400m^2。

至2014年年底，实验室设备总值6958万元，设备总数3589台/套，其中10万元以上大型设备94台/套，40万元以上大型设备33台/套。

（宋卫东）

【科研活动】实验室以岩石力学理论研究为基础，以金属矿山安全高效开采为目标，形成了采矿系统优化与地压控制、矿床高效开采理论与方法、矿山安全与灾害防治、矿山系统工程与矿业经济4个研究方向。2014年，实验室承担包括“973计划”“863计划”、国家科技支撑计划、自然科学基金重点项目在内的各类科研项目80余项，项目经费5000万余元；获省部级科技奖励15项，授权专利15项。

（宋卫东）

【学术交流】实验室与国内外同行开展了广泛的学术交流活动，提高了实验室在国内外的影响力。2014年，实验室先后接待前来参观和进行技术交流的学术团体20余次；组织国内外学术会议4次，参加国际学术会议20余人次。

（宋卫东）

钢铁流程先进控制教育部重点实验室

【概况】自获批立项建设以来，钢铁流程先进控制教育部重点实验室（以下简称“实验室”）整合学校相关学科优势资源，充分利用国内外先进的理论、技术、方法和成果，瞄准支撑国家和钢铁工业新建和改造工程的国家级重大项目，主要解决钢铁工业中信息与控制领域的重大科学与技术问题。

实验室依托控制科学与工程、仪器科学与技术、计算机科学与技术等学科，主要在“数据驱动的工业过程监控理论与方法”“钢铁流程先进控制理论与方法”“高精高速控制系统实现技术”“高性能过程控制系统与技术”“恶劣工业环境下信息获取方法与技术”等研究方向深入开展科学研究和人才培养工作。

2014年，围绕重点实验室的建设目标，开展了科学研究、人才培养、学术交流、准备实验室验收等工作。

（胡广大）

【科研活动】2014年，在实验室成员的共同努力下，科研经费年度总额实现了新的突破。实验室高度重视国家自然科学基金项目的申报工作，通过组织动员、经验交流及请专家预审的方式，帮助实验室成员提高申报成功率。尹怡欣教授负责的科研团队申请的“面向指标优化的高炉布料过程建模与控制”获得2014年国家自然科学基金重点项目。实验室成员主要在以下纵向项目开展研究：①国家自然科学基金面上项目。“中立型分布延时微分方程可计算的稳定性判据”“互联云环境中基于效用模型的跨云协同服务优化研究”“纳米钢材料无损穿透通信中的信号传输技术研究”“二维系统的有限频设计方法研究”“质量相关的多工况动态间歇过程建模及故障诊断方法研究”。②国家自然科学基金青年项目。“基于随机算法的非脆弱控制器及滤波器设计”“非线性影响下高速轧机机－电－液耦合系统振动机理与控制方法”“基于量化输出和信道通讯的系统辨识与状态估计”“太赫兹波在固态有机物中的散射特性分析及建模”。③教育部新世纪优秀人才支持计划。

李晓理教授负责的“复杂系统优化建模与控制”，丁大伟副教授负责的“二维系统的滤波与故障检测研究”。④北京市自然科学基金。“基于相控阵雷达的无钟高炉布料过程数据驱动建模与控制”“数据驱动的多工况非高斯复杂间歇过程的故障诊断”“基于复值ADP理论的非线性系统自适应最优控制方法研究”。

童朝南教授负责的“板带冷轧机板形仪及控制系统技术开发”，尹怡欣教授负责的“基于精确感知与智能决策的铝电解MES开发及应用”，彭开香教授负责的“面向热轧薄带钢生产的润滑轧制模型与窜辊模型系统开发”，李江昀副教授负责的“不锈钢中板在线外形检测系统”等重要科研项目取得了新成就。

陈先中教授领导的科研梯队在雷达系列高炉料面监测系统研发中取得重大成果。2014年，梯队承担了“2500m³高炉炉身热负荷与渣皮厚度及脱落诊断模型”“高炉原料及高炉过程系统优化软件的开发”“武钢7#高炉料面测量用相控阵雷达研制”等项目。

（胡广大）

【人才培养】2014年，实验室培养毕业博士生12人，学术学位硕士及专业学位硕士52人。

（胡广大）

【学术交流】2014年5月，实验室积极配合学院承办了“2014中国自动化学会第六届控制科学与工程前沿论坛”。同时，组织教师、研究生积极参加国内外高水平学术交流活动，推动学院与国外大学科研合作或联合培养。此外派出4位教师赴加州大学伯克利分校、新奥尔良大学、俄克拉荷马州立大学、兰卡斯特大学做半年以上的访问学者，6位教师分别前往德国马普学会复杂技术系统共动力学研究所、日本北海道大学、布尔诺技术大学、德国杜伊斯堡－埃森大学等单位进行短期学术交流。

（胡广大）

科技部材料模拟设计实验室

【概况】科技部材料模拟设计实验室前身是国家“863计划”新材料模拟设计实验室。实验室结合北京科技大学在材料科学方面的优势，依靠独创的晶格反演方法建立起固体材料体系、界面系统以及层状材料的第一性原理计算到原子级计算机模拟的桥梁，在材料模拟计算方面进行了多方面的探索，努力拓展了新的学科发展方向。

成立以来，实验室先后承担了国家“973计划”“材料计算设计与性能预测基础问题”（2000～2005年）以及“面向性能的材料集成设计的科学基础问题”（2006～2010年）项目中的课题研究。2011年，实验室承担国家“973计划”项目“基于集成计算的材料设计基础科学问题”（2011～2015年）项目中课题。2014年度，申请获批了国家自然科学基金青年基金项目“高熵合金的磁性、相变机理及力学性能的理论研究”。实验室有研究人员6人，其中中国科学院院士1人、教授2人、副教授3人。

（陈难先、申　江、钱　萍、田付阳）

【科研活动】2014年，实验室重点工作主要围绕国家“973计划”项目“基于集成计算的材料设计基础科学问题”中的课题、“复杂材料原子间相互作用势库的创新与拓展”进行（课题经费484万元）。2014年12月，该课题通过国家科技部组织的“973计划”项目年度审查。2014年，实验室进行的主要研究进展有：①晶格反演EAM合金势的探索，对Fe-Al、Co-Al系合金的力学及热力学性质进行了原子级模拟计算。②采用晶格反演方法获得层状材料的层间势，重点结合最新vdW力处理的新方法改进层间势，特别是对远距离相互作用进行了修正。③用第三类晶格反演方法获得的界面势对Ag-MgO多层膜界面、Fe-MN（M代表难熔金属）和Metals-SiO_2界面进行了界面位错、断裂等力学行为的系列性应用。④利用晶格反演对势在置换型固溶体合金进行应用拓展，初步研究了等效原子势，为复杂合金的处理提供新的方法。⑤稀土与锕系金属间化合物研究。⑥开展了高熵合金的弹性力学性能研究，相关研究结果先后被邀请参与编写收入《高熵合金研究进展》及《高熵合金的理论设计》等。

（陈难先、申　江、钱　萍、田付阳）

【科研展望】材料中原子势库是材料集成设计中的一个重要组成部分。精确、可靠的原子势是当前材料学科发展的重大瓶颈。如果有了有效的势场，将大大促进材料设计的发展。在研究中，实验室尽力发掘常规第一原理难以解决、而原子势和经典分子动力学模拟能够回答的问题。实验室的办法是用理论分析结合中等规模的原子级模拟计算来解决问题。选择适当的模型，控制计算时间，结合理论分析和合适的唯象模型能够解答一些材料科学中的基本问题。下年度实验室一方面要继续进行探索性研究，另外要在推广应用上加大力度。根据当前研究进展情况，深入地研究晶格反演嵌入原子势，同时拓展到不同领域中加以应用。对界面系统方面加大研究力度，在金属/氧化物及金属/半导体的界面势研究方面推广应用，特别在跨界面热传导研究方面进行拓展。在晶格反演对势有应用优势的稀土与锕系金属间化合物及其他复杂金属间化合物中继续拓展应用领域。深入地研究高熵合金的固溶增强机制及良好塑性机理。通过等效原子势的概念研究复杂合金的热力学性质。实验室将加强与中科院半导体所、中科院物理所、中科院金属所、北京计算科学研究中心、瑞典皇家工学院及匈牙利固体物理与光学研究所Winger-Seitz研究中心等研究机构交流合作。

（陈难先、申　江、钱　萍、田付阳）

北京市先进粉末冶金材料与技术重点实验室

【概况】2014年，北京市先进粉末冶金材料与技术重点实验室（以下简称“实验室”）有教师和研究人员18人，其中教授8人，博士生导师8人，主要学术骨干均有在国外留学和工作的经历。

实验室下设4个研究室：①反应合成与纳米材料研究室。研究方向：自蔓延高温合成技术、射频等离子体球化制粉技术、纳米及超细粉末制备技术、金属粉末凝胶注模成形技术、弥散强化材料、超细晶硬质合金、硬面涂层、医用钛合金、金刚石工具、磁性纳米粉末及磁流体技术、粉末冶金新材料和新工艺。②先进粉末冶金成形技术研究室。研究方向：粉末注射成形、高速压制、热等静压以及熔渗技术等。研究高性能铁基粉末冶金材料与零件、粉末高温合金、粉末高速钢、粉末冶金TiAl及Ti合金、高导热电子封装材料、新型电池材料等先进材料和粉末冶金过程模拟技术等。③先进复合材料研究室。研究方向：高性能金属基和陶瓷基复合材料以及粉末冶金成形新技术等，通过材料、冶金、物理、化学、计算机与电子技术等多学科的融合与集成，重点开展粉末冶金金属基复合材料及其近终形成形、高性能电子封装复合材料设计与制备、超高温陶瓷基和钨基复合材料的制备、高速压制成形、3D打印以及熔渗与强化烧结等技术的基础与应用研究。④清洁能源材料研究室。研究方向："清洁能源材料及器件"，以基础研究和应用问题的解决为目标，研究清洁能源材料的理论基础和材料制备中的若干科学问题，解决清洁能源材料在应用中存在的相关重要基础科学问题。具体研究方向有：锂离子电池关键材料、超级电容器关键材料、储氢材料、新型碳材料、功能纳米复合材料、轻质热传导材料、电磁屏蔽材料、介电与微波吸收材料、磁性材料等。

（任淑彬、何新波）

【科研活动】2014年，实验室共承担各类科研课题82项，包括国家"973计划"子课题2项、国家"863计划"课题4项、国家科技基础条件平台建设计划项目1项、国家自然科学基金项目17项、国防军工项目7项，教育部项目8项、北京市项目6项，其余为各类厂协（横向）等项目，在研项目合同经费总计5846万元。年内，实验室实到研究经费3763万元；发表学术论文68篇；申请国家发明专利37项，获专利授权16项。

（任淑彬、何新波）

【师资队伍】2014年，实验室师资队伍得到进一步加强。7月，李平副研究员和吴茂博士分别晋升研究员及副研究员职称。

（任淑彬、何新波）

【人才培养】2014年，32名博士生、38名硕士生和25名本科生在实验室进行毕业论文等相关研究工作。年内，实验室毕业博士生4名，硕士生21名。

（任淑彬、何新波）

【学术交流与合作】2014年，实验室继续与美国、英国、澳大利亚等国家，中国本土及香港、台湾地区的学校、科研机构和企业保持紧密的合作关系，学术交流活动频繁。1月，范丽珍赴美国德州大学奥斯汀分校进行为期一年的访学研究；2月，李平参加了在广东肇庆举办的8th INT. SYMPOSIUM HYDROGEN& ENERGY 2会议；5月，秦明礼、章林、路新参加了在美国佛罗里达州奥兰多举办的PM 2014 world congress on powder metallurgy and particulate会议，邵慧萍参加了在西安举办的2014 International Conference on Mechanics and Mechatronics（ICMM 2014）会议；7月，李平参加了在英国曼彻斯特举办的14th International Symposium on Metal-Hydrogen Systems会议，任淑彬参加了在北京举办的2014新型导热材料与热界面材料国际研讨会，田建军、曲选辉参加了在巴西圣保罗举办的泛太平洋2014材料大会，并应邀访问美国肯纳金属公司、匹兹堡大学和华盛顿大学；8月，何新波教授赴法国巴黎参加了钒钛材料的开发与应用技术研讨会，路新、李平参加了在台湾举办的2014年海峡两岸粉末冶金技术研讨会；11月，曲选辉应邀参加了在北京举办的2014年中国钨深加工产业研讨会；12月，郭志猛出席了在韩国济州岛举办的第19届世界腐蚀大会。

（任淑彬、何新波）

附 录

2014年北京市先进粉末冶金材料与技术重点实验室主要在研项目

序号	项目名称	项目来源	起止时间	经费（万元）	负责人
1	金属材料智能制备成形技术的基础研究	国家973计划子课题	2011～2015年	450	曲选辉
2	新型三维纳米集流体材料及三维复合电极的可控制被与应用机理	国家973计划子课题	2013～2017年	45	范丽珍
3	氧化物弥散强化粉末冶金材料组织控制与致密化技术	国家863项目子课题	2013～2015年	224	罗　骥
4	金属/陶瓷层状结构复合材料的研究及其在热镀锌工业和重型车辆中的应用	国家863项目子课题	2013～2015年	108	任淑彬
5	高强韧钢/镁合金跨尺度设计与制备技术	国家863项目子课题	2013～2015年	546	张瑞杰
6	高密度铁基粉末冶金关键构件制备与应用技术	国家863项目子课题	2013～2015年	250	秦明礼
7	钒、钛材料的清洁生产及高附加值产品开发	国家科技支撑计划	2012～2014年	250	何新波
8	镍资源节约型不锈钢产品开发及产业化关键技术研究	国家科技支撑计划	2012～2015年	128	郭志猛
9	熔渗法制备二维散热用（鳞片状石墨+金刚石颗粒）/铜复合材料的相关基础问题研究	国家自然科学基金	2014～2017年	80	任淑彬
10	粉末冶金超合金近终形制造相关基础问题研究	国家自然科学基金	2014～2017年	81	曲选辉
11	高导热Diamond/SiC复合材料近终形成形的基础研究	国家自然科学基金	2013～2016年	80	何新波
12	基于TiH_2制备高Nb-TiAl合金微球粉的几个基础问题	国家自然科学基金	2013～2015年	26	路　新
13	金属粉末非水基凝胶注模成形中的浆料悬浮及凝胶化机理	国家自然科学基金	2013～2016年	79	贾成厂
14	高导热金刚石/Al复合材料界面设计与近净形成形研究	国家自然科学基金	2011～2013年	20	任淑彬
15	层状结构铝基复合材料近终形制备技术基础的研究	国家自然科学基金	2012～2015年	68	曲选辉
16	高导热氮化铝（AlN）陶瓷近净成形的相关基础问题	国家自然科学基金	2012～2015年	60	秦明礼
17	微米尺度氧化铝微型齿轮的微注射成形研究	国家自然科学基金	2012～2015年	60	尹海清

续表

序号	项目名称	项目来源	起止时间	经费（万元）	负责人
18	基于相场法对时效强化过程材料机械性能的预测	国家自然科学基金	2012～2015年	24	张瑞杰
19	γ'相和纳米复合氧化物强化新型钴基ODS合金的研究	国家自然科学基金	2012～2015年	25	章　林
20	全固高比能量锂离子电池聚合物电解质与正负电极的作用机制	国家自然科学基金	2012～2015年	60	范丽珍
21	新世纪优秀人才支持计划	教育部	2011～2013年	50	秦明礼
22	新型钴基ODS合金中纳米复合氧化物的粒径和界面结构演化规律	北京市自然科学基金	2013～2015年	14	章林
23	北京实验室-高性能低成本金属结构材料制备加工技术研究（改革试点）（协同创新中心）	北京市教委共建项目	2014～2016年	80	曲选辉
24	SHS熔覆钢结硬质合金涂层复合材料的研究与产业化	广东省产学研项目	2010～2015年	300	郭志猛
25	XXXXX	军工配套项目	2012～2014年	1130	曲选辉
26	XXX	武器装备预研基金项目	2011～2014年	100	曲选辉
27	复杂形状微型金属零部件近净成形制备技术	常州精研科技有限公司	2013～2014年	40	曲选辉
28	钨材料应用基础研究	厦门钨业股份有限公司	2011～2014年	40	果世驹
29	合金管内多孔金属层的低温烧结技术研究	北京广厦环能科技有限公司	2013～2014年	30	曲选辉
30	扬州海昌粉末冶金有限公司-北京科技大学粉末冶金工程技术研究中	扬州海昌粉末冶金有限公司	2011～2016年	25	章　林
31	ICME Model Development for Forging Automotive Components	美国福特汽车公司	2014～2016年	55	曲选辉
32	一种金属粉末的注凝聚成形方法	北京精明粉末冶金有限公司	2006～2014年	60	郭志猛
33	高性能粉末冶金用铁粉的开发	莱芜钢铁集团粉末冶金有限公司	2014～2015年	70	郭志猛
项目合同经费总计：4658					

北京市腐蚀、磨蚀与表面技术重点实验室

【概况】北京市腐蚀、磨蚀与表面技术重点实验室（以下简称“实验室”）设材料表面科学与技术、腐蚀控制系统工程、电化学工程与材料，环境敏感断裂、环境损伤评估与控制研究共5个学术梯队。实验室有固定人员31人，其中国家级突出贡献专家1人、博士生导师12人、教授12人、副教授17人、讲师1人。50岁以下的中青年研究人员中，有长江学者1人、全国优秀教师1人、教育部跨世纪人才2人、北京市科技新星3人、国家自然科学基金优秀青年基金获得者1人、北京高校青年英才计划4人、科技北京百名领军人才培养计划1人。

实验室拥有一系列世界水平的成套仪器和设备，包括在研究开发新测试技术基础上研制的一系列新型实用研究设备和测试装置，总计1262台/套，总价值11782万元。在硬件建设方面，建设了具有国际先进水平的材料环境腐蚀研究中心，拥有开展材料环境腐蚀基础研究的环境扫描电子显微镜、X射线光电子能谱、傅立叶红外光谱、M370微区电化学工作站、多通道电化学工作站等先进的分析检测设备，原子力显微镜、纳米力学压痕仪、UMT摩擦磨损仪以及Atlas综合腐蚀试验箱、Atlas氙灯老化和紫外老化等加速腐蚀设备。拥有自主知识产权的多种类型的自然环境腐蚀加速模拟试验设备，如用于模拟管道腐蚀和在多相流环境工作的高压釜装置等，在保证材料环境腐蚀基础研究工作的同时，还可以为国内外的企事业单位提供材料环境腐蚀试验。

腐蚀、磨蚀与表面技术涉及材料科学、化学、电化学、力学、表面科学和生物、生命科学等众多学科领域。实验室主要从事基础、应用基础和高新技术研究。基于科学、经济和社会的发展，实验室形成了独具特色的研究方向：①腐蚀与防护机理研究，包括环境敏感断裂、高温腐蚀与防护机理研究、煤化工腐蚀机理与控制技术研究、油气田腐蚀与控制、电化学腐蚀机理研究、腐蚀防护系统工程。②磨蚀机理及其控制研究，包括生物、医用材料研制、磨蚀机理及控制，材料微振腐蚀机理及控制研究，多相流中材料的腐蚀及控制研究，摩擦条件下金属材料的电化学行为。③高新表面技术研究与应用，包括锌溴电池电极材料表面修饰处理、磁性材料防蚀技术、电子器件抗磁干扰处理等高新功能表面技术研究与应用。

（张　津、王德仁）

【科研活动】实验室在腐蚀、磨蚀与表面技术领域开展了大量的科研工作，获得一批重要的成果，其中一些具有创新性的成果达到了世界先进水平或国内领先水平。重点实验室在材料环境腐蚀观察平台建设、燃气管道安全评估、国家高新国防工程等领域开展了大量的研究，卓有成效的工作，取得了较为突出的成果。2014年，负责承担了国家“973”项目5项、国家“863”项目7项、国家科技重大专项2项、科技支撑计划项目9项、国家自然科学基金项目29项、北京市教委项目11项、其他各部委项目42项、厂协项目122项，累计科研经费6542.02万元。实验室加强自身条件建设，2014年新增各类设备121台/套，增加设备费686.06

万元，申请国家发明专利13项、国家实用新型专利6项，获得国家发明专利授权2项、国家实用新型专利授权6项。获得省部级一等奖2项、省部级二等奖1项，出版专著13部。发表EI收录论文24篇、SCI收录论文56篇、核心期刊收录论文15篇，其他6篇。

（王德仁）

【人才培养】实验室所属学科专业在国内高校中首批获得硕士、博士学位授予权，是当时该学科专业的唯一的博士点和设立博士后流动站的单位。2014年，实验室共培养博士生13人、硕士生75人、本科生68人。

（张　津、王德仁）

【对外交流】2014年，实验室邀请国际知名教授学者来校讲学12次，并派出16人次到国外进行短期访问交流，与国外相关单位进行联合研究，实验室教师应邀在国际学术会议做报告40余次，国内学术会议做报告50余次。

（张　津、王德仁）

金属与矿冶文化遗产研究国家文物局重点科研基地

【概况】金属与矿冶文化遗产研究国家文物局重点科研基地（北京科技大学）（简称“基地”）是国家文物局批准设立的22个重点科研基地之一，总体定位于开展全国范围内的金属与矿冶文化遗产研究与保护工作。基地有全职研究人员19人，其中教授9人、副教授6人、博士后2人、实验员1人、图书资料室管理员1人；兼职研究人员16人、其中教授（研究员）6人、副教授（副研究员）9人。

（李延祥、陈坤龙）

【队伍建设】2014年，科学技术史团队在庆祝第30个教师节暨全国教育系统先进集体和先进个人表彰大会上获先进集体荣誉称号。基地高端师资队伍建设取得突破性进展，1名教授入选长江学者讲座教授计划，1名副教授入选首批国家文物局文物保护科技优秀青年人才计划。新引进海外博士1人。

（李延祥、陈坤龙）

【科学研究】2014年，基地新获资助参与课题：自然科学基金面上项目《锻造工艺与锡料利用：先秦金属技术的新探索》，国家文物局文物保护科技优秀青年研究计划《基于原位分析的金属文物科学认知与保护关键技术研究》，国家文物局重点科研项目《文物保护科学的学科体系与重要科学问题凝练研究》，北京市社会科学基金项目《北京花丝镶嵌制作技艺传承与保护研究》等纵向项目，以及《青州贴金佛像的保护研究》等横向项目。在研的科研项目取得较大进展：早期冶金研究方面，确认了中原、西北、北方等不同地区冶金发展的格局问题，为探讨中华文明的起源和早期发展以及各地区文明化进程提供重要参考。对洛南辣子崖早期绿松石采矿遗址的研究显示，其周边发现新石器时代及青铜时代遗址多处，初步证实在当地存在着一个以绿松石开采为中心的遗址群，其开采活动从新石器时代晚期一直持续到青铜时代。古代冶铁遗址调查方面，以北京延庆水泉沟3号冶铁竖炉复原结果为依据，对竖炉气流场进行了冷态二维、三维数值模拟，得到并分析了竖炉的气流场速度流线图、静压等值面图及速度等值面图，探讨了水泉沟3号炉炉型结构的作用。并以炉内热平衡为理论依据，对炉内温度场进行推测性模拟，提出了炉内温度分布的示意性结果，复原和仿真研究更加全方位地展现出辽代冶铁炉设计与冶铁技术内涵。

2014年，出版《中国古代金属材料显微组织图谱·总论》《磨砺集——韩汝玢冶金史论文选》等论著2部，译著《科学圣徒：贝尔纳传》1部。发表的中英文论文共计48篇，其中英文论文7篇。

（李延祥、陈坤龙）

【人才培养】2014年，李延祥教授主讲的《古代冶金与中华文明》入选教育部中国大学视频公开课。2014年新入学研究生25人，其中博士研究生6人、硕士研究生19人。2014年1月和6月毕业的学生共计24人，其中博士研究生4人，硕士研究生20人。在校就读的学生总数为100人，其中博士生48人、硕士生52人。3名研究生获得国家奖学金，研究生在北京科史哲研究生论坛、北京考古博士生论坛等学生活动中屡获佳绩。研究生自发组织的“718读书会”延续多年。

（李延祥、陈坤龙）

【学术交流】2014年，基地国内、国际学术交流与合作活动频繁。梅建军教授应邀参加美国亚洲研究学会年会；魏书亚、李建西参加在美国洛杉矶举行的科技考古国际会议；魏书亚教授赴奥地利维也纳艺术大学开展有机材料文物保护方面的合作研究；潜伟教授由中美富布赖特项目支持，赴美国普林斯顿大学进行访问交流；魏书亚教授赴香港参加国际修复学会第二十五届会议；德国海德堡大学的Ernst Pernicka教授受教育部引智计划项目支持，来中国做为期1个月的冶金考古系列讲座，举办了15次“科学技术史论坛”的学术讲座活动。

基地师生出席国内的各种学术会议40多人次，主要包括科技考古与手工业考古——临淄齐故城冶铸考古多学科合作研究讨论会（北京，5月）；中国妇女/性别研究青年学者论坛（北京，5月）；威尼斯宪章颁布六十周年纪念座谈会（北京，6月）；第11届中国少数民族科技史学术讨论会暨第4届传统工艺论坛”（内蒙古赤峰，7月）；第五届全国科技史教学研讨会（哈尔滨，7月）；全国第五届科学社会学学术研讨会（上海，10月）；文物保护协会第八次会议（湖北宜昌，10月）；2014博物馆展览会和中国博物馆协会（福建厦门，11月）；第12届全国科技考古会议（广州，11月）等。

（李延祥、陈坤龙）

冶金工业节能减排北京市重点实验室

【概况】冶金工业节能减排重点实验室（以下简称“实验室”）建设单位包括机械工程学院热能工程系和土木与环境工程学院环境工程系，依托学科是动力工程及工程热物理和环境科学与工程学科。实验室拥有动力工程及工程热物理一级学科博士学位授予权，其中热能工程学科是国家重点学科，动力工程及工程热物理一级学科是北京市重点学科；拥有环境工程学科博士学位授予权。动力工程及工程热物理学科和环境科学与工程学科均已设立了博士后流动站。以上学科均为北京科技大学国家“211工程”和优势学科创新平台等重点建设项目的主要学科方向。

实验室自2011年初得到北京市科委的认可后，在平台建设、人才队伍建设、研究成果转化、管理体制、产学研合作等方面取得长足进步。2014年底通过了北京市科委组织的三年绩效考评。

（温　治、童莉葛）

【人才队伍】实验室作为学校工业节能减排领域科学研究和成果转化的平台，通过学科队伍建设、科研实验平台建设以及成果转化机制建设等体制建设，在人才资源管理探索过程中，不断总结经验，吸引和稳定了一大批高水平人才。现有研发人员50人，其中副高级（含）以上职称人员36人，取得博士学位人员43人。

（温　治、童莉葛）

【研究生培养】经过建设，2014年毕业硕士研究生40人，博士研究生6人。至2014年年底，在读硕士和博士研究生人数共计100余人。

（温　治、童莉葛）

【实验室建设】2014年，实验室获得了来自中央高校基础科研业务费、中央级普通高校改善基本办学条件专项资金等项目的重点资助。现有大型设备120余台/套。

（温　治、童莉葛）

【科研成果】实验室自成立以来，积极响应北京的中长期发展规划和北京市科委“发展循环经济、建设节约型社会”的主题，在脱硫脱硝、CO_2捕集处理、垃圾及废弃物焚烧、污水处理、天然气重整制氢、分布式能源、建筑节能、建筑材料和低谷电利用等方面进行了节能与环保技术的推广与示范工作，为首都建设、学校学科建设和国家的节能与环保做出贡献。2014年，实验室承担项目总数为18项，经费总额为700万余元，获得包括国家自然科学基金重点基金、国家自然科学基金、国家科技支撑、“973”等高水平科研项目经费支持。作为首席科学家单位承担了国家“973”项目1项、国家优秀青年科技基金1项。

（温　治、童莉葛）

【产学研合作】2014年，实验室与重庆赛迪工业炉有限公司、吉林建龙钢铁有限责任公司、清华大学核能与新能源技术研究院、福建三钢闽光股份有限公司、Air Products and Chemicals Inc.、首钢总公司等企业合作开展科学研究，科研项目经费共计300万余元。这些研究项目的开展，大幅度提升了实验室在本学科的科研实力与行业影响力。

（温　治、童莉葛）

【交流与合作】2014年，实验室邀请了法国University of Lorraine & CNRS工程热物理领域的专家Denis MAILLET、法国著名工程师院校（国立高等工程技术学校）的Jean-Christophe BATSALE教授、美国Lawrence Berkelev National Laboratory的Amory Lovins等国际知名教授进行学术交流。

（温　治、童莉葛）

高效零件轧制技术研究推广中心

（零件近净轧制成形教育部工程研究中心）

【概况】高效零件轧制技术研究推广中心（以下简称“轧制中心”）主要从事轴类零件轧制（楔横轧与斜轧）技术的研究、开发与推广工作。总体技术水平与实验条件处于国内领先水平，并达到国际先进水平。2007年经教育部批准建设成立“零件近净轧制成形教育部工程研究中心”。

2014年，轧制中心下设：①研究与开发室。主要从事理论研究、模具设计、设备设计、新产品开发等。

②轧制实验室。主要从事实验研究、新产品试制，拥有楔横轧与斜轧机6台及其相关设备与仪器等。③模具制造车间。主要从事楔横轧与斜轧模具的制造，每年开发并生产300副左右的模具供生产厂使用。至2014年年底，中心共有数控机床7台，其中大型数控车床3台、高速铣床1台；大型模具专用加工机床4台；共有工作人员20余人，其中中国工程院院士1人、国家“千人计划”特聘教授1人、具有高级技术职称人员8人。

（王宝雨、郑振华）

【科研活动】轧制中心与工厂合作，在北京、重庆、山东、湖北等27个省市建成零件轧制生产线200余条，其中有10余条生产线出口美国、日本、俄罗斯、印尼等国家，建成零件轧制专业化工厂10余家。累计开发并投产的零件500余种，如红旗轿车的输出轴、玉林柴油机六缸凸轮轴、东风与解放载重车变速箱传动轴等。已累计生产轴类零件500余万吨，产值260余亿元，直接经济效益30余亿元。由于推广工作成绩显著，该项技术被国家科委评为“全国十大典型推广项目”之一。项目先后获国家级奖5项、省部级奖14项。

2014年，轧制中心承担的主要任务有：国家科技部重点研究与推广项目，平均每年推广零件轧制生产线6～10条；广东省科技厅院士工作站建设项目“广东省登云汽配零件轧制成形新技术院士工作站”；国家自然科学基金项目“重载大模数齿轮精密轧制成形与微观组织演变规律研究”；厂协项目“土耳其30mm、60mm钢球生产线项目”“鞍钢矿山机械制造有限公司——100mm钢球生产线项目”等。年内，轧制中心发表论文近24篇，其中SCI检索论文12篇、EI检索论文12篇，获中国机械工业科学技术奖一等奖1项，完成课题10余项，经费收入1400万余元。

（王宝雨、郑振华）

【人才培养与对外交流】轧制中心从1995年开始招收研究生。2014年，共有30余名研究生在轧制中心就读和从事科研工作，主要研究零件轧制成形机理、轧制工艺模具CAD/CAM、轧制设备控制与自动化技术等。

年内，轧制中心派出2人次到意大利、日本参加国际会议，派出数人次参加科技合作交流和访问研究等活动，并与英国帝国理工学院合作开展零件近净轧制成形项目的研究。

（王宝雨、郑振华）

附　录

高效零件轧制研究推广中心2014年科研项目

编号	性质	项目名称	年度	经费（万元）
1	江苏省科技基础设施建设计划	江苏省企业院士工作站	2012～2014年	100
2	首都钢铁公司	超高强度硼钢热成形技术研究与开发	2012～2014年	70
3	广东省科技厅院士工作站建设项目	广东省登云汽配零件轧制成形新技术院士工作站	2011～2014年	100
4	高等学校博士学科点专项科研基金	先进高强钢热成形微观组织演变研究	2013～2015年	12
5	国家自然科学基金项目	重载大模数齿轮精密轧制成形与微观组织演变规律研究	2014～2017年	80
6	首钢总公司	热成形钢热冲压成形微观组织及塑性损伤演变建模与仿真	2014～2015年	35
7	鞍钢矿山机械制造有限公司	100mm钢球生产线项目	2013～2014年	300
8	土耳其	30mm、60mm钢球生产线项目	2014～2015年	177

（王宝雨、郑振华）

北京表面纳米技术工程研究中心

【概况】北京表面纳米技术工程研究中心（简称“中心”）于2002年4月由北京市科委批复成立，依托北京科技大学建设，集中北京地区表面纳米科技优势，吸纳优秀成果和杰出人才，开发具有自主知识产权的表面纳米工程技术和产品，形成一流的研发平台、技术转移平台和信息服务平台，成为推动国家表面纳米产业发展的重要节点。

中心设有中心建设管委会，下设学术委员会及战略研究委员会，具体包括3个专业实验室、1个管理办公室及1个信息服务中心。2014年，中心有研究人员11人，其中教授8人，副教授3人；长江计划特聘教授2人、国家杰出青年基金获得者1人、跨世纪优秀人才1人、新世纪百千万创新人才1人、北京市科技新星2人。

中心拥有宏观－微观摩擦磨损测试系统、纳米力学探针、超音速火焰喷涂设备、金属纳米粉末制备系统等10余套先进的仪器设备，条件建设经费1500万元，建设面积1000m^2；建立了表面纳米摩擦磨损检测平台，表面纳米微观性能测试平台。

（孟惠民）

【科研活动】中心以国家和北京市项目为基础，围绕纳米功能涂层材料与制备技术、纳米催化净化材料与制备技术、纳米光电（能源）材料与制备技术以及表面纳米检测、分析、表征及标准4个研究方向，建设了3个专业研究实验室。2014年，中心在研项目21项，其中省部级以上项目14项，包括国家重大专项1项，“973”项目

1项，国家自然科学基金项目4项，横向合作4项。在先进武器装备，海洋腐蚀与装备制造，京沪、京深等高铁建设，南水北调工程等国家重大工程中均做出了贡献。授权国家发明专利3项，在国内外学术期刊上发表论文58篇，其中SCI/EI收录32篇；参加国际学术交流会议4次，国内学术交流会议8次；培养毕业博士生6人、硕士生56人、本科生10人。至2014年，在读硕士研究生45人，博士研究生16人。

（孟惠民）

【对外交流】中心利用设备和技术优势，积极加强与国内外企业的合作，承担了性能测试、检验及分析等技术服务与咨询工作。同时，中心与国内外表面纳米技术研究机构建立了广泛的合作关系，通过主办和联合举办国际国内学术研讨会，积极加强表面纳米技术领域内的学术交流与合作。

（孟惠民）

北京高校节能与环保工程研究中心

【概况】北京科技大学节能与环保工程研究中心（以下简称“工程中心”）成立于1997年，并于2010年1月获得北京高等学校工程研究中心批复，立项建设。工程中心建设单位包括机械工程学院热能工程系和土木与环境工程学院环境工程系。中心依托“动力工程及工程热物理”学科和“环境科学与工程”学科，致力于节能与环保技术研发和推广，现已建设成为学科队伍齐整、科研业绩突出、成果转化畅通、综合效益显著的科研开发和技术推广平台。

工程中心拥有动力工程及工程热物理一级学科博士学位授予权，其中热能工程学科是国家重点学科，动力工程及工程热物理一级学科是北京市重点学科；拥有环境工程学科博士学位授予权；拥有动力工程及工程热物理和环境科学与工程两个博士后流动站。工程中心已逐步形成了“能量转换与梯级利用”“清洁燃烧与污染治理”“节能新工艺、新设备和新材料”“新能源技术”“气体制备与处理”等多个有特色、高水平的研究方向。

（温　治、童莉葛）

【研究生培养】2014年，工程中心毕业硕士生11人，博士生4人。至2014年底，在读硕士和博士研究生70余人。

（温　治、童莉葛）

【实验室建设】2014年，工程中心充分利用现有大型设备100余台（套），其中包括固体表面Zeta电位/流动电势分析仪、火焰瞬态观测ICCD、颗粒高温流化与输送系统、气相色谱质谱联用仪、高温热重仪、高温高精度热成像仪、激光粒度分析仪、扫描探针显微镜、Material Studio 材料与物性模拟软件、红外光谱仪、恒温热导池法测定混合气浓度实验平台、粗糙表面接触换热综合实验平台、熔池反应器三相流动过程测试平台等。

（温　治、童莉葛）

【科研成果】工程中心成立以来，积极响应北京中长期发展规划要求，围绕北京市科委“发展循环经济、建设节约型社会”主题，在脱硫脱硝、CO_2捕集处理、垃圾及废弃物焚烧、污水处理、天然气重整制氢、分布式能源、建筑节能、建筑材料和低谷电利用等方面进行了节能与环保技术的推广与示范工作，为学校学科发展、首都建设和国家的节能与环保事业做出贡献。至2014年年底，工程中心获得纵向和横向科研经费200万余元，其中包括科技支撑计划、自然科学基金、军工973、教育部博士学科点专项等项目经费支持。中心作为首席科学家单位承担了国“973”项目1项。

工程中心在节能与环保领域成果显著，近3年科技成果转化的典型成果包括：①蓄热式有机废气焚烧炉关键技术研究与应用示范。②质子交换膜燃料电池核心技术研发。③脱硫技术成果转化。④低谷电蓄能供暖技术。⑤煤矿乏气瓦斯分离富集与氧化作用关键技术与设备。⑥干熄焦成套技术。⑦工业炉节能减排成套技术。⑧新一代辐射管研发。⑨全氧高炉炼铁关键技术研究。⑩炉顶煤气循环氧气鼓风高炉炼铁技术。

（温　治、童莉葛）

【产学研合作】2014年，工程中心与企业合作开展科学研究，科研项目经费200万元。合作研究项目的开展，大幅度提升了本学科的科研实力与行业影响力。

（温　治、童莉葛）

【交流与合作】2014年，工程中心邀请来自美国夏威夷大学等校国际学者进行专题讲座和报告。2010年1月由北京科技大学组织成立的“中国工业节能减排大学联盟”发展已具有70余家联盟单位，并与美国劳伦斯伯克利国家实验室、美国橡树岭国家实验室等国际著名实验室签署了合作协议。

（温　治、童莉葛）

国家环境与能源国际联合基地

【概况】国家环境与能源国际联合基地（以下简称“基地”）于2010年11月由国家科技部国际合作司批复成立，依托北京科技大学建设，集中国内外环境与能源研究领域的一流优势科研院所，吸纳优秀成果和杰出人才，开发具有自主知识产权的环境与能源领域技术与产品，形成了一流的研发平台、技术转移平台和信息服务平台，达到国内领先及国际先进水平。

基地现有固定人员36人，流动人员80人。其中教授11人（全部为博士研究生导师）、副教授12人、外聘中国工程院院士2人、中国科学院院士2人、外籍院士2人、著名国外学者客座教授4人。拥有国家“千人计划”入选者3人、国家杰出青年基金获得者1人、中科院“百人计划”入选者1人、新世纪百千万人才工程北京市人选1人、北京市优秀青年骨干教帅和北京市科技新星培养计划各1人。基地的国际科技合作与学术交流十分活跃，先后与美国、德国、英国、加拿大、俄罗斯、瑞典、挪威、意大利、法国、日本、韩国、欧盟和联合国环保署UNEP等国家和组织的同行建立了长期稳定的科研合作关系，主持、参加过多次国际学术会议，形成了“基地——项目——人才培养——成果”的循环模式，有力地推动了基地的科研水平。

（姚　俊）

【科研活动】基地以国家、北京市、厂协项目为基础，围绕环境生态毒理学、工业废气污染控制与治理、水污染控制与治理、固体废物处理及资源化、环境生物技术、能源与环境流体力学及环境管理7个研究方向，建设有5个专业研究实验室。2014年，基地在研项目86项。新申请到国际科技合作项目3项，包括国家外专局高端外国专家项目资助2项。申请并授权专利10余项，在国内外学术期刊发表学术论文120余篇，其中SCI检索论文73篇。

（姚　俊）

【对外交流】基地积极与国内外一流的科研院所及知名公司合作。与基地建立良好合作关系的科研单位有：美国耶鲁大学、哈佛大学、麻省理工、杜克大学、奥克拉荷马大学、德国国家UFZ环境研究中心、德国国际沼气与生物质能源中心、瑞典斯德哥尔摩环境研究院、英国伦敦大学、意大利比萨国家研究中心、法国巴黎十一大、挪威科技大学、加拿大国家生物技术中心、加拿大卡尔加里大学、匈牙利罗兰大学、日本九州大学；国外公司有：德国技术合作公司、德国KFW开发银行、德国IHC公司、德国MUP环境技术咨询公司，法国ACF公益组织、挪威SODY公司亚洲开发银行（ADB）等。2014年，实验室人员参加国际会议65人次，进行国际学术交流与讲座32人次。为促进我国环境治理和修复行业的发展，加强国际交流与合作，于2014年举办“国家环境与能源国际科技合作基地建设规划会议&北京市工业典型污染物资源化处理重点实验室建设规划及首届学术委员会会议”。

（姚　俊）

北京企业低碳运营战略研究基地

【概况】北京企业低碳运营战略研究基地（以下简称“基地”）是学校申请建立的第一处哲学社会科学基地。基地以学校优势学科为基础，整合生产管理、环境管理、生态经济等相关学科，发挥学科交叉渗透和融合贯通的优势，紧密围绕北京企业低碳运营中出现的亟待解决的重大理论与现实问题，设计研究路径，开拓研究领域，选择研究项目。基地主要研究目标包括北京市重点工业企业低碳运营战略研究、北京市公共事业“绿色运营服务链”研究以及北京企业低碳文化与市民低碳行为研究。

至2014年年底，基地队伍中共有核心成员31人、专家委员会成员14人。队伍中具有副高级以上职称者25人，而专家委员会的成员则分别来自政府部门、高校和企业。研究人员队伍中教授共18人、副教授7人、讲师6人。另外有参与基地项目的博士研究生8人，硕士13人。

（李　岭）

【管理运行】基地实行实体与虚拟形式相结合的管理方式；以项目为牵引，加强与政府、企业、其他学术研究机构的合作。在2012～2014年首个建设期内，研究基地形成了3个方向的研究团队：行业研究团队、区域研究团队和供应链研究团队。研究基地设主任1名、副主任2名，建立专家委员会，由基地负责人和知名专家组成。其主要职责是负责提出基地的发展规划和研究方向，以及年度研究计划；负责基地重大研究项目的立项、申报、评审、验收等工作；研究基地主任负责日常管理工作，负责基地人员的招聘和管理，负责向专家委员会汇报工作，负责向政府相关部门汇报研究基地的工作。

（李　岭）

【科研活动】自2012年基地成立至2014年年底，其核心成员共承担各类纵向科研项目59项，其中包括：①国家级项目13项，其中“十二五科技支撑计划”2项，“863计划”1项，国家自然科学基金9项，“973”项目1项。研究领域主要以钢铁为代表的企业、行业低碳生产模式，涵盖了与之相关的生产性服务业、劳动力分配、产业结构升级等研究。②省部级项目共27项，包括教育部项目4项、北京市哲学社科规划项目7项。③企业协作项目19项。与企业的合作包括钢铁、水泥、稀土、能源、建筑、交通、商贸、航空、机械等众多领域。低碳研究基地核心成员累计发表论文共90篇，其中SSCI\SCI、EI、CSSCI等高水平检索论文35篇。

（李　岭）

【学术交流】基地专家及成员共参与国际学术会议21次，另参加国内管理科学相关会议100人次。美国蒙哥马利奥本大学教授、德国亚琛大学教授、中国通用技术集团、中国通用咨询投资有限公司刘德冰董事长、五矿集团总经理助理韩刚、金和软件董事长栾润峰等开展了讲座并进行了学术交流。

（李　岭）

【获奖情况】基地自2012年建立后，获得省部级奖励5项，其中包括国家科学技术进步奖二等奖1项、环境保护科学技术奖1项、中国产学研合作创新成果奖1项、教育部科学技术进步二等奖1项。基地多项研究成果直接应用于企业，并为企业创造了直接的经济效益，降低了碳排放。

（李　岭）

材料领域知识工程北京市重点实验室

【概况】材料领域知识工程北京市重点实验室（以下简称“实验室”）围绕材料领域的材料设计与新材料开发所需智能化信息技术开展理论与技术研究，力争创建一个具有一定规模、先进、开放、共享的材料知识工程创新性实验基地，深化学科交叉，研发新理论、新技术、新设备、拓展应用服务，全面促进北京市材料科学与智能技术发展。针对当前材料领域高度活跃的材料信息技术、技术创新等前沿支撑技术需求，瞄准材料领域中信息技术应用的共性需求；通过深化材料设计与新材料开发所涉及的知识工程理论与技术，为国家及北京市材料领域技术创新方法建立与推广应用提供支撑技术，为材料设计以及新材料开发提供理论与技术支撑。

实验室技术成果与北京科技大学的材料科学与工程等优势学科及相关领域应用形成汇聚效应。一方面，推动材料领域知识工程理论与技术研究的不断深入，形成了知识获取、知识库、仿真等技术；另一方面，通过“新材料开发技术创新方法”“材料设计支撑技术”的实现与应用，加速成果的转化，使知识工程领域的研究成果与材料领域的应用实践紧密结合。

（张德政）

【科研工作】在北京市科委和北京科技大学的支持下，实验室在深化原有在智能技术与知识发现、机器翻译与自然语言处理、智能控制与智能管理系统、创新方法与知识管理、大系统智能管理与控制、高性能计算技术与数据工程等方面研究基础的同时，针对北京市重点发展的材料领域对信息技术与创新支撑技术的重大需求，实验室依托于北京科技大学智能科学与技术优势、材料科学与工程的学科优势与资源优势，定位于面向高性能金属的材料设计与开发需求，研究材料科学工程知识工程理论与技术，服务北京材料领域产业化发展与技术创新。以解决材料领域的知识工程、材料创新方法以及支撑技术等共性关键问题为研究重点，以材料领域创新知识工程技术体系的形成、发展与产业化为目标，研发切实满足材料科学与工程发展需要的智能技术，形成一批具有自主知识产权的技术成果。

2014年，重点实验室新增36项国家“973”、国家“863”、国家自然科学基金、国家科技攻关、国家科技基础平台等国家级以及省部级与企业的重大课题。新增经费总计1147.23万元，其中获得“863”计划18万元、国家自然科学基金81万元、北京市科委支持项目经费231万元。申请专利16项，发表三大检索论文104篇，其中SCI 9篇、EI 74篇。

（张德政）

【学术梯队建设】实验室现有固定人员60余人，其中教授18人、副教授23人，具有副高级技术职称以上人员占64%；年均招收硕士生100人左右、博士生10人左右。实验室学术委员会由18位国内著名专家组成，其中有中国工程院院士1人、中科院长江学者特聘教授1人、国家杰出青年科学基金获得者1人、教育部新世纪优秀人才2人、北京市教学名师1人。另外有部分兼职、流动研究人员和两百多名博士、硕士研究生参与重点实验室的项目研究工作。2014年，实验室引进3名高水平人才，培养博士后出站1名，招收优秀应届博士生6名，晋升教授职称1名、博导3名，更加充实了重点实验室的科研队伍。

实验室设主任1人、副主任3人，其中专职管理副主任1人，负责实验室日常行政管理与对内对外协调工作。实验室下设1个办公室，3个研究室。学术委员会负责实验室建设目标、发展规划、学科建设和发展、科研方向和学术活动、人才培养和开放课题等重大问题的研究、制定和控制。

（张德政）

【交流与合作】开放和交流是实验室的基本特征之一。近一年来，实验室对开放与交流的认识不断升华。不断加大实验室的开放力度，通过参加国际会议、邀请讲学、聘请兼职研究人员等方式，吸引国内外高水平研究人员进行交叉研究，制度化与国际同行的实质性交流与合作，并选派部分中青年教师到国外进行访问交流。

2014年，聘请10余位国际、国内著名教授和学者来学院讲学；积极组织人员参加高水平国际学术会议，加强与同行的学术联系，扩大实验室的学术影响。2014年，参加高水平学术会议30余人次（其中特邀报告8人），选派6名优秀中青年研究人员到国外高水平高等院校（如北卡罗莱纳州立大学等）进行访问交流，积极与高等院校、科研院所、骨干企业或者其他单位建设长效稳定的产学研联盟，与国内大型钢铁企业如宝钢、鞍钢建立紧密的合作关系，合作承担项目。

（张德政）

北京市弱磁检测及应用工程技术研究中心

【概况】2014年北京市弱磁检测及应用工程技术研究中心（以下简称“中心”），通过继续加大科研投入，进行体制机制创新，积极进行人才培养及引进，全方面加强中心在弱磁检测技术方面的研究实力，并下大力推进弱磁检测技术的产业应用。

中心承担了国家级科研项目6项、省部级科研项目1项、横向合作项目1项，全年科研经费超过300万元。新获得专利4项，在国内外专业刊物上发表了近30篇研究论文。中心全年新增大型科研仪器8套，总价值2000万余元，新增科研用房200余平方米。中心继续全面贯彻GJB9001B-2009标准，以批量稳定的供货能力为重点型号配套。先后承担国防科研任务3项。各研究方向的代表性项目或成果的技术水平、转化情况、辐射扩散及对行业的发展促进作用、对首都经济社会发展的贡献都具有不可忽视的作用。提供研发样品30余家，洽谈2015年开发意向十余项。参与技术咨询与服务的企业、研究院所、高等院校百余家。

（孙明明、张　超）

【管理运行】中心进行体制机制创新，持续释放研发能力。中心设主任1人、常务副主任3人。通过改善管理制度，优化人员结构，共分为4个研究方向和科研团队：①高精度TMR弱磁传感材料和元器件的开发研制，主要研究方向为磁敏传感器专用特殊功能芯片研发。②应用型磁敏传感器研制开发，主要研究方向为结合国民经济各个行业应用领域特色，进行磁敏传感器系列的研究开发，及其智能化、物联网化研究。③大型金属工程构件应力分布及疲劳状态磁敏无损检测应用研究，主要研究方向是高灵敏度高温超导量子干涉器无损检测等领域。④磁检测器件计算机模拟及辅助设计研究。

（孙明明、张　超）

【人才队伍培养和建设情况】至2014年年底，中心有固定成员29人，其中19人拥有博士学位，13位有海外研究经历。包括长江学者特聘教授1人、国家杰出青年基金获得者1人、杰出青年基金（B）获得者1人、教育部新世纪优秀人才1人、北京市科技新星2人和霍英东青年教师奖获得者1人。

（孙明明、张　超）

【学术交流与合作】2014年，中心加强同北京及周边地区的学术交流与合作，开放了5套大型科研仪器加入首都科技条件平台。中心科研团队成员在国际学术会议上做邀请报告2次，同国际同行进行了学术交流。

（孙明明、张　超）

北京市融合网络与泛在业务工程技术研究中心

【概况】北京市融合网络与泛在业务工程技术研究中心（以下简称“工程中心”）依托北京科技大学通信与信息系统北京市重点学科、计算机科学与技术国家一级学科与矿业工程国家一级重点学科，结合中国移动设计院的工程化优势，瞄准融合网络与泛在业务领域亟待解决的关键问题，重点开展光网络和无线网络、地面网络与卫星网络、电信公网与行业专网的融合与技术创新。研发内容包括：①融合网络体系架构、互通机理和业务模型。②融合网络的组网、路由、管控等关键技术研究和设备研发。③融合网络与泛在业务的应用和工程化。研发内容符合北京市“十二五”规划信息领域重点支持方向。工程中心将建设成集技术研发、成果转化、工程应用、标准制定和人才培养于一体的基地，对提升北京市信息领域技术创新与工程应用能力具有重要推动作用。

（隆克平）

【管理运行】工程中心的组织结构包括技术委员会、理事会、中心主任，以及办公室、融合网络体系架构技术研发部、无线网络技术研发部、光网络技术研发部、泛在业务及应用工程部5个下属部门。工程中心实行理事会领导、技术委员会指导下的主任负责制。理事会由各上级主管部门和依托单位的主要领导组成，旨在确定工程中心产业发展方向，引导工程中心成果规模转化、技术持续创新和产业化推广；技术委员会由本领域的院士、“973计划”首席科学家及具有行业引领作用的企业高级技术专家组成，指导工程中心技术发展方向，确保核心技术创新的前瞻性；主任负责和主持日常工作。工程中心的运行以北京科技大学为依托，同时与中国移动通信集团联合。一方面高校在关键技术攻关、设备研发初试、行业应用（冶金、工矿等）和成果的小规模运行具有优势，而中国移动设计院处于产业链前端，在通信建设和业务部署方面具有引领作用。工程中心为这两者合作、联合提供了良好的平台，有助于学术界和工业界实现优势互补、合作共赢。在此基础之上，工程中心将积极参与首都科技条件平台开放资源，实现资源共享，大力推动北京市产业联盟建设，促进产学研联合，通过设立国际国内企业合作基地、博士后流动站等方式加强人才的流动和交流，通过采取灵活的人才聘用制度和激励机制引入竞争机制、提高研发水平。

（隆克平）

【科研工作】2014年度工程中心新增项目24项，其中国家级、省部级等纵向项目12项有横向项目12项。2013～2014年内，工程中心共承担了21项纵向项目和18项横向项目，总经费分别为1056万元和1208.16万元，成果转化产生的经济效益为6000多万元。

2014年，工程中心团队在IEEE Trans. 系列、IEEE Wireless Commun. IEEE CCNC2014等国际国内重要期刊和国际学术会议上发表/录用论文16篇，其中SCI检索论文11篇、EI检索论文4篇。2014年，工程中心申请发明实用型专利29项，包括互联网、卫星通信、无线网络以及其他方面，其中已授权专利有4项。2013～2014年内，工程中心共完成了具有重要影响力的学术论文58篇、国内的发明专利和实用新型专利共99项以及软件著作权6项。

（隆克平）

【师资队伍与研究生培养建设】工程中心在2014年组织承办了高层次国际学术会议，有效地提升了工程中心在国内外学术界的影响。7月5日，在北京科技大学会议中心举行“信息可控转播与密码学”国际学术会议。10月29日，欧盟“地平线2020”计划宣讲会由中国科学技术交流中心主办，北京科技大学计算机与通信工程学院承办，相关领域的高校、科研院所、企事业单位代表100余人参加。

（隆克平）

【成果转化】①无线网络规划仿真云（APC）。已在全国十余个地市进行试点应用，效果良好。未来将应用于全国各省、市地区LTE及LTE-A网络规划设计工作中。这个研究成果可通过节约成本带来经济效益约3000万元。基于虚拟实现技术的新业务承载平台（VAP）已经成功地用于四川省全省21个地市的4G一期、二期规划仿真、预规划分析工程。后续将在北京、广东、浙江等地部署，使平台在全国范围内得到广泛应用。②无线网络规划软件（ANPOP）。已经成功应用于全国344个城市TD-LTE技术试验、规模技术试验、网络一、二期工程网络规划建设过程中。通过节约成本累计产生利润3000万元。③小型化模测终端（AIST/AISR）已生产3G版样机，节约采购信号源和扫频仪的费用150万元。预计未来院内自用100套，研发投资100万，节约采购信号源及扫频仪的费用逾2000万元。④室分规划设计工具（AIDP）。已推出V1.0版本，正在典型分院试点规模应用，已发放100套授权码，扣除研发费用后，节约采购同类工具的经费逾200万元，预计未来院内自用500套，研发投资100万元，节约采购同类工具的费用逾1000万元。⑤分管理与优化平台（AIMOP）。已有V2.0版本在江苏移动试点应用，在湖北移动商用上线，扣除研发费用，直接经济效益逾50万元，预计在2省投入应用，扣除研发费用，直接经济效益逾150万元。⑥室分系统选址定位服务。正在研发中，已在北京移动试用，预计直接经济效益逾100万元。

（隆克平）

【应用示范】为充分发挥工程中心的平台支撑作用，着力加强与国内相关研究机构和科学家的科研合作，工程中心在2015年将承担3个开发课题，其中包括路慧敏老师负责的“多用户CDMA可见光广播系统研究”、何杰老师负责的“融合室内定位技术研究”以及石志国老师负责的“多机器人协作系统研究”。

学校与山东唐口煤业有限公司密切合作，以山东唐口煤业有限公司的厚煤层大采高复杂条件动压控制问题为研究背景，开发出了厚煤层大采高工艺条件下致灾性冲击地压防治技术，主要应用于存在动力灾害的矿井（矿震、冲击地压和坚硬顶板大冒落，不包含煤与瓦斯突出和突水）。新技术具体应用情况。①工作面快速推采过程中冲击危险性的预警预报。②监测工作面顶板运动及矿压显现规律。③厚煤层大采高综采工作面岩层破裂范围监测。④冲击危险区的治理技术。所产生的经济效益，通过实施厚煤层大采高工艺条件下致灾性冲击地压防治技术，保证5301工作面顺利穿过冲击危险重点区域，实现了这个工作面的安全开采。已采出煤炭约91.2万吨（按照现在的市场价格为每吨700元计算），实现产值6.4亿元。

（隆克平）

附 录

2014年工程中心承担省部级以上项目（课题情况）

序号	项目（课题）名称	主持人	起止时间		2014年度经费（万元）	项目类型	项目类别
			开始时间	结束时间			
1	时空一致性的无线接入网络架构与关键技术研究	张中山	2015-01	2019-12	300.00	国家自然科学基金重点项目	A
2	面向过程智能化的多态无线监控技术与系统研制	张晓彤	2015-01	2016-12	110.00	“863计划”	B
3	格点网络编码中几个关键问题研究	孙奇福	2015-01	2018-12	75.00	国家自然科学基金	A
4	互联云环境下面向数据中心的服务资源分配与调度机制研究	杨 扬	2015-01	2018-12	83.00	国家自然科学基金	A
5	基于灵活调制格式的动态光传输理论及优化算法研究	周 娴	2015-01	2018-12	27.00	国家自然科学基金	A

2014年工程中心承担省部级项目（课题情况）

序号	项目（课题）名称	主持人	起止时间		2014年度经费（万元）	项目类型	项目类别
			开始时间	结束时间			
1	北京市融合网络与泛在业务工程技术研究中心2014年度科技创新基地培育与发展工程专项项目	隆克平	2015-01	2015-12	50.00	北京市科技计划项目	A
2	高性能可见光LED无线通信系统的研究	王建平	2015-01	2018-12	18.00	北京市自然科学基金	A
3	可穿戴网络定位问题和姿态识别问题研究	何 杰	2015-01	2018-12	15.00	北京市自然科学基金	A
4	基于灵活调制格式的动态光传输系统数字信号处理算法研究	周 娴	2015-01	2018-12	8.00	北京市自然科学基金	A
5	认知无线网络中协作功率控制研究	马忠贵	2015-01	2015-12	3.00	北京市委组织部2013年度	A
6	基于物联网的老人健康监护系统中MAC协议研究	宿浩茹	2015-01	2015-12	3.00	教育部留学回国人员基金	A
7	针对人员定位和姿态识别的体域网信道测量与建模	何 杰	2014-01	2014-12	15.00	中国博士后博士后基金	A

2014年工程中心承担横向项目（课题情况）

序号	项目名称	主持人	委托单位	起止时间		本年度经费（万元）
				开始时间	结束时间	
1	一种流水结构的水声扩频通信带通信号捕获电路	张晓彤	企事业单位委托科技项目	2014-01	2017-01	10.00
2	优质资源班班通提升及示范工程无线网络建设与资源调度相关技术规范研制与咨询项目	米振强	企事业单位委托科技项目	2014-02	2014-04	11.80
3	GNSS-R海面散射信号源仿真软件设计及分析研究	刘　健	企事业单位委托科技项目	2014-02	2015-03	30.00
4	智慧周口协同服务系统	王志良	企事业单位委托科技项目	2014-05	2015-05	10.00
5	物联网技术服务系统	王志良	企事业单位委托科技项目	2014-05	2015-05	50.00
6	专用传感器研发	万亚东	企事业单位委托科技项目	2014-07	2014-08	5.00
7	CMD医疗数据服务平台	万亚东	企事业单位委托科技项目	2014-08	2015-08	7.00
8	大规模教育教学应用模式研究与实验	杨　扬	企事业单位委托科技项目	2014-10	2015-08	55.66
9	数字化教育资源管理与共享交换平台标准规范体系研制项目	米振强	企事业单位委托科技项目	2014-10	2015-06	18.50
10	智能养老物联网技术应用标准体系研究课题	王志良	企事业单位委托科技项目	2014-12	2015-10	5.00
11	物联网领域测试与测试可信技术研究报告	石志国	企事业单位委托科技项目	2014-11	2014-12	2.20
12	智慧高铁Android移动终端服务系统	张晓彤	企事业单位委托科技项目	2015-01	2015-07	20.00

2014年工程中心获奖成果一览表

序号	成果名称	类别	评奖单位	奖项名称	等级	主要完成人	主要完成人排名	获奖时间
1	急倾斜大采高综采成套技术研究与应用	省部级	内蒙古自治区人民政府	科学技术奖	三等	姜福兴	2	2014-12
2	超高水材料大采高长壁充填开采与地表沉降控制关键技术研究	行业协会等其他奖项	中国煤炭工业协会	科学技术奖	二等	姜福兴	4	2014-12
3	深厚表土特厚煤层综放开采冲击地压防治成套技术	行业协会等其他奖项	中国煤炭工业协会	科学技术奖	二等	姜福兴	6	2014-12
4	典型强冲击矿井综放采场沿空巷道防冲装备与技术	行业协会等其他奖项	中国煤炭工业协会	科学技术奖	二等	姜福兴	7	2014-12

续表

序号	成果名称	类别	评奖单位	奖项名称	等级	主要完成人	主要完成人排名	获奖时间
5	厚煤层大采高工艺条件下致灾性冲击地压防治技术研究	行业协会等其他奖项	中国煤炭工业协会	科学技术奖	三等	姜福兴	7	2014-12
6	急倾斜大采高综采成套技术研究与应用	行业协会等其他奖项	中国煤炭工业协会	科学技术奖	三等	姜福兴	2	2014-12
7	特厚煤层综放开采沿空掘巷围岩变形预测技术	行业协会等其他奖项	中国煤炭工业协会	科学技术奖	三等	姜福兴	5	2014-12
8	面向业务协同的黄金矿山生产信息管理系统	行业协会等其他奖项	中国黄金协会	科学技术奖	一等	胡乃联	4	2014-12

教育部金属电子信息材料工程研究中心

【概况】教育部金属电子信息材料工程研究中心（以下简称“中心”）于2001年4月经教育部批准成立，依托于北京科技大学建设，是由教育部和北京市共建的技术创新和高新技术产业化基地。中心采用现代企业制度进行管理，实行多元化投资，与注册成立的具有独立法人资格的北京科大永兴科技有限公司为同一个实体。

中心设有粉末冶金事业部、高技术薄膜材料事业部、微电子辅助材料事业部、有色加工事业部，另设有办公财务部、投资发展部。

（雷　诺）

【粉末冶金事业部】粉末冶金事业部成立于2001年，至2014年年底，有教师和研究人员20人，其中教授7人、博士生导师9人，主要学术骨干均有在国外留学和工作的经历。2014年，10名博士生、24名硕士生和36名本科生在实验室进行毕业设计等相关研究工作。年内，实验室毕业博士生2名、硕士生6名。

事业部拥有较为先进的专用仪器设备，设备原值近800万元，其中进口设备日本岛津烧结炉一台，价值205万元。10万元以上设备10台（套），如永磁材料测量系统、磁滞回线仪、磁场注射机、粉末冶金注射机、转矩流变仪、高效混炼挤出造粒机、热等静压烧结炉等。

事业部主要业务范围是高技术新材料的研究、开发与生产，新材料制备与加工设备的制造，新型电子信息元器件的开发与制造，计算机控制系统集成、机电一体化技术开发，铁基合金、不锈钢、高比重合金、硬质合金、磁性材料、金属陶瓷、高温合金、难熔合金、低合金钢、钛合金等产品的生产与销售。产品广泛应用于医疗器械、电子通讯、办公机械、仪器仪表、纺织机械、食品饮料机械、计算机工程、汽车工业、机械武器、体育娱乐器械等领域。

近期重点研究与产业开发方向有：①纳米粉体及材料的研究。超细和纳米粉体制备技术、机械合金化技粉技术、雾化制粉技术、磁屏蔽材料、纳米硬质合金、钨基高比重合金、难熔金属与合金、高温合金。②反应合成技术与复合材料的研究。自蔓延高温合成技术、陶瓷/钢复合管制造技术、核废料处理技术、粉末冶金多孔材料、粉末冶金层状与梯度结构材料、AlN-Bn复合陶瓷、耐热及抗氧化涂层粉末与涂层技术、高性能SiC和Si3N4陶瓷、C/SiC陶瓷基复合材料、超高温陶瓷基复合材料、高性能粉末冶金金属基复合材料。③先进成形与烧结技术的研究。粉末注射成形技术及其智能化、粉末微注射成形技术、温压成形技术、高速压制成形技术、等静压成形技术、胶态成形技术、放电等离子烧结技术、粉末冶金材料设计与工艺过程模拟。④功能材料的研究。NdFeB粘结磁体、Sm-Co合金、磁温度补偿合金、超磁致伸缩材料、电工合金、新型电子封装材料、能源材料、储氢合金、光电信息材料、功能陶瓷。⑤钴基高温合的研究等。

（雷　诺）

【微电子辅助材料事业部】

微电子辅助材料事业部成立于2002年，至2014年年底，有教授1人、副教授2人、技术员2人，在读博士生和硕士生15人。

事业部具有较完备的材料制备和组织性能检测的设备，如100kg真空熔炼下拉式连续定向凝固设备、50kg下拉式连续定向凝固设备，反重力铸造设备以及完整的拉丝设备等，能生产各种规格的高性能有色金属丝材。主要业务集中在微电子超细丝材的研究、开发与生产，高性能铜及铜合金、铝及铝合金超细丝材制备与加工成套设备及产品的研制和开发。产品主要有：直径为100μm、75μm、50μm、32μm和25μmAl-Si合金集成电路用键合丝，具有单晶或连续纤维晶组织的各种规格的高性能铜及铜合金线材等。广泛应用于电线电缆、集成电路、仪器仪表、纺织机械、汽车工业、航空航天、高级音响等领域。

近期重点研究与产业开发方向有：①航空航天用特种电线电缆。②高性能无氧铜杆。③25μmAl-Si合金集成电路用键合丝。④高性能铂金丝。⑤微细Ag包Al丝。⑥高性能铜及白铜管等。

（雷　诺）

【高技术薄膜材料事业部】

高技术薄膜材料事业部至2014年年底有教授1人、副教授3人、技术人员2人、在读博士生10人、硕士生8人。

事业部拥有包括100kW直流电弧等离子体喷射、10kW直流电弧等离子体喷射、5kW微波等离子体化学气相薄膜沉积系统和强电流直流伸展电弧（HCEDCA）等离子体CVD系统等多种金刚石薄膜制备设备，拥有电子束真空蒸镀机、磁控溅射仪、射频等离子体CVD装置、金刚石膜研磨机、金刚石膜抛光机及光学材料砂蚀试验机、金刚石膜力学性能试验机等常规薄膜材料制备手段。固定资产总价值约300万元。主要业务集中于以金刚石厚膜、薄膜为主的各种高技术薄膜材料、各种硬质涂层材料与技术、各种非常规的等离子体化学沉积设备等。

近期重点研究和产业开发方向有：①大面积金刚石光学窗口材料。②金刚石薄膜光学涂层。③声表面波器件金刚石薄膜基片。④金刚石膜热沉材料及其在微电子和光电子器件或系统中的应用。⑤掺硼金刚石膜（BDD）及其在废水处理和生物医学中的应用。⑥高性能粒子探测器、紫外探测器、X-射线探测器用高质量（探测器级）金刚石膜材料。⑦金刚石涂层硬质合金工具。⑧金刚石膜基探测器和传感器。⑨类金刚石硬质防护涂层。⑩金刚石薄膜化学气相工业化生产技术和设备开发等。

（雷　诺）

冶金工程研究院

（高效轧制国家工程研究中心）

【概况】冶金工程研究院（以下简称“冶研院”）成立于2005年，主要由高效轧制国家工程研究中心（以下简称“高效轧制中心”）和冶金技术工程研究中心组建而成。其中，高效轧制国家工程研究中心成立于1996年，依托于北京科技大学建设，是原国家计委第一批批复设立的47家国家工程研究中心之一，也是轧制技术领域唯一的国家级工程中心，获得“国家工程研究中心杰出贡献奖”。2014年荣获“全国钢铁工业先进集体”称号。

2014年，冶研院共有教职员工63人。其中教授11人，副教授及高级职称21人，中级职称26人，博士生导师12人。另外冶金工程研究院有特聘专家6人，其中有中国工程院院士2人。

（郭　强）

【科研工作】2014年，由冶研院牵头的新增科研合同1618.50万元。其中，新增纵向科研项目14项，合同额279.00万元，包括国家自然科学基金项目2项、国家“863计划”课题1项、其他纵向项目11项。新增横向科研项目合同32项，合同额1339.50万元，包括1项国际合作开发项目。

2014年，冶研院到校科研经费到款总额为1957.33万元，其中纵向经费到款795.55万元，横向经费到款1161.78万元。与2013年相比增长幅度都在20%以上。获得2014年北京市科委的技术转移示范专项及后补贴等项目4项，获得支持经费53.60万元。

2014年，公开发表科技论文137篇，其中EI/SCI检索收录81篇，与2013年相比稍有下降。申请发明专利21项，获得专利授权15项，申请数量与2013年持平，授权数量增长较大。积极组织动员，尤其是调动青年员工的课题申报积极性，共计撰写各类纵向项目申报书48项，比2013年增长54%，包括申请国家自然科学基金18项，北京市自然科学基金8项，863项目2项，科技部中欧节能减排专项1项，首都科技仪器平台专项2项，教育部基本科研业务基金6项，北京市科委、教委的工程中心、实验室等4项，北京青年骨干资助2项，海淀区技术成果转移专项4项，联合申报广西省科技厅课题1项。

与鞍钢、马钢集团分别联合申报了教育部、安徽省科技奖，其中，“CSP流程全工序高品种钢的板形质量控制”获安徽省科学技术进步三等奖。另有2项获市级奖励。

与南车株洲所合作的“十二五”科技支撑项目“高端冶金轧机关键装备研制及主传动系统集成与应用示范”课题取得突破，课题主要成果“IGCT大功率高性能电气传动关键技术研究及应用”通过湖南省科技厅组织的专家鉴定，鉴定结论为“整体技术国际领先，成功填补我国在大功率高性能冶金轧机主传动系统的空白，建议尽快推广应用”。

设立科研专项基金，激励科研创新。为鼓励和加强科研创新活动，设立科技创新专项基金，主要用于重点支持具备市场推广前景并有一定研究基础的集成创新技术。2014年通过专家评审，对包括冶金、材料、装备、信息等领域的7项课题进行了资助。针对科研基金的使用，分别出台了关于内部课题、技术成果发表等管理规定和制度。

主持撰写完成了中国科学院、工程院《我国特殊钢行业的问题和建议》、工程院《资源型行业服务化转型研究》、《新兴产业对于技术材料的需求预测》及《中国版材料基因组计划——金属材料部分》等咨询项目的报告，主持撰写了科技部、中国钢铁工业协会组织的《2015－2025钢铁行业科技发展预测》报告，参加撰写了中国金属学会《2015－2020钢铁工业科技发展指南》《冶金行业学科发展报告》等一系列的报告和书籍，得到相关领导及专家的高度评价。

（张勇军）

【工程技术领域】2014年，冶研院新增工程项目价值1.96亿元，与科研经费合并后，人均经费远超200万元，保持了困境下的业绩稳定，并在以下几方面实现了业务领域的突破：

①首次承接了高强度耐腐蚀专用油井管生产线设计及设备总包项目，在国内率先进行无缝钛管的成套工艺及装备的研制。

②首次承接了镀锌生产线三电系统的实施，并在很短的时间内实现了热试，生产出合格的产品，得到邯钢集团的高度认可。

③与德国西门子、西马克及日本TMEIC公司充分竞争后，在国内首次承担了薄板坯连铸连轧二级控制系统的改造。这也是国际上首次由中国公司承担此类系统的实施。

④在国内首次承接了全流程的质量数据采集和分析系统的实施。该项目若实施成功，有望发展成为冶研院一个新的业务增长点。

⑤在与宝信公司充分竞争后，首次承接了多辊不锈钢冷连轧电气自动化系统的实施，对于冶研院进入冷连轧领域将产生非常积极的影响。

2014年，对于冶研院来讲，依然是非常繁忙的一年。①完成了重钢1780热连轧项目的整体验收。这个项目也是到目前为止冶研院承担的最大的工程项目，项目总经费超过亿元，服务范围包括电气自动化系统总承包、工艺技术总负责及生产线开工技术服务。重钢曹敬明副总经理及工程部、规设部、监督站、三环监理公司、钢研所、机动处、总师室、热轧板带项目部、热轧薄板厂共39人参加了项目验收会，对项目所取得的效果、北科大提供的技术服务均给予了很高的评价。

②完成了鼎信1780热连轧不锈钢三电系统的调试，这也是冶研院承担的最宽幅的不锈钢热连轧生产线。在这个项目中，冶研院的技术水平及服务态度得到了肯定，进一步扩大了学校在国内不锈钢行业的影响。

③完成了莱钢1500热连轧L1/L2控制系统的在线改造。由于是在线改造，工期紧，要求高。在这个项目中，冶研院的综合技术实力得到了充分体现，改造后生产线达产时间及产品质量远好于同处山钢集团的济钢1700热连轧L1/L2控制系统改造项目（由国内其他单位承担）。

④继续对永杰1850、巨科1850、银海2850、银邦3950铝热轧项目的控制系统进行完善，其中永杰及巨科铝热连轧项目完成了功能考核验收。虽然是冶研院首次承担铝热轧控制系统的实施，但总体效果良好，业主对北科大的技术水平均给予了很高的评价。若不是因为机械、流体设备问题多，这些项目均可以实现整体验收。下一阶段将结合机械、流体设备的整改，尽快完成项目的性能验收，并在2015年上半年完成成果鉴定工作。

（何安瑞）

【合作交流】2014年，冶研院先后派出4名教职工出国参加各类国际会议及交流培训。其中有2位教职工参加了德国第2届国际高锰钢国际大会，1位教职工参加了在奥地利举办的第8届欧洲连铸会议，1位教师参加教育部项目赴澳大利亚进行为期1个月的访问交流。此外今年还资助1

名副教授到澳大利亚进行为期半年的访问学习。

（郭　强）

【实验室建设】2014年，为了提高创新能力，为学科建设提供更好的实验研究平台，冶研院利用自筹经费和发改委为工程中心提供的创新能力建设资金，不断加强实验室的建设。经多方调研和比较，克服多种困难，在学校资产处等多部门的配合和支持下，完成了实验室信息化管理及监控系统的建设，并进行了二次开发，使之更适合于冶研院集中管理的模式。对实验室进行适度改造装修，完成了多套新增实验设备的安装和调试，包括激光超声检测、XRD、高速拉伸试验机等。完善设备操作规程，加强实验员培训，提高操作技能。增加每周实验室对外开放的时间，大型实验设备全部对外开放，同时对设备不断进行改造和完善，满足校内外师生和科研单位的实验需求。依托北京科技大学设计研究院有限公司，申报了“金属材料深加工北京市重点实验室”，并联合学校计算机与通讯工程学院共同申报了“北京市钢铁工业大数据工程技术研究中心”。目前两个项目均已完成网上提交，进入评审阶段。

（胡水平）

【研究生培养】2014年共招收研究生92人。其中博士研究生招收17人，硕士研究生招收32人，全日制专业学位研究生43人。招录的博士生、硕士生中211院校生源占比分别为60%、58%。在更新宣传折页的基础上，首次制作招生宣传视频，以合线下专场宣讲会、线上网络宣传、寄送招生材料3类方式开展招生工作，取得较好效果。一是院领导带队，先后走访了西北工大、河北工大、辽宁科技大学及长沙地区进行广泛的招生宣讲。注重开拓校内宣传方式，精心组织，院内专场宣讲会到场人数130余人，受邀参加高等工程师学院招生宣讲。二是加强线上网络宣传，主要通过研究生院网站、学院官方网站、学校登陆页面等多个网络宣传阵地，投放工程院电子版简介、发布宣讲会信息。三是我院充分挖掘校友资源，针对武汉科技大学、安徽工业大学等高校，通过寄送宣传折页等方式，提高宣传有效性。

在2014级迎新工作中，创新性地举办了简称“新生四个一”项目：“新生第一瞬——新生风采秀”“学长谈一点——朋辈寄语展”“朋友聚一起——素质拓展训”“名片秀一下——班会大家谈”。新生素质拓展项目、户外主题班会活动深受新生好评，达到了预期增进归属感、促进团队建设的目的。首次正式将新生职业生涯规划系列讲座纳入研究生新生教育体系中，讲座以研究生生涯周期为时间线索，内容涉及对职场的认知、学习生活安排、职业生涯规划意识的培养等。

进一步加强研究生培养的过程管理，在重点环节严格把关，完成了研究生开题、中期考核、申报毕业答辩等相关工作。积极落实导师责任制，通过召开导师工作会、举办“冶研家话”活动方式，加强研究生的过程管理等手段，提高研究生的培养质量。2014年博士生学位论文评估优良率为95%。

完成创新人才培养海外学者讲座及博士生短期访学项目，邀请奥地利莱奥本大学吴孟怀教授进行了为期1周的讲学，并与我院老师进行了广泛的技术交流，达到了预期目标。冶金专业博士生季益龙赴奥地利参加第8届欧洲连铸大会，材料专业博士生何建国于2014年7月参加第3届英一中钢研论坛，梁金明于2014年10月赴美国加州大学圣迭戈分校进行为期3个月的短期放学，控制专业王喆于2014年6月赴美国克利夫兰州立大学进行为期6个月的短期访学，张潮作为建设高水平大学项目于2014年8月公派英国进行为期一年的联合培养。

2014年共举办院内就业相关大型讲座及活动9场，参与校级就业相关活动1场，指导学生荣获“逐鹿职场放飞就业梦想”模拟面试大赛一等奖、北京科技大学第6届校园模拟面试大赛三等奖。2014届毕业研究生整体就业率100%，已连续3年实现全就业。毕业生就业单位近九成为国企、事业单位、科研院所及500强大型企业，就业质量高。毕业生就业分布多集中在钢铁冶金、机械制造、电子信息、航空航天、汽车等行业领域。由于学院专业多样且通用性较强，毕业生广泛分布于其他如金融、石油、烟草等多种行业中。其中7名毕业生荣获北京市颁发的“志愿服务西部奖”，4名毕业生荣获学校颁发的“启航奖励金”。在2014年度招生就业工作会上，学院再次荣获学校颁发的“2014年度就业率优胜奖”。

精心组织研究生参与学校组织的科技服务与挂职锻炼。经全校匿名评选、公开答辩，冶研院机械梯队迁钢科技服务团获得了团队一等奖（全校第7名），工艺设备梯队赴郝家台村实践团获得了团队优秀奖，另有13名研究生（同比提高3.25倍）获得了“优秀实践个人”荣誉称号。冶研院首获2014年研究生科技服务与挂职锻炼优秀组织奖。

完善研究生学术论坛实施方案，以“修德勤学、实践笃实”为主题，共举办各类讲座38场。本届论坛在文化建设、学术指导、学术考勤3个方面进行了改进：一是首次发布论坛标识，加强文化建设；二是将全部讲座活动按类归到“冶研讲坛”；三是针对2014级学生推行学术考勤制度。经专家小组评审，共评选出“学院学术之星”3人，学术论坛优秀论文3篇。

2014年冶研院各类奖项的评选：①优秀集体评选：本着促进交流、树立典型的目的，首次开展院优秀集体答辩会，共评选院级标兵集体4个，院级优秀集体3个。其中，品种开发二支部、冶金支部、工艺设备支部在校级评定中荣获年度校级优秀集体（全校共35个）。②特种奖学金和评选：经研究生本人申请，导师推荐，专业内初选、公开答辩，共有4人获博士研究生国家奖学金、6人获硕士研究生国家奖学金，1人获建龙一等奖学金、1人获建龙二等奖学金。③个人荣誉的评定：经研究生本人申请，各班级初步评定后，由部门做最后审核，共评出北京市三好学生1人、校级优秀三好研究生11人、三好研究生33人、优秀研究生干部11人、优秀共青团干部5人、优秀共青团员12人。④2014年冶研院研究生奖学金评选结果：博士研究生2人获一等奖学金，4人获二等奖学金。硕士研究生7人获一等奖学金，15人获二等奖学金。⑤优秀毕业生的评定：根据毕业生答辩成绩和在读期间表现，采用研究生自愿申请、梯队内评定、部门审核择优推荐的方式，已评出2014届春季优秀毕业生11人，其中市级优秀毕业生2人，校级优秀毕业生9人。⑥宿舍评优：学院在今年的学生宿舍检查和评比中成绩良好，其中有1个宿舍被评为标兵宿舍，3个宿舍被评为文明宿舍，1人为标兵宿舍长，9人为优秀宿舍长。

（米振莉、刘云清）

【党建与工会工作】①按照学校党委的统一部署，认真组织和开展冶研院中心组理论学习，包括习近平主席在2014年国际工程科技大会上的主旨演讲、习近平主席在两院院士大会上的讲话等，领会讲话精神，不断提高政治理论素养。

完成党风廉政建设大检查，认真组织汇报材料，并顺利通过学校检查验收。坚持贯彻中共十八大精神，深入开展群众路线教育实践活动，不断坚持以“教职工大会”为基本形式的民主决策、民主管理、民主监督制度，做到院务公开。建立健全规章制度，先后制定了《关于设备、低值设备和耗材的采购》《管理及报销的规定外协（外拨）、代购使用科研经费管理办法》等多项规章制度，厉行勤俭节约，形成长效机制。

②基层党组织建设。学院现在共有党支部10个，其中包括3个教工支部和7个学生支部。党员224人，其中学生党员165人，教工党员59人。今年发展学生预备党员15人，教工预备党员2人，转为正式党员7人。教工三支部在组织立项活动中被评为优秀组织立项活动。

③学生党建工作。2014年，8名学生支部支书参加了“红色钢铁摇篮”训练营—北京科技大学2014年研究生党员先锋工程培训班。15名预备党员参加了“红色钢铁摇篮”第232期研究生预备党员培训班。组织学生观看南水北调纪录片《天河》，指导各支部进行观影感想交流，撰写心得体会6篇。指导并带领各支部开展“红色1+1”活动、基层党支部立项活动、研究生成才标准主题党日活动。其中工艺设备支部组建“新农村发展调研团”综合表现优异，作为全校第5顺位（全校共推荐36支团队）推选到北京市角逐奖项。

④2014年，初步构建以专职教师、学生骨干为主的宣传员队伍，基本形成了学校网站、冶研院网站、微信平台三位一体的对外宣传体系。其中，本年度学校网站新闻投稿量共20篇，创历史最多。其中“冶研家话”稿件被展示在新闻导读界面，单篇点击量为574次。不断提高冶研院网站更新频率。

⑤2014年5月，成立冶金工程研究院传媒中心，强化宣传工作。冶研传媒构建的微信平台自2014年11月16日成立1个月以来，累计发布图文消息39篇，关注人数200人。根据用户活跃度的统计分析，图文阅读人数1108人，阅读次数2675人，转发47次。

⑥工会工作。2014年，积极组织职工参加教职工第37届田径综合运动会、“教职工兵乓球赛”“排球赛”“教职工羽毛球赛”健步走等活动。在领导的支持、同志们的积极配合和共同努力下，大家利用休息时间一起练球，获得了排球团体第五名、兵乓球赛团体亚军的好成绩。

在2014年度校先进评选中，学院信息与控制研究所荣获2014年先进集体称号，余伟、胡水平获得先进工作者称号，其中余伟获得师德先进个人。刘建华荣获首届“研师亦友—我最喜爱的导师”称号，吕志民教授获“第六届中国金属学会冶金先进青年科技工作者”荣誉称号。

关心职工的生活，年内慰问教职工及家属10人次。在校工会为教职工办实事的工作中，将购物通知单发到每个部门，做好登记、购买和发放工作，对于老教师和出差在外者尽量安排统一领取，解决他们的后顾之忧。

开展公司员工入会工作，共有参加工作满2年的18名公司员工填写了登记表，加入了工会组织。

（米振莉、刘云清、彭笑艳）

附　录

2014年新增纵向科研项目表

序号	项目名称	项目来源
1	北京实验室-高性能低成本金属结构材料制备加工技术研究（改革试点）（协同创新中心）	北京市科委、新星、教委
2	北京高校英才计划2014	北京市科委、新星、教委
3	北京高校英才计划2014	北京市科委、新星、教委
4	北京高校英才计划2014	北京市科委、新星、教委
5	超细晶Q&P钢的碳、锰配分规律和塑性变形机理	国家自然基金
6	基于流变学理论的相变诱导塑性TRIP钢的本构模型研究	国家自然基金
7	汽车尾气净化器用高铝不锈钢凝固特性和调控机制研究	国家自然基金
8	Non-metallicinclusionsin TWIP-steels	国家自然基金
9	面向过程智能化的多态无线监控技术与系统研制	科技部“863”
10	基于PIV技术的VD精炼钢包钢液流动和卷渣行为研究	基本科研业务费
11	基于PIV技术的RH循环流量计算模型	基本科研业务费
12	基于快冷工艺的700Mpa高强钢层流冷却过程中内应力演变规律	基本科研业务费
13	双机架铝带冷连轧机张力及厚度控制系统的研究	基本科研业务费
14	考虑相变耦合作用的热带钢轧机机架间板形传递研究	基本科研业务费
15	无取向硅钢的相变及织构演变规律研究	基本科研业务费

2014年新增横向科研项目表

序号	项目名称	甲方名称
1	汽车座椅安全件高速扭转试验设备的研发	北京新光凯乐汽车冷成型件有限责任公司
2	层状复合大马士革钢刀轧制工艺技术研发	阳江市南方兄弟工贸有限公司
3	TWIP钢的延迟断裂特性及控制技术研究	宝山钢铁股份有限公司
4	高碳钢丝检测与干拉关键技术研究	江苏宝钢精密钢丝有限公司
5	Gleebe高温变形性能测试	南昌航空大学
6	一种低合金高强度的C-Mn-Al系Q&P钢及其制造方法	北京科技大学设计研究院有限公司
7	一种1000MPa级冷轧热镀锌双相钢及其制造方法	北京科技大学设计研究院有限公司
8	一种440MPa含铌高强IF钢及其制备方法	北京科技大学设计研究院有限公司

续表

序号	项目名称	甲方名称
9	涟钢全流程电工钢板形质量控制技术研究	湖南华菱涟钢薄板有限公司
10	华菱涟钢2250厂加热炉控制系统改进	湖南华菱涟源钢铁有限公司
11	TA2\TA10 Gleeble热模拟实验	湖南湘投金天钛金属有限公司
12	吉林建龙无取向硅钢技术研究与开发	吉林建龙钢铁有限责任公司
13	华菱涟钢2250mm热轧宽度控制精度改进	湖南华菱涟源钢铁有限公司
14	具有综合性能的镁合金室温成形性研究	美国波音公司
15	高等级轴承钢夹杂物检测与分析研究	宝山钢铁股份有限公司
16	汽车用高强钢铸坯质量控制	首钢总公司
17	连退汽车外板表面质量控制关键技术研究	马鞍山钢铁股份有限公司
18	汽车钢板性能检测及成形性分析	湖南华菱涟源钢铁有限公司
19	冶金工业软件平台接口系统研发	武汉钢铁工程技术集团自动化有限责任公司
20	能源产耗在线预测与动态调度综合仿真软件研发	武汉钢铁工程技术集团自动化有限责任公司
21	可配置能源模型与算法库软件研发	武汉钢铁工程技术集团自动化有限责任公司
22	高寒、高湿、强风地区输变电技术研究	中国电力科学研究院
23	棒线材及中厚板产品研发及质量分析	福建省三钢（集团）有限责任公司
24	600Mpa级热轧TRIP钢的开发研究合同	马鞍山钢铁股份有限公司
25	重型刮板输送机用高强度钢板耐腐蚀性能研究与分析	莱芜钢铁集团银山型钢有限公司
26	高强钢冲压成形特性和塑性变形机理	首钢总公司
27	低成本LNG用7Ni钢的研究与开发	南京钢铁股份有限公司
28	方坯连铸中间包结构优化及铸坯洁净度分析	辛集市澳森钢铁有限公司
29	高等级汽车板产品开发与关键技术研究	广西柳州钢铁（集团)公司
30	不锈钢拉丝关键技术研究	山东腾达不锈钢制品有限公司
31	首秦煤浆管X65磨损冲蚀试验	首钢总公司
32	迁钢煤浆输送用X65NM磨损冲蚀试验	首钢总公司

2014年新增工程项目表

序号	合同名称
1	宝钢德盛不锈钢有限公司带钢厂电气自动化控制系统培训
2	重庆钢铁股份有限公司一炼钢铸坯表面缺陷在线检测系统
3	河北安平县恒祥铁艺金属护栏有限公司年产2.5万吨高强度耐腐蚀专用油井管生产线设计及设备承包
4	乌海市先进材料制品有限公司建设项目前期技术服务
5	日照钢铁轧钢有限公司1580带钢厂三电系统隐患整改项目
6	乌海市先进材料制品有限公司轧制线设计技术服务
7	明泰铝业3300/2800双机架热轧机组自动化系统
8	太重煤机承包山东茌平信发管业有限公司高速线材生产线改造项目
9	柳钢1450热工程轧电气自动化系统技术服务维保
10	马钢CSP轧机二级系统升级改造
11	河北安平县恒祥铁艺金属护栏有限公司年产2.5万吨高强度耐腐蚀专用油井管生产线设备补充合同
12	明泰铝业2000mm1+4热连轧生产线精轧区自动化系统升级双机架热轧机组自动化系统
13	广汉天成不锈钢制品有限公司酸洗表面检测系统
14	西南不锈钢有限责任公司酸洗线表面检测系统
15	中国石油天然气吉林分公司（勘察设计院）CO_2腐蚀检测技术服务
16	中国石油天然气吉林分公司（勘察设计院）新材质耐腐蚀性能测试技术服务
17	中国石油天然气吉林分公司（勘察设计院）管道酸性介质条件下应力开裂研究技术服务
18	北京航天航空大学微观分析及检测项目
19	湖南华菱湘钢中厚板表面质量检测系统
20	河北东海特钢1450热连轧自动化、仪表及传动系统供货
21	福建吴航950五机架冷连轧机组电控设备三电总承包
22	福建吴航连续退火酸洗机组电控设备三电总承包
23	邯钢连铸连轧厂加热炉二级计算机系统升级技术开发
24	明泰铝业2000mm1+4热连轧生产线精轧区自动化系统升级双机架热轧机组自动化系统增补合同（刷辊传动及自动化控制）

新材料技术研究院

【概况】2014年，新材料技术研究院（简称“研究院”）全体教职工凝心聚力，团结奋进，本着“组织大项目、出标志性成果、推进成果转化”的定位和目标，积极创建地方产学研基地和平台，为建设具有国内领先、国际一流的高水平研究院而扎实工作。

（曲选辉、吴春京）

【党风建设】严抓党风建设，积极响应和执行党中央号召和规定。研究院领导班子在材料学院党委直接领导下，认真学习党的十八大、十八届三中全会精神，学习习近平总书记系列重要讲话精神；认真响应反对四风、改进作风的号召；厉行勤俭节约，坚决执行反对铺张浪费的各项规章制度；推进党务、政务信息公开工作；切实把教职员工思想统一到中央部署要求上来，统一到促进学校教育事业上来，形成改革创新发展合力，自觉为实现“中国梦”和“北科梦”贡献力量。

（曲选辉、吴春京）

【师资队伍建设】加强高水平人才引进和培养，提高教师队伍整体水平。研究院制定了5～10年人才引进实施办法，计划每年引进3～5人，保证学缘结构比例协调。

2014年，研究院接待求职人员10人，接收简历46份，按照程序，组织4场报告，2人已入站，1人入职，完成2014年学校进人任务（3人）。晋升正高级职称1人、副高级职称2人；教师资格认定1人；通过青年骨干人才配套1人；合同期满考核合格6人；因公出国学术交流和特邀报告46人。

李晓刚教授被科技部推荐为2014年《科技盛典》科技创新人物；曲选辉教授获“2014年度宝钢优秀教师特等奖”，孙建林教授入选“第三届建龙特聘教授”，乔利杰教授获首届“研师亦友——我最喜爱的导师”。

完善和落实学术团队建设。学术团队仍以“实验室”为主体，以“实体化”为核心，研究方向以传统优势学科和新兴学科为重点，确保新材料技术研究院在国内外的影响和学术地位。

有教师65人（教授27人、副教授33人）、师资博士后4人，45岁以下48人（占70%）；具有博士学位64人（占93%）；本校毕业38人、国内外院校24人、国外高校7人，41人具有境外半年以上留学经历。由此可见，职称结构、年龄结构、学位结构合理，学缘结构还有待于改善。

（曲选辉、李　芊）

【学科建设】建设新的学科方向是研究院重要任务之一，2014年度在以下方面取得重要进展。材料基因组工程：抓住北京市重点学科群布局材料基因组工程的机遇，“基于材料基因工程的高通量设计、制备与表征技术”获科技部“863”主题项目支持，已申请北京市“材料基因工程”重点实验室和国家基金委重大研究计划。

3D打印技术：完善了等离子粉末球化系统，可以满足3D打印对高质量钛合金、难熔金属等球形粉末的需要；结合粉末注射成形、凝胶注模成形等复杂形状零件近净成形技术，开创3D冷打印技术，可打印其他技术无法制备的硬质合金、高比重合金等金属基复合材料。对我国3D制造业具有重要意义。

海洋腐蚀：为适应海洋资源开发、深海工作站、科考和军事装备建设，布局海洋腐蚀研究，建造多套适应海洋腐蚀研究的设备，获得了包括“973”在内的多项项目支持，在行业内有重要影响。

量子点太阳能：以半导体量子点构筑的太阳能电池，可以突破传统太阳能电池理论极限，具有更高转换效率，是世界同类体系最高光电转换效率的量子点太阳能电池，发表了多篇高水平论文。

资源循环再利用：以金属二次资源和尾矿绿色循环再利用技术，重点研究电子废弃物、冶金工业副产物、二次有色金属和尾矿等资源化、无害化综合利用和深加工技术。开发的“废旧电子电器处置和资源化技术及其工业化应用”得到应用。

（曲选辉、乔利杰）

【科学研究】 加强团队合作，积极申请重大、重点项目，科研经费再次突破亿元。2014年进校经费11190万元，人均170万元以上，完成学校下达指标（人均120万元）。新增重大项目141项，合同额13189万元。上千万级2项：乔利杰教授获批“863”主题项目“基于材料基因工程的高通量设计、制备与表征技术”（3000万元）；李晓刚教授获批的国家科技基础平台项目“国家材料环境腐蚀野外科学观测研究平台建设”进入第三年运行（继续投入2900万元）。另有国家支撑项目1项、“973”课题2项、国家基金9项（重点1项）、“863”课题1项、省部级及厂协等127项。申请项目数人均2.2项，完成学校下达指标（人均2项）。

加强团队建设，出标志性成果。出版著作6部，发表论文327篇（SCI150篇），影响分子大于5的10篇（最高15.49），创历史最高。申请专利93项，授权57项。获得1项国家技术发明二等奖，4项省部级科技奖（一等奖2项）和3项鉴定。

谢建新教授课题组负责的“高性能铜铝复合材料连铸直接成形技术与应用”获国家技术发明二等奖；李晓刚教授课题组为天宫一号成功解决XX归零问题，获“天宫一号与神舟十号载人飞行任务成功纪念”奖，又完成天宫二号XX系统材料选材及环境适应性研究任务；乔利杰教授课题组长期坚持环境失效及应力腐蚀研究，并参与天宫二号前期科研任务，根据空间站XX回路工质相容性实验要求，完成第一阶段研究内容，为整个回路设计提供数据支持；张深根教授课题组开辟新方向，田建军负责的有关“高性能量子点激子型太阳能电池材料”方面引起国际能源与环境界关注，获得国际埃尼奖（Eni Award 2014）科学秘书处候选提名，成果以封面形式发表在顶级期刊上。

（曲选辉、李晓刚）

【研究生培养】 根据学校要求，研究院2015年将独立招收硕、博研究生。报考硕士281人、博士66人。制定2015年博士、硕士研究生录取及复试方案。院领导非常重视首届招生，在10月份硕士推免报名时，亲自到现场进行招生咨询，接收推免生34人，优质生源（211院校）占比97%。在12月份博士报名中，硕博连读16人，申请考核7人，公开招考43人。其中23人通过硕博连读申请考核博士材料审核，于2015年1月12日进行复试，优质生源占比100%。

现有研究生657人（博士218人、硕士439人）。李丹等10名硕士获2014年硕士研究生国家奖学金，曹知勤等8名博士获2014年博士研究生国家奖学金；李丹等同学获2014中国“华为杯”大学生新材料创新设计大赛二等奖（指导教师曲选辉），朱敏同学获“十佳学术之星”（指导教师杜翠薇）。

曲选辉教授牵头申报的教学成果“发挥材料学科优势，培养高水平创新型本科人才的探索与实践”获2014年国家级教学成果一等奖。

（曲选辉、张深根）

【基地建设和成果转化】加强实验室建设，推动实体化运作。7月21日，国家科技基础平台“材料科学数据共享网”顺利通过验收。12月24日，虚拟实验室入选“国家级材料虚拟仿真实验教学中心”。

加强与地方合作，成果转化有成效。临沂分院与山东亿康环保科技有限公司共同承担产业化项目“高可见光活性氮掺杂纳米二氧化钛的规模化制备及应用”通过国内权威专家评审，认定达到世界领先水平；4月，山东金属材料研究院揭牌成立，成立2个下属实验室、3个下属公司，承接项目2项，合同款120万元；与投资人达成三年3500万生产“高性能DPC陶瓷散热基板”合作协议；获第三届中国创新创业大赛山东赛区3等奖，入围全国新材料行业总决赛。

为进一步与地方建立合作渠道，更多了解教师研究领域、创新及成果，研究院编辑了《科技年报》《创新科研及成果转化》，以达到广泛宣传和推广的目的。

（曲选辉、乔利杰）

【国际、国内学术交流】加强国内外国际交流，促进教学科研整体步入国际水平。主办或参加国际、国内学术会议69人次，其中国际会议49人次（主办4次）；特邀报告47人次，外出讲学26人次。

举办NACE中国国际腐蚀年会及展览；承办2014年海洋材料腐蚀与防护大会；举办“中国腐蚀与防护学会汽车腐蚀与防护专业委员会”成立大会；孙冬柏校长带领16人参加第19届国际腐蚀大会，并在大会上分别作了报告；国家材料环境腐蚀平台和中国腐蚀与防护学会共同创办“中国腐蚀与防护讲堂”。

举办《中国材料名师讲坛》8讲，分别请到英国圣安德鲁斯大学John TS Irvine教授等8位国内外知名学者讲授材料领域最前沿的科研进展。

（曲选辉、乔利杰）

【实验室工作】做好做精实验教学工作。共承担实验课40门次，增加了3门，计划学时532学时，学生700人，实际42466人时，实验内容118项。其中本科生396门，计划522学时，实际40966人时；承担研究生实验课1门，计划10学时，实际1500人时。承担计算机暑期实践课40学时，396人参加，实际15840人时。

实验室建设与推广工作逐渐有了起色。组织第四届北京科技大学金相实验技能大赛暨第三届全国大学生金相技能大赛选拔赛和实验中心开放日活动，接待全国青少年高校科学营活动，接待来自国内外高校及企事业单位的来访人员参观实验室工作。

组织实施2014年教育部本科教学修改计划项目，金额300万元，购置设备55台，10万元以上大型设备3台，电脑38台。同时申报2015年度教育部本科教学修改计划项目，获批270万元。

举办各类实验教学培训和大赛，成绩显著。9月27日，第三届全国大学生金相技能大赛在北方民族大学成功举行。研究院代表队获得团体优胜奖；郑禹同学获一等奖，焦京钰同学和刘敏同学获二等奖；指导教师韩凌、黄鹏获优秀指导教师奖。

积极配合两院，做好安全保障工作。为两院进行补贴用电管理。配合环保办及时处理废弃化学品及废液空瓶。协助学校工程实践基地建设两院拆迁和新建房屋工作。对各楼冷却循环水站日常维护和维修，确保教学科研实验顺利进行。

做好科学管理，增强保密意识。涉密部位8个、涉密人员36人，定期对涉密人员进行保密培训，对涉密硬件、台账等日常手续严格把关，配合保密处开展全面检查，确保“平安校园”。

（曲选辉、孙建林）

广东研究院

【概况】北京科技大学广东研究院（以下简称“研究院”）始终遵循“学校指导与市场导向相结合原则，协同创新与成果共享为一体机制”，充当广东产学研工作的桥头堡，不断扩大学校在广东省的影响力。2014年，研究院紧紧围绕学校深化广东省产学研合作的总体部署和要求，以谋划研究院基地建设为重点，以在建地、市研究院、联合研发中心的建设和发展为基础，积极加强对外交流合作，使得研究院各项工作平稳地向前推进。一直以来，在学校各级领导、科学研究与发展部等相关职能部门和学院的大力支持下，研究院充分发挥了平台和窗口作用，不断推进在广东省的产学研合作、成果转化及人才培养，使得产学研合作的水平、层次均得到提升。

研究院在广东省现有5个实体机构：①广东北科科技发展有限公司，主要负责广东省相关产学研项目的对接、技术研究与开发、成果转让及相关实验室建设等。②佛山市北京科技大学研究院，主要负责佛山地区的产学研工作以及佛山、广州、深圳等珠江三角地区的远程教育招生和研究生培养等。③北京科技大学云浮研究院，主要开展广东粤东地区的产学研相关工作。④北京科技大学湛江工业技术研究院，主要以钢铁、石化产业为基础，开展技术开发、科技服务、人才培养、成果转化、产业培育等工作，服务粤西北。⑤新材料制备加工技术联合研究中心，主要开展腐蚀与防护技术实验室建设以及相关项目的合作等工作，服务于广东海洋经济。

至2014年年底，研究院已有工作人员12人，学校在编人员3人，其中博士学历1人、硕士学历4人、本科学历5人、大专学历2人。研究院还聘请了多位教授和副教授作为兼职研发人员，协助研究院完成与企业合作的项目。

（姚　迪）

【科研工作】2014年，研究院积极发挥桥梁作用，加强学校科技成果在广东省的转化，积极组织项目申报，实施项目攻关与研发。2014年，共申报广东省重点、重大等各类产学研项目近10项。广东省科技创新平台项目“北京科技大学云浮研究院创新平台建设”已顺利实施并成功验收，通过本项目的实施，初步搭建了云浮研究院的组织架构并明确了研发方向，帮助合作企业解决了多项技术难题，申报发明专利1项。同时“基于云计算VSaaS的多源异构视频监控集成化服务平台”的项目正式获批立项，相关工作正在向前推进。

“新材料制备加工技术联合研究中心”与广州派勒机械设备有限公司正式签订了“共建纳米材料研发与应用联合实验室”的合作协议，为拓展和提升研究院在高分子材料领域的研发水平和服务能力奠定了基础。年内，新材料研究中心开展的新型涂层新技术新材料新产品的项目研发成功向企业转移转化，相关技术攻关正在进一步进行。

研究院于2012年与广东省云浮质量计量监督检测所合作建成的“广东省质量监督不锈钢制品检验站（云浮）暨北京科技大学云浮研究院与云浮市质量计量监督检测所共建不锈钢制品实验室”持续提供对外服务，已为云浮市不锈钢制品企业开展了100项以上的检测业务。

（张　涛）

【基地与实验室建设】2014年，研究院大力筹划基地建设，谋求研究院长期可持续发展。积极与广东省内外有关政府及企业等部门单位互访交流，筹划研究院基地建设事宜。“北京科技大学湛江工业技术研究院”挂牌成立后，研究院与湛江市政府及企业就钢铁、炼化产业项目、科技成果二次开发产业化、学历教育等方面多次交流，落实具体建设事宜。研究院还与宁波市政府、烟台市政府等其他地市政府达成合作共建新材料等领域的基地建设协议，进一步扩展了研究院在其他地市的产学研合作平台，有关基地正在筹建中。

新材料制备加工技术联合中心经过近4年的建设，已成功开发出多款新型涂料产品，并与广州建邦化学有限公司签订相关中试产业化协议，共同开展车间底漆的产业化和推广工作。新材料制备加工技术联合中心还与江苏金陵特种涂料有限公司共建“海洋防腐涂层新材料技术产品产业化基地”。

（姚　迪）

【合作交流】2014年，研究院应邀参与广东省科技厅、各地市科技局、企业召开的各项产学研会议30多次。研究院积极与各市区科技局开展科技交流合作，利用相互资源优势促成科技成果转化，进一步促进学校在广东省开展产学研结合工作的提升。年内，研究院先后受邀参加2014年新型科研机构现场会、深圳高技术成果交易会等科技交流会；应邀参加云浮市科技服务业座谈会，与省科技厅领导、云浮科技局及企业相关人员共同商讨产学研合作事宜；参加三水区科技创新大会产学研对接交流活动，旨在为企业发展搭建科技、金融、产业、人才交流平台，推动科研院校与三水区企业的联系与合作；重点走访深圳、佛山、云浮、惠州、湛江等科技局及相关企业，进一步强化学校与地方、学校与企业的长效合作机制。

（张　涛）

【人才培养】佛山远程学习中心在佛山市、东莞市、广州市等地区通过现场宣传及网络媒体、合作机构等形式，积极开展本、专科等学历教育及研究生教育。至2014年年底，共招生近1400人。研究院与学校文法学院合作，初步着手招收公共管理硕士（MPA）学位研究生，努力拓展研究院招生工作的方向。

（杜　鹃）

管理与服务

校务管理

【概况】学校校务管理工作主要由党委办公室、校长办公室承担。党委办公室、校长办公室是学校党委和行政的综合办事机构，负责处理学校党委和行政的日常工作。校长办公室成立于1953年10月（时称院长办公室），1964年5月改为政治部办公室，“文化大革命”期间停止工作，1978年恢复建制。党委办公室成立于1956年4月，1964年9月学校建立政治部后属政治部领导，“文化大革命”期间停止工作，1978年恢复建制。根据不同时期的工作需要，校长办公室下设机构几经调整，到1992年，下设综合室、文秘室、信息室、档案室、校史编辑研究室。1997年，档案室、校史编辑研究室与人事处的人事档案室合并成立档案馆。1999年5月学校机构改革后，党委办公室、校长办公室、统战部合署办公，下设综合接待室、信息文秘室、校友会与校董会办公室、法律事务中心。2001年统战部从党办、校办、统战部合署中分离，党办、校办合署办公，下设机构不变。2014年，党办、校办（以下简称办公室）设有信息文秘室、综合接待室、政策研究与法律事务中心等下设机构。

（张卫冬）

【重点工作】①2014年，党办、校办围绕学校中心工作，在扎实做好各项基础工作的同时，完成了《北京科技大学章程》起草、教育实践活动收尾和总结、贯彻落实八项规定有关精神等重点工作，发挥了参谋助手、综合协调、桥梁纽带和督查督办作用，为学校各项任务的圆满完成做出了应有贡献。

作为章程建设牵头单位，办公室在广泛学习调研、充分论证的基础上，起草完成了《北京科技大学章程》。4月，启动章程的校内外意见征询工作，共召开9次意见座谈会，累计覆盖200余人次，共征集意见建议百余条。6月，形成章程草案并提交教职工代表大会讨论。10月，向教代会主席团成员通报对章程草案所提意见的处理结果。10月27日，章程草案分别经学校校长办公会、党委常委会审议通过。11月4日，经学校党委全委会审定通过，形成最终章程核准稿，报送教育部核准。

②根据中央部署，2014年学校党的群众路线教育实践活动进入“整改落实、建章立制”阶段。2月28日，学校举行了活动的总结大会，强调推动作风建设规范化、制度化、长效化建设。作为教育实践活动的牵头单位，年内办公室努力推动后期整改落实工作，系统梳理整改任务，做好《校领导班子整改方案》《专项整治方案》《制度建设计划》的执行落实工作，并建立实行台账销号制度，确保整改责任到人、落实到位。至2014年12月，58项整改事项中，已经完成55项，完成率为95%，一大

批师生意见强烈的问题和矛盾得到解决，确保了教育实践活动取得实效。年底，根据教育部关于开好2014年度党员领导干部民主生活会的通知要求，教育实践办参与民主生活会的筹备工作，协助起草《2014年校领导班子党员民主生活会方案》和班子对照检查材料等，根据上级要求明确了会议的主题、步骤和安排。

年内，办公室根据教育实践活动“建章立制”的有关要求，认真落实制度建设计划。协调纪监、组织、财务等相关部门，落实好中央八项规定相关工作，特别是落实好学校公务接待相关管理办法等，推动学校党风廉政建设工作。2014年，办公室牵头起草和发布了《北京科技大学国内公务接待管理实施办法》等一系列文件通知，加强学校国内公务接待等活动的管理与规范，对于厉行勤俭节约、反对铺张浪费、加强党风廉政建设起到了积极作用。

（张卫冬）

【综合管理工作】2014年，党办、校办认真学习贯彻习近平总书记重要讲话精神，自觉践行“五个坚持”，始终做到文秘工作强调精品意识、信息工作增强实用价值、统计工作推进规范化，综合协调工作狠抓质量和效率的工作要求，不断探索促进工作又好又快发展的新机制、新办法，在各项基础工作中不断取得好成绩，为师生员工提供优质服务。

①各类重要活动的接待服务。年内，办公室先后为2014年寒假党（常）委扩大会议、学校党委和行政副职换届相关工作、科研经费管理专项检查、工程专业认证现场考察、“2011计划”会议（两次专家委员会、管理委员会会议）等系列重大活动提供高质量会议服务；顺利地完成数百次上级领导、企业、兄弟院校、外宾来校参观视察合作等接待工作；牵头做好了学生迎新、毕业的总体协调工作，得到了校内外的一致好评。

②信访接待工作。年内，办公室处理来信（含电子邮件）80余封，接待群众来访120余人次，开展人民内部矛盾排查2次。全年专门安排校领导接待群众来访42次，主动到老干部活动站接待离退休人员来访9次，接待来访离退休人员70多人次，妥善解决了管庄校区学员来访、暖气供应、学生非正常死亡等问题，营造了安全稳定的校园环境。

③督查督办工作。办公室将督促检查工作和信访工作相结合，加强对信访案件的催办检查，确保师生员工关心的热点和难点问题得以切实解决；以“校长信箱”平台为载体，探索加强对相关部门工作的督促检查力度，通过公开透明手段，进一步增强了相关单位的工作力度，推进“网络楼建筑垃圾清理”等一批涉及师生利益和校园环境的问题得到了有效解决。

④安全稳定工作。根据上级工作部署，起草了《2014年安全稳定工作方案》，并按照学校安保工作方案等要求，积极协调各部门认真开展矛盾隐患排查工作。在“两会”“5.12”“六四”“1028”专项事件等诸多敏感时期，坚持认真做好值班和各类安全稳定信息的搜集和“零报告”工作、值班工作，与教育部、市委教育工委等上级部门保持信息通畅。全年编辑整理《情况反映》8期，信息“零报告”60余期。

⑤定点扶贫工作。学校与甘肃省秦安县正式签署《结对帮扶工作框架协议》以来，授予秦安县一中“优质生源基地”称号；稳步推进干部培训，1名秦安县领导被录取为学校行政管理硕士研究生。捐赠电脑110台，价值50万余元；开展调研及学生支教、全国首个扶贫日宣传等系列活动，定点扶贫工作取得显著成绩。

（李　帅、郭志恒）

【信息工作】2014年，信息工作继续保持教育部先进水平。全年编写、报送《北科大信息》《简报》《情况通报》

200余期，获得“教育部信息工作先进单位”称号；办理学校公文700余份，处理上级文件10000余份、内部公文186份；起草各类文件、报告、讲话等80余份；完成83次党委常委会和校长办公会的材料准备、记录和会议纪要编发工作。

（赵　萌、金剑苞）

【办公自动化工作】办公室与信息办共同开展网络电子会议平台的升级研发，新版系统完成了议题提交、议题审核、材料上传、议题展示以及会议现场提醒等多项功能集成，改进了与会人员的用户体验，极大地提高了会议的组织效率。经测算，全年节约会议资料打印用纸99%以上，实现了真正意义上的无纸化会议。

（赵　萌、李　凯）

【信息公开、党务公开工作】办公室依托“四网四平台”认真开展信息主动公开和依申请公开的同时，根据教育部要求完成了信息公开事项清单的公开工作，对5大类50条涉及学校发展的重要信息进行了集中展示，推进了信息公开工作的深化开展。

年内，信息公开成为办公室的一项品牌工作，得到了教育部和兄弟院校的一致认可和广泛好评。在教育部门信息工作专题研讨班、教育部办公室主任会以及国家教育行政学院青年干部培训班上，办公室领导先后应邀以信息公开为主题作报告。华中科技大学、山东大学、哈尔滨工程大学等院校先后来校实地调研信息公开工作。

（赵　萌、金剑苞、李　鹏）

【附中共建工作】办公室牵头，建立起海淀区教委、北科大、钢院附中三方会商机制，就北科大与附中共建事宜展开洽谈，共建工作取得了重大进展。2014年8月，学校与海淀区教委签署合作建设北科大附中、附小框架协议。10月，办公室牵头申报北京市教委《向基础教育倾斜——高校办附中、附小》项目，依托项目，开展了开放实验室共建、研究生进附中担任学生导师、专家讲座、外教进附中任教等实质性工作。

（赵　萌、李　凯、李　鹏）

【统计工作】牵头做好综合统计工作，年内按时保质地统计并向上级单位报送了《普通高等学校基层报表》《普通高等学校科技统计年报》等数十份大型统计报表，荣获“教育事业统计工作质量评估优秀集体一等奖”。

（赵　萌、李　鹏）

【法律事务】①开展政策研究，发挥参谋助手作用。一是推进学校战略咨询委员会的筹备工作，通过借鉴国内部分高校相关机构的建设经验，对委员会的职能定位、建设目标、运行机制等进行了初步规划。二是协助校领导，对学校整体改革方案和党代会报告进行调研及初步起草工作，进展顺利，为党代会召开做好准备。三是结合学校重点工作，完成高校咨询会报告、学校特色办学报告、依法治校工作报告、学校教育改革报告等理论政策研究类材料20余份。②做好法律事务，推进依法治校。2014年，法律事务中心制定了法律事务登记和处理机制，继续做好学校对外法律事务的协调与处理工作，主动帮助学校各职能部门解决管理过程中遇到的法律问题。进一步规范合同管理、审阅首钢京唐公司合作、管庄校区远程教育平台外包建设等合同15份。此外，在首个国家宪法日，开展以“四个一”（一场宪法专题报告、一期宪法系列宣传、一次党员理论学习、一次学院特色活动）为载体的系列宣传教育活动，起到了较好的普法宣传效果。

（郗基辉、胡智林）

校友会、基金会工作

【概况】2014年校友会、基金会办公室遵循“传承、创新、服务、共赢”的工作理念，以凝聚和服务广大校友、充分挖掘社会资源、搭建校内外合作平台为重点，以服务学校发展大局为目标，求真务实、开拓创新，圆满地完成各项工作任务，为学校建设发展做出应有贡献。

（吕朝伟）

【校友信息收集与整理】校友会办公室按照“时时、处处、人人”收集信息的原则，编织好“网格式”校友信息收集体系，维护并完善校友信息系统。①不断拓宽信息收集渠道，积极通过各地校友分会、校友会网站、官方QQ群、官方微博、官方微信等多渠道随时收集信息。②实现校友信息的动态管理，充分利用校友返校、聚会等机会掌握校友信息变更情况，积极发挥群体力量，广泛动员教职工、校友积极为校友会提供各自掌握的最新校友信息。至今，我校校友信息库中校友人数已有11万多人。③全面推行毕业班校友联络员制度，在2014届每个本科班、每个研究生专业全覆盖选拔200多名毕业生做校友联络员，并在毕业典礼上举行毕业生校友联络员聘任仪式，从源头铺设校友联络通道，加强毕业生与母校，以及校友之间的情感联系。

（吕朝伟、郭晓东）

【校友分会建设】校友分会在联络和服务当地校友、扩大学校社会影响力方面发挥着重要作用，是联系和凝聚各地校友的重要平台，校友分会的建设与维护也是开展校友工作的有力抓手。①多形式推进校友分会的新建和恢复。一是继续推进地方校友分会的建立，积极联络当地校友，协助各地校友分会的筹备工作，2014年新建了青海省校友分会。二是联合相关院系建立专业校友会，2014年成立了铸造、化学2个专业校友会。其中铸造专业校友会结合铸造专业成立60年纪念活动邀请到260多名校友返校。三是探索社团校友分会新模式。2014年借学生会成立60周年之际建立了校友会学生会分会，进一步增强校友中特定群体的归属感。我校基本形成了48个地方校友会、6个专业校友会和1个社团校友会纵横交叉的工作格局。②校友会办公室通过多种形式加强与各地校友会的沟通和联系，建立多种机制推动各地校友会蓬勃发展。一是推行“校领导走访”常态机制，2014年校友会办公室共组织和安排校领导走访了厦门、香港、青海、广东、深圳等地的校友分会，均受到当地校友的积极响应和热情接待。二是倡导“校友分会迎新”制度，将毕业生名单及详细信息发送给各校友分会，倡导各地校友会及时吸纳新校友，并在各方面给予帮助和支持。2014年，海南、广东、深圳、温州等校友分会均举行了迎新活动。三是尝试“校友工作年会”轮值制。2014年1月召开了“2013年度校友工作研讨会”，来自全国各个校友分会负责人齐聚母校，会议决定“2014年度校友工作研讨会”开始由地方校友分会承办。

（郭晓东）

【校友日常联络与服务】校友会办公室作为广大校友与母校之间的桥梁纽带，在日常工作中格外重视广大校友的联络和服务工作。①举办校友值年返校活动，增进校友与母校感情。一是2014年，推动学校确定并推广“校庆周”概念，在此期间协调相关部门集中举办了以展现学校发展历史、辉煌成果、办学特色和发展方向为主要内容的一系列学术、文化、宣传、校友返校等活动。其中“回首九零，爱你一世——90级校友毕业20周年纪念活动”和“四载同窗半世去，卅年铸梦一世还——80级校友毕业30周年纪念活动”邀请到海内外1200多名校友带着对恩师和同窗的思念再次聚首母校。二是服务其他年级的校友聚会活动。2014年组织、参与了铸造专业成立60周年纪念大会，冶64届、机械64届、相64届、轧64届校友毕业50周年，金属学69届、电67级、工商00级、数00级、电00级、行政00级、法学00级等校友活动十余场次，服务参加活动校友人数超过1000人次。校友会为校友设计制作校友会纸袋、提供校内各类资料纪念品，并在活动咨询、人员邀请、场地安排、住宿餐饮、会场服务、校内参观等方面给予热情服务，得到广大校友的一致好评。②积极搭建校友的联络载体，给予校友细致亲情关怀。一是优化信息发布平台，让学校师生、校友都能尽快了解到母校的发展情况和校友的最新动态。做好校友会官方网站、官方微博、官方微信、人人网公共主页等信息平台的更新与维护；定期编辑《北科大校友工作动态》，并以电子邮件形式发送给广大师生校友（年内发行9期，每期发送电子邮件数超过3万封）。二是密切掌握校友动态，以党委书记和校长名义及时为升迁、获奖等取得优异成绩的校友寄发贺信；每逢重要节假日，都制作精美贺卡或编制祝福短信向校友发送，有效地增强校友与母校间的感情。

（郭晓东）

【整合与开发校友资源】校友资源是支持学校发展最可靠力量，开发校友资源对于学校事业发展具有重要意义，2014年校友会办公室协同相关部门在开发校友资源方面进行了有益的探索。一是助力学生就业，为毕业生的就业与创业拓宽途径、提升竞争力。为缓解毕业生就业压力，与招生就业处合作举办“2015届校友、校董企业大型双选会”，共有133家校友企业参加，提供就业岗位2000余个。二是助力学生创新创业。为提高学生创新创业的意识和能力，与团委、科技园共同主办学生创业竞赛，争取到建龙集团200万创新创业基金支持学生创业活动。走访乐邦乐成科技孵化器、东方硅谷科技开发研究院、北京海英智汇科技孵化器等校友企业，建立青年学生创业基地，解决学生缺乏创业基地的现实困难。三是助力学生成长成才。邀请潘海东、邓电明等知名校友与学生面对面交流，分享了他们的人生感悟、指引学生职业生涯发展。

（吕朝伟、郭晓东）

【捐赠项目开发】①良好的捐赠氛围和捐赠文化是确保基金会长远发展的关键。主要在校内和校友两个层面开展工作，一是征集和梳理捐赠项目，协同相关部门开发了企业冠名、校董聘任、奖助学金、科技合作、人才培养等捐赠项目，在校内明确捐赠需求，营造捐赠氛围。二是通过基金会网站、校友会网站、《校友工作动态》等媒介向广大校友及时传递捐赠信息；充分利用校友返校聚会、走访地方校友分会等机会，宣传学校发展建设方案和捐赠倡议，倡导捐赠文化。②不断拓宽捐赠渠道是壮大基金会规模的关键。一是主动拜访重点校友，2014年协调校领导拜访了福布斯富豪榜中所有校友，分别是杭州巨星科技股份有限公司董事长仇建平，比亚迪董事、深圳正轩投资有限公司董事长夏佐权，奇虎网总裁齐向东，与他们建立长期联系和交流，为今后资源融合及开展合作奠定基础。二是强化持续联络和服务，定期向捐赠单位或捐赠人汇报基金使用情况，并采取举办捐赠仪式、配合相关宣传活动、颁发证书和纪念牌、赠送个性化礼物等方式与捐赠方保持联系，同时在举办校园招聘会、推荐实习生等方面给予必要帮助。这一系列举措得到捐赠方的认同和赞许，增强其进一步回馈学校的动力和愿景。

（吕朝伟、陈晔明）

【基金管理与运营】①构建信息公开体系。教育发展基金会接受并通过了民政部的年度检查，在《公益时报》公布基金会年度工作报告。在基金会官方网站上发布捐赠和资助信息以及内部管理制度，及时向捐赠者寄送“基金使用情况报告”，接受捐赠人的监督。多项举措确保了基金运作的公开、公正、透明，以提高社会的信任度，争取更多的认可和支持。②获得税前扣除资格认证。非营利组织获取税前扣除资格，可使捐赠人免交部分企业所得税，根据《关于公布2013年度第二批公益性捐赠税前扣除资格的公益性社会团体名单的通知》（财税〔2014〕36号），我校基金会获公益性捐赠税前扣除资格。③获得非营利组织免税资格认证。2014年5月8日，北京科技大学教育发展基金会获得自2012年起有效期为5年的免税资格认证，平均每年节约企业所得税300万余元。④做好基金统一管理。继续开展北京科技大学教育基金会的注销工作，完成了股权变更、投资回收等环节。2014年，基金会共接受捐赠1105.98万元，其中指定用途捐赠1093.2559万元，非指定用途捐赠12.7241万元，涉及49个基金项目。此外，向教育部申请中央级普通高校捐赠收入财政配比资金1057万元。公益支出总计1584.62万元，资助公益项目41个，举办颁奖仪式5场。

（陈晔明）

发展规划工作

【概况】2014年，学校以《北京科技大学“十二五”教育事业发展规划》为指导，着眼校情，创新思路，提升内涵。充分调动相关单位积极性，顺利完成了本年度工作，为学校的发展规划工作提供了科学的指导和有力的支持。

（乔　兰、胡晓军、张云仙、刘　畅）

【高校调研工作】2014年，规划与学科办公室通过网络、电话、走访、研讨会等各种方式，先后与中国农业大学、中国地质大学、中国石油大学、中国林业大学、中国矿业大学、北京化工大学、北京邮电大学、中南大学、东北大学、武汉理工大学等多所大学的对口部门进行交流，了解和讨论新形势下一流大学建设的思路和做法，特别是在优势学科建设举措、新兴交叉学科的培育机制、学科布局与调整、学院布局以及基层学术组织的组建、重点项目建设的管理、学校学科发展规划、制定和落实的经验与措施方面进行了交流，为今后学校的发展规划工作提供了借鉴和指导。

（胡晓军、张云仙、刘　畅）

【大学排名追踪分析】规划与学科建设办公室密切关注各大世界大学排名榜单的发布，力争在第一时间对新公布的榜单进行研究，追踪北京科技大学在国际以及国内的排名情况，结合相关兄弟院校、对标高校的排名情况，就本年榜单排名进行对比；同时关注北京科技大学及对标高校在本榜单近几年的排名变化情况，就单项排名指标进行对比。并形成简报报送校领导及各学院领导。

（乔　兰、胡晓军、张云仙、刘　畅）

【ESI 排名研究分析】2014 年，规划与学科建设办公室结合我校的学科现状，在 985、211 大学中选择了 10 所同类高校进行了对比分析，分析了我校学科发展与其他高校相比所具有的优势和不足。同时，分析了我校各二级单位对 ESI 排名的贡献率，为今后的学科规划和建设提供参考。

（胡晓军、张云仙、刘　畅）

人事管理

【概况】2014 年学校入职 151 人，其中教师岗位 91 人（含引进的高水平拔尖人才及人才团队），占 60%。入职人员中，具有博士学位 98 人，占 65%；具有高级专业技术职务 21 人；具有海外留学经历 13 人，教师博士后 35 人。至 2014 年年底，学校在职职工总数为 3385 人，其中专任教师 1814 人、教辅人员 246 人、行政人员 372 人、专职科研人员 15 人、工勤人员及其他人员 938 人。专任教师队伍中具有博士学位 1171 人，占 65%。

（郝　媛、焦丽君、纪　伟）

【2014 年增资工作】为提高在职教职工和离退休职工的收入水平，结合学校整体财力状况，于 2014 年 8 月为在职职工 2343 人增发工资，本次增资自 2014 年 1 月起实行，特别注重向青年教职工倾斜，同时建立年薪制人员的增资机制，进一步缩小各类人员工资收入差距。同时，为离退休职工 2275 人落实学校新的生活补贴政策。

（郝　媛）

【专业技术职务评聘工作】2014 年，学校出台《北京科技大学专业技术职务评聘实施办法》（校发〔2014〕21 号）。新办法按照分类管理原则，更加强调学科差异、水平差异及岗位差异，并参照现有学科平均水平进行评价，既保持政策连续性，又不断提高任职水平，使考核晋升体系更加科学合理。在具体操作层面，继续坚持规范评聘程序，公开评聘标准，严格聘任条件，加强公示监督。全校共有 101 人晋升 8 个系列高一级专业技术职务，其中教学科研岗教师系列晋升 50 人（正高 16 人、副高 33 人、中级 1 人），非教学科研岗晋升 51 人（正高 1 人、副高 7 人、中级 43 人）。

（刘　伟、白云菲、黄　融）

【高层次人才引进工作】2014 年，学校进一步推进实施人才强校战略和人才振兴工程，坚持“不为所有、但为所用”的人才观，出台《北京科技大学人才奖励暂行办法》（校发〔2014〕56 号），把目光瞄准海内外高层次人才，大力加强人才引进力度。年内，学校引进、聘任“千人计划”入选者、美国乔治亚理工学院教授李默（非全职），国家杰出青年科学基金获得者、中科院自动化研究所研究员乔红（非全职），北京航空航天大学教授王荣明、副教授宋玉军，华中科技大学教授陈娣，苏州大学教授毛凌锋，浙江理工大学教授董文钧，钢铁研究总院教授级高工罗海文，中国地质大学（北京）副教授夏志国，首都医科大学副教授曹霞，澳大利亚新南威尔士大学博士后邢国忠，日本北海道大学博士后杨占兵，新加坡国立大学博士后张立宁，香港中文大学博士后孙奇福，中科院金属研究所付俊伟，清华大学隋杨，北京科技大学博士后周娴，北京科技大学、瑞典皇家工学院联合培养博士生田付阳等高水平拔尖人才。

（刘　伟、黄　融）

【高层次人才推评工作】 2014年，学校进一步加强和规范各类人才工程推评工作，完善人才遴选办法及评审程序，坚持“公正公开、实事求是、宁缺毋滥”的原则，做好各类人才工程项目的推评和管理。年内，经科研、教务、人事等部门推荐，党智敏获“国家杰出青年科学基金资助”，吴渊、冯妍卉获“国家优秀青年科学基金资助”，潘德安、冯春入选“北京市科技新星计划”，郭汉杰、郑连存获“北京市教学名师”称号，曲选辉获“宝钢教育基金优秀教师特等奖”，夏德宏、郑连存获“宝钢教育基金优秀教师奖”，王新华获“全国钢铁工业先进工作者”称号，冶金工程研究院获“全国钢铁工业先进集体”称号，科学技术史团队获“全国教育系统先进集体”称号。

（刘　伟、白云菲）

【考核聘任工作】 ①聘用合同期满教师考核工作。建立教师退出流转机制，与学校签订正式聘用合同、且工作未满两个聘期（满六年）的教师，在首两个聘期内，每个聘期末均需参加考核。2014年完成合同期至2014年12月31日的教师考核，参加考核教师共计126人（引进人才7人、首聘期40人、二聘期65人、科研辅助岗14人），其中首聘期1人、二聘期9人、科研辅助岗3人不再续聘。②教职工年度考核工作。按照学校相关规定及管理办法，组织实施并完成教职工年度考核工作。参加考核的教职工共计2675人，其中优秀203人、合格2421人、基本合格22人、不合格29人。③回国人员期满考核工作。学校于2014年11月按照留学人员签订的《出国留学协议书》要求，对回国教师进行了综合考评。参加考核教师共计49人，其中48人严格履行约定职责义务，很好地完成了出国期间任务，考核合格；1人不合格。④非教学科研岗位人员考核工作。非教学科研岗位人员考核工作是学校教职工考核评价体系的重要组成部分。2014年1月顺利地完成2013年非教学科研岗1131人的考核工作，其中基本合格25人，不合格13人。此次考核工作总体上达到了预期目的和效果。人事处结合各单位就考核工作提出的意见与建议，对2014年度考核情况形成分析报告。在12月启动的2014年考核工作中，对考核办法进行了优化，初步建立非教学科研岗位人员“年度考评、聘期总结”的考核机制，更加客观地反映实际情况，推进学校各项事业的顺利开展。

（郝　媛、刘　伟、白云菲、黄　融）

【师资培养培训工作】 ①教师国际学术交流工作。学校做好教师队伍出国留学选派工作整体指导和规划，按照各单位出国人数比例，对长期出国人员申请进行总量控制，有层次、有步骤地进行选派。一方面，积极拓宽出国留学渠道，组织申请国家留学基金委的各类出国项目，2014年入选国家各类公派项目35人，其中全额资助项目9人、青年骨干教师（1∶1配套资助）项目24人、香江学者计划2人。另一方面，充分利用海外经费资助及科研经费资助，以单位公派形式灵活选派16人赴海外高水平大学或机构进行学术研修。年内，学校共派出访问学者52人，其中国家公派36人、单位公派16人；完成访学回国63人，其中国家公派41人、单位公派22人。

②新教师岗前培训工作。2014年，学校开展新入校教师岗前培训，共79人参加，其中教学科研岗位28人、实验岗位21人、行政岗位14人、其他岗位16人。培训中新增教师宣誓环节，开设心理健康讲座，帮助新教师加快角色转变，增强责任感和荣誉感。学校还组织13人参加北京市高校师资培训中心组织的高等学校教师岗前培训，提高新教师教育教学能力和专业素养。

③教师资格认定工作。

2014年，学校继续组织落实北京市教育委员会的教师资格认定工作，进一步提升教师专业化水平。经过资格审查、能力测试、综合评定，共对57人认定了教师资格，其中教学科研岗位40人、辅导员岗位17人。

④其他培养培训工作。学校继续鼓励基础学科或亟需发展学科人员在职攻读学位，给予学费支持，同时适当放宽岗位专业技术性质强、学历相对较低人员在职攻读学位比例。2014年申请在职进修人员22人，审批通过19人；在职学习毕业人员13人，其中获得博士学位10人、硕士学位2人、其他1人。推荐派出1名青年骨干教师赴清华大学进行为期一年的访问交流；推荐派出2名青年教师到北京市委组织部、北京市教委相关岗位进行半年的挂职锻炼。

（白云菲、牛佳斌、刘　伟）

【研究生助教、助管岗位管理】2014年，根据学校相关规定，开展研究生助教岗位设置、岗位职责制定、竞聘人员选拔、签约上岗及聘后管理等工作。共选拔博士研究生助教73名，硕士研究生助教248名，硕士研究生助管8名。

（郝　媛、纪　伟）

【博士后科研流动站工作与博士后管理工作】2014年，学校新增土木工程、化学2个博士后科研流动站，我校博士后科研流动站数量增至16个。学校共招收博士后研究人员68人，其中学校流动站单独招收60人（含拟聘教师博士后35人），与企业联合招收8人。办理博士后出站54人，至2014年12月31日，在站博士后202人，其中教师博士后70人。年内，学校有18名博士后人员申报中国博士后科学基金特别资助，其中7人获得资助，资助金额共105万元；61名博士后人员申报中国博士后科学基金面上资助，其中9人获得一等资助，21人获得二等资助，资助金额共177万元。

（焦丽君、范　濮）

【社会保障工作】2014年，中心为全校事业编制和非事业编制员工3600余人进行了养老、医疗、失业、工伤、生育保险的征缴和管理工作，其中保险新增及转出手续800余人次、保险补缴手续6人次（其中超龄补缴2人次）、外地转本地1人次、本地转外地3人次（其中2人办理退休）、社保退休手续1人次、生育津贴及生育医疗保险报销手续9人次、工伤申报及认定手续2人次、办理工伤医疗辅助设备申请1人次、医疗保险二次信息采集10人次、变更定点医院19人次，全年共收缴各部门保险费1914万元。

此外，积极做好32名一级人事代理人员及20名待岗人员的日常管理工作。组织人员参加业务学习和培训共计42人次（财会培训39人次、审计培训1人次、档案管理培训2人次）。组织5名工人参加中央国家机关工考委组织的工人考核。

（陈小玲、张茵波、苏　靖）

财务工作

【概况】学校实行“统一领导、集中管理”的财务管理体制。财务处是学校的一级财务机构，在主管校长的直接领导下开展工作。财务处负有贯彻执行国家财经法规、执行上级主管部门相关文件精神的职责，统一管理学校的各项财经工作。2014年，财务处贯彻落实学校各项决策，深入学习中央八项规定和中共十八届三中、四中全会精神，在不断提高服务质量的同时坚持规范化、科学化管理，积极筹措办学经费，统筹各项经费支出，加强资金管理，努力提高经费使用效益，圆满地完成了2014年财务管理工作和年初制定的工作计划。

（曹光远）

【总体财务状况】 2014年，学校收入总计197341万元，包括财政补助收入98136万元，占收入的49.7%，其中：教育补助收入84482万元，占收入的42.8%；科研补助收入8839万元，占收入的4.5%；其他补助收入4815万元，占收入的2.4%。事业收入69695万元，占收入的35.3%，其中：教育事业收入23856万元，占收入的12.1%；科研事业收入45839万元，占收入的23.2%；附属单位上缴收入1332万元，占收入的0.7%；经营收入1473万元，占收入的0.8%；其他收入26705万元，占收入13.5%。2014年，学校支出总计177985万元，包括工资福利支出38796万元，占总支出的21.8%；商品和服务支出65988万元，占总支出的37.1%；对个人和家庭补助支出47087万元，占总支出的26.5%；基本建设经费支出6895万元，占总支出的3.9%；其他资本性支出17746万元，占总支出的9.9%；经营支出1473万元，占总支出的0.8%。

2014年，学校基本建设完成投资9724万元，其中：国家拨款6895万元，自筹经费2829万元。

至2014年年底，学校拥有资产总值630303万元，比2013年增加52383万元，增长9%。其中：固定资产319871万元，比2013年增加14771万元，增长5%。

学校负债总额为29402万元，比2013年增加1755万元，增长了6.4%。资产负债率为4.66%，比2013年提高了0.44个百分点。学校账面净资产600901万元，占资产总值的95%，比2013年增加50628万元，增长9%。

（管　耘）

【财务管理】①加强财政专项经费管理。2014年，学校财政专项经费执行情况取得了较好成绩：2014年财政性预计结转资金0.9亿元，比2013年结转资金1.2亿元减少了0.3亿元。

②进一步加强经费支出管理。财务处依据财政部出台的相关新的文件以及《北京科技大学国内公务接待管理实施办法》（校发〔2014〕1号）要求，2014年财务处加强了对公务接待费、差旅费、会议费、培训费、因公出国费等相关支出的管理。

③进一步规范科研经费管理。财务处根据国家财经和税收政策及《北京科技大学科技经费管理办法》，与科研部联合制定下发了《科研经费劳务性支出管理办法》（校发〔2014〕6号），对科研经费劳务性支出进行了规范。严格执行《关于薪金发放方式的暂行规定》，根据收入类别填写相应发放表，财务处统一发放，并依法纳

税。任何应发放至个人的酬金、补助、津贴、提成、奖励、福利、劳务费及其他个人收入，均不得利用票据报销的方式从相关经费中支取。

④长期挂账往来款清理。2014年，财务处依据《北京科技大学支票借款管理办法》（校发〔2013〕82号）、《北京科技大学现金借支管理办法》（校发〔2013〕49号）集中开展并基本上完成了借款的清理工作。通过清理，加强了学校资金管理，提高资金使用效益，减少不合理的资金占用，有效地防范了资金风险。

⑤开展教育收费自查自纠工作。为贯彻落实教育部等5部门《关于2014年规范教育收费治理教育乱收费工作的实施意见》和北京市治理教育乱收费联席会议办公室《关于开展2014年秋季教育收费检查工作的通知》精神，财务处会同纪委监察室对教育收费工作进行了专项检查，并结合规范教育收费、治理教育乱收费工作对附属小学、后勤集团、幼教中心等相关单位进行了重点检查。

⑥开展执行中央八项规定、严肃财经纪律和“小金库”专项治理自查自纠工作。按照中央统一部署和教育部要求，学校高度重视此专项治理工作，成立自查自纠领导小组，建立自纠协调机制，明确各部门分工职责，达到全面覆盖、注重实效的总体要求。全校59个二级单位认真开展了自查自纠工作。根据各二级单位上报情况，财务处牵头对部分单位进行了“小金库”现场检查。

⑦实现新旧《高等学校会计制度》转换。按照财政部和教育部的要求，从2014年开始实施新的《高等学校会计制度》。为做好新旧制度的衔接工作，财务处分批对骨干人员进行了培训，组织全处会计人员进行学习讨论，到兄弟院校开展针对性学习和调研。根据财政部发布的《高等学校财务制度》和《高等学校会计制度》的规定和教育部财务司编写的《教育部直属高等学校会计核算手册（试行）》，结合我校财务管理实际，编制了新的会计核算科目，于2014年6月初步完成了新旧会计制度转换工作。

⑧财务信息化建设迈上了新台阶。一是完成对财务核算软件系统升级和更新。随着各类数据的不断增容和信息化建设的需要，财务处对工资及津贴发放系统、学生各类补助发放系统、财务核算系统等软件进行了升级和更新，使之能不断满足各类报表、报告的要求，提升财务管理的水平。二是启用新的财务信息平台。为满足学校教职工和学生查询以及了解财务相关信息的需要，财务处开发的新财务信息平台自2014年5月1日启用。新平台的数据量、安全性以及便捷程度得到了广大师生的认可。三是网络预约报销系统开发工作基本完成。财务信息服务平台最重要的功能是网络预约报销系统，为实现2015年顺利进行网络报销，2014年初财务处着手准备工作，包括财务软件升级、增加部门属性、财务核算分类、网上报销流程测试、无现金报账系统的内部调试、网上报销界面优化和人性化处理、系统安全压力测试等。至12月底已经完成网络预约报销系统的开发工作，并于2015年初试运行。

（曹光远）

资产管理

【概况】截至2014年年底，北京科技大学共有本科教学实验室60个，校级公共服务平台2个，国家级实验教学示范中心2个，国家级虚拟仿真实验教学示范中心1个，北京市级实验教学示范中心7个，实验室及实习场所面积13.8万多平方米。全校实验技术人员251人，其中高级职称56人（正高职1人）、中级职称136人、初级职称36人、工人23人。

至2014年年底，学校各类在账仪器设备57107台/套，价值12.08亿元；家具57561件/套，价值0.63亿元；软件1567套，价值1.18亿元。学校土地面积共80.38万m^2（合1205.78亩），其中：本部57.8万m^2（合867.06亩）、管庄校区5.69万m^2（合85.35亩）、西三旗校区3.53万m^2（52.98亩）、昌平创新园13.36万m^2（合200.39亩），全校总建筑面积97.01万m^2。

（孟兆磊、刘晓楠、柯红岩、何　勇）

【实验室管理】①推动校级仪器设备开放共享管理平台建设。通过软件系统开发、物联网建设，完成67台仪器设备开放共享信息化管理，建设完成资产系统信息中心，实现校级平台与教育部CERS项目管理中心总平台对接，使我校成为继清华、北师大之后第三个完成校级平台与项目总平台互通、对接的北京地区高校，标志着学校仪器设备共享软、硬件系统从无到有的新突破。②遴选并推荐材料虚拟仿真实验教学中心申报教育部2014年国家级虚拟仿真实验教学中心，并成功入选。③组织信息工程实验教学中心、机械工程实验中心、土木与环境实验教学中心3个北京市级实验教学示范中心的校内验收评审，并顺利通过。④承担北京市教委“在京部属高校面向市属高校实验室开放”项目开放成本核算的研究工作，召集北京大学、清华大学等在京部属高校的实验室管理部门参与，向20所高校发放调查问卷，反馈回收实验室开放项目2170项。⑤组织对我校40万元以上大型仪器设备（03类）2013～2014学年度使用效益进行考核。考核结果表明，我校大部分大型仪器设备运行状态良好，各教学科研单位的设备运行合格率均在85%以上。⑥征集并推荐25篇学术论文参加北京市高教学会实验室工作研究会、技术物资研究会2014年学术论坛及年会的学术论文征集活动。组织我校自制教学仪器参加由中国高等教育学会实验室管理工作分会举办的第三届高等学校自制实验教学仪器设备评选及优秀作品展示活动，申报自制仪器设备3项，其中2项获得优秀奖。⑦至2014年年底，我校实验室检测资质共涉及17个领域和270个项目。⑧实验室生产与社会服务费用管理。至2014年年底，我校全年对外服务收入985万元，2014年结算维修费246万元。支持教学和公共服务仪器设备维修56台/套。

（柯红岩）

【设备管理】2014年，学校在设备管理方面主要开展以下工作：①2014年全校购置仪器设备3517台/套，价值7168.81万元；家具类304套，价值95.39万元；软件类161套，价值1273.54万元。②2014年完成招标采购85批/次，其中，委托招标30批/次，总值人民币8843.24万元，校内招标55批/次，总值人民币 2761.06 万元。③通过协议供货、网上竞价等方式采购通用类设备 734 台/套，价值 707.12 万元。④顺利通过北京海关 2014 年度年审；完成 50 万以上进口仪器设备申报审批 5 批/次，共计 17 台/套。完成外贸代理 108 批/次，共计设备 147 台/套、软件 10 套，价值折合人民币约 7680.20 万元。⑤举办政府采购及招标投标业务法规讲座，并组织相关业务部门进行学习讨论。⑥为 25 个机关部处的百余台办公电脑进行了巡检、升级、维护，提高了设备的使用效率。⑦ 2014 年共办理仪器设备处置 1033 台/套，处置收入 7.65 万元。

（孟兆磊、刘晓楠、何　勇）

【国有资产管理】为加强学校国有资产管理，规范国有资产管理行为，合理配置和有效使用国有资产，防止国有资产流失，确保国有资产安全与完整，2014 年制定出台了《北京科技大学国有资产管理暂行办法》，明确了学校国有资产管理的内容、目标、任务和原则，明确了学校国有资产实行“统一领导、归口管理、分级负责、责任到人”的管理体制，对国有资产管理各环节的有关事项进行了详细规定。

（何　勇）

【公共用房管理】①在对我校教学科研单位公共用房进行实地测量、细化分类基础上，经统筹考虑、多次测算，制定了我校教学科研单位用房管理初步方案，广泛征集意见，对方案进行进一步完善。②根据教育部关于直属高校办公用房清理整改工作要求，参照《党政机关办公用房建设标准（2014）》，制定我校行政办公用房清理整改工作方案。③调研兄弟高校后勤服务用房、产业商业用房管理现状，梳理我校公共用房对外出租出借情况，着手制定我校后勤服务用房、产业商业用房管理办法。④制定完成《北京科技大学公共用房门楼牌号编号方案》并提交北京市公安局审核。

（柯红岩、何　勇、王　波）

【人防及地下空间管理】①为规范和加强地下空间（人防工程）的使用管理，结合学校实际，制定了《北京科技大学地下空间管理办法》（校发〔2014〕15 号）。②为合理规划、科学利用地下空间，结合学校实际，制定了《北京科技大学地下空间使用规划及实施方案》（校发〔2014〕16 号），并按照使用规划实施方案的安排完成了清理核查、清退回收、合同备案、使用申请等工作。③加强地下空间安全管理，一是组建了 6 人的安全巡查队伍，负责地下空间的日常性巡视、检查和设施维修、维护任务，全年共组织 426 人次，巡查 1704 小时。二是在两会、节假日等重点时期内，坚持做到 24 小时值班制。三是汛期前完成地下空间入口处防汛沙袋（约 1400 袋）的布放，汛期后及时回收，并坚持雨天 24 小时值班，确保安全。④施工地下室防水堵漏工程 1 项，共完成堵漏 1 处；对人防通风系统、排水泵、照明灯等进行了检修。

（谭　豪）

【环保与技术安全管理】①制定《北京科技大学实验室压力气瓶安全管理实施细则（暂行）》（校资发〔2014〕03 号）和《北京科技大学危险化学品安全管理实施细则（暂行）》（校资发〔2014〕04 号）。②将实验室安全教育纳入到研究生新生入学、新任辅导员上岗、创建“平安校园”等工作环节中，共开展安全教育培训讲座 13 场次，受众 2500 余名。③代表学校按年度与全部 19 个相关二级单位签订了《二级单位实验室安全管理责任书》。④组织开展了 9 次全面的常态化安全检查，检查涉及气瓶、危险化学品、危险废弃物、实验操作、消防、水电卫生安全 6 个项目 26 个要点，发通报 46 份。⑤补充制作 500 个单体的固定气瓶架；在理化楼、理学楼加装通风净化系统，维修通风柜 18 台，为化生学院配置危险品专用柜 19 台。⑥共处理实验室废弃试剂、废液 32.74 吨，废弃试剂瓶5.28吨，废弃气瓶37个。⑦新增2台Ⅲ类射线装置，并完成环境影响评价报批工作；完成11台辐射设备检验工作及9名涉辐人员的证件办理、培训、体检及剂量检测等工作。⑧对校园污水、饮用水、食堂油烟、PM2.5情况、各区域及周边噪声等环保指标进行了检测。

（牛　犁、马　庆）

【专项工作】按照工程实践基地拆迁安置方案，逐一核实需搬迁设备信息，根据设备实际情况对分配方案进行调整，将具体房屋分配至相关系、所、梯队和教师个人。协同有关部门，与相关教师逐一落实其设备布放位置，水电、地面、排风、天车等需求，为建筑设计提供依据。先后组织5家设备搬运公司实地考察设备具体情况，对设备拆除、搬运、安装等进行报价以确定拆装公司。过渡期间，部分科研实验室设备搬迁至西三旗厂房暂存或长期安置，敦促实验室制定装修方案。

（何　勇、王　波）

【数据统计及报表】①根据国务院机关事务管理局要求，完成2014年度中央行政事业单位资产决算报表编报。②根据财政部要求，完成2014年行政事业单位资产管理信息系统报表编报。③根据教育部的要求，完成2014～2014学年教育事业统计报表中高基表、高元表中涉及固定资产、土地、房屋部分的数据统计。

（何　勇、王　波）

信息化建设与管理

【概况】2014年，信息化建设与管理办公室在编人员共计12人，负责学校校园网络、校园一卡通和基础数据的管理与运维、校园相关业务系统的信息化建设、校园网主页及相关二级网站的管理与维护、校园网站的安全与监控、校园信息化基础保障环境改造与规范等工作。依照“以师生为本，为师生服务”的思想，落实“全心全意服务师生”的服务准则，及时解决师生的诉求，2014年6月获北京科技大学工会颁发的“北京科技大学第七届教代会五次会议提案承办先进单位”。规范、整合校园网络管理与运维体系，充分发挥网络、网站、通讯平台的信息传递和传播作用；着重开展信息化环境下的网上业务办理、数据流通与共享、信息和资讯的协同推送等工作，各类的线下业务、活动等工作逐步有序地通过信息化的手段和技术向线上过渡。网络网上调研平台同样也为许多部门的线下活动提供了良好的支撑。利用校园网认证首页延展各类活动的覆盖面和影响力。以电子迎新系统、电子会议、电子投票、电子简报推送、个性化的短信及邮件、网上问卷、网上客服、网络直播等信息化业务服务平台都为学院、部门的管理、服务、业务和网络安全提供了强有力的支撑和保障。2014年重新打造的迎新平台受到社会广泛关注，有效地提升了相关部门的管理和服务效率。校园各级网站的安全加固与防护等也为学校的信息网络安全提供了强有力的支撑和保障。

（杨德斌、钱大益、何　敏）

【网络中心】网络中心主要承担为学校的教学、科研提供更加安全、稳定、快捷的网络环境和网络技术支持，以及校园网络的运行维护、监控、实施和技术培训等任务。年内，主要工作如下：

①在完善校园网络基础环境的前提下，建设下一代互联网管理、认证服务体系。完成国家支撑计划课题IPv6网络管控技术及其应用示范。项目的主要目标是基于真实源地址的标识和认证系统，一体化IPv6管控平台系统以及校园区主干网、无线网接入源地址的验证。② 2014年针对教学区域多媒体教室以及公共区域的无线网覆盖，新增无线AP接入百余点位，有效地提升校园无线网在学校教学、科研管理以及服务方面的支撑能力。③针对我校原有邮件系统用户增长、垃圾邮件拦截以及大附件的发送等需求，对邮件系统进行了升级。升级后的系统反垃圾邮件有效率超过98%。④建立并开发应用网络漏洞预警分析平台等一系列的有效管理平台，将各个应用程序有效整合，加入运维管理，以提高校园网运行维护的管理水平。⑤开发web应用、入侵检测防火墙等设备，通过对防火墙和流量控制设备的不断完善和升级，合理配置带宽，节约了网络带宽成本。⑥新增智能存储为数据中心的虚拟化建设提供支撑条件，数据中心虚拟化硬件平台的建立，为各种资源在统一平台之上的高度融合提供硬件保障，为全校教师生员工提供良好的网络化、数字化的教学、科研、办公、管理与服务平台。⑦分布式校园网节点设备间智能监控系统实现了节点设备间温度、湿度、烟雾监测及交换机电力供给的在线监控，为网络设备故障早期预警、提高校园网络的稳定性提供了准确、科学的依据。⑧自主研发的网上客服平台（网上报修系统和网络服务）用信息化手段解决各类信息化相关的咨询和求助，大幅度提升了网络中心的服务水平。⑨常态化的校园网络线路及端口进行检修、更换和维护。服务范围覆盖教学区、学生宿舍区共计约2万个点。⑩ 2014年，网络安全形式异常严峻。网络中心依靠技术挖潜、科学防控、严密管控，查漏洞、抓落实，克服人员少、设备老旧、资金短缺等各种困难，保障了学校众多网站、系统的安全。为加强信息系统安全与互联网安全意识，落实校、院各部门网络及信息安全工作，开展了主题为“提高网络安全意识，共建网络安全，共享网络文明”的信息系统及互联网安全与保密培训。⑪组织申报了《北京科技大学数据中心节能低碳改造实施方案》，并获得北京市约110万元的资金支持。项目的实施将有力地改善学校数据中心的运行环境，并减少能源消耗。

（梁　哲、谢海波）

【校园卡管理中心】2014年，圆满地完成校园卡的各项卡务管理工作，共计制卡、发卡、补卡两万余张，其中新办卡12357张，补卡11717张，接待师生用户近两万余次。按时完成2014级新生大批量制卡、发卡，全力配合数字迎新，实现了校园卡数据与数字迎新系统的对接；配合学校迎新工作中的新生党员、国防生提前报到工作，完成校园卡的提前制作与发放；为全国青少年高校科学营、外语学院外教及国际交流处的国际交流生精心设计并制作了专有的卡面。

校园一卡通系统全面升级为B/S架构，新增学生公寓门禁接入、网报表清算系统、食堂报表系统、领取补助、智能购电等自助服务功能；应用功能更为全面、查询更为灵活，方便了全校师生的使用。配合学校补助发放，研发并上线了快捷的领取机具，使操作时间缩短为几秒，极大地方便了用户的使用。

（钱大益、颉　斌、何　敏）

招生与就业指导

【招生工作】 2014年8月上旬，学校圆满地完成招生录取工作，本科和高职在全国各省市继续实行网上录取。学校2014年本科一批共有35个理工科专业，8个文科专业、1个艺术类视觉传达设计专业招生，其中文理兼收的专业共有6个，日语和德语只在保送生中招理工科考生。材料科学与工程（国际班）不再单独招生，取消了生态学和电子信息工程专业，增加了自动化和能源与动力工程2个“卓越计划”专业。

本科招生面向全国31个省、市、自治区，共计录取本科生3353人，其中文科419人、理工科2934人，总人数中含新疆、西藏内地班学生27人，视觉传达设计（艺术类）40人，保送生25人，自主招生108人，贫困计划招生157人，农村自主招生40人，艺术特长生13人，国防生79人，体育特长生20人，和由北京邮电大学转入我校学习的2014年学校招收的少数民族预科生24人及新疆民考汉20人。招收专科生（高职）99人。同时，2014年新录取的少数民族预科生24人和新疆民考汉20人在北京邮电大学攻读一年预科。

从新生情况看，男生2146人，占64%；女生1207人，占36%。城镇户口2062人，占61.5%；农村户口1291人，占38.5%。应届生3115人，占92.9%；往届生238人，占7.1%。汉族学生2993人，占89.26%；少数民族学生360人，占10.74%。党员5人，占0.14%；团员3247人，占96.84%；其他106人，占3.16%。学校2014年第一志愿录取率为97.9%，调剂志愿录取率为0.0%。

①完善招生宣传方案，精心凝练宣传亮点，进一步提升宣传效果。

一是改版招生宣传材料。更新改版了本科招生网站、招生简章、报考指南、宣传单页和招生宣传片，内容上更突出学校学科特色，形式上更生动活泼，满足了家长和考生的需求，受到一致好评。二是进一步优化招生宣传模式。招生办联合各学院选派籍贯为招生宣传地的教师担任招生宣传组长，27个招生宣传组长共选派了125名宣传人员赴京外各省开展了宣传，参加现场咨询180场，比2014年增加40场，覆盖近114个地市，新开拓了20个地市的招生宣传阵地，充分发挥了宣传组长对原籍地各方面情况较为熟悉的优势。三是加强与重点中学的联系。2014年新建立优质生源基地中学22所。高考前为4000多所高中寄送了招生宣传材料，高考后为高分学生460多所生源中学寄发了喜报。四是充分利用网络媒体进行宣传。开通BBS、新浪微博、阳光高考网等平台，积极参加教育部及各省组织的网上咨询活动，在各大报刊杂志刊登招生宣传稿件，参加各大门户网站的访谈以及北京市高招广播咨询，积极扩大学校影响力。五是做好答疑咨询服务。在高考咨询周期间，招生办启动了13部招生咨询热线，电话咨询时间延长至每日21时，尽可能满足广大考生和家长的咨询需求。

②规范招生工作制度，加强招生过程管理，确保招生工作公平、公正、公开。

一是规范招生过程，制定招生工作管理办法。制定了《北京科技大学本科招生工作管理办法（试行）》（校发〔2014〕47号），进一步明确招生工作责任，规范招生计划、招生宣传、招生录取、信息公开公示和新生入学复查等重要环节的过程操作，落实招生工作的全程监督。二是加强部门沟通，制定特殊类型招生工作管理办法。积极与机械学院、体育部、外国语学院、校团委等部门进行合作，对特殊类型招生的关键环节和重要节点进行梳理，制定了《北京科技大学特殊类型招生工作管理办法》（校发〔2014〕24号），明确了具体责任，规范了工作流程。三是严明纪律，细化责任，确保招生录取的公平、公正和公开。制作招生工作手册，修订《北京科技大学本专科招生录取工作实施方案》，细化招生录取工作程序。组织网上录取人员认真学习教育部规范招生录取工作的系列文件，严格执行教育部提出的“六不准、十严禁、十公开”制度。

（王占奎、王　彬）

附　录

北京科技大学2014年录取分数统计表（理工类）

		学生来源								
理工类		北京	天津	河北	山西	内蒙古	辽宁	吉林	黑龙江	上海
	招生人数（不含保送生）	182	57	186	149	93	78	53	55	11
	省重点线（理工科）	543	516	573	534	501	526	555	529	423
	最高分/最低分	665/623	615/595	661/642	621/598	628/580	641/622	652/627	634/620	472/449
	我校录取平均分	634	601	648	605	604	627	635	624	457
		江苏	浙江	安徽	福建	江西	山东	河南	湖北	湖南
	招生人数（不含保送生）	75	76	110	63	87	121	141	83	94
	省重点线（理工科）	345	597	489	506	526	572	547	533	522
	最高分/最低分	375/361	678/653	595/570	619/600	602/583	667/652	646/616	616/594	624/597
	我校录取平均分	366	661	575	606	589	656	621	599	602
		广东	广西	海南	重庆	四川	贵州	云南	西藏（汉）	西藏（少）
	招生人数（不含保送生）	57	52	14	51	91	50	33	3	4
	省重点线（理工科）	560	520	606	514	540	484	525	460	280
	最高分/最低分	618/598	622/588	745/651	605/567	619/579	611/561	662/594	625/600	353/285
	我校录取平均分	604	598	703	576	588	580	614	610	315
		陕西	甘肃	青海	宁夏	新疆				
	招生人数（不含保送生）	70	53	34	33	66				
	省重点线（理工科）	503	516	406	473	475				
	最高分/最低分	622/595	626/582	589/432	580/565	612/564				
	我校录取平均分	603	595	504	571	578				

北京科技大学2014年录取分数统计表（文史类）

		学生来源								
		北京	天津	河北	山西	内蒙古	辽宁	吉林	黑龙江	江苏
文史类	招生人数（不含保送生）	19	14	19	17	16	17	10	12	16
	省重点线（文科）	565	523	563	526	525	552	560	541	333
	最高分/最低分	635/595	591/579	618/609	577/561	601/569	612/602	618/598	613/606	358/346
	我校录取平均分	610	584	612	567	587	606	607	609	350
		浙江	安徽	江西	山东	河南	湖北	湖南	重庆	四川
	招生人数（不含保送生）	15	11	14	18	17	11	18	14	14
	省重点线（文科）	621	541	524	579	536	535	562	555	551
	最高分/最低分	671/662	591/571	568/560	645/630	584/572	568/550	625/610	611/593	590/572
	我校录取平均分	664	578	563	636	578	557	616	601	576
		云南	陕西	甘肃						
	招生人数（不含保送生）	10	13	10						
	省重点线（文科）	565	548	543						
	最高分/最低分	615/603	622/584	586/543						
	我校录取平均分	608	600	561						

【就业工作】学校2014届毕业生共5913人，其中研究生2702人、本科生3211人。至8月31日，全校平均就业率97.43%，比2013年提高2.33个百分点，圆满地完成年度就业工作目标。其中，研究生就业率为98.70%，本科生就业率为96.36%。本科生国内读研率连续两年保持在40%以上。学校获“北京地区高校示范性创业中心”。

①完善生涯辅导体系、丰富就业指导内容。继续完善“课堂教育+个性化辅导+网络引导+岗位实践”四位一体的职业辅导体系。一是继续加强《大学生职业发展与就业指导》本科必修课程建设。“职业发展与就业指导课程网”正式上线。继续推行“就业工作队伍职业能力提升计划”，加强师资培训，打造专业化、高水平的就业教师队伍。坚持集中备课、案例研讨、随课调研和交流总结，学生对课程满意度超过90%。二是丰富个性化就业辅导内容。组织“职业生涯辅导月”“求职季公开课”“求职训练营”等多项活动，共组织专题讲座36场、模拟面试大赛15场、简历大赛1场、专题工作坊10余场，将职业教育融入学生的日常学习和生活中。成立“BOE企业俱乐部”，为学生与企业交流提供平台，会员已超过百人。6月，召开“我的事业梦在这里起航——北京科技大学西部·启航奖励金颁奖仪式”，对赴西部基层就业的272名毕业生进行了表彰。开展“北京科技大学就业巡礼”主题展览，展示到西部、基层就业毕业生风采，起到了良好的教育引导效果。三是充分利用新媒体加强就业指导。开通微信、微博、手机APP等受学生欢迎的新媒体平台，改版就业信息网，开设“主任在线咨询”“专业解读”“职业百科”等栏目，随时随地为学

生解惑答疑。四是进一步搭建实习实践平台。继续执行“大学生预就业实习计划”，组织大型“实习生双选会”，建设“大学生就业实习基地”。我校已与100余家重点企业签订了就业实习基地协议。

②明确市场建设目标，拓展人才输送渠道。2014年，学校共举办大型双选会3场、中型双选会20场、专场宣讲会409场、实习招聘会1场，共接待1770家企业进校招聘，提供近30000个岗位，比2013年增加23%，毕业生供需比为1∶6。根据《就业状况调研》显示，“校园招聘会及就业信息网”和“校友或导师推荐”是学生获得就业机会的主要途径。毕业生就业单位领域除钢铁冶金、能源化工、装备制造、电子信息等传统行业外，还覆盖国防工业、航空航天、汽车、金融、新能源、新材料等国家战略新兴产业。一是制定就业市场开发计划，建设校院两级就业市场。制定《北京科技大学校园就业市场开发建设方案》，根据学校人才培养目标和学科特点，制定学校就业市场开发战略。在校级就业市场建设基础上，鼓励学院建设专业特色就业市场。2014年学院举办招聘会143场，各学院就业分市场初具规模。二是稳固传统行业就业市场，拓展新兴行业就业市场。继续加强与冶金、机械等传统行业重点企业的合作，引进45家重点钢铁冶金行业企业，保持钢铁冶金行业企业进校招聘基本稳定。走访中国兵器工业集团公司、中航工业集团公司、北汽、长城等11家装备制造企业。利用暑假开展“暑期就业市场开拓计划”，开展毕业生质量跟踪调查和企业联络。积极开拓航空航天、新能源、国防工业等新兴行业和国家战略产业就业市场，已与200余家龙头企业建立了稳定的合作关系。三是利用校友资源、地区合作、实习促就业等方式，创新毕业生输送的渠道。继续举办校董、校友企业双选会，引进127家校友企业，提供2000余个岗位，实现校友发展“传、帮、带”，受到校友企业和学生欢迎。与北京经济技术开发区、中关村人才特区高新企业集群以及天津、河北、浙江、广东、深圳等地区企业达成人才合作协议，为毕业生服务地区经济发展创造条件。5月份召开“实习生双选会”，邀请北京现代、京东方等162家企业参会，提供实习岗位4000余个，参会企业质量和数量有较大提高。

③细化就业服务，关心关爱每一位毕业生。一是提供规范化的就业管理和服务。修订西部和基层奖励评选、就业重点关注群体帮扶等文件，制作《毕业生就业指导手册》《就业手续办理单页说明》等材料并免费发给毕业生，实现就业服务管理规范化。二是深入推广个性化就业服务。深入开展“三个一”服务，与每一位同学进行一次15分钟以上的“一对一”深度辅导、修改一次简历、进行一次匹配度较高的职位推荐。定期开设简历诊所、职业工作坊等个性化辅导。三是建立完善的就业特殊群体帮扶体系。关注经济困难、就业困难、心理承受能力弱等特殊群体毕业生和离校未就业毕业生的就业和发展问题，建立台账。对于经济困难的学生，专门发放求职补贴；对于心理承受能力较差、求职能力差的同学，进行一对一辅导；对离校未就业毕业生，持续跟踪，继续提供信息和就业服务。广泛发动任课教师和校友等资源，为就业困难毕业生进行工作推荐。

④全程开展调研工作，加强招生就业联动，服务学校人才培养大局。一是建立“全过程”调研体系。求职前，面向全体毕业生开展《求职意向和需求调研》；招聘季，利用单位进校招聘的机会，开展《满意度和行业需求调研》；签约时，开展毕业生《就业状况调研》；毕业前，开展《未就业状况和需求调查》；针对已毕业校友，开展《毕业生就业质量跟踪调研》。

通过调研，收集用人单位对学校人才培养工作的信息反馈，及时了解学生职业规划和就业指导的实际需求，掌握学生求职状况和就业质量，为开展工作提供依据。二是大力促进“招生—培养—就业”正循环。制作《2014届毕业生就业状况白皮书》，详细分析和解读当年毕业生就业状况，并把毕业生在就业过程中反映的问题及时反馈给相关部门。学校在拟定高考招生计划时，根据就业反馈数据，综合考虑各生源省、市毕业生的深造率、派遣率和就业率等指标进行调整。11月，召开招生就业工作会，从招生、就业角度反馈人才培养过程中的问题。

(孙长林、王丽红)

审计工作

【概况】2014年，审计室在校党委和行政班子的领导下，紧紧围绕教育内部审计“三个服务”的宗旨，以学校中心工作为重，认真执行年度审计工作计划，全面履行审计职责，重点突出、目标明确地开展审计工作，及时开展各项临时性任务，在全体审计人员的共同努力下，很好地完成了本年度的经济责任审计与财务收支审计任务，顺利地完成了基建与修缮项目审计工作，在资产使用、财务管理、科研管理和节约建设资金等方面发挥了积极的作用，促进了学校及各二级单位内部管理的规范化，发挥了内部审计的监督和服务职能。

(李霞飞)

【专项审计】①经济责任和财务收支审计。根据学校安排和2014年审计工作计划，审计室对纪委监察室、机关党委、大项目建设指挥部、高等工程师学院、人事处、后勤集团、财务处7个二级单位开展了负责人的经济责任审计，并同步开展了这些部门的财务收支审计；除此之外，还对校工会、体育部和天津学院驻校本部办公室进行了财务收支审计。针对审计过程中发现的问题提出了相应的审计建议，并积极督促各二级单位及时整改。通过持续不断的开展二级单位负责人经济责任审计和二级单位财务收支审计，强化了被审计干部经济责任意识、党风廉政建设意识和风险防范意识，对不断促进二级单位内部管理起到了积极作用。

②专项审计。根据学校工作需要，2014年审计室完成了5个专项审计工作：一是对天工大厦前期的工程项目情况进行了审计，确认了相关支出。二是按照教育部国际司对中外合作办学检查要求，对我校计算机与通讯工程学院与瑞典布莱京理工学院合作开设的中瑞合作办学项目2014年财务收支情况出具了审计报告。三是对管庄校区的培训项目进行专项审计。四是对管庄校区2014年前半年的财务收支情况进行了专项审计。五是对后勤集团幼教中心2014年度财务报表出具了审签意见。

③审计调查。除了专项审计工作外，审计室还完成了5项审计调查工作。根据纪委的要求，我们对3名教师的科研项目进行了审计调查，对两个二级单位的专项经费进行了审计调查，为后续处理提供了基础数据。

④基建工程审计。我校基建项目全部实施了跟踪审计。工程实践基地跟踪审计项目中，2014年审核了可研报告1份，审核了设计、环境评价、测量放线等合同8份。昌平创新园区跟踪审计本年度主要配合项目建设进

度，按时完成了动力中心、生活区、主楼和力学化学厂房工程相关项目的招标文件审核、招标控制价编制、合同审核，以及工程款付款进度审核等工作。共审核招标文件2份，编制控制价2份，审核控制价3份，审核施工合同7份，审批签发转单87份。

天工大厦的结算审计是本年度工程审计的重要内容，送审项目31份（含7个前期送审项目），送审金额36291万元，审计过程中配合基建部门对这个项目总包方的承诺事项进行了处理，规避了相应风险，针对总包方提出的索赔事项审减了919万元，针对报送的各分项工程结算金额审减了182万元，节省了建设资金。

⑤修缮项目审计。结算审计是修缮项目审计工作的重要内容，本年度共完成修缮工程结算审计项目120项，报审金额3350万元，在后勤基建管理处和管庄校区审核基础上审减80万元。此外，审核招标控制价13份，审查招标文件12份，审查施工合同67份，参加工程招标8次，参加竣工验收15次。

（肖雅珠、王小力、纪国东、高文义）

【制度建设】为加强修缮工程项目管理，经过大量的调查研究、反复修改和征求意见，起草制定了《北京科技大学修缮工程审计实施办法》（校发〔2014〕53号），并于2014年12月18日正式颁布，2015年开始实施。

（纪国东）

【审计信息化建设】为了加强审计宣传工作，使外界对审计工作有更深入的了解，我们与网页设计公司签订了审计室网页制作合同，主体框架已经完成，网页内容正在调试之中。购置了专业审计软件，利用后勤集团审计数据进行测试，初步掌握了审计软件的主要功能，为以后规范审计业务流程和提高审计效率打下了基础。

（曹　勇、王小力）

【队伍建设】重视审计人员的思想政治教育和专业技能提升。组织学习党的群众路线相关材料，坚决执行“八项规定”的要求。按照审计和会计岗位后续教育的要求，积极组织审计人员参加相应的后续教育和上级协会组织的培训和经验交流会议，及时掌握最新政策，虚心听取其他学校经验，不断提高审计工作水平。鼓励员工积极开展理论研究，将工作经验进行整理，在《审计月刊》和《经济师》杂志上发表工作论文两篇。

（李霞飞）

【其他工作】配合教育部完成徐金梧校长的离任经济责任审计工作。配合学校处理管庄校区培训项目事项。完成小金库检查工作。配合教育部科研经费专项检查工作。审签各类科研结题项目141项。对每季度末财务处报送的银行对账单和银行存款余额调节表进行审签。

（曹　勇）

国际及港澳台交流与合作

【概况】2014年，国际合作与交流处暨港澳台事务办公室紧紧围绕学校中心工作，以“创新思路、探索模式、拓宽领域、深化服务”为指导思想，以“高层次、实质性、多样化、可持续”为发展目标，加强与国外重点高校的战略合作伙伴关系，推进内涵发展的国际化平台建设，强化学生国际化人才培养能力，大力推进学校国际化发展进程。

年内，我校与13所高水平海外院校新签/续签合作协议，共选派583名学生赴海/境外交流学习，主办大型国际学术会议5个，接待各类来访人员900余人次，办理短期因公出国境手续441人次。

（梁志扬）

【对外合作与交流】2014年，进一步加强与欧美、亚洲等地区高水平科研院所、知名企业等的合作交流，拓展新的合作伙伴并积极推进实质性合作。

①与法国巴黎高科高等工程师学校、美国伊利诺伊大学芝加哥分校、上奥地利应用科技大学、以色列希伯来大学等7所海外高校新签署合作协议，与麦克马斯特大学等6所高校续签协议。加强拓展与高水平院校的交流渠道，在原有的合作基础上，与香港科技大学、室兰工业大学拓展联合科研、短期学术交流、学生培养等多途径合作；与卧龙岗大学达成本科双学位联合培养、建立两校联合研发中心等合作意向；与麦克马斯特大学、邓迪大学等院校扩增学生联合培养合作专业领域；与西安大略大学、英属哥伦比亚大学达成合作意向。

②以“集中优势、深入挖掘、打造特色、扩大影响”为目标，与英国德蒙福特大学大力推动孔子学院建设。3月，孔子学院正式揭牌成立，并召开了第一届理事会会议，确定了孔院工作计划及中长期发展战略规划，确立了“以创意技术为驱动，为学生提供个性化发展平台”的运行思路。寻求多元合作支撑孔院的特色发展，两校签署了5个专业双学位联合培养协议；发挥孔院在创意领域的引领作用，两校就以“创意文化与技术”为主题举办国际会议达成共识；举办系列主题活动，献礼孔子学院建立十周年暨全球首个“孔子学院日”。

③以“创新模式、增强效益”为目标，强化与世界知名企业、大学的战略合作，打造引领发展的新型着力点和牵引点。年内，与塔塔钢铁集团共建的联合研究中心正式揭牌成立，张欣欣校长率团赴塔塔钢铁集团，商讨落实了双方合作开展的6个子项目。与美国康奈尔大学就在医学领域开展合作办学签署了合作框架协议。积极推动中欧工程教育平台建设，与比利时鲁汶大学、瑞典皇家工学院共同申报了中欧可持续工程博士生院项目等。

④继续巩固国家级—校级—院级三级国际化平台体系。国家级平台服务京津冀一体化等国家发展战略，以工业节能减排国际合作平台为依托，主办了“中国能效经济委员会工业能效秋季会议”，功能纳米材料国际合作平台成功获批111学科创新引智基地；国家科学中心国际合作平台成为科技部认定的全国示范引领的国际化平台。校级合作平台探索跨学科、跨学院的合作模式，联合国际知名企业和大学，开展协作创新，建设系统的、规模化的科研合作基地。本年度，大力建设钢铁冶金合作平台、能源环境合作平台。全面拓展“鼎新北科”学院国际化平台建设项目，通过经费资助、政策指导、专家评估等形式，支持学院构建与自身发展相契合的国际合作平台，助推学科发展和学生国际化培养。

⑤共接待部长、大学校长、高层管理人员、院士、教授等各类来访人员900余人，精心组织了多样化的校际交流活动。举办北科大—亚琛工大合作35周年系列庆祝活动，精心策划了以两校学生为主体的交流活动；成功地举办了北科大—卧龙岗大学首届材料研讨会，推动了两校学术的深入交流；邀请康奈尔大学、英属哥伦比亚大学、鲁汶大学、圣安德鲁斯大学、庆英大学等世界知名大学的中高层管理人员和教授来访，洽谈实质性合作；校领导率团出访了德蒙福特大学（孔子学院揭牌仪式暨首届理事会）、日本北海道大学（两校第十三届学

术研讨会）、塔塔钢铁集团荷兰制造中心（落实联合研发中心的合作项目）等，为巩固校际关系、强化学术交流创造了条件。

（郭佩俊、李 贝）

【学生国际化培养】2014年，共执行各类学生项目75项，新增各类项目13项；选派学生583名，较2013年增长约4.8%。加强学生海外学习交流平台及校内国际化素质培养平台建设，进一步提升学生国际化视野，为学生国际化培养奠定坚实基础。

①重点突出地执行一批"以学为主、长短结合"的学生赴海/境外交流项目。共选派学生583名，其中参加联合培养、攻读学位、校际交换、暑期课程等学习类项目的学生占75.1%；拓展与知名院校的合作，与法国图卢兹一大、澳大利亚蒙纳士大学等达成13个高水平学习项目，扩增与瑞典皇家工学院、加拿大麦克马斯特大学等院校联合培养学生的专业范围。落实多渠道国际交流奖助措施，遴选6项优秀本科生交流项目获国家留学基金资助，向合作院校争取项目费用减免或奖学金资助优惠政策，通过"鼎新北科"计划资助学生参与国际交流。加强与合作院校的双向学生交流，接收交换生及实习生共53人。其中，首次接收法国巴黎十一大、高雄第一科技大学等四所台湾高校交换生。

②着力营造全球校园（Global Campus）环境，打造多形式、广覆盖的学生国际化素质校内培养平台。推动国际理解课程体系建设，开发完成《国际理解与欣赏》课程教材；新设"行知世界"系列专题研习会；继续开展海外教育系列讲座品牌活动。澳大利亚昆士兰大学、美国加州大学圣地亚哥分校等多所高校教师应邀做国别教育讲座；加强打造助推校园国际化的学生力量，大力建设学生海外学习交流会，组建学生国际交流大使队伍，组织中外学生座谈会，为中外学生搭建互联互通的学习、交流平台。

③探索新型学生项目管理模式，积极构建三大平台。一是将网络技术与传统方式相结合，利用网站、微信平台、手机APP等网络媒体，举办项目开放日、项目宣讲会、海外学习报告会等现场活动近50场，搭建海/境外交流项目全方位、渗透式的"项目信息发布平台"。二是进一步推动"学生信息管理平台"建设，开发和完善学生海/境外经历拓展项目在线报名系统，提升管理效能。三是坚持实体与虚拟平台相结合，建设海外学习交流会、海外交流QQ群，搭建了"海境外交流互动互助平台"，构建学校调控与学生自主管理的国际交流管理新模式。

（李 贝、梁志扬）

【港澳台地区交流】2014年，进一步加强两岸校际互访和师生交流，不断夯实与台湾高校的合作关系。

①成功地举办以"循环经济与可持续发展"为主题的第九届北京科技大学—屏东科技大学学术研讨会，与龙华科技大学共同主办了2014年海峡两岸材料破坏与材料试验学术会议。开拓新模式合作，推广实施与台湾高校联合科研计划，以设立项目的形式鼓励我校教师与台湾教授学者开展合作研究。推动双向交流，我校领导率团参加四校研讨会暨朝阳科技大学校庆活动，台湾科技大学副校长等访问我校；我校赴台交流和交换的师生已有103名，共计320余名港澳台师生来我校交流。

②成功地举办了以"环境科技与绿色发展"为主题的海峡两岸青年创意论坛，邀请来自14所台湾高校及3所大陆高校的200余名师生参会。活动获得社会的广泛关注，扩大了我校在台湾地区的影响力；承办了"京台青年科学家论坛"之"京台节能减排与区域性雾霾分论坛"，为京台两地16所高校的青年科学家搭建了交流平台，强化了我校与台湾高校的实质性合作。

③以高层出访为先导，以项目合作为依托，进一步开拓并深化与香港高校的合作关系。年内，校领导率团出访了香港科技大学、香港理工大学与香港城市大学，洽谈了合作交流事宜；我校“鼎新科技”2014京港师生学术交流周活动成功地获批教育部港澳台办“万人计划”项目资助，邀请了香港科技大学与香港城市大学21名师生来我校参访交流。

（章　靖、张师平）

【引智工作】2014年，通过国家引智项目、学校国际化合作平台、主办国际会议等，不断加强引才引智工作，优化国际化平台建设。

①加大国外优质资源的交流引进和资源共享，建设多层次的国际化平台体系。以4个111学科创新引智基地、5个海外名师项目和8个高端外国专家项目为依托，聘请70余名国外工程/科学院院士、中组部千人计划、学科权威学者等高层次专家来校工作，充分发挥国家级平台的示范和引领作用；以4个学校特色项目和8个国际合作基地为依托，通过广泛的国际学术交流，促进能源与环境等多学科交叉，培育新的学科增长点，推动校级平台建设；以鼎新北科计划为支撑，支持学院结合自身情况，建设特色化、个性化和多样化发展的院级平台。

②通过大师进校园、中国材料名师讲坛、冶金大讲堂等品牌项目，邀请诺奖评委、海外院士、国际顶级专家来校访问。本年度的“大师进校园”项目活动，邀请了加拿大工程院院士Viola Birss教授、Mo Elbestawi教授、诺贝尔化学奖评委/瑞典皇家工程院院士Andrew Ewing教授、瑞典皇家工程院院士Christofer Leygraf教授等来访，并聘请其为我校名誉教授；聘请麻省理工大学材料科学与工程系主任Christopher Schuh教授、耶鲁大学Ruth Blake教授、法国国家科学研究中心Denis Maillet教授等为学生授课，并开展合作研究。举办国际学术会议是邀请外国专家集中来访的重要手段，本年度我校共主办国际会议5个，邀请来自11个国家和地区的530余名专家学者参加，搭建了学术交流平台，提升了学校的社会影响力。

（郭侃俊、李腾腾）

附　录

2014年新／续签校际合作协议列表

序号	学校名称	合作内容	备注
1	法国巴黎高科高等工程师学校	科研，学生联合培养	新签，法国极富盛名的工程师大学
2	美国伊利诺伊大学芝加哥分校	学生联合培养	新签，芝加哥地区最大型公立研究型大学
3	上奥地利应用科技大学	学生联合培养	新签，奥地利最大的应用科技大学
4	以色列希伯来大学	科研，学生联合培养	新签，2013年世界大学学术排名第59位
5	以色列里雄莱锡安商管学院	学生联合培养	新签
6	德国中等企业应用技术大学	学生联合培养	新签
7	捷克生命科学大学（布拉格）	科研，学生联合培养	新签
8	加拿大麦克马斯特大学	科研，学生联合培养	新签
9	香港科技大学	科研	新签

续表

序号	学校名称	合作内容	备注
10	爱尔兰利莫瑞克大学	学生联合培养	新签
11	澳大利亚卧龙岗大学	科研，学生联合培养	新签
12	日本室兰工业大学	学生联合培养	新签
13	日本城西国际大学	学生联合培养	新签

2014 年新增学生海／境外交流项目列表

序号	项目名称	专业范围
1	法国图卢兹一大攻硕项目	经管类
2	澳大利亚蒙纳士大学攻硕项目	化学、土木、电子、材料、机械
3	爱尔兰利莫瑞克大学 1 ＋ 1 硕士联合培养项目	法学、材料、英语
4	英国斯旺西大学 1 ＋ 1 硕士联合培养项目	法学
5	澳大利亚卧龙岗大学 2 ＋ 2 双学位项目	材料
6	日本神奈川大学交换生项目	专业不限
7	上奥地利应用科技大学交换生项目	工程类
8	岭东科技大学交换生项目	专业不限
9	南台科技大学交换生项目	专业不限
10	日本神奈川大学日本语言和文化项目	专业不限
11	上奥地利应用科技大学工程师暑期研修项目	工程类
12	东海大学台湾文化冬令营项目	专业不限
13	德国中等企业应用技术大学访学研修项目	德语

安全保卫与校园综合治理

【概况】2014 年，学校认真履行安全管理与服务职能，扎实地开展维护校园安全稳定各项工作，进一步健全安全稳定工作制度，规范安全稳定工作程序及内容，完善安全稳定综合管理信息平台，巩固“平安校园”创建成果，校园总体安全环境平稳有序。

（刘兴德）

【校园综合治理】学校认真贯彻教育部、北京市工作部署，切实加强校园综合治理，全面推进校园综合治理工作。对教学区内经营用房上门逐户进行基本信息登记备案，并与各主管单位进行核实，确保信息的全面性、准确性。全年共审核备案大小型活动、出行活动共计 65 次，保证各类活动顺利进行。年内共为 270 人出具办理暂住证证明；配合居委会 2 次清理堵塞楼宇安全疏散通道杂物；组织学生志愿者规范自行车停放秩序；加强对教学区违规丢弃化学实验用品、随意堆放建筑垃圾、公共设施是否完好的日常巡查；治理校园流动商贩、散发张贴小广告等违规行为，净化校园环境；加强学校各门管控，对进入校园的快递派送车辆和摩托车进行引导，同时组织人员加强校园巡逻，将快递派送人员集中到学校指定地点，将进校摩托车引导到指定的停放场地，并对违规人员进行及时处理；为加强快递派送现场管理，在快递派送集中地点安装了视频监控设施，做到对现场进行实时监控与管理。

（田　园）

【治安防范】在加强校门管理的同时，合理安排巡逻力量，加强对教学区、学生宿舍区等重点区域、部位的巡逻；特殊重要时期，组织保卫干部进行4次集中检查；日常不定期抽查，指导各单位强化楼宇管理，落实等级化防控措施；协助公安机关查处各类案件。全年处理治安案（事）件102起，协助公安机关查处5起，抓获校外犯罪嫌疑人并移送公安机关7人；共调处各类矛盾纠纷7起，开展重点人员排查2次，协助对重点人员进行管控；组织人员设计研发接报案管理系统，准确对有关数据进行统计和综合管理；组织力量为各类活动提供安全保卫工作20余场次。

（徐亚伟）

【消防安全】坚持消防安全日常巡查与重点检查相结合，全年开展全面检查与重点检查10余次，同时依据校园网格化管理职责，指导各单位开展日常消防安全巡查检查，对存在的隐患和问题及时发现、整改或控制。完成校内39栋建筑物消防、电气防火安全的年度检测和17栋建筑147个电磁疏散门的月巡查与维修；全年共检修灭火器14576具、室内（外）消火栓2434处、消火栓及喷淋接合器66个。贯彻上级部门关于开展《打非治违》《打通“生命通道”》等专项行动精神，组织有关部门联合清理整治35、37栋及16斋近40户居民公共楼道安装门或锁、封闭公共通道、物品占用疏散通道等诸多消防安全隐患。为外语楼等16栋建筑安装直击雷保护设施，对重点部位配电设施加装防雷保护器，预防雷电损害；完善了剧毒化学品库安全防范硬件设施建设，并顺利通过验收；与资产管理处每月对实验室进行安全监督检查；配合、指导有关单位对施工现场进行安全监管；提升消防安全智能化水平，为部分重点楼宇安装消防水位、水压等检测系统，对消防水系统运行状态实时监控，纳入综合管理信息平台。

（王　晨）

【安全生产】根据国家相关法律法规结合学校实际情况，严格执行《北京科技大学实验室及相关场所安全管理规定》和《北京科技大学危险化学品安全管理规定》；配合资产管理部门对实验室进行安全监督检查，特别是实验室消防安全及危险化学品、特种设备安全监督管理；配合、指导有关单位加强施工现场安全的监督管理。“安全生产月”期间，通过设置相关安全生产知识展板和在重点部位悬挂安全生产宣传横幅等形式开展宣传活动；认真组织开展安全生产大检查，在检查中对存在的隐患和问题责令相关单位做好整改。

（刘　智）

【交通安全】加强校园机动车管理。根据学生上课时间，对机动车辆进入教学区的时间及时进行调整；加强日常巡视，对违规行驶、停放车辆及时告知并处理，以维护校园的交通秩序。对进入教学区的摩托车、电动自行车加强管理，处理在教学区内违规行驶和停放的摩托车、电动自行车25人次。完成国家机关公务用车校内公车改革信息统计工作；对公车违法行为，向单位下发整改处理通知，加强公车司机教育与管理；配合交管局对校内强制注销车辆、未年检车辆进行追查；重新施划停车泊位线，引导车辆有序停放；对家属区车辆通行集中的主要道路安装中心隔离护栏，防止道路两侧乱停车现象，同时加强巡查，对违规行为进行劝导；在家属区主要路口安装凹凸镜，扩大司机视野，防止发生交通事故；在家属区东区重新规划交通流线，安装交通指示标志，实行单行线管理，提高了车辆通行能力；在五环广场南北两侧安装护栏，防止车辆进入，实行步行区管理，净化了广场环境；教学区重新规划、增加安装自行车停放架，在人员密集楼宇前安放“禁停车辆”标志牌，进一步规范自行车停放管理。学生宿舍、快递集中区安装了减速带，控制车辆车速，防止发生交通事故。

（贾秀芳）

【政保工作】学校根据国内国际安保形势，加强对各类重点人员的监控力度和校园巡逻检查工作，防止不法分子在校内散发非法宣传资料或进行各种破坏活动。加大校园各类信息安全管理力度，加强值班，确保校园舆论环境和谐稳定。努力做好重大政治活动、重大事件等敏感时期的安全稳定工作，确保了重大活动期间校园安全稳定。

（王叶波）

【保密工作】落实定密授权和定密责任人制度，向教育部申请了科研项目、自主招生、研究生招生考试3项定密权限；督促、指导各单位对国家秘密事项及时开展密级确定工作；不断规范涉密载体、涉密计算机及办公自动化设备管理；完成涉密计算机保密技术防护专用系统配备升级工作；对进入涉密岗位人员及时进行审查、界定和教育培训，加强进岗、在岗、离岗、出境等管理；协助有关单位开展国家各类统一考试保密管理工作；组织开展年度保密普查，定期进行保密检查与自查；对涉密会议、涉外活动和宣传报道加强保密管理，严格履行申报审批备案制度，确保国家秘密安全。

（卜浩然）

【户籍管理】完成2877名新生户口迁入及身份证照片信息和指纹采集工作，在东升派出所管辖的高校中名列第一。办理学生毕业、退学等户口迁出手续1986人次；为576名师生员工补（初）办二代身份证，变更婚姻状况317人，补办丢失的户口迁移证21人；更改迁移证地址、时间108人，改派64人，新生儿落户41人。接待户籍查阅、借用近8000人次。

（刘京民）

【科技创安】完成两座食堂、附属小学、教学楼、学生活动中心、化学品库周边、学生公寓4斋及家属区部分区域视频监控系统建设。坚持日常维修保养与重点集中维护相结合，对发生故障的安防设施设备及时维修、更换，保障系统正常运行；优化“平安校园”综合管理信息平台架构，完善学校安全稳定工作管理信息系统内容，充分发挥综合值班、视频监控、消防报警、入侵报警、远程会议、应急指挥及以上子系统之间联动的功能；为公安机关侦办案件、大型考试和活动安全保障提供视频资料20余份。

（刘　伟）

后勤与基建管理

【概况】2014年，学校稳步推进学校基本建设规划，不断增强后勤保障能力，加强周转房管理和节能改造工作，巩固党的群众路线教育实践活动的成果，牢牢把握为民服务的核心价值观，为学校长远发展服务，为学校教学科研服务，为师生员工生活服务。至2014年底，后勤基建管理处在编职工29人，其中副高级职称7人、中级职称12人、初级职称5人。有研究生助管2人、返聘职工3人、非事业编制3人，合计37人。年内，1人被评为校级先进工作者。

（金仁东）

【基建管理】2014年，学校昌平创新园新建工程75779.49平方米，主要包括生活区项目总建筑面积24580平方米、主楼及力学化学厂房项目建筑面积49996平方米、动力中心建筑面积1203.49平方米。室外综合管网包含雨污水管线、给水中水管线、采暖管线、室外消防管线、化粪池及雨水收集池等，综合管网东区一期（试验厂房、动力中心与生活区部分）于2014年9月1日开工，东区管网一期工程除强电系统外其余已基本完工。东区综合管网与市政管网接入完成东区自来水新增接入、排水许可、中水接口预留等工作，全面推进昌平创新园基本建设，保障试验设备及时安装调试。

①全面推进昌平创新园基本建设，保障试验设备及时安装调试。一是完成了昌平创新园区电力电源引入报审工作。按照昌平供电公司要求，根据项目建设进度，为保证建成项目能够及时供电，在北京市供电局审批同意确定的外接电力电源接入方案基础上，完成了供电方案变更申请工作。已完成第一期的新供电方案。经与昌平供电公司多次沟通，已完成外电源图纸、园区配电室及园区外线的图纸审核工作，为下一步施工和验收、发电夯实了基础。二是完成园区给水、雨污水接口报批、接入工作。经与昌平振邦开发公司、昌平水务局、燕龙供水公司等沟通协调，完成园区给水工作；排水方案申报文件报昌平区水务局审批后，昌平沙河水站及排水所已确认了排水方案并许可接入，实现接通。三是协调联通公司优化外线方案，确保园区可持续发展。与联通协商，确定弱电接入合作协议，依据合作协议约定，明确了网络、消防、安防、有线电视、智能仪表、一卡通、电话等专业详细的界限划分，责任分工及配合事项，结合各专业对管网的实际需求，优化外线实施方案，确保园区可持续发展。四是多渠道争取资金，缓解项目投资缺口压力，积极争取地方节水专项资金补助。整理实施的雨水收集方案相关资料，编制地方节能专项资金申报材料，提前与昌平节水办公室沟通，及时递报材料并按照相关要求完成了专项验收，以此争取了地方节水专项资金20万元补助。组织编制申请文本，积极争取2015年修购专项资金，组织编制了重大工程材料服役安全研究评价设施和教育部材料服役安全科学中心东、西区——食堂调理设备采购安装；主楼B-VRV空调系统采购安装工程；北京科技大学昌平创新园区安防控制系统建设项目；北京科技大学昌平创新园东区试验网络建设项目等修购专项资金申请文本。五是及时回收刀闸小室产权效益。按照惯例，园区刀闸小室的使用、管理权归北京市昌平供电局所有，其有权从刀闸小室向其他用户供电并收取建设费用。鉴于供电方案已明确园区刀闸小室向外单位首冶公司供电，为避免该建设费用流入供电部门，提前介入与从学校昌平创新园区电缆分界室引接电源的首冶公司洽谈并签订了外电源费用分担协议，及时回收刀闸小室产权效益50万元。六是推进昌平创新园东区完工工程验收程序，为设备进场做好准备。昌平创新园厂房、生活区、动力中心三项单体工程建安部分已基本完工，为保障试验装置设备能够按时进场安装、调试，依据程序必须尽快完成各项验收工作，办理竣工交付投入使用手续。为此，多次召集各部门代表召开验收工作协调会，确定责任分工，提前收集、查补资料，缩短了验收准备的时间，

提高报验效率，保证设备按计划工期顺利进场。七是提前谋划昌平创新园东区剩余专业分包招标，为项目竣工提供保障。在保证项目竣工后能够及时投入使用前提下，考虑试验设备提前进场安装调试因素，组织项目建设协调会，仔细梳理了昌平创新园东区尚未招标的专业分包项目46项，根据施工节奏合理安排招标计划，明确了关键时间节点，并逐一整理了招标技术标准、确定施工图纸或深化图纸，确保招标工作不对工程建设造成影响。八是提前介入试验装置配套需求研究。改变等靠装置负责人或设备厂商提供试验装置配套需求再考虑配套设施建设的服务理念，积极主动参加试验装置建设技术协调会，与装置负责人一起研究设备排布位置、设备基础建设方案、试验装置配套需求等的合理性、可靠性，在工程建设过程预判、预留试验装置配套设施接口位置或条件，避免二次拆改，保证装置安装、调试进度和使用。

②工程实践基地一期项目前期工作取得了实质性进展。一是完成项目可研报告的报批手续。从2014年完成的设计招标和项目建议书批复开始，2014年相继完成了项目备案、用地预审报批、人防规划条件报审、环评报告编制和环评批复、可研报告编制和评估、可研报告报批等一系列报批工作。二是完成勘察设计工作，组织力量会同项目招标代理单位北京科技园拍卖招标有限公司，在北京市工程承包发包交易中心完成了工程实践基地勘察设计招标投标工作，确定了项目中标单位，并按照北京市规划委员会要求完成了项目注册备案工作。同时完成工程实践基地现场地质勘探钻孔和勘察设计工作，地质勘察报告已经过中航勘探设计研究院有限公司强审，为施工图纸设计提供了技术保障。三是完成办理建设用地许可证前置条件准备工作。扫清项目方案复函报批障碍。根据北京市规划委员会要求，在办理工程实践基地一期项目设计方案复函前，需要依据我校校园总体规划提供各地块的建设用地许可证。完成了校内规划城市次干道路的中心条件设计、钉桩点测绘以及校园《建设用地钉桩通知单》报审等，并组织北京市测绘设计研究院依据《建设用地钉桩通知单》所定条件完成了校园建设用地、腾退道路用地、代征道路用地拨地测量任务和拨地测量成果编制工作，完成办理建设用地许可证前置条件准备工作，扫清了项目方案复函报批障碍。四是初步完成项目人防报审工作。按照工程实践基地设计方案，完成了项目人防规划条件的报批工作。依据批准的项目人防规划条件，与中科院建筑设计研究院有限公司一起报送了工程实践基地一期项目的人防初步设计文件，已获得国家机关事业管理局人防办公室批准。五是完成工程实践基地一期项目的初步设计。会同校资产处、设计院一起与工厂区20多位负责实验的老师沟通，走访30多间实验室，了解实验室功能、基本设备情况（设备的长、宽、高、重量、用电量等）和特殊情况要求（需要地基、防震沟、通风、操作空间等要求）等基本数据，优化、深化设计方案，已完成了工程实践基地一期项目的初步设计工作。六是初步制定了三通一平的实施方案。与资产处、特陶实验室、北京市城乡建筑设计院有限公司相关人员依据西三旗2#、7#厂房的现状，反复研究搬迁设备如何合理布置、配套基础条件如何改造方能满足实验需求等，已完成改造设计且经过实验室认可，为下一步搬迁工作提供了条件。会同后勤集团一道实地调研项目建设用地范围内的地下管线情况，编制了拆改方案；绘制了工程实践基地原始平面图与现有苗木位置图，研究了园林绿化和伐移树木的报批方案，初步制定了三通一平的实施方案。

③积极推进11栋教工住宅翻扩建项目的前期工作。一是建立与住户代表沟通机制，每周召开一次交流会，充分听取住户对设计方案的反馈意见。二是根据住户代表反馈意见，依据11栋教工住宅翻扩建项目的规划意见书确定的规划条件，及时与设计咨询单位沟通，不断修改设计方案，在保证北京市规划委员会沟通同意基础上争取满足住户要求。三是组织力量完成了11栋教工住宅翻扩建项目现场地质勘探钻孔和勘察设计工作，地质勘察报告已经过中航勘探设计研究院有限公司强审。

④加强档案资料整理、归档管理，进一步完善已完工交付使用项目的备案手续。一是整改落实，完成7号学生公寓消防验收，消除安全隐患。7号学生公寓及活动中心在通过了北京市规划委员会的规划审批后，在2014年初进行了消检和电检，并于2014年4月取得消电检测报告。针对报告中提出的问题，会同保卫保密处多方配合协调整改以及组织实施了老旧设备翻新改造，加强了消防联动系统的启动和维护等措施，于2014年7月通过了消防验收，拿到消防验收合格通知单，消除了安全隐患。二是加强基建项目竣工档案整理移交，完善借阅服务。延伸档案管理覆盖范围，将后勤改造项目纳入档案管理范围内，通过整理、复核，年内向校档案馆完成了35、37栋电梯改造、10斋改造工作（化生楼）、总配电室改造三项工程所有基建资料的移交工作，保证了修缮项目档案资料的完整性、规范性，便于后期维修人员查阅。在原档案管理流程基础上，设专人每月向专业工程师催交个人保存的资料并建立台账，保证过程资料及时归档，确保了资料可追溯性、完整性。年内正在将基建文件、合同文件等扫描成电子版文件，逐步建成电子档案，通过与信息管理平台对接，实现自动化电子借阅。重大工程材料服役安全研究评价设施项目属于国家重点工程，为保证项目档案资料能够满足国家发改委验收的标准，年内在上海光源档案馆负责人现场指导下，完成了大项目相关工程所有土地、建设单位、设计单位、勘察单位的主要档案整理及移交工作，下一步将以此为范本落实其他资料的收集、整理。

（金仁东、冯建明）

【后勤管理】2014年，学校进一步加强后勤管理工作，认真落实修缮改造工程项目，以服务教学、科研及师生生活开展工作，营造良好的校园环境。组织实施2014年中央修购（修缮）工程11项，编报2015年修购文本共14项，编制教学区、家属区维修专项计划。根据“计划”内容，组织实施修购项目及各专项维修，确定工程工作方案并编制工程任务单，组织开展项目招投标，认真安排施工、现场管理和竣工验收、预决算审核等工作。

①组织完成2014年中央修购（修缮）项目工程11项，包括教职工活动中心彩钢板屋面改造工程，学生公寓维修粉刷工程，办公楼卫生间及会议室改造工程，教学实验楼卫生间改造工程，东换热站及锅炉房配电设备改造工程，图书馆西配楼（北部）裂缝处理及抗震加固工程；学生公寓（1、2、3、4、11斋）、配电室、教学楼等屋面保温及防水整修工程，田径场塑胶跑道翻修及喷灌设备更换工程，理化楼暖气管道（系统）更换工程，学生公寓10、11、12斋楼宇窗户节能改造工程，地下空间改造（一期）。

②组织编写2015年修购文本14项，包括学生公寓3斋地下室换热站改造，办公楼中央空调系统改造，学生公寓粉刷及门整修，学术报告厅装修改造及设备更新，逸夫教学楼电梯更换工程，学生公寓7斋屋面防水及栏杆整修工程，饮食中心设备更新工程，逸夫科技馆会议室装修改造，体育馆LED显示屏更换工程，东教学楼抗

震加固工程，学生公寓空调采购安装，主楼给排水、暖气系统等改造，管庄校区10号学生宿舍屋顶改造及楼体加固，管庄校区6号楼内部装修改造。

③完成大修专项工程总计48项。

一是暖气部分。西锅炉房锅炉年检及安全阀校验，西锅炉房锅炉保养，东换热站更换循环泵，西锅炉房、东换热站流量计、温度传感器、仪表检修、更换，东换热站浴水容积式换热罐、板式换热器除碱，3、8斋换热站浴水板式换热器拆除、除碱，游泳馆东南侧管道漏水切除、焊接，48、49配套小楼暖气进户阀门及主管更换，创业楼东侧低区暖气主干管阀门更换，办公楼空调板更换，学生公寓4斋和换热站之间更换暖气干管阀门，学生公寓1—7斋更换暖气干管截门，校医院、逸夫科技馆地沟暖气管道维修更换，国家重点实验室、文法楼暖气截门更换，喷射成形实验室、特陶实验室、逸夫教学楼及周边暖气截门更换，主楼、办公楼暖气进户阀门更换，奥运场馆、校医院暖气干管总阀门更换。

二是给排水部分。西锅炉房、东换热站水泵、阀门、管道例行检修，4口自备井消毒设备更换灯管，4口自备井提泵检修及变频设备维修，4口自备井水质监测，全校化粪池清淘，全校污水干管清掏疏通，逸夫教学楼水箱主阀门更换，逸夫教学楼卫生间立管总阀门更换，中心配电室自来水管道更换。

三是电气部分。西锅炉房、东换热站供暖电器设备例行检修，总配电室继电保护校验、耐压试验，逸夫楼2号电梯减速机维修，采矿楼、机电楼配电室抽屉式开关维修更换，主楼5层、6层教室灯架改造，科技楼配电室南侧配电柜低压开关更换，会议中心配电室配电柜更换，图书馆东侧路灯更换，学生公寓7斋有线电视放大器检修。

四是土建部分。学生公寓2斋1号电梯基坑及地面防水，学生公寓7、8斋，逸夫教学楼监控室更换防静电地板，主楼、理化楼、逸夫教学楼、学生公寓11斋雨水管及局部防水维修，图书馆局部吊顶及一层、二层男卫生间感应器维修更换，木栈道、亭子、坐凳维修，学生公寓10、11、12斋增加晾衣杆，办公楼326窗户增加不锈钢护栏，宣传部房间维修改造，高等工程师学院屋面修漏，高等工程师学院雨棚维修，学生公寓5斋房间增加窗护栏，管理学院门厅钢化玻璃更换，机电信息楼6层楼道墙皮脱落粉刷。

④完成教学区专项工程总计74项，其中计划内工程34项。

一是土建部分。学生公寓6斋屋顶护栏维修更换，学生公寓8、9斋卫生间隔断、门维修更换，学生公寓3斋2层卫生间防水维修，学生公寓2、3、4斋卫生间门维修更换，学生公寓1斋卫生间、浴室顶棚吊顶改造，学生公寓1、5斋2层套间改造，学生公寓房间地砖维修更换，机电信息楼北侧外墙、屋面防水渗漏改造，材料测试楼房间门维修改造，逸夫科技馆卫生间改造，外语楼北侧沥青路增加雨水沟，理学楼门斗改造及粉刷，会议中心配楼（餐厅）修漏，保卫处维修，办公楼115财务处业务大厅装修改造，学生公寓7斋卫生间隔断维修更换，学生公寓5、10、11、12斋及逸夫教学楼玻璃门更换，鸿博园地下通道雨棚更换改造工程，鸿博园地下室库房地面、墙面改造工程，学生公寓7斋西南侧外墙保温维修改造，管理学院4层屋面防水维修，土木学院西北侧地面塌陷维修，实验楼房间隔断改造及黑板安装。

二是电气部分。土木学院配电室直流屏检修，逸夫教学楼外电源电缆抢修，高等工程师学院照明系统维修，逸夫教学楼电梯曳引轮维修，铭德楼空调维修、移机。

三是给排水部分。体育

馆雨水提升泵系统更新改造。

四是暖气部分。学生公寓10、11、12斋地沟暖气干管及分支管线维修更换。学生公寓8、9斋水房、卫生间暖气立管维修更换。学生公寓7斋1-7层水房暖气立管维修更换，学生公寓4斋卫生间暖气立管维修更换。

五是电梯部分，学生公寓4、5、9斋电梯大修（学生公寓4、5斋电梯维修，学生公寓5斋4#电梯维修）。

⑤教学区计划外工程40余项。

一是暖气部分。1斋西南角自来水管线漏水抢修，苗圃小楼澡水管线漏水抢修，1斋东北角暖气干管截门更换，锅炉房西高二区板式换热器更换，东换热站5组板换清洗，腐蚀楼南供暖管道更换，外语楼暖气管道漏水抢修，经济管理楼暖气系统阀门更换，鸿博园东南角热水管线漏水抢修。

二是给排水部分。学生公寓3斋生活水泵维修，学生公寓8斋生活水泵维修，学生公寓12斋跑水抢修，西锅炉房补水泵更换，理化楼地沟排水干管维修改造，土木学院下水维修，学生公寓3斋地下室供水水泵维修更换。

三是电气部分。理学楼二层临时电源工程，理学楼二层外电源电缆抢修工程，图书馆西侧配电室电源维修工程，学生公寓4斋外电源电缆抢修工程，东换热站电源电缆进户口封堵，科技楼地下实验室电源电缆进户口封堵，学生公寓5斋断路器更换，理化楼125、127房间电气改造工程，机电楼318房间电气增容改造工程，总配电室高压柜定值调试（学生公寓），实验楼配电室变压器检测，南三门室外照明检修工程，学生公寓5斋更换断路器，学生公寓5斋浴室一卡通水控改造工程。

四是土建部分。低温楼树脂瓦维修更换，设备处塑钢窗维修更换等，高等工程师学院墙角开裂维修，逸夫楼开水房装修，7斋地下消防栓改造工程，7斋汀步石、绿化调整，体育馆西教学楼周边苗木补种，校园围墙砖维修，附小东门铁艺大门更换，逸夫教学楼地下室（自动化学院）实验室装修。

⑥完成家属区专项工程总计46项，其中计划内25项，计划外抢修项目21项。计划内工程，土建部分有19栋地下室漏水改造，26栋地下室漏水改造，家属区门禁系统维修（居委会），7栋东侧体育馆北路两侧南北步行道更换透水砖，周转房维修，16斋粉刷，49栋配电室保温维修，36栋北侧道路修补及井盖周边修复，21、22栋方砖道路维修及楼前绿化，35栋外墙维修，垃圾楼改造（土建改造，设备改造）。给排水部分有9、10、12、29、31栋地沟给水管道维修更换，34栋给水管井、地沟内管线、阀门维修更换，21、22栋给水管井至户内管线维修更换，46栋污水井至进户管线更换，家属区住宅一楼污水管线改造，44—47栋等上水井、阀门更新改造。暖气部分有1—12栋、19—27栋、34—36栋、38—47栋、附小、附中暖气干管总阀门更换，家属区北区和东区增加暖气干管阀门，6、9、25、26、27、29、30、33、41、45、46、47、49栋、万秀园、会议中心暖气进户阀门更换，16斋地沟暖气主管和支管更换，38栋卫生间、厨房暖气立管维修更换，8、9、12、25、29、31栋等地沟暖气管及各分支管更换，16斋西侧热水管道安装工程。电气部分有西锅炉房锅炉风机加装软启动柜。

家属区计划外工程项目有，暖气部分的21栋南侧热水管线漏水抢修，小学校暖气阀门更换，44栋101～601室暖气立管维修更换，41栋103～603室南侧卧室暖气立管更换，32栋暖气进户管漏水抢修。给排水部分有32栋西侧地下室排水干管改造，49栋住户卫生间排水管漏水维修，50栋泵房改造，小学校上水抢修，外事楼东侧出户排水管检修，32栋北侧排水管更换，8栋105室卫生间下水管线维修。电气部分有22栋电缆外绝缘维修，铭德楼电梯井道整改。土建部分有43栋等平改坡遗留问题，48栋2202等屋面修漏雨，9栋屋面修漏雨，老干部活动中心屋面修漏，会议中心围墙，APEC会议学校外墙、大门墙面砖维修等，东门铁艺大门加工（附小）。

（仇安兵、金　璠）

【房产管理】 2014年，学校进一步落实住房制度改革政策，做好各项补贴发放工作，做好可售区公有住房的出售和已售公房上市工作。同时，为了进一步加强周转房管理，使周转房申请、安置情况更加公开透明，将周转房申请和安置情况在校内OA网上进行了公示，方便教职工了解自己排队情况，接受全校教职工的监督。

① 2014年累计腾退周转房56套，安排成套周转房55套，成套床位8套（每套3个床位），零散床位23个，共安排入住教师102人。学校周转房年久失修，环境较差，教师入住前都要进行装修维修。上半年开始对所有周转房入住前都进行基本的粉刷，卫生间防水，老旧线路改造和木质窗户更换，保证了周转房入住的基本条件。为提高周转房维修效率，加快周转房安排进度，经周转房管理委员会研究，下半年开始不再由学校负责周转房的维修改造，入住教职工自行改造，学校给予入住教职工3个月的租金免收期作为维修改造的费用补偿。为改善16斋青年教师公寓的居住环境，组织专人负责16斋的楼道卫生清扫；对16斋进行楼道粉刷和灯具更换；对老旧床进行统一更换，更换了80套，预计2015年上半年全部更换完成。

② 2013年～2014年度新入职职工发放国家无房月补贴共143人，老职工发放国家无房月补贴共1427人，全体共涉及1570人，补贴总计2037.27万元。

③分批次对申请差额补贴的个人进行信息审核。全年共涉及8人，合计发放差额补贴88.03万元。12月前已发放职工1人，发放补贴1.18万元，12月底核定发放职工7人，发放补贴86.85万元。

④全年调整并补发由于提职而产生的晋级级差补贴共涉及5人，发放金额约12.54万元，12月底将完成发放工作；调整并补发无房提职人员无房月补贴共涉及101人，补发金额15.04万元。

⑤上半年完成了《2015年中央行政事业单位住房改革支出预算》的编制和上报工作，学校2015年住房补贴预算资金计划在无房职工和部分住房面积未达标职工中发放，共计1554人，拟落实住房补贴共计2032.70万元。其中，按月补贴发放职工1543人，级差补贴发放职工11人；拟落实按月补贴金额1999.68万元，级差补贴金额33.02万元。年内完成《2014年中央行政事业单位住房改革支出决算》的编制和上报工作。享受补贴的职工约1642人，落实补贴约2130万元。

⑥完成校外购房职工供暖补贴的发放工作。至2014年12月25日，校外购房职工2014～2015年度供暖费报销共涉及职工212人，总计报销34.08万元。剩余22人将在2015年3月15日之前完成报销，金额约为3.61万元。本年度完成校外购房职工2014～2015年度供暖补贴发放工作，共涉及职工996人，总计155.31万元。本年度新申请供暖补贴人数为94人，比上年度有大幅增加，再加上煤改气后供暖单价上调，本年度发放供暖补贴金额大幅高于去年；通知各学院上报平房供暖人员名单，审核后对其发放平房供暖补贴，本年度共涉及22人，补贴金额8800元，自本年度起计入工资账户发放。

⑦校外购房育新花园、静淑苑、望京花园职工的物业费、供暖费按规定于11月与育新物业公司结清，支付金额合计75.99万元，涉及204户。

⑧已申请职工按月发放

物业补贴，新申请人员递交材料后予以审核及发放，本年度共涉及83人，补贴补发总计3.84万元。本年度发放老职工校外购房物业补贴共计约104.41万元，共涉及917人。

⑨已申请职工按月发放交通补贴，新申请人员递交材料后予以审核及发放，本年度共涉及71人，补贴补发总计2.62万元。本年度发放老职工校外购房交通补贴共计约84.38万元，共涉及959人。

（张东平、熊　梅）

【节能管理】2014年，学校积极推进节约型校园建设，加强能耗管理。

①节能管理落实情况。实施节能低碳行动方案各项政策措施，学校完成了2014年度节能目标责任制考核。包括节能目标完成情况和节能措施落实情况两部分。节能目标完成情况为定量考核，节能措施落实情况为定性考核，包括组织领导、节能目标责任制、节能管理、技术进步、节能法律法规标准落实等情况。“十二五”期间，发改委下达学校的节能量目标为2544吨标煤，至2014年度，学校已完成累计节能量5175吨标煤。

②学校按时完成了2014年度二氧化碳排放履约工作。2014年度发改委下达学校的二氧化碳排放配额为42423吨，学校实际排放二氧化碳44952吨，超出配额2529吨。

③学校被列为2014年度服务业清洁生产试点单位。学校清洁生产工作于2014年5月起在全校范围展开。审核主要针对学校实验室、食堂等地区的能源利用过程进行全生命周期检查，从源头减少废物排放，最终提出可实施的、节能降耗减污增效显著的清洁生产项目，对各个部门提出节能减排合理化建议，推进学校节能减排工作开展。

④学校于2014年11月至2015年11月全面启动能源管理体系和碳排放管理体系建设工作。期间，学校按照《能源管理体系要求》（GB/T23331～2012）《碳管理体系要求》确定的程序和规范，策划、建立能源管理体系和碳排放管理体系，并确保其持续有效运行。

⑤经过对学校教学区楼宇近几年用电购电情况的对比分析，发现个别楼宇存在长期未购电情况，节能办公室从2014年7月起对学校教学区建筑楼宇开展了用电普查工作，对违规摘扣、偷电、线路损坏、房号电表不对等情况进行了摸底排查。排查工作结束后，节能办公室将对教学区违规用电单位实施线路改造、加装计量表等用电措施，进一步加强教学区用电监管，完善全校用电管理。

⑥2014年9月，北京市发改委对全市重点用能单位节能措施落实情况开展了专项监察，主要针对2014年度能源审计报告中提出的节能措施落实情况进行监察。学校完成了2014年节能监测工作，主要包括对学校配电室变压器、水泵、锅炉等设备的实时运行情况监测及学校能源消耗、计量器具配备及主要用能设备等情况的调查。

⑦2014年，为准确掌握学校地下供水现状，实现校内供水管网分区域、分级计量及管理。在学校2012年、2014年分两期对校内供水管网进行了水平衡改造工作的基础上，通过逐级对供水系统、供水设施及计量仪表设施等检修更换，合理布局供水管线，实现了学校分楼宇、分单元供水计量及控制。2014年9月，学校整体完成了水平衡测试工作，本次水平衡改造，主要采用主（环）管道——区域支管——楼宇支管——入户管逐级实施的方式，共计更换加装各种规格水表430块，更换、加装及检修各种规格阀门950个，更换供水管道200米，清理各种水表井、阀门井400处并检修更换了各种节水器具。

⑧2014年，学校确定了节能监管平台建设的实施方案，并于12月完成招标工作，计划2015年8月完工。本次节约型校园建筑节能监管平

台建设主要包括教学区变配电室电计量与管理系统、给水计量监管系统、供暖计量与管理系统，并实现学校现有系统接入节能监管平台。

⑨学校昌平创新园学生公寓太阳能生活热水系统工程，主要包括学生宿舍太阳能热水系统采购安装及专家宿舍、食堂太阳能热水系统采购安装，建筑面积共计20830m^2，计划采用的热管式太阳能集热器面积为820m^2，可满足最大日用水量约58m^3。

2014年，学校（包括管庄校区，不含家属区）年综合能耗16505吨标煤，较2014年略有降低。其中电力3941万kwh，较去年减少1.27%；天然气869.8万立方，较去年减少9.75%；水188万立方米，较去年增加4.36%；汽油62.91吨，较去年减少58.9%。学校能源总消耗中。天然气占70%，电力占到29%，汽油占1%左右。一是全校用电量50006600kwh，同比增长0.62%；其中教学区用电量35110200kwh，同比增长4.89%；家属区用电量14896400kwh，同比下降8.2%。二是校本部天然气消耗814.71万立方，其中供暖用天然气580.31万立方，占71%；热水天然气155.19万立方，占19%；食堂用天然气占10%。三是消耗水资源214.66万吨，其中自备井165.42万吨，占77%，自来水49.24万吨，占23%。自来水使用量比重逐年上升。

2014年，学校支出水、电、气费用共计5580万元，同比增加262万元，增长4.9%。校内二级单位用电补贴情况：2014年学校共下达二级单位用电补贴171.8万元，同比增加39269元，各单位使用补贴122.18万元，补贴回收率71%。学校回收水、电、暖、热水等费用共计2647.67万元，同比增加6.46万元。全校水、电、气净支出为2932万元，同比增加227万元。全校总支出增长的主要原因为水、天然气成本的价格上涨。

（武绍杰、鲁　晓）

后勤服务

【概况】2014年，学校后勤服务集团下设9个单位，其中机关单位3个：集团办公室、财务部、人力资源部；实体单位6个：物业服务部、运行保障部、经营管理部、饮食中心、幼教中心和会议中心，主要工作涉及餐饮、学生宿舍、物业维修、环境卫生、校园绿化、动力运行、经营管理、幼儿教育、会议接待等多个方面。至2014年年底，后勤集团共有职工879人，其中事业编制职工237人，非事业编制职工642人。

（张文平）

【党建工作】2014年，后勤党委认真学习贯彻落实中共十八大和十八届三中、四中全会精神，重视培育和践行社会主义核心价值观，紧密围绕中心工作，全面推进后勤系统党组织建设，努力营造风清气正的工作环境。至2014年12月，后勤党委有党支部10个，党员160人；全年共发展党员2人，均为非事业编制党员；12名预备党员按期转正。

①换届工作。根据学校党委的工作安排，后勤党委开展了党委委员换届选举工作。3月下旬，后勤党委各党支部完成了改选工作。经过“三下三上”的支部推荐、后勤党委讨论、学校批复等环节，最终确定第三届党委书记、副书记和委员的候选人；5月召开第三次全体党员

大会，选举产生后勤党委第三届党委委员及书记、副书记。2014年4月，后勤党委启动学校第十一次党代会代表酝酿提名工作，以党支部为单位召开党员大会直接酝酿提名。后勤党委严格按照党代表选举程序，召开党委会，对初步候选人进行投票推荐以及上报学校批复等程序，确定代表候选人初步人选，并于5月召开全体党员大会，选举产生出席学校党代会的代表。

②培训工作。后勤党委进行了党支部书记的换届工作，进一步充实了后勤党支部书记队伍。组织新上任的党支部书记参加市委党校举办的党支部书记培训班，使新任党支部书记明确自身职责，做好支部工作。11月26日，党委对党支部书记进行了党员发展工作培训，强调了在党员发展过程中应当注意的环节以及纪律要求，深化了各党支部书记对党员发展工作流程的了解。

③思想教育工作。4月，后勤党委组织党员干部观看了由北京市教育纪工委、首都教育廉政研究中心共同举办的“高等教育领域职务犯罪警示教育展”在学校的巡展；7月1日，组织新党员宣誓仪式及座谈会，使新党员加强了对党的认识，明确了自身定位，也对新党员提出明确的要求。要求新党员加强党的政治纪律、组织纪律、宣传纪律、财经纪律及群众纪律，明确党员的权利和义务，使新党员更加明确前进的目标和方向；11月26日，组织145名党员观看了重大现实题材影片《天河》，引导党员更好地培育和践行社会主义核心价值观；为深化党员干部对十八届四中全会中提出的“依法治国”方略的理解，还专门购置了《深化改革，全面推进依法治国专题讲座》光盘并下发各党支部学习。

④依托北京市“学生党员先锋工程”项目，在学生公寓区搭建起学生党员争当服务先锋的教育实践平台，切实将“党建工作进公寓”落到实处，开展了学生公寓党支部建设和支部书记轮训工作。通过党员基本情况统计、党支部划分、逐一召开支部成员见面会等大量基础工作，组建156个学生公寓党支部，实现学生公寓区党的组织全覆盖。同时，后勤党委紧密结合楼宇特点以及学生的实际情况，围绕“学风建设、安全稳定、心理素质教育、楼宇文化”等主题，采用专题报告、团体辅导、技能训练等形式，面向全体公寓党支部书记开展16学时的轮训工作。通过消防疏散、危机预防、医疗急救、心理卫生等方面知识的系统学习，使公寓党支部书记的责任意识和骨干意识得以增强，服务同学的能力和水平得到提高。

⑤学生公寓党员旗帜行动。以学生公寓党支部为载体，以学生党员为主要力量，以文化建设、学风引领、行为表率、志愿服务为主题，扎实地开展党员旗帜行动。通过“党员亮身份”“党员在身边”等主题活动，帮助学生党员意识到自身价值，主动在帮扶同学、行为引领等方面发挥示范作用，提高他们在普通同学中的影响力和号召力；通过开展“牵手”行动、支部共建等活动，帮助学生养成良好的学习习惯和作息规律，大力推动学风、舍风建设；通过举办宿舍文化节、宿舍大讲堂等品牌活动，营造出积极、向上、文明、和谐的宿舍文化氛围。全年共开展党员旗帜行动110场，101个学生党支部、1300余名学生党员参与活动。

⑥后勤分工会组织职工先后参加了教职工春季奥林匹克公园健步走活动、第37届教职工田径综合运动会、第12届教职工排球赛、秋季十三陵水库健身徒步走、教职工羽毛球比赛、“我最喜欢的菜品”评选、教职工乒乓球团体邀请赛、冬季校园健步走等活动，其中羽毛球队的参赛队员经过奋力拼搏，勇夺双打全校第一名，并代表学校参加了北京市的比赛。后勤分工会继续为非编会员

办理图书借阅证、进行健康知识宣传、组织非编会员体检并报销50%的体检费等。2014年，积极实施“首都农民工大学生助推计划”，帮助会议中心一名非编会员圆了大学梦。

⑦党建理论研究工作。2014年顺利地完成《充分发挥学生“三自”功能，努力打造高效和谐学生公寓》党建重点课题。2014年，校园网登载后勤新闻报道7篇，校报刊登后勤新闻6篇，后勤网站报道新闻63篇，有力地宣传了后勤工作。后勤党委编制4期《后勤工作简报》发送各学院部处，使师生员工及时了解后勤系统的工作进展和工作状况。

（张俊燕、童　华）

【机制改革】①人事制度改革。按照集团“按需设岗、以岗定编、以责定薪、以考定聘”的人事制度改革原则和减员增效的目标要求，物业服务部、经营管理部按集团要求先后完成了内部运行机制改革。集团职工减员4%，学生公寓、教室、校园卫生面貌改观明显。同时，集团加强员工管理，重新修订了非事业编制员工劳动合同，规范了各单位在用工、考勤、工资结构、绩效考核等方面的制度和要求；加强员工培训，全年共组织培训课程、实操演练50余场，涉及新员工入职培训、人事规章制度、管理执行力、服务礼仪、生产安全、业务技能培训等方面，1600余人次参加。一系列措施的实施，使后勤工作在服务质量和师生满意度方面均有所提高。

②维修服务机制推动供暖工作迈上新台阶。“先维后修，以维减修”是2014年维修工作的新理念。维修网格工作组坚持每日巡检、维护公共区域设施、设备，使其完好率大幅提升。维修调度全年接报修项目2万多单，跟踪回访，维修服务满意率90%以上。供暖工作维修部门采取早动手，主动修原则，2014～2015供暖季期间供暖工作一直平稳有序，未出现大面积跑水抢修现象，在2014年供暖系统失水率大幅降低的基础上，2014年失水率又降低50%以上，失水量创学校供暖历史最低记录。

③目标管理取得成效。集团在干部内推行以服务管理目标、经济目标、安全目标为核心的工作目标管理制度，2014年底按照完成数量、质量、实现效益等情况对目标完成情况进行综合考核，并将考核结果纳入到单位和个人的年终考核成绩中，不仅调动了干部工作的积极性，也有助于后勤科学化管理水平的提升。

④转变工作作风提升服务质量。集团倡导“察实情、办实事、求实效”的工作作风，“想干事、会干事、干成事”的思想作风。以师生为本，从工作理念、态度、行动上入手，积极推动工作作风转变。干部主动深入基层调查研究、解决实际问题，后勤职工爱岗敬业、热情服务已成为后勤工作的新常态。饮食中心邀请学生代表“走进后厨”，听取学生意见共建满意食堂；学生公寓内设立党员示范岗为学生提供优质服务；调度室跟踪回访报修客户，完善维修服务监督保障。通过这些转变作风措施的实施，师生对后勤工作的满意率逐步提高。

（张文平、孟祥国、张　林）

【学生公寓空调安装工程】学生公寓空调安装工程是学校2014年的一项重点工作。集团主要负责空调机和智能电表在学生宿舍内的安装工作。为保质保量、按时完成工程，集团专门成立工作小组，做好前期调研、施工管理和后勤服务工作，确保施工安全、有序、高效地开展。经过3个月紧张的安装、调试，6月初完成了学生公寓4800台空调安装、4249块智能电表的改造工作，工期比计划提前近一个月，工程造价低于预算，工程质量良好，学生住宿条件得到改善。

（鲍　博）

【餐饮服务】2014年，饮食中心将丰富花样品种、提高伙食质量作为重点工作，启动了食堂菜品库建设项目。为推进菜品库建设，饮食中心开展了以创新为核心的系列活动。①开展“创优服务月”岗位大练兵活动。厨师学新菜、炒新菜，设置创新菜窗口，经过学生评选，筛选出一批受学生欢迎的菜肴，100多个新菜纳入菜品库。②与校工会联合举办“秀出拿手菜”活动。面向全校教职工征集拿手菜菜谱，经过教师推荐、厨师学做、工会组织品评等环节，选出受欢迎的30种菜品收入到菜品库。③饮食中心通过归纳整理本校历史和现有的菜品、学习兄弟院校菜品、研究菜谱书籍资料等手段丰富菜品来源。经过一年的建设，饮食中心菜品库已收录副食品种1441种、主食品种191种。自11月起，教工食堂每月开展两次食品展销活动，提供各类熟食制品、主食花样、半成品等自制食品，不仅宣传了食堂特色产品，也方便了教职工生活，受到好评。饮食中心获得了“北京科技大学2014年先进集体”荣誉称号。

（张文平）

【服务保障工作】①学生公寓服务工作。全年办理约7400余名毕业生的离校手续、996名延期就业学生的住宿安排及233名硕博连读学生的宿舍调整工作。暑期，配合基建管理处完成1400间宿舍的粉刷、维修、保洁等迎新准备工作。

②校园环境绿化卫生工作。校园绿化养护、卫生清扫工作实行网格化管理，责任到人，使校园环境得到一定改观，也为学校多项重大活动提供了环境保障。全年共栽种花卉19865盆、[illegible]活动摆放花卉3125盆、补种黄杨5000多棵、补种草坪9000平方米，修剪（伐）树木170棵，养护大树、绿植1360棵盆，修剪各类灌木5600余棵；大操场防寒盖无纺布8000平方米；秋季清理树叶800余袋、树枝100多车，树木草坪防虫打药150车。

③幼儿教育工作。幼儿园始终把为学校服务，为青年教职工服务作为办园宗旨，确保学校教职工子女优先入园，解决后顾之忧，为学校做贡献。幼儿园以打造幼儿教育特色为重点，加强教师业务能力培训，加强园区条件及环境建设，幼儿教育质量赢得了家长的充分肯定和社会的高度认可，为学校赢得美誉，并获得了海淀区早期教育先进集体等多项荣誉称号。

④全年共完成全校师生信件收发94.7万件，接收本、硕、博新生档案3600多份，家属区投递各类文件、报纸、杂志约13.4万件。为学生新办补办公交卡6380张，为学生预订火车票430张。

⑤全年全校水、电、暖、电梯正常安全运行，未出现安全事故。完成家属区部分楼宇地沟内上水管道维修更换，办公区、教学区、家属区部分暖气管道及阀门的维修更换，学生公寓2、3、4斋卫生间隔断门更换，万秀园食堂洗碗间改造等专项、大修工程78项。

⑥教材、科研用品等物资供应工作。发放春季、秋季教材及图书23万册，课前到书率为100%，协助各学院、教师完成教学类实验讲义、指导书、汇编、手册、公文等280余种，累计7万余册。严格执行试卷印刷、装订保密工作，全年共印制各科考试卷51万张，做到期中、期末试卷印刷装订无泄密。

（张晓媛、路子茂、宋玉梅、张志民、鲍　伟）

图书馆

【概况】2014年，学校图书馆下设“五部一室”：资源建设部、流通部、期刊部、信息咨询部、技术部和办公室。至2014年年底，图书馆在职正式职工57人，其中高级职称人员11人、中级职称人员24人，中级职称及以上人员占总人数的61.4%；拥有硕士及以上学位人员24人，占总人数的42.1%。

图书馆设有新书、保存本、中外文书刊等阅览室，以及冶金、材料外文过刊阅览室、“摇篮书斋”阅览室、文献检索与学位论文阅览室等独具特色的阅览室，为读者提供印本文献与电子文献、实体馆藏与虚拟馆藏、单馆保障与多馆互借传递相结合的全方位文献信息服务，包括纸质文献借阅、数字资源服务、科技查新、论文收录与引用、信息咨询与情报分析、学术研讨与交流、多媒体服务、读者咨询、读者主题活动、学科服务和移动图书馆等服务项目。除国家法定假日外，2014年图书馆全年开放323天，每周开放94.5小时。网上文献信息资源每天24小时对外服务。

（季淑娟、张涛）

【文献资源建设】至2014年年底，图书馆馆藏文献总量203万余册件，共有88种数字资源、216个数据库，其中电子图书958.4077万册、电子期刊40.9255万册、多媒体资源18种。收藏本校印刷本论文33000余册，电子版论文全文25800余篇。2014年进一步规范和完善了印本文献和数字资源的采购流程和招标文件。在评估的基础上，订购印本中外文图书44348种、90670册，订购印本中外文报刊1911种，接收赠书699种、1825册，完成了88种、216个数据库的订购工作。图书馆规范严格的采访工作得到社会同行的认可，被清华大学出版社评为优秀馆藏“全国百佳馆”；获得人民邮电出版社2014年“优秀馆藏图书馆·万卷奖”，获得科学出版社2014年“关注科学，社馆同行”优秀图书馆称号。完成了44512种、90136册印本图书、18120册印本期刊、40000余份报纸、7071册期刊合订本、342本报纸装订本、6691张光盘等文献资源的编目、加工、典藏和上架工作。下架装订期刊4265本，完成研究生学位论文印本3176册的收集、整理、加工、上架流通等工作，完成研究生电子学位论文3111条全文数据的收集、上传、标引及发布。完成机构数据库、教学参考信息服务平台2014年数据更新，学校机构知识库入选《中国机构知识库案例手册》。2014年馆际互借累计508人、565册；完成原文传递40379篇论文+179222页图书，发送请求数量逐年增长，用户利用原文传递服务获取文献已成常态。由于图书馆对北京地区高校的服务贡献，2014年度被评为BALIS原文传递服务学科服务一等奖、BALIS馆际互借优质服务馆二等奖、BALIS原文传递服务先进集体三等奖、BALIS联合信息咨询服务先进馆称号。

（季淑娟、王　瑜）

【文献信息服务】图书馆始终践行“读者第一、服务至上”的服务宗旨。① 2014年接待读者124万人次，门户访问量99万人次，借还纸质图书83.51万册。中外文电子图书章节下载20.19万次，多媒体资源使用111.98万次，各类数据库全文下载量为571万余篇。②积极推进全民阅读工作，2014年组织开展“读书文化节”和“读者服务月”等大型活动。2014年，在中国图书馆学会举办的“2014年全民阅读先进单位”“对话－足迹”品牌阅读活动中荣获中国图书馆学会阅读推广委员会颁发的“2014年高校阅读推广活动优秀案例”一等奖。③为进一步提高电子资源的利用率，2014年图书馆除为本科生开设了《科技文献检索与计算机应用》课程，为冶金与生态工程学院研究生开设了《文献检索与学术活动》课程，还开展了形式多样的电子资源宣传推广与读者培训活动，共举办22场数据库资源宣传培训活动，涉及材料、机械等7个学科专业，1214人参加讲座。举办宣传线上的数据库培训活动20场，点击率3974次，单次最高为525次。④2014年完成论文收录检索2306项、科技查新项目806项，一直处于国内高校较高水平，为校内外高校、科研院所、企业的科研立项与成果申报提供了有力的支持。⑤积极开展面向学科建设的学科信息服务与定量评价工作。2014年完成了材料科学、冶金学科、机械工程、物理学、土木/矿业工程、计算机、经济管理7个学科服务平台的建设及数据维护、更新，为学科建设提供更便捷、更有效的信息服务。2014年基于文献计量分析，完成了《北京科技大学学科学术分析2014年年度报告》《北京科技大学优势学科发展态势分析报告》《世界三大大学排名分析报告》《北京科技大学材料化学工程三学科同期对比》《冶金领域学科战略研究分析报告》等研究报告。⑥积极推进移动图书馆、微信服务等新技术、新媒体在图书馆的应用。2014年图书馆申请了微信认证，推广微信服务，同时将微信与移动图书馆进行整合。图书馆借助微信平台开展新书推荐、培训信息发布、图书馆新闻推送等服务，读者通过微信可以查询自己的还书日期、借阅记录、最新公告等，获取电子图书、电子期刊、视频公开课等电子资源。同时，大力推广移动图书馆的服务，馆内新增移动电子图书借阅系统。通过新媒体技术利用，图书馆受到了读者的热烈欢迎。⑦加强设备巡检与保养、硬件配置升级、故障更换等工作，保证了图书馆各类资源、应用设备与服务器稳定运行，确保全校读者365天7×24小时网上无障碍利用图书馆资源。

（季淑娟、王　瑜）

【教育部修购项目建设】 2014年，图书馆完成了教育部修购项目“2013图书馆文献信息资源建设”的验收工作，完成了2015年专项资金项目“图书馆文献信息资源建设”和“图书馆数字化自助服务平台建设”项目申报工作。积极推进2014年教育部“图书馆资源发现与获取系统建设及基础设备更新”“2014年图书馆文献信息资源建设”2个修购项目建设工作。完成了包括资源发现系统、存储服务器虚拟化及备份、座位管理系统、自助借还系统、电脑打印机等15个子项目的建设及“ACM美国计算机学会电子期刊”等26个资源的评估和购买。

（季淑娟、王　瑜）

【学术研究与对外交流】 2014年，图书馆共计派出90人次参加各项专业培训与交流会议57场次，共计632.5学时，组织举办馆内职工集体学习5次。2人荣获全国冶金院校图书馆研究会优秀论文一等奖、二等奖，1人荣获2014年度高等院校科技情报专业委员会先进个人和优秀论文一等奖，2人荣获BALIS原文传递系统2014年先进个人一等奖，1人荣获BALIS馆际互借服务先进个人奖一等奖，1人荣获2014年北京高校图书馆年会案例比赛三等奖，1人荣获中国图书馆学会2011～2014年度优秀会员称号。全馆累计发表论文（第一作者）12篇，其中核心期刊4篇、CSSCI收录论文3篇，被人大报刊资料转载1篇。馆员参与出版著作2部。图书馆积极加强馆际交流与合作，2014年举办了“中图学会大学生阅读委员会、阅读与心理健康委员会2014年度联合工作会议”“BALIS联合信息咨询中心工作会议”“BALIS二期平台验收会”3场全国和北京市会议。接待了华南理工大学、中央美术学院、华东师范大学等多所高校图书馆的来访。组织全体馆员与首都图书馆进行业务交流，参观首都博物馆，进一步密切了与同行之间在业务领域的交流，同时开拓了馆员的视野。

（王　瑜、路春梅）

【党建与工会建设】图书馆党支部坚决贯彻执行学校党委和机关党委要求，组织党员认真学习，重视党支部的思想建设、组织建设，巩固群众路线教育实践活动成果，不断提高全体党员的理论水平和业务工作能力。组织“对口交流，树服务先锋”主题党日活动。党支部组织全体党员、积极分子等一行60余人到首都图书馆新馆，与其各业务岗位进行交流学习，共同探讨图书馆建设与发展。积极参加机关党委组织的各项活动。积极参与学校2014共产党员献爱心捐款活动。

2014年，图书馆先后召开第一届第四次全体职工大会；组织参加北京科技大学教职工第三十七届田径综合运动会、校第十二届教职工排球比赛、校乒乓球比赛、2014年教职工春季徒步健身长走活动和校冬季长跑活动。荣获校排球比赛第三名；组织以乒乓球、踢毽子、桌上足球和拖拉机4项运动为主的健身周活动，吸引了全馆职工积极参加；举行图书馆“发现美好，捕捉精彩”摄影比赛，共收到90余副摄影作品，评选出一等奖5人、二等奖10人、三等奖26人。组织职工报名参加体检；帮助6名馆员向校工会申请补助，关心慰问生病、住院、家中发生重大变故的在岗职工和离退休职工，让职工及时感受到组织的关怀；组织参加11月份的校工会“办实事月”活动。

（张　涛、路春梅）

附　录

图书馆2014年各种文献资源的订购情况

项　目		种	册
图书	中文	41624	86350
	外文	2025	2495
	中文赠书	696	1822
	西文赠书	3	3
	图书总计	44348	90670
报刊	中文期刊	1583	
	报纸	123	
	外文影印期刊	33	
	外文原版期刊	172	
	报刊总计	1911	

图书馆 2014 年读者服务情况统计表

项目	2014 年服务数量	项目	2014 年服务数量
接待进馆人次（万）	124	上机检索（万人次）	5.03
图书馆主页访问量（万次）	99	上机检索（万小时）	4.15
借出书刊（万册）	41.49+20.1891（电子书）	课题查新	806
归还书刊（万册）	42．02	检索与收录	2306
阅览书刊（万册）	10.94	资源宣传与推广（场 / 人）	95/3959
读者注册（人）	8363	馆际互借（人 / 册）	508 人 565 册
上架图书（万册）	68.6944	原文传递服务	37261 篇论文 +164287 页图书
借还光盘（张）	3822	科技文献检索与计算应用（学时 / 人）	70/261
校外读者办证（个）	85	空间和设施服务（场次）	3275

2014 年各类电子资源使用情况

电子资源名称	使用量	电子资源名称		使用量
外文电子期刊全文下载篇数	1609199	自建电子资源下载篇数	学位论文	135843
			机构库	102308
中文电子期刊全文下载篇数	3080942	多媒体资源使用次数	1119815	
外文学位论文全文下载篇数	17097	中文学位论文全文下载篇数		605318
中文会议论文全文下载篇数	120019	外文文摘数据库检索频次		833802
电子书章节下载次数	201891	中文专利全文下载篇数		47215

档案馆

【概况】2014 年，北京科技大学档案馆下设办公室、综合档案室和人事档案室，定编 9 人。年内退休 1 人，新进 1 人，人员岗位方面进行导向性调整。至年底，在册正式职工 6 人，其中 3 人具有档案专业背景，4 人具备档案系列中级职称。

2014 年，档案馆入馆档案 15068 卷，移出档案 9847 卷（包含移至二级单位保管的财会凭证共 4515 卷）。至年底，馆藏总计 140845 卷，其中包括《高等学校档案管理办法》规定的 12 门类档案 108420 卷，教职工人事档案和全日制本科、硕士研究生、博士研究生档案 32425 卷。档案馆及时统计并上报教育部、国家档案局关于 2013 年

《全国档案事业年报》中北京科技大学相关数据。

2014年，档案馆丰富管理手段，重点加强收集与管理、培训与考核，强化利用服务。在综合档案管理方面，加强档案收集和利用工作规制，简化利用手续，推进历史档案数字化工作。在教职工人事档案管理方面，为落实好中组部、教育部关于干部档案核查的有关精神，特别是聚焦梳理干部“三龄二历一身份”的要求，加强材料鉴别和归档把关，保障档案的真实可靠。在学生档案管理方面，重点加强对新生档案及时查缺和追补材料、毕业生档案材料及早归档和尽快转递、研究生档案管理权责梳理和流程管理。年内，档案馆提前完成“干部人事档案新标准专项”工作，缩短工期半年；业务改革推进达到预期目标。

（罗明书）

【条件建设】2014年，档案馆落实教育部、中组部《关于做好文件改版涉及干部人事档案有关工作的通知》规定，进行教职工人事档案的整理核查和库房保障条件建设，专项经费拨款26.25万元，新建密集架77.36立方米。

2014年，档案馆争取到学校在档案安全和信息化工作等方面的投入。委托申请2015年教育部修购资金，用于部署档案馆库房监控设施，已获批准。年度经费预算中首次获拨档案数字化试点项目，计3万元。在档案馆西侧楼梯天井部位封闭出6万平方米空间，用于数字化工作或照片档案处理。

（罗明书）

【综合档案管理】2014年，综合档案管理实有2人，主要工作有：①接收档案8372卷（较2013年减少8.5%）、文件32278件（较2013年增长33.8%）。②移出档案4515卷，由二级单位自行管理。③加快开展历史档案扫描工作，通过外包项目，年初完成1952～1960年行政类档案扫描挂接约4万页（按A4折算），年末完成1961～1970年行政类档案扫描挂接约3.95万页。④自主扫描1953～1983年本科生录取大表、2014年本科生高考录取成绩、1978～2004年和2014年研究生录取大表、2003～2012年成人教育毕业证书号、2008～2012年成人高考录取成绩以及学校各区房产证共120卷档案（较2013年增长62.2%）。⑤补充录入1963～1988年行政类档案文件级目录共13421条，至此完成3年补录计划，完成行政类档案文件及目录库建设。⑥整理南大之星数据库，完成数据和数字化成果的备份。⑦配合项目（课题）审计、干部经济责任审计提供大量财会凭证的查阅复印工作。⑧配合科研管理，协助组织学校部分军工项目的档案分项验收。⑨继续追补各单位历年积存不交的应归档材料。⑩配合基建项目查档、接待校友查证本人学历学位、为学校史料的挖掘提供素材等项工作。

2014年，综合档案查借阅接待1967人次（较2013年增长29.75%），查阅档案12400卷（较2013年增长19.92%），借出档案772卷（较2013年增长34.5%）；提供学历认证信息248人次（较2013年增长67.57%），其中244人查明属实，查无相关信息4人次，提供档案材料复印9742张、拍照23404张（较2013年增长91.1%）；出具房产证明54份（与2013年持平）。

（罗明书、李　倩、王　领、李丹黎）

【人事档案管理】2014年，教职工档案管理实有1人，主要工作有：①与人事处、组织部共同梳理流程，明确权责，提高工作效率和管理水平。②加强项目监控管理，严格标准，通过“自查+外包”方式，完成2496位在职教职工人事档案的整理、装订、录入、编制目录等工作；按照中组部人事档案改版工作的要求，核查处级干部档案283卷，“干部人事档案新标准专项”工作（2014.4至2015.6）的总工期由2年缩减至1年半，提前完成预期目标。③提前启动并完成2015年更换离退休及死亡人员的档案装具计划，制作退休干部名签1716个，为退休干部档案更换装具1716卷、整理578卷；为去世教职工档案换装具713卷，根据讣告转增去世职工档案42卷，根据退休审批表转增退休干部档案84卷。④接收登记并归档教职工档案材料5171件，退回不应归档及不合格材料131件，更新目录269条；向教育部报送校领导材料14件，发出教职工档案材料58件。⑤接收新员工档案95卷；向教育部报送校领导档案6卷，制作副本2卷；整理转出教职工档案37卷，补充工资表等材料260余份，同时改版A4纸型教职工人事档案转递单。⑥接待查档224人次，提供档案查阅460卷，借出档案105卷，复印档案材料665张，开具亲属关系公证50份。⑦将1981～1993年转档名册逐条录入计算机，著录档案转递信息2223条。⑧在密集架拆改和新建工程中妥善完成案卷登记和5998卷档案(合32立方米)的两次物理移库。

（王桂珍、高　阳）

【学生档案管理】2014年，学生档案管理实有2人，主要工作有：①编写了《研究生档案工作细则》，在2014级研究生新生档案核查工作中增加了本科成绩单扫描数字化工作；在2014年6月毕业研究生档案中加入了学生档案核查单，明确了责任归属。②打印并补充归档2014级新生7省市高考报名表、高考体检表、高考成绩单等档案材料2118份，充实学生档案内容，弥补网络招生后部分省、市学生档案缺少高考材料的不足。③成功缩短暑期毕业生离校到档案派出的时间，成为北京地区完成毕业生大批派遣寄递档案工作的首家高校。④接收本科与研究生档案6377卷，其中本科生档案3329卷、研究生档案3048卷，合计较2013年增加2.2%；接收博士后档案57卷；整理各类档案8241卷；转递各类毕业生档案5291卷，其中本科生档案2593卷、研究生档案2698卷；接收改派等原因退档167卷。⑤接收并归入档案的零散材料39932份，其中研究生18651份、本科生21281份；转出零散材料211份。⑥日常接待办理学籍咨询、查借阅档案和出国公证等事项的各类人员1500余人次，提供档案利用3000余卷次。⑦除转入数据库的有关信息外，特殊事项变更信息共413人次，申报查单34人次，回执收发粘贴1000余份，建立目录26册。⑧为配合干部档案新标准专项工作，两度进行26423卷（合43立方米）学生档案的倒架。

（王桂珍，王增辉）

【业务提升与交流】2014年，档案馆人员先后参加教育部干部档案工作培训3人次，参加北京市档案局岗位培训2人次，参加中国第五届电子文件管理论坛和第三届博士论坛会议3人次，参加全国高校档案数字化研讨班1人次。赴安徽大学、华中师范大学、中国人民大学、中央戏剧学院和首都经济贸易大学档案馆调研7人次。全馆人员参加了校内的网络安全与保密事项学习，先后与组织部、人事处就干部档案管理工作开展专题研讨。

2014年，档案馆继续担任北京高校档案研究会理事单位，11月，经举荐成为教育部直属高校档案学会第七届理事单位。档案馆与北京师范大学、北京邮电大学、北京航空航天大学档案馆合作承担的北京高校档案研究会重点课题通过评审验收。

（罗明书）

现代教育技术中心

【概况】2014年，现代教育技术中心（简称“电教中心”）共有在编工作人员7人，其中中级职称5人、初级职称1人、长期患病在家休息职工1人，有6人为返聘退休教工。电教中心拥有各类设备920余台件、固定资产2080万余元以及多个结构完整、功能齐备的信息化、网络化、数字化教学平台。其中本科教学服务管理平台包括教学资源管理系统、教学评估系统、电子巡考系统。多媒体课件制作平台包括教学资源存储系统、多媒体课件制作系统、精品课程录制系统、云录播系统和一套电视节目制作系统、课件格式转码系统。RF教学传输平台包括用于播放教学课件的教学区有线电视系统、支持多种语言教学的卫星接收系统和家属区有线电视模转数系统、网络外语教学、教学研讨、教师背课IPTV直播系统。公共服务体系下的72间设施齐全的智能网络化多功能教室，是保障全校公共课正常授课的关键设施，为本科教学顺利地开展打下坚实基础。

我校本科现代化教学设施设计理念新颖、功能齐全、覆盖面大、管埋规范、运行良好、故障率低，受到教师、领导、学生好评。在教学管理方面，实现了课堂教学活动全方位、全信息纪录应用新理念，在北京市高校乃至全国高校中名列前茅，有众多高校到我中心考察，先后接待北京化工大学、北京理工大学、北京工业大学等学校。此外中心还拥有相当数量的录音复制设备及课件刻录设备等。

（段海涛）

【教学服务工作】2014年，学校共开设1826门类课程，公共服务体系有2749个讲台使用多媒体教室，总计约107454多学时服务本科教学；北京科技大学数字化教学平台上载课程430余学时，接收传输15套IPTV节目，点击率为9650次，向外国语学院提供的BBC、CNN、NHK、DW、NGC、STARMOVIE 6套纯正外国语类教学节目，皆是由电教中心通过我校建设的卫星地面站自行接收的卫星境外电视节目。中心积极搭建公共服务体系多媒体课件技术教学平台，为教学工作提供技术支持，完成教学素材编目200学时；为学校各部门复制、转录、刻录教学等课件270学时；为兄弟院校复制、转录各类教学课件92学时。应北京市考试办公室要求，统调英语4、6级考试电子巡考系统，利用我单位电子巡考系统与北京考试院统调研究生考试监控图像的传送是否正常。为更好地提高大学生火灾防范意识及网络安全意识，在《数字化教学平台》中的VOD视频点播系统，使课程课件经过数字编码、解码、转格式等技术，为学生处上传《高校火灾事故预防与反思》防火安全宣传片2部、《网络安全学习》知识PPT文件22个。

2014年，通过国家下拨修购计划款188万元，更新学院多媒体教室投影机26台，更换教学电脑30台，更换多媒体教室线缆及中央控制器46套，新建多媒体教室2间，更换操作台及维护维修多媒体教室等设备。更换下来的电脑经过维修，调拨到学院的多媒体教室继续使用。利用招标后剩余资金，应教务处要求，需要更新全校多媒体教室钟表，经多方考察，选用一款采用国际先进技术自动授时的时钟，由机芯内置的微处理器转换自动校时，使时钟显示时间与中国标准时间准确无误，经过3个多月的运行，走时准确，得到教务处领导、教师及教学督导组的好评。

学校多媒体教室维修维护共计3400余次，安装各类教学软件百余次。保证了全校200余间多媒体教室设备正常运行，设备完好率为100%。

利用电子巡考系统为学校各种考试提供实时录像监看功能，为在考试当中出现的纠纷及作弊等现象提供视频依据，考试结束后帮助各部门下载考试录像，提供保存载体，以便于查看及存档。配合保卫处做好安全保卫工作，以及为学生在教室丢失物品等视频录像的查看工作提供视频依据。

（张　捷、王　敬）

【精品课程和电视片制作】 2014年，电教中心制作各种电视片及课件共计32部，申报教育部国家精品视频公开课3门，获准录制3门课共15学时；录制教育部资源共享课2门课205学时，摄制《机械原理》实验课4部；制作国家级双语课程2门102学时，录制北京市精品课程2门134学时，录制MOOCS课程5门54学时。与材料科学与工程学院合作，制作资产管理处申报国家级《材料虚拟仿真实验中心》综合专题片1部；制作教师教学发展中心组织的教师教学能力提升讲座3部；制作由组织部申报的北京市教委组织的第四届北京高校入党积极分子《精品一课》评比课程1部；摄制2014年本科教学表彰会1部；摄制我校第九届青年教师教学基本功大赛36讲；制作北京市高校校外人才培养基地汇报片3部；制作第六届北京地区高等院校教学督导交流会1部，制作文法学院上报北京市精彩课堂电视片3部；通过有线电视系统及数字化教学平台现场直播冶金学院《第九届春之声文艺晚会》等电视片及课程的制作。向北京科技大学数字化教学平台中上传精品课程共计9门类，11位主讲教师上传194学时；电教中心素材编目整理62盘。

（冀燕丽、高玉峰）

【有线电视网络系统】 2014年，对有线电视网络前端系统故障设备进行维修和设备更新，还完成有线电视系统前端机房设备测试28次，对卫星地面站检查、测试、调试与维修16次。由于我校家属区有线电视系统已于2011年1月1日归北京歌华有线公司进行管理、维护及维修，我中心负责提供学校自办节目转成数字电视节目，融入到北京歌华公司的学校有线电视系统内，供学校教职工收看。更换学生区、教学区、办公区光站3台，因遭雷击、刮大风、密封不严导致接头氧化，维修更换室外光站、放大器40多次。对有故障的有线电视用户进行登记，上门进行测试和维修，更换损坏严重的线路及器件，据不完全统计，故障维修330余次，保证了系统的正常运行，线路传输畅通，使教师和学生收看到清晰的电视图像。

（段海涛、余　涛）

【自身建设】 当今信息化技术突飞发展，电子技术日新月异，在信息高速发展的时代，为不断学习新知识、新技术，了解当前数字化时代的发展前景，跟上时代的潮流，用知识武装头脑。2014年工作任务较为繁重，在业务学习方面组织较少，技术类培训组织约3次，参加新设备、新技术等类型的讲座约5次，对外考察及调研约2次，来我中心进行考察交流的高校有北京邮电大学、北京化工大学等。

（段海涛）

社区卫生服务中心（校医院）

【概况】北京科技大学社区卫生服务中心（校医院）始建于1954年，由医务室逐步发展为校医院，1989年新建成了建筑面积3586m^2，业务用房2000m^{2}的医院。1996年定为“一级甲等”医院，2002年4月通过北京市评审成为社区卫生服务中心，可对外服务。校医院承担着学校3.3万余名师生员工及周边地区居民的预防、医疗、保健、健康教育、康复、计划生育技术指导“六位一体”的医疗卫生服务任务。

2014年，校医院设有院办、急诊科、内科、大外科（外科、妇科、眼科、耳鼻喉科、口腔科）、中医科（针灸按摩科、理疗科、中药房）、预防保健科、护理部、医技科（放射科、化验室、B超室、心电图室）、药剂科、财务科及保安组、保洁组。校医院共有医务人员59人，其中事业编制41人、返聘2人、人事代理合同制14人；临床大夫21人、临床护士12人、医技人员15人、财会人员6人、党政管理人员4人，专业技术人员配备率为85%；正高级职称1人、副高级职称5人、中级职称24人、初级及以下职称29人。

（褚　洪、刘明明）

【医疗服务】2014年，校医院紧紧围绕和服务于学校中心工作，以深入开展党的群众路线教育实践活动为契机，以“规范服务、和谐发展”为理念，以端正服务态度、提高服务质量为重点，进一步改进工作作风、严肃工作纪律，着力解决群众反映的热点和医院工作的难点，努力提供优良的医疗卫生服务。

2014年，校医院门诊处方量129507张，累计门急诊136275人次。肌注4317人次，静脉输液4258人次，静脉采血2914人次，换药5126人次。在医院严格管理控制下，门急诊量和静脉输液量与2013年相比分别下降了4.5%、40.4%。完成各种体检11711人次，包括新生入学体检、职工体检、入职人员体检和零散体检等。进一步规范和完善了药品准入制度，全年共调整药品12种，其中新增药品6种，替换、剔除或暂停药品6种，药品品种结构更趋合理。

（褚　洪、李素君）

【健康教育及预防保健】健康教育是社区卫生管理的一项重要内容。2014年，校医院积极开展健康教育及各项宣传活动。全年共组织各种健康教育宣传和咨询服务活动52次，受教育人数5万余人，发放宣传单2万余份。继续推进家庭医生式服务宣传及签约工作。与居委会、离退休干部处、学生处、各学院等部门密切联系，通过现场、网络、入户、门诊等多种方式宣传家庭医生式服务。服务中心共与学校25个功能社区（各学院、直属部处等）签约29418人，与社区居民签约1204户。完成了每年为学生开设96学时公共卫生选修课的教学任务。

2014年，医院对3332名新生进行了PPD（结核菌素）筛查，其中阳性人数为227人、强阳人数为87人，并对87人做预防用药治疗。在做好转诊和流行病学调查的同时，对所有本年度确诊病人的密切接触者进行排查及开展肺结核知识讲座317余人次。2014年，学校共发现肺结核、水痘、细菌性痢疾、感染性腹泻等传染病61例，均为散发，无流行疫情发生。

校医院还承担着全校学生、教职工、流动人口、居民、散居儿童等的计划免疫工作。2014年全年共管理散居儿童283人、小学生860人，共接种疫苗12535人次，其中为儿童接种1735人次、小学生318人次、大学生接种9203人次，为本社区及周边地区60岁以上老人免费接种季节流感疫苗985人次，为其他人员接种294人次。及时有效地处理各类人群疫苗接种后反应9起。散居儿童五苗接种率为100%，单苗接种率为98%以上。小学生白破二联、麻腮风疫苗接种率为98%以上，大学生麻腮风接种率为90%以上。作好流动人口调查摸底工作，流动儿童建卡率为98%以上，单苗接种率为90%。多年以来，社区计划免疫接种率均达到100%。

（李素君、宋　锐）

【重点工作】①严肃工作纪律，改进服务态度和工作作风。2014年，校医院强化医德医风领导小组的管理职能，充分发挥服务对象的监督作用，多渠道、多层面发现问题，定期集中分析问题、查找原因，层层落实。同时加强制度落实，加大奖惩力度。②建立综合评价体系，评价结果与各类考核挂钩。为充分发挥群众监督作用，医院建立了院外监督员制度，并成立了院外监督员工作小组，在医院管理、医疗护理、健康保障、医德医风等方面赋予其检查监督的职能。同时继续坚持“院长接待日”制度，充分发挥网络监督、院长信箱的作用，对于发现的问题，指定专人进行核查，并及时处理。为了进一步改进医务人员的工作作风和提高医疗卫生服务质量，医院专门设立了医务人员公示栏，明确地公示了院里全体医务人员姓名、职务、职称和科室及有关负责人信息，既方便了师生员工的就医，同时也便于群众监督。

（褚　洪）

体育馆

【概况】2014年，是体育馆对外经营的第五年，随着工作经验的积累，体育馆各项工作都已形成了完善的管理体制和稳定的经营模式。按照年初制定的工作计划，以科学管理、服务师生为出发点，对内注重全体员工的综合素质培养，贯彻落实上级工作指示；对外积极开拓市场，搭建场馆宣传推广平台，高效率高质量地完成了全年工作任务。体育馆连续五年获得“北京市优秀体育场馆”荣誉称号。

（邹华东）

【党建工作】2014年，体育馆举办了多场形式多样的党组织活动。6月，赴中国抗日战争胜利纪念馆参观学习；10月，组织学习十八届四中全会会议精神；11月，全体党员及优秀员工观看《天河》影片；12月，举办了“守法爱党·青春激昂”知识竞赛趣味活动。通过丰富多彩的党小组活动，全面调动了员工的积极性，促进党政先进思想的宣传和普及。在活动过程中全体员工身体力行，认真学习领悟党建先进思想，党员干部在活动中发挥了模范引领作用，树立党员先进思想旗帜。通过组织开展基层党组织活动提高员工思想政治建设，传达中央及学校的精神指示，加深对国家时事政策的了解，提高思想觉悟，树立“服务师生、服务学校、服务社会”的责任意识和理想信念，从思想入手，深入到实际工作当中。通过党员职工的“传、帮、带”模式，提高员工的参与意识，形成良好互动，加强组织凝聚力、向心力和创造力。

（鞠　洋）

【制度建设】体育馆下设场馆管理部、市场服务部、物业管理部、设备运行部4个部门，依据《北京科技大学体育馆管理制度汇编》（2013版）为重要工作指导，体育馆各项管理制度全面开展落实，并收到良好效果。

坚持周例会模式。通过例会制度及时修正、总结，及时发现问题、解决问题，结合体育馆的实际运营情况，调整工作方向，统筹安排，促进团队的凝聚力，提高处理问题的时效性。按照体育馆人事管理制度，建立员工电子档案，确保员工信息精准化、电子化。在查阅员工个人信息、合同时间、年假情况等方面提供准确信息，方便调取员工信息，及时与部门进行沟通和变更，减少资源浪费，提高工作效率。

体育馆根据学校有关财务管理规范，建立了财务人员岗位职责、工作流程，规范了收银、盘点、入账、采购、报销等涉及财务的各项工作。①规范收费项目及使用票据，严格执行国家及学校的关于收费的各项规章制度。全年开具发票1847张，全部收入及时足额上缴学校，保证资金安全。②完成体育馆各类人员每月工资等核算和发放工作，全年发放各类人员工资等700多人次，新入保险17人，退保险14人。根据体育馆全年运营状况，完成年终总结报告。

（邹华东、鞠　洋）

【安全管理】2014年，体育馆根据北京市和学校安全方面的工作指导和要求，着重在消防检查、环境整治、救生演练、安全培训等方面进行周密的工作部署。2014年，体育馆共组织了5次全馆安全检查、6次消防安全专项检查、2次火灾隐患专项排查、2次安全知识培训大会，配合学校保卫保密处对全馆的灭火器进行年检，组织举办消防安全“四个能力”知识的培训，通过各类检查、培训工作，使全体员工掌握了基本的消防安全知识、逃生自救的技能以及扑灭初起火灾的操作流程。

2014年11月27日，体育馆救生员代表队参加了海淀区体育局组织的救生技能大赛，通过比赛及时查找不足，提高队伍默契配合及应急处理能力，为今后救生工作夯实了专业技能基础。严格执行深水区办证制度，严把深水证件考核关，确保顾客人身安全。

（李　龙）

【服务师生】2014年，体育馆承担了大一、大二学生体育教学及学校运动队训练的教学任务，共开设了羽毛球、游泳、乒乓球、柔道、跆拳道、健美操、艺术体操等9项体育课程，每周有76个教学班共计2506人次在体育馆上课，全年累计共90215人次。与此同时，体育馆为学校篮球、羽毛球、跆拳道等代表队的日常训练提供场地，根据各代表队的训练时间提前安排场地，及时与代表队教练沟通，确保各代表队的场地使用需求。深入贯彻落实学校“全面推进体育工作，师生健康第一”的指导思想，满足广大师生运动健身的需求。体育馆根据体育教学计划及代表队训练时间，最大限度地为学校师生提供便利，让广大师生以最优惠的价格享受最优质的运动健身环境。体育馆特别开设了周一离退休游泳专场和午间师生运动健身专场，为广大师生运动健身提供便利，并得到一致好评。

2014年1月1日至11月30日期间，体育馆共承办了11项校内大型活动：开学典礼（本科生、研究生）、毕业典礼（夏季、冬季）、校园大型双选会（春季、秋季）、90级校友会、大学生CUBA联赛、2014年新生羽毛球和乒乓球及游泳比赛等。体育馆顺利地完成了学校大型活动的承办任务，并得到了各级部门的一致好评。

（郑　璐）

【管理与维护】2014年，体育馆持续深化改革，总结过去几年的工作经验，无论是对外宣传还是设施维护都从科技、智能管理方案中收获颇丰。

①更换体育馆官方网站后台服务器，为官方网站的正常使用提供硬件保障。网站还为体育馆对外宣传工作搭建了平台，合理利用网站资源，让更多的潜在客户了解体育馆，真正实现宣传和效益双丰收的预期目标。配合场馆经营开放5周年，体育馆制作了全新的宣传图册，为顾客了解体育馆各类信息提供了有效途径。

②按照年初制定的维修检修计划完成各类设备保养检修工作。2014年3月清洗了太阳能加热系统和中央空调冷却塔机组、冷却塔内部的填料，以及管道和机组过滤网；及时检修更换了泳池制氧机组部件、羽毛球顶层方灯、游泳馆照明方灯；对场馆全部的设备间进行了仔细排查、线路整理和设备清扫工作，消除安全隐患；维修了泳池循环泵及地下污水泵，检查保养其他机房地下污水泵；对健身房和其他所有的污水坑里面的污物垃圾进行了清理，经过检查维修可以达到正常的运行标准。为消除安全隐患，场馆更加注重节能减耗工作。重视设备节能工作，小到照明灯，大到空调、水泵的运行控制时间对工作人员制定严格的执行标准，员工必须做到按时关停，缩短灯光延迟时间。在保障正常营业的同时以最节约的方式达到最佳的运行效果。通过人工控制开关时间和加装节能设备的措施后，2014年全年的总用电量为1223257（kwh），比2013年全年用电量1313636（kwh）节省90379（kwh），降低了7.4%。2013年冷水用水量为29354吨，2014年冷水用水量为27542吨，较2013年增加了1812吨。配合节能设备的改造工程，安装了节能控制系统，解决了设备的空载率，提高了设备在满足场馆需求的情况下的最大节能运行效果。按照2013年夏天空调的使用情况，2014年安装了宿舍的分体空调，减少了中央空调机组开机时间和部门对设备按照天气、环境的变化人工控制开启、停止空调系统的控制。综合以上节能措施，2014年冷却设备用电量对比2013年同期节能效率提高了10.5%。

（李小红、刘定贵、鞠　洋）

【以馆养馆】随着八项规定的逐步落实执行，秉承精简办会、厉行节俭的指导思想，体育馆在承接大型活动方面及时调整运营思维，积极推动趣味运动会、棋牌比赛、篮球比赛等强身健体活动，深度挖掘市场资源，圆满地完成了校外大型活动的承办工作。2014年，体育馆接待校外顾客共计235371人次。通过承办各项大型活动为体育馆增加了经济效益，同时扩大了体育馆的社会知名度，为体育馆实现“以馆养馆，持续发展”贡献了不可或缺的经济支撑，实现了经济效益与对外宣传双丰收。

（邹华东）

附属小学

【概况】2014年，北京科技大学附属小学在校学生人数859人，教学班23个。毕业学生162人，新招学生172人。全校教职工52人（其中在职教职工33人、代课教职工17人、返聘教师2人）、中学高级教师1人、小学高级教师28人，所有任课教师均达到国家规定学历。2014学年度，在北京市海淀区教委支持大学办附中附小资金支持下，利用假期，更新了全校教学楼教室的门、窗；改造了用电线路；安装了空调、空气净化器；教室、楼道、校园全部安装了监控录像系统。在校园内改建了藤萝架，地面全部铺设了渗水砖，购置了新乒乓球台，修建了坐凳式的树围，改造了领操台、旗杆底座。学校为各专用教室配备了实物投影，创作了以“社会主义核心价值观”为主题的校园文化墙等。校园的图书室，中午时间向各个班级开放。硬件设施的改造与建设，为师生的教与学创设了良好的条件。

（张美娜）

【德育工作】①师德建设是核心。加强教师职业道德建设，提高教师思想道德水平，始终是学校精神文明建设的基本任务，也是办好一所学校的前提和保障。2014年度，学校组织教师认真学习习近平总书记关于做“四有教师”的讲话精神，贯彻落实《中小学教师职业道德规范》，积极开展践行“中国梦”“社会主义核心价值观’的活动。通过学习、讨论、座谈、写读书笔记的形式，不断提升教师的法制意识和服务意识；通过师德先进个人的评选活动，树立身边的典型和榜样，激发教师敬岗爱业的自豪感和责任感；结合海淀区“全国文明城区争创活动”，教师们在工作中努力为未成年人的成长营造健康文明和谐向上的育人环境。学校发放了家长和学生调查问卷，及时听取意见和建议，不断改进工作。一年来，学校教师爱岗敬业，形成了良好的教书育人新风尚，得到社会、家长、学生的认可，为实施素质教育创造了良好的氛围。

②加强教师、班主任队伍建设。中共十八大和十八届二中、三中全会后，教育政策的调整和变化是巨大的，依法办学、依法治教、均衡发展和提高教师综合素质对学校和教师职业提出了新的要求。附小组织全体教师集中学习了《2014年教育部工作重点》《社会主义核心价值体系融入中小学教育指导纲要》《中小学教师违反职业道德行为处理办法》等与教师成长与发展关系密切的文件精神，提高教师队伍整体的工作作风和责任意识。以签订《海淀区教育工作者文明承诺书》的方式，促进教师职业形象的提升。组织班主任学习《海淀区班主任工作指导手册》，召开专题会议解读学校教育工作计划，为班主任更好地开展班级教育工作奠定了基础。多次组织教师参加东升学区班主任论坛、教育专题讲座、主题班会说课与少先队活动课交流、教育征文和案例评选、观摩班主任基本功大赛等活动，增强了教师专业素质和工作能力。

③培养学生道德素质和公民意识。附小把握海淀区创建全国文明城区的契机，着重培养学生的文明形象。根据习近平总书记对少年儿童提出的“记住要求、心有榜样、从小做起、接受帮助”4点希望，附小制定了“心有

榜样、做科小美德少年”文明行动计划，每月在班级范围内评选出孩子们身边勤俭节约、诚信友善、文明礼仪、敬老孝亲4个方面的榜样，激励孩子们努力一下、进步一点，不断完善自我、影响他人。着重围绕“创建文明城区”工作，利用国旗下讲话、红领巾广播站等少先队的宣传阵地大力宣扬公民的文明形象，采取签订文明承诺书、召开主题班会、创作手抄报等形式让文明意识和行为规范深入人心。在暑期校园文化改造过程中，设计了以“社会主义核心价值观”为主题的校园文化主体基调，让师生在朴素、简约、洁净的校园环境中，感受到和谐、团结、积极的人文态度和成长动力。

④围绕“中国梦”开展实践活动。附小抓住“强国梦”“强军梦”“弘扬中华民族传统文化”三个角度，积极开展爱国主义教育、国防教育、传统文化教育等社会实践活动。4月底，组织二至五年级学生赴昌平砺志青少年国防教育基地进行军事训练实践活动，聘请军事专家就海洋知识、海防意识做专题报告，以“自强不息、超越自我”为主题开展了演讲比赛，并在军训期间参观了北京地区非物质文化遗产展览和体验民间工艺制作活动；5月中旬，在红领巾公园为一年级学生举行入队仪式，通过“重走长征路”的主题长走教育活动，激励新队员继承和发扬红军精神，努力学习、积极进取；“六一国际儿童节”组织全校“歌声悠扬、放飞梦想”主题大队会，孩子们用歌声唱出希望、畅想未来；9月的“纪念抗日战争胜利69周年”专题活动，11月的《天河》观影活动，也将“建设强大祖国”的意识植根于孩子们的心中。

⑤凸显体育育人的作用。“十八大”之后，国家教育政策有了巨大的调整，大幅提升了学校体育工作的重要性。附小的体育教育成果经过多年积淀，打下了深厚的基础，在2014年呈现出体育育人的新局面。啦啦操队在4月全国锦标赛、12月全国冠军赛上，连续取得相应组别的冠军；响应教育部“足球进校园”的号召，聘请足球专业教师为各班每周开设一节足球课；足球队加强梯队建设，细分为1年级基础训练队、2～4年级预备队、5～6年级学校代表队，并新设立女子足球队；巩固田径队训练成果，加大对田径训练的投入和保障，在学区运动会上取得团体总分第二名的好成绩。2014年，附小先后组织了校级田径运动会、广播操比赛、跳绳比赛、年级足球联赛等多次体育活动，顺利地完成了国家体质监测的抽测任务，严格落实“阳光体育一小时”的体育锻炼要求，认真组织游泳、乒乓球校本课程。丰富的体育活动不但创造出活跃的校园气氛，更塑造了附小体育育人的良好形象。

（潘　翔）

【教学工作】学校始终坚持以转变教师观念、夯实教师专业基础为切入点，不断提高教师专业化水平。一年来，学校结合本校教师实际，把深入开展校本研究，促进教师成长作为工作重点，通过校本教研全面提升教育理念，构建学习化校园文化。学校不断优化校本培训内容，通过新课程标准的解读、学习，校本课程的开发，教育科研等渠道，引导教师树立正确的教育观、质量观、人才培养观。学校参与海淀区教科所“传统文化实践与研究”课题，进行了开题。暑假期间，各学科教师进行了为期3天的教师专业化成长培训，听取了特级教师及专家的讲座。参训后，教师们撰写了反思，谈了培训的收获。教师们积极参加市、区、中心教研室的教研活动，所有教师在继续教育学习中均达到了合格水平。

重视课堂教学研究，提高课堂实效性。以海淀第七届“世纪杯”教师教学基本功展评活动为契机，分学科组织教师学习“立足常态，夯实内功，提高质量”的基本功培训光盘，切实提高教师的专业素养。教学干部走进全校23个班级，感受了38位教师的常态课，考查了班级学风以及学生好习惯的培养，了解教师课堂教学状况和班级文化建设。同时进行了新教师跟踪课以及参加学区选拔课。及时进行组内评课研讨。针对常态课的听课情况，教学干部在全校作了关于《关注学生，重其能力培养》的教学总结。在此基础上，全校各学科各组又围绕“加强学生学科学习能力的培养研究，突显学科特色”及“以教材、学情分析为基础，提高课堂实效”为主题，以世纪杯教学比赛设计为模板，以“同课异构”阶梯状展课形式呈现的校本教研活动，全校共完成49节课，覆盖了各个年级，全部学科。11月5日，东升学区教学例会走进附小，共有教学干部30余人分别听取了两节语文课、两节数学课4位教师的展示及汇报，受到好评。

学校把教师教学反思实践作为校本教研最基本和最普通的方式来抓，要求教师在读书之后要反思；在每节课后要反思；每月写一篇案例分析，使自己在不断的教学反思中提升自己的教学理念，转变教学观念，改进教学方法。学校注重组内的相互学习与研究，坚持集体备课，开展“听—评—改”的教研实践活动，面对鲜活的课例，教师们的研究意识增强了，研究的氛围浓厚了，合作研究的作用发挥得非常充分，有效地促进了课堂教学。年内，附小科学课教师冯鑫鑫参加海淀区“世纪杯”基本功大赛获得一等奖；体育课周喆老师参加海淀区体育教师专业技能大赛获一等奖。

各年级各学科抓紧单元验收，及时做好对学困生的帮扶指导。学校不定期地开展各个学科、各种形式的专项以及期末的全学科质量监测工作，确保对各年级、各学科学业情况、教学现状的有效监控与指导。期末召开全校家长会，教学干部就减负增效，培养好习惯，改进作业方式等做了总结引导性发言。

围绕“调动学生学习兴趣，提高动手实践能力，发展学生思维”开展学生作业的改进研究，切实减轻学生的课业负担。寒假各年级组设计了以实践性为主的寒假作业。数学学科制作数学小报，学生自己整理一个学期所学内容，制作各种数学学具。语文学科记录自己寒假生活的绘本日记，阅读书籍的绘本读后感，展示自己理想的ppt等。科学学科布置了白菜花种植，并用照片与文字记录其生长情况等。开学后，学校评选有特色、完成质量高的作业在全校校会上进行表彰，并布置橱窗展出实物。学生参与率高，积极性高，收效好。

学校为二年级学生开设了乒乓球课，为三、四年级学生开设了游泳课，为每个班每周开设了一节足球课。整理并开放了“学生阅览室”，二至六年级每班利用中午时间可进入阅览室阅读、借阅书籍。请勤工俭学的5名大学生进行分类排列录机工作。整理出了教师阅览室，征订了2015年全年适合教师学习和生活的报刊杂志，供教师阅览。接收了学区配发的61本教师用书，准备假期借给教师阅读。

（高　彦）

附　录

2014 年北京科技大学附属小学师生获奖一览表

序号	奖项名称	获奖级别	获奖者	授奖单位
1	2014 年啦啦操全国冠军赛小学乙组集体技巧中级自选动作第一名、小学乙组集体花球自选动作第五名	国家	附小	全国啦啦操比赛组织委员会、国家体育总局体操运动管理中心
2	中国发明协会中小学创造教育分会第二十届年会上获优秀论文一等奖	全国	李瑞雪　崔红梅 曹　迎　乔俊玲	中国发明协会中小学创造教育分会
3	2014 全国无线电测向公开赛优秀辅导教师	国家	冯鑫鑫	国家体育总局航空无线电模型运动管理中心
4	中国发明协会中小学创造教育分会第二十届年会上获优秀论文一等奖	全国	魏　辉　孙　娟　张雅丽 徐永红　赵　晖 吕　梅　王秀兰 张　雪	中国发明协会中小学创造教育分会
5	第 34 届北京青少年科技创新大赛优秀科技创新项目一等奖指导教师	市级	刘江山	北京市教育委员会
6	2014 年中小学植物栽培实践活动团体三等奖	市级	附小	北京教学植物园、北京市教育学会劳动技术教育研究会
7	2013—2014 年度全国实用英语超级联赛北京赛区比赛指导奖	市级	杜向琳	全国实用英语超级联赛北京赛区组委会
8	中小学植物栽培实践活动优秀辅导教师	市级	冯鑫鑫	北京教学植物园、北京市教育学会劳动技术教育研究会
9	第三十二届北京学生科技节——无线电活动优秀辅导员	市级	冯鑫鑫	北京市教育委员会
10	第十五届"北京市中小学师生电脑作品评选活动"机器人竞赛项目指导教师奖	市级	冯鑫鑫	北京市教育委员会
11	中央电视台"希望之星"英语风采大赛北京赛区 12 组委会优秀组织奖	市级	附小	中央电视台"希望之星"英语风采大赛北京赛区组委会
13	北京市基础教育学生综合素质评价工作先进个人"	市级	周　喆	北京市基础教育课程教材改革实验工作领导小组
14	第三十一届北京学生科技节——无线电活动中被评为优秀辅导员	市级	刘江山	北京市教育委员会
15	北京数字学校首届微课征集与评选活动《它们吸水吗》微课荣获二等奖	市级	冯鑫鑫	北京市教育科学研究院基础教育教学研究中心
16	海淀区师德标兵	区级	宋　玉	海淀区教委
17	海淀区"三八"红旗手	区级	高　彦	海淀区教育委员会
18	海淀区小学第七届"世纪杯"现场教学展评活动一等奖	区级	冯鑫鑫	海淀教委
19	海淀区小学第七届"世纪杯"现场教学展评活动三等奖	区级	周　喆	海淀教委
20	海淀区教育事业统计工作先进集体	区级	附小	海淀区教委
21	海淀区教育科学"十二五"规划群体课题实验学校结题证书：海淀区变异教学理论的课堂实验研究	区级	附小	北京市海淀区教育科学研究所

续表

序号	奖项名称	获奖级别	获奖者	授奖单位
22	海淀区教育科学“十二五”规划群体课题校长委托课题结题证书：小学开展经典诵读的实践研究	区级	附小	北京市海淀区教育科学研究所
23	海淀区中小学无线电测向比赛优秀组织奖	区级	附小	海淀区青少年活动管理中心
24	“海淀区中小学教师传统文化培训班”优秀学员	区级	高　彦	海淀区教育科学研究所
25	海淀区小学体育教师基本功比赛一等奖	区级	周　喆	海淀区教委
26	北京科技大学先进个人	校级	詹　维	北京科技大学
27	2013—2014 学年海淀区小学信息技术课程电子报刊学生作品评比优秀指导奖	区级	沈　磊	海淀区教育信息中心
28	海淀区中小学生叶画制作竞赛优秀组织奖	区级	附小	海淀区青少年活动管理中心
29	海淀区中小学生叶画制作竞赛优秀辅导教师	区级	王忠艳　李　翎	海淀区青少年活动管理中心
30	海淀区中小学生航海模型比赛优秀辅导教师	区级	冯鑫鑫	海淀区青少年活动管理中心
31	海淀区中小学生航空模型比赛优秀辅导教师	区级	冯鑫鑫	海淀区青少年活动管理中心
32	海淀区优秀大队辅导员	区级	张　晋	海淀区教委
33	海淀区教育事业统计工作先进个人	区级	高　彦	海淀教委
34	海淀区中小学无线电测向、建筑模型、机器人竞赛项目比赛优秀辅导教师	区级	冯鑫鑫	海淀区青少年活动管理中心
35	红领巾鼓乐团风采展示活动中荣获最佳风采奖	区级	张　晋	海淀区少工委 海淀区少工委
36	第三届海淀区小学班会展评活动中荣获三等奖	区级	李瑞雪	海淀区少工委 海淀区少工委
37	海淀区中小学生科学幻想画比赛优秀辅导教师	区级	李　翎　王忠艳	北京市海淀区青少年活动管理中心
38	海淀区中小学生金鹏科技论坛、中小学生智能控制比赛优秀辅导教师	区级	刘江山	北京市海淀区青少年活动管理中心
39	海淀区教委科技艺术国防和校外教育评先评优工作优秀科技辅导教师	区级	刘江山	海淀区教育委员会
40	2014 全国无线电测向公开赛 3.5 米 MHZ 短距离测向儿童女子组 W12 二等奖	全国	刘天娇	国家体育总局航空无线电模型运动管理中心
41	144MHZ 短距离测向儿童女子组 W12 二等奖	全国	刘天娇	国家体育总局航空无线电模型运动管理中心
42	3.5 米 MHZ 短距离测向儿童男子组 W12 一等奖	全国	赵培彰	国家体育总局航空无线电模型运动管理中心

续表

序号	奖项名称	获奖级别	获奖者	授奖单位
43	全国实用英语超级联赛北京赛区决赛个人	市级	一等奖 王宇涵　陈熙诺 罗一驰　王博睿 希望奖 倪　萌　孙琳越　刘梓涵	全国实用英语超级联赛北京赛区组委会
44	无线电测向短80米家庭组	市级	第一名：田家硕 第三名：郭鑫乐 第四名：刘　策 第五名：刘子恒　赵培彰 第六名：冯帅琪　王冬锦	北京市体育局、北京市无线电运动协会、北京市体育大会
45	北京青少年科技创新大赛优秀科技创新项目一等奖	市级	邹沛萱	北京市教育委员会
46	北京青少年科技创新大赛少年儿童科学幻想绘画二等奖	市级	丁　弈	北京市教育委员会
47	北京市学生机器人智能大赛机器人工程挑战赛小学组三等奖	市级	卑　逸　张颢议 李博威　邹沛萱	北京市教育委员会
48	“北京市中小学师生电脑作品评选活动”机器人竞赛项目小学组机器人灭火第五名	市级	魏希昂	北京市教育委员会
49	北京市中小学生航空航天模型比赛橡筋模型飞机小学组	市级	二等奖：龙启正　张文硕 三等奖：田家硕	北京市教育委员会
50	海淀区少先队“红领巾奖章”	区级	崔云祺	海淀教委
51	北京市海淀区青少年科技创新大赛优秀项目	区级	一等奖：彭康晟 二等奖：于吉源 三等奖：潘柏予	海淀区科学技术协会、海淀区教育委员会
52	2014海淀区中小学生春季田径运动会小女乙跳远第一名4.5米	区级	黄　钰	海淀区教育委员会 海淀区体育局
53	海淀区中小学生金鹏科技论坛比赛一等奖	区级	潘柏予	北京市海淀区青少年活动管理中心
54	海淀区中小学生科学幻想画比赛	区级	二等奖：黄亦玟　蔡沐珈 三等奖：魏天琦	北京市海淀区青少年活动管理中心
55	海淀区中小学生智能控制（单片机）比赛	区级	二等奖：赵卓阳　项　琪 何雪然 三等奖：范永泽	北京市海淀区青少年活动管理中心
56	海淀区青少年科技创新大赛优秀项目	区级	一等奖：邹沛萱 三等奖：李博威　张派瑞	海淀区教委、海淀区科协
57	第十五届“海淀区中小学师生电脑作品评选活动”机器人竞赛项目小学组机器人灭火一等奖	区级	魏希昂	海淀区教育委员会
58	2014年数字德育寒假精品荐书活动	区级	一等奖：张澜文 二等奖：黄　燕　丁晓彤 纪昊成　衷欧元 三等奖：陈姣璇　张世鑫 宋沁言　夏承瑞 蔡沐珈　吴末妍 于泊延　余欣然 李知非　邓成瑾 尹逸岚	海淀区教育科学研究所、教育信息中心

续表

序号	奖项名称	获奖级别	获奖者	授奖单位
59	海淀区中小学无线电测向制作比赛小学女子	区级	一等奖：刘天娇 三等奖：冯帅琪	海淀区青少年活动管理中心
60	海淀区中小学无线电测向短2米比赛	区级	一等奖：郭鑫乐 二等奖：尹逸岚 刘天娇 张家赫 陆烜桐	海淀区青少年活动管理中心
61	海淀区中小学无线电测向快速测向比赛	区级	一等奖：赵培彰 二等奖：郭鑫乐 三等奖：冯帅琪 田家硕 刘　策 陆烜桐 陈楚飞	海淀区青少年活动管理中心
62	海淀区中小学无线电测向短80米比赛	区级	一等奖：赵培彰 二等奖：冯帅琪 田家硕 刘天娇 三等奖：郭鑫乐	海淀区青少年活动管理中心
63	海淀区三好学生	区级	陆清源 施彦哲 黄心仪 都可欣 朱璟烨 康梦妍 王心悦 齐　夏 彭康晟 赵思晗 刘泽宇 党沛霖 黄诗琪 韩玉泽 陈嘉欣 曹可欣 衷欧元 邵婧颖 朱焕然 樊昱辰 赵一玮 吕佳嵘 易　畅 李炎佳 娄逸静 郭思萌 申齐凯 姜　源 崔云祺 张景茜 杜雨珂 黄亦玟 王冬锦 张家赫 胡月莹	海淀教委
64	中小学植物栽培实践活动	区级	一等奖：衷欧元 二等奖：李知非 纪昊成 党沛霖 周逸飞 三等奖：余欣然 王远西 凌　毫 都可欣 曹思杰 施彦哲 洪江山 李鸿飞 曹雅晶 张宸霖 徐若兮 焦国璋 吴　菲 孟德慧 李海芸 张司晨 梁兆天 吴　忧 邵婧颖 黄煜轩 朱焕然 王新月 张一简 刘泽宇 王子怡 郝培源 丁　晖 侯心月 陆天晟 童乐川	北京教学植物园、北京市教育学会劳动技术教育研究会
65	海淀区中小学生航空模型比赛	区级	一等奖：王　烁 刘天娇 二等奖：艾飞宇 刘旭豪 三等奖：马杨铭贤 黄思颖 陆烜桐	海淀区青少年活动管理中心
66	海淀区中小学生航海模型比赛三等奖	区级	张博瑞 赵培彰	海淀区青少年活动管理中心

续表

序号	奖项名称	获奖级别	获奖者	授奖单位
67	海淀区中小学生叶画制作竞赛	区级	二等奖：张以沫　陈嘉欣 三等奖：王史晴　吴佳慧 郑湘宁　衷欧元 魏天琦	海淀区青少年活动管理中心
68	海淀区小学信息技术课程电子报刊学生作品评比	区级	一等奖：邹沛萱　张艺铭 二等奖：赵静茹 三等奖：方　辰　曹靖泽 康梦妍　慕香雨 江雨航　夏承瑞	海淀区教育信息中心
69	海淀区中小学生数字德育平台 2014 暑假征文活动获奖	区级	莫昊达　张世鑫　董魏祎 何雪然　艾飞宇　王卓然 真绘镕　李嘉欢　朱怡瑾 林子稈　徐若兮　李振宇 曹雅晶　徐采微　于沿延 王北菲　刘政彤　池宇珊 宋沁言　王紫禁　王嘉梁 蔡沐珈　丁晓彤　苏美玥 夏承瑞　刘俊楠　余欣然 劳靖雯　张辽川　常丽娜 赵天扬　衷欧元　邵婧颖 赵丹秀	海淀区教育科学研究所海淀区教育信息中心
70	海淀区中小学生乒乓球比赛小学女子丙组单打第三名	区级	王思远	海淀区青少年活动管理中心
71	海淀区中小学生乒乓球比赛小学男子乙组团体第五名	区级	申鸿博　魏子翔　魏子辰 侯杰希	海淀区青少年活动管理中心

社区居委会

【概况】2014 年，社区有居民 3062 户、10059 人。其中，60 岁以上老年人 2263 人，有 80 岁以上老年人 676 人，90 岁以上老年人 41 人；残疾人 143 人。享受低保 13 户 16 人，困补 34 人；孤老 10 人。空巢老人 1217 人；优抚对象 26 人；居住 3 个月以上流动人口 950 余人。

（杨　峰、谢　芳）

【创建工作】2014 年是海淀区创建全国文明城区检查验收之年，居委会根据学院路地区创建工作部署，积极做好氛围营造、环境整治工作，大力宣传，积极动员，组织居民广泛参与，全面落实迎检工作。为充分调动居民参与创建工作的积极性，社区组织了文艺汇演、运动会、朗诵会等文体活动，让居民成为创建活动的主体。在学校和街道相关部门的支持下，治理私搭乱建，全面清理居民楼内堆放的杂物、私自搭建的妨碍消防通道的障碍物以及楼道停放的自行车等，维护公共通道的畅通。对居民楼内的喷涂小广告进行全面粉刷覆盖，积极动员楼门长、大学生志愿者、社区居民参与清洁活动，全体社区工作人员和信息员队伍巡视社区的同时，及时清理绿地内的纸屑、犬便等杂物，使社区环境有了明显改善。在多方共同努力下，海淀区获得“全国文明城区”称号。

（杨　峰）

【社区服务】2014 年，居委会6大委员会积极发挥作用，各负其责，协同合作，认真做好承接社区管理和服务的社会福利、人民调解、综合治理、公共卫生、计划生育、文化体育等工作，切实将党和政府的惠民政策不折不扣地落实到居民生活中。还完成了以下为居民服务项目：在学校领导的大力支持下，收回到期便民菜站并进行重新整修，由居民代表投票表决引进新的服务商为居民提供更加优质的服务；对社区服务大厅进行改造，实现“一站式”规范化服务；为居民安装晾衣杆 39 组 664 米，在试点楼栋安装阳光顶自行车棚，为居民生活提供便利；在社区办公、居民主要活动区域内外安装高清监控探头，扩大监控范围，使居民活动场所更加安全；全面开展“健康北京灭蟑行动”入户投药消杀工作，共对 1353 户居民进行了入户灭蟑。在完成基础服务的同时，居委会统筹兼顾，圆满地完成其他各项阶段性和临时性任务：按照政府工作要求圆满地完成第三次全国经济普查，共普查到 480 家单位、78 个个体；开展 2014 年北京市人口抽样调查工作，入户 493 户，调查人口近 3000 人。

（杨　峰）

【社区维稳】2014 年，社区居委会、综治委以创建全国文明城区为契机，加强志愿者队伍建设，加大志愿者培训力度，确保了“两会”、APEC 会议以及其他节假日、重点日、敏感日社区各类重点人、各重点部位落实责任到人，切实做到防控全面、到位。在社区内不断加强治安宣传和警情提示、消防安全检查等日常工作，历时几个月开展了打通“生命通道”专项行动，和学校相关部门一起，拆除了居民私自在疏散通道、安全出口安装的防盗门、隔断等，疏通了消防通道。社区新安装了电子监控系统和 24 个摄像头，加大了社区治安监控力度，同时，进一步加强流动人口房屋租赁规范化管理，动员楼门长、信息员等发现及时上报新入住人员以便登记详细信息，利用网格力量对社区内存在的10处违法群租房进行治理。

（杨　峰）

【社区环境】2014 年，借助全国文明城区创建工作，社区环境有了很大改善。居委会每月城市清洁日组织社区工人、楼门长、大学生志愿者等参与社区卫生清洁；为每一个楼门长发放了清理小广告专用工具，用于随时随手清除粉刷城市“牛皮癣”；动员网格力量集中开展清理楼道堆放杂物、清除小广告、清理废旧自行车等多项环境整治活动；按照政府要求继续做好垃圾分类减量工作，实施垃圾分类试点，安排专人定点监督记录试点楼每户居民的垃圾分类投放情况，对按照标准进行分类的居民予以奖励。购置丹麦草、黄杨等苗木，组织楼门长等居民参加爱绿、护绿、种绿活动，补种草皮、栽植绿植。鼓励居民认领绿地、树木，推进社区生态文明建设；社区服务管理中心积极开展物业管理调研，继续推进社区物业社会化、市场化改革。

（殷官朝）

【社区党建】社区党建工作始终坚持围绕社区的工作重心，以服务居民群众为出发点，以创建和谐社区为主线开展各项工作。2014 年，社区党委全面开展了党的群众路线教育实践活动，在组织开展学习教育、谈心谈话、查摆问题等环节的基础上，认真对照检查，进一步改进工作作风、密切联系群众，切实把党中央“八项规定”贯彻落实到工作中去，解决好服务“最后一公里”的问题。紧抓廉政建设，顺利地通过学校党风廉政建设工作领导小组的检查。落实党员教育管理，创新活动载体，“流动书车连心桥”为党员搭建发挥先锋模范作用的平台。开展丰富多彩的组织活动，召开“迎七一”创先争优总结表彰大会，开办老年电脑培训班，上党课，参观李大钊烈士陵园，举办“创建进行中共党员做表率”健身活动和“百位共产党人百篇小传朗诵”活动。为民服务方面，社区党员积极参与春节、“两会”社区安保志愿巡逻、参加“社区文明提示队”；开展党内关怀活动，将平时走访与节日慰问相结合，做好党员服务工作；加强党建理论研究，丰富党建工作内涵，运用于为民服务环节。

（杨　峰）

【网格化管理】2014 年，社区网格紧紧围绕着“网格化管理，团队式服务”的宗旨，继续深化、细化网格服务工作，在将社区各项工作纳入其中的基础上，进行纵深发展，加强网格信息的报录工作，让政府及时了解基层工作和居民诉求，为制定更好的惠民利民政策提供第一手材料。随着网格工作的全面开展，网格内的力量也在不断加强，人大代表、在职党员进社区，协管力量下沉网格，楼委会助力网格工作开展，通过多种力量、各类人员的入格，形成一个“四通八达”的网格体系和良好的循环模式，依托团队服务机制为民服务、解决问题。

（杨　峰）

【工作创新】居委会不断开拓创新，为社区居民提供贴心服务。2014 年，创新性工作主要有以下几项：①设立“零距离倾谈室”，作为社区“心桥室”的延伸，每天安排副职以上人员轮流值班，帮助居民化解矛盾，排忧解难。②实行“走动式”工作法，即“走出去、搭心桥、解民忧、促和谐”，每天有社区工作人员在社区内走动巡查，倾听居民反映问题和意见建议，发现存在的问题并及时解决。③开展“最美社区人”评选活动，动员社区居民积极推荐或者自荐，从身边人中寻找到“最美楼门长”“最美志愿者”“最美养犬人”等各类“最美”人物，并进行广泛宣传。④组建楼委会，开展“卫生楼门”评选活动，实行流动红旗制度，激励居民自觉维护社区环境卫生。

（杨　峰）

【获奖情况】2014 年，社区共接待各类参观考察人员 300 余人次。针对社区卓有成效和特色的工作，北京电视台新闻频道、生活频道等新闻媒体来社区进行了采访报道。社区工作得到了上级部门的充分肯定，先后被评为“海淀区典型带动作用强的创新型先进基层党组织”“海淀区信访工作先进集体”“海淀区巾帼文明岗”“海淀区养犬管理工作先进集体”“海淀区气象安全社区”等，社区工作人员获得“北京市先进社区居委会主任”“北京市调解能手”等荣誉称号。

（杨　峰）

附 录

社区居委会全年完成的具体服务工作一览表

类别	具体工作内容	数量
社区服务和社区福利工作	办理及发放、转出、注销80岁以上养老卡	1663人次
	青松老年护理公司每周三、四为居民免费服务	670人次
	侨务工作，统计归侨侨眷各种情况	110人次
	春节、三节慰问地退人员和举办各类活动	125人次
	春节慰问大病、重病、困难人员、军烈属、伤残军人等各类人员	111人次
	办理新申请80岁以上养老卡、90岁高龄津贴	103人
	为80岁以上老人优惠理发服务	126人次
	为65岁以上老年人办理老年优待卡	122人
	为60岁以上老年人办理老年优待证	58人
	申请安装"一按灵""一键式"呼叫器	7户
	申请安装无障碍设施、配发浴凳	3户
	新申请低保、低保复审及低保申请医疗救助	25人次
	"春风送暖""冬衣送暖"捐款、捐物（捐助贫困地区）	67人
	90岁高龄老人重阳节慰问、95岁以上老人家庭安装无障碍设施	30人
	为低保老人发放慈善医疗救助金及春节慰问低保人员	15人次
	通知社区特殊老年人免费体检及发放体检报告	62人次
人口与计划生育工作	为失业、无业独生子女家庭审核独生子女费的工作	86人
	登记、办理一胎、二胎《生育服务证》	36人
	为新生儿进行了产后慰问及政策指导；	22人
	办理计划生育家庭意外伤害险	27户72人
	办理独生子女证	8人
	户籍孕妇(包括婚嫁媳妇)共计开具围产证明	14人
	做好特殊家庭申请补助及慰问工作	46人/次
	协助社保所核实转档案人员的婚育情况	49人
	为社区流动育龄妇女组织2次孕检工作	27人
	为社区居民办理独生子女年老一次性补助手续	8人
	为流动人口儿童开具打疫苗证明	2人
	本年度开展计划生育宣传日活动	5次
	开展各类讲座活动	3次
	药具发放	2010盒
	签订计划生育责任书	7份

续表

类别	具体工作内容	数量
环境与物业管理	更换道路两侧步行道透水砖	体育馆北路
	粉刷楼门喷涂小广告	全部楼门
	粉刷楼道	8 栋、16 斋
	地沟给水管道维修更换	9、10、12、29、31 栋
	暖气管道维修	25、29、31、8、9、31 栋
	更新楼门门禁系统	51 栋 3 个门
	维修门禁系统	全部楼门及住户
	安装高清视频监控设施	10 余处
	安装阳光顶自行车棚	24 米
	安装晾衣杆	284 米
	清理居民乱扔座便器、水盆、废旧家具、建筑垃圾等	21 卡车
	更换门禁钥匙	418 把
	配售门禁钥匙	351 把
	居民装修管理	107 户
	清理废旧自行车	50 余辆
	购买更新垃圾桶	58 个
	更换垃圾分类公示牌	35 个
	消灭四害投药量	3 次 60 公斤
	种植草坪	1400 余平方米
	补种黄杨绿篱	56 米
	清理楼道杂物	26 车
司法工作	调解居民矛盾纠纷	83 件
	社区法制宣传栏宣传	12 期
	律师接待居民咨询	62 人次
	法律设站宣传、发放宣传材料	6 次 /500 余份
	两节期间为社区帮教人员申报救助	2 人
	为居民开具诉讼代理人推荐信	2 人
	为居民协调解决各类事项	186 人次

续表

类别	具体工作内容	数量
文教工作	组织居民春游、棋牌比赛、卡拉 OK 赛、朗诵活动	530 人次
	举办居民文化广场、迎新春联欢会	810 人
	举办居民健步走、运动会	650 人
	舞蹈队、模特队、太极拳队、手工组、书画组代表社区参加市、区、街道比赛及表演	120 人
	为 80 岁以上的老年人安装一键式家庭医生式服务电话	346 户 /447 人
	为非京籍适龄儿童入小学审核五证	14 人
	青少年寒暑假社会实践、六一儿童节、学雷锋等活动	182 人次
残联工作	春节慰问社区残疾人	28 人
	为社区残疾人办理残疾人摩托车燃油补贴	9 人
	为社区残疾人办理保险补贴	6 人
	社区新办理残疾人证	2 人
	社区办理残疾人转档	3 人
	社区办理第三代残疾人证	142 人
	为社区残疾人申请、发放辅助器具	18 人
	参加残疾人技能竞赛	3 人
	参加区残联运动会	2 人
	参加街道残疾人趣味运动会	9 人
	为精神残疾人办理免费服药转档	15 人
	助残日慰问残疾人	148 人
	参加技能竞赛	3 人
	为社区残疾儿童办理康复补助	1 人
	国庆节慰问临时困难残疾人	2 人
劳动就业	为失业人员办理档案转移	52 人
	办理灵活就业人员	46 人
	领失业金人员	8 人
住保工作	咨询相关政策和办理手续家庭，发放宣传资料	70 余户
	领取各种保障房申请表格家庭	7 户
	通过初审、公示的各种保障房申请家庭及轮候变更家庭	8 户
	入户调查、公示异地申请家庭	2 户

续表

类别	具体工作内容	数量
宣传工作	举办大讲堂活动9次（涉及群众路线教育、诚信教育、消防安全、传统文化、低碳环保、权益保障及社会主义核心价值观等方面）	300人次
	上报工作信息	228篇
	新建精神文明宣传栏并定期维护	4组
	创建全国文明城区宣传、动员	20余次
	《北科大社区之声》出刊四期	9600份
志愿者活动	清理社区环境卫生	200人
	参与文化广场活动、健步走活动、居民运动会、发报纸等宣传活动6次	150人
	参与社区同心同行项目、流动书车、教老年人学电脑	260人
	参与居委会其他临时性工作	350人

中国教育经济信息网

【概况】2014年，中国教育经济信息网（China Education Economy Information Net，简称CEE），下设系统运行室、数据分析室、行政办公室、技术研发室和客户服务室5个科室。至2014年年底，共有职工33人，其中校内正式职工10人，合同制员工23人。在确保网络系统平台稳定运行的基础上，进一步提升系统的安全性和高效性，扩大和深化项目应用，提升数据分析研究水平。

年内，CEE管理中心根据业务发展需要，继续扩充网络资源，整合硬件设备，提升业务系统数据运算能力与存储容量。根据信息系统安全等级保护工作的要求，完成安全设备的部署，逐步构建起统一的信息系统安全防护体系。

2014年，CEE业务应用范围不断拓展，根据主管部门的工作需要，设计开发并上线运行了财政部“中央财政高等教育信息服务平台”，教育部“乡村教师生活补助信息报送平台”“财务司综合财务信息管理平台”，初步完成了“教育财务管理干部网络学习平台”“教育部财务司办公系统”的设计开发。至年底，CEE部委级在线应用系统为19个，县级及以上用户数量为1.5万个，全年共完成财政部、教育部下达的常规业务和专项业务约120项。

年内，CEE管理中心承担了教育部财务司“教育财务舆情报告”的编写工作，与上海交通大学合作承担教育部财务司“标准基础数据库建设项目”，配合完成了“教育部直属高校财务管理信息系统”的设计，继续编写《教育部直属高校财务运行白皮书》。

（高　杰）

【系统建设】2014 年，CEE 管理中心根据业务发展需要和信息系统安全等级保护的要求，扩充网络资源，整合硬件设备，全面构建信息系统安全防护体系，不断提升系统的安全性能和运算能力。

2014 年，在做好运行维护、系统监控、数据备份、新系统上线部署等日常工作的基础上，CEE 管理中心根据业务系统运行和发展需要，继续推进软硬件技术的整合应用工作。年内，进一步扩充网络资源，接入 100M 带宽的舒华士互联网服务，并实现了与教育部之间通过接入独享光纤、与教育部经费监管事务中心之间通过 2M 带宽 VPN 专线的网络传输方式。同时，继续整合硬件设备，扩充运算资源，升级了 VMware 主机、IBM P550 小型机和 P740 小型机的内存，针对高运算需求的业务系统单独配置服务器，构建 MS SQL SERVER 2008 双机系统，整合相应的数据库和备份策略，提升系统运算能力。

年内，CEE 管理中心继续推进信息系统安全等级保护工作，逐步加强和调整信息系统安全防护手段，加强系统运行环境安全等级。陆续完成了 Piggos 日志服务器、web 应用防火墙等安全设备的升级部署，并对运维审计与风险控制系统、网页防篡改系统、病毒威胁过滤网管等与系统安全相关的软硬件设备进行了调研考察，对系统进行防攻击、防瘫痪、防篡改、防病毒、防泄密的全面安全防护，逐步构建 CEE 平台统一的信息系统安全防护体系。同时，进一步建立健全管理规范，制定信息系统准入制度，从系统的开发、测试到上线运行、日常维护等各环节都提出等级保护要求，及时进行系统的定级备案。

（孙辰宇）

【应用拓展】2014 年，CEE 管理中心继续扩展业务应用范围，完成并上线运行了财政部“中央财政高等教育信息服务平台”教育部“乡村教师生活补助信息报送平台”“财务司综合财务信息管理平台”，初步完成了“教育财务管理干部网络学习平台”“教育部财务司办公系统”的设计开发。

随着国家教育投入的不断增长，教育财务信息采集和管理的重要性日益增强。根据财政部教科文司的工作需要，CEE 管理中心于 2014 年 1 月初完成了“中央财政高等教育信息服务平台”的设计开发工作，实现了财政部业务平台、业务用户平台、评审平台等操作平台的公文下发、数据填报、审核汇总、文本上传等功能。2 ～ 5 月，配合财政部教科文司对系统进行多次测试和完善，并完成了系统初始化、用户操作手册编写、USBKEY 安全证书制作等工作。6 月，系统正式上线并试运行，用户包括财政部教科文司、各主管部委、中央部门所属高校、各省级财政部门等单位。

为了做好连片特困地区乡村教师生活补助工作，及时采集相关数据信息，受教育部教师司、财务司委托，2014 年 1 月，CEE 管理中心完成了“教育部乡村教师生活补助信息报送平台”的设计开发。系统的主要功能包括数据填报、数据审核、统计汇总、查询导出等，数据由县级—市级—省级—部级逐级上报。1 月 13 日，管理中心在北京科技大学举办了省级业务用户培训，向各省级教育部门业务人员讲解了系统功能和业务流程，并启动了首次上报任务。至年底，系统完成 2 次数据上报任务，各级上报用户为 1200 个。

为了提高教育部财务司经费管理信息化水平和教育部各司局经费使用的透明度，根据教育部财务司的工作需要，2014 年 5 月，CEE 管理中心承担了“财务司综合财务信息管理平台”的设计开发工作。根据规划，平台分为预算管理、决算管理、资产管理 3 个模块，用户包括教育部各司局以及财务司预算处、会计室等业务主管部门等。其中，预算管理模块的功能包括预算经费的申报、审核、批复、核算、查询、执行、信息反馈等，一期开发将完成预算管理模块中的司局预算申报功能。5～6月，经过多次需求调研，管理中心完成了系统的设计开发和测试工作，6月底系统上线运行。7月，教育部各司局通过系统完成了2015年部门预算“一上”的项目申报工作。

7月，根据教育部经费监管事务中心的工作需要，管理中心开始设计开发“教育财务管理干部网络学习平台”，包括教育财务管理干部网络学习门户网站、在线培训班报名系统、在线培训系统以及问卷调查平台4部分，用户包括教育部直属高校和直属事业单位的财务、审计、资产等相关部门人员。10月底，初步完成了平台的技术开发和系统初始化工作，并配合教育部经费监管事务中心对系统功能进行了测试和完善。至年底，平台已经上线进行试运行。

4月，教育部财务司决定开发“办公系统”，主要功能包括公文管理、公务管理、信息共享等，用户包括财务司领导及各处室人员，目的是提高日常办公管理的信息化水平。11月，系统基本完成开发工作，进入测试阶段，预计2015年上线运行。

（杨绮雯）

【数据采集】2014年，CEE管理中心共完成财政部和教育部下达的常规业务和临时业务约120项。

①常规业务。一是财政部2015年中央高校预算编制基础数据表的上报审核和统计汇总工作。二是教育部直属高校资金监控1～12月共12期数据上报和分析报表的编写工作。三是“农村义务教育保障新机制系统”“城市义务教育免除学杂费系统”3～5月各3期数据上报。四是“中西部农村初中校舍改造工程系统”2～10月共6期数据上报。五是“全国农村义务教育学生营养改善计划月报表系统”2～11月共9期数据上报。六是“学校食堂建设项目进展情况月报表在线填报系统”8-11月共4期数据上报。七是“乡村教师生活补助信息报送平台”2期数据上报。

②临时业务。一是2014年度教育部直属高校和事业单位部门决算上报及汇审。二是2014年度教育部直属高校和事业单位财政拨款结转和结余资金表上报及汇审。三是教育部直属高校国库资金执行情况表（月报）上报及汇总。四是2014年教育部直属高校和事业单位政府采购信息统计报表和分析报告上报。五是教育部直属高校2014年度有关财务指标数据上报。六是2015年度教育部直属高校和事业单位部门预算上报及审核汇总。七是2014年教育部直属高校审计工作总结上报和汇总。八是2014年教育部直属高校绩效评价上报。九是教育部直属高校2014年财务年报上报。十是教育部直属高校和直属事业单位2015年住房改革支出预算。年内，还完成了教育部直属高校拨款对账、专项资金结转结余情况表、存量资金情况表、收支预算执行情况表、专项治理情况表及分析报告、2015年购汇限额预算等多项上报业务。

（杨绮雯）

【数据分析】2014年，CEE管理中心承担了财务司“教育财务舆情报告”的编写工作，与上海交通大学合作开展的研究项目稳步推进，继续编写《教育部直属高校财务运行白皮书》。

为了及时反映媒体对教育经费的关注趋势，教育部财务司自2013年起建立了教育财务舆情报告制度，定期从收集主要媒体对教育财务相关的新闻报道和评论信息。2014年6月，受财务司综合处委托，CEE管理中心开始承担“教育财务舆情报告”的编写工作。报告按周报送，主要内容分为总体情况、本周舆情特点、建议关注3部分。7月中旬，编写出第一期（总第63期）报告报送财务司。至年底，共编写报告20期（总第63期—总第82

期），收录300多个栏目和661条新闻。

年内，管理中心继续与上海交通大学合作承担教育部财务司“标准基础数据库建设”项目，以教育部直属高校资金监控、财务月报和国库资金执行情况表数据为基础，完成了数据挖掘和展示工作。在此基础上，根据财务司的需要，配合上海交通大学设计开发了“教育部直属高校财务管理信息系统”，包括财务驾驶舱、预算管理、资产管理、经费监管、学生资助、校办企业、财务评价等模块，至年底已初步完成了财务驾驶舱、经费监管、学生资助、校办企业、财务评价等功能模块。其中，经费监管模块是根据现有“教育部直属高校资金监控系统”进行功能升级和完善的，新增了在线数据审核、信息反馈、附件上传等功能。至年底，系统已经上线部署进行试运行，20个直属高校通过系统经费监管模块上报了本校符合资金监控条件的财务数据。

2014年，管理中心继续编写《教育部直属高校2013年财务运行白皮书》，主要包括教育部直属高校财务运行情况、财务管理政策及专项资金执行情况、资金监控与审计、财务管理问题及经验借鉴4部分内容，重点分析了2013年度教育部直属高校的收入、支出、资产、内债、财政拨款结转结余情况，介绍了颁布《高等学校会计制度》、进一步完善了研究生教育投入机制、建立健全中央高校发展补助机制等年度重大政策的执行情况。同时，根据直属高校年度财务决算说明，总结了各高校在财务管理方面的先进经验和意见建议。

（杨绮雯）

【组织建设】2014年，CEE管理中心继续完善内部管理制度，根据组织机构调整完善人员管理，推进党支部建设。

年内，管理中心完善了考勤系统功能和考勤管理制度，新出台了《教育经济信息网管理中心2013年度非教学科研岗人员年度考核办法》，对加班及报销等进行了详细规定，使内部管理更加科学化、规范化、人性化。

2014年3月，结合教育经济与管理研究所的现实发展及管理实际，经学校批准，教育经济与管理研究所正式挂靠文法学院，其人员编制及办公场地均转由文法学院管理。

CEE管理中心进一步加强党组织建设，11月，党支部组织党员和积极分子赴北京顺义太阳村进行实地考察和慰问。至2014年年底，CEE党支部共有正式党员10人，预备党员1人，入党积极分子2人。

（姜佳男）

党建与思想政治工作

组织工作

【概况】至2014年年底，北京科技大学共有院系党委19个，院系党总支3个，党支部557个，其中直属党支部1个。共有党员9650人，占全校总人数的27.20%，其中，干部党员690人，占干部总数的77.8%；教师党员934人，占教师总数的64.06%；工人党员60人，占工人总数的23.1%；其他专业技术人员党员341人，占其他专业技术人员总数的50.4%；离退休党员1063人，占离退休人员总数的42.1%。学生党员共有5923人，占学生总数的19.8%，其中研究生党员4183人，占研究生总数的44.4%；本科生党员1739人，占本科生总数的8.6%；大专生党员1人，占大专生总数的0.3%。其他党员639人。

全校共有在职校级干部12人，处级干部233人。其中，正处级干部68人，副处级干部165人；女干部66人，占28.33%；少数民族干部13人，占5.58%；党外干部21人，占9.01%。35岁及以下34人，占14.59%；36－40岁39人，占16.74%；41－45岁48人，占20.6%；46－50岁48人，占20.6%；51－55岁48人，占20.6%；56岁及以上16人，占6.87%。博士研究生学历116人，占49.79%；硕士研究生学历81人，占34.76%；大学本科及以下学历36人，占15.45%；正高级职称101人，占43.35%；副高级职称72人，占30.9%；中级及以下职称60人，占25.75%；专职管理干部113人，占48.5%；"双肩挑"干部120人，占51.5%。

（孙景宏、肖晓玲、邓　波）

【干部工作】①完善干部选拔任用机制，做好二级单位党政领导班子换届工作。认真学习贯彻落实新修订的《党政领导干部选拔任用工作条例》，坚持民主、公开、竞争、择优方针，拓宽选人用人视野，提高选人用人公信度。根据学校整体工作安排，在2013年工作的基础上，继续完成学院行政领导班子换届、二级党委（党总支）换届和个别干部调整工作。年内，进行土木与环境工程学院院长、数理学院院长的公开招聘工作。在学院行政领导班子换届工作中，通过民主推荐、组织考察、学校党委常委会及全委会讨论决定学院院长人选，并由院长提名业务副院长人选，年内完成材料科学与工程学院、数理学院等6个学院的行政领导班子调整工作，共确定了院长2人、业务副院长7人。在二级党委（党总支）换届工作中，继续推行二级党委负责人直接选举，指导完成冶金与生态工程学院、自动化学院等13个二级党委（党总支）的换届工作。在选拔任用程序上，进一步完善规范动议环节，明确由党委常委会行使干部选拔任用初始提名权，提出拟任人选考察对象；完善干部任前公示制度，将新提任干部的基本情况包括基本信息、履历、照片等进行全方位公示，方便群众监督。

②加强干部监督和考核管理。根据上级有关精神，开展对2013年度领导干部个人有关事项报告随机抽查核实工作。牵头对领导干部出国（境）证件集中保管情况进行了自查，开展了按职数配备干部情况、领导干部参加面向社会举办的教育培训项目情况、领导干部在企业兼职（任职）情况、退（离）休领导干部在社会团体兼职有关情况，以及领导干部外逃信息情况的专项核查，不断规范干部监督管理制度，提高了干部的监督意识和自律意识。严格执行处级领导干部试用期制度，年内对试用期满的40名处级干部进行了工作考核，并对考核相关信息进行及时反馈。

③加大对后备干部和青年人才的培养。在做好常规干部培训的基础上，不断拓宽培训教育渠道，通过挂职锻炼，丰富干部阅历，提升工作能力。年内继续选派25名一线教师和青年干部在校内学院和机关部处开展双向挂职锻炼，选派5名同志到江苏省宿迁市等地方政府挂职，选派6名同志赴延庆县、教育部、团中央等北京区县和中央部委挂职锻炼，选派5名辅导员赴华东理工大学、华南理工大学等国内院校进行挂职交流；选派3名同志赴新疆、甘肃地方高校挂职；向北京市委组织部推荐优秀中青年教师，获北京市优秀人才培养资助3人。积极向国家教育行政学院、市委教育工委等上级部门举办的各类培训班选派学员共40余人次。

④做好机构调整工作及五级、六级职员岗位聘任工作。结合学校事业发展需要，协助学校党委完成了环境可持续排水技术研究中心等5个三级机构的组建调整工作。根据学校党委制定的《北京科技大学五级、六级职员岗位聘任暂行办法》，稳步推进2014年五级、六级职员的聘任工作，并已完成材料核对、资格审核、申请信息公示等工作。

（孙景宏、肖晓玲）

【组织工作】①认真做好学校第十一次党代会筹备工作，推进党内民主建设。学校第十一次党代会，是学校民主政治生活中的一件大事。根据学校总体工作安排，年内与党委办公室、党委宣传部、纪委一起，扎实做好学校第十一次党代会的各项筹备工作。起草关于党代会召开相关请示、通知，做好对各二级党委、党总支的培训工作，组织全校各级党组织和全体党员，认真做好党代会代表的选举工作，为党代会的召开积极做好思想、组织的准备工作。已完成23个二级党委、党总支、直属党支部参加学校第十一次党代会代表的选举工作，共计选举产生党代表253人。

②以开展学生党员先锋工程活动为契机，抓好学生党建工作。根据《2014年北京高校学生党员先锋工程实施计划》有关要求，深入推进学生党员先锋工程，牵头成立工作小组并制定学校学生党员先锋工程年度实施计划和实施方案，以“分类培养、按需施教”为原则，以“坚定理想信念、增强党性修养”为导向，扎实推进学生党支部书记轮训、学生党支部理论学习导师配备工作，实施“服务先锋”行动计划，充分发挥党员先锋模范作用，大力加强学习型、服务型、创新型学生党组织建设，不断提高学生党建工作科学化水平。2014年申报的《着力机制建设，强化实践育人，切实提高学生党员教育培养工作质量》荣获2012～2013年北京高校党的建设和思想政治工作优秀成果一等奖和创新成果奖。

③创新教育管理手段，加强党员队伍建设。按照“坚持标准、保证质量、改善结构、慎重发展”的原则，结合新修订的《中国共产党发展党员工作细则》，进一步强化入党积极分子培养环节和发展过程的质量控

制，积极稳妥地做好发展党员工作。进一步完善“大学生入党积极分子在线学习与考试系统”，规范入党积极分子学习测试内容，推进系统的功能扩展研发和二期项目申报工作；积极探索创新预备党员的教育管理手段，在“大学生入党积极分子在线学习与考试系统”推广实践经验基础上，积极申报北京高校预备党员在线学习与管理系统。同时，严格执行本科生、研究生推优入党制度，严格实行发展党员公示制、票决制；继续加强组织员队伍建设，不断强化组织员在发展党员工作中的把关作用；进一步加大教师党员的发展力度。

④组织开展基层党组织活动立项申报和优秀基层党组织活动评选。围绕深入学习和全面贯彻中共十八大、全国教育工作会议精神，指导各基层党组织精心选题立项，积极创新活动载体，改进活动方式，开展了许多主题鲜明、形式多样、生动丰富、时代感强的组织活动。据统计，2014年各二级党委批准基层党组织立项活动469项，批准立项活动覆盖面占全校基层党组织的92.33%。年底，经基层党组织申报、专家评审，共评选出“优秀基层党组织活动（优秀党日活动）”40项，5个二级党委获得“基层党组织活动优秀组织奖”。

⑤积极参与北京高校优秀基层党组织、优秀共产党员、优秀党务工作者评选工作。为纪念中国共产党成立93周年，根据市委教育工委的统一要求，积极推荐学校优秀代表参与北京高校先进基层党组织、优秀共产党员和优秀党务工作者的评选表彰。经过申请、评选、公示等环节，学校1个党支部荣获北京高校先进基层党组织称号，3人荣获北京高校优秀共产党员称号，1人荣获北京高校优秀党务工作者称号。

（孙景宏、邓　波）

【党校工作】①认真做好干部教育培训工作。进一步完善培训内容和结构，构建全方位、多层次、常态化的培训体系，通过举办各类培训班，认真做好培训干部工作，不断加强党员干部思想政治建设。根据上级有关文件精神和要求，制定《北京科技大学2014～2017年干部教育培训规划》，对今后4年学校干部培训工作的基本原则、基本要求、总体目标以及培训内容等进行了系统规划。积极开展处级干部集中轮训工作，组织全体校、处级干部通过理论学习、分系统研讨、交流提高等环节，深刻学习领会习近平总书记系列重要讲话精神；结合党和国家关于高等教育领域改革发展的重大决策部署，举办学习贯彻中共十八届三中全会、四中全会精神专题辅导报告会。同时，继续做好第四期优秀青年干部培训班各项工作，通过专题讲座、专题调研、实践考察、素质拓展等方式，着力提高干部的政治素质、道德修养和组织管理能力。

②指导学生业余党校开展各类培训。与学生工作部门一起，围绕不同阶段、不同学生群体的需求，积极构建多层次、多渠道、全方位的学生党员经常性教育培养体系。举办新生党员培训班，对36名本科新生党员实施跟踪培养计划，增强党员意识、弥补“理论缺陷”；举办预备党员培训班，对306名预备党员重点开展党的理论知识和社会主核心价值观教育活动，引导预备党员争做成才表率、争当服务先锋；举办毕业生党员培训班，重点开展“中国梦”教育和“就业观、成才观”教育，提高社会责任感，充分发挥在文明离校和毕业教育工作中的作用；举办党支部书记培训班，对178名党支部书记开展为期40学时的理论高级研修和业务技能训练，提高政治理论水平和党务工作技能。

③扎实开展教职工党员教育培训。继续组织教职工党员利用“北京高校教师党员在线”学习平台积极开展网

上学习培训。结合年内新修订的《中国共产党发展党员工作细则》，组织召开专题培训会，学习传达党员发展工作新要求，各二级党委秘书、党建辅导员、组织员共50余人参加学习培训。组织教职工党员观看重大现实题材影片《天河》，通过召开座谈会、研讨会及自主撰写心得体会等方式，增强社会主义核心价值观教育。举办第25期教职工入党积极分子培训班，提高教工入党积极分子的理论水平。

④承担北京高校党校协作组秘书处的有关工作。配合市委教育工委，举办一期高校大学生（研究生）党支部书记培训班，一期高校党校干部培训班，两期高校教师党支部书记示范培训班。继续修改完善《大学生入党积极分子培训教学大纲》，编辑出版第三届北京高校入党积极分子“精品一课”入选课程，继续编印《党校工作》内部刊物，做好协作组网站内容建设。

⑤加强党建研究工作。积极发挥学校党建和思想政治工作研究会的平台作用，开展党建研究工作。年内完成2013年度61项立项课题的结题工作。继续对党建研究课题按照校级科研课题进行管理，并设置中期检查环节，加强对课题研究工作的过程控制和质量把关，不断提升学校党建研究能力和党建工作的影响力。

（孙景宏、王　佳）

宣传工作

【概况】学校党委宣传部、新闻中心设有办公室、校刊编辑部、广播电视台和校史馆，有专职工作人员12人。2014年，深入开展学习贯彻中共十八大、十八届三中全会、四中全会和习近平总书记系列重要讲话精神，认真落实全国宣传思想工作会议部署，紧紧围绕学校中心工作，着力推进理论学习、新闻宣传和文化建设工作，积极营造解放思想、凝聚力量、求实鼎新、科学发展的良好氛围，为学校改革发展提供强有力的思想基础、政治保证和舆论支持。

（何　进、邢华超）

【理论学习】2014年，以学习宣传贯彻中共十八届三中全会精神、习近平总书记系列重要讲话精神，以培育和践行社会主义核心价值观为契机，继续开展党委中心组理论学习活动。切实做好党委中心组理论学习的组织工作，促进学院中心组理论学习的交流和研讨，不断使领导干部自觉学习党的理论政策、深入研究高等教育发展规律和现代大学办学规律，增强战略思维，拓宽班子的视野，提高学习的自觉性和实效性，制定《北京科技大学2014年党委中心组理论学习安排意见》和《北京科技大学校级领导干部理论学习考核制度》。邀请中宣部政研所研究员、副所长戴木才教授，清华大学法学院院长王振民教授，中国酒泉卫星发射中心党委书记王兆宇将军分别就培育和践行社会主义核心价值观、依法治国及“两弹一星”精神等专题进行了辅导学习。注重理论学习成果化，围绕群众路线、科研诚信、大学文化建设等教育热点，做好领导干部理论文章的主题策划和专题组稿工作，提升理论学习和理论宣传的实效性，全年编辑《北科大工作》10期，收录教师理论学习成果20余篇。

总结学校近年来德育工作理论研究与实践成果，组织编写《求实鼎新·立德树人——北京科技大学德育工作理论与实践》（中国文史出版社）。

（沈　葳、李　洁）

【新闻宣传】2014年，继续完善宣传工作机制，建立二级单位宣传工作长效机制，协助二级单位提升新闻稿件数量和质量。建立基层学院、职能部处的走访制度，部门负责人带队与二级单位负责人面对面交流。完善新闻记者联系分工制度，主动联系学校各单位获取更多新闻线索。试行宣传骨干培训实习计划，为其配备业务指导教师，实地学习新闻宣传业务。以“树立形象、凝聚人心、传播文化、促进发展”为目标，围绕学校中心工作，积极开展专题宣传报道；大力宣传先进典型，推进校风、教风、学风建设；提升对外宣传显示度，树立学校良好形象；积极创造良好的思想舆论氛围和大学文化气息。

（李　洁、邢华超）

【校刊工作】2014年共出版校报19期，每期均为4个版面。围绕学校各阶段的工作重点，出版了社会实践、夏季学期、新生军训、研究生教育工作会、科研管理论坛等系列专刊和专版；开设“党的群众路线教育实践活动标杆党支部系列报道”“党的群众路线教育实践活动回音壁”“啡常时光”“本科教育教学工作会专栏”“夏季学期”“社会实践优秀团队”等专栏；编辑刊登蔡美峰院士、赵鲁涛及指导团队、全国英语演讲比赛亚军杨浩田等师生先进典型30余例。

（李　伟、吴钰重）

【网络宣传】2014年，新闻网切实改进文风，注重教学、科研等领域取得的成果和经验报道，加大先进教师和学生典型的报道，形式活泼，内容广泛。增强主动服务意识，及时与投稿单位沟通协商，切实保障新闻稿件事实清楚、数据确切。注重新闻时效，在注重质量的前提下，重要事件第一时间发布。严格编审稿件，进一步提升新闻质量。2014年全年，新闻网共计发布新闻2640篇，同比增长9.2%。全年新闻网浏览量（点击量）106.79万人次，同比增长6.3%。其中教学、科研类报道，同比增长近20%。

（邢华超）

【广播电视】2014年，制作《2014年北京科技大学宣传片》《东凌经济管理学院宣传片》和《国防生十周年宣传片》。电视台制作《北科大新闻》67期，拍摄各类活动和会议200余次，全程录像30次，直播10次，其中新年晚会首次实现校园网络直播。制作电视栏目《如果我来说》《节节有看点》17期，与中国教育电视台合作完成《职来职往》北科大专场录制，与光明网合作网络视频直播《社会主义核心价值观百场讲坛》。在第四届中国高校电视奖评审中7部作品分别获得一、二等奖。广播台全年制作节目400余期，校园大屏幕播出时长约350小时，视频320条。对学校视频素材资料进行了系统整理和归纳，购置并安装了媒体资产管理系统等设备。

（沈　葳、张　娟）

【对外宣传】2014年，以重大契机、重要事件、重点人物为线索，突出宣传主题，提高外宣的数量与质量，加大对外宣传力度，加强与《中央电视台》《中国教育报》等主流媒体的交流与合作。一年来，各媒体报道学校414条次，其中教学科研类工作占39.4%，思政管理类工作占31.5%，学生工作占21.7%，其他占7.4%。2014年4月，学校正式开通了官方微信平台，设置了“贝壳要闻”“贝壳人物”“光影贝壳”等栏目，策划了“毕业季”“就业季”等热点话题，全年推送80余期，累计发送300余条信息。新浪官方微博全年发表520条，点击780万人次，粉丝人数由2013年的24319人增加到35746人；官方人人网粉丝人数由2013年的67586人增加到71900人。

（沈　葳、陈　捷、吴钰重）

【校园文化建设】完善《北京科技大学文化建设规划（2014～2022）》，做好学校文化建设的顶层设计。充分发挥校史馆传承学校文化、爱校荣校教育基地作用，归类现有馆藏，规范各项制度，打造一流校史校情讲解团队。积极组织开展了系列品牌文化活动，举办8期"啡常时光"活动，与300余名学生就新生励志起航篇、研究生创新型人才培养、大学生创业创新教育以及本科教育教学工作等主题进行深入座谈；举办《校园·风光》《生命北极》《摇篮鸟鸣》《肯尼亚野生动物展》4场文化系列影展；开展《毕业主题》《社会实践》《贝壳金秋》摄影大赛；还组织了《北京科技大学2014年十大新闻人物评选》《青年影像节》《广播台配音大赛》《模拟新闻发言人大赛》等活动。

（李　洁、董　强）

附　录

北京科技大学2014年1月1日～12月31日对外宣传情况统计表

（广播新闻）

序号	报道时间	报道媒体	报道内容
1	1/26	北京广播电台	北科大给留京学生过大年
2	8/30	北京广播电台	北京科技大学迎新大打科技牌

（电视新闻）

序号	报道时间	报道媒体	报道内容
1	1/6	央视《新闻直播间》	2014毕业生就业季 近三分之一毕业生选择中小城市
2	4/4	央视《朝闻天下》	重点高校农村专项自主招生展开
3	5/14	中国教育电视台	北科大研究生培养30年 兼顾国家与学生需求
4	5/15	央视《新闻直播间》	2014年大学生毕业季
5	7/3	海峡卫视	2014海峡两岸青年创意论坛在京召开
6	9/1	央视《朝闻天下》	高校开学突显科技范
7	9/22	中国新闻网	第二届全国管理案例精英赛落幕 潮流案例考验应变
8	11/27	央视《朝闻天下》	核心价值观百场讲坛走进北科大

（文字新闻）

序号	报道时间	报道媒体	报道内容	链接
1	1/3	《中国教育报》	北京科大高质量建设国家材料服役安全科学中心——国家工程材料的"安全卫士"	
2	1/6	《北京考试报》	促创业，北科大打出"组合拳"	
3	1/9	《中国青年报》	掌握大学生网络意识形态工作主动权	
4	1/23	光明网	北京科技大学："贴心关怀"温暖"留校生活"	
5	1/3	《中国教育报》	北京科技大学高质量建设国家材料服役安全科学中心	

续表

6	1/22	中国联合钢铁网	高洁净度铝镇静钢LF精炼渣成分优化	1
7	1/14	首都之窗	气候与物联网研讨会在北京市气象局召开	1
8	1/22	中国沈阳政府网	金属所“金龙项目”获2013年度行业“国奖”	1
9	1/20	和讯网	“女辣神”创作“一句画”说心情	3
10	1/19	中国教育新闻网	北京科技大学推进“学院路”教育资源网络共享建设	
11	1/14	《贵阳晚报》	北京专家为遵义市矿产资源综合利用“会诊把脉”	
12	1/23	中国教育新闻网	“贴心关怀”温暖“留校生活”	
13	1/24	《北科晚报》	北科大为留校生定制假期生活，年夜大餐免费吃	4
14	1/24	新华网	北科大为留校生定制假期生活，年夜大餐免费吃	
15	1/29	《中国青年报》	图片新闻	
16	1/20	《中国科学报》	中国金属专家：核动力航母需突破宽厚板研发瓶颈	1
17	1/30	《中国科学报》	图片新闻，北科大给留校学生过大年	
18	2/3	《北京晚报》	留京送冬衣，感动别人也温暖自己	1
19	1/28	《中国教育报》	非中管直属高校党的群众路线教育实践活动总结会发言摘登	
20	2/19	教育部网站	罗维东：加强任期目标制是加强领导班子建设有力举措	
21	2/24	股城网	世界一流！太行WS15发动机实力震惊西方	
22	2/22	建筑工程教育网	可调节室内温度的智能玻璃	
23	2/21	中国经济网	淄博市淄川区项目牵引发力，老工业区展露新颜	
24	2/27	《中国科学报》	北京科技大学科研成果获2014国际埃尼奖提名	2
25	2/27	《科技日报》	北京科技大学科研成果获2014国际埃尼奖提名	5
26	2/27	科技网	北科大新能源材料科研成果获2014国际埃尼奖提名	2
27	2/1	中国教育新闻网	北京科技大学多方联动打造创业型人才培养模式	
28	2/27	中国教育在线	2014中国大学排行榜出炉：北京科技大学位列第39位	1
29	3/7	人民网	北科大即将启动安装学生宿舍空调	1
30	3/13	新华网北京频道	北科大与国家纳米科学中心联合培养人才	
31	3/13	中国教育新闻网	北科大—国家纳米科学中心联合培养“纳米班”今签合作协议	4
32	3/14	中国教育新闻网	北科大—国家纳米科学中心签署联合培养人才协议	
33	3/14	中国广播网	北科大与国家纳米科学中心签署联合培养纳米人才协议	
34	3/17	《法制晚报》	牵手国家纳米科学中心，每年招生30人，实行双导师制	
35	3/20	《中国科学报》	北科大与国家纳米科学中心签署人才培养协议	
36	3/20	人民网	北科大与国家纳米科学中心签署人才培养协议	
37	3/24	《法制晚报》	北科大装空调，引来艳羡声	
38	3/28	中国网	李云飞：没有思想的进步就不可能取得竞争主动权	
39	3/31	搜狐滚动	度学走进北京科技大学	
40	3/28	新浪	海淀：度学走进北京科技大学	

续表

41	3/31	中国新闻网	中冶南方：科技创新引领市场聚发展动力	
42	3/19	驻英使馆教育处	北京科技大学与英国德蒙福特大学举行孔子学院揭牌仪式	1
43	3/26	高考网	北京科技大学 2014 贫困地区农村专项自主选拔考试通知	
44	4/4	新华社	北京数所高校面向贫困地区自主招生	4
45	4/3	翼牛网	北京科技大学举行“2015 国际年”建设学生座谈会	
46	4/4	新华网	面向贫困地区 京高校专项招生	
47	4/10	中国教育在线	北京科技大学硕士毕业生就业率达 98.61%	1
48	4/3	人民网	北京科技大学 2013 年毕业生就业量年度报告	
49	4/10	华禹教育网	北京科技大学大力推进学风建设	1
50	4/10	中国经济网	第十一届首都高校经管学院辩论赛开幕	1
51	3/23	《中国青年报》	首都青年教师聚一堂 聚焦环保建言献策	2
52	3/31	《北京青年报》	圆明园论坛支招京津冀协同发展	5
53	4/17	《中国科学报》	承鼎新之道 育世之英杰	3
54	4/18	《中国教育报》	承鼎新之道 育世之英杰	
55	4/18	中国教育在线	2014 年 5 所高校缩减在京招生规模 将招更多农村学生	4
56	4/18	新华网	北交大等 4 所高校北京招生不预留“二志愿”	
57	4/18	河北新闻网	4 高校取消在京预留二志愿计划 5 校在京招生规模缩减	
58	4/22	中国教育新闻网	北京科技大学举行研究生院建院 30 周年纪念活动	1
59	4/22	新华网	北科大 30 年已培养研究生逾 3 万	2
60	4/22	新华网	北京一本录取分数线或将有小幅提升	3
61	4/21	华禹新闻网	北邮北交大北林大北科大北化工 5 所特色校招生政策发布	
62	4/21	学信网	北京科技大学研究生院 30 年发展纪实	
63	4/23	《光明日报》	北京科技大学研究生院建院 30 周年	2
64	4/23	和讯新闻	高校校名书法赏析：北京科技大学	2
65	4/23	《中国科学报》	北京科技大学举办研究生院建院 30 周年纪念活动	
66	4/26	央广网	北科大副校长：我们的优势学科并非夕阳产业	1
67	4/30	《北京日报》	关于授予 2014 年首都劳动奖状、首都劳动奖章 和北京市工人先锋号的决定	
68	4/30	搜狐教育	北京科技大学 2014 年高招解读：招生计划略减	1
69	4/30	《北京考试报》	北科大校园开放日 学生作品引关注	1
70	5/6	中国日报网	米勒高校行走进北科 助力“吾肆放歌”	
71	5/7	环球网	裴紫绮魏一宁助阵北科大校园歌手大赛“吾肆放歌”	3
72	5/8	网易新闻	北京科技大学“娃哈哈富氧水杯”第五届高校实战营销大赛顺利落下帷幕（图）	1
73	5/9	中国教育新闻网	北科大国防生追梦科技强军：十年一剑傲苍穹	2
74	5/12	《科技日报》	北科大研究生院建院 30 周年纪念活动举行	

续表

75	5/12	钢联资讯	首钢与东北大学北科大联合培养工程硕士研究生喜结硕果	
76	5/7	腾讯教育	北京科技大学 MBA 获“中国十佳 MBA 商学院”奖项	
77	5/14	首都之窗	北京科技大学“重大工程材料服役安全研究评价设施”暨“国家材料服役安全科学中心”项目建设稳步推进	
78	5/19	中国教育在线	北京科技大学硕士研究生学费及奖助学金政策	2
79	5/19	北京青年网	台湾英语教育名家赖世雄在北科大演讲	
80	5/20	中国网	北京科技大学：增设特色培养专业 打造研究型创新人才	1
81	5/19	新华网	宝坻区政府与北科大及天津学院签订产学研战略合作协议	
82	5/20	《中国科学报》	北京科技大学研制出油水混合物高效分离材料	1
83	5/20	中国教育装备采购网	北科大等研制出油水混合物高效分离材料	
84	5/20	国际在线	“开窗看世界”北科人文化节用汉语链接全球汉语圈	
85	5/22	《中国科学报》	北京科技大学创新教学管理制度，新理念深入人心——“以学生为本”	
86	5/22	中国教育在线	北科大 · 2014 · 东凌经管学院年度论坛启幕	2
87	5/26	《中国教育报》	关注每个学生的不同特点和个性差异——北京科技大学教学管理制度改革纪实	
88	5/26	中国教育新闻网	北京科技大学：改革管理制度关注每个学生发展	
89	5/27	光明网	北京科技大学改革教学管理制度关注每个学生发展	4
90	5/27	凤凰网	北京科技大学 EMBA 戈九勇士顺利会师敦煌	
91	5/28	腾讯财经	北京科技大学 EMBA 携手 2012 级学员走进盐城	2
92	5/30	搜狐教育	戈九收官北京科技大学 EMBA 团队再获殊荣	
93	6/3	凤凰网	北京科技大学深入开展 EMBA 企业创新课程	2
94	6/5	腾讯财经	北京科技大学 EMBA 让理论与实践完美结合	2
95	6/6	搜狐教育	回顾北京科技大学 EMBA 戈九奋斗历程	
96	6/9	中国教育在线	第二届管理案例精英赛组织委员交流会在北科成功举办	
97	6/10	光明网	北京科技大学 EMBA 为学员讲授生活的态度	
98	6/11	光明网	北京科技大学 EMBA5 月专题讲座回顾	
99	6/13	中国青年网	【榜样社团】北科军协——吾将上下而求索	
100	6/16	今晚网	北京安卓易携手北科大共建大学生就业实习基地	1
101	6/16	铜仁网	铜仁力促红星发展大龙公司与北京科技大学合作	1
102	6/16	光明网	北京科技大学 EMBA 举办管理案例交流会	
103	6/17	搜狐教育	北京科技大学 EMBA 成功举办校友见面会	
104	6/18	网易	北京科技大学 EMBA 助力 2013 级校友成长	2
105	6/23	人民网	中国冶金行业卓越工程师培养联盟在京成立	
106	6/23	搜狐教育	北京科技大学 EMBA 助力“日昌杯”辩论赛	

续表

107	6/23	新华网	我国冶金行业联合培养卓越工程师	
108	6/23	中国广播网	冶金行业卓越工程师培养联盟将培养现场最急需人才	
109	6/24	《中国冶金报》	培养卓越工程师	
110	6/23	中国教育新闻网	中国冶金行业卓越工程师培养联盟在北科大成立	
111	6/24	河北新闻网	北京科技大学 EMBA 全力助阵中国投资联盟	
112	6/26	《科技日报》	中国冶金行业卓越工程师培养联盟成立	
113	6/26	《中国科学报》	冶金行业卓越工程师培养联盟成立	
114	6/24	中国教育在线	2015 年北京科技大学 MBA 提前面试正式启动	1
115	6/25	和讯网	北京科技大学 EMBA 关注“互联网革命”	1
116	6/30	和讯网	北京科技大学 EMBA2014 春季班开学典礼举行	
117	7/1	《法制晚报》	最年长院士魏寿昆走了	2
118	7/1	中国教育新闻网	北京科技大学“2014 海峡两岸青年创意论坛”举行	3
119	7/1	光明网	中国最年长院士魏寿昆逝世 享年 107 岁	1
120	7/1	央广网	2014 海峡两岸青年创意论坛 聚焦环境科技与绿色发展	
121	7/2	《人民日报海外版》	两岸青年创意论坛举行	
122	7/2	《新华日报》	中国最年长院士魏寿昆逝世	1
123	7/2	凤凰教育	107 岁，最年长院士走了	
124	7/3	中国网	魏寿昆院士逝世：感谢天津父老 这话一定带到	1
125	7/3	中国学网	中国最年长院士魏寿昆辞世 天大师生痛悼老学长	
126	7/3	中国日报网	北京科技大学 EMBA 迎新活动圆满落幕	1
127	7/3	中国教育在线	北京科技大学 MBA 提前面试或将采用模拟课堂形式	1
128	7/4	新华社	中科院院士魏寿昆逝世	6
129	7/6	中国教育新闻网	北科大“三走”活动引导大学生提高体育锻炼自觉	
130	7/9	中国新闻网	北京科技大学专家组到山东黄金阿尔哈达矿业公司开展技术指导	
131	7/9	搜狐教育	北京科技大学 EMBA 破冰拓展课程	
132	7/10	《中国科学报》	绿色创意的“豪门盛宴”	1
133	7/10	中国日报网	北京科技大学 EMBA 举行 2014 夏季毕业典礼	
134	7/14	央广网	导盲犬珍妮北科大迎 6 岁生日	
135	7/14	凤凰教育	北科大 EMBA 推出 2013 秋季班战略管理课程	
136	7/14	光明网	“导盲犬光明行”第 1 期 导盲犬珍妮在北京科技大学庆祝 6 周岁生日	
137	7/16	翼牛网	北京科技大学创业讲坛 皇甫志友、冯军、何军权与你面对面	
138	7/16	搜狐教育	北科大 EMBA 与江西财经大学成功举办项目交流会	
139	7/18	翼牛网	北京科技大学举行老干部辅导员座谈会	
140	7/20	中国教育新闻网	北京科技大学校长张欣欣：相离莫相忘 且行且珍惜——北京科技大学校长张欣欣在 2014 年夏季毕业典礼上的讲话	

续表

141	7/22	中华网	米勒助力北科2014届毕业典礼圆满落幕	1
142	7/24	中国日报网	北科大EMBA中心到人民大学EMBA中心学习交流	1
143	8/26	《京华时报》	北科大设基地 创建机器人运动专业人才“孵化器”	
144	8/30	《京华时报》	北科大迎新科技范：报到实时显示 研究生选房摇号	4
145	8/30	《法制晚报》	北科大送灾区新生礼包	1
146	9/2	央广网	北科大：开学第一课 科技报到	53
147	9/4	《光明日报》	大数据助跑北科大迎新季	3
148	9/10	中国教育新闻网	北京科技大学：迎新工作纳入智慧校园建设	2
149	9/11	中国钢铁企业网	柳钢集团与北京科技大学签署战略合作协议	
150	9/12	中国钢铁企业网	加快科技成果转化 促进企业技术升级——三钢集团公司与北科大签定战略合作协议	
151	9/16	中国教育在线	北科东凌经济管理学院MBA中心喜获2014年校先进集体	
152	9/16	中国教育在线	北科2014级MBA新生入学素质拓展活动圆满成功	
153	9/17	搜狐教育	北科大EMBA参加首届中国商学院EMBA足球联赛	
154	9/18	光明网	PTL306公里越野跑混合团队举办北科大EMBA分享会	
155	9/18	新华教育	北京科技大学：明确思想定位 把握育人主线 培育学生社会主义核心价值观	1
156	9/22	中国教育新闻网	第二届全国管理案例精英赛(2014)全国总决赛举行	
157	9/22	新华网	全国管理案例精英赛（2014）总决赛在京举行	4
158	9/22	和讯网	宁波与北京科技大学携手发展新材料科技	1
159	9/22	新华教育	北京科技大学天津学院	
160	9/23	人民网	哈工大MBA案例精英赛夺冠 失败中站起是件快乐的事	4
161	9/23	《光明日报》	全国管理案例精英赛举行全国总决赛	
162	9/25	中国科学报	到大学生中寻找案例“军师”——第二届全国管理案例精英赛总决赛纪实	1
163	9/27	新浪财经	图文：北京科技大学校长张欣欣	1
164	9/28	MBA中国网	2015级北科MBA第二批次提前面试成功举行	
165	9/28	参考消息网	冠群卓尔 驰骋人生——刘广东总裁在北科大发表演讲	4
166	10/15	中国科技部网	我国单层白光OLED器件在京研制成功	1
167	10/16	中国铝业网	北京科技大学副校长谢建新教授应邀到中色东方参观考察	
168	10/16	中国青年网	高校团委书记发起“为核心价值观代言”冰桶挑战	
169	10/19	搜狐	白塞联盟拜访北科大生物系白塞病研究团队	
170	10/20	新华网	北京科技大学开展“纳米前沿进中学”活动	
171	10/22	中华慈善新闻网	中国传媒大学、北京科技大学开展"青春伴夕阳"志愿活动	1
172	10/30	《中国科学报》	北科大“理科之美”大讲堂开讲诺贝尔化学奖评委、瑞典皇家科学院院士安德鲁 尤因（Andrew G. Ewing）教授首讲	
173	10/30	网易	北科大天津学院获MOOC学院认证	1

续表

174	10/30	中国教育新闻网	2275 人在北科大参加 2014 年专业学位全国联考	
175	11/4	凤凰网	为北京科技大学成为国际化综合大学奠定坚实基础	
176	11/6	《中国科学报》	北科大“理科之美”大讲堂开讲	1
177	11/11	和讯科技	北京科技大学人工湖创意设计全球征集令	
178	11/13	光明网	安心易百成为北科大计通学院研发与实习基地	
179	11/14	中国日报网	王广发校长受聘担任北京科技大学青年创业导师	
180	11/22	尚七网	北京科技大学天津学院成立绿盾环保协会	
181	11/22	搜狐教育	刘少华：奠定北京科技大学国际化综合高校的基础	1
182	11/26	光明网	“核心价值观百场讲坛”第十场在北京科技大学举行	
183	11/26	凤凰网	核心价值观百场讲坛第十场将走进北京科技大学	2
184	11/27	新华每日电讯	“核心价值观百场讲坛”开讲两弹一星	
185	11/27	中国教育新闻网	“核心价值观百场讲坛”第十场走进北京科技大学	3
186	11/27	中国社会科学网	“核心价值观百场讲坛”第十场在北京科技大学举行	
187	11/27	新浪教育	核心价值观百场讲坛第十场走进北京科技大学	2
188	11/25	中国山东网	章丘籍北科大教授回馈母校 成立教育基金奖励“同门”	
189	11/30	中国教育新闻网	北京科技大学构建实践教育体系培养创新型人才	
190	12/3	《京华时报》	核心价值观百场讲坛进北科大	1
191	12/4	人民网	学、融、乐、情 北科大学生党员先锋教育四风味	
192	12/9	《中国教育报》	北科大学生党员深入生产一线、融入乡村生活	
193	12/10	中国科学院	北京科技大学尹海清教授到理化所交流	
194	12/11	今晚网	延世为北科学子打造最心仪的求职形象	1
195	12/11	中国钢铁新闻网	首钢京唐公司与北京科技大学签订合作协议	1
196	12/12	新浪教育	北科经管学院何枫：授课要贴近学员需求	
197	12/18	中国教育新闻网	北科大以“三个融入”推进核心价值观宣传教育	
198	12/19	中国钢铁新闻网	钛合金生产—新型钛冶金技术的开发	
199	12/24	中华网财经	“春华秋实、一生一世”——2014 北京科技大学 EMBA 联合会新春晚会	
200	12/28	中国高校之窗	北京科技大学召开 2015 年全国硕士生招生考试考务培训大会	
201	12/29	上海大学团委	2014 北京科技大学—上海大学“材料基因组工程”双边研讨会在北京成功举行	
202	12/31	今晚网	米勒传媒与北京科技大学携手绽放	
203	12/31	中国社会科学网	北京科技大学张敬源教授来北京市委党校作讲座	
204	12/31	中国教育在线	北京科技大学张欣欣校长致 2015 年新年贺词	

纪检监察工作

【概况】2014年，纪委监察室坚持以中共十八大精神为指导，深入贯彻执行中共十八届三中、四中全会和中纪委三次、四次全会等精神，认真落实教育部党组、北京市委、北京市教育工委等上级部门的工作部署，围绕学校中心工作，深入推进纪检监察工作转职能、转方式、转作风，不断聚焦主业，强化监督执纪问责，履行监督责任积极协助校党委落实党风廉政建设主体责任，推进学校党风廉政建设和反腐败工作，为学校各项事业的发展提供了坚实保障，纪检监察工作取得了新的进展。

（夏秀芹、杜　伟）

【协助落实主体责任】贯彻落实中央部署，结合党风廉政建设责任制检查工作，积极协助党委全面落实党风廉政建设主体责任，扎实推进党风廉政建设工作。①组织学习宣传，全面提高认识。2014年7月，纪委在学校理论中心组学习中对党风廉政建设“两个责任”的要求以及教育部相关落实措施进行了专题汇报，加深了校级领导对“两个责任”的理解和认识。在纪委主办的电子刊物《廉政参考》中，连续2期对“两个责任”的有关精神及落实过程中的理论和实践问题进行宣传，为二级学院班子成员及职能部处中层以上领导提供学习参考。在与其他二级单位工作沟通中，主动传达中央精神，强调职能监管责任，督促落实“一岗双责”。②制定任务分工，协助党委分解责任。年初结合学校各项工作实际，协助党委研究制定2014年《党风廉政建设和反腐败工作主要任务分工》，对重点任务和工作责任分解细化、责任到人。③创新方式方法，注重检查工作实效。对每年例行的责任制检查工作进行改进，突出问题导向，强化意见反馈。在全面自查的基础上，成立了由校党委副书记、纪委书记带队，组织部、宣传部、人事处、党校办、纪委监察室、审计室等相关部门负责人、纪委委员和工作人员等组成的检查组，对13家二级单位通过听取汇报、查阅资料、民主测评等方式进行了重点检查。检查结束后，有针对性地对每个单位书面反馈检查意见，督促其整改落实。通过检查和反馈整改，较好地达到了以查促建的目的，深化了二级单位对“两个责任”的认识，明确了业务监管职责，推动了学校主体责任的落实。

（夏秀芹、杜　伟）

【作风建设】纪委监察室坚持贯彻落实“中央八项”规定，扎实推进学校作风建设。①加大宣传教育力度。年初，在校级理论中心组宣讲“八项规定”相关要求。通过纪委创办的电子刊物《明镜月刊》及时编发北京市、教育部通报的违反中央“八项规定”精神的典型案例51个，加大警示教育工作力度，加强领导干部的思想防范工作。②督促职能部门制定、完善相关制度。学校在公务接待、财务管理、科研项目、出访、办公经费等领域均出台了相关管理规定。③开展贯彻执行中央“八项规定”精神专项检查。11月，纪委监察室对学校各相关单位学习贯彻执行中央“八项规定”精神及教育部、北京市和学校相关要求情况进行了专项检查，对二级单位的出国（境）情况、业务招待费和科研经费中餐费部分支出情况、相关配套改革和制度建设情况进行了重点抽查。

（夏秀芹、杜　伟）

【宣传教育】①召开党风廉政建设工作会。围绕“落实中央八项规定、预防职务犯罪”主题，邀请中纪委驻教育部纪检组组长王立英同志作专题辅导。通过辅导学习，全校领导干部对中央党风廉政建设精神有了深刻了解，对高校反腐倡廉工作的重要性及重大意义有了更为全面的认识。②创办2份电子教育刊物。为构建常态化的党风廉政教育平台，2014年，纪委监察室创办了《明镜月刊》和《廉政参考》2份电子刊物。《明镜月刊》以违反中央“八项规定”精神和教育系统典型腐败案例为主要内容，重在开展警示教育；《廉政参考》旨在解读中央反腐倡廉新政策、新要求，教育部、北京市等上级机关的工作部署，为领导干部及时、方便地了解上级精神提供参考。两份刊物定期发送至全校处级及以上领导干部、校纪委委员、二级党委纪检委员以及基建、财务、科研、招生、物资采购等重点部门科级工作人员320余人。两份电子刊物的创办丰富了教育内容，扩大了教育覆盖面，提高了教育针对性，推进了党风廉政教育长效机制建设。③加强重要节点廉政提醒。2014年元旦、春节前，纪委及时制定学校相关规定，严禁用公款购买贺年卡等年货节礼，严禁党员领导干部出入私人会所等。“五一”前夕转发了北京市纪委下发的“五一”节对全市党员干部的纪律要求。同时创新形式，在新学期、“五一”及元旦以发送带有廉政元素电子贺卡的形式开展教育提醒工作。这些举措以及结合实际的做法，取得了很好的效果，得到广大教职工的充分认可。④举办警示教育展。联合北京市教育纪工委，举办了为期5天的“高等教育领域职务犯罪警示教育巡回展”，以图片的形式共展出教育系统典型案例35个，组织了1000余名教职工参观学习。

（夏秀芹、杜　伟）

【监察工作】①监督干部选拔工作。一是开展干部选拔任用全过程监督，严把干部选拔任用廉政关，参与了65名干部的任前考察及民主测评工作，出具了23名拟任干部的任前廉政意见书。二是落实领导干部报告个人有关事项制度，与组织部一起开展了学校中层以上领导干部个人事项申报的网上登录工作，建立了干部监督网络数据系统。三是开展了250名处级及以上领导干部企业兼职（任职）情况排查工作（含实职和非实职处级领导干部以及部分离退休处级以上领导干部），对领导干部在企业兼职（任职）的情况进行了规范清理，对个别问题进行了纠正，同时在排查过程中组织领导干部开展了有关制度的学习。②基建、采购招标监督工作。积极督促资产处、基建处等职能部门建立健全有关制度，严格规范管理，明确监管职责、细化责任分解，在保证监督成效的前提下，积极稳妥地推进“三转”。至12月底，共参加物资采购类招标现场监督近60次，涉及金额8000万余元；基建项目招标现场监督近20次，涉及金额3000万余元，保证了学校相关招标工作公开、公平、公正进行。③本科招生监督工作。制定《北京科技大学招生监察工作暂行办法》，明确招生监察部门以及相关职能部门的工作职责，推进招生工作制度化、规范化。针对监察过程中发现的问题，及时对体育特长生、文艺特长生招生工作提出13条监察建议，促进了相关工作的规范化管理。开展本科招生专项检查，主动监督执纪，采用多种监督方式，强化对招生工作重大决策、关键环节、重要时段的监督，执行高校招生“阳光工程”相关规定，确保了招生权力规范运行，圆满地完成2014年招生工作任务。④教育收费及“小金库”检查。组织学校54个二级单位开展春、秋两季教育收费自查工作。9月协助配合北京市教委对学校进行的教育收费专项检查工作。参与组织各二级单位开展“小金库”自查工作，强调财经纪律，规范财务管理。⑤科研经费监督。加强对科研管理部门相关人员的廉政教育，将每期《明镜月刊》及时发送至科研管理部门科级及以上人员。积极发挥组织协调作用，结合教育部对学校开展的科研经费专项检查工作，认真总结科研经费监督工作，提出存在的不足及改进建议，督促有关部门完善制度，推进科研经费规范管理，保障了教育部的检查工作顺利开展。⑥廉政风险防控工作。在2013年推进8个单位试点开展廉政风险防控管理“三个体系”建设的基础上，2014年不断总结工作经验，督促基建、资产等重点领域单位开展制度建设，强化监督管理，规范权力运行，持续推进廉政风险防控工作。

（夏秀芹、杜　伟）

【信访工作】按照“三转”工作要求和上级关于“对反映问题线索处置情况在向同级党委报告的同时及时向上级机关报告”的具体要求，查信办案工作成为2014年纪委监察室投入人员和精力最多的工作。①案件线索清理排查工作。按照上级要求，对2003年以来11年的信访件进行了大排查，建立了信访案件线索数据库，有力地促进了信访案件线索的科学化管理。②规范信访办案工作。完善信访登记、来电来访登记、信访举报审批、信访举报转办等工作，进一步规范信访办案工作程序。坚持“有信必查、有腐必惩”的原则，对有举报、有线索的所有问题，均通过调查、函询、谈话等方式进行核查。积极改进查办案件工作模式，抓早抓小、快查快结。建立集体决策工作机制，在案情调查、分析、处理等关键问题上集体研究、反复推敲、缜密提出处理建议。③2014年，共收到信访件19件（业务范围内11件，业务范围外8件），上报北京市教育纪工委有关反映问题线索9件，在信访件办理过程中提出监察建议1份、约谈50余人次、诫勉谈话1人次。

（夏秀芹、杜　伟）

【队伍建设】①加强部门内部管理。梳理完善内部制度，起草《北京科技大学纪委监察室内部工作手册》，进一步明确了部门及内部人员的工作职责、工作程序和工作纪律，促进了部门工作规范化运行。②强化学习培训。2014年，安排3人次参加教育部、北京市等上级机关举办的业务培训，组织2次部门全体人员信访办案相关知识培训。加强与兄弟院校的沟通交流，与北京大学纪委同行交流信访问题，向北京航空航天大学、人民大学调研制度建设问题。1人借调到教育部，1人在土木与环境工程学院挂职，廉政研究中心1人在纪委监察室挂职。③注重理论研究。2014年，纪委监察室参与完成教育部直属高校第一片组课题1项，提交北京市教育纪检监察研究会调研报告1篇、论文1篇，参与申报教育部重大课题1项，参与廉政研究中心课题3项，在《廉政文化研究》等期刊公开发表论文5篇。通过理论研究与学习，有效地促进了业务能力的提升。

（夏秀芹、杜　伟）

统战工作

【概况】2014年，学校共有民主党派基层组织2个：民盟支部、九三支社。有民主党派成员93人，其中中国国民党革命委员会7人、中国民主同盟43人、中国民主建国会2人、中国民主促进会2人、中国农工民主党1人、中国致公党5人、九三学社33人。有党外高级知识分子478人，占全校高级知识分子总数的40.2%。其中，正高职称150人、副高职称328人。有党外中层实职干部21人，占全校中层干部总数的9.3%。有归侨19人、侨眷116人；台属43人；定居台胞2人；港澳台侨在校学生4人；少数民族教职工161人；少数民族学生1394人。

（刘　晋、吕晓丽）

【民主党派和党外代表人物工作】①支持和协助民主党派加强基层组织建设。加强与民盟支部、九三支社的联系与沟通，协助民主党派基层组织加强思想建设、组织建设和制度建设。制定了《民盟北京科技大学支部组织发展制度》《民盟北京科技大学支部换届改选制度》《九三学社北京科技大学支社组织发展制度》《九三学社北京科技大学支社换届改选制度》。②协助民主党派基层组织做好党派成员发展工作。在民主党派发展成员的过程中，统战部认真协助做好发展对象的考察工作，贯彻党对民主党派的各项方针政策，加强与各二级党委的沟通，按照各民主党派章程，做到有质量、有计划地稳步发展民主党派新成员。年内，发展民主党派成员5人，完成考察1人。③协助九三支社开展换届前期工作，在广泛征求社员意见基础上，充分酝酿支社候选人，提出新一届支委候选人名单。④贯彻落实实施意见。认真贯彻落实《中共北京科技大学委员会关于贯彻落实<中共中央关于加强新形势下党外代表人士队伍建设的意见>的实施意见》，根据实施意见对学校党外代表人士队伍建设的目标任务提出明确要求，不断加强对党外代表人士的发现、培养、使用、管理，全面做好党外代表人士队伍建设工作。⑤抓好党外人士发现储备工作。统战部继续坚持“与党外人士交朋友制度”，充实完善《校领导与党外人士交朋友名单》，确保每位党外代表人士都有与之联系的校领导。⑥坚持“双月座谈会制度”，先后组织党外代表人士参加了群众路线教育实践活动总结大会、第七届教代会六次会议、《大学章程》征求党外人士意见座谈会、党外人士座谈会。在各类活动中，把广交深交朋友作为全面了解党外代表人士政治表现、专业成绩、群众基础的必要方式，把综合评价作为发现储备党外代表人士的必要标准，为选拔党外代表人士提供了客观依据，提高了选人识才的客观性、科学性、全面性和准确性。⑦坚持邀请统战人士参加学校有关会议、活动制度。教职工代表大会、学校工作会、校处级干部年终考评等学校重要会议和活动，坚持邀请民主党派负责人、党外代表人士列席或参加，使党外代表人士真正参与到学校的各项管理之中。⑧加强教育培训。年内，选派党外代表人士2人参加北京市委教工委举办的北京高校党外人士高级研修班，1人参加北京市第七期无党派人士培训班，组织党外代表人士参加北京高校《统战大讲堂》。统战部利用“双月座谈会、情况通报会”介绍国家、北京市和学校发展现状，对党外代表人士进行相关辅导培训。⑨优化队伍结构。根据《北京科技大学党外代表人士队伍建设规划》的有关要求，结合学校学院人员调整，依照党外代表人士的安排使用情况、自身特点、年龄、代表性等多方面因素对党外代表人士后备人员名单实行动态管理，形成了合理的队伍结构。至2014年年底，学校党外代表人士后备人员共36人。⑩积极为民主党派开展活动创造条件，提供必要的经费支持。

（刘　晋、吕晓丽）

【民族宗教工作】①圆满地完成宗教专项工作任务。根据上级对宗教专项工作提出的“教育引导、严格管理、严密实施”的工作要求和“一人一组、一人一案、一人一策”的工作方针，学校多次召开常委会，研究工作方案，进行工作部署，成立了“宗教专项工作领导小组”，明确责任，细化分工，为做好宗教专项工作提供有力保障。在工作中，坚持正面引导，巩固思想防线，通过多形式、多渠道对宗教工作重点人进行耐心细致的思想教育引导工作。在教育引导的基础上，严格监督管理，通过严肃工作纪律、加强教学管理、严格考勤监管等有效措施，加强对宗教工作重点人的日常教育管理和特殊时期的教育管理，完成了各个特殊时期的教育监管工作任务。在加强管理的同时，统战部协调相关部门，开展深入细致的调查研究，对宗教工作重点人在教学活动中存在的严重教学事故提出了处理意见，制定了工作方案和应急预案，并及时上报中央统战部、北京市委统战部、北京市委教育工委，工作中严密工作部署，有效地推进实施，稳妥地开展了此项工作，未产生任何不利影响，圆满地完成宗教专项工作任务。

②有针对性地开展民族、宗教的宣传教育工作。2014年，由统战部负责，马克思主义学院教师刘丽敏主讲，面向全体本科生开设了《宗教概览》选修课。课程以马克思主义宗教观为主线，贯穿世界宗教概况、宗教学原理、世界和我国主要宗教的历史和知识、我国的宗教现状以及我国的宗教政策和中外宗教法规等内容，150余名同学选修了课程，发放教材150册。

③坚持巩固和发展平等、团结、互助、和谐的社会主义民族关系，努力做好民族工作。在学校各项工作中，严格贯彻执行党和国家的有关政策，关心少数民族师生的工作、生活和学习。在开斋节期间，学校为10个少数民族近200名穆斯林师生加餐，共度节日。配合学校有关部门做好学校少数民族学生的安全稳定工作，确保全年无民族宗教突发事件。

④配合学校有关部门做好学校民族学生的安全稳定工作。统战部确保全年，特别是两会期间、校庆期间等关键时期无民族宗教突发事件。

（刘　晋、吕晓丽）

【港澳台侨工作】①认真做好港澳台侨专项工作，关心港澳台侨师生的工作、学习和生活，邀请港澳台侨师生参加新年招待会。②完成台湾学生情况汇总工作。③推荐2名归侨侨眷为北京市第十四次归侨侨眷代表大会代表。④支持学校侨联开展各项活动，并提供适当的经费支持。

（刘　晋、吕晓丽）

【自身建设】①全面提高理论素养和业务能力。2014年，统战部深入加强理论学习，认真选派干部参加《2014年暑期统战干部培训班》《2014统一战线前沿问题研究会》，积极参加北京市委教育工委组织的《统战大讲堂》，组织干部学习“北京高校教师党员在线”，不断提高工作人员的理论素养，统战部的领导干部积极参加中央统战部、北京市委统战部组织的各类培训活动。

②积极参加北京高校统

战理论与实践研究会的课题调研，以统战部为组长单位完成《高校马克思主义宗教观教育效果研究》调研报告。课题针对北京地区52所高校开展的马克思主义宗教观教育现状进行了调查，针对2014年北京科技大学选修《中外宗教概览》课程学生的马克思主义宗教观教育效果进行了调研，比较了北京科技大学选修《中外宗教概览》课程同学授课前、后的客观变化，比较了教育效果与理想效果之间存在的差距。通过调研分析了北京高校马克思主义宗教观教育现状、马克思主义宗教观教育取得的成效以及存在的问题，提出了加强和改进高校马克思主义宗教观教育意见建议。

③认真做好各类统计工作。完成了北京市教工委《北京高等学校统战工作对象情况统计》《2014年港澳台侨少数民族外国留学生统计》等多份统计报表。

（刘　晋、吕晓丽）

工会工作

【概况】2014年，校工会下属的学院、机关、后勤、产业分工会共23个，有158个工会小组，会员2978人。校工会下设组宣部、文体部、生活部、办公室，负责协调各部门工作并承担教代会的工作，处理日常工会工作。工会有专兼职干部9人，工会主席由校党委副书记张文明同志兼任。常务副主席1人、专职副主席2人、兼职副主席2人、专职干部3人。

（黄爱霞）

【教代会】教代会是教职工依法参与学校民主管理和监督的平台，已实现年会制。2014年6月10日，学校召开了七届教代会六次会议，重点审议《北京科技大学章程》。会上，张欣欣校长以“特色引领发展，改革驱动兴校，进一步加快高水平研究型大学建设步伐”为主题作工作报告；权良柱副校长作了题为“以制定大学章程为契机，推进现代大学制度建设，推动学校改革发展”的报告，系统地介绍了《北京科技大学章程》的起草制订工作，以帮助各位代表全面准确地了解内容，做好审议工作。校工会积极做好章程的宣传和意见征集工作，大会印发学校财务工作报告、教代会和工会工作、教代会提案工作报告等会议资料，由全体代表在会后讨论并予以审议，本次教代会重点组织审议《北京科技大学章程（草案）》。6月17日，由校党委副书记、工会主席张文明召开第七届教代会六次会议第一次代表团团长会议，会议征集《北京科技大学章程（草案）》修改建议101条；征集对学校发展、师资队伍建设、人才培养、教职工切身利益以及校长报告、财务报告等的意见和建议23项。会后将代表团意见反映给主席团，部分意见与相关职能部门沟通后直接答复代表团长。10月27日，校党委副书记张文明主持召开第二次代表团团长会议，副校长权良柱通报《北京科技大学章程》最终修改情况。2014年，进一步完善提案工作机制，教代会期间收集代表集中提案24项，除集中提案外，启动常年承办代表提案机制，收到代表日常提案2件；加大公开力度，对代表提案内容、承办单位解决方案及代表满意度均在校园OA网公布；对代表意见反馈中“基本满意”和“不满意”的提案，提案委员会继续回访，跟踪调查，与“提案人”和“承办单位”进一步探讨解决问题途径。为调动代表提案和承办单位落实提案的积极性，2014年，工会表彰优秀提案7份和提案承办先进单位2个。

（贾水库、黄爱霞）

【师德建设】2014年，校工会精心组织了北京科技大学第六届师德先进评选工作。在党政领导支持下，学校成立评选工作小组和评选专家组。评选工作以“立德树人、教书育人”为宗旨，重点鼓励在人才培养过程中作出突出贡献的教师。在各二级单位推荐的基础上，评选工作组严格审核、专家组投票表决，评选出校级师德先进集体5个、师德先进个人20人、师德标兵5人，并在校师德标兵的基础上推荐3名北京市师德先进个人，并成功获评。为保证评选过程公开透明，本次表决采用评委现场无记名局域网投票表决，真正做到评选工作的公开、公正、透明。同时，利用校园宣传栏、网站和教师节表彰大会等，加大师德先进的宣传工作。

2014年，为加强学校师德建设工作，了解教师整体师德现状，使师德建设措施有的放矢，工会组织开展了全校教师的师德状况调查。调查问卷包括3部分，第一部分是教师基本情况，包括性别、年龄、学历、职称和面貌5个方面；第二部分是师德建设途径与措施，对学校已经采取的和即将采取的15项师德建设措施进行选择；第三部分是师德状况调查，从教师职业理想、职业责任、职业态度、职业技能、职业纪律、职业荣誉和职业作风7个维度25道题目进行师德状况调查。按照学校教师人数全覆盖发放《北京科技大学师德状况调查问卷》1329份，回收1129份，问卷回收率为85%。调研结果表明学校教师职业责任感强，职业作风优秀，职业技能突出，工作态度良好，能够遵守学校纪律。

（耿小红、黄爱霞）

【理论研究】2014年，校工会继续做好理论研究，增强工会工作科学化。①为深入学习贯彻中共十八大、十八届三中全会和中国工会十六大精神，加强学习型、服务型工会建设，探讨新形势下工会工作方法，坚持以理论创新推动工作创新，2014年度共有15项研究课题予以立项，内容包含师德状况调研、网上教职工之家创建、高校文体协会规范化管理以及教职工之家建设等方面，其中5个重点课题进行开题报告和结题汇报。②组织暑期干部培训。为进一步提高基层工会干部综合素质和专业水平，7月初，围绕弘扬社会主义核心价值观和解读“中国梦”为主题，组织工会干部听取“我国国家安全战略思考”，并组织观看大型纪录片《百年潮·中国梦》。同时，依托首都职工素质建设工程项目——“学习贯彻中共十八届三中全会与中国工会十六大精神解读”报告，举办了教师职工心理咨询与培训“职场减压秘籍”讲座。

（黄爱霞）

【自身建设】2014年，校工会创新工作机制，建设“网上教职工之家”。①建立利用现代媒体、教代会和传统“面对面”方式的“三位一体”的意见征集、沟通、反馈机制；群众意见及建议“全程跟踪”的解决机制，使工会成为学校与教职工的桥梁组带组织，畅通教职工诉求表达渠道，维护好教职工在学校工作中的参与权、知情权、表达权和监督权。②改版原有网站，建设网上“教职工之家”。开辟“建言献策”“电子提议”“在线调查”“主席信箱”等网络互动平台；利用邮箱和短信平台，实现对广大职工的节假日慰问、生日问候等。

（黄爱霞）

【服务教工】2014年，校工会践行群众路线，为教职工办实事。①编写《北京科技大学工会会员服务手册》。手册涵盖多方面内容，包括基本职能、民主权利保障、品牌活动、贴心服务、精彩活动以及社会主义核心价值观、中国梦、教育部师德规范等，主要发放给新入校教职工，方便其更全面和便捷地了解工会工作和活动，吸引教职工更广泛地参与工会工作和活动。②整理学校教职工2771条基础数据，利用学校短信平台和邮箱发放祝福教职工生日短信，一方面为教职工送去祝福，另一方面加强沟通，听取广大教职工对工会工作的意见和建议。③推广“在职职工互助保障计划”。2014年，教职工新增办理“女职工大病保险、职工意外伤害保险、职工重大疾病保险、职工住院保险”人数分别为308人、249人、408人、390人。年内办理教职工出险赔付12人，赔偿金额7.5万元。④开展品牌服务活动，热心服务教职工。继续做好京卡·服务卡的办理、学车和假期旅游的组织报名、服务月以及送温暖等活动。⑤做好学校“温暖慰问基金”工作。通过“两节送温暖”“五一关爱劳模”和上半年、下半年福利委员会集中讨论困难职工情况等工作，特别关注劳模、单身家庭、长期重大疾病、年轻教职工等生活困难群体，形成帮扶长效机制。按照《北京科技大学工会福利费补助管理办法》设立在职职工重大疾病、患病住院、家庭生活困难和亲属离世四类专项“温暖慰问基金”，发放金额28.6万元，涉及在职职工146人次。关心年轻教师，发放结婚生子补助2.25万元，涉及106人次。⑥2014年，计生办认真履行职责，在全校师生中广泛开展计生国策及相关法律法规宣传，加强大学生青春健康教育，全心全意为全校师生提供优质服务，为学校发展营造良好人口环境。年内，人口计生目标管理责任书签订执行率98%；独生子女家庭各项奖励兑现率100%。为教职工办理《独生子女证》78本；办理《生育服务证》教职工81本、学生54本；学生结婚审核登记230人次；为师生出具计生相关证明526份。

（耿小红、曹红丽、王宇同）

【文体活动】为丰富教职工生活，关爱教职工身心健康，2014年，工会开展了喜闻乐见的文化体育活动。①召开第三十七届教职工综合运动会。为鼓励教职工积极参与、快乐运动，本届运动会将竞技体育与趣味游戏相结合，不仅设立了跑、跳、投等传统田径项目，还安排了旋风跑、呼啦圈接力等趣味项目，其中参与竞赛项目的有508人次，参加趣味项目的有807人次，合计参与1315人次。②组织教职工健身徒步走活动。本着“全员参与、快乐健身”的主题，校工会本年度组织两次健身徒步走活动，通过行走，进一步增强教职工之间的交流和团结协作精神，既锻炼身体又放松心情，参加教职工1056人次。③组织教职工开展排球、羽毛球、乒乓球等球类比赛。以健身、娱乐为宗旨的各类球类比赛，广受教职工喜爱。全年参与文体活动教职工3000余人次。

（赵智杰、于海荣）

本科生工作

【概况】2014年，学生工作部（处）、武装部紧紧围绕立德树人根本任务，以社会主义核心价值观培育、践行工作为统领，以学生党建和思想政治教育为龙头，以辅导员队伍建设为保障，以创建优良学风、促进素质教育为目标，强化顶层设计，注重协同创新，坚持示范引领，聚焦关键环节，切实提高学生工作精细化管理和科学化水平。年内，部门获北京市思想政治工作优秀单位、2012 ~ 2013 年北京高校党的建设和思想政治工作优秀成果一等奖、创新成果奖。

（于成文）

【学生党建】①加强学生业余党校建设。完善新生党员、毕业生党员、预备党员、党支部书记等学习培训机制，不断提高教育培养的针对性和实效性。2014 年，举办学生业余党校 21 期，培训学生党员和入党积极分子 5100 余人次。②实施学生党员“成才表率”培育计划。组织全体党支部开展“成才表率”标准大讨论，要求全体学生党员制定个人“成才表率”计划并进行承诺践行活动，进一步完善学生党员述责测评网络系统。③推进学生党员“服务先锋”行动计划。学生党支部完成“红色 1+1”共建活动数量 109 个，位列北京高校首位。计通本 13 级第二党支部以第二名的成绩获得北京市示范活动一等奖，学校连续第五年获得北京市优秀组织奖。《着力机制建设，强化实践育人，切实提高学生党员教育培养工作质量》获得“2012 ~ 2013 年北京高校党的建设和思想政治工作”优秀成果一等奖、创新成果奖。

（秦　涛、张　毅、臧甜甜）

【学生教育】坚持立德树人，注重思想引领，从提高思想教育的实效性、针对性出发，根据学生成长规律，逐步培育参与广泛、特色突出、效果显著的教育项目。

①日常思想政治教育。一是社会主义核心价值观宣传教育。加强部门统筹，整合工作资源，联合马克思主义学院、校团委等单位，制定《社会主义核心价值观宣传教育工作实施方案》，对培育、践行工作进行整体设计和系统推进。加强宣传教育，确保全员覆盖，推动学院广泛宣传，要求学生班级、党支部开展至少一次主题班会、党日活动，确保核心价值观基本内容处处可见、人人知晓。开展主题活动，推进自觉践行，举办主题征文、演讲大赛、公益微电影创作等活动，开展“为核心价值观代言”“践行价值观、传递正能量”倡议、“记录北科最美瞬间”摄影大赛等主题微行动，引导学生自觉将核心价值观内化于心、外化于行。融入日常工作，形成长效机制，发挥开学典礼、毕业典礼、颁奖典礼等典礼的育人功能，强化形势与政策教育、新生教育、毕业教育等工作的全覆盖效应，注重“校长奖章”评选、优秀班集体创建等评奖评优工作的示范作用，将培育、践行工作融入学生学习生活各环节和大学生思想政治教育全过程。二是新生入学教育。进一步完善新生教育方案，明确“以新生为本、以学业为主”的理念，统筹开展大学适应教育、大学学习教育、理想信念教育、职业规划教育和心理素质教育，切实帮助新生适应大学生活，实现学业发展。前移新生教育工作起点，继续实施新生网上报到、在线学习制度，并依托辅导员 QQ 群，加强与新生互动交流，引导新生建立对大学的正确认识，顺利完成角色转变；举办“新生党员培训班”，组织新生党员提前报到、集中培训，发挥新生党员在新生教育工作中的作用。整合教育资源，进一步整合部门、学院的教育项目，第一、二课堂的教育内容和教师、家长、校友等教育力量，切实提高教育针对性和实效性。创新教育形式，借鉴国外新生教育经验，试点开设 8 学时的“新生研讨课”，以新生班级为教学单位，以交流研讨为教学形式，组织知名教授、班导师、优秀校友、高年级优秀学生与新生进行交流互动，切实帮助新生解疑答惑、适应大学学习生活。共有 10 个学院开设本门课程，新生满意度为 95.2%。创建“2014 贝壳学子”微信平台，覆盖新生 2900 余人，实现了对新生成长的全程指导和服务。三是毕业教育。精心打造“感恩母校情，共筑北科梦”毕业季品牌活

动，开展“毕业生文化衫方案征集”“我的全家福”明信片设计、“中国梦、北科梦、我的梦”主题摄影、“毕业生旧货交易市场”等形式新颖的活动，营造温馨和谐的毕业氛围，引导毕业生分享毕业情感，表达感恩母校之情；发动各学院根据实际情况和学生特点，组织开展以“毕业生文艺晚会”“微电影创作”“毕业班风采展示”为主要形式的毕业季系列活动，引导毕业生正确、恰当地表达情感、释放情绪；深化毕业典礼育人功能。围绕感恩教育主线，突出爱校荣校重点，精心设计毕业典礼视频、答谢感恩、校长寄语、合唱校歌环节，引导毕业生感谢师长、情寄母校，同时隆重表彰优秀毕业生和“启航奖励金”“校长奖章”获奖学生，引导广大毕业生到祖国最需要的地方建功立业。开创“贝壳毕业生”微信平台，受到毕业生的广泛关注和认可。四是网络思想政治教育。进一步优化学生工作信息系统。2014年，运用该系统完成本科生奖学金评审5427人次，个人荣誉称号评审2142人次，发布学生事务管理、先进事迹等各类信息百余条，实现了学生工作数据的互通共享，提高了学生事务管理工作的效率。积极整合新媒体资源。大力加强“学子在线”网站建设，构建起以“2014贝壳学子”“贝壳毕业生”“学生工作通讯社”微信公众平台为主体的“微媒体”工作体系，实现了对学生群体的分类指导、全程跟踪和精准引领，发挥了网络在引领学生思想、服务学生成长方面的作用。五是推进形势与政策教育。加强与马克思主义学院合作，落实《关于进一步加强“形势与政策”课教育教学的实施意见（试行）》，邀请校内外知名专家学者，围绕“习近平总书记系列讲话精神”“党的十八届三中全会精神”“培育和践行社会主义核心价值观”“宏观经济形势”“农业农村发展形势”“‘中国梦’主题教育”“世界经济复苏形势”“大国战略关系”“中国外交政策”等主题开展一系列高水平的讲座，增强了学生对于党和国家方针政策和国际国内形势的理解与认同。六是加强党风廉政教育和监督机制建设。依托学生业余党校，加强学生党支部书记、学生党员、入党积极分子的党风廉政教育，强化廉政责任和民主监督；在学生评奖评优、学生资助和学生工作干部选拔等工作中，完善公示制度，建立监督机制。

②学生心理健康教育。一是课程教学。开设必修课《大学生心理健康》，为学生提供16学时理论与实践相结合的心理素质教育，实现本科新生全覆盖；培训教学团队，组织教材编写与出版。二是宣传教育。开展第十四届心理健康文化月活动，协同各学院心理协会分会，开展心理电影放映、心理知识竞赛、情景剧大赛，“微爱对对碰”“漂流瓶”传递、主题讲座、“心理健康快车”主持人培训等活动。开展第十四届“心理健康快车”活动，第六次逐班对新生开展班级心理辅导，覆盖118个本科生班级、3300余名新生，活动的满意度为99.61%。筹划组织心灵氧吧、心理讲坛、心理沙龙等系列品牌活动，协助承办北京市新生宿舍文化建设大赛。三是加强心理咨询的规范化和专业化建设。完善督导制度，规范淘汰机制，加强培训力度，大力提高咨询服务人员的工作技能。2014年总计开展各类督导、培训活动22次。建立咨询服务的保障机制，延长开放时间、增加服务场所，提高咨询服务水平与质量。2014年，接待个别咨询2998人次，为本科生、研究生以及不同类型问题学生开展团体辅导92场，网络咨询问题32人次。在危机预防与干预中，春秋两季共排查上报重点关注学生1246人，研判三星（含）以上学生602人，约谈61人。2014年，组织全校新生通过网络平台进行心理普查，回

收有效问卷5962份，共筛查出453名新生，约谈到访423人；99%的学生对约谈表示满意。对于重点关注的学生，中心以“及时反应、快速沟通、完整记录”为原则，对整个过程进行记录存档。中心还坚持“周报”制度，每周都对潜在危机学生进行追踪指导。

③学生国防教育。一是课程教学。完成了必修课15个讲台、3500余人，共计930学时和选修课4个讲台累计80学时的军事理论教学任务。在北京市教委组织的首届军事课教师课程竞赛中，1名教师获得一等奖，2名教师获得二等奖；1名教师作为主编参编了教材《大学生军事教程》。二是实践教学。坚持育人目标，努力把军事技能训练的实践平台建设成为育人的有效环节。2014级3267名本科学生及50名教师，在北京市学生军训基地（怀柔）学习训练了13天，共完成军事课目5项、专题教育讲座7场、训练及文体竞赛活动13次；组织参训教师及学生骨干培训21次，座谈交流会10次。三是征兵工作。2013年，中央军委决定改冬季（10～12月）征兵为夏秋季（7～9月）征兵。学校确定入伍28人（含女生2人），其中包括5名应届毕业生。同时，有25名学生（含女生4人）光荣退伍复学，他们共获得三等功2次、优秀士兵称号39次、嘉奖48次，有10名同学光荣入党；戎程研究会完成了《大学生士兵所学专业与部队工作契合度调查分析》和《退伍大学生发展状况调查与研究》两项调查报告；学校被评为北京市征兵工作先进单位。四是国防教育活动。依托学生社团，开展精致、特色、有效的国防教育实践活动，帮助学生增强国家安全意识。举办北京科技大学第二届国防教育专题论文报告会，2014级本科学生广泛参与，表现优异。1名学生参加北京市首届国防教育专题论文报告会，获得一等奖；国防知识爱好者协会代表学校获北京地区高校“华山论剑”军事知识比赛冠军；以国防体育协会为主体的学生代表队参加首都高校学生定向锦标赛、定向越野联赛等，多次获得男女团第一、总团第一的好成绩。

（曲　涛、秦　涛、张　毅、潘佳奇、臧甜甜、王　艳、臧伟伟、郭　南）

【学生管理】①家庭经济困难学生资助。学校通过奖、贷、勤、助、补等方式构筑点面结合的全方位学生资助体系，深化服务，完善管理，稳步推进资助工作的动态管理模式。2014年，全校认定家庭经济困难本专科学生共3738人，至12月，学校对其中的3512人进行了各类资助，资助比例为93.95%。一是做好助学金、补助评审发放工作。2014年，评审出助学金获得者3103人，其中国家助学金2858人（本科生2830人、高职生（专科）28人），其他资助245人，约占学校本专科学生总数的23%，资助总金额915.8万元，较上一年增长33.6万元；评审出2014年家庭经济困难学生饮用水、洗澡和电话费用专项补贴获得者2710人（本科生2662人、高职生（专科）48人），资助总金额50.14万元。同时，通过完善助学金分配率和重合率指标，加强对助学金评审工作的监测，达到避免平均分配和轮流坐庄的目的。发放17名学生特殊困难补助35.53万元；发放585名毕业生就业补助51.9万元；发放45名体育生学费减免补助13万元；发放280名学生献血补助8.64万元；发放3364名学生社会实践补助33.64万元。二是完善国家助学贷款双轨制。构筑以校园地贷款为主、生源地贷款为辅的国家助学贷款双轨工作模式，实现助贷工作双管齐下。2014年，共有2000人申请了各类助学贷款，实际发放1997人，累计发放金额1215.68万元。其中，校园地贷款1162人，共计685.96万元；生源地贷款838人，共计529.72万元。三是深化国家代偿类资助服务。2014年，学校为大学生士兵申请入伍国家学费补偿和贷款代偿28人，共计资助31.86万元；为基层就业毕业生59人发放国家基层就业代偿58.71万元，同时新申报就业代偿资助84人，合计168.29万元，创该项国家资助学校申请有史以来的新高。四是推进勤工助学工作规范化进程。细化过程管理，不断完善工作流程，保证补助及时准确发放，服务师生。健全工作制度，起草了《北京科技大学勤工助学基金使用和管理办法》；逐步消除“一人多岗”现象，扩大工作受益面。深入基层调研，走访4个单位，组织座谈4场，谈话学生66人，考核结果反馈用人单位，确保工作规范运行。2014年，共设立校内勤工助学岗位1596个，近50%的岗位服务于学院，4145名本研学生参与勤工助学，较2013年增长近200人。与皇族养心堂建立合作关系，提供勤工助学岗位100余个和暑期实习岗位8个，其中1人正式入职，成为业务骨干。五是创新和推广各类品牌资助育人项目。暑期首次开展针对家庭经济困难学生的家访“暖心家乡行”活动，12个学院的28名辅导员老师参与其中，走访19个省、市、区中44个乡镇的困难学生家庭，将学校关爱送到学生家中。新生入学“绿色通道”为640名困难新生缓交学费共390.58万元，同时为特困生发放现金补贴和各类物资折合共15.43万元。开展第九届“冬季送温暖”活动，为2014级家庭经济困难新生发放羽绒服近300件，价值11万余元；开展毕业生旧货市场活动，数千名在校学生参与活动，近百名毕业生捐赠书籍、衣物；与社会助学单位合作，持续开展助学励志育人活动，包括中国扶贫基金会金利来“服装捐赠”、中国宋庆龄基金会“青年领导力项目”、中国青少年发展基金会“激励行动”、海南航空“情暖校园”项目及各类颁奖表彰会；深化品牌项目在学生群体中的影响，2014年，组织各类资助活动10余项，惠及学生近万人次，同时继续推进“公益学时”和主题征文活动，邀请王梦恕院士做“不要忘记祖国的需要”主题报告会，帮助大学生将励志、诚信、感恩精神内化于心、外化于行。

②学风建设。一是完善评奖评优工作机制。进一步优化“校长奖章”、87级校友基金优秀学生干部等重要奖项的评审程序，首次实施本科生评奖评优网上申报，全面推广特等奖学金答辩制度，确保了评审过程和结果的公开、公平、公正。2014年，共设立本科生奖学金18项，5524人次获奖，覆盖率为41%，奖励金额750万余元。在本科生中，评选出北京地区高等学校优秀毕业生160人，北京市三好学生19人，第八届“校长奖章”获得者7人，校三好毕业生642人，校优秀三好学生504人，校三好学生1008人，校优秀学生干部630人，“87级校友基金”优秀学生干部20人。二是加强学生基层组织建设。制定《关于加强宿舍长队伍建设相关工作的通知》，促进宿舍长作用发挥。将宿舍达标创优纳入学生个人和集体评奖评优指标体系，激发学生创建优秀集体的积极性。加大指导服务力度，组织班长、楼层长、宿舍长培训34次，培训学生骨干3200余人次，9个学院选聘102名优秀高年级学生担任新生小班主任。全年共302个班级、团支部和1081个宿舍参与创建，评选出北京市优秀班集体7个，北京科技大学“87级校友基金”最佳团队10个，先进班集体、优秀团支部标兵35个，先进班集体、优秀团支部70个，标兵宿舍57个，文明宿舍512个，标兵宿舍长82人，优秀宿舍长447人。在北京高校“我的班级我的家”优秀班集体创建活动中，计算机与通信工程学院物联11班荣获北京高校“十佳示范班集体”称号。三是开展学风状况调研。完善学风观测指标，组织开展两次学风状况调研。

要求学生工作干部“深入班级、深入课堂、深入宿舍、深入网络”，了解学生学习情况。累计发放问卷2800余份，召开学风建设座谈会、研讨会100余场，学生工作干部累计听课300余门次。四是推进学生学业辅导工作。实施学生学业辅导与发展计划，整合专家教授、任课教师、学生党员等资源，构建起提升学生学习能力、解决学生学业困难、促进学生学业发展的长效机制。数理、机械、化生、土环、计通、材料等学院成立学业辅导机构，开展了课程答疑和学习经验交流活动；依托学生党员“助学零距离”活动，学生党员帮助479名学业困难同学减少了近500门次的挂科。五是健全联动机制。发放《致学生家长的一封信》11000余封，加强辅导员与家长的沟通，形成对学生成长成才关注和帮助的合力。六是宣传先进典型。通过搭建校院两级的立体宣传平台，开展答辩会、表彰会、宣讲会等活动，通过校园门户网站、学子在线、宣传橱窗、视频、微信等载体在全校深入开展先进个人、集体事迹的挖掘和宣传，发挥学风引领和示范作用。2014年整理、宣传典型事迹87人次，举办大型表彰会3场。编写发放2014级新生《象牙塔里的足迹》。

③日常管理。一是修订发放《2014本科生学生手册》。组织2014级本科新生参加校规校纪考试，着重考察新生对校规校纪的掌握情况，强化学生对自己权利和义务的认识。二是组织2014届学生毕业典礼暨学位授予仪式和2014级新生开学典礼，共7000余名学生及1000余名学生家长参加典礼。

④安全稳定工作。一是做好安全教育。与保卫保密处、后勤服务集团、相关学院联合组织举行学生公寓火灾疏散演习，共3000余名师生参加演习。针对楼层长、宿舍长开展安全知识、消防安全培训。做好寒暑假、元旦等节假日及特殊敏感时期的学生安全教育和学院值班工作。二是做好危机应对。在学期开学、学生毕业及重大敏感时期开展学生思想动态研判，及时掌握学生思想动态。严格执行校规校纪，2014年共处理违纪学生4人。向全体2014级本科生发放《本科生保险手册》，引导学生学习安全、保险及医疗相关规定，为3100余名新生办理大学生人身意外伤害保险。2014年，本科生理赔案例近100起，理赔金额约21万元。整理汇总2014年学生突发事件案例59个。

⑤少数民族学生培养和管理。重视少数民族学生的培养和管理工作，在尊重其民族习惯的同时，充分发挥专职辅导员的作用，继续提高对学生的服务意识，不断加强对学生学习的帮助和引导。2014年，有55人次获得“民考汉、内地班”学生奖学金，4名2015届少数民族本科毕业生获得免试攻读硕士学位研究生的资格；在开斋节时，为100余名回族、维吾尔族、哈萨克族等伊斯兰教少数民族学生提供免费午餐欢度节日。

（丁煦生、盛佳伟、夏春生、刘晓杰、王金蕊、杨　雄、张同华、臧甜甜）

【辅导员队伍建设】①依托教育部和北京市辅导员培训基地，有效地整合学校培训资源，进一步完善四级培训体系，特别加大对辅导员参加专项培训、高级研修的支持力度。全年组织实施培训项目 32 个，培训辅导员 494 人次，较 2013 年增长 33%。其中，参加校外、京外和境外高水平培训项目的辅导员为 145 人次，较 2013 年增长 140%。辅导员的履责能力进一步提高，学生对辅导员的满意度为 94.8%。

②改进辅导员考评办法。优化学生满意度、同行认可度等测评办法，全面、客观、公正地评价辅导员的工作质量。继续做好“十佳辅导员”评选工作，采取学院推荐、复评考核和公开展示三阶段评选办法，提高评选工作的

科学性。研究制定《学院专项奖评选观测点》，为学院申报奖项、总结经验、推进工作提供了有效指导；继续按照辅导员总数25%的比例评选“优秀工作者”，加大对辅导员的激励力度。

③加强辅导员职业能力建设。按照《教育部辅导员职业能力标准（试行）》的要求，扎实推进辅导员队伍的职业化、专业化建设。加强对优秀个人和优秀项目的培养，选拔推荐辅导员参加教育部、北京市的专项技能培训、相关竞赛活动和项目申报，帮助辅导员强化职业认同，提升职业素养。数理学院郭东旭获北京市第二届辅导员职业能力大赛二等奖，自动化学院景鹏《基于网络的大学生党员述责测评系统工程》入选教育部思政司“2014年高校辅导员工作精品项目”。加强对辅导员职业发展的指导，实施辅导员工作日志、主题班会制度，加强辅导员年级组建设，推进辅导员沙龙项目，通过工作交流、课题研究、文化活动等形式，强化对辅导员技能提升和职业发展的指导。全年举办辅导员交流研讨活动10余场、文体活动2次。创建微信公众平台“北科学工大家庭”，加强信息发布、工作交流和典型宣传，指导辅导员职业规划，服务辅导员职业发展。2014年，总关注量为230余人，总阅读量为18581人次。

（秦　涛、张　毅、潘佳奇、臧甜甜）

【学生工作调研与宣传】①做好舆情调研工作。加强学生思想动态调查和舆情焦点、热点分析，做好大学生思想状况滚动调查、高校学生假期返乡调查、敏感时期学生思想状况调查及其他专项调研工作，及时掌握学生的思想动态和重要问题，加强工作的预见性和针对性。2014年，共撰写调研报告和情况简报39篇。②做好新闻宣传工作。加强学生工作新闻队伍建设，充分运用校内外宣传载体，将学生工作的动态、经验和成绩及时准确地进行报道。2014年，共发学生工作快讯78篇。

（秦　涛、张　毅、潘佳奇、臧甜甜）

研究生工作

【概况】2014年，研究生工作部在校党政组织的正确领导下，以学习贯彻十八大和十八届三中、四中全会精神为契机，坚持以育人为本，以社会主义核心价值观教育为引导，以造就拔尖创新人才为目标，坚持贴近实际、贴近生活、贴近学生的工作原则，努力促进研究生思想教育与学术成长相结合，创新培养与实践体验相结合，提高素质与发挥作用相结合，为维护学校稳定、促进学校发展提供了有力保障。

（张　颖）

【研究生管理】①完善和规范研究生评优工作。积极探索以评促建、加强学风建设的有效途径，充分发挥评优的导向和示范作用，形成“学习先进，争当先进”的良好氛围。为鼓励高年级优秀博士生潜心研究、积极创新、产出更多高水平学术成果，经过调研、多方征求意见、在讨论的基础上，出台了《北京科技大学博士研究生校长奖学金评审办法（试行）》（校发〔2014〕44号）；改革研究生集体评优，为营造良好的集体氛围，4月份启动研究生优秀集体建设项目，123个集体申报，从学术科研能力建设、实践创新能力建设、集体凝聚力建设等方面经过近8个月的建设，于11月各学院以多种形式对建设项目进行了验收，并向学校推荐了51个集体，经过材料评审和现场答辩评审，产生标兵集体和优秀集体。举办优秀集体总结汇报会、中信铌钢奖学金颁奖会等总结、评审、表彰会10场。2013～2014学年度，共评出“校长奖章”3人；优秀三好研究生301人，三好研究生903人，优秀研究生干部360人，研究生特种奖学金75人，国家奖学金259人（硕士生2万元/人，博士生3万元/人）；博士研究生校长奖学金12人；35个集体获得校级优秀集体荣誉称号，10个集体获得校级标兵集体荣誉称号、2个班级获得北京市先进班集体荣誉称号；获研究生十佳学术之星10人，提名奖10人，学院学术之星100人，6个单位获得学术论坛优秀组织奖。在2014届春季毕业研究生中评选出北京市优秀毕业生92人，校级优秀毕业研究生284人，在夏季毕业研究生中评选出北京市优秀毕业生58人，校级优秀毕业研究生171人。

②继续丰富研究生心理健康教育工作方法和有效途径，在2014级新生中开展团体心理辅导并实现全覆盖，使新生最快地适应新的生活和学习环境，学会正确认识和评价自我的方法，为今后顺利完成学习科研任务打下良好的基础。团体辅导活动在有效预防了个别研究生的心理危机事件中已显现出较好的识别和防治效果。利用每月一次的“茶语生活”系列活动，以心理趣味活动和辅导为主要内容，提高研究生的心理素质水平，丰富研究生课余文化生活。指导心理咨询中心做好2014级研究生新生的心理健康普查工作，并与心理咨询中心配合进行进一步的约谈工作，为建立学生心理健康档案，有针对性地开展心理健康教育。指导学院和心理咨询中心对“重点关注研究生”的心理健康状况进行研判，及时帮助和控制具有危机倾向的研究生，化解危机事件，稳定学生状态。

③进一步完善研究生安全教育体系和危机应对工作机制，妥善处理研究生中出现的突发事件，维护校园稳定。定期开展舆情调研，及时掌握和了解研究生思想动态，积极化解矛盾，把不安定因素消除在萌芽状态；节假日、敏感时间节点前做好安全通知、安全注意事项提示、值班安排；严格执行学生集体外出活动审批制度，做好大型学生活动安全预案；做好安全知识的普及工作，在全体研究生新生中进行实验室安全普及教育和学生公寓的守则教育。通过与资产管理处合作，在各学院或研究生培养单位进行宣讲，各学院组织全体研究生新生通过观看安全教育影片、宿舍火灾疏散演习、实验室设备使用及防护等途径，切实提高新生的安全意识。

④教育学生增强自我保护意识和办理意外伤害保险的意识，使生命财产得到必要的保障。2014年共为1964名研究生办理了意外伤害投保手续，为70人办理了保险理赔，总金额为135185.11元。

⑤坚持以人为本，切实探索和采取相应措施，改善研究生学习、科研、生活条件，如为学生办理申请困难补助、结婚申请（170人）、出国申请（160人）、购买两限房等事宜。

（宋燕兵、王　斌）

【研究生党建工作】①探索积极发挥研究生党员先进模范作用的党员述责测评工作，加强基层党支部战斗堡垒作用的发挥。在近4年研究生基层党支部规范化建设的基础上，通过规范支部规模、支部组织生活内容和形式，2014年，在学校自动化学院进行试点建设，利用网络建设，对每个党支部和党员个人进行民主述责测评，全体同学广泛参加，积极投票，选出最优秀的党员，既使党员个人的先进作用得以发挥，又使先进支部的优秀工作产生效果，同时还较好地解决了研究生因实验、出差不能正常开展组织生活的问题。

②积极开展“红色1+1”活动，发挥专业优势，服务社会基层。党支部发挥自身专业优势，与京郊农村、乡镇街道、企事业单位、驻京部队等地方党支部结对，建立共建关系，利用节假日开展科技支持、文化普及、知识宣讲，充分展现共产党员的风采，增强党支部的凝聚力，提高研究生的社会责任意识。

③发挥“红色钢铁摇篮”训练营的平台作用，做好培训工作。在前6年“红色钢铁摇篮训练营”的工作基础上，研工部继续以训练营为平台，深化“分层次～体系化～重实效”党建培训模式，坚持“三个一”的工作原则，即让每一名研究生新任党支部书记参加一轮培训，对每一名研究生预备党员进行一轮培训教育，给一大批研究生骨干提供一次学习机会。先后组织开展了研究生新任党支部书记、研究生骨干、研究生预备党员3个层次的培训活动，举办专题报告12场，74名新任研究生党支部书记、115名研究生骨干、232名研究生预备党员顺利结业，88名学员被评为优秀学员。在培训中设立自主学习和课题调研等环节，注重激励党员学习的积极性和主动性，注重培养体系的探索，凝炼出特色鲜明的培训内容体系，更加注重培训过程实效性。

④开展研究生成才标准大讨论。深入推进学生党员先锋工程计划，充分发挥研究生党员先锋模范作用，引导研究生自觉践行社会主义核心价值观，以支部建设为主体，以“成才标准”凝炼和“成才表率”培育计划为重点，紧密结合学校人才培养目标和研究生成长成才需要，增强研究生党员理想信念，提高综合素质，推动学校研究生更好更快地成长成才。开展“成才标准大讨论”“党员承诺践诺活动”“我是党员你见证”等系列活动。各学院及研究生培养单位紧密结合研究生群体特点，动员研究生党支部多途径、多渠道、多措施地开展成才标准大讨论，共覆盖研究生党支部159个，推荐到研工部的优秀主题党日活动45个，总结形成学院研究生成才标准15条。展现了学校研究生的特色和风貌，激发了研究生党员带头成长成才的热情，催生了学校研究生成才标准成果，凸显了当代青年身上的责任感和使命感，形成了具有学校鲜明特色的研究生成长成才标准。

（张　颖、宗燕兵）

【研究生教育】2014年，学校继续有针对性地开展入学教育、毕业教育、形势政策教育和安全教育等工作。

①充实新生入学教育内容。在新生中实行新生学术生涯教育计划，是引导和帮助新生尽快适应研究生学习和科研工作的重要举措，是高层次拔尖创新人才培养的第一步，是研究生德育工作的主要组成部分。各学院和研究生培养单位在贯彻落实全员育人、全方位育人、全过程育人的基本方针时，从实际出发，创新形式，注重效果，用一个学期的时间，重点从新生的归属意识、科研意识、责任意识、安全意识、心理健康教育以及职业生涯规划6方面，制定本单位研究生新生学术生涯教育计划细则，帮助研究生建立积极心态，尽快适应科研节奏，引导研究生确定学习科研目标，为顺利完成学业奠定基础，发掘自我潜力，提升竞争能力。从4个角度强化4种意识，即“学习校规校纪，强化安全意识；传承优良学风，强化归属意识；倡导学术诚信，培养科研意识；加强“三自”教育，培养责任意识”。一是科技迎新，以人为本，创新网上报到手续。2014级研究生可在网上报到时选择宿舍、手机号，到校后可直接办理入住手续，充分体现了学校的“科技范儿”。这项新举措获得京华时报、搜狐网、腾讯网、新华网、新浪网、网易教育人民网等53家媒体和网站的争相报道。

二是国家“千人计划”入选者、化学与生物工程学院院长张学记教授在新生开学典礼上为研究生新生上第一堂课《做人 做事 做学问》。三是组织参观校史馆，了解学校发展规划，开展学校历史及校风教育。四是组织学习《研究生手册》，开展新生与导师座谈会、新老学生经验交流会、学术规范教育、安全教育等活动，帮助新生尽快适应环境，完成角色转换。五是组织全校研究生新生签订《遵守校纪校规承诺书》。六是实现研究生新生心理咨询中心团体辅导全覆盖。七是组织中国与国际发展前沿系列讲座5场，1000人次参加，使广大研究生了解我国时事政策与国际安全形势，培养爱国情操。

②丰富毕业教育形式。一是毕业典礼及学位授予仪式是毕业教育成果的重要体现形式，也是毕业研究生人生道路上的重要里程碑。2014年1月10日，北京科技大学2014届春季毕业典礼“一生有你”，让学生成为毕业典礼的主角，深刻感受到母校的爱与祝福。二是以凝聚母校情结为宗旨，加强毕业生社会责任意识教育。在毕业生中进一步弘扬学校精神文化传统，凝聚感情，引导毕业生尊师爱校、亲情离校，增强毕业研究生的社会责任意识。组织“院系领导寄语”“毕业生欢送会”“师生联谊座谈”“重温校史”和“我为母校献言献策”等活动，增进学校、学院与毕业生之间的感情交流，提升毕业生荣校爱校的意识，培养毕业生为母校发展贡献力量的自觉意识，更好地为研究生的健康成长成才和学校的研究生教育发展服务。三是秉持“以学生为本”“以毕业生为主角”的理念筹备，组织研究生毕业典礼。以评选“优秀毕业研究生、优秀毕业论文”为依托，加强学术诚信和科学道德宣讲。通过组织“优秀毕业论文交流会”等系列活动，让毕业研究生传授学习经验，教育引导低年级同学珍惜学习时间，倡导严谨学风，更好地把握研究生生活。通过大学“最后一课”等专题讲座对研究生进行学术科研指导以及学术道德教育，指引研究生在今后的人生道路上诚信做人，诚信做事，坚持和发扬科学精神，遵守学术规范、践行学术道德。做好2014届优秀毕业研究生推荐评比工作，树立先进榜样，宣传先进事迹，营造学校良好的学术氛围。四是以维护学校改革发展稳定的大局为出发点，做好安全教育。高度重视毕业生的安全教育，切实维护好学校的安全和稳定。举办安全教育讲座，通过分析以往毕业期间的典型案例，帮助广大毕业生树立安全意识。加强对毕业生宿舍的管理，保持宿舍的清洁卫生。在宿舍内部和校内公共场所进行全面控烟，做好毕业生控烟健康教育以及控烟宣传工作，为创建无烟校园、构建文明校园做出努力。

③利用各种契机深化思想政治教育。以选修课形式开设人文素质课程，从人、文、社、科等各个学科不同角度提高研究生价值判断能力、社会认知能力、科研学术能力等。

（宗燕兵、王　斌）

【研究生德育工作基层组织建设】①辅导员队伍建设稳步前行。建设高素质的德育队伍是做好学生工作的保证。至2014年12月月底，有研究生辅导员56人，其中专职27人、兼职29人。为加强研究生辅导员队伍建设，提高辅导员的职业素养和业务水平，2013年4月24日成立研究生辅导员联谊会，由博士生辅导员组、硕士生辅导员组以及若干专项研究组组成。其中博士生辅导员组与硕士生辅导员组为常设机构，旨在加强研究生辅导员的日常交流和队伍建设，构建良好工作氛围，专项研究生旨在针对具体问题进行深入研究，形成明确的工作方法或指标，切实提高研究生辅导员的工作效率和工作能力，并可根据研究生思想政治教育工作的深入开展或重心变化进行适当调整。2014年，共设心理健康与形势政策课研究、网络思想政治教育研究、诚信教育工作研究3个专项研究小组。

②学术诚信教育贯穿学风建设始终。结合学校实际情况和新时期研究生的特点，积极拓展科学道德与学风建设的新途径和好做法，不断深化对研究生的科学道德宣传和教育。将学术道德和诚信教育贯穿于学习型党组织建设和优良学风建设之中，在学术论坛、入学教育、毕业教育、党员培训、党支部组织生活、评优评奖、科技与人文素质课程等环节中引入学术诚信和学术规范教育。通过宣讲报告、发倡议书等形式在全校范围内进行宣传教育活动。组织学校100名研究生代表和教师代表参加了由教育部举办的首都高校“科学道德和学风建设宣讲教育活动”，聆听吴良镛、杨乐、杨卫院士等科学大师的学风建设宣讲教育活动。组织近300名研究生参加北京市科协组织的学术诚信宣讲教育活动；向全体2014级研究生新生下发《科学道德简明读本》，确保研究生新生人手一册；在开学典礼上向全体新生发出学术诚信倡议，让每一名新生在入学之际就明确学术诚信是科研人员的天职。

③《“以学促德，以风肃研”研究生科学道德学风建设项目暨学术论坛》获北京市科学道德与学术诚信宣讲优秀示范项目称号。

（张　颖、刘兴国）

【科研学术及实践活动】①搭建学术平台，促进交流沟通。连续举办10年的研究生学术论坛基本实现了培养研究生的科学精神和创新精神，培育有利于研究生健康成长和优秀人才脱颖而出的校园文化环境，以及为广大研究生搭建广阔的学术交流平台等目的。一是4月启动“第十届研究生学术论坛”，张欣欣校长在启动仪式上作首场报告，全校500余名研究生到场聆听。第十届研究生学术论坛累计举办463场各类学术报告或活动，33047人次参与，经过严格评选，共产生102篇校级优秀论文。二是开展“科研中最美瞬间”摄影比赛，评出近百张优秀作品。摄影作品呈现了研究生科研中的点滴精彩或难忘瞬间，丰富学校研究生的课余生活、展现学校研究生的科学精神和艺术创想。三是11月学术论坛闭幕，评选产生土木与环境工程学院、材料科学与工程学院、机械工程学院、自动化学院、数理学院、东凌经济管理学院6个单位获得了学术论坛优秀组织奖的称号。在研究生群体中反响强烈，对培养学术氛围、弘扬学术道德起到了十分积极的作用。各学院均表现出了自己的特色，其中机械学院的国际学术讲座和材料学院的网络论坛受到了评委的一致好评。

②树立优秀典型，发挥示范效应。开展研究生“十佳学术之星”“学院学术之星”评选，坚持对候选人的匿名评审和现场答辩相结合的方式，以使评审环节更加科学和严谨。各学院和培养单位组成初评委员会，制定本单位学术之星评选细则，按照评选细则评选出学院学术之星，共100人，并择优推荐“北京科技大学研究生十佳学术之星”候选人40人进入终评阶段。终评活动分为两个环节，一是40进20的匿名评审环节，产生20名“十佳学术之星入围人选”。二是通过层层筛选，评选出学校第十届研究生十佳学术之星10人，十佳学术之星提名奖获得者10人，学院学术之星80人。在树立和宣传学术典型的过程中，坚持公开、公正、规范、独立的原则，加大公示和宣传力度，有效地激励了全体研究生提升思想道德水平、激发学术科研兴趣、坚定成才报国志向、实现全面成长成才，并促进优良学风校风建设。

③扎实做好研究生社会实践活动。依照“广泛宣

传、积极申报、严格选拔、岗前培训、过程考核、总结表彰”的“六步走”思路，依据“培育基地、分类实践、结合专业、注重实效”精神，坚持“科技服务”和“挂职锻炼”两个层面开展工作。4月，与各实践基地联系需求，完善研究生岗前培训内容。5月，学校下发科技服务与挂职锻炼通知，广泛宣传，组织研究生积极申报。过程中坚持两点，一是研究生必须征得导师同意，保证实践活动不影响研究生的学位论文进展；二是岗位与研究生之间进行双向选择，保证实践取得效果。6月，进行项目筛选和岗前培训，签订相关协议书，以及购买意外伤害保险。七八月，研究生奔赴实践基地开展科技服务或挂职锻炼，最后研工部回访实践单位。2014年有435名研究生组成的39个团队和47名研究生个人参加了科技服务与挂职锻炼。9月，各团队和个人上交实践材料，研工部组织评阅实践报告；10月，进行答辩考核，评选优秀团队及先进个人。11月，进行总结表彰和成果展示，完成优秀研究生的存档工作。2014年共评出10支一等奖团队和143名优秀实践个人，同时对研究生参与度高、实践质量好的冶金与生态工程学院、机械工程学院、计算机与通信工程学院、化学与生物工程学院、文法学院、冶金工程研究院6个单位授予“优秀组织奖”称号予以激励。

（宗燕兵、王　斌）

【学生工作研究】以工作研究促工作实践。通过对研究生相关课题的研究增加了对研究生工作的认识和理解，对未来研究生工作的开展提供了理论支持。2014年，研究生工作部完成了教育部课题一项《高校研究生青年马克思主义培养工程》，市教工委课题《研究生学习型党支部建设动力机制研究》顺利结题，指导辅导员申报开展上级工作研究课题。同时，研究生辅导员联谊会的3个专项小组分别在心理健康与形势政策、网络思想政治教育、诚信教育等方面结合工作实际进行了深入研究，通过对相关课题的研究增加了对研究生工作的认识和理解，对未来研究生工作的开展提供理论支持。

（张　颖、宗燕兵）

【中国学位与研究生教育学会德育委员会工作】中国学位与研究生教育学会德育委员会秘书处发挥了良好的工作交流平台作用。德育委员会秘书处设在北京科技大学，主任委员由北京科技大学副校长张跃担任，秘书长由北京科技大学研究生工作部张颖部长担任。

①学校牵头的《我国研究生思想政治教育相关问题研究及实践》项目荣获中国学位与研究生教育学会颁发的研究生教育成果奖二等奖。

②组织了德育委员会第九届学术年会。来自全国各地90余所高校的近200名研究生德育工作者欢聚一堂，围绕“创新研究生德育工作，提高研究生培养质量”的主题进行了深入研讨和交流。

③发起第三届“研究生思想政治教育工作研究”征文，秘书处共收到228篇论文，评出优秀论文108篇，其中特等奖22篇、一等奖34篇、二等奖52篇。

④召开德育委员会第四届委员会第六次全体会议。会上，德育委员会第四届全委会30余名成员对第九届学术年会进行了总结、对德育委员会20周年纪念大会的筹备工作进行了部署、对当前研究生德育工作中的热点问题进行了讨论。

⑤组织完成了2014年中国学位与研究生教育学会的重点课题《研究生教育的学风与学术诚信》的调研并结题。

（张　颖、李勇威）

共青团工作

【概况】2014年，校团委下设办公室、组织部、宣传部、实践部、志愿者工作部、文体部、学术科技部、学生创业中心、素质拓展中心、社团部，共有团员20059人，学生社团106个。共青团北京科技大学委员会以中国特色社会主义理论体系为指导，在学校党委和上级团组织的领导下，紧密围绕学校2014年中心工作，以育人为核心，加强思想育人、实践育人、文化育人和组织育人4大工作体系建设，坚持“务实高效、内涵发展”的原则，以务实创新的工作作风，提升对学校发展、学生成长的整体贡献力。

（刘晓东、崔　睿）

【思想政治教育与组织建设】2014年，校团委紧抓时代脉搏，以中国梦为主题，以社会主义核心价值观为主线，精心设计“我的大学与我的中国梦”——社会主义核心价值观宣传教育活动，将核心价值观纳入理论报告、主题团日、网络媒体“三个课堂”，注入校史文化、励志文化、时尚文化“三种文化”，融入专业筑梦、实践探梦、青春圆梦“三项行动”，开展“我的大学与我的中国梦”主题团日、“我的专业梦”筑梦行动、“绎北科情·逐中国梦”寻梦行动、“创业·让青春出彩”圆梦行动以及毕业生主题团日活动，全年有469个团支部举办团日活动700余场次，开展“我与价值观”主题演讲643场，形成学习笔记1947篇、原创文艺作品367个，相关做法获得团中央第一书记秦宜智同志的肯定。

①思想政治教育。2014年，校团委完善团学骨干培养机制，锤炼干部工作作风、提升岗位胜任力。一是完善团校四级培养格局，全年共开展团校13期、青年工作大讲堂3期，“思悟行进”集体学习18次，培训团干部超过4000人次，满意度超过98%。二是组织校团委委员开展联系基层“走进”活动，全年开展青年师生面对面、微访谈等活动1600余次，形成访谈记录300余篇，共梳理青年需要解决的问题百余条，团干部们真正走到青年身边、走进青年心中。三是实施第五届“励志计划”，重点推进“校友育人”与“青年领导力课程”，共聘任校友导师46人、课程导师10人，举办“校友面对面”8次、“青年领导力课程”24学时，“荔枝”已成为引领广大学生“从优秀走向卓越”的青春榜样。

2014年，校团委修订完善《北京科技大学推优入党工作实施办法》，将研究生群体、学生组织和学生社团纳入推优整体格局，修订本科新生、国防生推优细则，统一规划、整体推进，发挥推优入党工作的思想引领作用。各级团组织规范程序，创新推优工作实施形式，用青年人喜闻乐见的形式吸引和凝聚青年，全校一体化推优格局进一步巩固。

②组织建设。2014年，学校团组织建设进一步夯实。一是深入推进基层团组织建设和基层工作，坚持党建带团建，实施基层团组织“细胞工程”，着力激发基层团支部活力。9月19日，团中央书记处罗梅一行来学校调研基础团务工作，对学校的做法给予肯定。二是深入推进共青团工作考核与评价体系，面向学院（单位）和团委机关部门实施量化考核与评价，强化目标导向，有效地提升共青团工作的科学化

水平和育人实效。三是召开学校共青团第二十二届委员会五次全体会议，完成团委常委、委员的换届选举工作，进一步统一了思想，明确了工作任务和发展目标。

（韩凯儒、闫奎铭、倪 阳）

【新闻宣传与网络新媒体】

2014年，校团委深入推进团学工作的网络新媒体战略转型。①夯实全媒体神经网络，进一步巩固“七位一体”的“媒体群”，重点建设“北科大青年”的“微媒体”工作体系，全年累计发布讯息2345期次，阅读量超过170万人次，获得团中央转发11次、团市委转发24次，均列高校第一。②深挖媒体内容，积极弘扬主流价值，策划《昆明暴恐专题：姑娘，为什么不穿上你的艾德莱斯？》《香港占中专题：香港占中VS美国枪杀黑人》《爱校荣校专题：北科24小时》等原创微杂志8期、微话题23期，单篇阅读量最高到54万人次，校园舆论宣传与引导效果明显。③建设网络宣传队伍，组建起“网络宣传——民兵队伍”“原创策划——精锐军团”“舆情引导——特种部队”3个层次、共1734人、涵盖思政课教师、辅导员、团干部、基层班团组织的全校网络宣传员队伍，在应对网络舆情危机、维护校园稳定方面发挥了重要作用。基于网络媒体有关做法，学校被团中央确定为“团学工作网络新媒体战略转型”重点工作创新试点单位（北京唯一试点）和网络新媒体共建高校（全国共6家）。校团委书记刘晓东先后在团中央书记处全体出席的、全团10万人参加的共青团网络宣传工作电视电话会议和高校共青团网络新媒体工作研讨推进会上作典型发言，获得广泛认同。

（刘晓东、康庆亚、[illegible]）

【社会实践与志愿服务】

2014年，校团委围绕“深度实践”的思路，深入推进“大学生社会实践”课程建设，不断提升育人实效。暑期以“实践绘就最美青春”为主题，组织351支团队、3328名学生深入基层做实事、解难事，足迹遍及祖国29个省、市、自治区，募集并捐助物资、经费价值超过80.3万元，图书近5000册，累计支教约3260学时，形成原创微纪录371部，受到《人民网》《北京晚报》等数十家媒体报道近百次。新版教材《大学生社会实践理论与实务》正式出版，团中央书记处书记傅振邦欣然作序。作为全国5所试点高校之一推荐9名学生暑期参加团中央发起的“紫光阁”中央国家机关实习计划，得到团中央、中央国家机关工委高度赞扬。学校获评全国“千乡万村环保科普行动”最佳组织奖（仅2家）、首都社会实践先进单位；学生论文包揽首都思政课社会实践优秀论文评选全部奖项，位居高校第一；11部微纪录作品闯入首届全国微电影大赛决赛，《粉笔印》荣获国际大学生新媒体文化节“最佳导演奖”，《导盲犬的告白》荣获“情系三农”全国微电影大赛“校园十佳”；“砸钢记”实践团获得暑期“三下乡”国家级优秀团队，“走进淘宝村”跻身大学生经济调研活动“全国六强”。9月18日，校党委书记罗维东在教育部秋季论坛上介绍了学校“充分发挥社会实践在培育和践行社会主义核心价值观中的养成作用”的经验做法，受到广泛关注。

2014年，校团委继续加强志愿服务课程建设，大学生志愿服务氛围愈加浓厚。

①圆满完成APEC志愿者工作，选拔100名志愿者参与APEC服务，覆盖7个服务岗位、累计上岗604次，服务时长5633小时，践行了“百分奉献，百分精彩”的志愿精神。②完善课程管理，推行新版《志愿服务课程管理办法》，进一步规范课程要求和实施办法，将课程成绩记入学生成绩单。③营造志愿文化氛围，新建立“大朋友”、POI等志愿服务基地19个，构建“志愿北科”全媒体平台，营造积极向上的志愿文化氛围。

（王　鹏、崔　睿、孙　彦、郑　祎、罗丹妮、胡玉婷）

【学术科技与创业就业】2014年，学校团委以提升大学生创新能力为目标，加强多层次、全方位的大学生学术科技创新平台建设，科技创新育人实效愈加突显。①讲座平台建设。全年邀请国内外名师大家举办各类学术科技讲座100场，累计2万人次参与。重点建设《名家讲坛》等高水平讲座，全年举办6场。邀请《货币战争》的作者宋鸿兵、神州飞船总设计师戚发轫等到校与青年学生交流。②竞赛平台建设。举办第十六届“摇篮杯”学术科技作品竞赛，参赛作品461件，参赛学生超过3000人。组织学生参加首届“青年服务国家”首都大学生创新创意大赛，获得金奖1项、银奖1项、铜奖4项，学校获评优秀组织奖。鼓励和支持各学院结合专业特色开展“团系合作”，建立团系合作科创平台40个，5家学院实现系所合作平台全覆盖。③文化平台建设。举办第二届贝壳青年科技文化节，引领崇尚科学、快乐科学的青年风尚。参加首都大学生创意集市并获评“创意之星”，参加第三届首都大学生科技创新作品与专利成果展示推介会并获评2项金奖和优秀组织奖。承办2014年全国青少年科学营北科大分营活动并获优秀组织奖。

2014年，校团委着力提升创业教育的广度和深度，探索创业教育模式创新，创业教育平台建设迈上新台阶。①建设课程平台。组织200名学生在夏季学期开展为期3周的创业训练营，授课50学时，涵盖创业理论教育、创业文化交流、创业企业参观、创业模拟实践等内容。②建设交流平台。全年举办“创业讲坛”10场、创业论坛3场，覆盖人数超过5000人次。③建设竞赛平台。将“北京科大科技园杯”学生创业大赛提档升级，建设成为涵盖创业计划赛、公益创业赛、创业实践挑战赛三项主体赛事的综合类创业竞赛。学校在“创青春”首都大学生创业大赛中获得2项金奖、6项银奖和4项铜奖，捧得“优胜杯”，在“创青春”全国大学生创业大赛中获得1项银奖、3项铜奖。④建设实践平台。与教务处合作遴选2支创业实践团队、10支创业训练团队进行项目孵化；与建龙重工集团、房山高校产业园区、科技园合作，建立学生创业苗圃，提供资金、场地、政策支持，全年孵化创业公司4家；与中科招商集团签署战略合作协议，筹办创新创业学院并设立创新创业投资基金，支持学生实体创业。

2014年，校团委以培养学生职业生涯发展所需要的能力为出发点，积极提供就业创业服务和支持，不断开拓就业创业见习基地。为2010级本科毕业生颁发正式版素质拓展证书近300份，为2011级实习学生颁发就业版素质拓展证书350余份，客观真实地记录了学生在提高综合素质方面的重要经历和主要成绩。面向大一新生发放《大学生素质拓展指导手册》650余册，引导新生认真规划大学生涯，注重提升自身综合素质。进一步完善大学生社会化技能培养平台，开展“磁力魔方”学术沙龙活动20场，覆盖600人次，就业创业指导和社会化技能培养稳步推进。

（马　聪、王　鹏、张　剑、李天伦、刘晓闯）

【文化艺术与社团活动】2014年，校团委坚持“高雅艺术、原创艺术、群众艺术”三元并举，全面推动学校艺术教育工作发展繁荣。①统筹推进高雅艺术。坚持每月开展一次高水平艺术演出活动，2014年共开展高水平文艺演出8场、艺术讲堂2场，组织学生走进国家大剧院22次，覆盖师生5000余人次。②大力普及群众艺术。举办以“艺术点亮青春”为主题的第二届贝壳青年艺术节，积极举办艺术讲堂、文艺主题团日、文艺类比赛、艺术沙龙等普及艺术教育。③积极打造原创艺术作品。深刻挖掘学校历史文化，发挥文化唤醒的教育功能，打造出原创歌曲《年少的时光》等一批文化精品。大型原创校史话剧《绽放》荣获校园戏剧最高奖“校园戏剧奖”及“校园戏剧之星”“优秀组织奖”。④学生艺术团硕果累累。学生管乐团、合唱团双双通过选拔，将于2015年代表首都参加全国大学生艺术展演，实现历史性突破，先后登上中山音乐堂、国家大剧院演绎民乐合唱专场音乐会；原创舞蹈专场晚会《满井·映象》，将学校历史文化与人文精神诠释得淋漓尽致。

校园文化活动蓬勃开展。校团委以“规模适度、主题鲜明、时间与空间协调”为目标，实施校园文化精品工程，以学生满意度和成长需求为导向，打造精品文化活动。①举办“我和我的中国梦”主题展览、主题宣讲、主题征文活动，引导学生将“个人梦”融入“中国梦”。②开展柿子文化节、演讲比赛、辩论赛，深刻解读“求实鼎新”的校训精神，增强学生的爱校荣校感情，启发学生将“青春梦”汇聚入“北科梦”。③开展贝壳青年文化节、主持人大赛、歌手大赛、街舞挑战赛、新年晚会等，彰显青年文化，展示北科学子的青春风采。

2014年，校团委加强社团管理与精英社团建设。修订社团管理办法，加强社团动态舆情监控，全年指导106家学生社团开展精品项目近400项。推行社团领袖计划，加强社团骨干的领导力水平和社团建设能力。推进社团党建团建工作，在条件成熟的79家学生社团团支部中开展推优入党工作。

（王　鹂、闫奎铭、王　钰、张雅洁、石　苇、李婧文、臧　佳）

【学生会与研究生会】2014年，学生会和研究生会职能定位进一步明晰。校团委指导学生会加强“代表性、服务型”职能建设，切实增强学生会在服务学生权益、促进学校发展、增进师生友谊、培养学生干部、繁荣校园文化5个方面的能力。举办了第十六届歌手大赛、第十届主持人大赛、第九届柿子文化节等精品活动；开展了“我爱我师”评选、“名师面对面”、“学习经验交流系列讲座”等活动，撰写调研报告12项，解决学生权益问题80余件。顺利完成2014级学生早操组织工作。加强研究生会“学术型、服务型”建设，举办首届“研师亦友——我最喜爱的导师”评选活动，提升研究生综合素质，加强服务研究生学术发展的能力和水平，进一步做好“学术人生”访谈栏目、博士生沙龙、研究生英语演讲比赛、学术文化节等精品活动。成功地召开了第十一次研究生代表大会。

（王　鹂、马　聪、王　端、李　庆）

离退休职工工作

【概况】2014年，离退休职工工作处有离退休职工2276人，其中离休干部111人、退休干部1605人、退休工人578人。离退休职工党委有党员924名、支部16个，其中离休支部4个、退休支部13个、在职支部1个。离退休职工工作处有在职工作人员6人。

（庄心怡、王祎炜）

【组织及思想建设】①离退休职工党委顺利完成换届工作，选出书记1人、副书记3人、委员11人，同时立足离退休党员队伍实际，选配党性强、威信高、讲奉献、作风好的老同志担任党支部书记，选拔一批思想素质好、热心为老同志服务、身体健康、甘于奉献的老党员担任副书记，极大地增强了离退休支部班子的凝聚力、向心力和战斗力。②党委换届后，以深入学习贯彻中共十八届三中、四中全会、社会主义核心价值观和习近平总书记系列重要讲话精神为主线，在广大离退休职工中大力开展学习教育活动。离退休职工党委通过多种形式开展学习：阅览室订阅各种报刊杂志；为老同志购买《习近平总书记系列重要讲话读本》《中共中央关于全面推进依法治国若干重大问题的决定》；通过多媒体教室及校内闭路电视按月定期为大家播放学习教育光盘；每月1000份的处编刊物《金色园地》中编辑“社会主义核心价值观”“学习贯彻十八届四中全会精神”“习近平系列重要讲话精神——论依法治国”等文章；在老同志中举办“北京科技大学培育和践行社会主义核心价值观征文活动”；组织老党员观看影片《天河》。新实效、多途经、广覆盖的学习内容与手段，对引导老同志们统一思想，正确把握当前形势，增强党性意识，培育和践行社会主义核心价值观，实现中国梦等起到了积极的作用。

（乔　哲、刘淑红）

【开展“三项工程”】2014年是中国共产党成立93周年和中华人民共和国成立65周年的大好日子，离退休职工工作处以此为契机，以“与党同心、与祖国同行——同心共筑中国梦”主题活动为抓手，积极开展“三项工程”。①学习工程。开展主题征文活动，组织党员赴中关村国家自主创新示范区展示中心、中国航空博物馆参观学习，积极组织老党员参加教工委组织的支部书记培训、大讲堂、局级干部培训班等活动，组织支部书记培训班、组织40多名支部书记到北航等地交流学习等。老年大学2014年开设专业有摄影知识与技术、诗词与楹联入门、计算机应用（高级）、计算机应用（中级）、老年健身——太极八段锦、老年健身——健身气功大舞、老年健身操，为老同志提供学习知识的平台、展示风采的舞台、交流思想的园地、丰富生活的乐园。②健康工程。为老同志举办联欢会、游艺会、交谊舞会、“三八节”赏花购物活动、台球赛、门球赛、春秋游、运动会等常规活动，还举办其他形式新颖的活动，如书法绘画大赛、“祖国风光摄影展”、“歌唱祖国”卡拉OK歌咏会等。考虑到离退休队伍的实际情况，专门为80岁以上老同志举办高龄老同志趣味运动会，使得不能参加外出活动的高龄老同志可以在校内较为安全地活动。离退休职工工作处与校医院合作，邀请多位专家进行健康讲座，为老同志答疑解惑，邀请301医院的专家义诊，邀请六院专家来进行记忆力检测，邀请专业机构为老同志免费进行骨密度测试。③乐为工程。5月，与宣传部合作将以王克智老师为首的多位老年摄影队员拍摄的校园禽鸟作品600余幅收集制板，举办了《摇篮鸟鸣》的摄影展，在师生中引起强烈反响，学生纷纷留言赞不绝口。12月，为任天贵老师举办《非洲野生动物》摄影展，当狮子、斑马、飞鸟等等一幅幅生动逼真的非洲野生动物画面呈现在大家眼前时，无论是老同志还是学生，无不惊叹于大自然的鬼斧神工以及生命的顽强与美丽。丰富多彩的活动吸引了众多老同志，不但增进了支部的建设工作，也丰富了广大离退休职工的生活，开阔了眼界，增进了健康，同时更令广大离退休职工感受到祖国日新月异，实现中国梦的信心更加坚定。

（乔　哲、高晓森、李惠珍）

【落实两项待遇】以《北京市离退休干部工作领导责任制》落实为基础，更好地落实两项待遇。①认真贯彻离退休干部工作领导责任制。每月9号均有一位校级领导与两个职能部门处长在铭德楼接待老同志，现场解决老同志提出的各种问题与困难。主管校领导在支部书记培训会上为大家作学校情况通报，并就大家关心的问题与老同志们互动交流，使大家对学校的发展充满信心。九九重阳祝寿庆典上校党委书记及22家老同志原单位的领导40余人亲到现场为老寿星祝寿。年底新年联欢会，校领导给老同志集体拜年，与大家共迎2015年新年。②在落实领导责任制的基础上，落实好老同志的政治待遇。坚持阅文制度，坚持每月一次组织生活，组织老同志听报告，参观考察等。两节期间、“敬老月”期间原单位走访慰问离退休职工，离退休职工工作处每年两次走访慰问生病及困难的离退休职工，“七一”走访慰问离休干部，重阳节慰问老寿星。根据上级文件精神，学校为离休干部调整了护理费标准，上半年为所有离退休职工增加了生活补贴。经与校医院和公费医疗科协商，每周增加半天为老同志报销医疗费。

（乔　哲、杨　燕）

【推进养老观念转变】根据新颁布的《老年人权益保障法》的精神以及学校老同志普遍关注的如何更好地养老、安度晚年的问题，离退休职工工作处将积极引导老同志们转变养老观念作为2014年的重点工作之一。①离退休职工工作处通过讲座、法律咨询、发放《老年人权益保障法》读本等各种途径积极引导老同志树立居家养老为基础、社区为依托、机构为支撑的养老理念。②加强以同志情、邻里情、学友情为核心的“三情网”平台建设，积极推进自我管理、自我服务的“互助养老”的养老模式。③每月定期邀请一到两家社会养老机构来校为老同志提供养老咨询服务。还充分利用社会公共资源，如定期邀请三甲医院名医、金融机构人员等为老同志开展义诊、咨询、讲座等活动，提倡“健康养老”，为老同志居家养老保驾护航。

（刘淑红、刘焕章）

【关心下一代工作委员会】2014年，学校关工委制定印发《关于进一步加强学习的意见》，进一步健全学习制度，建立学习长效机制，努力建设学习型关工委。开展的“红色青春，红色梦想”主题教育活动和“老少共行动，同话中国梦”主题教育活动，分别荣获“关心下一代优秀主题教育活动”称号。荣获“北京教育系统关工委优秀信息单位”称号。推荐的《托起明天的太阳——记北京科技大学本科教育教学督导组退休教授管志安》荣获第一届“心中的感动——记教育系统关心下一代优秀人物”征文活动优秀征文奖。关工委本科教育教学督导组管志安同志荣获第一届“心中的感动——记教育系统关心下一代优秀人物”征文活动关心下一代工作优秀人物奖。陈世禄同志的《按照三个牢牢把握做好高校关工委工作》征文荣获教育部关工委开展的全国教育系统学习贯彻中共十八届三中全会精神征文活动三等奖。在关工委的支持下，教学督导组新出《优秀课堂教学风采录》一书；大学生之友工作组与学生工作部举行老干部辅导员座谈会，围绕学生党建工作、辅导员队伍建设和学生骨干培养3个方面进行深入总结，并提出了进一步加强和改进这些工作的思考和建议；校园文化组与宣传部合作，举办《校园·风光》《摇篮鸟鸣》《非洲野生动物展》等，适时发挥老同志作用，为学校的教学科研以及学生的健康成长提供支持。

（乔　哲、许炳春）

【队伍建设】2014年，学校离退休专兼职工作人员队伍有了很大变化，任命了新的离退休职工工作处处长兼书记，新补充了一位离退休职工工作处办公室主任，各学院负责离退休工作的兼职工作人员变动很大，很多没有接触过离退休工作。基于这种情况，结合学校刚刚结束的群众路线教育活动，离退休职工工作处进一步转变工作人员的工作作风，增强以老同志为本、密切联系老同志的服务意识，同时加强与兼职工作人员的联系与沟通。积极组织工作人员参加教工委组织的北京高校离退休干部人才队伍建设专题研讨班、暑期离退休工作人员培训班，以及学校主办的各类教育培训活动。同时，定期组织工作人员学习习近平总书记的系列讲话、反腐倡廉宣传光盘以及十八届四中全会精神等，以提高工作人员对各类离退休政策的把握与转化运用的能力，提升为老同志服务管理的效率以及工作中的改革创新意识。积极与中华女子学院、北京工业大学、北方工业大学、北京航空航天大学离退休工作人员交流研讨，相互学习，开阔眼界，提高素质。

（刘淑红、王祎炜）

人　　物

知名专家学者

一、中国科学院院士（7 人）

魏寿昆　柯　俊　肖纪美　高庆狮　周国治　陈难先　葛昌纯

二、中国工程院院士（5 人）

陈先霖　胡正寰　陈国良　王一德（双聘）　蔡美峰

三、国务院学位委员会委员（1 人）

张欣欣(2013 年 4 月 19 日起任职)

四、国务院学位委员会学科评议组成员（5 人）

徐金梧　张　跃　蔡美峰　杨　荃　邢献然

五、国家千人计划（含青年千人计划）入选者（12 人）

胡国华 *　李　默　张学记　林建国　林　平　庄林忠　汪林兵　汉斯 · 瑞查诺
鲁思 · 布莱克　张立峰　王鲁宁　庄子哲雄

六、北京市学位委员会委员（1 人）

张　跃

七、国家级突出贡献专家　（16 人）

周国治　刘庆国☆　张公绪　高庆狮　胡正寰　李连诗☆　钟廷珍☆　傅　杰☆　葛昌纯
冯铭瀚☆　朱允言☆　褚武扬☆　高泽标☆　杨天钧☆　王燕斌☆　高征铠☆

八、省部级突出贡献专家 （14 人）

谢锡善☆ 陈国良 陈景榕☆ 李承基☆ 林 实☆ 管克智☆ 周纪华☆ 邹家祥☆ 陈难先
张圣弼☆ 周寿增☆ 田乃媛☆ 赵立合☆ 王新华

九、国家“973”（含国家重大科学研究计划）、IETR 项目首席科学家（5 人）

谢建新 林均品 张欣欣 张 跃 燕青芝

十、“长江学者奖励计划”特聘教授 （15 人）

乔利杰 张济山 曲选辉 朱鸿民 谢建新 杨 槐* 姜建壮 邢献然 姜 勇
吴爱祥 吕昭平 林均品 隆克平 王沿东 王 戈

十一、“长江学者奖励计划”讲座教授 （3 人）

陈龙庆 张志良 王循理

十二、 “国家杰出青年科学基金”获得者（19 人）

乔利杰 曲选辉 谢建新 张 跃 吴爱祥 郭占成 王习东* 姜建壮 陈龙庆
李庆峰 邢献然 隆克平 吕昭平 王沿东 姚 俊 杨 槐* 孙长银 姜 勇
党智敏

十三、“国家特支计划”青年拔尖人才（1 人）

白 洋

十四、国家优秀青年科学基金资助（5 人）

董超芳 焦树强 陈 骏 吴 渊 冯妍卉

十五、国家级教学名师（2 人）

余永宁☆ 蔡美峰

十六、北京市教学名师（24 人）

余永宁☆ 郗安民 高学东 吴 平 尹常治☆ 张欣欣 杨 平 戴淑芬 蔡美峰
周国治 张 群 张敬源 邱 宏 强文江 李长洪 马星桥 彭庆红 彭 漪
杨炳儒☆ 吴胜利 陈红薇 林 海 郭汉杰 郑连存

十七、国家百千万人才工程入选者（15 人）

毛卫民 曲选辉 吴爱祥 谢建新 姜福兴 张欣欣 郭占成 孙冬柏 邢献然
高永涛 王习东* 吴顺川 王沿东 王 戈 姜建壮

十八、中国青年科技奖（5 人）

王　立　曲选辉　吴爱祥　高永涛　张清东

十九、享受政府特殊津贴专家（2000 年以后）（44 人）

曹国辉☆　范玉妹☆　何知礼☆　高永涛　李　阳*　李华德☆　郭志猛　谢建新　王　立
李谋渭☆　张文明　唐　荻　刘应书　孙加林　乔　兰　隆克平　孙冬柏　邢献然
林均品　纪洪广　王习东*　臧　勇　康永林　郗安民　朱鸿民　金龙哲　高学东
惠希东　姜建壮　吕昭平　王金安　王志良　李仲学　郭占成　高俊山　李晓刚
尹常治☆　蔡嗣经　王　京☆　罗维东　刘雅政　马星桥　梅建军　吴顺川

二十、高等学校优秀青年教师教学和科研奖励基金（简称“青年教师奖”）（3 人）

董建新　邢献然　何富连*

二十一、教育部“跨世纪优秀人才培养计划”入选者（12 人）

毛卫民　徐金梧　刘国权　田文怀　曲选辉　张　跃　张欣欣　孙冬柏　倪　文
惠希东　姜建壮　吴爱祥

二十二、教育部“新世纪优秀人才支持计划”入选者（97 人）

何维达　王新东　林均品　张波萍　宋卫东　于广华　隆克平　王沿东　高学东
谢谟文　宿彦京　高克玮　李　威　姜　勇　王西涛　张　勇　张深根　王　戈
顾　强　彭庆红　吴顺川　冯　强　耿文通　刘泉林　何新波　刘雪峰　袁文霞
于然波　王荣明　党智敏　梅建军　赵海雷　黄运华　王洪江　刘　青　马　飞
张　梅　曹文斌　常永勤　冯妍卉　王坤鹏*　郭　敏　范丽珍　李立东　徐　科
李延祥　张晓冬　李晓岑　高学绪　李希胜　黄晓霞　何　伟　叶　丰　刘杰民
李建玲　闫小琴　阳小龙　李翠平　边永忠　何安瑞　班晓娟　秦明礼　张海龙
金　莹　张敬源　刘　洋　陈　骏　潜　伟　焦树强　贺　芳*　王国杰　李晓理
陈艳萍　时国庆　魏　钧　董超芳　温永强　何　枫　杜宏武　张中山　冯志鹏
易红宏　廖庆亮　曹江利　侯新梅　白　洋　夏志国　曹　霞　丁大伟　刘雄军
刘　宇　苗　君　覃京燕　唐晓龙　田建军　尹升华　董文钧

二十三、霍英东教育基金（28 人）

<table>
<tr><th rowspan="2">年度</th><th rowspan="2">课题资助</th><th colspan="3">青年教师奖</th></tr>
<tr><th colspan="2">教学奖</th><th>科研奖</th></tr>
<tr><td>1987</td><td>赵建国*　李育苗*</td><td></td><td></td><td></td></tr>
<tr><td>1989</td><td></td><td>刘国权（一等）</td><td>李维佳*（三等）</td><td></td></tr>
<tr><td>1991</td><td>吕雪山*</td><td></td><td></td><td>王　立（三等）</td></tr>
<tr><td>1993</td><td></td><td></td><td>廖福成（三等）</td><td>乔利杰（二等）</td></tr>
</table>

续表

年度	课题资助	青年教师奖		
		教学奖		科研奖
1995			翟启杰*（三等）	
1997			夏　新*（三等）	温　治（三等）
2001	李江涛*		于　文*（二等）	
2004	高克玮			
2006	王　戈　顾　强　于　浩		袁文霞（三等）	
2009	金爱兵　范丽珍　秦明礼 苗　君　冯妍卉			
2012	陈　骏　庞晓露	董超芳（三等）		
2014	郑　磊	石志国（二等）		

二十四、宝钢教育基金优秀教师奖（66人）

年度	特等奖	特等奖 提名奖	优秀奖
1994	刘国权		马星桥　申亚男　许世静*
1995	苍大强		闵乐泉　张　健　彭　漪
1996	王燕斌☆		吴　平　卢晋福　贾建华
1997	陈先霖		温美娟☆　杨世成*　许纪倩☆
1998	邹家祥☆		佟玉兰☆　管荻华☆　王维才
1999			李　杰　王新华　王小萍*　桂玮珍☆
2000			潘礼庆*　许三星☆　王志明　蔡美峰
2001			李文军　瞿国忠☆　康永林
2002			汪飞星　张敬源　王　立
2003			郗安民　高俊山　陆　俊
2004			邱　宏　于晓红☆　张志刚
2005			郗安民　戴淑芬　左　鹏
2006	吴　平		袁文霞　周贤伟
2007			张欣欣　张　群　郑雪峰☆
2008			郭汉杰　尹常治☆　范玉妹☆
2009			罗　胜☆　金龙哲　杨　平
2010	蔡美峰		杜振民　陈红薇
2011			张　群　强文江　彭庆红
2012		张欣欣	吴胜利　李长洪
2013	吴爱祥		赵海雷　魏　钧
2014	曲选辉		夏德宏　郑连存

二十五、北京科技大学建龙讲座、特聘教授（28 人）

乔利杰　张济山　曲选辉　朱鸿民　吴爱祥　郭占成　苏庆泉　吕昭平　耿文通
谢建新　杨　槐＊　张立峰　张建良　吴胜利　苍大强　刘　青　高克玮　孔祥华
冯俊小　温　治　徐　科　陈伟庆　孙加林　王新东　于　浩　王新华　刘应书
王福明

注：带“＊”者现已离校，带“☆”者现已退休，带“□”者现已去世

二十六、2014 年在岗博士生指导教师名单（432 人）

学　院	姓　名
土木与环境工程学院 (60)	徐九华　蔡美峰　胡乃联　孙体昌　谢玉玲　高永涛　李长洪　李仲学　高　谦 冯雅丽　蔡嗣经　杨慧芬　李克庆　宋卫东　倪　文　林　海　杜翠凤　龚　敏 吴顺川　乔　兰　宋存义　蒋仲安　王金安　孙春宝　纪洪广　牟在根　金龙哲 邢　奕　宋　波 T　刘娟红　姜福兴　李子富　朱维耀　周北海　张英华　谢谟文 周晓敏 T　潘旦光　谭卓英　王洪江　吴爱祥　江群慧　李　铁　姚　俊　易红宏 唐晓龙　尹升华　季宏兵　汪旭光　孙传尧　韩大匡　何学秋　吴宗之　李成江 魏复盛　赵铁锤　黄昌富　杨志强　Ruth　Elaine　Blake　杨　鹏
冶金与生态工程学院 (47)	李京社　吴胜利　王新华　张建良　苍大强　王新东　宋波 Y　郭汉杰　王福明 邢献然　吴　铿　郭兴敏　张梅 Y　李延祥　朱　荣　张家泉　徐安军　程树森 张炯明　李　宏　朱鸿民　李建玲　潜　伟　孙彦辉　李素芹　于然波　梅建军 李晓岑　郭　敏　薛济来　李宏煦　闫柏军　白　皓　陈　骏　侯新梅　张立峰 魏书亚　罗海文　安胜利　殷瑞钰　朱立光　崔　健　邱定蕃　李　梅　杨　健 马清林
材料科学与工程学院 (106)	柯　俊　刘国权　毛卫民 A　孙祖庆　吴春京　刘雅政　赵志毅　葛昌纯　杨　平 杜振民　郭志猛　孟惠民　万发荣　乔利杰　李长荣　尚成嘉　韩静涛　何业东 唐伟忠　龙　毅　李金许　孙冬柏　任学平　赵海雷　强文江　黄继华　董建新 王开坤　高克玮　谢建新　于广华　康永林　张　跃　田文怀　毛卫民 B　贾成厂 杜翠薇　孙加林　李静媛　杨善武　周张健　李晓刚　徐利华　徐桂英　孙建林 王学敏　宿彦京　曲选辉　连　芳　李成明　尹海清　何新波　曹文斌　路民旭 张波萍　于　浩　秦明礼　柳　伟　陈　冷　刘雪峰　董超芳　孔祥华　郭　晖 郑裕东　王　戈　张深根　常永勤　姜　勇　李　平　宋仁伯　齐俊杰　郝俊杰 刘泉林　耿文通　官月平　燕青芝　徐晓光　曹江利　白　洋　李　勇　李立东 闫小琴　范丽珍　张　津　苗　君　杨　洲　张迎春　王国杰　王鲁宁　夏志国 董文钧　卢云峰　徐滨士　奚廷斐　杨裕生　朱思泉　李惠东　李红霞　张　弘 李　俊　王中林　王一德　朱国辉　张统一　卢世壁　韩恩厚
新金属材料国家重点实验室 (22)	林均品　张济山　王西涛　高学绪　惠希东　杨　滨　宋西平　王艳丽　周香林 包小倩　张来启　朱　洁　张　勇　叶　丰　张海龙　李龙飞　吕昭平　刘雄军 庄林忠　王沿东　何战兵　从道永
机械工程学院 (42)	胡正寰　徐金梧　朱超甫　郗安民　冯俊小　张欣欣　张康生　董绍华　张文明 刘　立　杨海波　臧　勇　闫晓强　王　立　张　杰　温　治　王宝雨　林　林 马　飞　李苏剑　乐　恺　张清东　石博强　韩建友　杨德斌　姜泽毅　刘向军 李　威　刘应书　曹建国　冯妍卉　覃京燕　罗维东　苏庆泉　冯志鹏　阳建宏 冯　明　孙朝阳　林建国　战　凯　殷晓静　刘建平
自动化学院 (14)	童朝南　杨卫东　穆志纯　尹怡欣　李希胜　彭开香　付冬梅　陈先中　李　擎 张朝晖　李晓理　蓝金辉　肖文栋　孙长银　谷　宇　陈为胜　刘德荣　忻　欣 任向实　乔　红

续表

学院	姓名
计算机与通信工程学院(27)	王沁 杨扬 王志良 班晓娟 张晓彤 胡玥 周贤伟 解仑 陈月云 曾广平 胡长军 王建萍 赵冲冲 罗熊 殷绪成 隆克平 阳小龙 彭云峰 张中山 朱岩 宁焕生 毛凌锋 郝红卫 谢毅 邬贺铨 单志广 刘明
东凌经济管理学院(27)	张群 高俊山 王维才 高学东 肖明 戴淑芬 黄晓霞 武森 李铁克 王道平 刘澄 杨建华 何维达 魏钧 张剑 杨青 胡枫 何枫 冯梅 张晓冬 杨武 王文彬 白津夫 周天勇 刘明忠 李志民 罗乾宜
数理学院(23)	马星桥 闵乐泉 廖福成 吴平 邱宏 陈明文 尚新春 郑连存 马万彪 魏培君 顾强 巨新 陈艳萍 王凤平 钱萍 郑新和 宋玉军 王荣明 陈娣 陈难先 林平 陈龙庆 巩馥洲
化学与生物工程学院(14)	李文军 刘杰民 袁文霞 弓爱君 陈飞武 李新学 闫海 胡继业 姜建壮 边永忠 常志东 党智敏 温永强 侯剑辉
文法学院(3)	许放 曲绍卫 时立荣
马克思主义学院(4)	陆俊 左鹏 彭庆红 王民忠
外国语学院(4)	陈红薇 张敬源 何伟 黄国文
冶研院(13)	唐荻 蔡庆伍 赵爱民 刘建华 杨荃 米振莉 吕志民 何安瑞 徐科 孙蓟泉 赵征志 武会宾 江海涛
国家材料服役安全科学中心(6)	张卫冬 陆永浩 冯强 金莹 汪林兵 庄子哲雄
生物工程与传感技术研究中心(2)	张学记 董海峰

人大代表、政协委员

人大代表

北京市人大代表　罗维东

海淀区人大代表　王维才　左鹏　范玉妹

政协委员

全国政协委员　朱鸿民

北京市政协常委　张济山

海淀区政协委员　陈章华

校友风采

一、在北京科技大学学习和工作过的中国科学院院士

姓　名	工作单位／职务	毕业学校
魏寿昆	北京科技大学教授	北洋大学
吴自良	中科院上海微系统与信息技术研究所研究员	北洋大学
柯　俊	北京科技大学教授	武汉大学
张兴钤	中国工程物理研究院研究员	武汉大学
肖纪美	北京科技大学教授	唐山交大
邹世昌	中科院上海微系统与信息技术研究所研究员	唐山交大
王崇愚	钢铁研究总院教授	北京钢院相 54 届
徐祖耀	上海交通大学教授	唐山交大
高庆狮	北京科技大学教授	北京大学
陈难先	北京科技大学教授	北京大学
李依依	中科院金属研究所研究员	北京钢院铁 57 届
周国治	北京科技大学教授	北京钢院冶 60 届
叶恒强	中科院金属研究所研究员	北京钢院金物 62 届
葛昌纯	北京科技大学教授	唐山交大
张统一	香港科技大学教授	北京钢院金物研 79 级、博 82 级
雒建斌	清华大学教授	北京科大压加研 85 级

二、在北京科技大学学习和工作过的中国工程院院士

姓　名	工作单位／职务	毕业学校
范维唐	中国煤炭工业协会会长	北京钢院矿 56 届
徐匡迪	中共中央委员、全国政协副主席、中国工程院院长、党组书记	北京钢院冶 59 届
殷瑞钰	钢铁研究总院名誉院长	北京钢院钢 57 届
陈先霖	北京科技大学教授	上海交大
周邦新	上海大学研究员	北京钢院相 56 届
涂铭旌	四川大学教授	北京钢院 55 研究生班
崔　昆	华中科技大学教授	北京钢院 54 研究生班
雷廷权	哈尔滨工业大学教授	北京钢院 55 研究生班
胡正寰	北京科技大学教授	北京钢院机 56 届

续表

姓　名	工作单位／职务	毕业学校
陈国良	北京科技大学教授	北京钢院相 55 届
柯　伟	中科院金属研究所研究员	北京钢院相 57 届
钟　掘	中南大学教授	北京钢院机 60 届
关　杰	西安重型机械研究所副总工程师	北京钢院机 63 届
刘　玠	十五届、十六届中共中央候补委员、中国科协副主席、原鞍山钢铁集团公司董事长、总经理、党委书记	北京钢院机 64 届
才鸿年	中国兵器装备集团公司顾问	北京钢院钢 62 届
何季麟	宁夏东方钽业股份有限公司董事长	北京钢院物化 69 届
王一德	太原钢铁集团公司董事会规划委副主任	北京钢院轧 61、轧（硕）68 届
张玉卓	神华集团公司董事长、党组书记	北科大采矿博 86 级
蔡美峰	北京科技大学教授	北京钢院采矿研 78 级
费爱国	空军装备研究院某研究所所长	北京科大自控博 00 级

三、曾任和现任省部级以上党、政领导的部分校友

姓　名	职　　务	在校专业
罗　干	十六届中共中央政治局常委、原中央政法委书记	轧 57 届
刘　淇	十六届、十七届中共中央政治局委员、原北京市市委书记	铁 64 届、冶研 68 届
徐匡迪	十五届、十六届中共中央委员、十届全国政协副主席、原中国工程院院长、党组书记	冶 59 届
黄孟复	十届、十一届全国政协副主席、全国工商联主席	铁 67 届
范长龙	十七届中共中央委员、济南军区司令员	信息国防 2000 级
郭声琨	十八届中共中央委员、中央政法委副书记、国务委员、公安部部长	管理博 2003 级
刘晓峰	十二届全国政协副主席、农工党中央常务副主席	金物 78 级
孙安民	全国工商联专职副主席，第十一届全国人大常务委员会委员，全国人大法律委员会副主任	机 72 级
殷晓静	中央政府驻港联络办副主任	炉 77 级
袁　隐	国务院参事，国务院办公厅原局长	金相 69、金物研 79
付双建	第十二届全国人民代表大会财政经济委员会委员，国家工商行政管理局原副局长	管工 91 级
曹文虎	青海省人大副主任	
史和平	江苏省副省长	思政 91 级
郝　远	甘肃省副省长	冶研 86 届
陈建华	广东省广州市委副书记、市长	机 78 级
孙瑞彬	河北省委常委、石家庄市委书记、石家庄警备区党委第一书记	管工 91 级

续表

姓　名	职　　务	在校专业
黄楚平	湖北省委常委、宜昌市委书记、人大常委会主任	思政研 88 级
郑新立	中国国际经济交流中心常务副理事长，原中央政策研究室副主任	矿 69 届
刘振江	中国钢铁工业协会党委书记兼副会长	相 73 级
邢书成	中国人民解放军广州军区副司令员、中将	2001 级工硕班
方凌江	中国人民解放军济南军区联勤部自动化站站长、少将	军队班
费爱国	空军装备研究院某研究所所长、少将	自控博 2000 级
高德福	中国人民解放军吉林军区参谋长、少将	2001 工硕级
张吾乐	十五届中纪委委员、国家有色工业局原局长、甘肃省原省长	机 60 届
刘　玠	十五届、十六届中共中央候补委员、中国工程院院士、中国科协副主席、原鞍山钢铁集团公司董事长、总经理、党委书记	机研 68 届
李登柱	十五届中纪委常委、中央国家机关纪工委原书记	轧 59 届
吴溪淳	冶金工业部原副部长、中国钢铁工业协会原会长	铁 55 届
赵公卿	重庆市原副市长、重庆市人大常委会副主任	相 68 届
李敏宽	第八、九届全国政协委员，九届全国政协副秘书长，十届全国政协常委、副秘书长，第七届台盟中央副主席	矿机 63 届
桂中岳	陕西省人大常委会原副主任	矿 61 届
哈斯巴根	内蒙古自治区人大常委会副主任，第十一届全国人大常委、民族委员会副主任委员	物化 72 级
王永明	浙江省人大原党组书记、人大常务副主任	机 72 级
靳善忠	山西省人大常委会原副主任	矿机 78 级、管研 92 级
龚世萍	辽宁省人大常委会原副主任，第十届全国政协常委	相 69 届
冯炯华	宁夏回族自治区人大常委会原副主任、宁夏回族自治区原副主任	粉 68 届
王汀明	湖南省政协原副主席	铁 70 届
贾锡太	福建省原副省长	轧 67 届
马锡广	宁夏回族自治区原常务副主席	轧 68 届
沈国俊	十五届中纪委委员、四川省纪委原书记	钢 62 届
郝振贤	四川省政协原常务副主席	相 65 届
应文华	大型企业监事会原主席、国内贸易部原副部长	机 62 届
陆　江	大型企业监事会原主席、国内贸易部原副部长	轧 63 届
范维唐	煤炭工业部原副部长	矿 56 届
殷瑞钰	冶金工业部原副部长	钢 57 届
陆叙生	物资部原副部长	钢 57 届
朱新均	国家语言文字工作委员会原党组书记	铸 60 届
周荣昌	内蒙古自治区人大常委会原副主任	轧 55 届

续表

姓　名	职　　务	在校专业
朱宗葆	上海市原副市长	机 61 届
马仲才	山东省人大常委会原副主任	机 60 届
王宏民	江苏省人大原副主任、南京市原市长、江苏省扶贫领导小组副组长	铁 64 届
朱志辉	云南省委原副书记、华东冶金学院原党委书记	铁 56 届
王四连	湖南省人大常委会原副主任、党组成员	稀有冶炼 65 级
刘　沛	中国驻联合国军事参谋代表团原团长、少将	政治师资 78 级
单亦和	保利集团原董事长、党委书记、大型企业监事会原主席	冶 68 届
李克诚	中国石油天然气集团总公司原监事会主席	相 66 届

四、担任司、局和地、市级正局级领导的部分校友

姓　名	职　　务	在校专业
巴建光	内蒙古自治区纪律检查委员会副书记	行管（92 － 95）
卜劲松	广东省地质勘查局巡视员、原局长	机 70 级
陈国猛	厦门市中级人民法院院长	工管 98 级
陈明德	中共广州市市委常委、副市长兼统战部部长	工业工程硕 2001 级
陈　石	贵阳市政协政协主席	化学工程在职硕士 03 级
董晓民	内蒙烟草专卖局局长	管工博 2006 级
高小玫	政协上海市第十一届委员会副主席，民革中央常委、上海市委主委，上海市知识产权局副局长	材研 83 级
韩宝柱	九三学社中央研究室副主任	政教师资 78 级
侯宝珠	国资委有色金属离退休干部局党委副书记、局长	高温 76 级
胡玉亭	山西省晋中市委副书记、代市长	冶 82 级
贾银松	工业和信息化部原材料司巡视员、原司长	铁 79 级
江　光	环境保护部华北核与辐射安全监督站主任	腐蚀 81 级、材研 88 级
孔东风	河南省国资委副主任、党委委员	铸造 77 级
李　放	中国社保基金理事会秘书长	金属物理 76 级
李惠东	民革中央秘书长兼办公厅主任	腐蚀博 90 级
李瑞阳	上海市教育委员会巡视员、上海市教育考试院院长	热能工程 77 级
李新中	国务院新闻中心舆情研究所所长	在校工作
刘　捷	中共江西省新余市委市委书记	冶 88 级
刘　伟	北京市房山区区委书记	精密合金 77 级
罗兆慈	广东省广州市南沙区人大常委会主任	管工博 05 级
马燕合	科技部社会发展科技司司长	采矿 87 级
彭华岗	国有资产管理委员会理论研究局局长	机 79 级
彭学增	河北省邯郸市政协主席	社科 91 级（函）
邵蜀望	中央纪委外事局副局长	英研 85 级

续表

姓　名	职　　务	在校专业
师建平	晋城市政协主席	钢 74 级
宋春婴	河北省环境保护厅巡视员、原环保局副局长	冶金 77 级
苏　靖	国家科技部国家科技基础条件平台中心主任	矿业工程博士后
孙耀唯	国家电力监管委员会政策法规部副主任	管研 85 级
邰　展	重庆市人民政府副秘书长	成教
汪　韧	安徽省省政府副秘书长、驻京办主任	钢 79 级
王顶岐	山东省淄博市人大常委会第一副主任、党组副书记	压加 77 级
王　可	中共广西壮族自治区贵港市市委书记	相 77 级
王民忠	中共北京市委党校（北京行政学院）常务副校长	铸 81 级
王守祯	山西省人大财政经济委员会副主任，原运城市市长	采矿 73 级
王　伟	财政部关税司司长	电 77 级
王增明	石家庄市市委副书记、市人大常委会主任、党组书记	铸造 74 级
王中丙	广东省湛江市市政府市长	冶博 98 级
闫立刚	顺义区区委副书记、北京天竺综合保税区常务副主任	电 80 级
杨　璐	国家土地督察西安局局长、党组书记	选矿 78 级
杨天梁	海南省知识产权局局长	自动化
余龙武	天津银监局局长	相 85 级
袁　春	中纪委副秘书长	电 77 级
张汉东	发展与改革委员会社会发展司医改办副主任	冶博 02 级
张义全	人力资源与社会保障部军官转业安置司司长	机 82 级
赵光华	民进中央常委、秘书长，第十一届全国政协委员	社科系进修 86-88
赵金生	中国轻工业联合会副秘书长、原国资委轻工离退休干部局局长	电 72 级
周维现	中央党校中直分校、中央管理事务局常务副校长	矿机 86 级、思政双学位 91 级
司永涛	内蒙古国有资产管理委员会副主任、党组成员	轧 76 级
张长富	中国钢铁工业协会副会长兼秘书长	机 68 届
于言良	辽宁省朝阳市委副书记、市长	思政研 89 级
肖文荪	广西壮族自治区柳州市委副书记、市长	管工研 98 级
耿识博	国务院参事室文史业务司司长	压加 87 级
马　锐	国家安全监管总局安全监督管理四司司长	金属学及钢铁热处理专业 80 级
武德昆	教育部经费监管事务中心主任	钢 79 级

五、部分曾任正局级领导职务现已离退休或调动的校友

姓　名	职　　务	在校专业
楼大鹏	国际田联副主席、原亚田联主席、原国家体委司长	机 59 届
梁　才	中国钢铁协会秘书长	轧 65 届
孙本先	四川省攀枝花市人大主任	矿 65 届
张泽宇	山西省省长助理、山西省信息化领导小组办公室主任	矿 68 届
孙建群	河北省廊坊市市委书记	机 70 届
赵禄祥	河北省人事厅厅长	轧 68 届
高盈民	陕西省企业工委常务副主任、陕西省政协常委	冶 70 届
程　光	上海市虹口区区长	管研 88 届
许华忠	国家经贸委市场流通司司长	铁 65 届
徐金堃	国家自然科学基金委综合计划局局长	金物 66 届
李国栋	黑龙江省齐齐哈尔市政法委书记	铸 70 届
闫承宗	北京市经委主任	轧 54 届
余宗森	冶金工业部外事司司长	轧 54 届
谢汝煊	广西南宁市市长	铸 62 届
谷向阳	青海省重工业厅厅长	冶 65 届
于瀛洪	河北省冶金工业厅厅长	铁 65 届
乔致奇	国家环保总局监督管理司司长	铁 64 届
何泽民	河南省洛阳市人大常委会主任	相 61 届
冯治益	中纪委北京培训中心主任	轧 60 届
李其世	上海市冶金工业局局长	函授冶 61 届
李腊望	四川省黄金管理局局长	轧 64 届
雷秀祥	四川省建材工业局局长	机 64 届
王大名	河北省秦皇岛市市委书记	机 61 届
姜文韬	江苏省冶金工业厅厅长	铁 67 届
王克昌	天津市冶金工业局局长	轧 60 届
吕耘方	黑龙江省冶金工业厅厅长	金物
汪同建	甘肃省建材工业局局长	矿机 64 届
王乃立	上海市旅游局局长	轧 57 届
刘树和	外国专家局经济技术专家司司长	机 76 级
王世民	最高人民法院司法行政装备管理局局长	稀 72 级
武高山	北京西站地区管理委员会党组书记、主任	选 77 级

六、部分在高等学校、科研院所、文化部门担任主要职务的校友

姓　名	职　　务	在校专业
刘建平	天津大学党委书记	机 73 级
王志强	电子科技大学党委书记	炼钢 77 级

续表

姓　名	职　　务	在校专业
闫拓时	中国音乐学院党委书记	粉末冶金 77 级
谢辉	北方工业大学党委书记	机械 86 级
曹胜利	冶金工业出版社社长	选 72 级
常跃峰	河北钢铁技术研究总院院长	轧钢 78 级
狄　涛	北京教育音像报刊总社党委书记兼社长	电 92 级
姜　军	辽宁广播电视大学校长	制氧 78 级
孔留安	河南城建学院院长	安全工程博 03 级
雷平喜	中国冶金矿山企业协会常务副会长	矿 86 级
李保卫	内蒙古科技大学党委书记、校长	冶博 99 级
李丰生	梧州学院院长	思政双学位 86 级
李家新	安徽工业大学党委副书记、校长	冶博 02 级
李新创	冶金工业规划研究院党委书记、院长	采矿硕 88 级
刘树琪	泰山学院党委书记	管研 97 级
刘振江	中国钢铁工业协会党委书记兼副会长	相 73 级
马宪平	北京教育学院党委书记	选矿 76 级
任雁秋	包头轻工职业技术学院院长	炉 78 级
王建中	辽宁工业大学党委书记	冶研 88 届，
王萍辉	福建信息职业技术学院院长	矿机 84 级
杨　帆	北京商务科技学校	数学师资班 78 级
张少明	北京有色金属研究总院党委书记、院长	相 80 级
张宇春	冶金工业信息标准研究院院长	金物 81 级
张玉柱	河北联合大学党委书记	炼铁研 85
刘海峰	中国财经报社社长	政教 78 级
卢振洋	北京联合大学校长	思政双学位 84 级

七、曾任高等学校、科研院所、文化部门主要领导，现已离退休的部分校友

姓　名	职　　务	在校专业
仇春霖	北方工业大学校长	轧 57 届
王起桢	北方工业大学党委书记	机 57 届
吴晚云	北方工业大学党委书记	机 77 级
张先青	北京工业设计院院长	轧 63 届
韩景春	钢铁研究总院党委书记	思政 84 级
张　挺	北京农学院党委书记	铁 59 届
王希周	北京电子信息工程学院党委书记	轧 59 届
杨静云	北京市委党校党委书记、常务副校长	机 61 届
许　秀	北京建工学院党委书记	铸 61 届

续表

姓　名	职　　务	在校专业
齐鸿恩	江西冶金学院院长	机 59 届
刘正义	华南理工大学党委书记、校长	金物进修
刘景云	广东机械学院院长	北京科技大学调出
黎樵燊	广东工业大学校长	相 57 届
霍银海	冶金自动化研究院党委书记	机 62 届
朱耀中	冶金部情报研究所党委书记	北京科技大学调出
张成吉	钢铁研究总院党委书记	铁 57 届
樊源兴	中国冶金报社党委书记	矿 57 届
张训毅	中国冶金报社社长	铁 61 届
江仲圣	北京冶金设备研究院院长	机 59 届
严圣祥	北京钢铁设计研究总院院长	轧 64 届
董元篪	安徽工业大学校长	物化博 80 级
高兆祖	北京有色金属研究总院党委书记	粉 66 届

八、在企业中担任主要职务的部分校友

姓　名	职　　务	在校专业
陈德荣	宝钢集团董事、总经理、党委常委	炼铁 77 级
张广宁	鞍山钢铁集团公司董事长、党委书记	管工 81 级
张晓刚	鞍山钢铁集团公司总经理	冶博 00 级
唐复平	鞍钢集团公司党委常委、副总经理	冶博 00 级
姚　林	鞍钢集团公司党委常委、副总经理，攀钢集团有限公司董事长、党委书记	机械博 01 级
余自甦	鞍钢集团公司党委常委、副总经理	冶研 91 届
王义栋	鞍钢股份有限公司总经理	工业工程硕 02 级
马国强	武汉钢铁（集团）公司总经理	管研 84 级
王青海	首钢总公司党委书记、董事长	冶 79 级
赵民革	首钢总公司副总经理	冶 82 级
韩　庆	首钢股份有限公司总经理	钢冶 84 级
葛红林	中国铝业集团公司董事长、党委书记	材博 86 级
刘明忠	新兴际华集团有限公司董事长	冶博 01 级
郭士进	新兴际华集团有限公司副董事长	炉 78 级
罗乾宜	中国兵器工业集团公司党组成员、总会计师	管博 05 级
冯贵权	中国五矿集团公司党组成员、副总裁	机 81 级
刘安栋	中国中钢集团公司党委书记、副总经理	EMBA00 级
王　臣	中国钢研科技集团公司党委常委、副总经理	化学研 85 级
张克利	中国有色矿业集团公司党委书记	采矿 77 级

续表

姓　名	职　　务	在校专业
陶星虎	中国有色矿业集团公司副总经理	采矿 77 级
张少明	北京有色金属研究总院党委书记、院长	相 80 级
熊柏青	北京有色金属研究总院副院长	金物 81 级
夏晓鸥	北京矿冶研究总院党委书记、副院长	工程力学博 03 级
于　勇	河北钢铁集团有限公司董事长、总经理	冶博 00 级
刘如军	河北钢铁集团有限公司党委书记、副董事长	铁 73 级
任　浩	山东钢铁集团董事长、党委书记	轧 78 级
陈启祥	山东钢铁集团总经理	轧 77 级
徐和谊	北京汽车集团有限公司党委书记、董事长	铁 78 级
韩永贵	北京汽车集团副总经理	电 81 级
王　东	北京控股集团有限公司党委书记、董事长	矿机 82 级
张清富	中国光大国际经济技术合作公司总经理	机 73 级
韩巍强	中国国际金融有限公司公司行政总监、董事总经理	政教师资 78 级
宋　鑫	中国黄金集团公司副总经理、中国黄金国际资源有限公司总裁	采矿工程博 03
陆志方	中国恩菲工程技术有限公司董事长	热能工程 80
康　典	新华人寿保险股份有限公司董事长	机械 77 级
汪子章	国家开发银行行务委员	管研 85 级
秘增信	中信资源控股有限公司董事会主席	轧 78 级
姜德义	北京金隅集团执行董事兼总裁	钢铁冶金博 09 级
王锐兵	国资委群星集团公司总经理	化 88 级
李　琦	太平洋证券股份有限公司党委书记	热能 87 级
周秉利	包头钢铁集团党委书记、董事长	管博 05
李晓波	太原钢铁（集团）有限公司董事长	轧 80 级
高祥明	太原钢铁（集团）有限公司总经理	机 79 级
彭存根	太钢集团临汾钢铁有限公司总经理	冶金 84 级
李贵阳	河北钢铁集团邯钢公司董事长、党委书记	冶博 03 级
张　海	河北钢铁集团宣化钢铁集团公司董事长、党委书记	轧 78 级
迟桂友	河北钢铁集团宣化钢铁集团公司总经理、副董事长	冶博 05 级
郭长波	青岛钢铁控股集团有限责任公司总经理	钢 79 级
刘　安	宁波钢铁有限公司总经理	压加 83 级
李士才	山东日照钢铁集团总经理	冶 88 级
黄一新	南京钢铁联合有限公司总经理	轧 84 级
丁　毅	马钢控股有限公司总经理	自动化硕 87 级
杨　忠	西宁特殊钢集团有限责任公司总经理	压加 87 级
张　虎	攀钢集团国际贸易有限公司总经理	冶金 86 级

续表

姓　名	职　　务	在校专业
段向东	攀枝花钢钒有限公司总经理	材料 86 级
周　灿	重庆钢铁集团建设公司董事长	热工 84 级
王子亮	安阳钢铁集团有限责任公司董事长、总经理	冶博 01 级
曹慧泉	湖南华菱钢铁集团有限责任公司董事长、湖南华菱钢铁股份有限公司董事长	金物 88 硕
张若生	广州钢铁股份有限公司董事长、党委书记	管博 05 级
钱　刚	湖北新冶钢有限公司总经理	冶博 02 级
高国华	大冶特殊钢股份有限公司总经理	机 87 级
刘建辉	首钢销售公司总经理	冶研 86 级
何汝迎	宁波宝新不锈钢有限公司总经理	机 81 级
陆志新	宁波钢铁公司总经理	冶博 00 级
杜东兴	陕西龙门钢铁有限公司总经理	冶 90 级
白　刚	鞍钢建设公司总经理	管工博 02 级
尹小鹏	武钢矿业公司总经理	矿 85 届
谢俊文	甘肃华亭煤业集团总经理	安全工程博 03 级
刘明东	海南矿业股份有限公司总经理	管工 85 级
黄宝利	本钢机械制造有限责任公司党委书记、董事长	制氧 80 级
陶方国	华菱钢管控股公司总经理	
杨志强	金川集团有限公司董事长、党委书记	工程力学博 04 级
朱津秋	上海有色集团公司总经理	机 76 级
路朝晖	新兴铸管（新疆）资源发展有限公司董事长	钢 77 级
丁传锡	正元国际矿业有限公司董事长	管工 82 级
王开力	中科创新园高新技术有限公司董事长	金物研 87 级
陈　喆	中国兵器工业集团中兵矿业公司董事长	国贸 93 级
李京北	中房集团城市房地产投资有限公司总经理	热能 82 级、管研 86 级
宋占江	中国一冶集团有限公司董事长	机 82 级
廖世波	中钢集团金信咨询有限责任公司总经理	冶研 87 级
范文胜	中钢集团物业管理有限公司总经理	电 83 级
连民杰	中钢矿业开发有限公司总经理	采矿工程博 02 级
陆鹏程	中钢设备有限公司总经理	压加 92 届
梁津源	中色镍业有限公司总经理	冶研 87
王定洪	中冶东方工程技术股份有限公司总经理	冶 80 级
赖宁昌	广东东凌集团董事长	管工博 05 级
王德兴	哈尔滨锅炉厂有限责任公司董事长、总经理	高温合金 78 级
吴晓松	平安人寿天津分公司总经理	矿机 87 级
赵宇峰	清华紫光股份有限公司总经理	轧 82 级

续表

姓　名	职　　务	在校专业
陈玉民	山东黄金集团有限公司副总经理、山东黄金矿业股份有限公司董事长	采矿工程博 03 级
毕荣福	上海液压气动总公司党委书记	机 73 级
梁铁山	中国平煤神马能源化工集团有限责任公司董事长、党委书记	安全工程博 05 级
刘庆宾	重庆材料研究院院长（总经理）	相 85 级
郝树华	首钢矿业公司总经理	采矿工程博 03 级
王宝桐	中国广厦控股集团总裁	管工研 84 级
李连平	河北建设投资集团有限责任公司董事长、党委书记	材料博 00 级
孙　杰	北京二商集团有限责任公司党委书记、董事长	EMBA
任亚光	北京京城机电控股有限责任公司党委书记、董事长	铸 78 级
黄孝斌	北京时代凌宇科技有限公司董事长	自动化 90 级
杜凤超	北京市华远集团有限公司董事长	管工硕 94 级
杨启瑞	北京天客隆集团公司总经理	轧钢 77 级
张槐祥	中国水钢集团公司总经理	机制 77 级
吴　平	迁安钢铁公司党委书记	数学师资 78 级
束国刚	中广核工程有限公司总经理	材料 86 级
高本业	大连电机集团董事长	材研 85 级
邵　军	陕西宝钛新金属有限责任公司总经理	相 87 级
胡　刚	四川长虹电子系统有限公司总经理	相 87 级
张晗亮	中国石油装备制造分公司党委书记	机研 87 级
熊万平	首钢长治钢铁有限公司总经理	冶 89 级
王树琪	中条山有色金属集团有限公司董事长	采矿 77 级
高国华	国投创新投资基金管理公司总裁	矿机 86 级
张战波	北京中冶设备研究设计总院有限公司总经理	思政 01 级
郑剑辉	中冶南方（武汉）威仕工业炉有限公司总经理	热能 97 级
任美成	天泽科技董事长	计 86 级
彭　原	北京华深中色科技发展有限公司名誉董事长	机 85 级
张晓峰	北京桓裕投资（集团）有限公司董事长	机 88 级
陆正耀	神州租车（中国）有限公司 CEO	自动化 87
胡庆周	深圳英唐智能控股有限公司董事长	轧 87 级
周惠敏	山东慧敏科技开发有限公司董事长、总经理	相 77 级
王满元	包头市液压机械有限公司董事长	机 84 级
张荣明	北京爱慕内衣有限公司董事长	物化 80 级
俞　兵	亚信联想集团有限公司董事，联想亚信科技有限公司董事长兼 CEO	电 84 级
郝伟亚	北京市基础建设投资有限公司常委副书记、董事、总经理	化学 88 级

九、曾在企业担任主要领导职务现已离退休或调动的部分校友

姓 名	职 务	在校专业
刘 玠	鞍山钢铁集团公司董事长、总经理	机 64 届
蔡登楼	鞍山钢铁集团公司副董事长	机 67 届
林滋泉	鞍山钢铁集团公司副总经理	轧 68 届
李 成	太原钢铁公司总经理	轧 54 届
林企增	太原钢铁公司副董事长	冶 62 届
杨盘铭	太原钢铁公司副总经理	矿 70 届
刘 琦	中国钢铁工贸集团公司党委书记	铁 61 届
白葆华	中国钢铁工贸集团公司总裁	轧 65 届
崔锡武	中国黄金总公司总经理	矿 66 届
杭永益	马鞍山钢铁公司总经理	铁 64 届
王满仓	成都飞机发动机公司党委书记	稀 63 届
马俊才	济南钢铁公司总经理	机 59 届
沈克林	中国重型机械总公司总经理	机 57 届
刁海章	鲁中冶金矿山公司党委书记	矿机 65 届
李成群	中国冶金矿业总公司党委书记	冶 72 级
张振纲	天津钢管公司董事长	钢 63 届
张建平	天津钢管公司党委书记	函授管理
陈守勋	湘潭钢铁公司总经理	冶 61 届
林承模	舞阳钢铁公司总经理	相 65 届
侯树庭	上海第五钢铁厂厂长	函授冶 62 届
陈英栋	新余钢铁总厂党委书记	函授冶 64 届
王鸿锷	上海第一钢铁厂党委书记	成教管 89 级
田锡恩	唐山钢铁公司总经理	钢 63 届
王国兴	邯郸钢铁公司党委书记	函授铁 64 届
李前煦	南京钢铁公司总经理	钢 61 届
刘建功	武汉钢铁公司总工程师	相 65 届
刘炳南	武汉钢铁公司副总经理	机 64 届
王跃祖	首钢总公司党委副书记	夜大 58 届
谢有润	首钢总公司副总经理	机 64 届
王宪固	西宁特殊钢公司党委书记	相 66 届
罗忠琳	陕西精密合金公司总经理	金物 66 届
董稼祥	中国冶金矿业总公司总经理	矿 61 届
吕聿信	长城特殊钢公司总经理	轧 66 届
孙公权	上海一钢集团总经理	冶 66 届
汪铁钢	上海矽钢片厂厂长	轧 57 届
潘世良	邯邢冶金矿山管理局党委书记	矿 65 届

续表

姓 名	职 务	在校专业
赵如月	宝山钢铁集团公司纪委书记	铁 66 届
吴松春	浙江省中旅集团公司总经理	铁 67 届
冯国熙	北京自来水公司董事长	矿 66 届
吴玉林	石家庄钢铁有限责任公司党委书记	铁 67 届
高成涛	洛阳铜加工厂厂长	机 61 届
刘本仁	武钢集团公司董事长、总经理	自动化 73 级
张永昌	唐山钢铁公司党委书记	铸 69 届
施嘉良	新余钢铁公司董事长	机 70 届
顾强圻	邯郸纵横钢铁集团总经理	冶 70 届
赵占华	陕西钢厂党委书记	铸 69 届
杨复强	合肥钢铁集团有限公司董事长	轧 68 届
王庐嘉	合肥钢铁集团有限公司总经理	机 75 级
何建昌	华北冶金建设公司经理	矿 70 届
杨福国	宁夏石咀山钢铁厂党委书记	轧 67 届
吴建民	吉林铁合金集团公司总经理	相 68 届
金树安	峨嵋铁合金集团公司总经理	冶 74 级
张心健	锦州铁合金集团公司党委书记	高温 70 届
陈　明	上海宝冶党委书记、董事长	机 64 届
王绍成	十九冶金建设公司党委书记	炉 68 届
程敏直	西安冶金机械厂党委书记	铸 70 届
鞠祖荣	扬州冶金机械有限公司总工及常务副总	轧 69 届
胡梓清	乐山冶金机械轧辊厂党委书记	铸 66 届
杨东升	邢台机械轧辊公司副董事长、总经理	冶 66 届
张勇钢	（无锡）西姆莱斯钢管公司总经理	相 73 级
宋　力	福建省烟草总公司总经理	机制 75 级
梁相钦	深圳自来水集团公司总经理	自 68 届
张清富	中国光大国际经济技术合作公司总经理	机 73 级
周伟坪	中国青年旅行社控股股份有限公司总经理	政教 78 级
朱昌逑	马鞍山钢铁股份有限公司总经理	机 70 届
陈启祥	莱芜钢铁集团有限公司总经理	轧 77 级
郭洪成	包头第一机械集团公司董事长	冶 67 届
朱津秋	上海有色集团公司总经理	机 76 级
秘增信	中信集团常务董事、副总经理	压加 78 级
韩永义	乌鲁木齐铁路局党委书记	铸 69 届
阎胜科	石家庄钢铁有限责任公司董事长、党委书记	轧 70 届
胡玉亭	太原钢铁（集团）有限公司总经理	冶 82 级

续表

姓　名	职　　务	在校专业
党　歌	长治钢铁公司董事长、党委书记	钢 78 级
沈　伟	陕西精密合金股份有限公司总经理	钢 77 级
刘克忠	承德钢铁公司董事长	铁 63 届
司永涛	包头钢铁（集团）有限责任公司董事长、党委副书记	轧 76 级
江声娟	北京佰能电气技术有限公司董事长	机 64 届
王义芳	河北钢铁集团有限公司董事长、总经理	冶博 00 级
吕　鹏	南京钢铁联合有限公司总经理	钢 78 级
周伟坪	中青旅控股股份有限公司总经理	政师 78 级

十、荣获全国劳动模范称号的部分校友

姓　名	获奖时工作单位	在校专业
邓　键	上海斯米克焊材公司	物化 66 届
常纯哲	上海钢铁工艺技术研究所	机 60 届
单亦和	西宁特殊钢厂	冶 68 届
周惠敏	山东冶金科学研究院	材料 77 级
傅庆馥	山东省淄博市博山水泥厂	56
马俊才	济南钢铁集团公司	机 59 届
张长富	中国第十九冶金建设公司	机 68 届
徐和谊	北京汽车工业控股有限责任公司党委书记、董事长	铁 78 级
刘明忠	新兴铸管集团有限公司董事长	冶博 2001 级
黄昌富	中铁十六局，北京市重点工程——北京站至北京西站地下直径线工程项目经理	采矿硕 95 级
丁立国	德龙钢铁实业有限公司	管理 MBA　班
马　祥	包头钢铁（集团）有限责任公司	冶研 99　级
李保卫	内蒙古科技大学	冶博 99　级
陈　列	西宁特殊钢股份有限公司	冶金 86　级
赵千里	金川集团股份有限公司	工程力学博 04　级
迟桂友	河北钢铁集团宣化钢铁集团有限责任公司董事长、党委书记	冶金博士 05 级
唐复平	鞍山钢铁集团公司总经理	冶金博士研究生 00 级
李国保	宝钢集团中央研究院首席研究院	物理 82 级
程朝辉	马钢一铁总厂炼铁分厂车间副主任	冶金 88 级
王云平	甘肃酒钢集团宏兴钢铁股份有限公司碳钢薄板厂技术质量科责任工程师	压加 90 级

注：1. 所列校友排名不分先后；
　　2. 以上统计情况定有差错和疏漏，敬希广大校友补充、指正。

2014年党发校发文件目录

2014年北京科技大学党发文件目录

校党发〔2014〕1号 北京科技大学国内公务接待管理实施办法

校党发〔2014〕2号 北京科技大学五级，六级职员岗位聘任暂行办法

校党发〔2014〕3号 关于发布《北京科技大学2014年“两会”期间安全稳定工作方案》的通知

校党发〔2014〕4号 关于发布《北京科技大学2014年安全稳定工作方案》的通知

校党发〔2014〕5号 关于调整北京科技大学国家安全工作领导小组成员的通知

校党发〔2014〕6号 中共北京科技大学委员会关于做好召开第十一次党员代表大会筹备工作的通知

校党发〔2014〕7号 关于酝酿提名第十一届党委委员和纪委委员候选人工作的通知

校党发〔2014〕8号 关于中国共产党北京科技大学第十一次代表大会代表选举工作的通知

校党发〔2014〕9号 北京科技大学2014年党委中心组理论学习安排意见

校党发〔2014〕10号 北京科技大学2014年工作要点

校党发〔2014〕11号 北京科技大学2014～2017年干部教育培训规划

校党发〔2014〕12号 关于成立国家材料服役安全科学中心党总支筹备组的通知

校党发〔2014〕13号 北京科技大学处级干部学习贯彻习近平总书记系列讲话精神培训方案

校党发〔2014〕14号 关于印发《2014年北京科技大学党风廉政建设和反腐败工作主要任务分工》的通知

校党发〔2014〕15号 关于同意冶金与生态工程学院党委等党委（党总支）选举结果的批复

校党发〔2014〕16号 关于杨兴业等同志挂职的通知

校党发〔2014〕17号 关于同意国家材料服役安全科学中心党总支选举结果的批复

校党发〔2014〕18号 关于开展2014年教育收费自查自纠工作的通知

校党发〔2014〕19号 关于叶振楠同志任职的通知

校党发〔2014〕20号 关于增加北京科技大学指定定密责任人的通知

校党发〔2014〕21号 关于对全校处级单位贯彻执行党风廉政建设责任制及实行

校党发〔2014〕22号 党务公开、信息公开情况进行检查的通知

校党发〔2014〕23号 关于做好党的十八届四中全会和APEC会议时期校园安全稳定工作方案

校党发〔2014〕24号 关于开好2014年度处级党员领导干部民主生活会的通知

校党发〔2014〕25号　北京科技大学2014年处级单位和处级以上干部考核办法
校党发〔2014〕26号　关于孔德雨同志任职的通知
校党发〔2014〕27号　中共北京科技大学委员会关于加强和改进机关工作作风建设的意见
校党发〔2014〕28号　北京科技大学教书育人、管理育人、服务育人工作条例（试行）

2014年北京科技大学校发文件目录

校发〔2014〕1号　关于教学委员会人员调整的通知
校发〔2014〕2号　关于做好2014年寒假、春节期间安全保卫工作的通知
校发〔2014〕3号　关于胡晓军等同志职务任免的通知
校发〔2014〕4号　北京科技大学研究生奖助学金管理办法（试行）
校发〔2014〕5号　关于给予违纪学生留校察看的处理决定
校发〔2014〕6号　科研经费劳务性支出管理办法
校发〔2014〕7号　关于对部分本科生退学处理的决定校发
校发〔2014〕8号　北京科技大学2014年先进集体和先进工作者、师德先进集体和师德先进个人评选工作通知
校发〔2014〕9号　关于确立校庆周的通知
校发〔2014〕10号　关于曲选辉等同志职务任免的通知
校发〔2014〕11号　北京科技大学关于做好2014年硕士研究生招生复试、录取工作的意见
校发〔2014〕12号　关于做好2013～2014学年度第二学期期中教学评估工作的通知校发
校发〔2014〕13号　关于胡继业等同志任职的通知
校发〔2014〕14号　关于李宏煦同志任职的通知
校发〔2014〕15号　关于发布《北京科技大学人民防空工程和普通地下室使用规划及实施方案》的通知
校发〔2014〕16号　北京科技大学人民防空工程和普通地下室管理办法
校发〔2014〕17号　关于做好2014年博士学位研究生招生录取工作的意见
校发〔2014〕18号　北京科技大学关于深化研究生教育改革的意见校发
校发〔2014〕19号　关于开展清洁生产审核工作的通知
校发〔2014〕20号　关于开展2014年“安全生产月”活动的通知
校发〔2014〕21号　北京科技大学专业技术职务评聘实施办法
校发〔2014〕22号　关于公布2014届本科优秀毕业设计（论文）评选结果的通知
校发〔2014〕23号　关于调整2014年度住房公积金的通知
校发〔2014〕24号　北京科技大学特殊类型招生工作管理办法
校发〔2014〕25号　关于宋伟等同志挂职的通知
校发〔2014〕26号　北京科技大学基本科研业务费资助项目管理实施办法

校发〔2014〕27号　关于刘雪峰同志任职的通知
校发〔2014〕28号　关于做好北京科技大学2014年新增博士生指导教师遴选工作的通知
校发〔2014〕29号　关于申报北京科技大学第26届教育教学成果奖的通知
校发〔2014〕30号　北京科技大学招生监察工作暂行办法
校发〔2014〕31号　关于做好2014年暑期安全工作的通知
校发〔2014〕32号　关于加强横向科研经费中餐费支出管理的通知
校发〔2014〕33号　关于发布《北京科技大学关于开展贯彻执行中央八项规定严肃财经纪律和“小金库”专项治理自查自纠工作实施方案》的通知
校发〔2014〕34号　关于发布《北京科技大学埃博拉出血热疫情防控工作应急预案》的通知
校发〔2014〕35号　关于发布《北京科技大学关于开展贯彻执行中央八项规定严肃财经纪律和“小金库”专项治理自查自纠工作实施方案》的通知
校发〔2014〕36号　关于做好2014年暑期安全工作的通知
校发〔2014〕37号　关于王荣明等同志职务任免的通知
校发〔2014〕38号　关于倪红卫同志挂职的通知
校发〔2014〕39号　关于给予一名学生开除学籍处分的决定
校发〔2014〕40号　关于进一步加强本科教学工作的决定
校发〔2014〕41号　北京科技大学关于开展打非治违专项行动做好校园安全工作的通知
校发〔2014〕42号　北京科技大学学生宿舍用电定额管理办法
校发〔2014〕43号　北京科技大学《国家学生体质健康标准》实施细则
校发〔2014〕44号　北京科技大学博士研究生校长奖学金评审办法（试行）
校发〔2014〕45号　关于做好2014～2015学年度第一学期期中教学评估工作的通知
校发〔2014〕46号　关于对部分本科生退学处理的决定
校发〔2014〕47号　北京科技大学本科招生工作管理办法（试行）
校发〔2014〕48号　关于丁红胜等同志职务任免的通知
校发〔2014〕49号　北京科技大学安全稳定会商研判工作规则
校发〔2014〕50号　北京科技大学安全稳定工作档案管理办法（试行）
校发〔2014〕51号　北京科技大学师生安全教育培训工作实施办法
校发〔2014〕52号　关于成立北京科技大学科技史与文化遗产研究院的通知
校发〔2014〕53号　北京科技大学修缮工程项目审计实施办法
校发〔2014〕54号　北京科技大学校级教学名师奖评选办法（试行）
校发〔2014〕55号　北京科技大学教育教学工作奖励办法
校发〔2014〕56号　北京科技大学人才奖励暂行办法
校发〔2014〕57号　北京科技大学教学过失、教学事故认定和处理办法
校发〔2014〕58号　北京科技大学本科课堂教学工作规范
校发〔2014〕59号　北京科技大学国有资产管理暂行办法
校发〔2014〕60号　关于做好元旦、春节期间慰问看望离退休职工工作的通知

2014年北京科技大学大事记

一月

10日　举行2014届春季研究生毕业典礼暨学位授予仪式。2000余名硕士毕业生和博士毕业生顺利完成学业。

15日　上午，学校召开2013年度本科教育教学工作总结暨表彰大会和2013年学生工作总结暨表彰会。

16日　第64讲中国材料名师讲坛在建龙报告厅举行。

20日　学校召开学科建设大讨论总结暨学科表彰大会。

二月

20～21日　学校召开2014年寒假党委（扩大）会议。会议以贯彻落实中共十八届三中全会精神和习近平总书记对北京市委工作的批示精神为引领，以切实推进学校深化改革为方向，对2014年学校的各项工作进行了深入研讨和整体部署。

三月

7日　张欣欣校长率领代表团访问了日本室兰工业大学，与佐藤一彦校长续签了两校合作协议。

7日　著名物理学家、教育家陈佳洱院士受邀来到学校主讲中国材料名师讲坛第65讲。

8日　宁波市副市长张明华带队来学校交流访问，孙冬柏副校长，钢铁共性技术协同创新中心主任徐金梧接待了来访一行。

5～9日　张欣欣校长率领学校代表团赴日参加第13届北京科技大学—北海道大学学术研讨会。

14日　学校召开校院两级党委中心组理论学习，党委书记罗维东为全体校领导，党委委员，纪委委员和学校二级党委书记作学习习近平总书记系列重要讲话辅导报告。

14日　学校材料物理与化学专业张跃教授指导的杨亚博士完成的《准一维氧化锌纳米材料的力电性能与器件基础》获全国百篇优秀博士学位论文。

19日　学校与英国德蒙福特大学合作建设的新型创意技术孔子学院揭牌仪式在德蒙福特大学举行。

27日　学校召开校院两级党委中心组理论学习，邀请中宣部思想政治工作研究所副所长戴木才教授做题为“培育和践行社会主义核心价值观，弘扬中华传统美德”的专题报告。

29日　副校长张跃率团参加朝阳科技大学20周年校庆庆祝大会及相关活动，并出席由朝阳科技大学主办的“2014高等教育经营管理国际研讨会”。

机械学院能源与动力工程专业10级本科生胡开伟（第一作者）、孙静和数理学院应用物理专业08级本科生谢子昂共同撰写的论文“Convecting Particle Diffusion in Binary Particle System under Vertical Vibration”被国际著名学术刊物《Soft Matter》录用。

四月

1日　北京市委、市政府举行2013年度北京市科学技术奖励大会，学校获二等奖1项、三等奖4项。

曼彻斯特城市大学代表团一行访问学校东凌经济管理学院，就两校商学院合作事宜进行了深入洽谈和磋商。

3日　学校召开校院两级党委中心组理论学习，罗维东书记主持北京科技大学章程建设专题理论学习会，全体党委中心组成员参加。

10日　英国德蒙福特大学多米尼克·谢拉德（Dominic Shellard）校长一行4人访问学校，校党委书记罗维东会见了来宾并聘任多米尼克·谢拉德（Dominic Shellard）为名誉教授。

美国佐治亚理工学院讲席教授、国家“千人计划”专家、学校国家材料服役安全科学中心客座教授、博士生导师史建军来校交流访问，校长张欣欣、副校长孙冬柏等接见了史建军教授。

15日　摩尔多瓦教育部国际关系与欧洲一体化司柳德米拉·巴甫洛夫司长一行来校访问，校长张欣欣会见了来宾。

17日　校长张欣欣、校长助理兼国际交流与合作处处长王戈教授参加第六期“啡常时光”活动，围绕大学生的国际化交流与培养问题与同学们展开了热烈的讨论。

19日　90级校友从世界各地赶来相聚母校，参加“回首九零，爱你一世——90级校友毕业二十周年纪念活动”。

20日　“苏博特”杯第三届全国大学生混凝土材料设计大赛在重庆大学落下帷幕。学校土木工程专业2011级学生苏晓波、陈龙根、章刘洋同学组成的参赛队夺得特等奖；胡超、丁明涛、陈炫同学组成的参赛队获得二等奖；刘娟红教授获得大赛优秀指导教师称号。

22日　学校2014年研究生教育工作会暨研究生院建院三十周年纪念大会在学校体育馆举行。

22日　纪念研究生院成立三十周年学术报告会暨第十届研究生学术论坛启动仪式在教工活动中心顺利举行，校长张欣欣、副校长谢建新，中国工程院院士、学校教授蔡美峰出席活动。

22～23日　卓越工程师培养工作交流会暨冶金行业卓越工程师培养联盟筹备会在学校召开，教育部高教司理工处副处长侯永峰、中国钢铁工业协会副秘书长李克敏，校长张欣欣、副校长张跃，校长助理薛庆国出席了会议。

23日　刘之祥教授发现攀枝花大型钒钛磁铁矿资料捐赠仪式在学校建龙报告厅举行，校党委副书记陈曦、谢辉出席捐赠仪式。

24日　“度学与世界的创新发展——2014年度学第一次峰会”在学校举行，校长张欣欣参加并主持了峰会。

24日　2014年北京科技大学先进集体和先进工作者、师德先进集体和师德先进个人评选会召开。评选出校级先进集体15个、校级先进工作者89名，师德先进集体5个，师德先进个人20名，师德标兵5名。

25日　校党委书记罗维东、副校长权良柱会见故宫博物院院长单霁翔一行。单霁翔院长作为“科学技术史学术论坛”的第100讲主讲嘉宾，作题为“把壮美的紫禁城完整地交给下一个600年”的主题演讲。

26日　300多名80级校友从世界各地奔赴阔别已久的母校，参加“四载同窗半世去，卅年铸梦一世还——80级校友毕业30周年纪念活动”。校党委书记罗维东、校长张欣欣，副校长王维才，校长助理薛庆国、王戈，北京钢铁学院原院长王润，以及相关学院、部处负责人和老师们出席纪念大会。

26日　学校第53届学生、第37届教职工综合运动会在校田径场举行。校党委书记罗维东、校长张欣欣、校党委副书记谢辉、副校长权良柱、王维才、校长助理薛庆国、王戈，以及各学院、部处的负责人出席了开幕式。

29日　哈尔滨工程大学纪委书记杨志宏等一行6人来学校交流访问，校党委副书记、纪委书记张文明参加了座谈会。

29日　肖纪美院士遗体告别仪式在北京八宝山革命公墓殡仪馆东礼堂举行。

五月

2～4日　由全国MBA教育指导委员会、中国MBA联盟指导，《商学院》杂志社主办的2014（第八届）中国MBA领袖年会在北京长安大饭店召开。北京科技大学MBA中心从众多商学院中脱颖而出，荣获“中国十佳MBA商学院”称号；2013级MBA学员、股商集团现货事业部总监于长勇荣获“中国MBA十大成就奖”

4日　学校就“卓越工程师教育培养计划”的实施情况召开“卓越计划研讨会”，副校长、高等工程师学院院长张跃、校长助理、教务处处长薛庆国等参加了研讨会。

由校学生会主办的“建龙重工杯”北京科技大学第十六届“吾肆放歌”校园歌手大赛总决赛在校篮球场顺利举行并圆满落幕。

5日　第二届沙特阿拉伯王国驻华使馆文化处与中国高校招待年会在沙特驻华使馆举行。校长张欣欣参加年会并与沙特驻华使馆文化处签署合作协议。

6日　福建省三钢（集团）有限责任公司总经理曾兴富等一行7人来学校交流访问。学校校长张欣欣，校长助理薛庆国、王戈接待了曾兴富总经理一行，并进行了座谈交流。

9日　中国材料名师讲坛第66讲在建龙报告厅举行。加拿大皇家学会院士、卡尔加里大学维奥拉（Viola Birss）教授作为本次主讲嘉宾，与学校研究生分享自己的科研方向和研究成果。

10日　欧洲科学院院士徐雷教授受聘仪式在机电信息楼举行。党委书记罗维东向徐雷教授颁发了聘书并赠送了学校纪念品。

11日　昆明理工大学校长张英杰一行来学校交流访问。副校长权良柱接待了来访一行并进行了座谈交流。校长助理、教务处处长薛庆国主持座谈会。

12日　数学学院与系统科学研究院应用数学研究所联合实施的“闵嗣鹤数学精英计划”签约仪式在学校举行。校长张欣欣，副校长张跃出席签约仪式。

18日　在第52届首都高校田径运动会上，学校代表队在女子3000米障碍、女子5000米、男子撑杆跳、男子400米跨栏中摘得4枚金牌，获得甲A组男女团队总分第三名的好成绩，并被组委会授予“体育道德风尚奖”和“阳光体育先进单位”称号，副校长权良柱亲临比赛现场，为体育健儿们加油助威。在2014年首都高校大学生篮球联赛甲组比赛中，学校男、女篮球代表队获得甲组女子第一名和甲组男子第二名的历史最好成绩。在2014年首都高校大学生羽毛球锦标赛中，学校代表队历史性地获得甲组女子团体冠军、甲组女子双打冠军和甲组女子单打冠军三项桂冠。在2014年首都高校大学生跆拳道精英赛中，学校代表队在品势和竞技两大项目比赛中均获得优异的战绩，最终摘得6枚金牌，并获得甲组男子团体总分第一名、甲组女子团体总分第二名和甲组男、女团体总分第一名的好成绩。

23～25日　由学校《思想教育研究》编辑部和中国计量学院联合主办，中国计量学院马克思主义学院具体承办的全国高校思想政治教育实践育人研讨会成功召开。校党委副书记、《思想教育研究》主编陈曦主持会议开幕式。

23～30日　由学校章程起草组牵头，在召开教学科研单位征求意见座谈会的基础上，分别面向机关部处、直属单位主要负责人，教授代表，青年教师代表，离退休职工代表，民主党派和无党派人士代表，学生代表等召开《北京科技大学章程》征求意见座谈会，总计6场次。

24日　北京科技大学第24次学生代表大会、第11次研究生代表大会召开。

25日　中共河北省馆陶县委书记谢继炯、县人民政府副县长杨卫兵及相关负责人和企业代表一行9人来学校洽谈校企深度合作事宜，校长助理薛庆国接待了来访一行。

28日　学校在教职工活动中心召开教师干部大会，进行了学校党委和行政副职换届的民主测评及推荐工作。

31日　学校机器人代表队赴山东邹城参加“第十三届全国大学生机器人大赛”，获得一等奖。

六月

1日　2014年“创青春”首都大学生创业大赛公布结果，学校15件作品参赛并取得2个金奖、6个银奖和4个铜奖的好成绩，成功地捧得优胜杯。

6日　中国材料名师讲坛第67讲在学术报告厅举行，日本东京大学岩田修一教授做了题为《Materials Design: Yesterday and Future》的主题报告。

10日　学校第七届教代会六次会议在教职工礼堂召开。全体校领导、教代会代表、离退休干部代表、中层正职等近200人参加。会议由校党委副书记、工会主席张文明主持。

11日　“2014工程教育国际化论坛”在学校召开，校长张欣欣为大会致欢迎词。

12日　福州大学党委副书记陈少平，福州大学马克思主义学院书记陈为旭、院长庄穆等一行5人到学校就马克思主义学院建设工作进行专题调研，校党委副书记陈曦会见来宾。

13日　学校“零件近净轧制成形教育部工程研究中心”通过教育部验收专家组验收。

13日　“同学子共话，与未来有约——张欣欣校长与第八届校长奖章获得者畅谈会”在会议中心一层会议室举行。校长张欣欣、校长助理薛庆国参加畅谈会。

20日　“点赞青春绽放梦想”——北京科技大学2014届学生毕业典礼暨学位授予仪式在体育馆举行。4000余名2014届留学生、博士生、硕士生、本科生和1000余名学生家长参加毕业典礼。

29日　由学校材料科学与工程学院主办的第二届北京高校材料联盟会议在北京举行，学校副校长谢建新出席会议并围绕“深化教育教学改革，提高教育教学质量”做了主题发言。

30日　2014年研究生科技服务与挂职锻炼出征仪式在学术报告厅隆重举行，200余名科技服务与挂职锻炼研究生代表参加了仪式。校长助理薛庆国出席大会。

七月

由教育部高等学校大学物理课程教学指导委员会、教育部高等学校物理学类专业教学指导委员会和中国物理学会物理教学委员会联合举办的“全国高等学校物理基础课程青年教师讲课比赛”华北地区复赛在北京工业大学举行。学校物理系青年教师徐美在比赛中表现出色，获得华北地区一等奖，并将作为华北地区北京高校唯一代表参加全国决赛。

1日　“环境科技与绿色发展”2014北京科技大学海峡两岸青年创意论坛在学校会议中心报告厅举行，来自14所台湾高校及3所大陆高校的近200名师生参加了开幕式。

4日　北方工业大学副校长胡应平及后勤集团、后勤资产管理处、基建处负责人等一行8人来学校调研，学校副校长王维才接待了来访一行，就学生公寓空调安装工作进行了交流座谈。

5～6日　2014年全国MPA核心课程“宪法与行政法”师资研讨会在学校会议中心召开。校长张欣欣出席会议并讲话。

6日　我国著名的冶金学家、教育家，我国冶金物理化学学科的奠基人之一，中国科学院院士，北京科技大学创建者之一魏寿昆教授遗体告别仪式在八宝山革命公墓举行。

7日　日本横滨国立大学山田均副校长、沟口周二副校长等一行4人来学校访问。校长张欣欣会见了来宾。

8日　教育部2010年度“新世纪优秀人才支持计划”入选者结题验收会召开。学校2010年度入选“新世纪优秀人才支持计划”的8名入选者全部通过验收。

10日　校党委理论中心组举行党风廉政建设责任制理论学习活动。全体校领导、党委委员、纪委委员参加了学习，学习活动由党委书记罗维东主持。

10日　台湾科技大学副校长李笃中和大陆事务办公室主任郭俞麟一行2人来学校访问，校长助理王戈会见了来宾。

15～18日　由教育部高等学校地矿学科教学指导委员会主办、新疆大学承办的“第28届全国高校采矿工程专业学术年会暨第4届全国高等学校采矿工程专业学生实践作品大赛”在乌鲁木齐市召开。学校学生在比赛中再创佳绩，获得全国一等奖1项，二等奖2项，三等奖2项。

18日　《将轴类零件轧制技术转化为现实生产力——我的毕生追求》画册首发式暨胡正寰院士80华诞在梦溪宾馆举行。校长张欣欣到场祝贺并发表讲话。

19日　北京科技大学青海校友会成立大会在西宁举行。副校长王维才出席并向青海校友会颁发“北京科技大学青海校友会”牌匾。

21日　科技部基础司在北京组织召开了国家科技基础条件平台建设项目“材料科学数据共享网”验收会，学校牵头承担的“材料科学数据共享网”顺利通过验收。

28日　第六届全国大学生机械创新设计大赛决赛在东北大学举行，由学校机械工程学院曹彤老师指导，学生张赛、高寰宇、丁海军、杨孟瑶共同设计的作品《基于磁力联接的实用机构综合运动仿真实验台》在大赛中脱颖而出获大赛一等奖。

八月

5日　第七届“高教杯”全国大学生先进成图技术与产品信息建模创新大赛决赛在三峡大学举行，由学校机械工程学院杨光辉、陈平、杨皓、许倩老师指导，学生高寰宇、杨炯、张希琛、肖钰、苏明宇、叶墅锋组成的代表队取得了优异成绩，分别荣获个人机械类全能一等奖2项，机械类建模一等奖2项，机械类尺规一等奖1项，机械类全能二等奖3项，机械类建模二等奖1项。学校代表队凭借出色的表现和优异的成绩，荣获机械类团体一等奖。

20～23日　第九届全国大学生“飞思卡尔”杯智能汽车竞赛全国总决赛在电子科技大学清水河校区顺利落下帷幕。由学校机械工程学院车辆工程系刘立、马飞、杨珏、孟宇、杨耀东等老师指导的代表队在光电组、摄像头组、电磁组均获得一等奖，其中光电组、电磁组获得冠军，摄像头组获得亚军，创意组获得二等奖。

28～30日　“飞思卡尔”智能车国际赛在韩国汉阳大学成功举办，由学校机械工程学院车辆工程系杨珏老师带队指导的智能车队在场上奋勇争先，一举蝉联国际赛总冠军。至此，学校智能车队在全国赛和国际赛中共获得了三冠一亚的好成绩。

九月

1日　学校2014级本科生开学典礼在体育馆隆重举行。校党委书记罗维东，校长张欣欣，校党委副书记陈曦、张文明，副校长权良柱、谢建新、张跃、孙冬柏、王维才，校长助理薛庆国、王戈以及相关职能部处、学院负责人出席开学典礼，全校3000余名2014级本科新生及部分新生家长参加典礼。典礼由校长助理薛庆国教授主持。

9日　庆祝第30个教师节暨全国教育系统先进集体和先进个人表彰大会在京举行。学校申报的教学成果“发挥材料学科优势，培养高水平创新型本科人才的探索与实践”获国家级教学成果一等奖，曲选辉教授代表项目组参加了表彰大会。学校科学技术史团队荣获先进集体荣誉称号。

10日　学校在教工活动中心召开2014年教师节庆祝暨表彰大会。

12日　北京科技大学2014级研究生开学典礼在校体育馆举行。校党委书记罗维东，副书记陈曦、张文明，副校长权良柱、谢建新、张跃、孙冬柏、王维才，学校相关职能部处和各学院、研究生培养单位的负责人出席开学典礼，3000余名研究生新生及部分家长参加了开学典礼。典礼由校长助理薛庆国主持。

16日　数理学院召开全院教职工大会暨院长任命大会，校长张欣欣宣读学校文件，任命王荣明教授为数理学院院长。校党委书记罗维东出席会议并讲话。

18日　市教委高教处刘承邠、市发展改革委何军、市纪委党风政风室王玉洁、市物价检查所刘双庆、市教委发展规划处姚铸珍，市教委监察处刘勇一行6人组成的督查组，来学校检查2014年教育收费专项工作。张欣欣校长就学校贯彻落实市教委规范教育收费工作有关要求进行了汇报。

24日　日本横滨国立大学校长铃木邦雄率团访问学校。校长张欣欣会见了来宾，土木与环境工程学院宋波、国际合作与交流处副处长郭侃俊陪同参加了会见。

25日　北京科技大学-亚琛工业大学合作35周年纪念晚会在国际处举行。校长张欣欣出席晚会并发表致辞。

召开的第13次全国岩石力学与工程学术大会上，由学校纪洪广教授指导岩土工程专业博士生由爽的论文“层状泥岩中硐室开挖损伤区演化特征试验研究”获中国岩石力学与工程学会2014年度优秀博士学位论文奖。

25日　校长张欣欣、校长助理薛庆国、研究生院常务副院长吴爱祥与2014级新生共同拉开了“啡常时光”第二季的序幕，大家围绕开学以来的所见所闻畅谈体会和感悟。

27日　第三届全国大学生金相技能大赛在北方民族大学举行，学校学生代表队获得团体优胜奖；高等工程师学院郑禹同学获一等奖，材料科学与工程学院焦京钰同学和刘敏同学获得二等奖；指导教师韩凌、黄鹏获优秀指导教师奖；材料科学与工程学院材料学系主任刘国权教授获得大赛唯一的杰出贡献奖。

27日　全国公共管理专业学位研究生（MPA）教育指导委员会秘书长、中国人民大学公共管理学院院长董克用教授应文法学院邀请，作题为《公共管理与公共政策——学科的结构框架》的学术讲座。

29日，2014年科研类全国航空航天模型锦标赛暨中国国际飞行器设计挑战赛在胶州落下帷幕。学校航模队获得一等奖5项、二等奖4项、三等奖2项及创新评比三等奖1项，其中在“嫦娥奔月”项目中，夺得了单组铜牌，团体总成绩第三的排名，创队史最佳。

十月

9日　科研经费管理专项

检查动员暨汇报会在会议中心举行，教育部直属高校科研经费管理专项检查工作在学校正式拉开序幕。

11日 北京市委教育工委宣教处、北京教育新闻中心一行10人在王达品处长带领下莅临学校调研，就“如何利用好新媒体开展大学生思想政治工作”主题开展座谈。

21日 校党委理论学习中心组召开专题学习会，围绕《关于坚持和完善普通高等学校党委领导下的校长负责制的实施意见》开展集体学习研讨。

22日 “理学之美”名师讲坛与青年论坛启动仪式在建龙报告厅举行。瑞典皇家科学院院士、诺贝尔化学奖评委安德鲁·尤因（Andrew G.Ewing）教授应邀为论坛做报告。

25日 美国康奈尔大学威尔医学院首席财务和运营官Stephen Cohen4来学校访问。校长张欣欣、校长助理王戈会见了来宾并进行了亲切会谈。

28日 爱沙尼亚塔林理工大学Tea Varrak副校长一行4人访问学校。校长张欣欣、校长助理王戈会见了来宾。

29日 爱尔兰教育部部长Jan O’Sullivan女士、爱尔兰驻华大使Paul Kavanagh先生，以及利莫瑞克大学副校长Paul McCutcheon等来学校访问。校长张欣欣、校长助理王戈会见了来宾。

29日 英国曼彻斯特城市大学校长John Brooks一行4人访问学校，张欣欣校长热情接待了外宾。

29日 “理学之美”青年论坛首次报告会在学术报告厅举行。国家杰出青年基金获得者、第三世界科学院青年会成员裘晓辉研究员以“寻找神奇的氢键结构”为主题向全场200余名师生做了一场精彩的报告。

30日 加拿大麦克马斯特大学副校长Mo Elbestawi教授、国际交流副校长Peter Mascher教授等一行3人访问学校。

招生就业处、校友会在体育馆联合举办了2015届校友、校董企业大型双选会。

学校优秀校友、中共北京市委党校常务副校长王民忠回到母校，为新生班长团支书培训班（第88期团校）作了“青年学生成长成才”的报告。

31日 科研部主办的科研管理论坛“青年科学家系列”在建龙报告厅举行，主题为“青年教师如何迈出科研第一步”。

“啡常时光”交流活动顺利举办。校长张欣欣、土木与环境工程学院党委书记金龙哲、机械工程学院院长王立与土木与环境工程学院、机械工程学院、冶金工程研究院的学生，围绕同学们的学习、工作和生活进行亲切交流。

十一月

1日 2014年“创青春”全国大学生创业大赛终审决赛在华中科技大学落下帷幕。学校在本届大赛中共获得一项银奖、三项铜奖。

2～4日 由教育部思政司、社科司主办的全国高校宣传部长培训研讨班在学校举办，教育部党组副书记、副部长杜玉波、思政司司长冯刚、社科司司长张东刚、办公厅副主任兼新闻办主任续梅出席开班仪式。

12日 “中国梦·青春梦”第四届中国校园戏剧节闭幕式暨颁奖典礼在上海戏剧学院举行，学校大型原创音乐话剧《绽放》斩获中国校园戏剧节最高奖——“中国戏剧奖·校园戏剧奖”，主演唐敬同学获得“校园戏剧之星”称号，学校获得“优秀组织奖”。

15日 “理学之美”名师讲坛第二讲在建龙报告厅举办，中国科学院院士陈难先做了题为“科学技术中的几个反问题”的学术报告。

18日 中国材料名师讲坛第69讲在学术报告厅举行。北京大学化学与分子工程学院刘忠范院士作了题为《石墨烯及二维原子晶体材料——理想、现实与未来》

的精彩报告。

19日 北京科技大学与首钢京唐公司“校企协同 共谋发展”合作签约仪式在首钢京唐公司举行。校长张欣欣代表学校与首钢京唐公司总经理王毅签署了双方合作协议。

21日 学校召开校院两级党委中心组理论学习会议，校党委书记罗维东做了题为“学习贯彻四中全会精神，不断推进依法治校能力”的辅导报告。

20日 国家自然科学基金委员会工程与材料科学部朱旺喜处长做客学校“科研管理论坛”，作题为“遵守规则，为基础研究服务”的主题报告。

21日 学校召开校院两级党委中心组理论学习会议，邀请清华大学法学院院长王振民做题为“全面推进依法治国，建设社会主义法治国家”的专题报告。

24日 中央电视台体育频道著名体育评论员于嘉做客学校第198期星期四人文讲座，为现场师生带来一场以《运动，让我们梦想成真》为主题的精彩讲座。

24日 我国人工智能专家、中国工程院院士李德毅作北京科技大学名家讲坛第25讲暨“计算机与通信前沿技术名家讲坛”第16讲做以“大数据时代的跨界创新”为主题的专题报告会。

26日 由中宣部指导，光明日报社、中国人民大学、中国伦理学会共同主办的“核心价值观百场讲坛”第10场在北京科技大学教工活动中心举行。

27日 秦皇岛北戴河新区工委书记、管委会主任郭爱民带队来学校交流访问，校长张欣欣、副校长孙冬柏接待了郭爱民书记一行。

28日 “啡常时光”交流活动顺利举办。校长张欣欣、数理学院院长王荣明、化学与生物工程学院党委书记郑安阳参加活动，与数理学院、化学与生物工程学院的学生热情交流。

十二月

1日 钢铁冶金新技术国家重点实验室邀请英国莱斯特大学工程系董洪标教授，在青钢报告厅作了题为“Atomistic phenomena at solid/liquid interface using a combined experimental and modelling approach”的学术报告。

3日 中国工程院院士、上海交通大学材料科学与工程学院教授丁文江做客中国材料名师讲坛，作了题为《镁稀土材料的机遇与挑战》的学术报告。

4日 教育部“长江学者”特聘教授、著名法学家、北京航空航天大学法学院院长龙卫球做客星期四人文讲座（国家宪法日专场），为师生带来题为《依法治国的宪政问题》的主题报告。

4日 著名画家、作家刘墉先生做客名师讲坛，以“活出闪亮人生”为主题给广大师生们带来了一场精彩的演讲。

5日 第三届“魏寿昆科技教育奖”评审委员会专家会议在北京科技大学召开。

6日 学校科学技术与文明研究中心第三届理事会暨学术委员会第一次会议召开。国家文物局博物馆与社会文物司(科技司)副司长罗静，中心理事会理事长、校党委书记罗维东教授，中心主任、副校长权良柱教授等领导和专家出席了此次会议。

6日 学校举行冶金与材料史研究所40周年所庆暨科技史与文化遗产研究院揭牌仪式。

7日 由学校党委宣传部选送的《粉笔印》在北京外国语大学举办的第三届国际大学生新媒体文化节上荣获剧情类最佳导演奖，《我的大学之旅，我的USTB》获剧情类最佳校园题材提名奖。

9日 北京科技大学“流音·雅乐”专场音乐会暨2015年北京大学生新年音乐会在国家大剧院音乐厅精彩上演。

9日 北京科技大学—

塔塔钢铁公司联合研究中心揭牌仪式暨研讨会在学校举行。校长张欣欣与塔塔钢铁公司负责技术和研发的集团董事Debashish Bhattacharjee博士共同为北京科技大学—塔塔钢铁公司联合研究中心揭牌。

10日　中国材料名师讲坛第71讲在学术报告厅举行。南京大学祝世宁院士作了题为《“钻木取火、凿壁偷光”——诺贝尔奖关注材料研究》的精彩报告。

10日　英国邓迪大学副校长Timothy Newman一行4人来学校访问，校长张欣欣会见了来宾。

16日　“理学之美”名师讲坛第4讲在建龙报告厅开讲，中国科学院院士万立骏做题为《二维纳米结构构筑的方法学研究》的学术报告。

17日　由北京市委教育工委主办的2014年北京高校“我的班级我的家”优秀班集体创建评选活动在北京林业大学落下帷幕。学校计算机与通信工程学院物联11班荣获北京高校“十佳示范班集体”称号，这也是学校班集体连续4年荣获该称号。

18日　2014年北京高校红色“1+1”示范活动评审会在天工大厦举行，学校计通学院本13级党支部以总分第二名的成绩斩获一等奖。

19日　“电明助学金”颁奖仪式暨邓电明校友与学生面对面活动在办公楼305举行。学校轧78级校友、厦门乾照光电股份有限公司董事长邓电明及夫人卿珍华来学校与青年学子面对面交流并为获奖同学颁奖。

18日　为深入学习中央、教育部相关文件，领悟精神实质，扎实推进党的群众路线教育实践活动开展，学校召开校级理论学习中心组集体学习会。党委书记罗维东主持会议。

25日　第十二期“啡常时光”，校长张欣欣围绕“创新·创业”主题，与自动化学院、计算机与通信工程学院的同学们畅谈求学创业梦想。

31日　“满井·映象”北京科技大学2015年新年晚会在教职工活动中心礼堂华美盛放。校党委书记罗维东、校长张欣欣、校长助理薛庆国及校友、师生代表400余人现场观看了晚会。

2014年毕业生名录

2014年本科毕业生名录

土木与环境工程学院（338名）

章刘洋 蔡林熹 于祥圣 马牧野 马骏 王卓 王逢时 王添财
王缔 付双双 艾力亚尔·艾力 乔艳龙 吾兰·哈斯陶拜 宋景楠
张力天 张文龙 张彧 张嘉琛 李鑫 邵冰 陈炫 陈晓光
孟浩 赵鑫淼 徐洁 郭杰 崔久蕙 程业 代传宇 杜霖
马建磊 丁一 上官一阳 于鹏强 王子木 兰盾 田立阁 任书通
刘念 江梦莹 何睿 宋宝宏 宋青泉 张大鹏 张焱淞 李阳
杨东锟 沈忱 周桥 和晓楠 拉确赤来 罗云飞 苗延科 徐明
柴丽娜 索朗平措 高翔 高璐 綦圣文君 蒋涛 高榕 郭明磊
马瑞卿 尹双越 水成霖 王伟强 丛子杰 刘方毅 刘真言 吕梁
江漫 羊梦标 齐凯 吴多文 张三冬 李美 李晗 杨柳
易炜 范振爽 段喆 胡海洋 袁泽川 郭学锡 黄煜楚 强丹
董志玮 魏华超 冯洋 唐乾隆 闵清 丁民涛 方学波 方智程
王云祯 王帅 王茹霞 任义 刘文龙 许俊 何康俊 何薛江
张同钊 张啸宇 李侠 李金鹏 杜瑶瑶 杨雨青 苏晓波 陈龙根
陈亚男 周晓楠 屈亮星 胡超 胡熠 赵洋立 寇圣杰 黄碧蕊
彭群 韩龙 朱文远 李思颖 葛笑 董甜莉 马澜 方子都
王珂 乔龙巴特·那木吉力 乔丽盼·霍山 刘伟国 孙迪 安瑞鹏
何欢祺 余倩 宋嘉宁 张炜 张润草 张敏 李雪莹 杨民
杨凯 杨星辰 沙依然古丽·沙肯 陈如毅 侯香凝 姜婕筠 胡沈达
倪结文 黄琪琪 董立夫 解锡舟 鲍克 薛瑛 王思雪 于子豪
门聪 王天齐 王龙灿 王思乐 车舜 冯荟菁 史妍 旦增巴桑
乔永祥 刘炯 孙伟强 孙梦瑶 张琦 李倩 李傲 苏贝·乃比
连卓航 陈钦潇 周杨 岳斯源 帕孜丽娅·帕肉克 林玉婷 武静怡
郑名扬 饶洪浩 夏宇 席玥 袁新新 普布顿珠 智一凡 程蕾
刘璐 马文静 马亮 王会娟 卢治林 申义德 刘佳文 刘秋岑

孙望路　汤国栋　严屹然　张砚书　李思奇　李研　岳鹏程　苑晴
金夏虹　崔宇轩　黄辉玄　焦慎林　饶胤　夏建军　王金婷　卢尧
卢超栋　田兴华　刘京楠　刘美男　孙振超　朱一干　毕琦　伯玉兰
余致辰　李娇　周玉鹏　孟雅茹　胡勇敢　胡星灿　费雪良　徐萌森
康奉章　程开和　雷思艺　李想　马瑞兵　吴文宇　李鑫　赵颖琪
董轩　马立颖　王思宇　刘应南　吴斯　宋佳庚　张永榜　张韬
李明　杨莹　邵红光　林森俊　法源　贺思琪　热比克提·阿不力孜
潘晨阳　李宝　蓝志鹏　马忠虎　方林　牛相山　王文伟　王帅旗
兰洋　占智　石超　刘征宇　刘俊广　许国良　纳钰清　陈聪聪
呼尔察　郑盛君　胡东东　夏岩　聂白沙　黄雨笋　程国祥　舒杨
熊良锋　付乾峰　石聪　刘永邦　刘先领　刘冰　孙凌　何光泽
张牧鸿　李玉山　杜雪峰　郑志杰　胡博文　赵宇松　钟常运　唐于伟
郭沛　郭郑松　蒋金叶　谢友学　缪宇浩　彭冰冰　马生福　王元青
王昊　王涛　白龙　刘晨　孙美婷　许苗　邢文山　张恒
李超　侯文轩　姚江涛　曹博健　蒋小羽　覃陆均　吴晓丹　张智鹏
杨天　杨东霖　杨恒　麻绢绢　魏弘　万翔　王雪　吴志豪
张祎　徐松　董少军　撒惠琪　韩晓雷　马新新　李甘雨　金东彦
夏函雯　谢美英　马淑贤　许成文　李明　李莹　胡进　高赫
韩巍

冶金与生态工程学院（219名）

于雪飞　朱凤斌　董可心　李泽阳　杨然　马良健　马艳玲　毛明坤
毛煜　王一帆　王志坡　王峥　王萌　刘盼盼　刘晓楠　向雪梅
祁宗　许家乐　吴建璋　宋佳伟　张浩浩　李本民　杨启帆　谷守信
郑智铨　俞强　施耐克　洪全　黄绍春　黄翀　程国帅　谢科强
韩超　潘奕鹏　沙梦园　汪书乐　陈林　陈翔　赵晟　文甜洁
王云鹏　王若铮　王家星　王雪飞　冯若晨　石家旺　乔英钧　刘帅
刘扬　吕栋　闫政序　张太子　张帅　张春葵　李欢　杜建峰
杨佳兴　杨宝玲　杨博　连云飞　陈威　郑勇辉　保雪丹　姚望
唐伟栋　高佳伟　梁晓辉　覃飞宇　武文超　张豆　董鹏飞　鞠照坤
张万里　于忠正　马元卿　文艳梅　平东平　刘少伟　刘汉　刘畅
闫昊天　余智静　张天奇　张建伟　李志强　李承　谷雨　邱世毅
邵腾飞　陈小雨　郁泽峰　柳峥岩　荣吉平　赵天骄　贾亦峰　郭川
郭赟　曹翔宇　黄汇　黄蓉帅　谢芮　韩阳　朱帅贞　金圣道
王宇翔　李胜　李鹏飞　杨东　杨琛　于丛玮　王俊　王嘉毅
邓振强　叶腾达　刘莲凤　朱宇超　闫守旺　何倩　张威　张峰
张恩齐　张晓博　李志博　李留辉　邱青山　陈永煜　季鸿超　尚小娟
林纯灵　胡军涛　赵琦　郝雁彬　温鹏宇　谢鹏程　郭常胜　曹雅林
梁赵普　黄起慧　张睿轩　于鹏飞　方翊臣　王文博　王军格　王泽宇

王鹏　韦旺　任建坤　刘源　成瑶　朱益强　江涛　许志强
闫培烨　何滔　吴学涛　陈荣　罗骏　胡绍洋　徐济飞　徐盈
郭旭龙　崔广润　鲁丹平　蔡端星　颜世宇　王晨　冯涛　袁鑫
闫天明　丁智勇　卜浩天　马铖佑　王会　王传伟　王媛媛　冯建山
刘子艺　孙丰义　佘梓民　张辉宇　李东伟　李明阳　李彦辉　李博
杨伟光　杨洋　陈其洲　陈明毅　陈辉　周文豪　宛磊　罗媛
高兴宇　高原　梁贺慧　黄博　焦凯龙　张文远　王聪　付瑶
冯铁成　艾尼亚·玉素甫江　刘平奇　托哈提汗·买吐送　邢文龙　张心怡
张亚明　杨耿　邱瑀　陈琴　周翟尤佳　林升东　迪力亚尔·吾甫尔
祖力皮亚·阿不都瓦衣提　美依尔·阿斯哈尔　胡梦甜　项雅静　郭丽婷
梅美

材料科学与工程学院（461名）

裴玉　张志鹏　张嘉鑫　周运成　唐海波　张湘君　李俊杰　刘海
庄思　宋彦辰　陈伟杰　徐静琴　戎马屹飞　余帮生　张驰　李圆
李莎莎　戴辉煌　童济　王昱　王璐瑶　伍宇明　林琪　曹倩
章圆梦　范立昊　张宏博　李科云　李健可　李晓晓　沈涛　陈茜
周轩　周雨涵　赵晓凤　耿新源　吴卫斌　邹宜霖　周郅人　唐明辉
李佳琪　徐倩　陈俊丹　丁鹏冲　巴明洋　毛磊　王文钰　李孝贤
李魁　卓凯　罗肖　侯旭　夏甫卡提·迪力买买提　陶群金
吴颖　张帆　张雪村　李佳　陈琳　沈宇鑫　王子良　朱文丰
乌琪琪　张鹤荞　王愿　张荣建　富律文　曾文财　徐龙翔　章晓敏
李子豪　朱照照　吴科言　吴楷　李明轩　李景县　黄路遥　王馨竹
叶文　史志胜　柳柏杉　胡文　钟岩松　黄扬　管明　朱李白
于冰　刘旭　刘逸林　孙淑翠　许铎　郑德群　王点庄　巴优
张梦楠　姜媛媛　顾诚　程晓宇　张超　曹庆睿　刘鹏杰　丁亚红
叶泽宇　孙源泽　闫达琛　郑炜　曾祥　戴海文　吕津宁　李哲
刘志强　姚易　段超　徐欢　彭文林　姚培胜　吴若男　张笑晨
李金鹏　周晨阳　孟祥瑞　熊浩　王月　王洪亮　刘智军　裴中正
杨建金　王鹏飞　刘敏　张博明　李文杰　苗宏卫　贺双江　赵鑫
唐旺　徐海峰　谢依桥　丁振文　王云龙　刘晓东　张凯　徐胜
郭绍东　谢立　王天浩　张帅　李勋华　杨杨　赵栋　申晨
刘文旭　刘秀松　刘熠昆　吴征洋　张文一　贾皓　梁偲　童小羽
韩雨　文更　吴航　李宝成　李源锋　唐文啸　余义军　李腾飞
阴峰　张岱华　李俊　陈司南　钟行　康鹏飞　强刚刚　雷长航
雷沛敦　姜龙　何俊　佟海冰　吴沂哲　张元亨　陈仲观　陈晓宇
黄万基　莫永山　潘亮　李秋阳　杨志远　陈卫兵　崔丽莎　闫潮
吴高亮　张达　常彪　黄舒骏　智强　刘冰玉　何斯麒　张濡萍
李兆宇　李钊颖　邱垚　陆天行　陈金宾　孟德宇　畅艳芬　程乙峰

王　松	边　璐	刘　丽	王徐峥	王　琎	左高红	乔凯明	乔　晶
朱琳烨	阮雅婷	吴少聪	张　楠	李　裕	苏小坡	梁　越	刘　皓
刘蕴之	闫学瑾	吴晶恩	杜晓伟	鲁　凡	蔺　瑞	黎　琳	王天琪
邓楚燕	贾　俊	王凯笙	陈筱菲	岳小琪	赵贵恒	夏　超	章　韬
李　杰	徐奥妮	潘佳伟	潘　悦	罗海宁	陈　煜	储昭强	向　昱
任丹阳	刘超美	吕志超	江振文	许正豪	余　静	李文涛	李　岩
陈　宇	金美廷	娄长孝	胡锦凤	赵　婧	徐阳璐	陶锡晨	黄思聪
廖　赫	刘津莹	成　者	杨　晓	邢耀月	王文泽	王吉瑞	王　健
何　畅	邱小婵	阿拉法提·阿不都拉		陆天奇	官顺东	高　雄	崔天宇
熊睿琳	李　鹭	时　岩	邓　荆	田汉宸	刘　夷	刘　杰	朱春曦
张宏岭	张朝星	林志强	赵秦阳	裘佳瑶	薛　颖	杨宇航	肖　兵
易春昊	万颖琦	王宇瑶	李书妹	肖一俏	林宁宁	郁　鑫	洪戈尔
胡　杰	傅若凡	曾淳泓	焦京钰	熊　一	沈　潇	谢浩然	李文婷
喻　丝	于书萱	刘　悦	宋世超	张　可	张亚丹	汪子亦	罗来雁
胡坤盛	赵　燕	唐文川	崔皓雄	董诗诗	熊梦帆	瞿建鑫	王梦溪
张一越	张思梦	李建赭	邱晨阳	陈博男	赵一兰	唐　娴	郭惠静
韩向一	吴　滔	余巨峰	王艺飞	王业维	王志炜	王　杰	韦　康
刘华清	刘　宇	张　洲	张赛赛	李利利	杨美偲	杨　腾	姜小荷
赵佳斌	翁远琦	袁鹤鸣	高　尧	崔巧棋	黄燊燊	彭　阳	翟晓玮
孙　强	张　亮	杨文慧	宋　凯	李　陆	麦　硕	孟　鑫	施悦先
王佳伟	王　炳	范迪文	姚　珂	李彦杰	祝巢人	邸晨晨	刘劲羽
刘艳桃	吴　媛	宋来璇	张仕杰	陈　帅	董　芳	王一凡	白子恒
李辽辽	冯倓倓	田正涛	李通达	陈婷婷	崔可家	池巍威	张宏韬
陈圣韬	赵李堂	叶荣琴	李婧颖	陶柳实	廖声茏	苍宏远	郭　羽
李　萌	陈　歆	马韩婷	王晓彤	宁娟玲	白　鹤	刘丰年	刘梦云
孙　珊	齐小伟	张宗耀	张　杰	张涛麟	张　梅	李思远	李　宽
李竞龙	李　慧	邵裕东	邵楚伦	邹宜旻	陈一伟	陈　科	陈美龄
胡　婧	项海鹏	徐家驹	聂大凯	郭赛恺	薛　娇	王　磊	马　媛
王一旭	王　琳	包昊维	古继尧	任　屹	刘　琪	吕之韵	成星烨
邢鹏宇	张治文	李姝衡	李思慧	李春然	李　翔	李　臻	陈希文
陈彦好	周琳丰	於春松	姚宇泽	施　越	段学奎	段楚晨	赵　轩
郝　佳	徐婧琦	高凌浩	彭昱菲	慈　翔	管　君	蔡楚峰	蔡雷鸣

机械工程学院（595名）

张　楠	王一婷	吴嘉俊	黄　余	马靖龙	孔志超	王巧智	王礼勇
王督皓	宁占胜	白雪林	刘　柯	朱云山	朱杰星	宋　斌	张晨钟
张　琪	肖　骏	欧阳星光	侯　觉	胡　纯	赵　乐	高　凡	崔峻搏
扈晓敏	强　皓	董明真	窦　策	张　力	王安琪	付伟男	付　余
尤　媛	王春琪	王深平	任远飞	刘姝佩	孙乐鹏	张国豪	张健文

李东方　杨帆　陈伟　陈思成　周庆鹏　岳铭杨　罗磊　范博宇
党堃原　徐尉洪　耿思同　贾佳　盛晨炜　詹思源　阙嘉程　薛利强
孙斌斌　张飞跃　周雨　赵天晓　马斌畅　方君伟　王宇航　王俊淞
王瑜　乔焕奥　刘珊珊　华强　朱晓晗　许志强　完颜锐峰　张鹏
李芳蕊　李奎　杨天威　杨振旺　陆嘉昊　周文兵　周利波　孟齐志
贾文鹏　郭文娟　黄超　程斌　蒋金阳　叶墅锋　郭丙壬　梅宏礼
万盛　文哲　方雄　王堉企　邓露　冯海光　朱昭　邢冲
齐淑慧　吴晓鸣　张亚楠　张超　李子扬　杜新　陈翼科　苟少辉
郑炳头　金涛　夏义洲　徐云峰　高鑫　曹禹　程刚　潘聪
相帅　郝文腾　张赛　孙新宇　杨帅　于佳鹏　于海军　孔阳
王维悦　付永星　刘日　刘宇　孙晨　吴正伟　吴泽南　张建芳
张翔　张福旺　李长城　杨俊　苏泽兴　陈新　孟维岩　罗爽
赵文杰　柴振桦　高寰宇　崔超　黄忠杨　董大巍　陈聪　陈凯强
张彦杰　严谨　王琦　王新宇　兰永斌　刘宇晨　孙升　邢涌潮
吴鹏　宋子豪　张壮壮　张露丹　李浩琪　杨孟瑶　邱映杰　陈欢
陈海翔　陶俊宇　黄启运　靳举重　颜琦　薛仁杰　戴山佳　王大维
王科　王靖宇　刘陈辉　刘绍强　孙嘉钰　张勇　李文虎　李润鑫
李博月　李奥　杨松鹤　杨迪　杨铭　欧世星　罗斌　郑晓虎
曾宪稳　蒋志成　关永强　陈凡　史勇　丁攀　毛文健　王大怡
王成杰　叶博洋　刘红章　孙勇涛　孙晨晓　汤辰歌　张名星　张国玺
张旋华　李一江　陈小龙　陈帅　陈泽　陈炯　柯睿　黄传曦
黄卿明　童晓煜　魏诗林　李梦蝶　梁斌　古金江　刘诗文　刘晓涛
陈腊梅　毛建坤　王立强　王志刚　王忠强　王昊　王浩　王期超
白生辉　同秦毅　牟金涛　邢万里　希吉乐　张兆龙　张宇航　李枝盛
冶曦　郑惠　洪磊　赵东旭　唐小佩　唐陈　梁霄　黄立函
薛永强　李佳欣　苏瓦提·波拉提　马敏　毛琪　王文科　王志超
刘倩颖　吕嘉伟　孙宜轩　齐骏　吴生慧　吴能凯　宋玉鹏　张征东
杨晨　谷京　邹振飞　陈彦良　郑政　胡广达　赵浩翔　钱元
喻宏伟　蒋滨繁　于泽沛　马平华　王琛　田小康　刘志超　孙楠
孙赫　成亮　汤珏　宋凌戈　张磊　李彬洁　李飘　杨衷杰
陈哲宇　孟阳　施王影　骆森　徐科珺　韩睿霖　魏长鸿　魏琳
马娟　古鹏梅　宋伟光　刘杨　刘威　刘磊磊　曲恒宇　许海涛
张赫　李则卉　杨婷　沈思渊　肖吾才让　陈则贵　陈庆楠　陈冠中
封冠男　相梦如　高扬　符鹏飞　熊瑞　魏润枝　马飞虎　王学文
冯乃武　田辉武　刘兴文　刘丽平　刘思涵　匡宇宵　孙依帆　朱晓玉
冷绍泽　张沛　李鑫　杜未　邹德伟　陈超　周炫杰　林江鹏
施洪基　袁景　贾亚伟　郭亚楼　郭媚　章君韬　黄烁　潘尚
戴椰凌　元一龙　王康　王蒙　王端　邓升安　韦海林　刘伟
刘兆森　刘建国　师铭泽　李东　李劲松　李相澎　李哲然　杨全坤

陈绍华 林勇磊 晏雪娇 涂 政 秦修远 曹新平 舒 建 窦欣蓓
王小荣 王 敏 王 鹏 王 磊 吉家宾 孙亚伟 张欣蕾 李弘炜
杨 智 陈永杰 郑 杰 郭 伟 郭霄宇 曹晓雨 黄居安 雷章萍
薛飞扬 杨思超 续 爽 张 博 牛宣权 王学倩 王舒郁 王静雅
刘珊珊 宋樱棋 张 平 沈 洋 陈 念 陈德勇 柏 璐 曹 莎
黄智行 鲍春雷 蔡 萍 符金健 毕钰晨 万 金 叶振鹏 刘 婧
刘 硕 孙 畅 纪 琭 吴文昊 吴朝阳 张云帆 张莹珏 张源耕
姚玉洁 唐小乔 崔天奇 谢洪涛 于 蕾 马慧娟 王 娜 石梓洁
任 淼 刘运非 刘蓉蓉 朱 腾 许 可 张安琪 李晓萌 周介铭
周 鹤 胡晓雪 赵国超 桑 浩 曹佳丽 鹿时建 董向南 毛子彦
王 亮 王 珏 王 硕 刘佳欣 孙 娟 张璐璐 李怡晓 李晓萌
李颖华 杨柳笛 屈晓林 赵雪飞 倪 敏 徐梦诗 涂 松 袁玉凤
董文强 韩利鹏 程莎飒 袁 青 李 钰 井慧芳 王 东 王 益
王 博 王 翠 叶志光 叶 婷 刘 旭 牟凌雨 许悠然 岑钧均
张 宁 李乙娜 李如月 汪登佑 徐 达 徐 堃 郭清扬 高立霜
常文静 程思远 韩春涛 蔡 宇 常继飞 丁 双 于立君 王宝梅
叶 松 田文振 石 静 刘 硕 孙阳君 吴平宇 吴佳轩 张 轩
张 辰 张 勇 张效华 张潇予 李莹莹 李 蕾 杨惠琴 周丁康
林祎祎 罗 磊 钟 毅 贾 楠 崔 琪 梁咪咪 黄巧玲 蔡仕俊
潘凌昊 曾淑云 刘 帅 孙廷浩 李有焘 李 阳 袁 磊 刘 赛
李旭弘 李志军 罗俊峰 楚思晗 黎 驰 薛 超 李 阳 汪武训
谈 天 孔德宇 王鑫彤 皮先伦 孙寒杰 余海龙 张 军 赵 耀
郭 航 王淏楠 何君华 姚 旺 张颖麟 白志聪 张连德 李 杨
赵 森 郭锦锋 廖 哲 李玺业 何永健 李尔默 李智宇 海婷婷
秦博男 曾日芽 童生华 谭森起 娄诗烨 王志鹏 刘本勇 刘新雯
张 东 汪 钰 赵雪松 高天熠 彭 玺 潘 岩 杨凤苗 罗 瑜
金梦菡 柴 唱 聂 鑫 樊学海 曾 晨 王 珊 古思思 张 轩
施文慧 黄丽青 左明伟 石 磊 乔康吉 任 义 李公一 陈志奇
姜 超 胡卫丽 殷涛涛 佟新宇 吴 桐 童曲阳 王笑吟 叶秀辉
张泽宇 邹佩轩 董 倩 王雅玲 吕孟强 张泽宇 邵俊斌 陈 胜
周 静 金晓媛 曹 峰 梁天均

东凌经济管理学院（368名）

黄翊尧 于家傲 王久乐 江 萍 辛 达 陈剑鸣 姜 来 彭 瀚
蒋晶轩 薛 丹 郑细林 刘境云 吴心怡 李小前 杨双宁 杨佳丽
陈 婷 郑涵钰 赵祾雨 郭 畅 陶 文 高 琳 王 琳 梅欣然
于凤艺 王志光 白孟瑶 吕会雯 吕悦华 李倩倩 李梦琦 周帮阳
洪佳琳 赵静伟 王昊鹏 张仪宇 张嘉怡 杨 宸 范医民 郑紫夫
梁子健 于 洋 杨雯月 刘 瑜 张念晨 雷 淼 尹文伊 冯 瑜

刘琦鹏 安皓钰 朱君 张帆 张悦 张振江 张海悦 张琪
陈潇潇 秦子霞 郭思佳 郭振楠 阎晓蕾 毛健 王庆博 仲文琰
许冰洁 李香 汪昭如 沈贤伟 邵胜梅 陈彤 罗琳君 杨谨毓
郭戈辉 王雪晗 王婉秋 乔洪洁 许洁 张司航 张美璇 张淑琪
张静亚 肖璐莎 苟乃夫 施晓晖 高璇 野祎宁 蔡捷 王俊鑫
高姗 孙旭格 王子瑶 付晓晴 冯衫衫 刘君言 刘鑫妍 安彤
闫泓志 吴欣烨 张春雪 杜珂 杨伊格 杨阳 陈盈 周佳晨
周智一 黄鑫 谢亭亭 蔡艺 刘子瑜 赵鹏 林建东 纪航
冉冬平 冯西 许书舟 何伟华 李丽颖 杨若伊 周琳 绳诗
张航 王依星 王亚灵 王婷婷 王精华 李红艳 杨斌 陈百一
孟雨坤 林凌燕 钟悦 耿聪 高茜 舒美珍 谢倩倩 成文靖
李子健 柯礼迅 马欣然 方路 乔娜 刘儒炜 宋可心 李杨
杨特 洪逸君 赵利利 钱冰卿 续锦华 樊丽青 王川 杨智祯
郑展 王曦 邓文靓 刘松庆 张悦 李倩 薛蓓 李晓人
王甜 孙旭 许黎明 沈希珏 邱雪 傅凯惠 锡琳海日 王子逸
刘相兰 宋少卿 张轶琼 李博文 苏慧兰 赵茜 赵艳莉 曹小帅
曹璨 马奕婷 田兴达 刘宇 朱宇朦 杨忠璟 杨梅 陈亚群
周艺 姜丹丹 胡雄奕 钱丽雯 黄恺帆 董登辉 雷靖文 王艾
刘宏啸 向威 杜晴芳 杨光 胡梦可 倪彬翔 徐童格 陈苑斐
丁雅静 习艳妮 吕琳 何力为 李一冉 李宝辰 杨添博 沈力
沈幼莹 陆凌云 陈星 郑艺雯 郑博瀚 贺思宇 赵志伟 蓝海容
蔡畅 戴楠 马俊宇 刘小艳 蔡昊霖 王明明 王宇豪 农航
宋颖瑶 张传奇 张针福 张聪慧 周小杰 郑煜勋 赵常惠 常家瑜
梅海阳 曾健勇 娄艺馨 王成威 李璐瑶 冯智 刘洋阳 吴宇轩
宋娟 张雷 李俊辉 邱中士 金红双 胡婕 原文越 袁晨轩
贾琼 崔震东 喻月 关晗 姚新宇 潘鹤 刁虹钰 孙啸辰
吴思源 吴春华 张赢 李壮壮 李惠 杜春苓 肖扬 陈珊珊
陈爱军 侯洒洒 姜瑞琪 祝侨 郭书欣 陶一然 温佳伟 谭瑞霞
李冬 王琪 于永天 王哲 邓远超 冯学鹏 刘丙轩 刘芸
刘晓闯 孙全喜 安润颖 曲凯华 朱琬云 吴若楠 李旭 李林潞
杜崧语 徐伯楠 郭芳 詹舒琳 王亚丽 林晨露 赵丹凤 牛博
王黎明 任佳旺 危宜萍 李伊童 李彦廷 李菁 李曦 翁灼威
谭莉莉 魏巍 张伟杨 孙瑞 张雨婷 张婧婷 张德强 武高宁
赵宇蒙 黄寸 葛佶莛 马文瑞 王晓 孙丹丹 孙晓琳 朱静
张弛 张玥 李亚红 罗凤洁 罗海威 郎润平 姜丽萍 赵健秀
蔡少博 张召 安京 于晓朦 于培媛 王东 王凯龙 王烁
王恩卓 邓运 刘旺 刘思全 刘洁琼 孙世佳 孙晓璐 许航川
吴少龙 吴佳 吴野 宋佳慧 张文轩 张金茜 李峰 李童童
杨宜 杨婧 连卉囡 邴叮 陈俊江 陈惠鹏 周亦凡 周阳

罗冬冬　郑亦言　赵一霖　赵丹　曹文俊　温家隆　董鹏程　蒋壮

文法学院（178名）

董博涵　王梦桐　王程涛　刘书玥　刘珊珊　汤馥宇　余宙航　张丽莹
张宏召　张晓君　张晨　张林晞　李林峰　李晶晶　杜剑波　杜超
肖凤君　连城　邵瑛珺　陈莉　陈瑶琪　孟旭　金颖　侯凯宁
郝晓晶　郭宁宁　高丹　高斯敏　赖昔微　潘昭利　廖中华　王奇泽
艾勇陶　刘亚姣　纪嘉琪　吴贞姬　吴青青　张亚男　张明　张蕾
李祎玮　李采薇　李梦佳　杜天宇　杜萌　杨帅　杨妍　杨金花
苏舒　辛彤　陆丽鹏　周平阳　易薇　范婷　胡文杰　赵国龙
赵乾宇　郝爽　袁子惠　董华磊　戈方晨　段然　于士尧　王玄烨
王宝楠　王松涛　王梦娇　史秋媛　史紫薇　田正　白华　汤文丽
吴香颖　希古日干　张舒恺　张黎越　时素云　李一彤　李媛媛　李琪
李璐　汪元元　单增卓嘎　侯琳　赵亚琼　徐静婷　雷欣　嘎玛多吉
薛苗　魏乐　嘎玛罗杰　毛容之　王小源　王佳楠　王若男　王梓岚
王琼琼　王歌　王静　叶诗杰　刘万里　刘杰　刘鹏　朱雅璇
许多　吴雪梅　张欣　张恺妍　李彤　李明　李胜男　杨璟颖
周思思　祖希睿　赵恩禄　高承瑛　崇笑妮　崔玲　薛任宇欣　霍思羽
马鑫竹　邓欢　邓慧云　白学彬　乔踔　任俞芝　刘昕　刘荻
孙梦铌　闫海全　余艺贝　吴海潮　张涵　李颖　李佳鹏　李菲菲
李婷　李頔　杨天娇　杨桢梓　侯小童　胡安平　唐玉霞　唐琛
顾思宇　窦倩倩　雷婷　熊静雯　魏松　文祺　王中皎　王磊鑫
龙强　成红磊　余梓菲　吴家荣　吴晓宇　张成双　张姮姮　张洁
张津宁　张梦琦　李帆　李芳墨　李健　杜丹茜　陈嘉伦　胡艺
胡倩　赵超越　徐静　戚相斌　黄逸萱　喻淑培　彭丹　鲍雨
熊伊伊　潘伟

外国语学院（147名）

翁雪玉　马思雨　马意涵　公一　王文丽　王美慧　王梦婷　刘丹凤
刘铄　余淼　宋慧雯　应稚　张曼　李丹　李亚惠　李丽娜
李悦宁　李梅娟　李雪达　杨贺春　杨景杰　陈雨佳　陈虹润　孟硕洋
罗楚慧　郑天一　洪雅婷　赵星月　唐诗意　袁建新　赖禹冰　刘悦
王瑶　宋世慧　张珣　张婧　张醒　张赢月　李可人　李雅奇
李燕荣　杨一鑫　杨桢　杨晶　杨想想　肖彤　肖思昳　陈佳蓉
陈雨璇　屈婉晴　岳佳　郑美贤　赵志鹏　姬润果　徐亭亭　章旭东
程旭　葛璐瑶　崔笑容　于点　尹成姬　王玉婷　王明月　王茵茹
王琳　史弘　孙芳　孙慧芳　朱茜　闫薇　齐爽　李帆杰
李曼　李琳　杨诗雨　芦盈盈　陈斯　林塞娜　郑诗凡　柳亚飞
赵思齐　赵禹桥　郭泓徵　崔月　曹璐　蒋杰妮　韩雨桐　曾子凌

穆巴拉克·吐尔洪　于海云　王玑　卢杰　白迪　刘英杰　刘雨霏
刘静宇　托玛斯·阿布都赛买提　朴丽娜　江滢　张力丹　张姝泠
张钰倩　张博睿　杜嘉豪　杨茜　陈骏　武亚莉　郑兴　郑怡君
洪颖　胡双　郭云涛　梁田泽　黄雨雯　蒋方舟　韩英海　谭孟婉
王思思　王逢缘　田经纬　刘小洁　刘晓欣　孙启源　师琳琳　许桂顺
应天逸　张冰莹　张晗　李欣琳　李晨晨　李嫣然　杜楚乔　杨笑晨
邵龙豪　陈剑炜　陈奕诺　单曼　周佳林　庞冉昕　骆昂　夏彤
徐一帆　黄芳　程帆　赖伟莹　潘铎轩　魏嘉

高等工程师学院（126名）

马昌远　王云贺　王磊　伍泽洲　孙琰　许冰　李吉杨芙　李梦梅
贾曙光　崔耀盛　魏怿昕　于爽　方东根　王国栋　吕博超　孙婧
吴光辉　张宇航　李光　李哲　杨泽荣　杨逸加　肖微　邱东升
段加恒　郝云东　郭校宇　常宽　曹宜力　卢鹏　王正　王达志
申耀祖　伍帅　刘绍鹏　张加丛　李姣　李鹏　杨帆　郑晓丹
章丽琴　王亚杰　刘洋　库元坤　李大明　李园　肖超　陈曦
桂俊峰　乔双　龚怡霏　王一鸣　王莉　甘宝恒　刘双双　张豪臻
李建兴　李爽　邹敏　其布日　苑光照　郑禹　姜培扬　娄敏轩
揭晓东　蔡长宏　云洋　田世伟　吕海潮　白鹏　马金玲　邓乐萍
冯一帆　纪岩　余星　张尚野　李枫　周潇雨　赵谷城　袁禾蔚
曾清华　谭瑶　薛琚　张炳涛　修旗　赵竹青　徐哲　程里烽
刘琦　祁瑞萱　吴俊武　张胤　张贺　李健　李晓宁　陈博川
胡星晨　赵一鸣　赵冬　桑绘宇　袁文俊　楚焕鑫　马勇　公臣
王培毅　卢万里　卢欣豪　张倩　王志豪　代朝刚　龙丹　刘庆
朱学辉　李乐　李家琪　沈鹤鸿　贺笛　赵心瑞　关喜嘉　刘磊
孟繁强　赵金超　柴雪婷　秦威　黄雪梅　谢犁

数理学院（177名）

童鑫　周慧斌　丁顶　丁亮　尹东林　王崇平　孙志鹏　余鹏
张彪　张鼐博　阿布日古　依然　周巧　武定邦　郑为鹏　黄鹏
谢韬　王光强　刘逸群　刘旭东　李佳　王少杰　王歌　付国栋
龙涛　刘忠　吕政权　朱玉辰　宋艾晨　李正元　陈文华　陈威羽
席宏波　徐闪闪　程忠帅　韩天健　范艺馨　王奕然　吕晨宇　牟香樽
何宁航　吴美希　张钊　李雪松　陈细林　陈浪　周龙　林云峰
武永鹏　罗俊　赵建昌　钟适文　夏天　晏金龙　桂江磊　贾胜占
郭东阳　崔跃　戚丽囡　黄拔凡　彭大成　焦博远　漆睿　王亚东
张超群　王徐敏　李金钢　马宽泽　孔嘉欣　王铭阳　刘连敏　刘磊
吕程　庄敏学　朱江平　吴泰志　张海丽　张景波　李阳　李武伟
李唯　陆洲　陈鑫　承嘉栋　罗宇宸　胡沛然　饶子薇　骆仕文

徐进杰 高见星 高翔 曹鹏举 董琳 戴九如 巴静宇 王逸文
雷正 丁勇 王兴威 任卓 刘立婷 张志鹏 张鸿飞 李云涛
李梦义 汪岸 陈邦柱 陈佳林 周魁 金生俊 姜寿明 胡鼎原
赵琦 秦萌萌 郭勇 曹文静 梁晓云 黄凯 黄铭磊 焦茂鑫
韩淑敏 路宇辰 魏爽 于洪波 王玉磊 王海岩 王强 刘书同
刘玄通 刘森 巩文渊 邢珊 何佳 何锴 张永泉 张治肖
李龙 李妍 李松 杨书杰 苏和 陈雯倩 孟紫依 岳超
姜航 胡筱 钟麒 饶勋鹏 崔晴 景昕 韩翠云 慕生鹏
马占红 刘志爽 张大力 李莹 陈浩然 周平叠 周涛 季飞
侯彩霞 王瑾 纪恩怀 邢瑶 李更兰 李家恺 陈昊 赵英杰
赵晓松 谢圣文 黎姗 胡丹 任再锋 关济寰 徐青莲 徐晓龙
索君

化学与生物工程学院（105名）

袁帝 王建新 王明珠 王超 付迪雄 刘文博 刘阳 朱里昭
江烽 张理斐 苏婷 陈晓峰 孟妍 林伟 姜孟大 胡小宁
胡鸿杰 赵妍珺 唐巧 黄垚 温金昌 雷蕾 廖敏 翟奇然
魏才奇 邓玉豪 胡超鹤 马涛 王玉娇 王凯旋 邓伟佳 冉欢
刘昕彤 刘晓宇 曲琛 朱盈婷 吴霜 宋义运 张庆麒 张亮亮
张茜 李荣堂 李晓卜 杜嘉鑫 陈洪明 陈媛 孟甜 郑雪莲
姜帆 赵霞 贾祺 顾行野 马明鑫 于天齐 马明栋 邓云伟
宁岩 白晓玉 龙秀林 刘辰 刘庭宇 刘燕姿 孙宏旭 吴岳
吴洁慧 屈玉珠 易茗 武伯唯 苗娜 胡佳媛 徐文竹 徐亚男
索朗曲珍 袁守丽 鲍佳敏 潘博宇 黎博雅 丁涛 于飞沅 马唯一骁
云丹平措 文越玉 毛岚 厉玉梅 刘梦迪 孙趁义 江芸 祁长波
余灿 张冬雪 张剑波 张瀚文 李希 李欣 李蓉 李馥雪
杨伟康 杨若薇 陈玟敏 周梦芸 周强 莫日根 贾玉军 解瑞宁
蔡梓根

自动化学院（234名）

姚俊峰 完海军 刁靖东 方祥 付强 田苗 申洪梅 刘鹏宣
吕俊杰 孙文彦 孙佳 孙明亮 朱成志 张天一 张琪 张頔
李小青 李金谱 李梦君 李鑫 杨冰 陈善军 周燕 赵仕豪
赵青林 唐浩宇 徐盛效 郭书宇 曾奇 董婧 谢俊达 潘昀皓
于浩洋 韩杰军 于莹莹 王忆宁 王海龙 王琛 白童 刘一鸣
刘文丽 刘启晗 刘剑 吕树恩 孙思洋 孙逢时 孙静 朱宏伟
闫子晨 何家伟 张恒 时玉颜 李晨辉 杨涵宇 陈宇楠 陈峋宇
陈睿 林晓波 柏春 唐嘉伟 宾名剑 梅爱寒 曾永清 蒋佶松
谭晓斌 樊帅 万千慧 马志达 王贝贝 王正炜 王家兴 白茹

石雅楠 刘江江 刘海翔 孙洪友 师英杰 江龙 严林涛 严姜超
吴凯航 张程 李睿智 杨宁 陈栋 周星宇 段镇 唐玉琰
徐申 柴润德 郭强 高云峰 曹俊博 黄祥坤 程顺均 藺向楠
樊斌 戴豪礽 魏淼 徐文杰 王俊峰 王南飞 王梦园 王强
王耀平 冉旭 宁贝飞 刘帅 刘庆 孙政 张一豆 李磊
邹歌 陈杰敏 周桐 岳辰宇 岳健 姜银光 贺冰琊 贺剑
赵鹏舜 浦仲鑫 高晶晶 高策 黄伟波 董玉辉 刘晓旭 潘昭宇
曾凯 唐武 李思航 王小龙 王玮 王炳坤 王盼盼 刘亚飞
刘仲岳 吴昊 李双 李骏霄 杨帅 苟磊 范帅 姚宣丞
姚晓龙 秦川 高森 覃佐锐 满润毓 于洋 马学智 方敏
王金玉 王喆 冯润峰 史卓瑛 玉苏甫·亚森 石狄狄 关恩浩
刘志文 刘琳娜 吕洪爽 朱讲豪 宋泮园 张宁宁 张蓉 李丹丹
杨佩佳 仓天竹 阿布来提·艾斯卡尔 陈毅腾 晁超 林威 赵胜男
曹杉杉 曹灿 李千钧 上官致伟 王帅 王旭 王环 王晨露
王晶 刘恩泽 安美芳 牟鹏举 张佳婧 李响 杜赞赞 杨芳
陈思汝 陈涛 欧阳梓标 费致杰 赵彤 席雷 殷红文 聂明茜
袁维平 郭智翀 崔林 曹丽梦 曹德民 谢志豪 赖涛 尹泽同
王劲君 王孟博 王高林 王博 孙永辉 孙彪 安炊 吴煜
张若愚 张雨轩 张雨童 李昌俊 李治富 李英 李斯琦 杨茹茵
陈映雪 周晓飞 苗杰 范甄怡 郑妍 郝昭君 柴鹏帅 秦岳鸣
郭煊烽 陶威 曹立奕 潘硕君

计算机与通信工程学院（371名）

姚懿城 李京 王昭辉 于超 尹黎 王欣煜 王浩宇 王熙
冯明妍 田博远 任晖 何路路 张玏 张彩红 张雪 张晶晶
杨光 阿力木江·阿卜拉 胡文强 桑天雨 秦曼君 高立坤 曹冰心
彭泽桐 焦云龙 董志娟 韩劲松 李洪刚 王晓 龚若力 李思凯
郑佳琪 芦佳 王捷 王雯 付德金 叶晓贞 艾洋一凡 任颖文
刘世龙 刘汪涛 张逸涵 张渴为 张锋 李斌 李鹤仙 杨显
杨耀东 陈宏扬 郑江江 胡晓波 夏传寿 徐婷 秦宇君 袁越
崔星 梁田冶 彭枥 禄一湛 董泽宇 王书伟 黄鹏 郭京伟
卢章 邹坤 傅伟康 马绥耀 巴力斯 王孟孟 兰帅 田子谦
任高凯 刘圣雄 达尼亚尔·赛福丁 闫创 张思佳 张翔宇 李明扬
杨坤 杨勇 杨雪晴 陈浩 房程修 柳颖超 胡智程 钟润兴
夏冰清 徐杨 徐斌 袁伟航 郭璋 高杰 黎小东 邓昭阳
葛轩 王子阳 王维珅 王蔼岚 叶鹏飞 刘吉 孙夏 孙雪飞
孙琳 曲海峰 李瑞端 杜鹏程 杨宇 杨昊 林君仪 姜昌伟
胡锦亮 赵跃旻 唐汉琦 莫思雨 郭新玲 高宇星 崔斌 董仕奇
赖松 薛飞扬 戴戈 王子康 李绍铭 耿军 罗新祥 马海云

王礼鹏	王浩瀚	王新乐	田　苗	刘若怡	刘　剑	刘　涛	刘慧彬
孙乐冉	朱　奇	朱　莹	吴文岩	吴江勇	宋文彬	李　涛	李鹏飞
周　羽	易　进	胡　璁	胡　聪	徐宝川	高鑫晨	梁　婷	翟宜凯
张　帆	郑逸林	史佳玮	马新利	冯　宏	石　东	龙　腾	任　越
刘一鸣	刘柏阳	刘　健	刘博迎	江　婷	邢逸康	吴云鹏	张　弘
张莹雪	李斗汉	李鹏彦	杜嘉良	杨志超	陈思杭	孟　迪	罗　声
罗雪峰	段啸晨	赵　宇	徐志华	郭　鑫	曹　宇	曾令雷	廉　洁
燕　妮	曾　宁	张志辉	于　可	于若辰	冯峭之	叶　熠	印　玥
吕少波	江振滔	许瑾锟	闫志豪	吴　娟	吴　曼	张永杰	张沛然
张维嘉	张登辉	杨　牧	苏玉婷	周　超	易向天	范永哲	姚广旭
姜铁林	盈　珂	赵德鹏	曹　稳	傅　麟	程宇鹏	税荷捷	蒋方盛
韩一平	徐伟生	陈超然	于安琪	王凯莉	王浩彬	刘应轩	刘　翔
刘鹤煜	朱成刚	何　静	吴　壮	吴　超	张天宇	张艺嬴	张　莉
李见科	李发朴	杨　原	谷　然	陆佳炜	陈红进	侯克坚	姚亚楠
费　强	夏桂生	袁　哲	郭建强	郭思达	蒋　凯	谢林衡	解宇瑄
郑晓飞	王　旭	王　玥	王　健	王超峰	石宇菁	任鸿远	刘世杰
刘　博	吕志峰	孙　晨	朴雪威	吴　勉	吴　敬	宋晓韬	张　航
张雪茜	李帅兵	李　珂	李重威	李培正	陈翊杭	陈　颖	巫思晨
郭经宇	黄丽颖	雷　鹏	薛国栋	郭　辰	杜　康	方　琴	王　飞
王天元	付薇薇	甘　露	白　帅	龙　隆	刘方捷	刘　扬	旭日干
许晓晨	吴　茜	张晓娟	张　敏	张　望	李晓晨	李　彬	李　博
李　皓	周里达	林　佳	姚　艺	姚宽达	贾婧婷	贾鹏飞	曹永刚
傅伟鸿	霍　载	戴筠函	尹　昊	王宏宇	王俊民	王逸一	王　惠
王　焱	王瑾雅	农哲吉	刘婷婷	刘靓钰	孙益超	朱如会	江灵洁
张　旭	张国栋	张春秋	李大卫	李佳利	李勃思	李　源	陈　榴
周子同	罗　迪	赵亚楠	徐　磊	秦　放	郭小俊	麻付强	黄　瑞
戴肇文	孙晓飞	黄文强	李伟炜	常晓冬	王金全	卢　超	田逸晨
刘山青	刘志华	江俊鹏	吴隆煌	张珂培	张晓鑫	李丹阳	李贞阳
李报持	李奇霏	李青娟	李曼玲	李毅萍	杨　光	沈雯婷	陈泽轩
柯　莹	胡一博	赵海鑫	唐育豪	徐妙婷	徐鹏程	商立莹	隗龙朝
黄　英	曾国庆	蔡思宁	杨　雷	冯异力			

2014年毕业并获得博士学位的研究生名单

学科、专业	博士研究生	导　师	博士研究生	导　师	博士研究生	导　师
安全技术及工程	梁晓珍	宋存义				
安全科学与工程	陈海涛	于润沧	侯　茜	吴宗之	姜　兰	蒋仲安
	罗　俊	蔡嗣经	王　佩	蒋仲安	袁利伟	金龙哲
材料合成化学	曹建苹	党智敏	石少波	胡国华	王　亮	姜建壮
	游　峰	胡国华	张翠红	胡国华	赵晓东	胡国华
材料加工工程	陈其伟	赵爱民	刘星海	任学平	逄　宁	赵志毅
	水恒勇	唐　荻	臧　悦	任学平	张红钢	谢建新
材料科学与工程	边　柳	刘泉林	蔡正旭	唐　荻	曹佳丽	赵爱民
	曹零勇	张济山	陈东川	刘泉林	陈　翔	张　跃
	陈子潘	吕昭平	程俊业	赵爱民	崔绍华	乔利杰
	段琳娜	贾成厂	付　松	龙　毅	高敬恩	吕昭平
	高　敏	杨王玥	公维仁	王西涛	顾鹏飞	孟惠民
	关红艳	孙加林	郭明海	果世驹	郭少强	路民旭
	郝　伟	耿文通	贺建超	万发荣	赫丙玲	耿文通
	侯　彬	王自东	胡　磊	叶　丰	胡日荣	蔡庆伍
	黄　斌	刘雅政	黄　粒	叶　丰	黄　耀	赵爱民
	姜　楠	孟惠民	金　杰	高克玮	康启平	何新波
	匡健磊	曹文斌	赖　彬	张　跃	李人朋	路民旭
	李少峰	任学平	李　馨	张　跃	李　燕	李长荣
	梁力勃	何业东	林德烨	惠希东	刘　波	张深根
	刘博洋	叶　丰	刘　杰	陈广超	刘金龙	李成明
	刘俊涛	张济山	刘娜娜	孙建林	刘　胜	唐　荻
	刘　昕	杜振民	麻季冬	秦明礼	马文斌	刘国权
	潘昆明	林均品	秦红彬	李红霞	曲海涛	任学平
	任勇强	尚成嘉	邵媛媛	杨　平	沈永娜	赵海雷
	石照夏	董建新	时　亮	张波萍	宋　振	刘泉林
	孙飞龙	李晓刚	孙红英	周张健	孙　林	赵志毅
	孙瑞峰	曹文斌	陶进长	王　戈	万　琦	李　平
	汪　建	朱　洁	王崇云	田文怀	王　德	周　成
	王　刚	乔利杰	王会珍	杨　平	王　婕	赵海雷
	王金东	李立东	王金三	李长荣	王　婷	刘泉林
	王晓瑜	李立东	王永胜	林均品	王志刚	康永林
	魏广叶	郑裕东	吴　健	郑裕东	吴　深	沈卓身
	吴　勇	姜　勇	夏碧华	李立东	邢士波	李晓刚
	许军娜	曹文斌	闫永明	刘雅政	杨　斌	毛卫民 B
	杨　琨	林均品	杨美音	于广华	杨明珠	官月平
	杨　潇	张　勇	杨　忠	刘雅政	姚俊奇	何业东
	叶　铁	周　成	于秋颖	董建新	张　慧	孟惠民
	张建宇	吴春京	张　磊	杨　滨	张　旭	杨善武
	张中艳	吕昭平	张作顺	曹文斌	赵崇军	于广华
	赵显蒙	康永林	赵笑昆	张波萍	赵岩峰	惠希东
	赵　悦	姜　勇	朱龙奎	乔利杰	朱　帅	康永林

续表

学科、专业	博士研究生	导　师	博士研究生	导　师	博士研究生	导　师
材料科学与工程	朱文志	毛卫民 B	宗　毳	毛卫民 A	邹士文	李晓刚
	左龙飞	王白东				
材料物理与化学	李书瑞	贺信莱	柳　青	杨　槐	秦　智	乔利杰
	孙　超	杨善武	夏佃秀	尚成嘉		
材料学	丁金慧	路民旭	方　伟	何新波	刘　燕	刘国权
	吴　旭	郭志猛	张清辉	毛卫民 A	左志军	张深根
采矿工程	江　源	吴爱祥	刘金辉	蔡美峰	祖秉辉	李仲学
车辆工程	康翌婷	张文明	唐歌腾	石博强	朱兆前	张文明
动力工程及工程热物理	龚　娟	苏庆泉	李　智	刘柏谦	林炎海	郑连存
	罗春欢	苏庆泉	王乃帅	温　治	张传钊	刘应书
	张富翁	王　立	周　钢	温　治		
防灾减灾工程及防护工程	沈银澜	牟在根	王　珺	纪洪广	尹彦礼	谢谟文
钢铁冶金	安利娜	李京社	程子建	程树森	付　军	王福明
	李　净	张建良	马富平	包燕平	孟嘉乐	郭占成
	田　陆	包燕平	吴绍杰	陈伟庆	阎丽娟	吴胜利
	阎占辉	张建良	周　俐	田乃媛		
工程力学	陈　明	蔡美峰	董　璐	高　谦	冀　东	蔡美峰
	焦申华	王金安	刘际飞	璩世杰	陶铁军	汪旭光
	魏　微	高　谦	闻　洋	蔡美峰	张光权	汪旭光
固体力学	蔡　蓓	魏培君	陈亚娟	尚新春	兰　曼	魏培君
	李　立	魏培君	强芳玮	魏培君		
管理科学与工程	阿瑞繁	张　群	宾拉尔	王文彬	郭继东	杨建华
	黄　月	高学东	贾立杰	何维达	李建立	王道平
	李丽华	张　群	李　淼	王道平	梁智昊	何维达
	刘明珠	张　群	刘琦铀	李铁克	刘亚宁	何维达
	马　驰	高学东	马书刚	杨建华	邵晓冬	李铁克
	王海凤	李铁克	王　雷	李铁克	颜　瑞	张　群
	于艳辉	李铁克	张　凯	何维达	赵　扬	高学东
化学	曹艳秋	弓爱君	陈淑艳	李文军	高雪菲	张学记
	阚京兰	姜建壮	卢　天	陈飞武	万　亮	姜建壮
	王爱华	刘杰民	杨立国	边永忠	张玮玮	弓爱君
环境工程	阿依卡	姚　俊	蔡珉敏	姚　俊	程世昆	李子富
	韩俊丽	宋存义	洪　晨	宋存义	黄文雄	汪群慧
	霍汉鑫	林　海	卡那吉	姚　俊	梁宝瑞	宋存义
	史　怡	汪群慧	王华生	闫　海	吴媛媛	闫　海
	袁蓉芳	周北海	张　扬	李子富		
机械工程	付　强	杨德斌	傅　垒	王宝雨	黄江华	王宝雨
	霍元明	林建国	李　博	张清东	凌启辉	张清东
	马　彦	李　威	石献金	臧　勇	田　兴	李　威
	杨翠苹	胡正寰	叶永盛	王宝雨	赵向飞	张　杰
机械制造及其自动化	李志强	胡正寰				
计算机科学与技术	卡利勒	杨　扬				

续表

学科、专业	博士研究生	导　师	博士研究生	导　师	博士研究生	导　师
计算机系统结构	成　欣	胡长军	葛敬军	胡长军	郭鹏飞	胡长军
	郭志强	王　沁	李江华	胡长军	李士刚	胡长军
	史少波	王　沁	于彦伟	王　沁		
计算机应用技术	艾冬梅	曾广平	哈　里	郝红卫	哈　桑	王昭顺
	莱易尔	王　沁	李爱丽	郑雪峰	李　慧	杨炳儒
	钱文彬	杨炳儒	苏立坦	郑雪峰	汪永好	曾广平
	王　琦	曾广平	许　茜	郝红卫	杨彦红	张晓彤
	张长胜	杨炳儒				
科技与教育管理	刘新军	许　放				
科学技术史	黄　兴	潜　伟	李　博	梅建军	邵安定	梅建军
	向安强	柯　俊				
控制科学与工程	曹梦娟	廖福成	常战芳	尹怡欣	韩双霜	闵乐泉
	兰　红	闵乐泉	李　建	蓝金辉	小明大	王　京
	李　智	张朝晖	孟庆波	尹怡欣	苗亮亮	陈先中
	邱新涛	付冬梅	苏海霞	张朝晖	孙丽婷	童朝南
	田　清	徐正光	王国霞	刘贺平	王　凯	穆志纯
	王　鲁	王志良	王　嵘	王志良	肖丽平	童朝南
	徐国清	穆志纯	徐　伟	巩馥洲	于　晓	付冬梅
	张保庆	穆志纯	张　群	闵乐泉	周亚丽	尹怡欣
控制理论与控制工程	郝彦爽	尹怡欣	潘广贞	尹怡欣	张子春	余达太
矿物加工工程	罗淑湘	倪　文	许　言	孙体昌		
矿业工程	蔡震雷	冯雅丽	陈举师	蒋仲安	陈梅岭	蒋仲安
	伏程红	倪　文	黄晓燕	倪　文	贾春雷	蒋仲安
	焦华喆	吴爱祥	刘祥龙	蒋仲安	邱仙辉	孙传尧
	宋晓倩	李仲学	孙振明	李仲学	王长龙	倪　文
	王晶晶	蒋仲安	吴　辉	倪　文	吴立荣	蒋仲安
	吴　姗	宋卫东	杨　桦	胡乃联	杨志超	冯雅丽
	尹永明	姜福兴	于跟波	杨　鹏	张国瑞	徐九华
	赵　玲	蒋仲安	赵明章	徐九华	朱权洁	姜福兴
流体力学	黄小荷	朱维耀	王鸣川	朱维耀	王小锋	朱维耀
	岳　明	朱维耀				
凝聚态物理	多非克	王凤平	黄厚兵	马星桥	李歌天	马星桥
	李世娜	巨　新	睢贺良	巨　新	闫　旭	顾　强
	杨丽红	潘礼庆	张川晖	陈难先	张静川	顾　强
	赵月雷	潘礼庆				
企业管理	艾马尔	佘元冠	白　婧	刘　澄	鲍明铭	刘明忠
	陈宝东	何维达	顾　强	刘　澄	官海滨	武德昆
	胡巧红	刘　澄	毛　昊	刘　澄	彭　鹏	周天勇
	王　蒙	佘元冠	王未卿	刘　澄	王兴起	王维才
	武　鹏	刘　澄	姚　茜	王维才		
热能工程	雒文伯	张欣欣				
思想政治教育	蒋卓晔	时立荣	刘　菁	时立荣	马金河	彭庆红
	任　泽	陆　俊	邵艳军	彭庆红	殷玉洁	陆　俊

续表

学科、专业	博士研究生	导　师	博士研究生	导　师	博士研究生	导　师
通信与信息系统	陈云波	周贤伟	程志密	周贤伟	丁　颜	邬贺铨
	胡佳慧	谢　毅	宋宁宁	周贤伟	孙莉莉	杨　扬
	许海涛	周贤伟	钟　斌	张中山		
物流工程	李海涛	李苏剑	吴　迪	李苏剑	徐红霞	董绍华
岩土工程	白　哲	吴顺川	李　飞	王金安	李洪军	李长洪
	罗　涛	高永涛	孟志强	李成江	屈春来	乔　兰
	吴庆良	高永涛	许振华	乔　兰	于咏妍	高永涛
	钟　文	谭卓英	周　喻	吴顺川		
冶金工程	艾仙斌	苍大强	安小鑫	邢献然	白李国	李京社
	陈　川	程树森	陈志远	周国治	代　兵	杨天钧
	邓小旋	王新华	杜　超	朱鸿民	范　倚	李士琦
	高雅巍	李京社	何　飞	田乃媛	侯明山	李士琦
	胡春林	宋波 Y	纪志军	李士琦	江　波	朱鸿民
	姜　喆	张建良	蒋旭东	张建良	李　娜	赵　沛
	李　鹏	张梅 Y	李天生	王福明	李　阳	张家泉
	林腾昌	朱　荣	林银河	郭占成	刘海涛	陈伟庆
	刘文娟	朱　荣	刘延强	周国治	柳　旭	宋波 Y
	吕　明	朱　荣	罗果萍	吴胜利	马文俊	包燕平
	马小乐	郭汉杰	马　昱	李京社	毛　瑞	张建良
	茅晓慧	李京社	娜米拉	王福明	庞清海	杨天钧
	庞瑞朋	王福明	彭　尊	包燕平	齐丽英	苍大强
	邱家用	张建良	任　山	张建良	任中山	周国治
	苏步新	张建良	孙海波	张家泉	孙乐飞	王福明
	孙丽媛	李京社	滕召杰	程树森	田　俊	成国光
	涂继国	朱鸿民	万　勇	陈伟庆	汪秋雨	朱鸿民
	王方方	邢献然	王晓丽	宋波 Y	韦勐方	张建良
	吴六顺	董元篪	肖　超	张炯明	邢相栋	张建良
	许军元	王新东	杨振国	刘　青	于彦冲	陈伟庆
	余锦涛	郭占成	湛文龙	吴　铿	张二华	吴　铿
	张慧宁	崔　健	张立强	包燕平	张玉成	邢献然
	赵翰庆	邢献然	赵文玉	安胜利	郑　锋	李建业
	支　歆	安胜利				
冶金物理化学	单　科	郭兴敏	李慧玉	郭兴敏	朱绘卉	邢献然
资源经济与管理	赵爱国	李仲学				

2014年学术型硕士毕业并获得学位的研究生名单

学科、专业	硕士研究生	导　师	硕士研究生	导　师	硕士研究生	导　师
安全科学与工程	白　楠	金龙哲	曹　蓓	蒋仲安	方芘心	刘双跃
	郭　郡	蒋仲安	韩忠龙	金龙哲	何　娜	谢振华
	侯　佳	高永涛	侯琪琪	张英华	姜　冬	黄国忠
	李彦峰	谢振华	李正涛	谢振华	刘晓明	张英华
	潘　浩	杜翠凤	彭　丽	刘双跃	施蕾蕾	蒋仲安
	陶国银	金龙哲	王文靖	蒋仲安	夏　雨	谢振华
	熊天宇	刘双跃	徐　洋	金龙哲	张雁峰	张英华
	赵清亚	蒋仲安	周洁琳	黄国忠	朱　明	刘双跃
	左　莹	杜翠凤				
材料科学与工程	阿　南	王　戈	安萌萌	杨　滨	白立雄	薛文东
	卜晓晖	曾燕屏	蔡　敏	冯　强	曹　瀚	乔利杰
	曹美琪	燕青芝	曹　琦	耿文通	曹宗宝	金　莹
	常　丽	惠希东	陈　刚	王丽萍	陈杭萍	杨　槐
	陈红红	吕昭平	陈红婷	高　瑾	陈加利	王金伟
	陈建勋	赵兴科	陈京京	赵征志	陈露露	黄继华
	陈　鹏	李金许	陈鹏磊	徐桂英	陈杉檬	曹　备
	陈淑英	张　勇	陈　伟	李龙飞	陈问寒	孙加林
	陈　祥	孔祥华	陈　鑫	刘　靖	陈兴武	杨　槐
	程学千	苗　君	程园园	高克玮	池永恒	曲选辉
	楚瑞坤	葛昌纯	崔萌萌	金　莹	崔清伟	连　芳
	崔　伟	张　雷	崔新鹏	吴春京	崔兴达	薛文东
	崔　艳	张　跃	戴　川	陈　冷	戴艺强	杨　洲
	邓　鹏	宋仁伯	丁贤林	刘泉林	丁秀萍	张济山
	丁月君	孟惠民	董　娟	孙爱芝	董　帅	柳　伟
	董雪亮	王德仁	窦娜娜	宋西平	杜方圆	俞宏英
	杜　康	王艳丽	范欢欢	范丽珍	方　彬	纪　箴
	房小飞	闫小琴	冯富春	洪慧平	冯金玉	唐　荻
	冯　宁	王国杰	冯　微	冯　强	冯晓鹏	贾成厂
	付晓利	郑裕东	付　裕	于　浩	甘培原	孟惠民
	高　超	张波萍	高　闯	宿彦京	高　蒙	路民旭
	高　攀	万发荣	高　山	姜　勇	高书君	董超芳
	高　帅	龙　毅	高延子	杨　槐	耿晓琳	曹江利
	龚立丽	曹　林	关丽红	郝俊杰	桂圆圆	任学平
	郭　强	常永勤	郭阳光	杨　穆	韩丹丹	张　雷
	韩　强	刘雅政	郝子敬	郑为为	何　博	蔡庆伍
	何金珊	王西涛	贺　佳	柳　伟	侯　晨	范丽珍
	侯国艳	海明潭	侯　磊	何新波	侯　琼	于　浩
	侯在鑫	樊自栓	胡海春	赵兴科	胡　江	张济山
	胡小锋	齐俊杰	胡晓培	曹江利	胡晓倩	庄林忠
	胡　颖	张　跃	黄　晶	李静媛	黄　璐	汪林兵

续表

学科、专业	硕士研究生	导　师	硕士研究生	导　师	硕士研究生	导　师
材料科学与工程	黄泽亭	王　戈	霍朝霞	刘雅政	汲广桥	田文怀
	计　坤	郭翠萍	计　霞	任学平	贾翼速	宋仁伯
	贯远航	叶荣昌	贾占辉	何新波	江　艇	林国标
	姜洪霞	高　瑾	蒋立坤	贾成厂	蒋虽合	毛卫民 A
	蒋壹桥	张　跃	金　赟	杨　洲	鞠鸿飞	范丽珍
	柯婷婷	樊自栓	乐雅婷	俞宏英	李　灿	周香林
	李聪颖	孙冬柏	李丹阳	韩静涛	李　栋	陈雨来
	李　芳	郭翠萍	李　芳	周香林	李　改	曲选辉
	李　贺	尹海清	李红萧	范丽珍	李宏良	宋西平
	李怀峰	叶荣昌	李经纬	余万华	李立彦	周　成
	李林翰	董建新	李　敏	张　勇	李　明	贾成厂
	李　鹏	王树明	李　瑞	程知松	李　姗	于广华
	李石雷	林　涛	李士乐	王学敏	李伟强	黄继华
	李　玮	陈　冷	李文文	刘国权	李潇楠	林均品
	李小龙	唐伟忠	李　晓	王燕斌	李　昕	张麦仓
	李艳娟	张迎春	李　阳	万发荣	李子亮	李　平
	栗　丽	董超芳	廖龙龙	朱　洁	林美超	乔利杰
	林清华	郑裕东	林　玮	赵志毅	刘　畅	何积铨
	刘　丹	毛卫民 A	刘东方	冯　强	刘继伟	强文江
	刘建尊	孔祥华	刘力畅	李长荣	刘力哲	余万华
	刘立甫	武会宾	刘　璐	杨　平	刘　梦	李　勇
	刘明荔	张济山	刘　聘	韩静涛	刘庆龙	王旭东
	刘淑龙	李　勇	刘　松	王自东	刘　汪	齐俊杰
	刘　晓	林均品	刘新鹏	余万华	刘彦伟	曹　林
	刘　瑜	汪林兵	刘玉庆	王开坤	龙梦龙	李　勇
	卢相安	李明华	吕　飞	张　鸿	吕雪飞	白　洋
	吕　渊	任学冲	律　刚	薛文东	罗　娟	张海龙
	罗兆良	孙蓟泉	马　奔	周　成	马芳芳	张　华
	马怀超	陈　宁	马　珂	曹　备	马　磊	王德仁
	马磊磊	连　芳	马锡娟	王旭东	马英霞	高克玮
	马　昭	江海涛	孟宪博	姜　勇	米应映	燕青芝
	闵业冰	黄运华	倪　娜	张　津	牛　灏	孙冬柏
	牛辉辉	张志豪	牛　玮	陆永浩	潘晓铭	吴俊升
	裴礼鸿	吴俊升	裴暖暖	康永林	彭　坤	郝俊杰
	乔　欢	谢建新	秦晓峰	刘雅政	屈云琦	何积铨
	任　勇	杨　平	邵方磊	张志豪	沈玉萍	黄进峰
	石　江	薛文东	石磊磊	徐新军	石云光	许立宁
	宋京国	惠希东	宋　静	顾有松	宋若康	张麦仓
	宋婷婷	尚成嘉	孙　博	曲选辉	孙丛笑	王树明
	孙大淇	何新波	孙大同	张　华	孙　静	于　浩
	孙　森	邵慧萍	孙秀荣	杨　平	孙永阳	龙　毅
	孙玉杰	龙　毅	谭明强	李明华	谭　信	王　戈

续表

学科、专业	硕士研究生	导 师	硕士研究生	导 师	硕士研究生	导 师
材料科学与工程	唐 超	张麦仓	唐娜娜	庄林忠	陶 攀	于 浩
	陶 阳	黄继华	田 航	张海龙	田璐莎	秦明礼
	田玉琬	李晓刚	田志勇	王旭东	涂 琴	毛卫民 B
	万红霞	杜翠薇	汪小培	赵爱民	王春芳	王开坤
	王 东	毛卫民 B	王法国	曹文斌	王 辉	贺 芳
	王慧敏	杨 平	王佳全	李长荣	王洁军	路民旭
	王 雷	李晓刚	王 磊	王开坤	王 亮	白·洋
	王 玲	李 平	王凌鹤	乔利杰	王 礴	张来启
	王 猛	李成明	王 朋	杨 穆	王彭涛	林国标
	王 鹏	宋仁伯	王 鹏	顾有松	王瑞俊	李金许
	王瑞欣	郭志猛	王淑芳	纪 箴	王 帅	徐晓光
	王婷婷	柳 伟	王 伟	强文江	王显宗	李晓刚
	王 潇	余 伟	王晓卫	叶 丰	王 灿	宋仁伯
	王亚东	张来启	王泽汉	唐 荻	王志伟	高克玮
	魏木孟	董超芳	魏文磊	宿彦京	魏学业	郑为为
	文 成	刘雅政	文 焱	连 芳	吴 昊	杨 槐
	吴 俊	陈 宁	吴 康	王自东	吴 萌	曾燕屏
	吴 洋	曹文斌	吴振刚	韩静涛	席常亮	余万华
	夏 垒	孙建林	夏 青	曲选辉	夏亭亭	官月平
	向丹丽	包小倩	肖 玉	洪慧平	谢春乾	李金许
	谢晓冬	王丽萍	熊 强	姜 勇	熊武斌	官月平
	徐 驰	万发荣	徐国进	周 成	徐国良	贾成厂
	徐吉元	朱 洁	徐 育	孙加林	许杜生	毛卫民 B
	许正印	李立东	薛 瑶	米振莉	颜宏艳	孙加林
	颜 平	毛卫民 B	颜雨飞	吕昭平	晏荣建	贺 芳
	杨 冰	郑裕东	杨 芳	郭志猛	杨 刚	宿彦京
	杨广善	杨善武	杨海波	胡水平	杨欢迎	李 勇
	杨 俊	孙爱芝	杨珊珊	刘泉林	杨天让	赵海雷
	杨万鹏	刘国权	杨 伟	叶 丰	杨文静	黄继华
	杨 阳	纪 箴	杨振明	岩 雨	杨中玉	张 津
	姚鹏莉	唐伟忠	姚 瑶	董建新	叶飞鹏	连 芳
	叶 煜	强文江	易善杰	尹海清	殷 蕤	庄林忠
	殷 婷	包小倩	尹 路	曹江利	雍玮娜	杨 洲
	于海杰	徐晓光	袁泓晔	王金伟	曾祥勇	吴春京
	曾 寻	强文江	曾志鹏	赵海雷	张宝燕	黄进峰
	张臣生	金 莹	张 驰	张志豪	张传伟	孔祥华
	张灯风	郭翠萍	张 帆	孙蓟泉	张 皓	叶 丰
	张皓扬	陆永浩	张 贺	张 华	张 衡	曹文斌
	张宏杰	谢建新	张宏伟	龙 毅	张 辉	张永军
	张建国	任学平	张靖文	何新波	张 娟	尚成嘉
	张萌萌	李龙飞	张 敏	孙建林	张明赫	刘国权
	张茗馨	黄继华	张盼达	董建新	张巧霞	张济山

续表

学科、专业	硕士研究生	导　师	硕士研究生	导　师	硕士研究生	导　师
材料科学与工程	张　容	苗　君	张瑞辰	王国杰	张施琦	黄运华
	张　帅	李静媛	张素芳	张　勇	张晓峰	曲选辉
	张　阳	朱　洁	张　野	刘雪峰	赵　博	郭翠萍
	赵翠清	宋仁伯	赵奎飞	李　平	赵明忠	詹　倩
	赵　申	官月平	赵伟朋	林国标	郑君姿	张来启
	郑攀峰	赵志毅	郑　鹏	刘泉林	钟丽敏	王　戈
	周雏蕾	王树明	周丽宫	姜　勇	周朋飞	张波萍
	周庆龙	郭　晖	周　云	王学敏	朱　宁	杨会生
	朱行欣	张深根	朱燕华	官月平	朱月槟	王学敏
	朱祖文	徐柱英	邹　超	孙爱芝	邹　雷	周张健
	邹　亮	张波萍	邹旭晨	赵兴科	祖婷婷	韩恩厚
采矿工程	丁明龙	宋卫东	何皇兵	璩世杰	侯定勇	李翠平
	康宝伟	吴爱祥	李　波	陈广平	李焕君	璩世杰
	李　信	胡乃联	林璐瑶	李仲学	刘焕新	蔡美峰
	刘斯忠	王洪江	骆　清	明世祥	秦　南	李仲学
	任　萌	胡乃联	舒凑先	姜福兴	宋文龙	吕文生
	孙祥鑫	明世祥	孙新博	宋卫东	谭海林	胡乃联
	滕召良	吕文生	仝庆亮	明世祥	王　贺	高永涛
	王静宇	李翠平	王述清	杨　鹏	王志凯	金爱兵
	严荣富	明世祥	杨光宇	姜福兴	姚宣成	高永涛
	于少峰	吴爱祥	张春月	宋卫东	张　健	谢玉玲
	张敏哲	金爱兵	张晓庆	陈广平	张亚东	蔡嗣经
	祝泽辉	明世祥				
测试计量技术及仪器	段　晨	赵小燕	黄　鹏	康瑞清	贾增利	蓝金辉
	李　潇	迟健男	梁思文	左　昉	任思岩	迟健男
	桑尚铭	赵小燕	王惊霓	侯庆文	王　雪	左　昉
	王雨菲	左　昉	吴　奇	康瑞清	张成庚	左　昉
	赵仕龙	侯庆文	周　萍	侯庆文		
产业经济学	阿扎提·阿不力孜	何维达	邓张升	何维达	杜鹏娇	何维达
	樊聪聪	邓立治	何　洁	冯　梅	孔垂颖	冯　梅
	李　航	何维达	刘建锋	邓立治	熊品三	冯　梅
	张锦卓	何维达				
车辆工程	鲍　龙	冯茂林	边展通	石博强	蔡京京	石博强
	戴瑞龙	陈树新	董美华	罗维东	董振华	范让林
	范素君	冯雅丽	封　雪	陈树新	高建超	冯志鹏
	郭梦童	申焱华	郭　瑞	申焱华	郭晓钰	刘　立
	侯任远	马　飞	黄新龙	石博强	贾　楠	陈树新
	贾铁流	马　飞	靳小波	石博强	李　昊	杨　珏
	李　岚	陈树新	李明震	冯茂林	李　涛	冯雅丽
	李祥杰	冯志鹏	李艳伟	冯茂林	林　威	黄重国
	陆亚灵	王　晶	鹿志新	马　飞	马振东	范让林

续表

学科、专业	硕士研究生	导　师	硕士研究生	导　师	硕士研究生	导　师
车辆工程	汪　星	杨　珏	王相鲁	黄重国	王　璇	张文明
	王　振	申焱华	王　政	王　晶	王中伟	马　飞
	文　武	刘　立	杨　琦	黄重国	臧　升	冯茂林
	张　博	罗维东	张修文	冯雅丽	赵泓毅	张文明
	周　锐	刘　立				
电子科学与技术	蔡军军	董　平	陈　琼	王　莉	杜　鑫	王　莉
	谷　丽	王　莉	郭大伟	董　平	何文静	杨淑华
	胡开航	石志国	胡新莉	李　刚	黄建昌	王粉花
	李　程	王先梅	李　欢	胡广大	李　政	王粉花
	李志明	张　崎	梁玉玉	王先梅	刘笃信	解　仑
	刘继坤	杨淑华	邵彦娟	李　刚	孙晓龙	董　平
	王杰立	胡广大	王　旭	王　莉	王雨翔	李　刚
	王子剑	解　仑	吴宏涛	李　刚	武　霖	张　崎
	晓虎尔	王先梅	肖国畅	王粉花	张方超	张　兰
	张建平	张　崎	张丽颖	解　仑	张鹏程	胡广大
	张少文	董　平	张伟龙	李　刚	张晓萌	石志国
	赵　霞	伍春洪	郑　昊	张　崎	周春园	刘磊明
动力工程及工程热物理	柏　庄	孙淑凤	蔡　蕊	王　恒	柴才明	王　恒
	陈少龙	刘向军	陈　伟	刘应书	陈杨杨	林　林
	邓小龙	乐　恺	谷海强	张欣欣	顾鹂鋆	温　治
	韩大伟	刘柏谦	何亚兰	张欣欣	冀　慧	刘柏谦
	贾　壮	冯妍卉	姜　磊	刘向军	焦以飞	苏庆泉
	解雅茹	童莉葛	冷　红	刘双科	李佳霖	夏德宏
	李立强	温　治	李小康	刘应书	李晓飞	张欣欣
	李亚飞	冯妍卉	李　阳	冯俊小	梁思静	苏庆泉
	吝　敏	童莉葛	刘利军	温　治	刘亚昆	冯俊小
	吕春旺	刘柏谦	罗　琳	岳献芳	马少娟	王　恒
	梅　肖	楼国锋	彭　璜	刘向军	秦冬丽	刘训良
	赛　杨	孙淑凤	沈立挺	夏德宏	宋　鹏	童莉葛
	宋　扬	乐　恺	宋祉霖	王　立	孙大勇	温　治
	田付山	姜泽毅	佟瑞鑫	乐　恺	王超超	姜泽毅
	王东洋	于　帆	王旭佳	夏德宏	魏广飞	刘应书
	魏　伟	苏庆泉	吴声龙	王　立	徐晓亮	孙淑凤
	严珺洁	刘应书	杨　晨	楼国锋	杨立松	刘柏谦
	俞诗园	王　立	曾　幸	于　帆	张　鑫	冯俊小
	张学昌	姜泽毅	张亚辉	苏庆泉	张　阳	乐　恺
	赵　林	姜泽毅	周　济	苏庆泉	周剑锐	刘双科
	朱晓龙	刘柏谦				
动力机械及工程	时　娜	冯妍卉				
工程力学	蔡　路	李长洪	崔帅立	王德胜	丁诗倩	谢谟文
	高　超	刘娟红	胡从倩	王德胜	康　璐	龚　敏
	刘　坤	任奋华	那米日	王德胜	祁嘉翔	纪洪广

续表

学科、专业	硕士研究生	导　师	硕士研究生	导　师	硕士研究生	导　师
工程力学	丘　帆	李　铁	王　利	王金安	王　龙	龚　敏
	王新龙	潘旦光	薛　杨	陈德平	杨海超	龚　敏
固体力学	白小静	吴兰鹰	柏庆君	尚新春	卞　江	王建国
	陈　磊	陈章华	付　翀	魏培君	蒋成钢	陈章华
	康　乐	吴兰鹰	李东哲	尚新春	李海胜	尚新春
	李绩科	尚新春	吕文婷	王建国	牟　进	魏培君
	王海文	陈学军	王瑞泽	陈章华	游　溢	陈学军
管理科学与工程	阿　帝	魏桂英	阿兹玛特	张晓冬	陈　斌	武　森
	陈　红	高学东	陈　睿	王　莹	陈　盈	高学东
	程筱彪	杨建华	单纪鹏	张　群	杜彦南	武　森
	吉利尔	武　森	姜　蕾	王文彬	坎　比	黄晓霞
	李　念	魏桂英	李秀雅	王道平	李志隆	崔健双
	林　淼	王文彬	刘璐新	李铁克	裴艳龙	张　群
	全　敏	曹　勇	王佳晔	武　森	王　瑾	张晓冬
	肖　扬	王道平	徐　通	张晓冬	贠晓雪	武　森
	曾晓超	张　群	张大川	王道平	张丰丽	李铁克
	张　晓	张文新	张艳芳	李铁克	郑银巧	李铁克
	周丹云	王道平	周　蕾	魏桂英	朱　敏	高学东
	朱小萌	张晓冬				
国际贸易学	艾米丽	吕殿平	安德里	孙　莹	达　仁	王　凯
	耿心怡	孙　莹	郭　琳	何　枫	蒋海洋	阚　宏
	刘婷婷	王宾容	卢卡斯	孙　莹	马龙宇	何　枫
	美　娜	孙　莹	孟　飞	何　枫	彭　旋	阚　宏
	萨　沙	王　凯	宋　珍	何　枫	天雨露	范小华
	屠颖旎	贾建华	汪文慧	孙　莹	王鹏飞	孙　莹
	吴　燕	王　凯	徐　翠	阚　宏	郑雪灵	管志安
	周　工	王宾容				
化　学	曹慧赟	常志东	陈丽娟	袁文霞	陈　敏	胡国华
	方　迪	刘杰民	付　蓉	陈飞武	哈　娜	刘杰民
	郝　欣	王碧燕	何　涛	张欣欣	贺亚飞	柴成文
	侯　川	李建强	胡潇涵	刘杰民	黄二全	胡国华
	黄美艳	胡国华	金　琼	常志东	雷　越	李建强
	李聪利	车　平	李大芝	杨运旭	李江柳	叶亚平
	李丽坤	边永忠	李　姗	袁文霞	李晓慧	弓爱君
	李晓丽	边永忠	李欣欣	党智敏	李艳娟	王明文
	李　杨	孙长艳	李昭君	范慧俐	刘姝静	胡国华
	刘　倩	党智敏	刘　洋	弓爱君	庞金平	肖军平
	曲静媛	李新学	孙　芳	胡国华	孙　林	范慧俐
	田　城	邓金侠	王丽娜	胡国华	王　美	李文军
	王晓燕	胡国华	王祯文	赵　军	魏　娜	曹艳秋
	吴明帮	范慧俐	肖　嵘	李文军	谢　松	党智敏
	姚志强	胡国华	要如磊	弓爱君	岳　普	范慧俐

续表

学科、专业	硕士研究生	导　师	硕士研究生	导　师	硕士研究生	导　师
化　学	张　波	党智敏	张丽珍	袁文霞	张　玲	袁文霞
	张　晓	李建强	张永强	常志东	赵华芳	李文军
	赵荣艳	党智敏	周　航	姜建壮	周　鹏	刘杰民
	周雅慧	叶亚平	周颖雪	闫红亮	朱琼琼	周花蕾
环境科学与工程	阿荣娜	汪群慧	巴屯德	李子富	包瑞娟	周北海
	陈胜楠	夏　新	陈霜玲	李子富	春　天	汪群慧
	崔敬轩	王　琪	董　婷	李天昕	董有为	宋存义
	范鹏飞	汪　莉	甘可敏	汪群慧	顾　柯	李天昕
	韩　丹	汪群慧	何　满	李天昕	贺　婷	廖洪强
	胡　石	甘一萍	黄远奕	周北海	贾少华	宋存义
	克丽丝特尔	朱维耀	李　慧	周北海	李　静	常雁红
	李　倩	汪群慧	李　倩	季宏兵	李钟旭	汪群慧
	梁永莉	季宏兵	刘　月	陈月芳	马丁文	周北海
	马欢欢	李子富	玫　瑰	季宏兵	梅　晶	王化军
	苗学敏	黄国忠	潘　珑	邢　奕	秦　飞	季宏兵
	司艳晓	邢　奕	孙　超	孙春宝	王瑞霞	姚　俊
	魏　新	钱大益	邬晓东	周北海	吴世玲	李天昕
	夏超波	朱维耀	徐永清	周北海	闫倩倩	汪　莉
	闫园园	李子富	杨　苏	林　海	伊尔凡·吐逊	孙春宝
	于明利	林　海	袁海燕	姚　俊	袁永杰	施春红
	岳　聪	汪群慧	张福利	倪　文	张　静	施春红
	张　坤	邢　奕	张　琳	李子富	张文通	林　海
	张　燕	林　海	张志辉	汪群慧	赵瑞雪	李子富
	祝春蕾	李发生				
会计学	崔　倩	刘欣华	焦淑萍	刘欣华	李　瑾	胡志颖
	刘　欢	刘亚莉	史海旭	刘亚莉	孙　洋	肖　明
	孙　晔	樊彩霞	王文钰	樊彩霞	王显扬	韩良智
	王　新	肖　明	吴晓娟	武德昆	袁　理	刘欣华
	张　婧	肖　明	张　敏	崔文娟	张文静	陈雪松
	张钰暄	陈雪松	张云晓	胡志颖	赵雅莉	李晓静
	朱云萍	陈雪松				
机械工程	爱新觉罗鑫	徐金梧	蔡孟侠	邱丽芳	曹建永	曹建国
	曹晏墅	尹忠俊	曹艳萍	李　疆	陈红祥	张　杰
	陈　洪	王长松	陈术平	臧　勇	陈欣欣	刘国勇
	陈志松	刘晋平	程海洋	郗安民	丛　隽	王长松
	邓艳昭	冯　明	董恩凯	李　疆	董苗苗	冯　明
	范龙飞	张锁梅	冯　莎	臧　勇	符智捷	刘北英
	龚　盼	邱丽芳	贡乾坤	张康生	谷　震	何安瑞
	郭邦智	阳建宏	郭瑞娟	陈　兵	胡　锋	邱丽芳
	胡志勇	秦　勤	蒋　红	张少军	蒋　力	何安瑞
	黎俊希	樊百林	李　超	张少军	李大伟	张　杰
	李　红	唐　英	李庆辉	李　疆	李人武	韩建友

续表

学科、专业	硕士研究生	导　师	硕士研究生	导　师	硕士研究生	导　师
机械工程	李伍龙	樊百林	李　阳	吴迪平	李云龙	陈　平
	梁　萌	杨海波	林海海	陈　兵	林　宇	李　威
	刘爱志	郗安民	刘宝林	朱超甫	刘　博	章立军
	刘丹丹	苏兰海	刘　雷	吴迪平	刘　澎	阳建宏
	刘庆明	韩建友	刘小荣	章立军	柳　杰	臧　勇
	柳朋亮	郗安民	卢　帅	苏兰海	路向琨	周晓敏J
	马喜超	王长松	马颖丹	巩宪锋	梅华锋	陈　平
	孟令起	张大志	牛腾飞	吴迪平	乔海超	刘　颖
	乔　磊	刘晋平	乔留军	边新孝	阮剑斌	张清东
	阮业康	刘　江	尚　书	秦　勤	尚妍梅	刘　颖
	邵元锐	贾志新	史宏伟	郗安民	苏　杏	尹忠俊
	孙　超	曹建国	孙丹海	张清东	孙　星	张康生
	孙星星	韩建友	孙学文	杨海波	孙志龙	马祥华
	田子红	张少军	汪文杰	贾志新	王伯彬	张锁梅
	王　超	刘鸿飞	王东伟	朱超甫	王　栋	曹　彤
	王光亮	杨海波	王恒聚	贾志新	王　慧	杨海波
	王剑伟	陈　工	王科炜	樊百林	王　雷	刘北英
	王　蕾	刘国勇	王　猛	张锁梅	王　权	边新孝
	王善伟	杨　竞	王帅伟	俞瑞霞	王　烁	曹　彤
	王　维	郗安民	王玺宁	张　杰	王晓东	朱超甫
	王笑安	万　静	王志强	张锁梅	王助伟	李　疆
	尉宏伟	吴迪平	吴　波	李　疆	吴晨龙	周晓敏J
	吴　鹏	徐　科	夏广田	尹忠俊	向　楠	何安瑞
	肖　健	吕卫阳	辛衍文	唐　英	熊　伟	刘北英
	徐　洲	俞瑞霞	闫晓坤	杨德斌	杨乐毅	王宝雨
	杨　威	冯　明	姚伦标	张康生	易生虎	王宝雨
	游志伟	张康生	于　洋	秦　勤	于正文	李　威
	虞川一	俞瑞霞	张　程	黄明吉	张国振	王长松
	张　浩	刘　颖	张　杰	黄明吉	张金广	杨德斌
	张　静	陈　兵	张　明	王小群	张维超	张大志
	张永科	冯　明	张占奇	尹忠俊	张之明	闫晓强
	张仲堂	刘　江	赵建国	刘北英	赵　培	李　威
	赵　勇	刘鸿飞	钟承盈	苏兰海	钟　鹏	张锁梅
	周　杰	李　威	周金美	吕志民	朱恪谨	刘北英
	朱　岩	黄明吉	竺国卿	万　静	邹建才	闫晓强
计算机科学与技术	阿力夫	胡长军	巴赫拉睦丁	夏克俭	陈伟深	夏克俭
	迟鹏伟	包　宏	大日克	郝红卫	丁庚平	王昭顺
	丁　涛	赵冲冲	多金钊	姚宣霞	范景超	王成耀
	冯晓睿	赵冲冲	高　磊	阿孜古丽	高　丽	胡　玥
	高少博	王成耀	耿　鹏	姚宣霞	关　睿	曾广平
	杭　天	包　宏	侯　磊	包　宏	侯　娜	郑雪峰

续表

学科、专业	硕士研究生	导　师	硕士研究生	导　师	硕士研究生	导　师
计算机科学与技术	胡　峥	王志明J	华　镇	孙　义	黄　海	胡　玥
	计　海	郑雪峰	金敬真	宁淑荣	晋兰加	曾广平
	靳彩曼	赵冲冲	黎　果	曾广平	李　斌	班晓娟
	李春媛	张晓彤	李　帅	殷绪成	李文娟	王　沁
	李晓慧	谢永红	李　越	李建江	梁淑梅	王志明J
	梁　音	郝红卫	林　薇	胡长军	刘　博	胡　玥
	刘　飞	夏克俭	刘晓滨	谢永红	吕　菁	殷绪成
	罗　琼	刘宏伟	梅晶晶	胡长军	苗琳杰	宁淑荣
	苗庆松	李建江	倪越超	罗　熊	牛嵘霞	胡长军
	史雯婷	王昭顺	司贤西	宁淑荣	宋　利	郝红卫
	苏　宾	王昭顺	苏　飞	孙　义	苏林晗	胡长军
	孙建丽	姚宜霞	孙少东	王成耀	唐　炜	班晓娟
	田　劲	李建江	王鹏亮	包　宏	王　康	曾广平
	王　可	孙昌爱	王　裕	张德政	韦仕伟	阿孜古丽
	魏学鑫	谢永红	温　情	孙昌爱	吴　平	班晓娟
	吴　琼	张德政	吴晓虹	赵冲冲	伍桂花	张晓彤
	熊卓然	陈红松	徐　鹏	夏克俭	许彦营	包　宏
	杨鸣沅	班晓娟	杨　宁	王宗杰	杨志浩	王宗杰
	杨志文	王宗杰	叶爱萍	王志明J	尤　刚	宁淑荣
	于留宝	胡长军	曾　诚	王昭顺	翟忆蒙	孙昌爱
	张　璐	郑雪峰	张　宁	殷绪成	张寿伟	胡　玥
	张学颖	张晓彤	张　泽	曾广平	章　磊	李建江
	赵立晗	张德政	赵　彦	孙昌爱	甄金明	罗　熊
	郑吻月	郑雪峰	周瑜伟	王　沁	朱　勇	胡　玥
	朱　原	宁淑荣				
技术经济及管理	关俊稳	张俊光	和　婷	殷焕武	黄园园	殷焕武
	雷　茜	殷焕武	李　冉	戴淑芬	全梦雪	马风才
	宋　盼	杨　武	滕启尊	刘明珠	王燕霞	戴淑芬
	王　月	戴淑芬	肖俊雄	杨　武	杨书敏	杨　武
	张　蕾	刘明珠	张令平	王维才	郑灵翠	杨　青
教育经济与管理	陈　捷	杨晓明	陈静文	杨晓明	陈怡凌	宁晓钧
	纪效珲	曲绍卫	金月亮	曲绍卫	蓝　迪	李　梅
	唐诗蕊	李　梅	徐广声	杨晓明	徐庆萍	郭德侠
	杨菡若	郭德侠	张一民	曲绍卫	周小娟	曲绍卫
结构工程	里查德	宋波T				
金融管理工程	吕　亚	王未卿	泰氏庆和	张莲英	田　力	刘　澄
金融学	都嘉楠	刘　澄	高　枫	王立民	郝丹洁	刘　澄
	胡艺铭	刘　澄	季林凯	王立民	鞠茂生	黄晓霞
	李　慧	张莲英	李秋梦	王未卿	李　霜	王立民
	李旭伦	刘　澄	梁俊亭	王未卿	刘丹妮	黄晓霞
	刘艳红	张莲英	罗玲云	张莲英	苏晓丽	黄晓霞
	孙藤维	王未卿	孙学彬	潘永泉	王　荣	刘　澄

续表

学科、专业	硕士研究生	导 师	硕士研究生	导 师	硕士研究生	导 师
金融学	王 源	刘 澄	吴裕杰	刘 澄	邢德鑫	王未卿
	余 萍	刘 澄	翟胜男	王立民	张 洁	刘 澄
	赵伟欣	谢 湲	赵闻谦	胡 波		
经济法学	陈丽娟	魏增产	丁小红	张武军	耿一鸣	魏增产
	龚劲铭	魏增产	刘鸿运	郑瑞琨	刘佳睿	石 雁
	刘奕汛	魏增产	齐卫卫	侯登华	宋 澐	石 雁
	田 原	魏增产	文 雯	魏增产	杨 尧	魏增产
科学技术史	陈 依	潜 伟	高洁龄	章梅芳	龚 艺	章梅芳
	郭美玲	梅建军	韩 超	李延祥	贾 鹏	章梅芳
	李志敏	梅建军	祁 娜	李晓岑	齐玲玲	李晓岑
	尚素红	何积铨	时 倩	梅建军	谭 亮	潜 伟
	谭盼盼	李晓岑	檀 剑	李延祥	王鑫光	李秀辉
	许 倩	李延祥	闫 红	李延祥	张宏英	李秀辉
	张小云	李晓岑				
科学技术哲学	薄文勇	宋 琳	李永波	钱振华	孟阳阳	钱振华
	田亚男	刘文霞				
控制科学与工程	阿不都萨拉穆·吐尔逊	孙 铁	蔡园园	穆志纯	陈继义	潘月斗
	陈 立	王志良	陈 明	董 洁	崔 浩	张卫冬
	崔远哲	陈先中	杜晓红	孙昌国	樊 魁	刘 涛
	韩万冬	李希胜	韩英洁	张朝晖	郝桂兰	孙 铁
	何佳佳	李希胜	贺 靓	潘月斗	洪 然	李希胜
	侯 睿	石中锁	胡贵花	刘贺平	胡海鹏	蓝金辉
	黄 菲	徐正光	黄月琴	陈先中	江博文	徐正光
	江 晨	穆志纯	姜 典	陈先中	姜 荣	高 海
	李 昂	孙 铁	李芳时	穆志纯	李海洋	刘贺平
	李红福	蓝金辉	李焕新	刘贺平	李建卫	孙 衢
	李 梅	石中锁	李文武	王 京	李戌辰	付冬梅
	李云飞	刘 丽	刘 斌	李 擎	刘敬一	王 京
	刘 俊	彭开香	刘伟平	王志良	刘欣慧	杨卫东
	刘 琰	孙 衢	卢 峰	王 京	卢鹏程	刘冀伟
	吕冠儒	张维存	吕逸良	刘冀伟	任彦飞	穆志纯
	施 博	董 洁	苏红月	张勇军	孙 岩	李 果
	田 丽	孙昌国	吐尔尼亚孜·艾比布	蓝金辉	王朝兵	尹怡欣
	王 程	刘 涛	王瀚翎	付冬梅	王 楠	张卫冬
	王秋实	李 静	王 田	张朝晖	王新健	李 静
	王 岩	张朝晖	王宇浩	童朝南	王正好	孙昌国
	王志刚	孙 衢	王志强	付冬梅	王忠新	董 洁
	魏帅岭	徐正光	吴 胜	孙 衢	谢永铭	李希胜
	徐 庆	付冬梅	姚晓芬	刘 丽	于潇宇	徐正光
	翟 瑛	刘贺平	张 博	郭 强	张 辉	郭 强
	张竞成	徐正光	张 俊	童朝南	张 巧	李 擎

续表

学科、专业	硕士研究生	导 师	硕士研究生	导 师	硕士研究生	导 师
控制科学与工程	张仕海	李晓理	张文正	李 果	张笑菲	李晓理
	周 波	杨卫东	周 飞	彭开香	周 卓	石中锁
	邹冬旭	张维存				
控制理论与控制工程	祖 帅	尹怡欣				
矿产普查与勘探	郭 翔	谢玉玲	任 超	李克庆	苑寿涛	李克庆
	张 强	李克庆	邹 棋	刘保顺		
矿物加工工程	陈 伟	倪 文	程 鹏	段旭琴	耿 超	王化军
	郭晓帆	李正要	李彩琴	孙春宝	李 辉	冯雅丽
	刘 军	李正要	刘真真	孙体昌	时成帅	王化军
	唐琼瑶	杨慧芬	王培龙	孙春宝		
矿物学、岩石学、矿床学	龚 攀	谢玉玲	李 瑾	倪 文	于 殷	陈德平
矿业工程	姜文礼	高永涛				
理论物理	邓英华	王向宇	谭 姿	王鹿霞		
流体力学	董 熇	朱维耀	黄志勇	刘启鹏	景 红	刘启鹏
	夏小雪	朱维耀	于明旭	朱维耀	张 贞	朱维耀
马克思主义基本原理	程伟炜	陆 宁	李文文	马晓燕	牛洪敏	张北根
	石 敏	杨彦强	杨 素	李晓光	张 茜	张北根
民商法学	樊大黎	张卫英	韩翔宇	徐清梅	李瑞雪	张卫英
	柳羽倩	董 梅	沈文潇	杜晓智	孙 京	石 雁
	王安琦	魏增产	王 茜	魏增产	王雪薇	王竹青
	赵 帅	魏增产				
凝聚态物理	曹青山	巨 新	陈 磊	潘礼庆	陈映雪	秦吉红
	邓一波	顾 强	董玉珊	王云良	何中凯	巨 新
	胡 磊	潘礼庆	黄 烁	申 江	贾立颖	阴津华
	李明艳	王凤平	李亚萍	钱 萍	栗 峰	邱红梅
	刘雪姣	王凤平	吕晓霞	王云良	裴艺丽	吴 平
	宋 晓	倪晓东	宋英杰	倪晓东	孙 婧	申 江
	唐小龙	冯 澎	王志远	王凤平	杨 帆	吴 平
	杨锐杰	吴 平	周巧丽	孟凡研	邹国寿	邱 宏
企业管理	安娜塔	王 凯	曹秋月	裴利芳	董娜琨	李晓辉
	樊振华	胡 枫	洪雪菲	魏 钧	黄俊明	佘元冠
	李梦楠	贾振全	李墨男	高俊山	李彦蓉	黄 瑛
	李艳虹	裴利芳	刘 美	佘元冠	刘姝祎	张 剑
	刘 洋	楼 园	马曼曼	裴利芳	牛梓薇	贾振全
	蒲 蓉	黄 瑛	任梦君	苏 玲	阮氏栾	裴利芳
	孙福霞	魏 钧	万大鹏	魏 钧	王博文	张 剑
	王敬涉	胡 枫	王 洋	黄 瑛	魏 维	李晓辉
	徐伟伟	胡 枫	杨 迷	胡 枫	战 旗	楼 园
	张 玉	张 剑	赵 珂	魏 钧	郑秀梅	张 剑
	郑 亚	裴利芳				
日语语言文学	贺梦真	高西峰	刘 蕾	边 静	罗梦迪	周 彤
	王坤鹏	王书玮	张 煜	边 静		

续表

学科、专业	硕士研究生	导　师	硕士研究生	导　师	硕士研究生	导　师
设计艺术学	曹　姣	覃京燕	柴　晓	覃京燕	董　强	陶　晋
	封雪娇	魏　东	刘　帅	陶　晋	孟　灿	覃京燕
	苗　秀	陶　晋	谭湘琳	郑　阳	王雅婷	覃京燕
	王玉静	魏　东	息宇婷	覃京燕	邢芷怡	陈　键
	余海霞	陈　键	张　鑫	陶　晋	章　靖	陶　晋
	赵碧洁	陶　晋	邹端端	陶　晋		
社会学	冯晓亮	黄家亮	高明月	刘向英	李　芳	黄家亮
	李　旭	郇建立	林　静	陆　俊	刘　杨	章东辉
	马红秀	时立荣	盛小隆	章东辉	王　峰	许　斌
	王　煦	时立荣	杨　鹤	郇建立	张　艺	黄家亮
	周煜晗	许　斌				
生物化工	韩　俊	姚　俊	何　华	常雁红	李志敏	姚　俊
	马麒钧	林　海	魏艳梅	常雁红		
生物化学与分子生物学	陈雪晴	时国庆	程靖雅	苏　磊	董　雪	闫　海
	高　龑	宋　青	郝开红	张学记	金　时	张学记
	柯翰中	宋　青	雷　燕	宋　青	刘　佳	杜宏武
	刘丽蕊	刘丽琴	刘少佳	张学记	刘守亮	张美芹
	刘晓惠	罗　晖	刘永智	闫　海	刘志龙	闫　海
	龙加贝	胡继业	马　松	闫　海	彭继涛	许利苹
	王铁龙	胡继业	王　婷	王海鸥	王宗威	苏　磊
	吴　敏	胡继业	吴秀文	许利苹	武文锦	张学记
	徐　冉	王海鸥	薛　峰	张学记	杨园园	罗　晖
	张　立	时国庆	赵　丹	张学记	赵　欢	罗　晖
	赵曼辰	刘丽琴	朱　雨	张美芹		
数　学	鲍　勇	范玉妹	陈　平	廖福成	陈弈臣	陈明文
	窦立亚	赵立英	范开林	徐　尔	付春明	马万彪
	高　成	张晓丹	韩　寒	陈艳萍	韩竹娟	牛　敏
	胡　瑀	闵乐泉	黄　倩	闵乐泉	金超超	马万彪
	金　鑫	郑连存	李美霞	赵立英	李　婷	张志刚
	刘　超	廖福成	刘慧敏	马万彪	刘　聘	谢铁军
	刘　青	卫宏儒	刘秀敏	陈明文	刘　一	卫宏儒
	吕亚军	郑连存	马瀚鸿	孙玉华	马菁改	张晓丹
	庞伟娟	胡志兴	石玉虎	汪飞星	史　大	申亚男
	孙翠娜	马万彪	孙亚贤	谢铁军	孙一娜	申亚男
	万勇韬	张志刚	王　军	赵立英	王　蓉	王　辉
	王松立	赵立英	王天磊	胡志兴	王彤彤	郑连存
	温光武	孟　艳	徐美林	张志刚	许换霞	林　平
	杨燕燕	王　辉	姚　磊	汪飞星	余玲玲	廖福成
	曾庆铎	孙玉华	翟　嘉	徐　尔	张　静	陈艳萍
	张　敏	闵乐泉	张文龙	陈明文	张晓瑜	牛　敏
	张艳君	徐　尔	张雁茹	张志宏	张　燕	林　平
	赵　斌	郑连存	赵　蕾	苏永美	郑雅菲	卫宏儒

续表

学科、专业	硕士研究生	导　师	硕士研究生	导　师	硕士研究生	导　师
数　学	周胜宇	胡志兴				
思想政治教育	陈巍巍	刘　莉	褚　夏	彭庆红	戴贝钰	左　鹏
	郭婉婉	蒋宏潮	景　璐	王爱红	刘　春	彭庆红
	刘丹妞	陆　俊	鲁　婷	王志明 W	马　媛	陆　俊
	牛文卓	闫拓时	秦　伟	刘丽敏	史亚运	左　鹏
	孙　倩	左　鹏	闫　然	陈　曦	原　玫	陆　俊
	张世伟	彭庆红	周　岩	赵　锋	朱景然	刘　莉
	朱晓姝	王爱红				
统计学	邰晓东	马万彪				
土木工程	程　竞	牟在根	董美智	马　飞	高治国	王金安
	管华栋	周晓敏 T	郭乔盛	蔡美峰	郭　泳	吴顺川
	哈　苏	谭卓英	赖增福	周晓敏 T	李　东	李长洪
	李　帆	曲世琳	李凯文	宋波 T	李　星	宋波 T
	李　敏	杨润林	李敏智	陈德平	李　宁	谭文辉
	李　莹	谭卓英	李泽新	王金安	李　挚	刘　立
	李珠军	吴顺川	梁　薇	石博强	刘　超	吴顺川
	刘国跃	牟在根	刘　腾	王金安	龙　超	苗胜军
	马　耀	高　谦	潘晓震	乔　兰	彭　莉	曲世琳
	齐锦霞	刘娟红	秦　岭	张举兵	水滔滔	范慧芳
	田小龙	纪洪广	汪金龙	王树和	王安保	周晓敏 T
	王　凤	谭卓英	王利峰	刘　立	王　喆	刘　洋
	卫　磊	曲世琳	吴洪江	龚　敏	邢　伟	范慧芳
	徐　俊	高永涛	徐潞珩	谭文辉	徐术庆	谭卓英
	徐彦峰	牟在根	徐　钰	纪洪广	薛鼎龙	张举兵
	杨德圣	宋波 T	杨宏春	黄重国	于满满	谢谟文
	袁　骥	王树和	曾　洁	宋波 T	翟云鹏	李长洪
	张春光	范慧芳	张津铭	李长洪	张　凯	高永涛
	张　磊	高永涛	张振飞	杨润林	赵　龙	潘旦光
	郑　政	王树和	朱　欣	吴顺川		
外国语言文学	纪洪平	何　伟	李　倩	陈红薇	刘家妠	范一亭
	刘盈盈	王　娜	刘玉美	何　伟	刘召雪	何中清
	聂　激	何中清	潘晓迪	何　伟	申田华	李　琳
	田婷婷	王　娜	王立宁	杨　子	王文娟	刘亚明
	伍　洋	刘亚明	杨真真	秦晓惠	余　洋	李　涛
	张丽婧	陈红薇	张永娟	杨英军	钟爱雪	何　伟
文艺学	卜惟钰	王立群	马玥浩	张梅 W	倪娅楠	张　健
物理电子学	安星硕	田　跃	陈婧瑶	田　跃	冯　旭	张国华
	郝慧鹏	田　跃	焦　震	李　杰	李晓萌	丁红胜
	吕可非	丁红胜	王　雨	田　跃	张　南	李　杰
物理学	孙雪菲	王鹿霞	王晓旭	钱　萍	杨志伟	邱　宏
物流工程	韩　亮	王　转	郝　晶	丁文英	黄　淼	董绍华
	金　威	贺可太	李　红	赵　宁	李佳佳	王　转

续表

学科、专业	硕士研究生	导　师	硕士研究生	导　师	硕士研究生	导　师
物流工程	李金龙	冯爱兰	李金欣	程国全	龙院辉	张庆华
	卢　佳	董绍华	孟阳捷	李苏剑	裴二兵	李苏剑
	孙依君	冯爱兰	佟建如	程国全	王晓林	张庆华
	王　鑫	李苏剑	王　雅	程国全	王子洋	吕志民
	吴晓彤	王　转	武　凡	董绍华	武　佳	程国全
	杨　迪	贺可太	臧　倩	丁文英	张　达	张庆华
	张默然	李苏剑	张　娴	张庆华	赵　清	董绍华
	赵雯静	程国全	赵隐凡	赵　宁	赵梓程	赵　宁
系统工程	李　想	范玉妹	卢　杨	艾冬梅	史贵存	汪飞星
	张　睿	廖福成	赵清玉	艾冬梅		
信息与通信工程	爱美丽	杜利平	巴斯卡	陈月云	比沙哈	陈月云
	陈　冲	陈月云	陈金汉	王建萍	陈小敏	杨　扬
	陈　旭	黄旗明	陈　宇	杨　扬	法力斯夫	陈月云
	冯丽媛	杨　扬	付歆鑫	杜利平	付艺媛	杜利平
	高　端	王建萍	高伟涛	杨　扬	胡加棋	周贤伟
	胡津源	姚　琳	胡显邦	姚　琳	黄　亮	黄旗明
	康璐璐	杜利平	雷　群	陈月云	李　佳	杨　扬
	李鹏程	刘蕴络	李艳霞	黄旗明	李　燕	彭云峰
	梁　夏	王丽娜	刘乘宇	阳小龙	刘东霞	刘　丽
	刘　凯	杨裕亮	刘　宁	黄旗明	刘　清	隆克平
	梅　震	周贤伟	孟　超	陈月云	米　西	周贤伟
	莫　森	王建萍	南冬辉	姚　琳	齐爱想	杜利平
	任泽雷	杜利平	萨库布	杨　扬	赛尔戈	陈月云
	桑木村	杜利平	宋　冉	黄旗明	宋小庆	刘　涛
	宋晓昆	姚　琳	孙洪凯	刘蕴络	唐　伟	王丽娜
	陶明霞	陈月云	突　尼	王建萍	万朋远	刘　丽
	王春盛	刘　丽	王　凯	王丽娜	王欣欣	阳小龙
	王艳琴	杨　扬	魏志伟	刘蕴络	吴晓璐	陈月云
	夏莉敏	彭云峰	严　冬	彭云峰	张娜娜	王丽娜
	张　普	杨裕亮	张弈芝	杨　扬	周世宏	姚　琳
	邹龙群	刘蕴络				
行政管理	郭雪飞	崔　英	胡素婷	黄耀杰	贾　磊	俞文华
	李殷主	俞文华	刘　超	汪淑珍	刘　蕊	陈闽红
	刘　伟	冯　英	孙　伟	陈闽红	徐　佳	许　放
	许　西	陈闽红	曾奕婧	吴群芳	张明磊	冯　英
	周　曼	冯　英	朱豪楠	吴群芳		
冶金工程	艾　西	孙彦辉	白俊丽	杨天钧	曹英杰	杨天钧
	陈立平	王安仁	陈毛川	王福明	陈　序	包燕平
	丛　林	张炯明	崔　睿	王新华	杜　波	白　皓
	杜瑞岭	吴　铿	杜　申	张建良	樊佳欣	吴胜利
	范　珺	闫柏军	符　豪	张炯明	高　为	沈少波
	勾　雪	王福明	谷云岭	朱　荣	郭动动	闫柏军

续表

学科、专业	硕士研究生	导　师	硕士研究生	导　师	硕士研究生	导　师
冶金工程	郭少平	郭兴敏	韩毅彤	闫柏军	贺良伟	马瑞新
	侯俊京	贾彦忠	侯星慧	张宗旺	胡彬彬	李素芹
	胡月皎	焦树强	黄震环	薛济来	江　帅	李建业
	蒋钜明	王新东	李好泽	郭汉杰	李红科	宋波 Y
	李剑锋	刘　青	李茂康	张炯明	李明钢	刘润藻
	李　宁	包燕平	李　鹏	郭占成	李诗特	张梅 Y
	李　帅	曹战民	李文双	张延玲	李　扬	程树森
	李宗娜	李素芹	梁秀兰	王新华	梁扬扬	李素芹
	刘　彪	高　斌	刘洪波	郭兴敏	刘俊宝	胡晓军
	刘雪婷	白　皓	刘　洋	张延玲	刘　勇	储少军
	马　龙	唐惠庆	马志飞	孙彦辉	毛　莹	唐惠庆
	年　武	李　宏	宁晓宇	薛庆国	欧春林	朱鸿民
	彭冰霜	王新东	彭春霖	邹　兴	钱　鑫	李素芹
	秦雪刚	张宗旺	邱小丹	邹　兴	戎　妍	左海滨
	邵　华	张家泉	石　晛	曹战民	司金凤	贾彦忠
	孙国栋	张梅 Y	孙　静	吴胜利	孙赛阳	孙彦辉
	孙　颖	吴胜利	孙泽辉	郭　敏	汤云腾	张建良
	唐敬坤	郭占成	唐振华	邹　兴	田进鹏	朱鸿民
	王成杰	朱　荣	王红娜	成国光	王洪茂	薛济来
	王佳丽	于然波	王利勇	宋波 Y	王　梦	吴　铿
	王树博	焦树强	王　舜	李宏煦	王晓连	王新华
	王　鑫	张梅 Y	王鑫潮	成国光	王亚涛	刘　青
	王益新	闫柏军	王　勇	陈伟庆	王云思	杨世山
	文　进	张家泉	吴旭苹	王新东	夏银凤	苍大强
	肖　亮	张梅 Y	肖　绎	朱　荣	肖玉琴	马瑞新
	邢　薇	刘润藻	熊　霄	王新华	熊　椰	陈伟庆
	徐承飞	左海滨	杨　洋	郭　敏	游志敏	成国光
	于继鹏	周国治	余国林	邹　兴	余立志	郭占成
	余晓艳	刘建华	原卓浩	王福明	袁　玮	刘　青
	曾凡波	薛庆国	张步实	杨世山	张华杰	薛庆国
	张建涛	沈少波	张　岚	郭　敏	张物彧	李京社
	张仕洋	王静松	张　涛	左海滨	张文娟	陈　骏
	赵小波	陈伟庆	赵永彬	宁晓钧	赵　勇	许中波
	郑　权	李　宏	周诚根	杨天钧	朱广跃	杨天钧
	朱晓波	朱鸿民	邹　韬	王福明		
应用化学	贺　建	边永忠	霍宝龙	杨运旭	孟　兴	党智敏
	杨　超	杨运旭	张　琳	叶亚平	宗传芹	叶亚平

2014年全日制专业学位硕士生毕业并获得学位的研究生名单

学科、专业	硕士研究生	导师	硕士研究生	导师	硕士研究生	导师
安全工程	陈　胜	杜翠凤	陈雅婷	张英华	李乾坤	金龙哲
	李钊源	金龙哲	刘澎湃	张英华	马德翔	金龙哲
	孟　楠	金龙哲	仝鑫隆	张英华	叶　昀	蒋仲安
	俞杨明	蒋仲安	张丽荣	张俊燕	张　娜	金龙哲
	张雪冬	谢振华	张　峥	金龙哲	赵　云	杜翠凤
	周　阳	黄国忠				
材料工程	曹怀杰	杨　平	曹珍珍	黄继华	陈　林	常永勤
	程　楠	黄继华	崔亚男	何新波	范勇斐	于　浩
	傅　影	康永林	高飞飞	范丽珍	耿志达	赵爱民
	郭　鑫	杜振民	郭子健	庞晓露	贺　宏	李静媛
	李　沛	李晓刚	李　维	唐　荻	李晓宇	薛文东
	李兴全	曲选辉	刘小丰	李成明	刘晓童	武会宾
	刘　阳	张深根	吕绍元	林　涛	罗海连	赵兴科
	马　淼	薛文东	潘殿军	米振莉	裴　宇	宋仁伯
	全海芹	曹文斌	孙　桥	孙建林	田　雨	葛昌纯
	王冬雪	蔡庆伍	王莉莉	张迎春	文星凯	李成明
	吴　溪	赵志毅	武凤娟	孙蓟泉	谢保盛	蔡庆伍
	邢云颖	杜翠薇	徐翔宇	王学敏	阎晓倩	江海涛
	杨　敏	张深根	杨少飞	何积铨	杨云峰	陈雨来
	于　磊	葛昌纯	于　潇	郭志猛	张光明	连　芳
	张军利	李长荣	张丽伟	周张健	张　良	赵征志
	郑红红	赵爱民	周园园	米振莉	邹文江	谢建新
车辆工程	胡冰川	罗维东	胡　波	刘　立	聂　余	张文明
	王　浩	冯志鹏	张璐璐	范让林		
地质工程	陈　呈	於晓晋	王佳佳	倪　文	王向前	刘保顺
	徐清扬	徐九华				
电子与通信工程	卜林杰	隆克平	狄子翔	彭云峰	范羽飞	王建萍
	高俊超	王建萍	郭敬荣	隆克平	贺潜文	周贤伟
	胡　雪	解　仑	黄　超	董　平	姜少坤	杜利平
	李欢欢	王建萍	刘　维	杨裕亮	刘　晓	王丽娜
	刘应霞	杜利平	吕博良	隆克平	罗　峰	杜利平
	潘文博	杨裕亮	任　龙	杨裕亮	石海丽	阳小龙
	宋　波	黄旗明	苏祥锋	王粉花	王　军	陈月云
	吴小云	阳小龙				
动力工程	曹亚平	冯俊小	孙　振	温　治	唐晶晶	冯妍卉
	汪　鹏	张欣欣	袁思伟	冯妍卉	张铎瀚	夏德宏
环境工程	包丽洁	陈月芳	程玉龙	冯雅丽	花　朵	施春红
	金　鑫	林　海	刘国军	汪群慧	孙　慧	宋　波
	王俊峰	黄国忠	吴浪平	姚　俊	银　奕	李子富
	张心莲	姚　俊	赵天慧	周北海	郑香凤	汪　莉

续表

学科、专业	硕士研究生	导师	硕士研究生	导师	硕士研究生	导师
机械工程	韩银平	唐英	何峰	杨荃	蒋磊	李威
	李鹏飞	郑莉芳	李胜男	邱丽芳	刘光青	黄明吉
	刘顺华	徐科	刘政	杨荃	罗涛	何安瑞
	骆青桦	徐科	宋碧颖	黄效国	宋争一	朱超甫
	隋丽丽	曹建国	王晓景	阳建宏	王晓亮	孙志辉
	咸舒	张杰	校文超	王宝雨	徐大伟	贾志新
	杨澜	陈工	银家琛	张清东	赵雪净	闫晓强
	甄宇阳	周晓敏 J	周岁	张清东		
计算机技术	鲍鹏飞	夏克俭	陈亚鹏	曾广平	郭帅	刘宏伟
	纪晓荣	殷绪成	李菲	张桃红	刘晓茜	王忠民
	万欣欣	王成耀	王贺	陈红松	王蕾	陈红松
	王小东	王沁	吴海均	刘宏伟	吴龙	王沁
	徐佩帅	徐利	宣昕红	郑雪峰	尹绪旺	郝红卫
	周先鸽	张桃红				
建筑与土木工程	邓兵杰	谭卓英	邓玓	范慧芳	豆丽萍	潘旦光
	胡婷	王金安	金汐	杨珏	李波	王金安
	李璐	张举兵	李雪萍	周晓敏 T	李洋	高谦
	李永雷	曲世琳	卢翔	纪洪广	欧阳珊珊	谢谟文
	王维	李铁	卫国杰	谭卓英	闫鸿翔	刘洋
	杨芳	刘娟红	张福建	牟在根		
控制工程	陈虎	潘月斗	窦薇	高海	刘沣霆	刘冀伟
	刘锋	孙铁	刘欢	李果	刘森	董洁
	马润民	张勇军	申叔华	孙昌国	涂俊	李晓理
	王杰	孙衢	王俊霞	李希胜	吴云龙	徐正光
	向金龙	付冬梅	徐家雄	张勇军	闫世宏	郭强
	叶霖	张维存	于昭君	潘月斗	俞正国	刘冀伟
	张金	穆志纯	张玉振	李擎	赵红妍	李静
	钟浩	彭开香				
矿业工程	崔学伟	吕文生	康金星	孙春宝	李斌	冯雅丽
	李迪	胡乃联	李国兴	王化军	李岩	璩世杰
	刘行刚	孙春宝	孟琪	杨鹏	母昌平	宋卫东
	王改英	王进强	王蕾	谢玉玲	吴礼军	毛市龙
	熊建辉	段旭琴	甄春红	孙春宝	周宇照	冯雅丽
软件工程	冯家刚	张敏	李苇	胡长军	李治	王昭顺
	李专	王忠民	刘正	谢永红	王双	孙义
	周笑	张敏				
物流工程	胡智林	李苏剑	秦洁	丁文英	田青	赵宁
	曾哲	冯爱兰	张佳庆	吕志民		
冶金工程	陈绍国	吴胜利	陈帅	沈少波	陈雨	李宏煦
	程垚	沈少波	邓帅	徐安军	丁闪	王静松
	董博旭	张宗旺	高增福	李京社	郭大龙	李宏煦

续表

学科、专业	硕士研究生	导师	硕士研究生	导师	硕士研究生	导师
冶金工程	郭军儒	刘建华	黄　婷	李京社	冀云卿	王新华
	孔令兵	胡晓军	李东冉	马瑞新	李　昆	李　宏
	李荣昇	宗燕兵	李燕龙	张立峰	刘　超	李京社
	任海亮	吴　铿	任现平	李建玲	申小维	包燕平
	田恩华	崔　衡	王　慧	朱　荣	王季凌	张立峰
	王金永	刘建华	王　琦	陈　骏	王唐林	宋波 Y
	王振炜	崔　衡	魏亲睿	高　斌	巫　剑	胡晓军
	武　贺	李　晶	谢　伟	曹战民	许思梦	于然波
	杨龙飞	李宏煦	张海龙	李建业	张健苹	王福明
	张俊涛	李建业	张　垚	朱鸿民	章　平	刘建华
	朱贺斌	白　皓	朱立全	胡晓军		
仪器仪表工程	陈　炜	李希胜	陈兆辉	赵小燕	郭旭磊	康瑞清
	黄　柳	陈先中	刘　杰	张朝晖	刘　雷	迟健男
	刘　敏	蓝金辉	吴懿宸	侯庆文	肖蜀巍	蓝金辉
	张伟平	迟健男	郑向阳	赵小燕		
法律（法学）	常一飞	郑瑞琨	郭　婷	郑瑞琨	梁　伟	徐清梅
	马　威	徐清梅	邵燕波	杜晓智	王怡然	魏增产
	王雨桐	李婉平	闫建霖	魏增产	张翠娇	王竹青
	张梦磊	张卫英	张雅丽	张卫英	周　卓	李婉平
法律（非法学）	包晓俐	张卫英	陈明明	王竹青	陈星妍	郑瑞琨
	窦亚利	张卫英	杜　彤	郑瑞琨	郭少斐	魏增产
	韩珉珉	石　雁	侯子威	石　雁	黄　佳	魏增产
	李建琴	侯登华	李倩瑶	王竹青	李　霞	李婉平
	李亚南	张卫英	刘晓煦	郑瑞琨	吕继锋	杜晓智
	孙丹妮	魏增产	孙　璐	魏增产	孙蓬辉	魏增产
	唐　辰	郑瑞琨	王丽平	王竹青	王　露	李婉平
	王　婷	张卫英	王　瑜	李婉平	王誉赢	侯登华
	杨　芳	徐清梅	尤春阳	侯登华	翟艳红	张武军
	张洪波	张　颖	周玉玲	侯登华		
翻　译	戴　维	范一亭	李凯丽	杨　子	李晓宇	杨英军
	刘静静	官　群	苗德雨	赵　亮	尚延清	范一亭
	王莉莉	官　群	王艺佳	白秋梅	文雅馨	杨　子
	项瑞翠	白秋梅	姚　萌	杨英军	张艺蕾	赵　亮
工商管理	阿提尔	管志安	阿扎亚	张俊光	白　烨	裴利芳
	鲍蓉蓉	谢　湲	常　星	王维才	车利利	黄　瑛
	陈国峰	何维达	陈海龙	刘欣华	陈　晶	戴淑芬
	陈　孟	刘明珠	陈　婷	李晓静	陈　潇	李晓辉
	陈雅静	阚　宏	陈振宇	楼　园	程　鹏	王维才
	慈晓云	王道平	崔鹏伟	刘　澄	达　门	吕殿平
	单　晶	王未卿	邓慧怡	刘　澄	丁孟兰	贾振全
	杜　鹂	王宾容	樊新鹏	王立民	范丽丽	王立民

续表

学科、专业	硕士研究生	导师	硕士研究生	导师	硕士研究生	导师
工商管理	符鹏程	王宾容	付佳佳	李晓辉	傅　博	肖　明
	高　峰	高学东	高志英	韩良智	葛　星	裴利芳
	龚　啸	刘　澄	关玮玶	王未卿	郭黛翡	戴淑芬
	郭红翠	贾建华	郭宏丽	楼　园	郭瑾琪	张　群
	郭小娟	戴淑芬	郭振伟	范小华	韩　冰	武德昆
	韩　诚	吕殿平	韩　玮	王宾容	何永晨	戴淑芬
	胡丹丹	王立民	胡梦月	黄　瑛	黄丹丹	孙　莹
	黄慧群	孙　莹	黄俊豪	吕殿平	黄志彬	刘欣华
	纪　春	樊彩霞	冀雅静	武德昆	蒋泽军	殷焕武
	金　宇	刘　澄	巨军安	楼　园	卡美娜	肖　明
	劳传玲	武德昆	乐　阳	刘欣华	李朝辉	武　森
	李承新	阚　宏	李　聪	刘欣华	李光福	李晓静
	李　[illegible]	王立民	李梦[illegible]	李晓静	李　敏	裴利芳
	李　妍	王维才	李燕杰	谢　湲	李　友	殷焕武
	李志斌	殷焕武	梁　俊	高学东	林笑云	裴利芳
	刘　昂	王维才	刘　聪	裴利芳	刘海英	肖　明
	刘　亮	楼　园	刘庆媛	张　剑	刘树凯	黄　瑛
	刘秀菊	殷焕武	刘依斯	李晓静	刘自卫	何　枫
	娄颖丽	王未卿	卢春林	苏　玲	路　坤	贾建华
	吕东岳	殷焕武	吕　颖	吕殿平	吕玉佳	刘欣华
	罗淑玲	黄　瑛	洛　川	肖　明	骆慧峰	王维才
	马　军	王未卿	马　珂	吕殿平	马　蕾	刘　澄
	马　巍	张　群	马唯斯	王维才	马志江	吕殿平
	玛丽亚	李晓静	孟庆恒	王未卿	孟祥飞	杨　武
	莫心福	苏　玲	宁　波	阚　宏	牛　博	黄晓霞
	奴古丽	王宾容	欧阳简	裴利芳	彭湘丽	杨　武
	乔夏菲	戴淑芬	施　彤	戴淑芬	石精华	王维才
	舒双炉	苏　玲	宿延涛	王未卿	孙小蕙	邓立治
	孙　旭	佘元冠	汤新梅	高学东	田　丹	王　莹
	佟慧瑶	孙　莹	汪李军	武德昆	王　凤	肖　明
	王　鹤	王文彬	王　琳	王未卿	王鹏飞	李铁克
	王　强	王维才	王寿如	何维达	王　婷	刘　澄
	王　伟	高俊山	王希蓉	裴利芳	王　鑫	杨建华
	王允琪	何　枫	王子然	何民庆	魏　伟	胡　波
	魏　霞	杨建华	魏　媛	王未卿	温英霞	佘元冠
	翁楚源	刘　澄	吴松旭	张晓冬	吴小晋	何　枫
	吴主良	黄晓霞	武小青	孙　莹	向　瑞	冯　梅
	肖德云	张　剑	肖小冬	马风才	谢　朵	黄晓霞
	谢　昊	王立民	谢晶晶	李晓静	星　星	管志安
	熊　燃	张晓冬	徐丽萍	李晓辉	徐　清	杨　武
	徐彦彦	孙　莹	许　鹏	苏　玲	颜新国	贾振全

续表

学科、专业	硕士研究生	导师	硕士研究生	导师	硕士研究生	导师
工商管理	杨光磊	戴淑芬	杨　钧	张　群	杨　林	杨　武
	杨增萍	张　群	伊斯拉姆	武　森	易　琳	王　凯
	殷箫笛	王未卿	于　源	刘　澄	余传来	苏　玲
	余　峰	樊彩霞	袁训国	阚　宏	张　岱	刘欣华
	张　楠	孙　莹	张　玮	何润宇	张文厂	武德昆
	张　扬	刘　澄	张　颖	王维才	张玉霞	鲍新中
	张志民	李晓静	赵辰兵	高学东	赵　辉	贾振全
	赵　佳	何润宇	赵天舒	殷焕武	郑　超	王未卿
	郑剑峰	刘　澄	郑　荣	何　枫	只　意	贾建华
	钟严钢	张　剑	周　丽	裴利芳	周茂荣	张晓冬
	周遵波	贾建华	朱丽叶贾蔚	王文彬		
公共管理	刘靖惟	陆　俊	刘　静	吴群芳	王燕君	吴群芳
	张　晨	汪淑珍				
会计	蔡飞飞	胡志颖	陈　雪	刘欣华	段丽婷	何民庆
	刘　雨	樊彩霞	王　蕾	崔文娟	王　爽	何民庆
	王相伟	韩良智	张　婧	李晓静	赵自谦	韩良智

2014年获得硕士专业学位的在职研究生名单

学位类别	专业、领域	姓名	导师	姓名	导师	姓名	导师
工程硕士	安全工程	柏　喆	刘双跃	蔡　亮	蒋仲安	董文强	蒋仲安
		董永忠	蒋仲安	樊华伟	杜翠凤	冯　涛	金龙哲
		郭凯萌	蒋仲安	韩建波	张俊燕	何　锴	纪洪广
		侯　特	蒋仲安	侯羽泽	杜翠凤	胡亭立	蒋仲安
		贾魁彬	刘　建	巨晓峰	蒋仲安	孔繁伟	蒋仲安
		匡　琰	蒋仲安	雷　玮	蒋仲安	李大兴	蒋仲安
		李　强	张俊燕	李　庆	蒋仲安	李　群	蒋仲安
		李学峰	黄志安	李　洋	蒋仲安	李毅锋	黄志安
		刘　伟	刘双跃	刘秀斌	蒋仲安	龙文杰	蒋仲安
		马俊杰	谢振华	穆春雷	蒋仲安	聂　鑫	蒋仲安
		祁庆烽	谢振华	尚　焱	纪洪广	王大明	蒋仲安
		王丹阳	蒋仲安	王立新	蒋仲安	王　帅	黄志安
		王　勇	谢振华	王　玥	黄国忠	吴毅岩	杜翠凤
		肖　健	纪洪广	杨国荣	蒋仲安	于　海	蒋仲安
		于　野	纪洪广	袁　飞	蒋仲安	袁旭峰	金龙哲
		张　睿	蒋仲安	张少纯	蒋仲安	张　元	蒋仲安
		赵　魁	蒋仲安	赵　亮	蒋仲安	赵明超	蒋仲安
		周激光	蒋仲安	周　月	蒋仲安	朱恒宇	蒋仲安
		朱振宁	蒋仲安				

续表

学位类别	专业、领域	姓名	导师	姓名	导师	姓名	导师
工程硕士	材料工程	艾铖珅	杨　平	白宗奇	杜振民	曹　恒	吴春京
		陈兆阳	刘雅政	程艳飞	刘　靖	戴向阳	任学平
		董东涛	宋仁伯	高玲玲	宋仁伯	高　敏	杜振民
		高振欣	刘　靖	龚立国	康永林	郭　玲	王福明
		郭同柱	宋仁伯	郭智韬	刘　靖	贺　迪	康永林
		胡在江	刘　靖	胡泽云	宋仁伯	贾　宇	宋仁伯
		贾元海	任学平	李景庆	吴春京	李　娜	刘雅政
		李新丽	连　芳	李正团	刘雅政	梁　均	刘雅政
		刘大为	吴春京	刘家弢	任学平	刘　娟	宋仁伯
		刘万力	李晓刚	刘兴春	宋仁伯	伦宝军	于　浩
		孟德红	宋仁伯	米科峰	任学平	尚鸣明	杨　平
		宋江波	刘　靖	孙文忠	任学平	王　胜	黄继华
		王晓东	孙建林	王正辰	孙建林	徐　军	刘　靖
		徐向宏	刘　靖	薛晓伟	康永林	杨　玉	杜振民
		张焕强	宋仁伯	张　力	刘雅政	张世琦	刘　靖
		张兴虎	杜振民	张有为	任学平	赵贯雨	吴春京
		赵洪涛	杜振民	赵乃胜	吴春京	郑　娜	孙加林
		郑　权	刘雅政	周海峰	吴春京		
	车辆工程	张　莉	刘　立				
	电子与通信工程	高　翔	周贤伟				
	工业工程	董增宏	李群霞	董志民	张文新	郭　瑞	崔健双
		韩春良	魏桂英	贾延强	崔健双	金树成	李铁克
		靳晋贵	李铁克	李　凡	张晓冬	梁　栋	高俊山
		刘　伟	李铁克	刘　旭	李铁克	马红亮	高俊山
		马瑞峰	王道平	魏　强	杨　青	吴奕波	王道平
		闫　鹏	高俊山	杨　荣	高俊山	张瑞群	张文新
		张孝平	殷焕武	赵全文	张　群	赵树志	李群霞
		赵郁军	王文彬	赵泽华	王　莹	周学禹	张文新
	化学工程	钱承敬	李文军				
	环境工程	孙海鹏	宗燕兵				
	机械工程	程建民	吴迪平	崔　健	秦　勤	郭景民	黄明吉
		何少华	阳建宏	刘树军	温　治	路金龙	冯俊小
		吕胜涛	臧　勇	孙士平	郗安民	王秉林	臧　勇
		王恩宇	尹忠俊	王利功	冯俊小	王汝明	韩建友
		王亚学	边新孝	魏光兵	臧　勇	吴春东	朱超甫
		邢建军	黄效国	杨文海	臧　勇	杨晓峰	冯俊小
		张大明	陈　兵	张艳菊	韩　天	张耀东	臧　勇
		赵海平	边新孝	赵小勇	巩宪锋		
	计算机技术	黄　裴	张德政	时　光	王昭顺	张业贵	王成耀
	建筑与土木工程	董　伟	牟在根	高　德	高永涛	郭军浩	高永涛
		李振武	高永涛	刘学文	吴顺川	马立功	吴顺川
		牛森林	吴顺川	任进博	吴顺川	史育童	牟在根

续表

学位类别	专业、领域	姓名	导师	姓名	导师	姓名	导师
工程硕士	建筑与土木工程	孙清华	刘娟红	唐恩超	吴顺川	王　炜	吴顺川
		武慧婷	高永涛	肖春霞	陈章华	易　多	高永涛
		翟人明	刘　洋	张广辉	刘　洋	张明洁	高永涛
		赵克生	吴顺川	郑立钢	吴顺川		
	控制工程	安亚琴	张维存	安　卓	王　玲	陈洪波	潘月斗
		陈闽东	付冬梅	褚立东	穆志纯	杜金喜	徐正光
		樊　番	孙　铁	韩鹏飞	孙昌国	康向荣	刘　丽
		李　果	李　擎	李　敏	孙昌国	李宪正	刘　涛
		刘　承	胡广大	刘春玉	王　莉	刘鹏宇	张维存
		刘喜林	刘　丽	邳海东	董　洁	石永芳	袁　立
		谭立涛	孙长银	王海琴	胡广大	王洪广	徐正光
		王　鹏	孙昌国	魏德彪	张维存	肖克实	王　玲
		徐涛涌	付冬梅	闫艳霞	李　果	杨淑兰	张朝晖
		岳大旭	潘月斗	张　静	李　擎	张丽红	刘冀伟
		张一帅	刘贺平	赵　伟	李晓理	赵　瑜	付冬梅
		周　东	李　果	周　辉	刘贺平	周雯琦	穆志纯
	矿业工程	陈　鹏	明世祥	江　学	明世祥	姜　文	明世祥
		李金禹	金爱兵	梁彦军	胡乃联	芦建伟	胡乃联
		施海滨	明世祥	宋　路	金爱兵	王　晶	金爱兵
		徐　薇	明世祥	许世英	胡乃联	张俊岭	乔　兰
		张小明	王化军	朱永旺	金爱兵		
	软件工程	刘　波	廖福成	刘晨一	张志刚	龙根星	陈章华
		罗雅琴	卫宏儒	宋　涛	廖福成	苏　涛	艾冬梅
		王　岩	陈明文	伍团平	闵乐泉	姚　晔	马万彪
		朱允喜	胡志兴				
	项目管理	陈　晨	张俊光	陈　诚	武德昆	程　燕	张　群
		崔佳鑫	杨　武	冯尧刚	王文彬	傅瀚霆	裴利芳
		韩　晔	何润宇	刘培英	贾振全	闵红平	王　莹
		那日松	周晓光	宋振北	张　群	王以河	马风才
		魏　巍	张晓冬	杨恢江	殷焕武	余定刚	殷焕武
		张海苍	李晓辉	张金祥	张　群	赵海刚	高俊山
		赵　亮	曹　勇	邹宗育	马风才		
	冶金工程	白永刚	张建良	包文琦	贾彦忠	毕　婕	高　斌
		蔡　飞	刘　青	曹　宇	贾彦忠	陈　建	高　斌
		陈　良	王福明	程峥明	贾彦忠	褚润林	张建良
		崔世刚	李　晶	邓　翌	李京社	董晓春	张延玲
		段承轶	朱　荣	高　海	朱　荣	葛环宇	包燕平
		谷文杰	张建良	郝良元	张建良	何金磊	任学平
		金永明	杨世山	亢小敏	郭汉杰	李宏伟	高　斌
		李建华	程树森	李建云	吴胜利	李　鹏	杨世山
		李　玮	宋波Y	李小兰	张延玲	梁立晓	王　立

续表

学位类别	专业、领域	姓名	导师	姓名	导师	姓名	导师
工程硕士	冶金工程	刘　成	张延玲	刘　恒	李　宏	刘　泓	张立峰
		刘建军	贾彦忠	刘　洋	张建良	刘玉伟	朱　荣
		吕富强	薛庆国	马德民	李京社	马　威	张立峰
		马　文	王福明	毛友庄	吴胜利	齐莉君	高　斌
		沈彦新	郭汉杰	师　崇	王静松	施　宏	程树森
		史凤奎	贾彦忠	汤宝军	贾彦忠	王大鹏	张宗旺
		王东卫	高　斌	王贵玉	张建良	王国钧	张建良
		王佳力	张立峰	王俊江	王福明	王　磊	高　斌
		王树同	李京社	王小璞	孙彦辉	王学利	朱　荣
		王延平	吴　铿	韦火明	张建良	谢兴军	成国光
		熊亚超	李京社	许少普	李京社	杨　宝	张炯明
		杨小静	宗燕兵	岳富伟	高　斌	曾　晖	薛庆国
		张　华	李京社	张君平	牛　苗	张　庆	李京社
		张　全	陈伟庆	张　英	王静松	赵冠夫	王静松
		郑文清	刘润藻	周小辉	吴　铿		
工商管理硕士	高级管理人员(EMBA)	阿布拉江·托合提	曹　勇	阿克拜尔·艾克拉木	高学东	艾尼瓦尔·吐尔逊	张　剑
		艾新鲁	佘元冠	白利勇	王文彬	蔡德强	何维达
		陈　辰	王道平	陈　俊	赵　晓	陈维斌	戴淑芬
		陈远年	张晓冬	池秋娜	肖　明	单丽欣	赵　晓
		邓爱明	高学东	丁大明	李铁克	丁林发	冯　梅
		丁　宣	杨　武	董　琳	魏　钧	杜　军	何维达
		段洪燕	高俊山	郭　涛	高俊山	哈米提·买买提伊明	杨建华
		韩　成	马风才	韩　敦	何　枫	韩　军	高俊山
		焦　磊	黄晓霞	剧　霞	范小华	卡哈尔曼·胡吉	黄晓霞
		康　健	李晓静	库尔玛什·斯尔江	武德昆	雷　佳	肖　明
		李保社	杨　武	李成辉	戴淑芬	李光辉	孙　莹
		李怀军	武　森	李建林	马风才	李晋阳	李晓静
		李林科	黄晓霞	李　龙	孙　莹	李　鸣	冯　梅
		李　鹏	胡　枫	李　品	冯　梅	李　伟	高俊山
		李旭辉	范小华	李　艳	张　剑	林长青	高俊山
		刘冬林	佘元冠	刘　杲	张　群	刘　辉	黄晓霞
		刘玉华	曹　勇	刘远生	马风才	刘云峰	王维才
		路　军	王文彬	吕建明	冯　梅	毛　俐	张　群
		孟志华	高学东	蒲雪梅	高俊山	任建品	戴淑芬
		童中华	杨　武	王　刚	孙　莹	王　琦	李晓静
		王世界	王维才	王绥文	佘元冠	王　伟	何维达
		王　跃	戴淑芬	王振涛	王道平	王　郑	冯　梅
		王宗岳	戴淑芬	武　兵	张晓冬	向　洪	裴利芳
		肖国栋	王文彬	邢贻标	佘元冠	徐晖林	高俊山

续表

学位类别	专业、领域	姓名	导师	姓名	导师	姓名	导师
工商管理硕士	高级管理人员(EMBA)	杨爱华	冯 梅	杨春林	杨 青	杨其君	李铁克
		杨 雄	王维才	姚玉珍	刘 澄	余红印	佘元冠
		詹 伟	黄晓霞	张爱民	武德昆	张宝林	曹 勇
		张 军	范小华	张 璐	戴淑芬	张 伟	何维达
		张晓东	高学东	张晓文	裴利芳	赵建国	戴淑芬
		郑 东	黄晓霞	郑 军	王文彬	郑 敏	曹 勇
		钟 蓉	张 群	周子祥	何维达	邹海龙	高学东
		邹永胜	张晓冬				
	工商管理	李家庆	班晓娟	王海彬	魏 钧	王 杰	杨建华
公共管理硕士	公共管理	艾丽华	曲绍卫	安 媛	许 放	陈牧宇	时立荣
		陈文婷	何晓前	陈 洋	俞文华	陈 琢	时立荣
		郭 玲	崔 英	郭 翔	汪淑珍	华 磊	俞文华
		季 云	黄耀杰	金大崴	曲绍卫	李杭序	冯 英
		李 霞	周湘斌	李悦玫	吴群芳	李正寅	俞文华
		李志平	孙雍君	林大鹏	俞文华	凌利强	吴群芳
		刘成建	时立荣	刘 烜	何晓前	刘 鹏	曲绍卫
		鲁 翠	冯 英	马心刚	冯 英	聂 勇	许 放
		任 楠	冯 英	邵建武	陈闽红	松昊林	许 放
		苏艳华	吴群芳	塔 拉	张北根	王大为	陈闽红
		王兴辉	许 斌	席世浩	时立荣	赵 娟	陆 俊
		赵 晴	崔 英	周永灯	许 放		

2014年以同等学力获得硕士学位的在职人员名单

学科、专业	姓 名	导 师
管理科学与工程	李跃明	高学东
冶金工程	梁新维	朱 荣
冶金工程	王文泽	吴 铿

2014年获得学位的研究生或毕业的研究生名单

姓 名	导 师	学科、专业	备 注
王春梅	赵海雷	材料科学与工程	博士学位
陶刘群	汪旭光	工程力学	博士学位
狄彦强	刘杰民	环境工程	博士学位
邓 楠	徐正光	控制科学与工程	博士学位
张明波	余达太	控制理论与控制工程	博士学位
王 海	王道平	工商管理	硕士学位
陈靖凯	苏兰海	机械工程	硕士学位

续表

姓　名	导　师	学科、专业	备　注
朴锦花	李晓岑	科学技术史	硕士学位
徐立国	於晓晋	矿物学、岩石学、矿床学	硕士学位
曾小鹏	袁文霞	化学	博士毕业
邵阔义	班晓娟	计算机科学与技术	博士毕业
邵宗有	王昭顺	计算机应用技术	博士毕业
李立刚	张朝晖	控制科学与工程	博士毕业
刘洪均	孙传尧	矿业工程	博士毕业
张晋霞	冯雅丽	矿业工程	博士毕业
王　红	佘元冠	企业管理	博士毕业
王艺慈	张建良	冶金工程	博士毕业
安　娜	邢　奕	环境科学与工程	硕士毕业
邵　飞	冯　澎	理论物理	硕士毕业
蒋于棕	巩馥洲	数学	硕士毕业
赵　烁	马万彪	数学	硕士毕业
吴小辉	吴　铿	冶金工程	硕士毕业
严　政	程树森	冶金工程	硕士毕业

附 录

北京科技大学第三届董事会名单

名誉主席：

刘　淇　中共中央政治局委员、北京市委书记
徐匡迪　十届全国政协副主席、中国工程院院长
黄孟复　全国政协副主席、全国工商联主席

主　　席：

徐匡迪（兼）　十届全国政协副主席、中国工程院原院长

副 主 席：（13人）

徐乐江　宝钢集团有限公司董事长
张晓刚　鞍山钢铁集团公司总经理
邓琦琳　武汉钢铁（集团）公司董事长
王青海　首钢总公司董事长
刘明忠　新兴际华集团有限公司董事长
于　勇　河北钢铁集团有限公司董事长
邹仲琛　山东钢铁集团有限公司董事长
贾宝军　中国中钢（集团）公司总裁
王为民　中国冶金科工集团有限公司党委副书记、总经理
刘振江　中国钢铁工业协会党委书记
赖宁昌　东凌集团有限公司董事长
罗维东　北京科技大学党委书记
张欣欣　北京科技大学校长

董　　事：（以姓氏笔画为序）（87人）

丁立国　德龙控股有限公司董事局主席
于　勇　河北钢铁集团唐钢公司董事长
才　让　中国钢研科技集团有限公司董事长、党委书记
才鸿年　中国工程院院士、中国兵器装备集团公司科技委副主任
王一德　中国工程院院士、太原钢铁（集团）有限公司董事会规划委员会副主任
王中丙　广东省湛江市市长
王为民　中国冶金科工集团有限公司党委副书记、总经理
王汀明　湖南省政协原副主席

王青海　首钢总公司董事长
王崇愚　中国科学院院士、清华大学教授
仇瑜峰　中崇集团董事长
邓琦琳　武汉钢铁（集团）公司董事长
叶恒强　中国科学院院士、中国科学院金属研究所研究员
冯炯华　宁夏回族自治区人大常委会副主任、农工党中央常委
邢书成　广州军区副司令员、中将
邢利斌　山西联盛能源煤焦集团董事局主席
朱小复　福建省三钢（集团）有限责任公司副总经理
朱孟依　合生创展集团有限公司董事局主席
任美成　北京泰略投资咨询有限公司董事长
刘　捷　江西省新余市委书记
刘明东　海南矿业股份有限公司总经理
刘明忠　新兴际华集团有限公司董事长
刘建平　天津大学党委书记
刘振江　中国钢铁工业协会党委书记
刘晓峰　十一届全国政协副主席，农工党中央专职副主席
关　杰　中国工程院院士、西安重型机械研究所高级工程师
孙开明　天津钢管集团股份有限公司总工程师
孙安民　全国工商联原常务副主席、十一届全国人大常委、全国人大法律委员会副主任
孙纪木　新华联合冶金投资集团有限公司董事长
苏鉴钢　马钢集团公司总经理
李　琦　深圳易讯天空网络有限公司执行董事
李连平　河北建设投资集团有限责任公司董事长
李贵阳　河北钢铁集团邯钢公司董事长
李晓波　太原钢铁（集团）有限公司董事长
杨志强　金川集团股份有限公司董事长
肖　峰　成都昊特新能源技术有限公司董事长、总经理
何季麟　中国工程院院士、宁夏东方有色金属集团公司原董事长
余自甦　鞍钢集团公司党委常委、副总经理
邹仲琛　山东钢铁集团有限公司董事长
汪海涛　西部矿业股份公司董事长
沈文荣　沙钢集团董事局主席
沈健生　银邦金属复合材料股份有限公司董事长
张　海　河北钢铁集团宣钢公司董事长
张　彬　山西昌大公司总经理
张志祥　北京建龙重工集团有限公司董事长
张克利　中国有色矿业集团有限公司党委书记
张战波　北京中冶设备研究设计总院有限公司院长（总经理）
张荣明　北京爱慕内衣有限公司董事长
张晓刚　鞍山钢铁集团公司总经理
张晓峰　桓裕投资（集团）有限公司董事长
陆正耀　神州租车（中国）有限公司*CEO*
陆志方　中国恩菲工程技术有限公司董事长
陈　喆　北京宝来易投资管理有限公司董事长、总经理

陈启祥　莱芜钢铁集团有限公司董事长、总经理
陈建华　广东省广州市委副书记、市长
罗维东　北京科技大学党委书记
周秉利　包头钢铁（集团）有限责任公司董事长
周荣昌　内蒙古自治区人大常委会原副主任
郑新立　中国国际经济交流中心常务副理事长、中共中央政策研究室原副主任
赵公卿　重庆市原副市长、重庆市人大常委会原副主任
赵世庆　重庆钢铁（集团）有限责任公司副董事长、总经理
郝　远　甘肃省副省长
哈斯巴根　十一届全国人大常委、民族委员会副主任，内蒙古自治区人大常委会副主任
钟　掘　中国工程院院士、中南大学教授
施　设　中冶京诚工程技术有限公司董事长
姜德义　北京金隅集团有限责任公司执行董事兼总裁
贾国生　河北钢铁集团舞钢公司副董事长、总经理
贾宝军　中国中钢（集团）公司总裁
徐乐江　宝钢集团有限公司董事长
徐匡迪　十届全国政协副主席、中国工程院原院长
张欣欣　北京科技大学校长
殷晓静　中央政府驻港联络办公室副主任
殷瑞钰　中国工程院院士、钢铁研究总院名誉院长
郭长波　青岛钢铁控股集团有限责任公司总经理
唐飞来　新余钢铁有限责任公司副董事长
黄一新　南京钢铁联合有限公司副总经理
黄孝斌　北京时代凌宇科技有限公司董事长
曹建军　山西汇丰兴业集团董事长
曹慧泉　湖南华菱钢铁集团有限责任公司董事长
彭　原　北京国源金汇投资有限公司董事长
董　事　本钢集团有限公司副总经理
董晓民　内蒙古自治区烟草专卖局（公司）局长、总经理
蒋开喜　北京矿冶研究总院院长
谢俊文　华亭煤业集团有限责任公司总经理
靳善忠　山西省人大常委会副主任
赖宁昌　东凌集团有限公司董事长
褚建东　河北钢铁集团承钢公司董事长

秘 书 长：

王维才　北京科技大学副校长

北京科技大学校友会组织机构及人员组成

名誉会长： 魏寿昆　王　润　李静波　杨天钧　李宝林
会　　长： 徐金梧

副 会 长：权良柱　王维才　赵续生　李宝林
秘 书 长：王维才
校友会办公室副主任：吕朝伟（主持工作）
工作人员：郭晓东　常馨悦　陈晔明

北京科技大学教育发展基金会组成

名誉理事长：徐匡迪
名誉理事：徐乐江（宝钢集团有限公司董事长）
张晓刚（鞍山钢铁集团公司总经理）
邓崎琳（武汉钢铁（集团）公司董事长）
朱继民（首钢总公司党委书记、董事长）
理 事 长：罗维东
副理事长：徐金梧　王维才
理　　事：罗维东　徐金梧　权良柱　武德昆　王维才　何民庆　于成文
秘 书 长：王维才
监　　事：涂纪明
基金会办公室副主任：吕朝伟（主持工作）

与北京科技大学建立合作关系的国外及港澳台地区学校、研究机构（147所）

（截至2014年12月）

序号	学校／科研机构	国家／地区	建立时间
1	亚琛工业大学（*Aachen Technical University*）	德 国	1979
2	东京工业大学（*Tokyo Institute Technology*）	日 本	1981
3	麦克马斯特大学（*Mcmaster University*）	加拿大	1981
4	里海大学（*Lehigh University*）	美 国	1982
5	宾夕法尼亚大学（*University of Pennsylvania*）	美 国	1982
6	九州工业大学（*Kyushu University of Technology*）	日 本	1984
7	皇家工学院（*Royal Institute of Technology*）	瑞 典	1984
8	吕勒奥大学（*Lulea University*）	瑞 典	1984
9	神奈川大学（*Kanagawa University*）	日 本	1985
10	伍伦贡大学（*University of Wollongong*）	澳大利亚	1985
11	北海道大学（*Hokkaido University*）	日 本	1986
12	西里西亚工业大学（*Silesian Technical University*）	波 兰	1986
13	保尔·萨巴蒂大学（*Paul Sabatier University*）	法 国	1986
14	冈山理科大学（*Okayama University of Science*）	日 本	1987
15	蒙特利尔工学院（*Ecole Polytechnique Montreal*）	加拿大	1987
16	加利福尼亚大学（*University of Califonia*）	美 国	1987
17	多特蒙德工业大学（*University of Dortmund*）	德 国	1987
18	玛丽皇后学院（*Queen Mary College*）	英 国	1988
19	利物浦大学（*University of Livepool*）	英 国	1988
20	密西根理工大学（*Michigan Technological University*）	美 国	1989
21	莫斯科钢与合金学院（*Moscow Institute of Steel & Alloy*）	俄罗斯	1989
22	国立顺天大学（*Sunchon National University*）	韩 国	1993
23	密德萨斯大学（*Middlesex University*）	英 国	1994
24	河内百科大学（*Honoi University of Technology*）	越 南	1996
25	台北技术学院（*Taipei Institute of Technology*）	中国台湾	1996
26	巴拉那联邦大学（*Universidade Fderal do Parana*）	巴 西	1996
27	昌原国立大学（*Changwon National University*）	韩 国	1997
28	弗莱贝格工业大学（*Technische Universitat Bergakademie Freiberg*）	德 国	1997
29	鲁汶工程技术学院（*Louvain Institute of Technology*）	比利时	1997
30	拉塞雷纳大学（*The University of La Serena*）	智 利	1997
31	九州大学（*Kyushu University*）	日 本	1997

续表

序号	学校/科研机构	国家/地区	建立时间
32	皇家墨尔本理工学院 （*The Royal Melbourne Institrte of Technology*）	澳大利亚	1998
33	南洋理工大学（*Nangang Technological University*）	新加坡	1998
34	塔什干国立工业大学（*Tashkent State Technical University*）	乌兹别克斯坦	1998
35	朝阳科技大学（*Chaoyang University of Technology*）	中国台湾	2001
36	昆山科技大学（*Kun Shan University*）	中国台湾	2002
37	德克萨斯大学阿灵顿分校（*University of Texas at Arlington* ）	美　国	2002
38	东北大学（*Tohoku University*）	日　本	2002
39	浦项工业大学（*Pohang University of Science and Technology*）	韩　国	2004
40	室蘭工业大学（*Muroran Institute of Technology*）	日　本	2004
41	橡树岭国家实验室（*Oak Ridge National Laboratory*）	美　国	2004
42	韩国浦项产业科学研究院 （*Research Institute of Industrial Science & Technology*）	韩　国	2004
43	乌迪内大学（*University of Udine*）	意大利	2004
44	香港科技大学（*HongKong University of Science and Technology*）	中国香港	2005
45	牛津大学材料系 （*Department of Materials, The University of Oxford*）	英　国	2005
46	汉诺威大学（*Universitaet Hannover*）	德　国	2005
47	维多利亚大学（*Victoria University*）	澳大利亚	2005
48	凯斯西储大学（*Case Western Reserve University*）	美　国	2005
49	罗马第二大学（*University of Rome Tor Vergata*）	意大利	2005
50	台湾成功大学（*Taiwan Cheng Kung University*）	中国台湾	2006
51	德国考古研究所（*Deutsch Archeology Institute*）	德　国	2006
52	台湾屏东科技大学 （*Taiwan Ping Tong University of Science & Technology*）	中国台湾	2006
53	剑桥大学材料冶金系 （*Dept.of Materials& Metallurgy University of Cambridge*）	英　国	2006
54	澳大利亚塔斯马尼亚大学（*University of Tasmania*）	澳大利亚	2006
55	斯图加特工程应用技术大学 （*Hochschule für Technik Stuttgart*）	德　国	2006
56	瑞典布京理工学院（*Blekinge Institute of Technology*）	瑞　典	2006
57	德国马普学会（*The Max Planck Society*）	德　国	2006
58	美国莱特州立大学（*Wright State University*）	美　国	2007
59	塔林理工大学（*Tallinn University of Technology*）	爱沙尼亚	2007
60	英国斯旺西大学（*Swansea University*）	英　国	2007
61	克里特大学（*University of Crete*）	希　腊	2007
62	伍伦贡大学（*University of Wollongong*）（工学院一材料学院）	澳大利亚	2007

续表

序号	学校/科研机构	国家/地区	建立时间
63	蒙古科技大学（*Mongolian University of Science and Technology*）	蒙 古	2007
64	东北大学（*Tohoku University*）（续签）	日 本	2007
65	乌克兰国立航空大学（*National Aviation University*）	乌克兰	2007
66	美国田纳西大学（*The University of Tennessee*）	美 国	2007
67	台南大学（*National University of Tainan*）	中国台湾	2007
68	国立顺天大学（*Sunchon National University*）	韩 国	2007
69	龙华科技大学（*Longhua University of Science and Technology*）	中国台湾	2007
70	奥本大学蒙哥马利分校（*Auburn University at Montgomery*）	美 国	2007
71	天主教鲁汶大学（*KatholiekeUniversiteit Leuven*）	比利时	2008
72	天主教辅仁大学（*Fu Jen Catholic University*）	中国台湾	2008
73	都柏林格里菲斯学院（*Griffith College Dublin* ）	爱尔兰	2008
74	布鲁塞尔自由大学（*VUBVrijeUniversiteitBrussel*）	比利时	2008
75	蒙哥马利一奥本大学（*Auburn University at Montgomery*）	美 国	2008
76	底特律大学（*University of Detroit Mercy*）	美 国	2008
77	阿拉斯加大学（*University of Alaska*）	美 国	2008
78	巴尔的摩大学（*University of Baltimore*）	美 国	2008
79	金门技术学院（*Kinmen Institute of Technology*）	中国台湾	2008
80	东京理科大学（*Tokyo University of Science*）	日 本	2008
81	蒙特利尔大学（*Université de Montréal*）	加拿大	2008
82	蒙纳什大学（*Monash University*）	澳大利亚	2009
83	台湾大学（*University of Taiwan*）	中国台湾	2009
84	滑铁卢大学（*University of Waterloo*）	加拿大	2009
85	兰卡斯特大学（*Lancaster University*）	英 国	2009
86	赫尔辛基工业大学（*Helsinki University of Technology*）	芬 兰	2009
87	邓迪大学（*University of Dundee*）	英 国	2009
88	利莫瑞克大学（*University of Limerick*）	爱尔兰	2009
89	图尔大学（*Université Francois Rabelais*）	法 国	2009
90	海外学习基金组织（*The Study Abroad Foundation*）	美 国	2009
91	加泰罗尼亚理工大学（*Universitatpolitecnica de catalunya*）	西班牙	2009
92	东京电机大学（*Tokyo Denki University*）	日 本	2009
93	电气通信大学（*University of Electro-Communications*）	日 本	2009
94	逢甲大学（*Feng Chia University*）	中国台湾	2009
95	台湾静宜大学（*Providence University*）	中国台湾	2009
96	明志科技大学（*Ming Chi University of Technology*）	中国台湾	2009
97	昆士兰大学（*The University of Queensland*）	澳大利亚	2010
98	阿尔伯塔大学（*University of Alberta*）	加拿大	2010

续表

序号	学校/科研机构	国家/地区	建立时间
99	肯特州立大学（*Kent State University*）	美　国	2010
100	加州大学河滨分校（*California University, Riverside*）	美　国	2010
101	加州州立大学富尔顿分校 （*California State University, Fullerton*）	美　国	2010
102	爱达荷大学（*University of Idaho*）	美　国	2010
103	加州大学董事会、劳伦斯伯克利国家实验室、*UT*斯达康巴特尔有限责任公司、橡树岭国家实验室（*California University, etc*）	美　国	2010
104	德蒙福特大学（*De Montfort University*）	英　国	2010
105	中央大学（*Chuo University*）	日　本	2010
106	城西国际大学（*Josai International University*）	日　本	2010
107	京都产业大学（*Kyoto Sangyo University*）	日　本	2010
108	澳门大学（*Mocao University*）	中国澳门	2010
109	中兴大学（*National Chung Hsing University*）	中国台湾	2010
110	岭东科技大学（*Ling Tung University*）	中国台湾	2010
111	华梵大学（*Hua Fan University*）	中国台湾	2010
112	产业技术大学（*Korea Polytechnic University*）	韩　国	2010
113	塔尔图大学（*University of Tartu*）	爱沙尼亚	2010
114	佛罗里达大学（*University of Florida*）	美国	2011
115	加州大学圣地亚哥分校（*University of California, San Diego*）	美国	2011
116	普利茅斯州立大学（*Plymouth State University*）	美国	2011
117	弗吉尼亚理工大学 （*Virginia Polytechnic Institute and State University*）	美国	2011
118	密苏里大学哥伦比亚分校（*University of Missouri-Columbia*）	美国	2011
119	挪威科技大学（*Norwegian University of Science and Technology*）	挪威	2011
120	奥尔良大学工程师学院 （*Polytechnic of the University of Orleans*）	法国	2011
121	博卡拉大学（*Pokhara University*）	尼泊尔	2011
122	东海大学（*Tunghai University*）	中国台湾	2011
123	金门大学（*Quemoy University*）	中国台湾	2011
124	加州大学伯克利分校（*University of California, Berkeley*）	美国	2012
125	美国国际教育联盟 （*American Alliance for International Education*）	美国	2012
126	巴黎十三大（*Université Paris XIII, Nord*）	法　国	2012
127	巴黎十一大（*Université Paris-Sud*）	法　国	2012
128	曼彻斯特城市大学（*Manchester Metropolitan University*）	英　国	2012
129	卡塔尼亚大学（*University of Catania*）	意大利	2012
130	拉瑞尔应用技术大学（*Laurea University of Applied Sciences*）	芬　兰	2012

续表

序号	学校/科研机构	国家/地区	建立时间
131	青山学院（*Aoyama Gakuin University*）	日 本	2012
132	中国文化大学（*Chinese Culture University*）	中国台湾	2012
133	暨南国际大学（*Chi Nan University*）	中国台湾	2012
134	德蒙福特大学、新华集团（*De Montfort University, Xinhua Group*）	英 国	2013
135	华威大学（*The University of Warwick*）	英 国	2013
136	塔塔钢铁集团（*Tata Steel Group*）	荷 兰	2013
137	韦恩州立大学（*Wayne State University*）	美 国	2013
138	马德里理工大学（*The Technical University of Madrid*）	西班牙	2013
139	托马斯巴塔大学（*Tomas Bata University*）	捷 克	2013
140	*AGH*科技大学（*AGH university of science and technology*）	波 兰	2013
141	法政大学（*Hosei University*）	日 本	2013
142	横滨国立大学（*Yokohama National University*）	日 本	2013
143	朱拉隆功大学（*Chulalongkorn University*）	泰 国	2013
144	万隆理工大学（*InstitutTeknologi Bandung, ITB*）	印 尼	2013
145	高雄第一科技大学（*Kaohsiung first university of science and technology*）	中国台湾	2013
146	东华大学（*Dong Hwa University*）	中国台湾	2013
147	南台科技大学（*Southern Taiwan University of Technology*）	中国台湾	2013
148	法国巴黎高科高等工程师学校（*Arts et MetierParisTech*）	法国	2014
149	美国伊利诺伊大学芝加哥分校（*University of Illinois at Chicago*）	美国	2014
150	奥地利应用科技大学（*The University of Applied Sciences Upper Austria*）	奥地利	2014
151	以色列希伯来大学（*The Hebrew University of Jerusalem*）	以色列	2014
152	以色列里雄莱锡安商管学院（*The College of Management Academic studies (COMAs), RishonLezion, Israel*）	以色列	2014
153	德国中等企业应用技术大学（*Fachhochschule des Mittelstands*）	德国	2014
154	捷克生命科学大学布拉格（*Czech University of Life Sciences Prague*）	捷克	2014

与北京科技大学建立全面合作关系的国内政府机关、企事业单位

（截至2014年12月）

序号	单位名称	合作内容	签订时间
1	上虞市人民政府	科技开发与成果转化、技术咨询与服务、人才培养等	1999.10
2	北京市宣武区	科技、经济、社会诸方面开展全面合作	2000.01
3	江苏华西集团公司	建立华西集团—北科大冶金工程技术冶金所；建立人才培训基地；共同申报科研课题及成果等	2000.05
4	包头钢铁公司	技术合作、科技攻关、人才培养等	2000.06
5	青海省人民政府	科技开发与成果转化、技术咨询与服务、干部培训和人才培养等	2000.06
6	宁夏回族自治区人民政府	科技开发与成果转化、技术咨询与服务干部培训和人才培养等	2000.06
7	青海大学	学科建设、人才培养、学术与工作交流等	2000.10
8	北京有色金属研究总院	科技开发、成果转化、人才培养、信息交流等	2000.12
9	包头钢铁学院	学科建设、科技攻关、人才培养等	2001
10	二重机械(集团)公司	技术合作、科技攻关、人才培养等	2001
11	济南钢铁(集团)公司	技术合作、科技攻关、人才培养等	2001
12	江苏八菱集团公司	技术合作、科技攻关、人才培养等	2001
13	长治钢铁（集团）有限公司	科技攻关、教学实习、人才培养等	2003.01
14	唐山建龙实业有限公司	厂方在学校设立建龙奖学金并提供教学实习、实践基地；学校为厂方提供人才培养、技术支持、进行科技合作等	2003.04
15	海南力气大实业投资有限公司	双方共同组建稀土超磁致伸缩材料有限责任公司	2003.06
16	山东墨龙特钢有限公司	技术合作、人才交流、教学实习等	2003.06
17	石家庄钢铁有限责任公司	双方共同建立汽车用钢（棒材）研究中心	2003.07
18	邯郸纵横钢铁有限公司	资金、人才、技术等方面的交流与合作	2003.10
19	中国工商银行北京市分行	银行为学校提供贷款，学校为银行提供科技开发、人才培训、技术支持等	2003.12
20	黄冈源昌石政石材有限公司	共同组建公司推进“各向异性粘结钕铁硼技术”产业化	2003.12
21	抚顺罕王实业集团有限公司	人才培养、新技术应用和新产品开发等	2004.02
22	武警北京指挥学院	人才培养、教学实习等	2004.03
23	教育部	教育部与四大钢铁公司共建北京科技大学	2004.03
24	上海宝钢集团公司		
25	鞍山钢铁集团公司		
26	武汉钢铁集团公司		
27	首钢集团总公司		

续表

序号	单位名称	合作内容	签订时间
28	安徽省马鞍山市政府	共建新材料产业化基地	2004.04
29	苏州建兴置业有限公司	共同组建公司推进“金属粉末注射成形技术”产业化	2004.04
30	第二炮兵	学校每年为第二炮兵输送优秀毕业生；第二炮兵在学校设立国防奖学金，并对学校的有关教学科研工作和国防教育给予支持	2004.05
31	广州南沙开发区建设指挥部	共建研究生教育培养基地	2004.07
32	北京伟豪集团公司	共同组建公司推进“智能玻璃制备技术”产业化	2004.06
33	贵州省贵阳市人民政府	共建研究生教育培养基地	2004.09
34	厦门市湖里区人民政府	科技合作、人才交流等	2004.10
35	中国银行北京市分行	银行为学校提供贷款，学校为银行提供科技开发、人才培训、技术支持等	2004.12
36	深圳市东恒投资发展有限公司	共同组建公司推进“电容器用纳米钽粉制备技术”产业化	2004.12
37	河南纳士科技股份有限公司	共同组建公司推进“纳米复合稀土特种功能材料制备技术”产业化	2005.03
38	太原钢铁(集团)公司	技术合作、科技攻关、人才培养等	2005.04
39	北京冠亚时代科技研发中心	共同组建公司推进“高海拔变压吸附制氧技术”产业化	2005.04
40	邯郸钢铁集团有限责任公司	共建研究生教育科研基地	2005.04
41	中钢集团洛阳耐火材料研究院	共建研究生教育科研基地	2005.04
42	首钢总公司	共建研究生教育科研基地	2005.04
43	江阴兴澄特种钢铁有限公司	共建研究生教育科研基地	2005.05
44	宁波市北仑区人民政府	联合培养冶金材料专业工程硕士学位研究生	2005.06
45	包钢（集团）公司	共建研究生教育科研基地	2005.09
46	首钢总公司	科学研究、技术开发、教学实习、人才培养、科技公共、成果转化等；共同建设汽车用钢联合研发中心；联合培养研究生	2005.09
47	北京市顺义区人民政府	科技合作、技术支持、成果转化、学生实习、挂职锻炼等	2005.10
48	重庆科技学院	人员交流、人才培养、科研帮扶等	2005.11
49	金隅通达耐火技术公司	共建研究生教育科研基地	2005.12
50	唐山建龙实业有限公司	设立“北京科技大学建龙基金”、人才培养、学术交流和科研合作	2005.12
51	武汉钢铁（集团）公司	科研开发、人才培养、人员交流等。双方还将联合成立“产学研合作委员会”	2006.01
52	邯郸钢铁集团有限公司	科学研究、新产品和新技术开发、成果转让、人才培养和教学实习等	2006.05

续表

序号	单位名称	合作内容	签订时间
53	中国铝业集团	铝型材加工、铝冶炼技术、综合节能、铝轧制工艺设备等	2006.07
54	香港科技大学	建立“北京—香港科大联合研究中心”，就技术成果转化、技术开发、企业孵化、资讯交流与技术服务以及人才培养等五个方面开展工作	2006.08
55	广州中科院工研院	建立材料与加工技术研究中心，围绕珠三角企业需要的材料制备加工技术开展研究，探索产学研合作	2006.10
56	宝山钢铁股份有限公司	科研开发，博士生、硕士生培养，毕业生培养和选拔等	2006.10
57	广州钢铁集团有限公司	建立联合研发中心。针对高技术含量、高附加值的新一代集装箱板、家电板、汽车板等进行联合开发，培养人才	2006.11
58	佛山市政府	合作建设创新平台，实施合作项目，培养人才	2006.11
59	中国兵器装备集团公司	材料科学与技术、腐蚀与防护、先进制造、车辆动力、信息化技术方面的基础与应用研究	2006.12
60	兵器第59所	成立“大气环境效应与防护联合实验室”	2006.12
61	河南省巩义市人民政府	科技合作、人才培养	2007.09
62	莱芜钢铁公司	板带钢联合研发中心、特殊钢联合研发中心、转底炉联合研发中心	2007.04
63	河南通宇冶材集团有限公司	耐火材料、连铸配件技术联合研发中心	2007.04
64	建龙钢铁控股有限公司	特殊钢技术联合研发中心	2007.04
65	江苏万泰集团	气体研究与应用联合研发中心	2007.04
66	中国海洋石油总公司海油（北京）能源投资有限公司	科技合作	2007.11
67	佛山市石湾镇人民政府	共建华南不锈钢创新中心	2008.01
68	佛山南海区人民政府	产学研战略联盟	2008.03
69	佛山高明区杨和镇人民政府	产学研战略联盟	2008.03
70	佛山市生产力促进中心，禅城区生产力促进中心，石湾街道科技办	技术创新与应用型人才培训网络平台	2008.03
71	莱芜钢铁集团有限公司	转底炉联合研发中心、特殊钢联合研发中心、带钢联合研发中心	2008.03
72	卢龙县人民政府	共建绿色冶金试验示范基地	2008.05
73	本溪钢铁（集团）有限责任公司	汽车板用户技术联合实验室	2008.06
74	通化钢铁集团股份有限公司	联合共建合作实体	2008.06
75	广东省佛山市高明区	与高明区签署全面产学研战略合作	2009.04

续表

序号	单位名称	合作内容	签订时间
76	广东省佛山市高明区更合镇人民政府	共建“不锈钢成果转化基地”	2009.04
77	江苏省无锡市锡山区人民政府	产学研创新联盟	2009.05
78	中国有色金属协会	“金属铝锌产业联盟”成立，谢建新副校长当选为联盟理事	2009.05
79	北京市科委	“首都钢铁服务产学研联盟”成员单位；“首都新能源产业技术联盟”光伏、光热和核能三个联盟理事单位；“首都新农村建设科技创新服务联盟”理事单位	2009.06-07
80	广西桂东电力股份有限公司	共建“桂东电子－北科大新材料技术联合研发中心”	2009.07
81	广东三A不锈钢制品集团有限公司	联合组建科技创新服务平台——“广东三A集团与北京科技大学产学研基地”	2009.08
82	广州冶金工业研究所	成立北京科技大学材料先进制备技术教育部重点实验室广东分实验室	2009.09
83	广东省梅州市	学校加盟“梅州市铜产业产学研创新联盟”	2009.11
84	河北钢铁集团	战略合作	2009.12
85	中国绝热节能材料协会	建筑用酚醛泡沫产业技术创新战略联盟	2010.01
86	中国资源综合利用协会	尾矿综合利用产业技术创新战略联盟	2010.01
87	三门峡化工机械有限公司	车载式热泵流化床谷物干燥技术及装置产业化开发	2010.02
88	常州三鑫轧辊有限公司	特种钢与轧辊冶金技术科技合作	2010.03
89	常州三鑫轧辊有限公司	常州三鑫轧辊－北科大校企产学研合作基地建设	2010.03
90	丹阳市政府等五方共建	共建江苏高性能合金材料研究院	2010.04
91	菏泽广源铜带股份有限公司	菏泽广源铜带股份有限公司-北科大年产5000吨高精电子压延铜箔工程技术合作	2010.04
92	四川省盐边县人民政府	盐边县人民政府－北科大钒钛磁铁矿综合利用战略合作	2010.05
93	北京高技术创业服务中心	共建本科生实践教学基地	2010.05
94	北京希克斯科技有限公司	共建本科生实践教学基地	2010.05
95	北京青云联合空调设备有限公司	共建本科生实践教学基地	2010.06
96	北京同方人工人工环境有限公司	共建本科生实践教学基地	2010.06
97	北京振利高新技术有限公司	共建本科生实践教学基地	2010.06
98	国家室内环境与室内环保产品质量监督检验中心	共建本科生实践教学基地	2010.06
99	蒙特空气处理设备（北京）有限公司	共建本科生实践教学基地	2010.06

续表

序号	单位名称	合作内容	签订时间
100	北京九阳实业公司	共建实践教学基地	2010.06
101	聊城市中级人民法院	共建本科生实践教学基地	2010.06
102	承德钢铁集团有限公司	共建研究生教育科研基地	2010.06
103	京东方科技集团股份有限公司	共建北京科技大学－京东方新型显示技术联合实验室	2010.10
104	扬州龙川钢管有限公司	建设海洋工程管线管防腐技术开发应用企业院士工作站	2010.10
105	贵州省黔南州科学技术和知识产权局	北京科技大学－贵州省黔南州科学技术和知识产权局科技合作	2010.12
106	济钢集团有限公司、中科院工程热物理研究所	成立"钢铁企业节能减排战略合作同盟"	2011.01
107	天津百利机电控股集团股份有限公司	金属材料应用研发平台建设	2011.03
108	杭州钢铁集团公司	汽车零部件（钢质）产业技术创新战略联盟	2011.03
109	天立环保工程有限公司	北京科技大学－天立环保联合研发中心	2011.03
110	无锡惠山区职教园	北京科技大学－无锡职教园管理委员会联合共建技术转移中心	2011.03
111	铜山区人民政府	战略合作	2011.04
112	岜山集团	战略合作	2011.04
113	河北津西钢铁有限公司	战略合作	2011.04
114	广州机械科学研究院	产学研合作	2011.04
115	中科新越投资（北京）有限公司	战略合作	2011.04
116	康明斯（中国）投资有限公司	共建"康明斯电传动实验室"	2011.05
117	北京装备制造和新材料科技成果承接与转化平台	战略合作	2011.05
118	首钢长治钢铁有限公司	战略合作	2011.05
119	重庆钢铁集团公司	船舶及海洋工程用钢产业集成创新服务联盟	2011.05
120	淮北市人民政府	战略合作	2011.05
121	德国卡尔蔡司公司	北京科技大学－德国卡尔蔡司公司电子显微镜合作实验室	2011.05
122	新兴重工新兴能源装备股份有限公司、盛泽能源技术有限公司	新兴际华集团－北科大"能源装备新技术研发中心"	2011.06
123	西部矿业集团有限公司	青藏高原有色金属矿产资源开发与综合利用产业技术创新战略联盟	2011.06

续表

序号	单位名称	合作内容	签订时间
124	玉柴重工总公司	战略合作	2011.06
125	山东钢铁集团有限公司	战略合作	2011.06
126	徐州铜山科技局、吉林大学、浙江大学等	工程机械产业产学研联盟	2011.06
127	徐州大屯工贸实业公司	北京科技大学矿井避险研究技术中心	2011.07
128	中钢设备有限公司	“先进冶金装备及工艺技术研发”合作	2011.08
129	山东龙泉管道工程股份有限公司	联合成立“山东龙泉新材料工程技术研究院”	2011.09
130	普天物流技术有限公司	共建“物流中心自动化装备及系统产业技术创新战略联盟”	2011.10
131	锡山鹅湖镇	产学研合作	2011.10
132	临沂市人民政府	战略合作	2011.11
133	山东齐星铁塔科技股份有限公司、新霓空太阳能（中国）有限公司、无锡安飞纤维材料科技有限公司、中科院宁波材料技术与工程研究所	复合材料研究与应用产业技术创新战略示范联盟	2011.11
134	香港维新集团	产学研合作	2011.11
135	宝钢集团有限公司	科研合作	2011.12
136	中国有色矿业集团	全面合作	2011.12
137	中国冶金科工集团有限公司	全面合作	2011.12
138	首钢集团总公司	首钢－北科大战略合作协议	2012.02
139	湛江市人民政府	北京科技大学湛江工业研究院框架协议	2012.03
140	天津钢管集团公司	天津钢管集团公司－北京科技大学战略合作协议	2012.04
141	德龙集团	北京科技大学——德龙产学研合作平台	2012.04
142	联盟包括中国汽车工程学会等35家单位，成立于2007年12月，我校为联盟伙伴单位	汽车轻量化技术创新战略联盟	2012.05
143	广西科技厅	广西壮族自治区科学技术厅——北京科技大学科技合作协议	2012.05
144	承德路桥建设总公司	承德路桥建设总公司与北京科技大学校企科技合作协议	2012.05
145	郑州市人民政府	郑州市人民政府——北京科技大学科技合作框架协议	2012.05
146	龙岩市人民政府	龙岩市政府－北京科技大学共建硬质合金行业技术转移中心	2012.06

续表

序号	单位名称	合作内容	签订时间
147	西藏昊泰纸样设备科技有限公司、北京科技大学、青海省高原医学研究院、空军航空医学研究所、中科院大连化学物理研究所	西藏昊泰高原富氧工程产学研合作技术研发中心合作协议	2012.06
148	京微雅格（北京）科技有限公司	北京科技大学－京微雅格（北京）科技有限公司校企战略合作框架协议	2012.08
149	中节能工业节能有限公司	中节能工业节能有限公司－北京科技大学产学研合作协议	2012.08
150	广西盛隆冶金有限公司	广西盛隆冶金有限公司－北京科技大学产学研战略合作协议	2012.08
151	广西长龙冶金有限公司	广西长龙冶金有限公司－北京科技大学产学研合作协议	2012.08
152	北京爱尔斯环保工程有限责任公司	北京爱尔斯环保工程有限责任公司－北京科技大学“北京水质净化生态技术研发中心”	2012.09
153	信丰县包钢新利稀土有限责任公司	北京科技大学－信丰县包钢新利稀土有限责任公司产学研合作协议	2012.12
154	德庆康纳国兴有限公司	北京科技大学－康纳国兴新材料联合研发中心	2012.12
155	中国黄金协会、中国黄金集团公司	黄金产业技术创新战略联盟	2012.12
156	北超伺服技术有限公司	首钢－北科大战略合作协议	2013.01
157	温州市政府	北京科技大学－温州市政府科技合作协议	2013.01
158	中国职业健康协会	中国智慧矿山产业技术创新战略联盟	2013.01
159	江苏金陵特种涂料有限公司	防腐涂层新材料技术与产品产业化基地	2013.02
160	河北承德市人民政府	河北承德市人民政府－北京科技大学战略合作框架协议	2013.04
161	云南冶金集团股份有限公司	云南冶金集团股份有限公司－北京科技大学全面战略合作协议	2013.04
162	哈密红石矿业有限公司	哈密红石矿业有限公司－北京科技大学共建校企技术创新联盟	2013.09
163	企业专家工作站、教学实习基地	武安市运丰冶金工业有限公司	2013.10
164	扬中市政府	北京科技大学－扬中市政府战略合作协议	2013.10
165	青岛钢铁集团	青钢新品种开发与关键共性技术集成研究项目计划协议	2013.11
166	金诚信矿业管理股份有限公司	北京科技大学－金诚信矿业管理股份有限公司合作协议	2013.11
167	福建武平县人民政府	北科大－武平县科技合作协议	2013.11

续表

序号	单位名称	合作内容	签订时间
168	中特首诺（北京）冶金科技有限公司	中特首诺（北京）冶金科技有限公司－北京科技大学联合成立中国工业固废粉体再造技术研究院合作协议	2013.11
169	钢研总院牵头	海洋工程用钢产业技术创新战略联盟	2014.03
170	安庆市振发汽车锻件有限责任公司	中国轴类零件轧制（楔横轧）产业技术创新战略联盟	2014.03
171	新疆有色集团	新疆有色金属产业技术创新战略联盟	2014.03
172	鞍钢集团公司	耐蚀钢产业技术创新战略联盟	2014.04
173	四川省自贡市云帆锦绣新型建材有限公司	联合成立高新建材研究所合作协议	2014.04
174	吉林滕泰重型机械集团有限公司	新材料技术研究联合实验室	2014.05
175	北京碧瑞能科技发展有限公司	产学研合作协议	2014.07
176	广西柳州钢铁（集团）公司	科技创新战略合作协议	2014.08
177	飞亚达（集团）股份有限公司	金属材料联合研究室	2014.09
178	北京中远通科技有限公司	国家智能检测与过程控制产业技术创新战略联盟	2014.09
179	衡水工业高新区	北京科技大学衡水工作站	2014.10
180	首钢京唐公司	北京科技大学与首钢京唐公司签订合作协议（联合人才培养、技术开发（合作）、合作编写教材三个协议）	2014.11
181	北京市经信委应急中心	北京市经信委应急中心－北京科技大学产学研联合协议	2014.11
182	中科招商投资集团股份有限公司	中科招商投资集团股份有限公司－北京科技大学战略合作协议	2014.12
183	北京科技大学设计研究院有限公司	北京市流程工业大数据工程技术研究中心共建框架协议	2014.12
184	塔塔钢铁集团公司	北京科技大学－塔塔钢铁公司联合研究中心	2014.12
185	首都高校科技信息网	济南高新区－首都高校科技信息网合作协议	2014.12
186	北京世纪国瑞环境工程技术有限公司	国家城镇粪便餐厨垃圾处理产业技术创新战略联盟	2014.12